中华
正史
经典

三国志

〔晋〕陈寿 撰
〔南朝宋〕裴松之 注

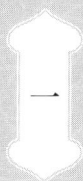

一

中华书局

出 版 说 明

一

　　魏文帝黄初元年到晋武帝太康元年 (公元二二〇——二八
〇),是中国历史上魏、蜀、吴三国鼎立的时期。记载这六十年历史
的比较完整的史书,是西晋初年陈寿著的这部三国志。

　　唐代以前,本以史记、汉书、东观记为三史,后来东观记失传
(现存的东观汉记是后人辑佚书),就称史记、汉书、后汉书为三史,
后人推重陈寿的史学和文笔,于是又加上三国志,称为四史。三国
志继承史记、汉书而作,成书远在后汉书以前。司马迁的史记是通
史体,班固的汉书是断代史体,三国志把三国分成三书——魏书
三十卷,蜀书十五卷,吴书二十卷,共六十五卷,在断代史中别创
一格。

　　陈寿成书的年代虽然不能确定,但知他死在晋惠帝元康七年
(公元二九七),这时候魏的最后一个君主陈留王尚未死去。当时
魏、吴两国已先有史,官修的有王沈魏书、韦昭吴书,私撰的有鱼
豢魏略,这三种书是陈寿所根据的基本材料。惟蜀国无史,必须由

1

陈寿直接采集资料。陈寿是蜀人，又是史学家谯周的弟子，在蜀未亡时即注意蜀事，他所采集的虽然不及魏、吴官史那样丰富，也终于完成蜀书，与魏、吴两书并列。总的来说，因为陈寿见到的史料有限，所以三书的内容都还不够充实。三国志没有志表，正是因为材料不足；后来裴松之所以要给它作注，也是要补救这个缺陷。

魏、蜀、吴三书曾各自为书。旧唐书经籍志以魏书入正史类，蜀书、吴书入编年类，这种分类法，固然错误可笑，但由此可以知道三书在宋以前曾经是独立流传的。三国志最早的刻本——北宋咸平六年(公元一〇〇三)国子监刻本，吴志分上下两帙，前有刻吴志牒文。后来绍熙的重刻本里，也保留着一页咸平国子监刻蜀志的牒文。可知咸平刻书时虽已合并，但三书还是分别发刻。

二

陈寿死后约一百三十馀年，裴松之为三国志作注，至宋文帝元嘉六年(公元四二九)告成。东晋以后，史料的发现已经渐渐多起来，裴松之广泛地搜辑，利用这些资料来补充陈书，正像他自己所说"绘事以众色成文，蜜蜂以兼采为味"。裴注的体例，在他的进书表里提到有以下四个方面：一、"寿所不载，事宜存录者，则罔不毕取以补其阙"；二、"同说一事而辞有乖离，或出事本异疑不能判，并皆抄纳以备异闻"；三、"纰缪显然，言不附理，则随违矫正以惩其妄"；四、"时事当否及寿之小失，颇以愚意有所论辨"。按隋书经籍志著录裴注三国志，除本书六十五卷外，还有叙录一卷。可惜唐以后叙录失传，使我们对于作者的意旨不能得到更深刻的了解。

一般注释古书，大都专门注意训诂，裴注的重点则放在事实的增补和考订上，对于原文的音切和解释并不详备。四库提要称：

"其初意似亦欲如应劭之注汉书,考究训诂,引证故实。……欲为之而未竟,又惜所已成,不欲删弃,故或详或略,或有或无。"这话毫无证据,只能认为撰提要者的臆测之辞罢了。

裴注多过陈寿本书数倍,明以前人若王通、刘知几都讥其繁芜,叶适至认为"注之所载,皆寿书之弃馀"(文献通考一九一)。清代学者虽然推重裴注,但也有人指责他有的应注而不注,有的不应注而注,引书有改字等等(见赵翼陔馀丛考六、四库提要四五及卢文弨的批注)。其实这些都是小缺点,并不能因此掩没它的长处。裴注引用的魏、晋人著作,多至二百馀种,著录在隋书经籍志中的已经不到四分之三,唐、宋以后就十不存一了。而且裴注所引的材料,都首尾完整,尽管说它"繁芜",说它"寿书之弃馀",单就保存古代资料这一点说,也是值得重视的。

作后汉书的范晔和裴松之同时,以年龄论,裴比范长二十岁,范死在宋文帝元嘉二十二年(公元四四五),裴死更比范后六年。两人虽然生在同一时期,同样搜集史料,但他们运用史料的方法不同,范晔组织所得的史料编成后汉书,裴松之则用来注陈寿的三国志。试取陈寿、范晔两书中篇目相同的十六篇列传比较,范书比陈书篇幅增多约一倍,那些多出来的材料,大多是和裴注相同的。

三

现在最通行的三国志刻本有四种:一、百衲本,据宋绍兴、绍熙两种刻本配合影印;二、清武英殿刻本,据明北监本校刻(铅印石印各本都据武英殿本翻印);三、金陵活字本,据明南监冯梦祯本校印;四、江南书局刻本,据毛氏汲古阁本校刻。这四种刻本,除百衲本影印外,其馀三种虽然在重刻时还不免增加了一些错字,但都经过认真校勘，并改正了原本的不少错误。我们的校点工作，就用这四种通行本互相勘对，择善而从。

清代学者对于三国志的校勘考订工作，曾经作了很大的努力。自顾炎武、何焯以下约二十馀家，都能根据本书前后文互证，并参考它书，对于宋、元以来各种版本相沿未改的错误，分别提出意见，或批注书眉，或成为专门著作刊布。后来梁章钜三国志旁证及卢弼三国志集解，先后汇集诸家校语，作了两次总结。我们利用了梁、卢两家的成果，又取他们所据原书覆勘，并加采蒋昱、翁同书、杨通、吴承仕诸家之说，对本书作进一步的整理。处理办法，分成两类：

甲、属于编排上的错误，依前人校语径改。例如：

一、卷四陈留王传"复除租赋之半五年"，各本都以五年两字另行起，与下文连接，成为"五年乙卯，以征西将军邓艾为太尉，镇西将军锺会为司徒；皇太后崩"。按邓艾为太尉，锺会为司徒，"皇太后崩"，都是景元四年十二月里的事，已见本书卷五明元郭皇后传及卷二十八邓艾、锺会传。且"皇太后崩"之后，又紧接着"咸熙元年春正月"。景元五年即是咸熙元年，下文既然有咸熙元年，前面就不应该再有景元五年了（此条据翁同书说）。

二、卷三十七法正传注"先主与曹公争"一段六十七字，乃裴氏因诸葛亮有"法孝直若在"之叹，故引此事为证。应该列在传末诸葛亮语下，各本都误列在陈评之后（此条据陈景云说）。

乙、本书中可疑及难解的字句，经前人校改者很多，我们采取了比较重要的。这类改字，校改者虽然言之成理，但可能还有其它的看法。我们把它改了，校改的根据，另有"校记"说明。

旧刻本三国志还保留着一些古体字，亦即当时通行的字，意义和现代不同。我们原想一律改成现代通行的字，以便利读者，但又觉得读古书应该了解那时候所用的字，从此举一反三，对于读其它古书还有些方便，所以保留这些古体字，不加更改。为了便于读者检查起见，把这些字择要摘出，并附注现代通行的字。

不(否)　内(纳)　由(犹)　见(现)　邪(耶)　拊(抚)

罔(网)　要(腰)　匪(非)　振(赈)　旅(膂)　陈(阵)

禽(擒)　童(僮)　絜(洁)　解(懈)　辟(避)　寤(悟)

禀(廪)　蓐(褥)　领(岭)　欧(呕)　適(嫡)　县(悬)

畴(俦)　离(罹)

至于像"以"字和"已"字，"置"字和"致"字，是互相通用的，也没有改。"丹杨"有写作"丹阳"的，"荥阳"有写作"荧阳"的，前后颇不一致。为什么写法不同，清人曾经做过很多考据，但终究没有定论。现在本书中统一改为丹杨和荥阳。

旧刻本的目录，正传姓名作大字，附传姓名作小注，现在一律用大字，附传的姓名较正传低一格，在每一行姓名下加注页码。但有个别的几行例外，如董卓传所附的李傕、郭汜，他们两人的事迹分散在董卓传中，没有明确的起讫，因此就不注页码了。目录和正书有不符之处，如娄圭、孔融等有目无传，霍弋、黄崇等有传无目，今分别加上方圆两种括弧的符号，表示应增和应删。

三国志过去还没有过标点本。我们限于水平，可能有很多错误的地方，希望读者随时指正，以便再版时修改。

中华书局编辑部

一九五九年十二月

目 录

上　册

出版说明 ……………………………………………… 1

卷一　魏书一

　武帝操 ………………………………………………… 1

卷二　魏书二

　文帝丕 ………………………………………………… 47

卷三　魏书三

　明帝叡 ………………………………………………… 77

卷四　魏书四 三少帝

　齐王芳 ………………………………………………… 99

　高贵乡公髦 …………………………………………… 111

　陈留王奂 ……………………………………………… 124

卷五　魏书五 后妃

　武宣卞皇后 …………………………………………… 132

　文昭甄皇后 …………………………………………… 134

文德郭皇后 ·· 139

明悼毛皇后 ·· 141

明元郭皇后 ·· 142

卷六　魏书六

董卓 ·· 143

　李傕

　郭汜

袁绍 ·· 157

　子谭

　子尚 ·· 168

袁术 ·· 173

刘表 ·· 175

卷七　魏书七

吕布 ·· 183

　张邈 ·· 184

　陈登 ·· 191

臧洪 ·· 193

　陈容 ·· 197

卷八　魏书八

公孙瓒 ·· 199

陶谦 ·· 206

张杨 ·· 209

公孙度 ·· 210

　子康 ·· 210

康弟恭

(康子晃)

康子渊 …………………………………………………… 211

张燕 …………………………………………………… 218

张绣 …………………………………………………… 218

张鲁 …………………………………………………… 219

卷九　魏书九

夏侯惇 ………………………………………………… 223

　韩浩

　史涣 ………………………………………………… 225

夏侯渊 ………………………………………………… 225

曹仁 …………………………………………………… 228

　弟纯 ………………………………………………… 230

曹洪 …………………………………………………… 231

曹休 …………………………………………………… 232

　子肇 ………………………………………………… 233

曹真 …………………………………………………… 233

　子爽 ………………………………………………… 235

　羲

　训

何晏

邓飏

丁谧

毕轨

李胜

桓范 ……………………………………… 239

夏侯尚 ……………………………………… 244

子玄 ……………………………………… 245

卷十　魏书十

荀彧 ……………………………………… 255

子恽 ……………………………………… 265

孙觊 ……………………………………… 265

孙霬 ……………………………………… 265

荀攸 ……………………………………… 266

贾诩 ……………………………………… 270

卷十一　魏书十一

袁涣 ……………………………………… 277

张范 ……………………………………… 280

弟承

凉茂 ……………………………………… 281

国渊 ……………………………………… 282

田畴 ……………………………………… 283

王脩 ……………………………………… 287

邴原 ……………………………………… 291

管宁 ……………………………………… 294

王烈 ……………………………………… 295

张臶 ……………………………………… 300

胡昭 ……………………………………… 300

(焦先)

卷十二　魏书十二

崔琰 ……………………………………………… 307

(娄圭)

(孔融)

(许攸)

毛玠 ……………………………………………… 313

徐奕 ……………………………………………… 315

何夔 ……………………………………………… 316

邢颙 ……………………………………………… 319

鲍勋 ……………………………………………… 320

司马芝 …………………………………………… 322

〔子岐〕 ………………………………………… 325

卷十三　魏书十三

锺繇 ……………………………………………… 327

　子毓 …………………………………………… 334

华歆 ……………………………………………… 335

王朗 ……………………………………………… 340

　子肃 …………………………………………… 346

〔孙叔然〕 ……………………………………… 350

(周生烈)

(董遇)

(隗禧)

卷十四　魏书十四

程昱 ····································· 355

　孙晓 ································· 358

郭嘉 ····································· 360

董昭 ····································· 364

刘晔 ····································· 369

蒋济 ····································· 375

刘放 ····································· 380

　孙资 ································· 380

卷十五　魏书十五

刘馥 ····································· 387

司马朗 ··································· 389

梁习 ····································· 391

张既 ····································· 394

温恢 ····································· 399

贾逵 ····································· 400

　(李孚)

　(杨沛)

卷十六　魏书十六

任峻 ····································· 409

苏则 ····································· 410

杜畿 ····································· 413

　子恕 ······························· 416

　(孙预)

三国志

6

郑浑 ··· 425

仓慈 ··· 427

卷十七 魏书十七

张辽 ··· 431

乐进 ··· 434

于禁 ··· 435

张郃 ··· 437

徐晃 ··· 439

〔朱灵〕 ··· 441

卷十八 魏书十八

李典 ··· 443

李通 ··· 444

臧霸 ··· 446

　孙观 ··· 448

文聘 ··· 448

吕虔 ··· 449

许褚 ··· 450

典韦 ··· 451

庞惪 ··· 452

庞淯 ··· 454

　母娥 ··· 455

阎温 ··· 456

　张恭 ··· 457

　恭子就 ··· 457

卷十九　魏书十九

任城威王彰 …………………………………… 461

陈思王植 …………………………………… 463

萧怀王熊 …………………………………… 479

卷二十　魏书二十 武文世王公

丰愍王昂 …………………………………… 481

相殇王铄 …………………………………… 481

邓哀王冲 …………………………………… 482

彭城王据 …………………………………… 483

燕王宇 …………………………………… 483

沛穆王林 …………………………………… 484

中山恭王衮 …………………………………… 484

济阳怀王玹 …………………………………… 485

陈留恭王峻 …………………………………… 485

范阳闵王矩 …………………………………… 486

赵王幹 …………………………………… 486

临邑殇公子上 …………………………………… 487

楚王彪 …………………………………… 487

刚殇公子勤 …………………………………… 488

谷城殇公子乘 …………………………………… 488

郿戴公子整 …………………………………… 488

灵殇公子京 …………………………………… 488

樊安公均 …………………………………… 488

广宗殇公子棘 …………………………………… 488

东平灵王徽 ·························· 488

乐陵王茂 ·························· 489

以上武帝子

赞哀王协 ·························· 490

北海悼王蕤 ·························· 490

东武阳怀王鉴 ·························· 490

东海定王霖 ·························· 490

元城哀王礼 ·························· 490

邯郸怀王邕 ·························· 490

清河悼王贡 ·························· 490

广平哀王俨 ·························· 490

以上文帝子

卷二十一　魏书二十一

王粲 ·························· 495

　徐幹 ·························· 497

　陈琳 ·························· 497

　阮瑀 ·························· 497

　应玚 ·························· 497

　刘桢 ·························· 497

　(邯郸淳)

　(繁钦)

　(路粹)

　(丁仪)

　(丁廙)

　(杨修)

(荀纬)

应璩 …………………………………………………… 501

应贞 …………………………………………………… 501

阮籍 …………………………………………………… 501

嵇康 …………………………………………………… 502

桓威 …………………………………………………… 504

吴质 …………………………………………………… 504

卫觊 …………………………………………………… 507

潘勖 …………………………………………………… 508

王象 …………………………………………………… 509

刘廙 …………………………………………………… 509

刘劭 …………………………………………………… 512

缪袭 …………………………………………………… 515

仲长统 ………………………………………………… 515

苏林 …………………………………………………… 515

韦诞 …………………………………………………… 515

夏侯惠 ………………………………………………… 515

孙该 …………………………………………………… 515

杜挚 …………………………………………………… 515

傅嘏 …………………………………………………… 517

卷二十二　　魏书二十二

桓阶 …………………………………………………… 525

陈群 …………………………………………………… 526

子泰 …………………………………………………… 531

陈矫 ·············· 534

徐宣 ·············· 536

卫臻 ·············· 538

卢毓 ·············· 540

卷二十三　魏书二十三

和洽 ·············· 545

常林 ·············· 548

杨俊 ·············· 551

杜袭 ·············· 553

赵俨 ·············· 555

裴潜 ·············· 558

（子秀）

卷二十四　魏书二十四

韩暨 ·············· 565

崔林 ·············· 566

高柔 ·············· 569

孙礼 ·············· 576

王观 ·············· 578

卷二十五　魏书二十五

辛毗 ·············· 581

杨阜 ·············· 585

高堂隆 ·············· 591

栈潜 ·············· 599

卷二十六　魏书二十六

  满宠 ·· 601

  田豫 ·· 605

  牵招 ·· 608

  郭淮 ·· 611

下　册

卷二十七　魏书二十七

  徐邈 ·· 615

  胡质 ·· 617

   子威 ·· 618

  王昶 ·· 619

  王基 ·· 624

卷二十八　魏书二十八

  王凌 ·· 631

   令狐愚 ·· 632

  毌丘俭 ·· 635

  诸葛诞 ·· 641

   唐咨

  邓艾 ·· 646

   州泰 ·· 653

  锺会 ·· 653

   王弼 ·· 662

卷二十九　魏书二十九方技

  华佗 ·· 665

三国志

吴普 ·· 669

樊阿 ·· 669

杜夔 ·· 671

朱建平 ·· 673

周宣 ·· 674

管辂 ·· 675

卷三十　魏书三十

乌丸 ·· 693

鲜卑 ·· 697

东夷 ·· 701

夫馀 ·· 701

高句丽 ·· 703

东沃沮 ·· 705

挹娄 ·· 706

涉 ·· 707

韩 ·· 708

倭 ·· 711

卷三十一　蜀书一二牧

刘焉 ·· 721

刘璋 ·· 723

卷三十二　蜀书二

先主备 ·· 727

卷三十三　蜀书三

后主禅 ·· 745

目
录

13

卷三十四　蜀书四二主妃子

先主甘后 ……………………………………………………… 755

先主穆后 ……………………………………………………… 756

后主敬哀张后 ………………………………………………… 756

后主张后 ……………………………………………………… 756

刘永 …………………………………………………………… 757

刘理 …………………………………………………………… 757

后主太子璿 …………………………………………………… 757

卷三十五　蜀书五

诸葛亮 ………………………………………………………… 759

　子乔 ………………………………………………………… 776

　　瞻 ………………………………………………………… 776

　董厥 ………………………………………………………… 777

　樊建 ………………………………………………………… 777

卷三十六　蜀书六

关羽 …………………………………………………………… 783

张飞 …………………………………………………………… 786

马超 …………………………………………………………… 787

黄忠 …………………………………………………………… 790

赵云 …………………………………………………………… 791

卷三十七　蜀书七

庞统 …………………………………………………………… 795

法正 …………………………………………………………… 798

卷三十八　蜀书八

许靖 ·· 803

麋竺 ·· 808

孙乾 ·· 809

简雍 ·· 809

伊籍 ·· 810

秦宓 ·· 810

卷三十九　蜀书九

董和 ·· 815

刘巴 ·· 816

马良 ·· 818

　弟谡 ·· 818

陈震 ·· 819

董允 ·· 820

　黄皓 ·· 820

　陈祗 ·· 821

吕乂 ·· 822

卷四十　蜀书十

刘封 ·· 825

彭羕 ·· 828

廖立 ·· 830

李严 ·· 831

刘琰 ·· 833

魏延 ·· 834

杨仪 ··· 836

卷四十一　蜀书十一

霍峻 ··· 839

〔子弋〕 ··· 839

王连 ··· 841

向朗 ··· 841

兄子宠 ··· 842

张裔 ··· 842

杨洪 ··· 844

费诗 ··· 845

卷四十二　蜀书十二

杜微 ··· 849

周群 ··· 850

张裕 ··· 850

杜琼 ··· 851

许慈 ··· 852

孟光 ··· 852

来敏 ··· 853

尹默 ··· 854

李譔 ··· 855

谯周 ··· 855

郤正 ··· 861

卷四十三　蜀书十三

黄权 ··· 869

〔子崇〕 …………………………………… 870

李恢 ……………………………………… 871

吕凯 ……………………………………… 872

马忠 ……………………………………… 873

王平 ……………………………………… 874

〔句扶〕 …………………………………… 875

张嶷 ……………………………………… 875

卷四十四　蜀书十四

蒋琬 ……………………………………… 881

　子斌 …………………………………… 883

　斌弟显 ………………………………… 883

　刘敏 …………………………………… 883

费祎 ……………………………………… 883

姜维 ……………………………………… 885

卷四十五　蜀书十五

邓芝 ……………………………………… 893

张翼 ……………………………………… 894

宗预 ……………………………………… 897

　廖化 …………………………………… 898

杨戏 ……………………………………… 898

　(王嗣)

　(常播)

　〔卫继〕

卷四十六　吴书一
孙坚 …… 911
孙策 …… 917
卷四十七　吴书二
吴主权 …… 929
卷四十八　吴书三三嗣主
孙亮 …… 961
孙休 …… 964
孙晧 …… 970
卷四十九　吴书四
刘繇 …… 989
子基 …… 991
太史慈 …… 992
士燮 …… 995
子徽
弟壹
䵋
壹子匡
卷五十　吴书五妃嫔
孙破虏吴夫人 …… 999
弟景 …… 999
吴主权谢夫人 …… 1000
权徐夫人 …… 1000
(祖真)

父琨

权步夫人 …………………………………………… 1001

权王夫人 …………………………………………… 1002

权王夫人 …………………………………………… 1002

权潘夫人 …………………………………………… 1002

孙亮全夫人 ………………………………………… 1003

孙休朱夫人 ………………………………………… 1003

孙和何姬 …………………………………………… 1004

孙晧滕夫人 ………………………………………… 1005

卷五十一　吴书六 宗室

孙静 ………………………………………………… 1007

　子瑜 ……………………………………………… 1008

　　皎 ……………………………………………… 1008

　　奂 ……………………………………………… 1009

孙贲 ………………………………………………… 1010

　子邻 ……………………………………………… 1011

孙辅 ………………………………………………… 1012

孙翊 ………………………………………………… 1012

　〔子松〕 ………………………………………… 1013

孙匡 ………………………………………………… 1013

孙韶 ………………………………………………… 1014

孙桓 ………………………………………………… 1016

卷五十二　吴书七

张昭 ………………………………………………… 1019

弟子奋 ················· 1023

子承 ················· 1023

休 ················· 1024

顾雍 ················· 1024

子邵 ················· 1027

孙谭 ················· 1028

孙承 ················· 1029

诸葛瑾 ················· 1029

子融 ················· 1032

步骘 ················· 1033

子阐 ················· 1036

卷五十三 吴书八

张纮 ················· 1039

子玄 ················· 1042

孙尚 ················· 1042

严畯 ················· 1043

裴玄 ················· 1043

程秉 ················· 1043

(徵崇)

阚泽 ················· 1044

唐固 ················· 1045

薛综 ················· 1045

子珝 ················· 1048

子莹 ················· 1048

卷五十四　吴书九

周瑜 …………………………………………… 1051

鲁肃 …………………………………………… 1057

吕蒙 …………………………………………… 1062

卷五十五　吴书十

程普 …………………………………………… 1071

黄盖 …………………………………………… 1072

韩当 …………………………………………… 1073

蒋钦 …………………………………………… 1074

周泰 …………………………………………… 1074

陈武 …………………………………………… 1075

〔子脩〕 …………………………………………… 1076

子表 …………………………………………… 1076

董袭 …………………………………………… 1077

甘宁 …………………………………………… 1078

凌统 …………………………………………… 1081

徐盛 …………………………………………… 1083

潘璋 …………………………………………… 1083

丁奉 …………………………………………… 1084

卷五十六　吴书十一

朱治 …………………………………………… 1087

朱然 …………………………………………… 1089

子绩 …………………………………………… 1091

吕范 …………………………………………… 1092

子据 …………………………………………… 1094

朱桓 ･･ 1094

　子异 ･･ 1096

卷五十七　吴书十二

　虞翻 ･･ 1099

　　子汜 ･･ 1107

　　　忠 ･･ 1107

　　　耸 ･･ 1107

　　　昺 ･･ 1107

　陆绩 ･･ 1108

　张温 ･･ 1109

　骆统 ･･ 1113

　陆瑁 ･･ 1115

　吾粲 ･･ 1117

　朱据 ･･ 1117

卷五十八　吴书十三

　陆逊 ･･ 1121

　　子抗 ･･ 1129

卷五十九　吴书十四吴主五子

　孙登 ･･ 1137

　孙虑 ･･ 1140

　孙和 ･･ 1140

　孙霸 ･･ 1144

　孙奋 ･･ 1145

卷六十　吴书十五

贺齐 ……………………………………………………… 1149

全琮 ……………………………………………………… 1152

吕岱 ……………………………………………………… 1154

周鲂 ……………………………………………………… 1157

锺离牧 …………………………………………………… 1161

卷六十一　吴书十六

潘濬 ……………………………………………………… 1165

陆凯 ……………………………………………………… 1167

　弟胤 …………………………………………………… 1174

卷六十二　吴书十七

是仪 ……………………………………………………… 1177

胡综 ……………………………………………………… 1179

　徐详 …………………………………………………… 1179

卷六十三　吴书十八

吴范 ……………………………………………………… 1185

刘惇 ……………………………………………………… 1187

赵达 ……………………………………………………… 1187

卷六十四　吴书十九

诸葛恪 …………………………………………………… 1191

　〔聂友〕

滕胤 ……………………………………………………… 1202

孙峻 ……………………………………………………… 1203

　(留赞)

孙綝 ……………………………………………………… 1024

濮阳兴 ·· 1208

卷六十五　吴书二十

王蕃 ·· 1211

楼玄 ·· 1212

贺邵 ·· 1213

韦曜 ·· 1216

华覈 ·· 1219

裴松之:上三国志注表 ······························· 1225

四库全书总目提要 ································· 1226

华阳国志陈寿传 ····································· 1228

晋书陈寿传 ··· 1230

宋书裴松之传 ······································· 1232

三国志卷一　魏书一

武帝纪第一

太祖武皇帝,沛国谯人也,姓曹,讳操,字孟德,汉相国参之后。①桓帝世,曹腾为中常侍大长秋,封费亭侯。②养子嵩嗣,官至太尉,莫能审其生出本末。③嵩生太祖。

①曹瞒传曰:[1]太祖一名吉利,小字阿瞒。

王沈魏书曰:其先出于黄帝。当高阳世,陆终之子曰安,是为曹姓。周武王克殷,存先世之后,封曹侠于邾。春秋之世,与于盟会,逮至战国,为楚所灭。子孙分流,或家于沛。汉高祖之起,曹参以功封平阳侯,世袭爵土,绝而复绍,至今适嗣国于容城。

②司马彪续汉书曰:腾父节,字元伟,素以仁厚称。邻人有亡豕者,与节豕相类,诣门认之,节不与争;后所亡豕自还其家,豕主人大惭,送所认豕,并辞谢节,节笑而受之。由是乡党贵叹焉。长子伯兴,次子仲兴,次子叔兴。腾字季兴,少除黄门从官。永宁元年,邓太后诏黄门令选中黄门从官年少温谨者配皇太子书,腾应其选。太子特亲爱腾,饮食赏赐与众有异。顺帝即位,为小黄门,迁至中常侍大长秋。在省闼三十馀年,历事四帝,未尝有过。好进达贤能,终无所毁伤。其所称荐,若陈留虞放、边韶、南阳延固、张温、弘农张奂、颍川堂谿典等,皆致位公卿,而不伐其善。蜀郡太

守因计吏修敬于腾，益州刺史种暠于函谷关搜得其笺，上太守，并奏腾内臣外交，所不当为，请免官治罪。帝曰："笺自外来，腾书不出，非其罪也。"乃寝暠奏。腾不以介意，常称叹暠，以为暠得事上之节。暠后为司徒，语人曰："今日为公，乃曹常侍恩也。"腾之行事，皆此类也。桓帝即位，以腾先帝旧臣，忠孝彰著，封费亭侯，加位特进。太和三年，追尊腾曰高皇帝。

③续汉书曰：嵩字巨高。质性敦慎，所在忠孝。为司隶校尉，灵帝擢拜大司农、大鸿胪，代崔烈为太尉。黄初元年，追尊嵩曰太皇帝。

吴人作曹瞒传及郭颁世语并云：嵩，夏侯氏之子，夏侯惇之叔父。太祖于惇为从父兄弟。

太祖少机警，有权数，而任侠放荡，不治行业，故世人未之奇也；①惟梁国桥玄、南阳何颙异焉。玄谓太祖曰："天下将乱，非命世之才不能济也，能安之者，其在君乎！"②年二十，举孝廉为郎，除洛阳北部尉，迁顿丘令，③征拜议郎。④

①曹瞒传云：太祖少好飞鹰走狗，游荡无度，其叔父数言之于嵩。太祖患之，后逢叔父于路，乃阳败面㖞口；叔父怪而问其故，太祖曰："卒中恶风。"叔父以告嵩。嵩惊愕，呼太祖，太祖口貌如故。嵩问曰："叔父言汝中风，已差乎？"太祖曰："初不中风，但失爱于叔父，故见罔耳。"嵩乃疑焉。自后叔父有所告，嵩终不复信，太祖于是益得肆意矣。

②魏书曰：太尉桥玄，世名知人，睹太祖而异之，曰："吾见天下名士多矣，未有若君者也！君善自持。吾老矣！愿以妻子为托。"由是声名益重。

续汉书曰：玄字公祖，严明有才略，长于人物。

张璠汉纪曰：玄历位中外，以刚断称，谦俭下士，不以王爵私亲。光和中为太尉，以久病策罢，拜太中大夫，卒，家贫乏产业，柩无所殡。当世以此称为名臣。

世语曰：玄谓太祖曰："君未有名，可交许子将。"太祖乃造子将，子将纳焉，由是知名。

孙盛异同杂语云：太祖尝私入中常侍张让室，让觉之；乃舞手戟于庭，逾

垣而出。才武绝人，莫之能害。博览群书，特好兵法，抄集诸家兵法，名曰
接要，又注孙武十三篇，皆传于世。尝问许子将："我何如人?"子将不答。
固问之，子将曰："子治世之能臣，乱世之奸雄。"太祖大笑。

③曹瞒传曰：太祖初入尉廨，缮治四门。造五色棒，县门左右各十馀枚，有
犯禁者，不避豪强，皆棒杀之。后数月，灵帝爱幸小黄门蹇硕叔父夜行，
即杀之。京师敛迹，莫敢犯者。近习宠臣咸疾之，然不能伤，于是共称荐
之，故迁为顿丘令。

④魏书曰：太祖从妹夫㶏强侯宋奇被诛，从坐免官。后以能明古学，复征拜
议郎。先是大将军窦武、太傅陈蕃谋诛阉官，反为所害。太祖上书陈武等
正直而见陷害，奸邪盈朝，善人壅塞，其言甚切；灵帝不能用。是后诏书
敕三府：举奏州县政理无效，民为作谣言者免罢之。三公倾邪，皆希世见
用，货赂并行，强者为怨，不见举奏，弱者守道，多被陷毁。太祖疾之。是
岁以灾异博问得失，因此复上书切谏，说三公所举奏专回避贵戚之意。
奏上，天子感悟，以示三府责让之，诸以谣言征者皆拜议郎。是后政教日
乱，豪猾益炽，多所摧毁；太祖知不可匡正，遂不复献言。

光和末，黄巾起。拜骑都尉，讨颍川贼。迁为济南相，国有十
馀县，长吏多阿附贵戚，赃污狼藉，于是奏免其八；禁断淫祀，奸宄
逃窜，郡界肃然。①久之，征还为东郡太守；不就，称疾归乡里。②

①魏书曰：长吏受取贪饕，依倚贵势，历前相不见举；闻太祖至，咸皆举免，
小大震怖，奸宄遁逃，窜入他郡。政教大行，一郡清平。初，城阳景王刘章
以有功于汉，故其国为立祠，青州诸郡转相仿效，济南尤盛，至六百馀
祠。贾人或假二千石舆服导从作倡乐，奢侈日甚，民坐贫穷，历世长吏无
敢禁绝者。太祖到，皆毁坏祠屋，止绝官吏民不得祠祀。及至秉政，遂除
奸邪鬼神之事，世之淫祀由此遂绝。

②魏书曰：于是权臣专朝，贵戚横恣。太祖不能违道取容，数数干忤，恐为
家祸，遂乞留宿卫。拜议郎，常托疾病，辄告归乡里；筑室城外，春夏习读
书传，秋冬弋猎，以自娱乐。

顷之，冀州刺史王芬、南阳许攸、沛国周旌等连结豪杰，谋废

灵帝,立合肥侯,以告太祖,太祖拒之。芬等遂败。①

①司马彪九州春秋曰:于是陈蕃子逸与术士平原襄楷会于芬坐,楷曰:"天文不利宦者,黄门、常侍真族灭矣。"[2]逸喜。芬曰:"若然者,芬愿驱除。"于是与攸等结谋。灵帝欲北巡河间旧宅,芬等谋因此作难,上书言黑山贼攻劫郡县,求得起兵。会北方有赤气,东西竟天,太史上言"当有阴谋,不宜北行",帝乃止。敕芬罢兵,俄而征之。芬惧,自杀。

魏书载太祖拒芬辞曰:"夫废立之事,天下之至不祥也。古人有权成败、计轻重而行之者,伊尹、霍光是也。伊尹怀至忠之诚,据宰臣之势,处官司之上,故进退废置,计从事立。及至霍光受托国之任,藉宗臣之位,内因太后秉政之重,外有群卿同欲之势,昌邑即位日浅,未有贵宠,朝乏谠臣,议出密近,故计行如转圜,事成如摧朽。今诸君徒见曩者之易,未睹当今之难。诸君自度,结众连党,何若七国?合肥之贵,孰若吴、楚?而造作非常,欲望必克,不亦危乎!"

金城边章、韩遂杀刺史郡守以叛,众十馀万,天下骚动。征太祖为典军校尉。会灵帝崩,太子即位,太后临朝。大将军何进与袁绍谋诛宦官,太后不听。进乃召董卓,欲以胁太后,①卓未至而进见杀。卓到,废帝为弘农王而立献帝,京都大乱。卓表太祖为骁骑校尉,欲与计事。太祖乃变易姓名,间行东归。②出关,过中牟,为亭长所疑,执诣县,邑中或窃识之,为请得解。③卓遂杀太后及弘农王。太祖至陈留,散家财,合义兵,将以诛卓。冬十二月,始起兵于己吾,④是岁中平六年也。

①魏书曰:太祖闻而笑之曰:"阉竖之官,古今宜有,但世主不当假之权宠,使至于此。既治其罪,当诛元恶,一狱吏足矣,何必纷纷召外将乎?欲尽诛之,事必宣露,吾见其败也。"

②魏书曰:太祖以卓终必覆败,遂不就拜,逃归乡里。从数骑过故人成皋吕伯奢;伯奢不在,其子与宾客共劫太祖,取马及物,太祖手刃击杀数人。

世语曰:太祖过伯奢。伯奢出行,五子皆在,备宾主礼。太祖自以背卓命,疑其图己,手剑夜杀八人而去。

孙盛杂记曰:太祖闻其食器声,以为图己,遂夜杀之。既而凄怆曰:"宁我负人,毋人负我!"遂行。

③世语曰:中牟疑是亡人,见拘于县。时掾亦已被卓书;唯功曹心知是太祖,以世方乱,不宜拘天下雄俊,因白令释之。

④世语曰:陈留孝廉卫兹以家财资太祖,使起兵,众有五千人。

初平元年春正月,后将军袁术、冀州牧韩馥、①豫州刺史孔伷、②兖州刺史刘岱、③河内太守王匡、④勃海太守袁绍、陈留太守张邈、东郡太守桥瑁、⑤山阳太守袁遗、⑥济北相鲍信⑦同时俱起兵,众各数万,推绍为盟主。太祖行奋武将军。

①英雄记曰:馥字文节,颍川人。为御史中丞。董卓举为冀州牧。于时冀州民人殷盛,兵粮优足。袁绍之在勃海,馥恐其兴兵,遣数部从事守之,不得动摇。东郡太守桥瑁诈作京师三公移书与州郡,陈卓罪恶,云见逼迫,无以自救,企望义兵,解国患难。馥得移,请诸从事问曰:"今当助袁氏邪,助董卓邪?"治中从事刘子惠曰:"今兴兵为国,何谓袁、董!"馥自知言短而有惭色。子惠复言:"兵者凶事,不可为首;今宜往视他州,有发动者,然后和之。冀州于他州不为弱也,他人功未有在冀州之右者也。"馥然之。馥乃作书与绍,道卓之恶,听其举兵。

②英雄记曰:伷字公绪,陈留人。

张璠汉纪载郑泰说卓云:"孔公绪能清谈高论,嘘枯吹生。"

③岱,刘繇之兄,事见吴志。

④英雄记曰:匡字公节,泰山人。轻财好施,以任侠闻。辟大将军何进府进符使,匡于徐州发强弩五百西诣京师。会进败,匡还乡里。起家,拜河内太守。

谢承后汉书曰:匡少与蔡邕善。其年为卓军所败,走还泰山,收集劲勇得数千人,欲与张邈合。匡先杀执金吾胡母班。班亲属不胜愤怒,与太祖并势,共杀匡。

⑤英雄记曰:瑁字元伟,玄族子。先为兖州刺史,甚有威惠。

⑥遗字伯业,绍从兄。为长安令。河间张超尝荐遗于太尉朱儁,称遗"有冠

5

世之懿，干时之量。其忠允亮直，固天所纵；若乃包罗载籍，管综百氏，登高能赋，睹物知名，求之今日，邈焉靡俦”。事在超集。

英雄记曰：绍后用遗为扬州刺史，为袁术所败。太祖称“长大而能勤学者，惟吾与袁伯业耳”。语在文帝典论。

⑦信事见子勋传。

二月，卓闻兵起，乃徙天子都长安。卓留屯洛阳，遂焚宫室。是时绍屯河内，邈、岱、瑁、遗屯酸枣，术屯南阳，伷屯颍川，馥在邺。卓兵强，绍等莫敢先进。太祖曰：“举义兵以诛暴乱，大众已合，诸君何疑？向使董卓闻山东兵起，倚王室之重，据二周之险，东向以临天下；虽以无道行之，犹足为患。今焚烧宫室，劫迁天子，海内震动，不知所归，此天亡之时也。一战而天下定矣，不可失也。”遂引兵西，将据成皋。邈遣将卫兹分兵随太祖。到荥阳汴水，遇卓将徐荣，与战不利，士卒死伤甚多。太祖为流矢所中，所乘马被创，从弟洪以马与太祖，得夜遁去。荣见太祖所将兵少，力战尽日，谓酸枣未易攻也，亦引兵还。

太祖到酸枣，诸军兵十馀万，日置酒高会，不图进取。太祖责让之，因为谋曰：“诸君听吾计，使勃海引河内之众临孟津，酸枣诸将守成皋，据敖仓，塞轘辕、太谷，全制其险；使袁将军率南阳之军军丹、析，入武关，以震三辅：皆高垒深壁，勿与战，益为疑兵，示天下形势，以顺诛逆，可立定也。今兵以义动，持疑而不进，失天下之望，窃为诸君耻之！”邈等不能用。

太祖兵少，乃与夏侯惇等诣扬州募兵，刺史陈温、丹杨太守周昕与兵四千馀人。还到龙亢，士卒多叛。①至铚、建平，复收兵得千馀人，进屯河内。

①魏书曰：兵谋叛，夜烧太祖帐，太祖手剑杀数十人，馀皆披靡，乃得出营，

其不叛者五百馀人。

刘岱与桥瑁相恶,岱杀瑁,以王肱领东郡太守。

袁绍与韩馥谋立幽州牧刘虞为帝,太祖拒之。①绍又尝得一玉印,于太祖坐中举向其肘,太祖由是笑而恶焉。②

①魏书载太祖答绍曰:"董卓之罪,暴于四海,吾等合大众、兴义兵而远近莫不响应,此以义动故也。今幼主微弱,制于奸臣,未有昌邑亡国之衅,而一旦改易,天下其孰安之?诸君北面,我自西向。"

②魏书曰:太祖大笑曰:"吾不听汝也。"绍复使人说太祖曰:"今袁公势盛兵强,二子已长,天下群英,孰逾于此?"太祖不应。由是益不直绍,图诛灭之。

二年春,绍、馥遂立虞为帝,虞终不敢当。

夏四月,卓还长安。

秋七月,袁绍胁韩馥,取冀州。

黑山贼于毒、白绕、眭固等眭,申随反。十馀万众略魏郡、东郡,王肱不能御,太祖引兵入东郡,击白绕于濮阳,破之。袁绍因表太祖为东郡太守,治东武阳。

三年春,太祖军顿丘,毒等攻东武阳。太祖乃引兵西入山,攻毒等本屯。①毒闻之,弃武阳还。太祖要击眭固,又击匈奴於夫罗于内黄,皆大破之。②

①魏书曰:诸将皆以为当还自救。太祖曰:"孙膑救赵而攻魏,耿弇欲走西安攻临菑。使贼闻我西而还,武阳自解也;不还,我能败其本屯,虏不能拔武阳必矣。"遂乃行。

②魏书曰:於夫罗者,南单于子也。中平中,发匈奴兵,於夫罗率以助汉。会本国反,杀南单于,於夫罗遂将其众留中国。因天下挠乱,与西河白波贼合,破太原、河内,抄略诸郡为寇。

夏四月,司徒王允与吕布共杀卓。卓将李傕、郭汜等杀允攻布，布败，东出武关。傕等擅朝政。

青州黄巾众百万入兖州，杀任城相郑遂，转入东平。刘岱欲击之，鲍信谏曰："今贼众百万，百姓皆震恐，士卒无斗志，不可敌也。观贼众群辈相随，军无辎重，唯以钞略为资，今不若畜士众之力，先为固守。彼欲战不得，攻又不能，其势必离散，后选精锐，据其要害，击之可破也。"岱不从，遂与战，果为所杀。①信乃与州吏万潜等至东郡迎太祖领兖州牧。遂进兵击黄巾于寿张东。信力战斗死，仅而破之。②购求信丧不得，众乃刻木如信形状，祭而哭焉。追黄巾至济北。乞降。冬，受降卒三十馀万，男女百馀万口，收其精锐者，号为青州兵。

① 世语曰：岱既死，陈宫谓太祖曰："州今无主，而王命断绝，宫请说州中，明府寻往牧之，资之以收天下，此霸王之业也。"宫说别驾、治中曰："今天下分裂而州无主；曹东郡，命世之才也，若迎以牧州，必宁生民。"鲍信等亦谓之然。

② 魏书曰：太祖将步骑千馀人，行视战地，卒抵贼营，战不利，死者数百人，引还。贼寻前进。黄巾为贼久，数乘胜，兵皆精悍。太祖旧兵少，新兵不习练，举军皆惧。太祖被甲婴胄，亲巡将士，明劝赏罚，众乃复奋，承间讨击，贼稍折退。贼乃移书太祖曰："昔在济南，毁坏神坛，其道乃与中黄太乙同，似若知道，今更迷惑。汉行已尽，黄家当立。天之大运，非君才力所能存也。"太祖见檄书，呵骂之，数开示降路；遂设奇伏，昼夜会战，战辄禽获，贼乃退走。

袁术与绍有隙，术求援于公孙瓒，瓒使刘备屯高唐，单经屯平原，陶谦屯发干，以逼绍。太祖与绍会击，皆破之。

四年春，军鄄城。荆州牧刘表断术粮道，术引军入陈留，屯封丘，黑山馀贼及於夫罗等佐之。术使将刘详屯匡亭。太祖击详，术救之，与战，大破之。术退保封丘，遂围之，未合，术走襄邑，追到太寿，决渠水灌城。走宁陵，又追之，走九江。夏，太祖还军定陶。

下邳阙宣聚众数千人,自称天子;徐州牧陶谦与共举兵,取泰山华、费,略任城。秋,太祖征陶谦,下十馀城,谦守城不敢出。

是岁,孙策受袁术使渡江,数年间遂有江东。

兴平元年春,太祖自徐州还。初,太祖父嵩,去官后还谯,董卓之乱,避难琅邪,为陶谦所害,故太祖志在复仇东伐。① 夏,使荀彧、程昱守鄄城,复征陶谦,拔五城,遂略地至东海。还过郯,谦将曹豹与刘备屯郯东,要太祖。太祖击破之,遂攻拔襄贲,所过多所残戮。②

①世语曰:嵩在泰山华县。太祖令泰山太守应劭送家诣兖州,劭兵未至,陶谦密遣数千骑掩捕。嵩家以为劭迎,不设备。谦兵至,杀太祖弟德于门中。嵩惧,穿后垣,先出其妾,妾肥,不时得出;嵩逃于厕,与妾俱被害,阖门皆死。劭惧,弃官赴袁绍。后太祖定冀州,劭时已死。

韦曜吴书曰:太祖迎嵩,辎重百馀两。陶谦遣都尉张闿将骑二百卫送,闿于泰山华、费间杀嵩,取财物,因奔淮南。太祖归咎于陶谦,故伐之。

②孙盛曰:夫伐罪吊民,古之令轨;罪谦之由,而残其属部,过矣。

会张邈与陈宫叛迎吕布,郡县皆应。荀彧、程昱保鄄城,范、东阿二县固守,太祖乃引军还。布到,攻鄄城不能下,西屯濮阳。太祖曰:"布一旦得一州,不能据东平,断亢父、泰山之道乘险要我,而乃屯濮阳,吾知其无能为也。"遂进军攻之。布出兵战,先以骑犯青州兵。青州兵奔,太祖陈乱,驰突火出,坠马,烧左手掌。司马楼异扶太祖上马,遂引去。① 未至营止,诸将未与太祖相见,皆怖。太祖乃自力劳军,令军中促为攻具,进复攻之,与布相守百馀日。蝗虫起,百姓大饿,布粮食亦尽,各引去。

①袁暐献帝春秋曰:太祖围濮阳,濮阳大姓田氏为反间,太祖得入城。烧其东门,示无反意。及战,军败。布骑得太祖而不知,问曰:"曹操何在?"太祖曰:"乘黄马走者是也。"布骑乃释太祖而追黄马者。门火犹盛,太祖突火而出。

秋九月，太祖还鄄城。布到乘氏，为其县人李进所破，东屯山阳。于是绍使人说太祖，欲连和。太祖新失兖州，军食尽，将许之。程昱止太祖，太祖从之。冬十月，太祖至东阿。

是岁谷一斛五十馀万钱，人相食，乃罢吏兵新募者。陶谦死，刘备代之。

二年春，袭定陶。济阴太守吴资保南城，未拔。会吕布至，又击破之。夏，布将薛兰、李封屯钜野，太祖攻之，布救兰，兰败，布走，遂斩兰等。布复从东缗与陈宫将万馀人来战，时太祖兵少，设伏，纵奇兵击，大破之。①布夜走，太祖复攻，拔定陶，分兵平诸县。布东奔刘备，张邈从布，使其弟超将家属保雍丘。秋八月，围雍丘。冬十月，天子拜太祖兖州牧。十二月，雍丘溃，超自杀，夷邈三族。邈诣袁术请救，为其众所杀，兖州平，遂东略陈地。

> ①魏书曰：于是兵皆出取麦，在者不能十人，屯营不固。太祖乃令妇人守陴，悉兵拒之。屯西有大堤，其南树木幽深。布疑有伏，乃相谓曰："曹操多谲，勿入伏中。"引军屯南十馀里。明日复来，太祖隐兵堤里，出半兵堤外。布益进，乃令轻兵挑战，既合，伏兵乃悉乘堤，步骑并进，大破之，获其鼓车，追至其营而还。

是岁，长安乱，天子东迁，败于曹阳，渡河幸安邑。

建安元年春正月，太祖军临武平，袁术所置陈相袁嗣降。

太祖将迎天子，诸将或疑，荀彧、程昱劝之，乃遣曹洪将兵西迎，卫将军董承与袁术将苌奴拒险，洪不得进。

汝南、颍川黄巾何仪、刘辟、黄邵、何曼等，众各数万，初应袁术，又附孙坚。二月，太祖进军讨破之，斩辟、邵等，仪及其众皆降。天子拜太祖建德将军，夏六月，迁镇东将军，封费亭侯。秋七月，杨奉、韩暹以天子还洛阳，①奉别屯梁。太祖遂至洛阳，卫京都，暹遁走。天子假太祖节钺，录尚书事。②洛阳残破，董昭等劝太祖都许。

九月,车驾出轘辕而东,以太祖为大将军,封武平侯。自天子西迁,
朝廷日乱,至是宗庙社稷制度始立。③

①献帝春秋曰:天子初至洛阳,幸城西故中常侍赵忠宅。使张杨缮治宫室,
名殿曰杨安殿,八月,帝乃迁居。

②献帝纪曰:又领司隶校尉。

③张璠汉纪曰:初,天子败于曹阳,欲浮河东下。侍中太史令王立曰:"自去
春太白犯镇星于牛斗,过天津,荧惑又逆行守北河,不可犯也。"由是天
子遂不北渡河,将自轵关东出。立又谓宗正刘艾曰:"前太白守天关,与
荧惑会,金火交会,革命之象也。汉祚终矣,晋、魏必有兴者。"立后数言
于帝曰:"天命有去就,五行不常盛,代火者土也,承汉者魏也,能安天下
者,曹姓也,唯委任曹氏而已。"公闻之,使人语立曰:"知公忠于朝廷,然
天道深远,幸勿多言。"

　　天子之东也,奉自梁欲要之,不及。冬十月,公征奉,奉南奔袁
术,遂攻其梁屯,拔之。于是以袁绍为太尉,绍耻班在公下,不肯
受。公乃固辞,以大将军让绍。天子拜公司空,行车骑将军。是岁
用枣祇、韩浩等议,始兴屯田。①

①魏书曰:自遭荒乱,率乏粮谷。诸军并起,无终岁之计,饥则寇略,饱则弃
余,瓦解流离,无敌自破者不可胜数。袁绍之在河北,军人仰食桑椹。袁
术在江、淮,取给蒲蠃。民人相食,州里萧条。公曰:"夫定国之术,在于强
兵足食,秦人以急农兼天下,孝武以屯田定西域,此先代之良式也。"是
岁乃募民屯田许下,得谷百万斛。于是州郡例置田官,所在积谷。征伐四
方,无运粮之劳,遂兼灭群贼,克平天下。

　　吕布袭刘备,取下邳。备来奔。程昱说公曰:"观刘备有雄才而
甚得众心,终不为人下,不如早图之。"公曰:"方今收英雄时也,杀
一人而失天下之心,不可。"

　　张济自关中走南阳。济死,从子绣领其众。二年春正月,公到

宛。张绣降,既而悔之,复反。公与战,军败,为流矢所中,长子昂、弟子安民遇害。①公乃引兵还舞阴,绣将骑来钞,公击破之。绣奔穰,与刘表合。公谓诸将曰:"吾降张绣等,失不便取其质,以至于此。吾知所以败。诸卿观之,自今已后不复败矣。"遂还许。②

①魏书曰:公所乘马名绝影,为流矢所中,伤颊及足,并中公右臂。

世语曰:昂不能骑,进马于公,公故免,而昂遇害。

②世语曰:旧制,三公领兵入见,皆交戟叉颈而前。初,公将讨张绣,入觐天子,时始复此制。公自此不复朝见。

袁术欲称帝于淮南,使人告吕布。布收其使,上其书。术怒,攻布,为布所破。秋九月,术侵陈,公东征之。术闻公自来,弃军走,留其将桥蕤、李丰、梁纲、乐就;公到,击破蕤等,皆斩之。术走渡淮。公还许。

公之自舞阴还也,南阳章陵诸县复叛为绣,公遣曹洪击之,不利,还屯叶,数为绣、表所侵。冬十一月,公自南征,至宛。①表将邓济据湖阳。攻拔之,生擒济,湖阳降。攻舞阴,下之。

①魏书曰:临淯水,祠亡将士,歔欷流涕,众皆感恸。

三年春正月,公还许,初置军师祭酒。三月,公围张绣于穰。夏五月,刘表遣兵救绣,以绝军后。①公将引还,绣兵来追,[3]公军不得进,连营稍前。公与荀彧书曰:"贼来追吾,虽日行数里,吾策之,到安众,破绣必矣。"到安众,绣与表兵合守险,公军前后受敌。公乃夜凿险为地道,悉过辎重,设奇兵。会明,贼谓公为遁也,悉军来追。乃纵奇兵步骑夹攻,大破之。秋七月,公还许。荀彧问公:"前以策贼必破,何也?"公曰:"虏遏吾归师,而与吾死地战,吾是以知胜矣。"

①献帝春秋曰:袁绍叛卒诣公云:"田丰使绍早袭许,若挟天子以令诸侯,四海可指麾而定。"公乃解绣围。

12

吕布复为袁术使高顺攻刘备，公遣夏侯惇救之，不利。备为顺所败。九月，公东征布。冬十月，屠彭城，获其相侯谐。进至下邳，布自将骑逆击。大破之，获其骁将成廉。追至城下，布恐，欲降。陈宫等沮其计，求救于术，劝布出战，战又败，乃还固守，攻之不下。时公连战，士卒罢，欲还，用荀攸、郭嘉计，遂决泗、沂水以灌城。月馀，布将宋宪、魏续等执陈宫，举城降，生禽布、宫，皆杀之。太山臧霸、孙观、吴敦、尹礼、昌豨各聚众。布之破刘备也，霸等悉从布。布败，获霸等，公厚纳待，遂割青、徐二州附于海以委焉，分琅邪、东海、北海为城阳、利城、昌虑郡。

初，公为兖州，以东平毕谌为别驾。张邈之叛也，邈劫谌母弟妻子；公谢遣之，曰："卿老母在彼，可去。"谌顿首无二心，公嘉之，为之流涕。既出，遂亡归。及布破，谌生得，众为谌惧，公曰："夫人孝于其亲者，岂不亦忠于君乎！吾所求也。"以为鲁相。①

①魏书曰：袁绍宿与故太尉杨彪、大长秋梁绍、少府孔融有隙，欲使公以他过诛之。公曰："当今天下土崩瓦解，雄豪并起，辅相君长，人怀怏怏，各有自为之心，此上下相疑之秋也，虽以无嫌待之，犹惧未信；如有所除，则谁不自危？且夫起布衣，在尘垢之间，为庸人之所陵陷，可胜怨乎！高祖赦雍齿之雠而群情以安，如何忘之？"绍以为公外托公义，内实离异，深怀怨望。

臣松之以为杨彪亦曾为魏武所困，几至于死，孔融竟不免于诛灭，岂所谓先行其言而后从之哉！非知之难，其在行之，信矣。

四年春二月，公还至昌邑。张杨将杨丑杀杨，睦固又杀丑，以其众属袁绍，屯射犬。夏四月，进军临河，使史涣、曹仁渡河击之。固使杨故长史薛洪、河内太守缪尚留守，自将兵北迎绍求救，与涣、仁相遇犬城。交战，大破之，斩固。公遂济河，围射犬。洪、尚率众降，封为列侯，还军敖仓。以魏种为河内太守，属以河北事。

初,公举种孝廉。兖州叛,公曰:"唯魏种且不弃孤也。"及闻种走,公怒曰:"种不南走越、北走胡,不置汝也!"既下射犬,生禽种,公曰:"唯其才也!"释其缚而用之。

是时袁绍既并公孙瓒,兼四州之地,众十馀万,将进军攻许。诸将以为不可敌,公曰:"吾知绍之为人,志大而智小,色厉而胆薄,忌克而少威,兵多而分画不明,将骄而政令不一,土地虽广,粮食虽丰,适足以为吾奉也。"秋八月,公进军黎阳,使臧霸等入青州破齐、北海、东安,留于禁屯河上。九月,公还许,分兵守官渡。冬十一月,张绣率众降,封列侯。十二月,公军官渡。

袁术自败于陈,稍困,袁谭自青州遣迎之。术欲从下邳北过,公遣刘备、朱灵要之。会术病死。程昱、郭嘉闻公遣备,言于公曰:"刘备不可纵。"公悔,追之不及。备之未东也,阴与董承等谋反,至下邳,遂杀徐州刺史车胄,举兵屯沛。遣刘岱、王忠击之,不克。[1]

[1]献帝春秋曰:备谓岱等曰:"使汝百人来,其无如何;曹公自来,未可知耳!"

魏武故事曰:岱字公山,沛国人。以司空长史从征伐有功,封列侯。

魏略曰:王忠,扶风人,少为亭长。三辅乱,忠饥乏啖人,随辈南向武关。值娄子伯为荆州道迎北方客人;忠不欲去,因率等件逆击之,夺其兵,聚众千馀人以归公。拜忠中郎将,从征讨。五官将知忠尝啖人,因从驾出行,令俳取冢间髑髅系著忠马鞍,以为欢笑。

庐江太守刘勋率众降,封为列侯。

五年春正月,董承等谋泄,皆伏诛。公将自东征备,诸将皆曰:"与公争天下者,袁绍也。今绍方来而弃之东,绍乘人后,若何?"公曰:"夫刘备,人杰也,今不击,必为后患。[1]袁绍虽有大志,而见事迟,必不动也。"郭嘉亦劝公,遂东击备,破之,生禽其将夏侯博。备走奔绍,获其妻子。备将关羽屯下邳,复进攻之,羽降。昌豨叛为备,又攻破之。公还官渡,绍卒不出。

①孙盛魏氏春秋云:答诸将曰:"刘备,人杰也,将生忧寡人。"
臣松之以为史之记言,既多润色,故前载所述有非实者矣,后之作者又
生意改之,于失实也,不亦弥远乎!凡孙盛制书,多用左氏以易旧文,如
此者非一。嗟乎,后之学者将何取信哉?且魏武方以天下励志,而用夫差
分死之言,尤非其类。

二月,绍遣郭图、淳于琼、颜良攻东郡太守刘延于白马,绍引
兵至黎阳,将渡河。夏四月,公北救延。荀攸说公曰:"今兵少不敌,
分其势乃可。公到延津,若将渡兵向其后者,绍必西应之,然后轻
兵袭白马,掩其不备,颜良可禽也。"公从之。绍闻兵渡,即分兵西
应之。公乃引军兼行趣白马,未至十馀里,良大惊,来逆战。使张
辽、关羽前登,击破,斩良。遂解白马围,徙其民,循河而西。绍于是
渡河追公军,至延津南。公勒兵驻营南阪下,使登垒望之,曰:"可
五六百骑。"有顷,复白:"骑稍多,步兵不可胜数。"公曰:"勿复
白。"乃令骑解鞍放马。是时,白马辎重就道。诸将以为敌骑多,不
如还保营。荀攸曰:"此所以饵敌,如何去之!"绍骑将文丑与刘备
将五六千骑前后至。诸将复白:"可上马。"公曰:"未也。"有顷,骑
至稍多,或分趣辎重。公曰:"可矣。"乃皆上马。时骑不满六百,遂
纵兵击,大破之,斩丑。良、丑皆绍名将也,再战,悉禽,绍军大震。
公还军官渡。绍进保阳武。关羽亡归刘备。

八月,绍连营稍前,依沙塠为屯,东西数十里。公亦分营与相
当,合战不利。① 时公兵不满万,伤者十二三。② 绍复进临官渡,起
土山地道。公亦于内作之,以相应。绍射营中,矢如雨下,行者皆蒙
楯,众大惧。时公粮少,与荀彧书,议欲还许。彧以为"绍悉众聚官
渡,欲与公决胜败。公以至弱当至强,若不能制,必为所乘,是天下
之大机也。且绍,布衣之雄耳,能聚人而不能用。夫以公之神武明

哲而辅以大顺,何向而不济!"公从之。

①习凿齿汉晋春秋曰:许攸说绍曰:"公无与操相攻也。急分诸军持之,而
径从他道迎天子,则事立济矣。"绍不从,曰:"吾要当先围取之。"攸怒。
②臣松之以为魏武初起兵,已有众五千,自后百战百胜,败者十二三而已
矣。但一破黄巾,受降卒三十馀万,馀所吞并,不可悉纪;虽征战损伤,未
应如此之少也。夫结营相守,异于摧锋决战。本纪云:"绍众十馀万,屯营
东西数十里。"魏太祖虽机变无方,略不世出,安有以数千之兵,而得逾
时相抗者哉?以理而言,窃谓不然。绍为屯数十里,公能分营与相当,此
兵不得甚少,一也。绍若有十倍之众,理应当悉力围守,使出入断绝,而
公使徐晃等击其运车,公又自出击淳于琼等,扬雄往还,曾无抵阂,明绍
力不能制,是不得甚少,二也。诸书皆云公坑绍众八万,或云七万。夫八
万人奔散,非八千人所能缚,而绍之大众皆拱手就戮,何缘力能制之?是
不得甚少,三也。将记述者欲以少见奇,非其实录也。按锺繇传云:"公与
绍相持,繇为司隶,送马二千馀匹以给军。"本纪及世语并云公时有骑六
百馀匹,繇马为安在哉?

孙策闻公与绍相持,乃谋袭许,未发,为刺客所杀。

汝南降贼刘辟等叛应绍,略许下。绍使刘备助辟,公使曹仁击
破之。备走,遂破辟屯。

袁绍运谷车数千乘至,公用荀攸计,遣徐晃、史涣邀击,大破
之,尽烧其车。公与绍相拒连月,虽比战斩将,然众少粮尽,士卒疲
乏。公谓运者曰:"却十五日为汝破绍,不复劳汝矣。"冬十月,绍遣
车运谷,使淳于琼等五人将兵万馀人送之,宿绍营北四十里。绍谋
臣许攸贪财,绍不能足,来奔,因说公击琼等。左右疑之,荀攸、贾
诩劝公。公乃留曹洪守,自将步骑五千人夜往,会明至。琼等望见
公兵少,出陈门外。公急击之,琼退保营,遂攻之。绍遣骑救琼。左
右或言"贼骑稍近,请分兵拒之"。公怒曰:"贼在背后,乃白!"士卒

皆殊死战,大破琼等,皆斩之。①绍初闻公之击琼,谓长子谭曰:
"就彼攻琼等,吾攻拔其营,彼固无所归矣!"乃使张郃、高览攻曹
洪。郃等闻琼破,遂来降。绍众大溃,绍及谭弃军走,渡河。追之不
及,尽收其辎重图书珍宝,虏其众。②公收绍书中,得许下及军中人
书,皆焚之。③冀州诸郡多举城邑降者。

① 曹瞒传曰:公闻攸来,跣出迎之,抚掌笑曰:"子远,卿来,[4]吾事济矣!"既
入坐,谓公曰:"袁氏军盛,何以待之?今有几粮乎?"公曰:"尚可支一
岁。"攸曰:"无是,更言之!"又曰:"可支半岁。"攸曰:"足下不欲破袁氏
邪,何言之不实也!"公曰:"向言戏之耳。其实可一月,为之奈何?"攸曰:
"公孤军独守,外无救援而粮谷已尽,此危急之日也。今袁氏辎重有万馀
乘,在故市、乌巢,屯军无严备;今以轻兵袭之,不意而至,燔其积聚,不
过三日,袁氏自败也。"公大喜,乃举精锐步骑,皆用袁军旗帜,衔枚缚马
口,夜从间道出,人抱束薪,所历道有问者,语之曰:"袁公恐曹操钞略后
军,遣兵以益备。"闻者信以为然,皆自若。既至,围屯,大放火,营中惊
乱。大破之,尽燔其粮谷宝货,斩督将眭元进、骑督韩莒子、吕威璜、赵睿
等首,割得将军淳于仲简鼻,未死,杀士卒千馀人,皆取鼻,牛马割唇舌,
以示绍军。将士皆怛惧。时有夜得仲简,将以诣麾下,公谓曰:"何为如
是?"仲简曰:"胜负自天,何用为问乎!"公意欲不杀。许攸曰:"明旦鉴于
镜,此益不忘人。"乃杀之。

② 献帝起居注曰:公上言"大将军邺侯袁绍前与冀州牧韩馥立故大司马刘
虞,刻作金玺,遣故任长毕瑜诣虞,为说命录之数。又绍与臣书云:'可都
鄄城,当有所立。'擅铸金银印,孝廉计吏,皆往诣绍。从弟济阴太守叙与
绍书云:'今海内丧败,天意实在我家,神应有征,当在尊兄。南兄臣下欲
使即位,南兄言,以年则北兄长,以位则北兄重。便欲送玺,会曹操断
道。'绍宗族累世受国重恩,而凶逆无道,乃至于此。辄勒兵马,与战官
渡,乘圣朝之威,得斩绍大将淳于琼等八人首,遂大破溃。绍与子谭轻身
逃走。凡斩首七万馀级,辎重财物巨亿。"

③ 魏氏春秋曰:公云:"当绍之强,孤犹不能自保,而况众人乎!"

初，桓帝时有黄星见于楚、宋之分，辽东殷馗馗，古逵字，见三苍。善天文，言后五十岁当有真人起于梁、沛之间，其锋不可当。至是凡五十年，而公破绍，天下莫敌矣。

六年夏四月，扬兵河上，击绍仓亭军，破之。绍归，复收散卒，攻定诸叛郡县。九月，公还许。绍之未破也，使刘备略汝南，汝南贼共都等应之。遣蔡扬击都，不利，为都所破。公南征备。备闻公自行，走奔刘表，都等皆散。

七年春正月，公军谯，令曰："吾起义兵，为天下除暴乱。旧土人民，死丧略尽，国中终日行，不见所识，使吾凄怆伤怀。其举义兵已来，将士绝无后者，求其亲戚以后之，授土田，官给耕牛，置学师以教之。为存者立庙，使祀其先人，魂而有灵，吾百年之后何恨哉！"遂至浚仪，治睢阳渠，遣使以太牢祀桥玄。① 进军官渡。

① 褒赏令载公祀文曰："故太尉桥公，诞敷明德，泛爱博容。国念明训，士思令谟。灵幽体翳，邈哉晞矣！吾以幼年，逮升堂室，特以顽鄙之姿，为大君子所纳。增荣益观，皆由奖助，犹仲尼称不如颜渊，李生之厚叹贾复。士死知己，怀此无忘。又承从容约誓之言：'殂逝之后，路有经由，不以斗酒只鸡过相沃酹，车过三步，腹痛勿怪！'虽临时戏笑之言，非至亲之笃好，胡肯为此辞乎？匪谓灵忿，能诒己疾，怀旧惟顾，念之凄怆。奉命东征，屯次乡里，北望贵土，乃心陵墓。裁致薄莫，公其尚飨！"

绍自军破后，发病欧血，夏五月死。小子尚代，谭自号车骑将军，屯黎阳。秋九月，公征之，连战。谭、尚数败退，固守。

八年春三月，攻其郭，乃出战，击，大破之，谭、尚夜遁。夏四月，进军邺。五月还许，留贾信屯黎阳。

己酉，令曰："司马法'将军死绥'，①故赵括之母，乞不坐括。是古之将者，军破于外，而家受罪于内也。自命将征行，但赏功而不罚罪，非国典也。其令诸将出征，败军者抵罪，失利者免官爵。"②

①魏书曰：绥，却也。有前一尺，无却一寸。

②魏书载庚申令曰："议者或以军吏虽有功能，德行不足堪任郡国之选，所谓'可与适道，未可与权'。管仲曰：'使贤者食于能则上尊，斗士食于功则卒轻于死，二者设于国则天下治。'未闻无能之人，不斗之士，并受禄赏，而可以立功兴国者也。故明君不官无功之臣，不赏不战之士；治平尚德行，有事赏功能。论者之言，一似管窥虎欤！"

秋七月，令曰："丧乱已来，十有五年，后生者不见仁义礼让之风，吾甚伤之。其令郡国各修文学，县满五百户置校官，选其乡之俊造而教学之，庶几先王之道不废，而有以益于天下。"

八月，公征刘表，军西平。公之去邺而南也，谭、尚争冀州，谭为尚所败，走保平原。尚攻之急，谭遣辛毗乞降请救。诸将皆疑，荀攸劝公许之，①公乃引军还。冬十月，到黎阳，为子整与谭结婚。②尚闻公北，乃释平原还邺。东平吕旷、吕翔叛尚，屯阳平，率其众降，封为列侯。③

①魏书曰：公云："我攻吕布，表不为寇，官渡之役，不救袁绍，此自守之贼也，宜为后图。谭、尚狡猾，当乘其乱。纵谭挟诈，不终束手，使我破尚，偏收其地，利自多矣。"乃许之。

②臣松之案：绍死至此，过周五月耳。谭虽出后其伯，不为绍服三年，而于再期之内以行吉礼，悖矣。魏武或以权宜与之约言；今云结婚，未必便以此年成礼。

③魏书曰：谭之围解，阴以将军印绶假旷。旷受印送之，公曰："我固知谭之有小计也。欲使我攻尚，得以其间略民聚众，尚之破，可得自强以乘我弊也。尚破我盛，何弊之乘乎？"

九年春正月，济河，遏淇水入白沟以通粮道。二月，尚复攻谭，留苏由、审配守邺。公进军到洹水，由降。既至，攻邺，为土山、地道。武安长尹楷屯毛城，通上党粮道。夏四月，留曹洪攻邺，公自将击楷，破之而还。尚将沮鹄守邯郸，①又击拔之。易阳令韩范、涉长梁岐举县降,赐爵关内侯。五月,毁土山、地道,作围堑,决漳水灌城;城中饿死者过半。秋七月,尚还救邺,诸将皆以为"此归师,人自为战,不如避之"。公曰:"尚从大道来,当避之;若循西山来者,此成禽耳。"尚果循西山来,临滏水为营。②夜遣兵犯围,公逆击破走之,遂围其营。未合,尚惧,遣故豫州刺史阴夔及陈琳乞降,[5]公不许,为围益急。尚夜遁,保祁山,追击之。其将马延、张颉等临陈降,众大溃,尚走中山。尽获其辎重,得尚印绶节钺,使尚降人示其家,城中崩沮。八月,审配兄子荣夜开所守城东门内兵。配逆战,败,生禽配,斩之,邺定。公临祀绍墓,哭之流涕;慰劳绍妻,还其家人宝物,赐杂缯絮,廪食之。③

①沮音菹,河朔间今犹有此姓。鹄,沮授子也。

②曹瞒传曰:遣候者数部前后参之,皆曰"定从西道,已在邯郸"。公大喜,会诸将曰:"孤已得冀州,诸君知之乎?"皆曰:"不知。"公曰:"诸君方见不久也。"

③孙盛云:昔者先王之为诔赏也,将以惩恶劝善,永彰鉴戒。绍因世艰危,遂怀逆谋,上议神器,下干国纪。荐社污宅,古之制也,而乃尽哀于逆臣之家,加恩于饕餮之室,为政之道,于斯蹶矣。夫匿怨友人,前哲所耻,税骖旧馆,义无虚涕,苟道乖好绝,何哭之有!昔汉高失之于项氏,魏武遵谬于此举,岂非百虑之一失也。

初,绍与公共起兵,绍问公曰:"若事不辑,则方面何所可据?"公曰:"足下意以为何如?"绍曰:"吾南据河,北阻燕、代,兼戎狄之众,南向以争天下,庶可以济乎?"公曰:"吾任天下之智力,以道御之,无所不可。"①

①傅子曰:太祖又云:"汤、武之王,岂同土哉?若以险固为资,则不能应机而变化也。"

九月,令曰:"河北罹袁氏之难,其令无出今年租赋!"重豪强

20

兼并之法,百姓喜悦。① 天子以公领冀州牧,公让还兖州。

①魏书载公令曰:"有国有家者,不患寡而患不均,不患贫而患不安。袁氏之治也,使豪强擅恣,亲戚兼并;下民贫弱,代出租赋,炫鬻家财,不足应命;审配宗族,至乃藏匿罪人,为逋逃主。欲望百姓亲附,甲兵强盛,岂可得邪!其收田租亩四升,户出绢二匹、绵二斤而已,他不得擅兴发。郡国守相明检察之,无令强民有所隐藏,而弱民兼赋也。"

公之围邺也,谭略取甘陵、安平、勃海、河间。尚败,还中山。谭攻之,尚奔故安,遂并其众。公遗谭书,责以负约,与之绝婚,女还,然后进军。谭惧,拔平原,走保南皮。十二月,公入平原,略定诸县。

十年春正月,攻谭,破之,斩谭,诛其妻子,冀州平。①下令曰:"其与袁氏同恶者,与之更始。"令民不得复私仇,禁厚葬,皆一之于法。是月,袁熙大将焦触、张南等叛攻熙、尚,熙、尚奔三郡乌丸。触等举其县降,封为列侯。初讨谭时,民亡椎冰,②令不得降。顷之,亡民有诣门首者,公谓曰:"听汝则违令,杀汝则诛首,归深自藏,无为吏所获。"民垂泣而去;后竟捕得。

①魏书曰:公攻谭,旦及日中不决;公乃自执枹鼓,士卒咸奋,应时破陷。

②臣松之以为讨谭时,川渠水冻,使民椎冰以通船,民惮役而亡。

夏四月,黑山贼张燕率其众十馀万降,封为列侯。故安赵犊、霍奴等杀幽州刺史、涿郡太守。三郡乌丸攻鲜于辅于犷平。①秋八月,公征之,斩犊等,乃渡潞河救犷平,乌丸奔走出塞。

①续汉书郡国志曰:犷平,县名,属渔阳郡。

九月,令曰:"阿党比周,先圣所疾也。闻冀州俗,父子异部,更相毁誉。昔直不疑无兄,世人谓之盗嫂;第五伯鱼三娶孤女,谓之挝妇翁;王凤擅权,谷永比之申伯;王商忠议,张匡谓之左道:此皆以白为黑,欺天罔君者也。吾欲整齐风俗,四者不除,吾以为羞。"
冬十月,公还邺。

初,袁绍以甥高幹领并州牧,公之拔邺,幹降,遂以为刺史。幹
闻公讨乌丸,乃以州叛,执上党太守,举兵守壶关口。遣乐进、李典
击之,幹还守壶关城。十一年春正月,公征幹。幹闻之,乃留其别将
守城,走入匈奴,求救于单于,单于不受。公围壶关三月,拔之。幹
遂走荆州,上洛都尉王琰捕斩之。

秋八月,公东征海贼管承,至淳于,遣乐进、李典击破之,承走
入海岛。割东海之襄贲、郯、戚以益琅邪,省昌虑郡。①

①魏书载十月乙亥令曰:"夫治世御众,建立辅弼,诚在面从,诗称'听用我
谋,庶无大悔',斯实君臣恳恳之求也。吾充重任,每惧失中,频年已来,
不闻嘉谋,岂吾开延不勤之咎邪?自今已后,诸掾属治中、别驾,常以月
旦各言其失,吾将览焉。"

三郡乌丸承天下乱,破幽州,略有汉民合十馀万户。袁绍皆立
其酋豪为单于,以家人子为己女,妻焉。辽西单于蹋顿尤强,为绍
所厚,故尚兄弟归之,数入塞为害。公将征之,凿渠,自呼沲入
泒水,泒音孤。名平虏渠;又从泃河口泃音句。凿入潞河,名泉州渠,以
通海。

十二年春二月,公自淳于还邺。丁酉,令曰:"吾起义兵诛暴
乱,于今十九年,所征必克,岂吾功哉?乃贤士大夫之力也。天下虽
未悉定,吾当要与贤士大夫共定之;而专飨其劳,吾何以安焉! 其
促定功行封。"于是大封功臣二十馀人,皆为列侯,其馀各以次受
封,及复死事之孤,轻重各有差。①

①魏书载公令曰:"昔赵奢、窦婴之为将也,受赐千金,一朝散之,故能济成
大功,永世流声。吾读其文,未尝不慕其为人也。与诸将士大夫共从戎
事,幸赖贤人不爱其谋,群士不遗其力,是以夷险平乱,而吾得窃大赏,

户邑三万。追思窦婴散金之义，今分所受租与诸将掾属及故戍于陈、蔡者，庶以畴答众劳，不擅大惠也。宜差死事之孤，以租谷及之。若年殷用足，租奉毕入，将大与众人悉共飨之。"

将北征三郡乌丸，诸将皆曰："袁尚，亡虏耳，夷狄贪而无亲，岂能为尚用？今深入征之，刘备必说刘表以袭许。万一为变，事不可悔。"惟郭嘉策表必不能任备，劝公行。夏五月，至无终。秋七月，大水，傍海道不通，田畴请为乡导，公从之。引军出卢龙塞，塞外道绝不通，乃堑山堙谷五百馀里，经白檀，历平冈，涉鲜卑庭，东指柳城。未至二百里，虏乃知之。尚、熙与蹋顿、辽西单于楼班、右北平单于能臣抵之等将数万骑逆军。八月，登白狼山，卒与虏遇，众甚盛。公车重在后，被甲者少，左右皆惧。公登高，望虏陈不整，乃纵兵击之，使张辽为先锋，虏众大崩，斩蹋顿及名王已下，胡、汉降者二十馀万口。辽东单于速仆丸及辽西、北平诸豪，弃其种人，与尚、熙奔辽东，众尚有数千骑。初，辽东太守公孙康恃远不服。及公破乌丸，或说公遂征之，尚兄弟可禽也。公曰："吾方使康斩送尚、熙首，不烦兵矣。"九月，公引兵自柳城还，①康即斩尚、熙及速仆丸等，传其首。诸将或问："公还而康斩送尚、熙，何也？"公曰："彼素畏尚等，吾急之则并力，缓之则自相图，其势然也。"十一月至易水，代郡乌丸行单于普富卢、上郡乌丸行单于那楼将其名王来贺。

①曹瞒传曰：时寒且旱，二百里无复水，军又乏食，杀马数千匹以为粮，凿地入三十馀丈乃得水。既还，科问前谏者，众莫知其故，人人皆惧。公皆厚赏之，曰："孤前行，乘危以徼幸，虽得之，天所佐也，故不可以为常。诸君之谏，万安之计，是以相赏，后勿难言之。"

十三年春正月，公还邺，作玄武池以肄舟师。①汉罢三公官，置丞相、御史大夫。夏六月，以公为丞相。②

①肆，以四反。三苍曰："肆，习也。"
②献帝起居注曰：使太常徐璆即授印绶。御史大夫不领中丞，置长史一人。
　先贤行状曰：璆字孟玉，[6]广陵人。少履清爽，立朝正色。历任城、汝南、
　东海三郡，所在化行。被征当还，为袁术所劫。术僭号，欲授以上公之位，
　璆终不为屈。术死后，璆得术玺，致之汉朝，拜卫尉太常；公为丞相，以位
　让璆焉。

　秋七月，公南征刘表。八月，表卒，其子琮代，屯襄阳，刘备屯
樊。九月，公到新野，琮遂降，备走夏口。公进军江陵，下令荆州吏
民，与之更始。乃论荆州服从之功，侯者十五人，以刘表大将文聘
为江夏太守，使统本兵，引用荆州名士韩嵩、邓义等。①益州牧刘璋
始受征役，遣兵给军。十二月，孙权为备攻合肥。公自江陵征备，至
巴丘，遣张憙救合肥。权闻憙至，乃走。公至赤壁，与备战，不利。于
是大疫，吏士多死者，乃引军还。备遂有荆州、江南诸郡。②

①卫恒四体书势序曰：上谷王次仲善隶书，始为楷法。至灵帝好书，世多能
　者。而师宜官为最，甚矜其能，每书，辄削焚其札。梁鹄乃益为版而饮之
　酒，候其醉而窃其札。鹄卒以攻书至选部尚书。于是公欲为洛阳令，鹄以
　为北部尉。鹄后依刘表。及荆州平，公募求鹄，鹄惧，自缚诣门，署军假司
　马，使在秘书，以勒书自效。[7]公尝悬著帐中，及以钉壁玩之，谓胜宜官。
　鹄字孟黄，安定人。魏宫殿题署，皆鹄书也。
　皇甫谧逸士传曰：汝南王儁，字子文，少为范滂、许章所识，与南阳岑晊
　善。公之为布衣，特爱儁；儁亦称公有治世之具。及袁绍与弟术丧母，归
　葬汝南，儁与公会之，会者三万人。公于外密语儁曰："天下将乱，为乱魁
　者必此二人也。欲济天下，为百姓请命，不先诛此二子，乱今作矣。"儁
　曰："如卿之言，济天下者，舍卿复谁？"相对而笑。儁为人外静而内明，不
　应州郡三府之命。公车征，不到，避地居武陵，归儁者一百馀家。帝之都
　许，复征为尚书，又不就。刘表见绍强，阴与绍通，儁谓表曰："曹公，天下

之雄也,必能兴霸道,继桓、文之功者也。今乃释近而就远,如有一朝之急,遥望漠北之救,不亦难乎?"表不从。儁年六十四,以寿终于武陵,公闻而哀伤。及平荆州,自临江迎丧,改葬于江陵,表为先贤也。

②山阳公载记曰:公船舰为备所烧,引军从华容道步归,遇泥泞,道不通,天又大风,悉使羸兵负草填之,骑乃得过。羸兵为人马所蹈藉,陷泥中,死者甚众。军既得出,公大喜,诸将问之,公曰:"刘备,吾俦也。但得计少晚;向使早放火,吾徒无类矣。"备寻亦放火而无所及。

孙盛异同评曰:按吴志,刘备先破公军,然后权攻合肥,而此记云权先攻合肥,后有赤壁之事。二者不同,吴志为是。

十四年春三月,军至谯,作轻舟,治水军。秋七月,自涡入淮,出肥水,军合肥。辛未,令曰:"自顷已来,军数征行,或遇疫气,吏士死亡不归,家室怨旷,百姓流离,而仁者岂乐之哉?不得已也。其令死者家无基业不能自存者,县官勿绝廪,长吏存恤抚循,以称吾意。"置扬州郡县长吏,开芍陂屯田。十二月,军还谯。

十五年春,下令曰:"自古受命及中兴之君,曷尝不得贤人君子与之共治天下者乎! 及其得贤也,曾不出闾巷,岂幸相遇哉?上之人不求之耳。今天下尚未定,此特求贤之急时也。‘孟公绰为赵、魏老则优,不可以为滕、薛大夫’。若必廉士而后可用,则齐桓其何以霸世! 今天下得无有被褐怀玉而钓于渭滨者乎?又得无盗嫂受金而未遇无知者乎?二三子其佐我明扬仄陋,唯才是举,吾得而用之。"冬,作铜雀台。①

①魏武故事载公十二月己亥令曰:"孤始举孝廉,年少,自以本非岩穴知名之士,恐为海内人之所见凡愚,欲为一郡守,好作政教,以建立名誉,使世士明知之;故在济南,始除残去秽,平心选举,违迕诸常侍。以为强豪所忿,恐致家祸,故以病还。去官之后,年纪尚少,顾视同岁中,年有五十,未名为老,内自图之,从此却去二十年,待天下清,乃与同岁中始举

者等耳。故以四时归乡里,于谯东五十里筑精舍,欲秋夏读书,冬春射猎,求底下之地,欲以泥水自蔽,绝宾客往来之望,然不能得如意。后征为都尉,迁典军校尉,意遂更欲为国家讨贼立功,欲望封侯作征西将军,然后题墓道言'汉故征西将军曹侯之墓',此其志也。而遭值董卓之难,兴举义兵。是时合兵能多得耳,然常自损,不欲多之;所以然者,多兵意盛,与强敌争,倘更为祸始。故汴水之战数千,后还到扬州更募,亦复不过三千人,此其本志有限也。后领兖州,破降黄巾三十万众。又袁术僭号于九江,下皆称臣,名门曰建号门,衣被皆为天子之制,两妇预争为皇后。志计已定,人有劝术使遂即帝位,露布天下,答言'曹公尚在,未可也'。后孤讨禽其四将,获其人众,遂使术穷亡解沮,发病而死。及至袁绍据河北,兵势强盛,孤自度势,实不敌之,但计投死为国,以义灭身,足垂于后。幸而破绍,枭其二子。又刘表自以为宗室,包藏奸心,乍前乍却,以观世事,据有当州,孤复定之,遂平天下。身为宰相,人臣之贵已极,意望已过矣。今孤言此,若为自大,欲人言尽,故无讳耳。设使国家无有孤,不知当几人称帝,几人称王。或者人见孤强盛,又性不信天命之事,恐私心相评,言有不逊之志,妄相忖度,每用耿耿。齐桓、晋文所以垂称至今日者,以其兵势广大,犹能奉事周室也。论语云'三分天下有其二,以服事殷,周之德可谓至德矣',夫能以大事小也。昔乐毅走赵,赵王欲与之图燕,乐毅伏而垂泣,对曰:'臣事昭王,犹事大王;臣若获戾,放在他国,没世然后已,不忍谋赵之徒隶,况燕后嗣乎!'胡亥之杀蒙恬也,恬曰:'自吾先人及至子孙,积信于秦三世矣;今臣将兵三十馀万,其势足以背叛,然自知必死而守义者,不敢辱先人之教以忘先王也。'孤每读此二人书,未尝不怆然流涕也。孤祖父以至孤身,皆当亲重之任,可谓见信者矣,以及子桓兄弟,过于三世矣。孤非徒对诸君说此也,常以语妻妾,皆令深知此意。孤谓之言:'顾我万年之后,汝曹皆当出嫁,欲令传道我心,使他人皆知之。'孤此言皆肝鬲之要也。所以勤勤恳恳叙心腹者,见周公有金縢之书以自明,恐人不信之故。然欲孤便尔委捐所典兵众以还执事,归就武平侯国,实不可也。何者?诚恐己离兵为人所祸也。既为子孙计,又己败则国家倾危,是以不得慕虚名而处实祸,此所不得为也。前朝恩封三子为侯,固辞不受,今更欲受之,非欲复以为荣,欲以为外援,为万安计。孤闻介推之避晋封,申胥之逃楚赏,未尝不舍书而叹,有以自省也。奉国威灵,仗铖征伐,推弱以克强,处小而禽大,意之所图,动无违事,心之所虑,何向不济,遂荡平天下,不辱主命,可谓天助汉室,非人力也。然封兼四县,食户三万,何德堪之! 江湖未静,不可让位;至于邑土,可得而辞。今上还阳夏、柘、苦三县户二万,但食武平万户,且以分损谤议,少减孤之责也。"

十六年春正月,①天子命公世子丕为五官中郎将,置官属,为丞相副。太原商曜等以大陵叛,遣夏侯渊、徐晃围破之。张鲁据汉中,三月,遣锺繇讨之。公使渊等出河东与繇会。

①魏书曰:庚辰,天子报:减户五千,分所让三县万五千封三子,植为平原侯,据为范阳侯,豹为饶阳侯,食邑各五千户。

是时关中诸将疑繇欲自袭,马超遂与韩遂、杨秋、李堪、成宜等叛。遣曹仁讨之。超等屯潼关,公敕诸将:"关西兵精悍,坚壁勿与战。"秋七月,公西征,①与超等夹关而军。公急持之,而潜遣徐晃、朱灵等夜渡蒲阪津,据河西为营。公自潼关北渡,未济,超赴船急战。校尉丁斐因放牛马以饵贼,贼乱取牛马,公乃得渡,②循河为甬道而南。贼退,拒渭口,公乃多设疑兵,潜以舟载兵入渭,为浮桥,夜,分兵结营于渭南。贼夜攻营,伏兵击破之。超等屯渭南,遣信求割河以西请和,公不许。九月,进军渡渭。③超等数挑战,又不许;固请割地,求送任子,公用贾诩计,伪许之。韩遂请与公相见,公与遂父同岁孝廉,又与遂同时侪辈,于是交马语移时,不及军事,但说京都旧故,拊手欢笑。既罢,超等问遂:"公何言?"遂曰:"无所言也。"超等疑之。④他日,公又与遂书,多所点窜,如遂改定者;超等愈疑遂。公乃与克日会战,先以轻兵挑之,战良久,乃纵虎骑夹击,大破之,斩成宜、李堪等。遂、超等走凉州,杨秋奔安定,关中平。诸将或问公曰："初，贼守潼关，渭北道缺，不从河东击冯翊而反守潼关，引日而后北渡，何也？"公曰："贼守潼关，若吾入河东，贼必引守诸津，则西河未可渡，吾故盛兵向潼关；贼悉众南守，西河之备虚，故二将得擅取西河；然后引军北渡，贼不能与吾争西河者，以有二将之军也。连车树栅，为甬道而南，⑤既为不可胜，且以示弱。渡渭为坚垒，虏至不出，所以骄之也；故贼不为营垒而求割地。吾顺言许之，所以从其意，使自安而不为备，因畜士卒之力，一旦击之，所谓疾雷不及掩耳，兵之变化，固非一道也。"始，贼每一部到，公辄有喜色。贼破之后，诸将问其故。公答曰："关中长远，若贼各依险阻，征之，不一二年不可定也。今皆来集，其众虽多，莫相归服，军无适主，一举可灭，为功差易，吾是以喜。"

①魏书曰：议者多言"关西兵强，习长矛，非精选前锋，则不可以当也"。公谓诸将曰："战在我，非在贼也。贼虽习长矛，将使不得以刺，诸君但观之耳。"

②曹瞒传曰：公将过河，前队适渡，超等奄至，公犹坐胡床不起。张郃等见事急，共引公入船。河水急，比渡，流四五里，超等骑追射之，矢下如雨。诸将见军败，不知公所在，皆惶惧，至见，乃悲喜，或流涕。公大笑曰："今日几为小贼所困乎！"

③曹瞒传曰：时公军每渡渭，辄为超骑所冲突，营不得立，地又多沙，不可筑垒。娄子伯说公曰："今天寒，可起沙为城，以水灌之，可一夜而成。"公从之，乃多作缣囊以运水，夜渡兵作城，比明，城立，由是公军尽得渡渭。

或疑于时九月，水未应冻。臣松之按魏书：公军八月至潼关，闰月北渡河，则其年闰八月也，至此容可大寒邪！

④魏书曰：公后日复与遂等会语，诸将曰："公与虏交语，不宜轻脱，可为木行马以为防遏。"公然之。贼将见公，悉于马上拜，秦、胡观者，前后重沓，公笑谓贼曰："汝欲观曹公邪？亦犹人也，非有四目两口，但多智耳！"胡前后大观。又列铁骑五千为十重陈，精光耀日，贼益震惧。

⑤臣松之案：汉高祖二年，与楚战荥阳京、索之间，筑甬道属河以取敖仓粟。应劭曰："恐敌钞辎重，故筑垣墙如街巷也。"今魏武不筑垣墙，但连车树栅以扞两面。

冬十月，军自长安北征杨秋，围安定。秋降，复其爵位，使留抚其民人。①十二月，自安定还，留夏侯渊屯长安。

①魏略曰：杨秋，黄初中迁讨寇将军，位特进，封临泾侯，以寿终。

十七年春正月，公还邺。天子命公赞拜不名，入朝不趋，剑履上殿，如萧何故事。马超馀众梁兴等屯蓝田，使夏侯渊击平之。割河内之荡阴、朝歌、林虑，东郡之卫国、顿丘、东武阳、发干，钜鹿之廮陶、曲周、南和，广平之任城，赵之襄国、邯郸、易阳以益魏郡。

冬十月，公征孙权。

十八年春正月，进军濡须口，攻破权江西营，获权都督公孙阳，乃引军还。诏书并十四州，复为九州。夏四月，至邺。

五月丙申，天子使御史大夫郗虑持节策命公为魏公①曰：

朕以不德，少遭愍凶，越在西土，迁于唐、卫。当此之时，若缀旒然，②宗庙乏祀，社稷无位；群凶觊觎，分裂诸夏，率土之民，朕无获焉，即我高祖之命将坠于地。朕用夙兴假寐，震悼于厥心，曰："惟祖惟父，股肱先正，③其孰能恤朕躬？"乃诱天衷，诞育丞相，保乂我皇家，弘济于艰难，朕实赖之。今将授君典礼，其敬听朕命。

昔者董卓初兴国难，群后释位以谋王室，④君则摄进，首启戎行，此君之忠于本朝也。后及黄巾反易天常，侵我三州，延及平民，君又勠之以宁东夏，此又君之功也。韩暹、杨奉专用威命，君则致讨，克黜其难，遂迁许都，造我京畿，设官兆祀，不失旧物，天地鬼神于是获乂，此又君之功也。袁术僭逆，肆于淮南，惧惮君灵，用丕显谋，蕲阳之役，桥蕤授首，棱威南迈,术以陨溃,此又君之功也。回戈东征,吕布就戮,乘辕将返,张杨殂毙,眭固伏罪,张绣稽服,此又君之功也。袁绍逆乱天常,谋危社稷,凭恃其众,称兵内侮,当此之时,王师寡弱,天下寒心,莫有固志,君执大节,精贯白日,奋其武怒,运其神策,致届官渡,大歼丑类,⑤俾我国家拯于危坠,此又君之功也。济师洪河,拓定四州,袁谭、高幹,咸枭其首,海盗奔迸,黑山顺轨,此又君之功也。乌丸三种,崇乱二世,袁尚因之,逼据塞北,束马县车,一征而灭,此又君之功也。刘表背诞,不供贡职,王师首路,威风先逝,百城八郡,交臂屈膝,此又君之功也。马超、成宜,同恶相济,滨据河、潼,求逞所欲,殄之渭南,献馘万计,遂定边境,抚和戎狄,此又君之功也。鲜卑、丁零,重译而至,箪于、⁽⁸⁾白屋,请吏率职,此又君之功也。君有定天下之功,重之以明德,班叙海内,宣美风俗,旁施勤教,恤慎刑狱,吏无苛政,民无怀慝;敦崇帝族,表继绝世,旧德前功,罔不咸秩;虽伊尹格于皇天,周公光于四海,方之蔑如也。

朕闻先王并建明德,胙之以土,分之以民,崇其宠章,备其礼物,所以藩卫王室,左右厥世。其在周成,管、蔡不静,惩难念功,乃使邵康公赐齐太公履,东至于海,西至于河,南至于穆陵,北至于无棣,五侯九伯,实得征之,世祚太师,以表东海;爰及襄王,亦有楚人不供王职,又命晋文登为侯伯,锡以二辂、虎贲、铁钺、秬鬯、弓矢,大启南阳,世作盟主。故周室之不坏,繄二国是赖。今君称丕显德,明保朕躬,奉答天命,导扬弘烈,绥爰九域,莫不率俾,⑥功高于伊、周,而赏卑于齐、晋,朕甚恶焉。朕以眇眇之身,托于兆民之上,永思厥艰,若涉渊水,⁽⁹⁾非君攸济,朕无任焉。今以冀州之河东、河内、魏郡、赵国、中山、常山、钜鹿、安平、甘陵、平原凡十郡,封君为魏公。锡君玄土,苴以白茅,爰契尔龟,用建冢社。昔在周室,毕公、毛公入为卿佐,周、邵师保出为二伯,外内之任,君实宜之。其以丞相领冀州牧如故。又加君九锡,其敬听朕命。以君经纬礼律,为民轨仪,使安职业,无或迁志,是用锡君大辂、戎辂各一,玄牡二驷。君劝分务本,穑人昏作,⑦粟帛滞积,大业惟兴,是用锡君衮冕之服,赤舄副焉。君敦尚谦让,俾民兴行,少长有礼,上下咸和,是用锡君轩县之乐,六佾之舞。君翼宣风化,爰发四方,远人革面,华夏充实,是用锡君朱户以居。君研其明哲,思帝所难,官才任贤,群善必举,是用锡君纳陛以登。君秉国之钧,正色处中,纤毫之恶,靡不抑退,是用锡君虎贲之士三百人。君纠虔天刑,章厥有罪,⑧犯关干纪,莫不诛殛,是用锡君鈇钺各一。君龙骧虎视,旁眺八维,掩讨逆节,折冲四海,是用锡君彤弓一,彤矢百,玈弓十,玈矢千。君以温恭为基,孝友为德,明允笃诚,感于朕思,是用锡君秬鬯一卣,珪瓒副焉。魏国置丞相已下群卿百寮,皆如汉初诸侯王之制。往钦哉,敬服朕命!简恤尔众,时亮庶功,用终尔显德,对扬我高祖之休命! ⑨

①续汉书曰:虑字鸿豫,山阳高平人。少受业于郑玄,建安初为侍中。
　虞溥江表传曰:献帝尝特见虑及少府孔融,问融曰:"鸿豫何所优长?"融曰:"可与适道,未可与权。"虑举笏曰:"融昔宰北海,政散民流,其权安在也!"遂与融互相长短,以至不睦。公以书和解之。虑从光禄勋迁为大夫。

②公羊传曰:"君若赘旒然。"何休云:"赘犹缀也。旒,旂旒也。以旒譬者,言为下所执持东西也。"

③文侯之命曰:"亦惟先正。"郑玄云:"先正,先臣,谓公卿大夫也。"

④左氏传曰："诸侯释位以间王政。"服虔曰："言诸侯释其私政而佐王室。"

⑤诗曰："致天之届,于牧之野。"郑玄云："届,极也。"鸿范曰："鲧则殛死。"

⑥盘庚曰："绥爰有众。"郑玄曰："爰,于也,安隐于其众也。"

君奭曰："海隅出日,罔不率俾。"率,循也。俾,使也。四海之隅,日出所照,无不循度而可使也。

⑦盘庚曰："堕农自安,不昏作劳。"郑玄云："昏,勉也。"

⑧"纠虔天刑"语出国语,韦昭注曰："纠,察也。虔,敬也。刑,法也。"

⑨后汉尚书左丞潘勖之辞也。勖字元茂,陈留中牟人。

魏书载公令曰："夫受九锡,广开土宇,周公其人也。汉之异姓八王者,与高祖俱起布衣,创定王业,其功至大,吾何可比之?"前后三让。于是中军师陵树亭侯荀攸、[10]前军师东武亭侯钟繇、左军师凉茂、右军师毛玠、平虏将军华乡侯刘勋、建武将军清苑亭侯刘若、伏波将军高安侯夏侯惇、扬武将军都亭侯王忠、奋威将军乐乡侯刘展、建忠将军昌乡亭侯鲜于辅、奋武将军安国亭侯程昱、太中大夫都乡侯贾诩、军师祭酒千秋亭侯董昭、都亭侯薛洪、南乡亭侯董蒙、关内侯王粲、傅巽、祭酒王选、袁涣、王朗、张承、任藩、杜袭、中护军国明亭侯曹洪、中领军万岁亭侯韩浩、行骁骑将军安平亭侯曹仁、领护军将军王图、长史万潜、谢奂、袁霸等劝进曰："自古三代,胙臣以土,受命中兴,封祚辅佐,皆所以褒功赏德,为国藩卫也。往者天下崩乱,群凶豪起,颠越跋扈之险,不可忍言。明公奋身出命以徇其难,诛二袁篡盗之逆,灭黄巾贼乱之类,殄夷首逆,芟拨荒秽,沐浴霜露二十馀年,书契已来,未有若此功者。昔周公承文、武之迹,受已成之业,高枕墨笔,拱揖群后,商、奄之勤,不过二年,吕望因三分有二之形,据八百诸侯之势,暂把旌钺,一时指麾,然皆大启土宇,跨州兼国。周公八子,并为侯伯,白牡骍刚,郊祀天地,典策备物,拟则王室,荣章宠盛如此之弘也。逮至汉兴,佐命之臣,张耳、吴芮,其功至薄,亦连城开地,南面称孤。此皆明君达主行之于上,贤臣圣宰受之于下,三代令典,汉帝明制。今比劳则周、吕逸,计功则张、吴微,论制则齐、鲁重,言地则长沙多;然则魏国之封,九锡之荣,况于旧赏,犹怀玉而被祸也。且列侯诸将,幸攀龙骥,得窃微劳,佩紫怀黄,盖以百数,亦将因此传之万世,而明公独辞赏于上,将使其下怀不自安,上违圣朝欢心,下失冠带之望,忘辅弼之大业,信匹夫之细行,攸等所大惧也。"于是公敕外为章,但受魏郡。攸等复曰:"伏见魏国初封,圣朝发虑,稽谋群察,然后策命;而明公久违上指,不即大礼。今既虔奉诏命,副顺众望,又欲辞多当少,让九受一,是犹汉朝之赏不行,而攸等之请未许也。昔齐、鲁之封,奄有东海,疆域井赋,四百万家,基隆业广,易以立功,故能成翼戴之勋,立一匡之绩。今魏国虽有十郡之名,犹减于曲阜,计其户数,不能参半,以藩卫王室,立垣树屏,犹未足也。且圣上览亡秦无辅之祸,惩曩日震荡之艰,托建忠贤,废陟是为,愿明公恭承帝命,无或拒违。"公乃受命。

魏略载公上书谢曰:"臣蒙先帝厚恩,致位郎署,受性疲怠,意望毕足,非敢希望高位,庶几显达。会董卓作乱,义当死难,故敢奋身出命,撝锋率众,遂值千载之运,奉役目下。当二袁炎沸侵侮之际,陛下与臣寒心同忧,顾瞻京师,进受猛敌,常恐君臣俱陷虎口,诚不自意能全首领。赖祖宗灵祐,丑类夷灭,得使微臣窃名其间。陛下加恩,授以上相,封爵宠禄,丰大弘厚,生平之愿,实不望也。口与心计,幸且待罪,保持列侯,遗付子孙,自托圣世,永无忧责。不意陛下乃发盛意,开国备锡,以贶愚臣,地比齐、鲁,礼同藩王,非臣无功所宜膺据。归情上闻,不蒙听许,严诏切至,诚使臣心俯仰逼迫。伏自惟省,列在大臣,命制王室,身非己有,岂敢自私,遂其愚意,亦将黜退,令就初服。今奉疆土,备数藩翰,非敢远期,虑有后世;至于父子相誓终身,灰躯尽命,报塞厚恩。天威在颜,悚惧受诏。"

秋七月,始建魏社稷宗庙。天子聘公三女为贵人,少者待年于国。[1]九月,作金虎台,凿渠引漳水入白沟以通河。冬十月,分魏郡为东西部,置都尉。十一月,初置尚书、侍中、六卿。[2]

[1]献帝起居注曰:使使持节行太常大司农安阳亭侯王邑,赍璧、帛、玄纁、

绢五万匹之<u>邺</u>纳聘,介者五人,皆以议郎行大夫事,副介一人。

②<u>魏氏春秋</u>曰:以<u>荀攸</u>为尚书令,<u>凉茂</u>为仆射,<u>毛玠</u>、<u>崔琰</u>、<u>常林</u>、<u>徐奕</u>、<u>何夔</u>为尚书,<u>王粲</u>、<u>杜袭</u>、<u>卫觊</u>、<u>和洽</u>为侍中。

<u>马超</u>在<u>汉阳</u>,复因<u>羌</u>、<u>胡</u>为害,<u>氐王千万</u>叛应<u>超</u>,屯<u>兴国</u>。使<u>夏侯渊</u>讨之。

十九年春正月,始耕籍田。<u>南安赵衢</u>、<u>汉阳尹奉</u>等讨<u>超</u>,枭其妻子,<u>超</u>奔<u>汉中</u>。<u>韩遂</u>徙<u>金城</u>,入<u>氐王千万</u>部,率<u>羌</u>、<u>胡</u>万馀骑与<u>夏侯渊</u>战,击,大破之,遂走<u>西平</u>。<u>渊</u>与诸将攻<u>兴国</u>,屠之。省<u>安东</u>、<u>永阳郡</u>。

<u>安定</u>太守<u>毌丘兴</u>将之官,公戒之曰:"<u>羌</u>、<u>胡</u>欲与中国通,自当遣人来,慎勿遣人往。善人难得,必将教<u>羌</u>、<u>胡</u>妄有所请求,因欲以自利;不从便为失异俗意,从之则无益事。"<u>兴</u>至,遣校尉<u>范陵</u>至<u>羌</u>中,<u>陵</u>果教<u>羌</u>,使自请为属国都尉。公曰:"吾预知当尔,非圣也,但更事多耳。"①

①<u>献帝起居注</u>曰:使行太常事大司农<u>安阳亭侯王邑</u>与宗正<u>刘艾</u>,皆持节,介者五人,赍束帛驷马,及给事黄门侍郎、掖庭丞、中常侍二人,迎二贵人于<u>魏公</u>国。二月癸亥,又于<u>魏公</u>宗庙授二贵人印绶。甲子,诣<u>魏公</u>宫<u>延秋门</u>,迎贵人升车。<u>魏</u>遣郎中令、少府、博士、御府乘黄厩令、丞相掾属侍送贵人。癸酉,二贵人至<u>洧仓</u>中,遣侍中<u>丹</u>将冗从虎贲前后骆驿往迎之。乙亥,二贵人入宫,御史大夫、中二千石将大夫、议郎会殿中,<u>魏国</u>二卿及侍中、中郎二人,与<u>汉</u>公卿并升殿宴。

三月,天子使<u>魏公</u>位在诸侯王上,改授金玺、赤绂、远游冠。①

①<u>献帝起居注</u>曰:使左中郎将<u>杨宣</u>、亭侯<u>裴茂</u>持节、印授之。

秋七月,公征<u>孙权</u>。①

①<u>九州春秋</u>曰:参军<u>傅幹</u>谏曰:"治天下之大具有二,文与武也;用武则先威,用文则先德,威德足以相济,而后王道备矣。往者天下大乱,上下失

序,明公用武攘之,十平其九。今未承王命者,吴与蜀也,吴有长江之险,蜀有崇山之阻,难以威服,易以德怀。愚以为可且按甲寝兵,息军养士,分土定封,论功行赏,若此则内外之心固,有功者劝,而天下知制矣。然后渐兴学校,以导其善性而长其义节。公神武震于四海,若修文以济之,则普天之下,无思不服矣。今举十万之众,顿之长江之滨,若贼负固深藏,则士马不能逞其能,奇变无所用其权,则大威有屈而敌心未能服矣。唯明公思虞舜舞干戚之义,全威养德,以道制胜。"公不从,军遂无功。斡字彦材,北地人,终于丞相仓曹属。有子曰玄。

初,陇西宋建自称河首平汉王,聚众枹罕,改元,置百官,三十馀年。遣夏侯渊自兴国讨之。冬十月,屠枹罕,斩建,凉州平。

公自合肥还。

十一月,汉皇后伏氏坐昔与父故屯骑校尉完书,云帝以董承被诛怨恨公,辞甚丑恶,发闻,后废黜死,兄弟皆伏法。[1]

[1]曹瞒传曰:公遣华歆勒兵入宫收后,后闭户匿壁中。歆坏户发壁,牵后出。帝时与御史大夫郗虑坐,后被发徒跣过,执帝手曰:"不能复相活邪?"帝曰:"我亦不自知命在何时也。"帝谓虑曰:"郗公,天下宁有是邪!"遂将后杀之,完及宗族死者数百人。

十二月,公至孟津。天子命公置旄头,宫殿设钟虡。乙未,令曰:"夫有行之士未必能进取,进取之士未必能有行也。陈平岂笃行,苏秦岂守信邪?而陈平定汉业,苏秦济弱燕。由此言之,士有偏短,庸可废乎! 有司明思此义,则士无遗滞,官无废业矣。"又曰:"夫刑,百姓之命也,而军中典狱者或非其人,而任以三军死生之事,吾甚惧之。其选明达法理者,使持典刑。"于是置理曹掾属。

二十年春正月,天子立公中女为皇后。省云中、定襄、五原、朔方郡,郡置一县领其民,合以为新兴郡。

三月,公西征张鲁,至陈仓,将自武都入氐;氐人塞道,先遣张郃、朱灵等攻破之。夏四月,公自陈仓以出散关,至河池。氐王窦茂众万馀人,恃险不服,五月,公攻屠之。西平、金城诸将麹演、蒋石等共斩送韩遂首。① 秋七月,公至阳平。张鲁使弟卫与将杨昂等据阳平关,横山筑城十馀里,攻之不能拔,乃引军还。贼见大军退,其守备解散。公乃密遣解慓、高祚等乘险夜袭,大破之,斩其将杨任,进攻卫,卫等夜遁,鲁溃奔巴中。公军入南郑,尽得鲁府库珍宝。② 巴、汉皆降。复汉宁郡为汉中;分汉中之安阳、西城为西城郡,置太守;分锡、上庸郡,置都尉。

①典略曰:遂字文约,始与同郡边章俱著名西州。章为督军从事。遂奉计诣京师,何进宿闻其名,特与相见。遂说进使诛诸阉人,进不从,乃求归。会凉州宋扬、北宫玉等反,举章、遂为主,章寻病卒,遂为扬等所劫,不得已,遂阻兵为乱,积三十二年,至是乃死,年七十馀矣。

刘艾灵帝纪曰:章,一名允。〔11〕

②魏书曰:军自武都山行千里,升降险阻,军人劳苦;公于是大飨,莫不忘其劳。

八月,孙权围合肥,张辽、李典击破之。

九月,巴七姓夷王朴胡、賨邑侯杜濩举巴夷、賨民来附,① 于是分巴郡,以胡为巴东太守,濩为巴西太守,皆封列侯。天子命公承制封拜诸侯守相。②

①孙盛曰:朴音浮。濩音户。

②孔衍汉魏春秋曰:天子以公典任于外,临事之赏,或宜速疾,乃命公得承制封拜诸侯守相,诏曰:"夫军之大事,在兹赏罚,劝善惩恶,宜不旋时,故司马法曰'赏不逾日'者,欲民速睹为善之利也。昔在中兴,邓禹入关,承制拜军祭酒李文为河东太守,来歙又承制拜高峻为通路将军,察其本传,皆非先请,明临事刻印也,斯则世祖神明,权达损益,盖所用速示威怀而著鸿勋也。其春秋之义,大夫出疆,有专命之事,苟所以利社稷

安国家而已。况君秉任二伯,师尹九有,实征夷夏,军行藩甸之外,失得在于斯须之间,停赏俟诏以滞世务,固非朕之所图也。自今已后,临事所甄,当加宠号者,其便刻印章假授,咸使忠义得相奖励,勿有疑焉。"

冬十月,始置名号侯至五大夫,与旧列侯、关内侯凡六等,以赏军功。①

① 魏书曰:置名号侯爵十八级,关中侯爵十七级,皆金印紫绶;又置关内外侯十六级,铜印龟纽墨绶;五大夫十五级,铜印环纽,亦墨绶,皆不食租,与旧列侯关内侯凡六等。

臣松之以为今之虚封盖自此始。

十一月,鲁自巴中将其馀众降。封鲁及五子皆为列侯。刘备袭刘璋,取益州,遂据巴中;遣张郃击之。

十二月,公自南郑还,留夏侯渊屯汉中。①

① 是行也,侍中王粲作五言诗以美其事曰:"从军有苦乐,但问所从谁。所从神且武,安得久劳师?相公征关右,赫怒振天威,一举灭獯虏,再举服羌夷,西收边地贼,忽若俯拾遗。陈赏越山岳,酒肉逾川坻,军中多饶饫,人马皆溢肥,徒行兼乘还,空出有馀资。拓土三千里,往反速如飞,歌舞入邺城,所愿获无违。"

二十一年春二月,公还邺。① 三月壬寅,公亲耕籍田。② 夏五月,天子进公爵为魏王。③ 代郡乌丸行单于普富卢与其侯王来朝。天子命王女为公主,食汤沐邑。秋七月,匈奴南单于呼厨泉将其名王来朝,待以客礼,遂留魏,使右贤王去卑监其国。八月,以大理锺繇为相国。④

① 魏书曰:辛未,有司以太牢告至,策勋于庙,甲午始春祠,令曰:"议者以为祠庙上殿当解屦。吾受锡命,带剑不解屦上殿。今有事于庙而解屦,是尊先公而替王命,敬父祖而简君主,故吾不敢解屦上殿也。又临祭就洗,以手拟水而不盥。夫盥以洁为敬,未闻拟而不盥之礼,[12]且'祭神如

神在',故吾亲受水而盥也。又降神礼讫,下阶就幕而立,须奏乐毕竟,似若不衎烈祖,[13]迟祭速讫也,故吾坐俟乐阕送神乃起也。受胙纳袖,[14]以授侍中,此为敬恭不终实也,古者亲执祭事,故吾亲纳于袖,终抱而归也。仲尼曰'虽违众,吾从下',诚哉斯言也。"

② 魏书曰:有司奏:"四时讲武于农隙,汉承秦制,三时不讲,唯十月都试车马,幸<u>长水</u>南门,会五营士为八陈进退,名曰乘之。今金革未偃,士民素习,自今已后,可无四时讲武,但以立秋择吉日大朝车骑,号曰治兵,上合礼名,下承<u>汉</u>制。"奏可。

③ <u>献帝传</u>载诏曰:"自古帝王,虽号称相变,爵等不同,至乎褒崇元勋,建立功德,光启氏姓,延于子孙,庶姓之与亲,岂有殊焉。昔我圣祖受命,创业肇基,造我区夏,鉴古今之制,通爵等之差,尽封山川以立藩屏,使异姓亲戚,并列土地,据国而王,所以保乂天命,安固万嗣。历世承平,臣主无事。<u>世祖</u>中兴而时有难易,是以旷年数百,无异姓诸侯王之位。朕以不德,继序弘业,遭率土分崩,群凶纵毒,自西徂东,辛苦卑约。当此之际,唯恐溺入于难,以羞先帝之圣德。赖皇天之灵,俾君秉义奋身,震迅神武,捍朕于艰难,获保宗庙,华夏遗民,含气之伦,莫不蒙焉。君勤过<u>稷</u>、<u>禹</u>,忠侔<u>伊</u>、<u>周</u>,而掩之以谦让,守之以弥恭,是以往者初开魏国,锡君土宇,惧君之违命,虑君之固辞,故且怀志屈意,封君为上公,欲以钦顺高义,须俟勋绩。<u>韩遂</u>、<u>宋建</u>,南结<u>巴</u>、<u>蜀</u>,群逆合从,图危社稷,君复命将,龙骧虎奋,枭其元首,屠其窟栖,暨至西征,<u>阳平</u>之役,亲擐甲胄,深入险阻,芟夷蝥贼,殄其凶丑,荡定西陲,悬旌万里,声教远振,宁我区夏。盖<u>唐</u>、<u>虞</u>之盛,三后树功,<u>文</u>、<u>武</u>之兴,<u>旦</u>、<u>奭</u>作辅,二祖成业,英豪佐命;夫以圣哲之君,事为己任,犹锡土班瑞以报功臣,岂有如朕寡德,仗君以济,而赏典不丰,将何以答神祇慰万方哉?今进君爵为<u>魏王</u>,使使持节行御史大夫、宗正<u>刘艾</u>奉策玺玄土之社,苴以白茅,金虎符第一至第五,竹使符第一至十。君其正王位,以丞相领<u>冀州</u>牧如故。其上魏公玺绶符册。敬服朕命,简恤尔众,克绥庶绩,以扬我祖宗之休命。"<u>魏王</u>上书三辞,诏三报不许。又手诏曰:"大圣以功德为高美,以忠和为典训,故创业垂名,使百世可希,行道制义,使力行可效,是以勋烈无穷,休光茂著。<u>稷</u>、<u>契</u>载元首之聪明,<u>周</u>、<u>邵</u>因<u>文</u>、<u>武</u>之智用,虽经营庶官,仰叹俯思,其对岂有若

君者哉?朕惟古人之功,美之如彼,思君忠勤之绩,茂之如此,是以每将
镂符析瑞,陈礼命册,寤寐慨然,自忘守文之不德焉。今君重违朕命,固
辞恳切,非所以称朕心而训后世也。其抑志摧节,勿复固辞。"

四体书势序曰:梁鹄以公为北部尉。

曹瞒传曰:为尚书右丞司马建公所举。及公为王,召建公到邺,与欢饮,
谓建公曰:"孤今日可复作尉否?"建公曰:"昔举大王时,适可作尉耳。"
王大笑。建公名防,司马宣王之父。

臣松之案司马彪序传,建公不为右丞,疑此不然,而王隐晋书云赵王篡
位,欲尊祖为帝,博士马平议称京兆府君昔举魏武帝为北部尉,贼不犯
界,如此则为有征。

④魏书曰:始置奉常宗正官。

冬十月,治兵,①遂征孙权,十一月至谯。

①魏书曰:王亲执金鼓以令进退。

二十二年春正月,王军居巢,二月,进军屯江西郝豁。权在濡
须口筑城拒守,遂逼攻之,权退走。三月,王引军还,留夏侯惇、曹
仁、张辽等屯居巢。

夏四月,天子命王设天子旌旗,出入称警跸。五月,作泮宫。六
月,以军师华歆为御史大夫。① 冬十月,天子命王冕十有二旒,乘
金根车,驾六马,设五时副车,以五官中郎将丕为魏太子。

①魏书曰:初置卫尉官。秋八月,令曰:"昔伊挚、傅说出于贱人,管仲,桓公
贼也,皆用之以兴。萧何、曹参,县吏也,韩信、陈平负污辱之名,有见笑
之耻,卒能成就王业,声著千载。吴起贪将,杀妻自信,散金求官,母死不
归,然在魏,秦人不敢东向,在楚则三晋不敢南谋。今天下得无有至德之
人放在民间,及果勇不顾,临敌力战;若文俗之吏,高才异质,或堪为将
守;负污辱之名,见笑之行,或不仁不孝而有治国用兵之术:其各举所
知,勿有所遗。"

刘备遣张飞、马超、吴兰等屯下辩;遣曹洪拒之。

二十三年春正月,汉太医令吉本与少府耿纪、司直韦晃等反,攻许,烧丞相长史王必营,①必与颍川典农中郎将严匡讨斩之。②

①魏武故事载令曰:"领长史王必,是吾披荆棘时吏也。忠能勤事,心如铁石,国之良吏也。蹉跌久未辟之,舍骐骥而弗乘,焉遑遑而更求哉?故教辟之,已署所宜,便以领长史统事如故。"

②三辅决录注曰:时有京兆金祎字德祎,自以世为汉臣,自日磾讨莽何罗,忠诚显著,名节累叶。睹汉祚将移,谓可季兴,乃喟然发愤,遂与耿纪、韦晃、吉本、本子邈、邈弟穆等结谋。纪字季行,少有美名,为丞相掾,王甚敬异之,迁侍中,守少府。邈字文然,穆字思然,以祎慷慨有日磾之风,又与王必善,因以间之,若杀必,欲挟天子以攻魏,南援刘备。时关羽强盛,而王在邺,留必典兵督许中事。文然等率杂人及家僮千馀人夜烧门攻必,祎遣人为内应,射必中肩。必不知攻者为谁,以素与祎善,走投祎,夜唤德祎,祎家不知是必,谓为文然等,错应曰:"王长史已死乎?卿曹事立矣!"必乃更他路奔。一日:必欲投祎,其帐下督谓必曰:"今日事竟知谁门而投入乎?"扶必奔南城。会天明,必犹在,文然等众散,故败。后十馀日,必竟以创死。

献帝春秋曰:收纪、晃等,将斩之,纪呼魏王名曰:"恨吾不自生意,竟为群儿所误耳!"晃顿首搏颊,以至于死。

山阳公载记曰:王闻王必死,盛怒,召汉百官诣邺,令救火者左,不救火者右。众人以为救火者必无罪,皆附左;王以为"不救火者非助乱,救火乃实贼也"。皆杀之。

曹洪破吴兰,斩其将任夔等。三月,张飞、马超走汉中,阴平氐强端斩吴兰,传其首。

夏四月,代郡、上谷乌丸无臣氐等叛,遣鄢陵侯彰讨破之。①

①魏书载王令曰:"去冬天降疫疠,民有凋伤,军兴于外,垦田损少,吾甚忧之。其令吏民男女:女年七十已上无夫子,若年十二已下无父母兄弟,及目无所见,手不能作,足不能行,而无妻子父兄产业者,廪食终身。幼者

至十二止,贫穷不能自赡者,随口给贷。老耄须待养者,年九十已上,复不事,家一人。"

六月,令曰:"古之葬者,必居瘠薄之地。其规西门豹祠西原上为寿陵,因高为基,不封不树。周礼冢人掌公墓之地,凡诸侯居左右以前,卿大夫居后,汉制亦谓之陪陵。其公卿大臣列将有功者,宜陪寿陵,其广为兆域,使足相容。"

秋七月,治兵,遂西征刘备,九月,至长安。

冬十月,宛守将侯音等反,执南阳太守,劫略吏民,保宛。初,曹仁讨关羽,屯樊城,是月使仁围宛。

二十四年春正月,仁屠宛,斩音。①

①曹瞒传曰:是时南阳间苦繇役,音于是执太守东里衮,[15]与吏民共反,与关羽连和。南阳功曹宗子卿往说音曰:"足下顺民心,举大事,远近莫不望风;然执郡将,逆而无益,何不遣之。吾与子共戮力,比曹公军来,关羽兵亦至矣。"音从之,即释遣太守。子卿因夜逾城亡出,遂与太守收馀民围音,会曹仁军至,共灭之。

夏侯渊与刘备战于阳平,为备所杀。三月,王自长安出斜谷,军遮要以临汉中,遂至阳平。备因险拒守。①

①九州春秋曰:时王欲还,出令曰"鸡肋",官属不知所谓。主簿杨脩便自严装,人惊问脩:"何以知之?"脩曰:"夫鸡肋,弃之如可惜,食之无所得,以比汉中,知王欲还也。"

夏五月,引军还长安。

秋七月,以夫人卞氏为王后。遣于禁助曹仁击关羽。八月,汉水溢,灌禁军,军没,羽获禁,遂围仁。使徐晃救之。

九月,相国锺繇坐西曹掾魏讽反免。①

①世语曰:讽字子京,沛人,有惑众才,倾动邺都,锺繇由是辟焉。大军未反,讽潜结徒党,又与长乐卫尉陈祎谋袭邺。未及期,祎惧,告之太子,诛

讽，坐死者数十人。

王昶家诫曰"济阴魏讽"，而此云沛人，未详。

冬十月，军还洛阳。①孙权遣使上书，以讨关羽自效。王自洛阳南征羽，未至，晃攻羽，破之，羽走，仁围解。王军摩陂。②

①曹瞒传曰：王更修治北部尉廨，令过于旧。

②魏略曰：孙权上书称臣，称说天命。王以权书示外曰："是儿欲踞吾著炉火上邪！"侍中陈群、尚书桓阶奏曰："汉自安帝已来，政去公室，国统数绝，至于今者，唯有名号，尺土一民，皆非汉有，期运久已尽，历数久已终，非适今日也。是以桓、灵之间，诸明图纬者，皆言'汉行气尽，黄家当兴'。殿下应期，十分天下而有其九，以服事汉，群生注望，遐迩怨叹，是故孙权在远称臣，此天人之应，异气齐声。臣愚以为虞、夏不以谦辞，殷、周不吝诛放，畏天知命，无所与让也。"

魏氏春秋曰：夏侯惇谓王曰："天下咸知汉祚已尽，异代方起。自古已来，能除民害为百姓所归者，即民主也。今殿下即戎三十馀年，功德著于黎庶，为天下所依归，应天顺民，复何疑哉！"王曰："'施于有政，是亦为政'。若天命在吾，吾为周文王矣。"

曹瞒传及世语并云桓阶劝王正位，夏侯惇以为宜先灭蜀，蜀亡则吴服，二方既定，然后遵舜、禹之轨，王从之。及至王薨，惇追恨前言，发病卒。

孙盛评曰：夏侯惇耻为汉官，求受魏印，桓阶方惇，有义直之节；考其传记，世语为妄矣。

二十五年春正月，至洛阳。权击斩羽，传其首。

庚子，王崩于洛阳，年六十六。①遗令曰："天下尚未安定，未得遵古也。葬毕，皆除服。其将兵屯戍者，皆不得离屯部。有司各率乃职。敛以时服，无藏金玉珍宝。"谥曰武王。二月丁卯，葬高陵。②

①世语曰：太祖自汉中至洛阳，起建始殿，伐濯龙祠而树血出。

曹瞒传曰：王使工苏越徙美梨，掘之，根伤尽出血。越白状，王躬自视而恶之,以为不祥,还遂寝疾。

②魏书曰:太祖自统御海内,芟夷群丑,其行军用师,大较依孙、吴之法,而因事设奇,谲敌制胜,变化如神。自作兵书十万馀言,诸将征伐,皆以新书从事;临事又手为节度,从令者克捷,违教者负败。与虏对陈,意思安闲,如不欲战,然及至决机乘胜,气势盈溢,故每战必克,军无幸胜。知人善察,难眩以伪,拔于禁、乐进于行陈之间,取张辽、徐晃于亡虏之内,皆佐命立功,列为名将;其馀拔出细微,登为牧守者,不可胜数。是以创造大业,文武并施,御军三十馀年,手不舍书,昼则讲武策,夜则思经传,登高必赋,及造新诗,被之管弦,皆成乐章。才力绝人,手射飞鸟,躬禽猛兽,尝于南皮一日射雉获六十三头。及造作宫室,缮治器械,无不为之法则,皆尽其意。雅性节俭,不好华丽,后宫衣不锦绣,侍御履不二采,帷帐屏风,坏则补纳,茵蓐取温,无有缘饰。攻城拔邑,得美丽之物,则悉以赐有功,勋劳宜赏,不吝千金,无功望施,分毫不与,四方献御,与群下共之。常以送终之制,袭称之数,繁而无益,俗又过之,故预自制终亡衣服,四箧而已。

傅子曰:太祖愍嫁娶之奢僭,公女适人,皆以皂帐,从婢不过十人。

张华博物志曰:汉世,安平崔瑗、瑗子寔、弘农张芝、芝弟昶并善草书,而太祖亚之。桓谭、蔡邕善音乐,冯翊山子道、王九真、郭凯等善围棋,太祖皆与埒能。又好养性法,亦解方药,招引方术之士,庐江左慈、谯郡华佗、甘陵甘始、阳城郤俭无不毕至,又习啖野葛至一尺,亦得少多饮鸩酒。

傅子曰:汉末王公,多委王服,以幅巾为雅,是以袁绍、崔钧之徒,[16]虽为将帅,皆著缣巾。魏太祖以天下凶荒,资财之匮,拟古皮弁,裁缣帛以为帢,合于简易随时之义,以色别其贵贱,于今施行,可谓军容,非国容也。

曹瞒传曰:太祖为人佻易无威重,好音乐,倡优在侧,常以日达夕。被服轻绡,身自佩小鞶囊,以盛手巾细物,时或冠帢帽以见宾客。每与人谈论,戏弄言诵,尽无所隐,及欢悦大笑,至以头没杯案中,肴膳皆沾污巾帻,其轻易如此。然持法峻刻,诸将有计画胜出己者,随以法诛之,及故人旧怨,亦皆无馀。其所刑杀,辄对之垂涕嗟痛之,终无所活。初,袁忠为沛相,尝欲以法治太祖,沛国桓邵亦轻之,及在兖州,陈留边让言议颇侵

太祖,太祖杀让,族其家,忠、邵俱避难交州,太祖遣使就太守士燮尽族
之。桓邵得出首,拜谢于庭中,太祖谓曰:"跪可解死邪!"遂杀之。常出
军,行经麦中,令"士卒无败麦,犯者死"。骑士皆下马,付麦以相持,于是
太祖马腾入麦中,敕主簿议罪;主簿对以春秋之义,罚不加于尊。太祖
曰:"制法而自犯之,何以帅下?然孤为军帅,不可自杀,请自刑。"因援剑
割发以置地。又有幸姬常从昼寝,枕之卧,告之曰:"须臾觉我。"姬见太
祖卧安,未即寤,及自觉,棒杀之。常讨贼,廪谷不足,私谓主者曰:"如
何?"主者曰:"可以小斛以足之。"太祖曰:"善。"后军中言太祖欺众,太
祖谓主者曰:"特当借君死以厌众,不然事不解。"乃斩之,取首题徇曰:
"行小斛,盗官谷,斩之军门。"其酷虐变诈,皆此类也。

　　评曰:汉末,天下大乱,雄豪并起,而袁绍虎视四州,强盛莫
敌。太祖运筹演谋,鞭挞宇内,揽申、商之法术,该韩、白之奇策,官
方授材,各因其器,矫情任算,不念旧恶,终能总御皇机,克成洪业
者,惟其明略最优也。抑可谓非常之人,超世之杰矣。

【校勘记】
　〔1〕曹瞒传曰　原脱此四字,据太平御览卷九三补。
　〔2〕常侍真族灭矣　真,原作"贵",据何焯校本改。
　〔3〕绣兵来追　原脱"追"字,据太平御览卷九三补。
　〔4〕子远卿来　原作"子卿远来",据资治通鉴卷六三胡三省说改。
　〔5〕遣故豫州刺史阴夔及陈琳乞降　原脱"遣"字,据本书卷六袁绍传补。
　〔6〕璆字孟玉　玉,原作"平",据后汉书卷四八徐璆传改。
　〔7〕以勒书自效　勒,原作"勤",据书苑菁华卷三改。
　〔8〕篝于　篝,原作"单",据文选卷三五册魏公九锡文改。
　〔9〕若涉渊水　水,原作"冰",据文选卷三五册魏公九锡文改。
　〔10〕于是中军师陵树亭侯荀攸　师下原衍"王"字,据本书卷一〇荀攸
　　　传删。
　〔11〕一名允　允,原作"元",据三国志考证卷一改。

〔12〕未闻拟而不盥之礼　而,原作"向",据上文"以手拟水而不盥"改。

〔13〕似若不衍烈祖　衍,原作"愆",据文馆词林卷六九五魏武帝春词令改。

〔14〕受胙纳袖　袖,原作"神",据文馆词林卷六九五魏武帝春词令改。下同。

〔15〕音于是执太守东里衮　衮,原作"襄",据本书卷四三少帝纪改。

〔16〕是以袁绍崔钧之徒　钧,原作"豹",据后汉书卷五二、宋书卷一八改。

三国志卷二　魏书二

文帝纪第二

文皇帝讳<u>丕</u>,字子桓,<u>武帝</u>太子也。中平四年冬,生于<u>谯</u>。①建安十六年,为五官中郎将、副丞相。二十二年,立为<u>魏</u>太子。②<u>太祖</u>崩,嗣位为丞相、<u>魏王</u>。③尊王后曰王太后。改<u>建安</u>二十五年为<u>延康</u>元年。

①<u>魏书</u>曰:帝生时,有云气青色而圜如车盖当其上,终日,望气者以为至贵之证,非人臣之气。年八岁,能属文。有逸才,遂博贯古今经传诸子百家之书。善骑射,好击剑。举茂才,不行。

<u>献帝起居注</u>曰:建安十三年,[1]为司徒<u>赵温</u>所辟。<u>太祖</u>表"<u>温</u>辟臣子弟,选举故不以实"。使侍中守光禄勋<u>郗虑</u>持节奉策免<u>温</u>官。

②<u>魏略</u>曰:<u>太祖</u>不时立太子,太子自疑。是时有<u>高元吕</u>者,善相人,乃呼问之,对曰:"其贵乃不可言。"问:"寿几何?"<u>元吕</u>曰:"其寿,至四十当有小苦,过是无忧也。"后无几而立为王太子,至年四十而薨。

③<u>袁宏汉纪</u>载<u>汉帝</u>诏曰:"<u>魏</u>太子<u>丕</u>:昔皇天授乃显考以翼我皇家,遂攘除群凶,拓定九州,弘功茂绩,光于宇宙,朕用垂拱负扆二十有餘载。天不愁遗一老,永保余一人,早世潜神,哀悼伤切。<u>丕</u>奕世宣明,宜秉文武,绍熙前绪。今使使持节御史大夫<u>华歆</u>奉策诏授<u>丕</u>丞相印绶、<u>魏王</u>玺绂,领

冀州牧。方今外有遗虏，遐夷未宾，旗鼓犹在边境，干戈不得韬刃，斯乃播扬洪烈，立功垂名之秋也。岂得修谅闇之礼，究曾、闵之志哉？其敬服朕命，抑弭忧怀，旁祗厥绪，时亮庶功，以称朕意。於戏，可不勉与！"

元年二月①壬戌，以大中大夫贾诩为太尉，御史大夫华歆为相国，大理王朗为御史大夫。置散骑常侍、侍郎各四人，其宦人为官者不得过诸署令；为金策著令，藏之石室。

①魏书载庚戌令曰："关津所以通商旅，池苑所以御灾荒，设禁重税，非所以便民；其除池籞之禁，轻关津之税，皆复什一。"辛亥，赐诸侯王将相已下大将粟万斛，帛千匹，金银各有差等。遣使者循行郡国，有违理掊克暴虐者，举其罪。

初，汉熹平五年，黄龙见谯，光禄大夫桥玄问太史令单飏："此何祥也？"飏曰："其国后当有王者兴，不及五十年，亦当复见。天事恒象，此其应也。"内黄殷登默而记之。至四十五年，登尚在。三月，黄龙见谯，登闻之曰："单飏之言，其验兹乎！"①

①魏书曰：王召见登，谓之曰："昔成凤闻楚丘之䴏而敬事季友，邓晨信少公之言而自纳光武。登以笃老，服膺占术，记识天道，岂有是乎！"赐登谷三百斛，遣归家。

己卯，以前将军夏侯惇为大将军。涉貊、扶馀单于、焉耆、于阗王皆各遣使奉献。①

①魏书曰：丙戌，令史官奏修重、黎、羲、和之职，钦若昊天，历象日月星辰以奉天时。

臣松之案：魏书有是言而不闻其职也。丁亥令曰："故尚书仆射毛玠、奉常王脩、凉茂、郎中令袁涣、少府谢奂、万潜、中尉徐奕、国渊等，皆忠直在朝，履蹈仁义，并早即世，而子孙陵迟，恻然愍之，其皆拜子男为郎中。"

夏四月丁巳，饶安县言白雉见。①庚午，大将军夏侯惇薨。②

①魏书曰：赐饶安田租，勃海郡百户牛酒，大酺三日；太常以太牢祠宗庙。

②魏书曰：王素服幸邺东城门发哀。

孙盛曰：在礼，天子哭同姓于宗庙门之外。哭于城门，失其所也。

五月戊寅，天子命王追尊皇祖太尉曰太王，夫人丁氏曰太王后，封王子叡为武德侯。①是月，冯翊山贼郑甘、王照率众降，皆封列侯。②

①魏略曰：以侍中郑称为武德侯傅，令曰："龙渊、太阿出昆吾之金，和氏之璧由井里之田；砻之以砥砺，错之以他山，故能致连城之价，为命世之宝。学亦人之砥砺也。"称笃学大儒，勉以经学辅侯，宜旦夕入侍，曜明其志。"

②魏书曰：初，郑甘、王照及卢水胡率其属来降，王得降书以示朝曰："前欲有令吾讨鲜卑者，吾不从而降；又有欲使吾及今秋讨卢水胡者，吾不听，今又降。昔魏武侯一谋而当，有自得之色，见讯李悝。吾今说此，非自是也，徒以为坐而降之，其功大于动兵革也。"

酒泉黄华、张掖张进等各执太守以叛。金城太守苏则讨进，斩之。华降。①

①华后为兖州刺史，见王凌传。

六月辛亥，治兵于东郊，①庚午，遂南征。②

①魏书曰：公卿相仪，王御华盖，视金鼓之节。

②魏略曰：王将出征，度支中郎将新平霍性上疏谏曰："臣闻文王与纣之事，是时天下括囊无咎，凡百君子，莫肯用讯。今大王体则乾坤，广开四聪，使贤愚各建所规。伏惟先王功无与比，而今能言之类，不称为德。故圣人曰'得百姓之欢心'。兵书曰'战，危事也'。是以六国力战，强秦承弊，幽王不争，周道用兴。愚谓大王且当委重本朝而守其雌，抗威虎卧，功业可成。而今创基，便复起兵，兵者凶器，必有凶扰，扰则思乱，乱出不意。臣谓此危，危于累卵。昔夏启隐神三年，易有'不远而复'，论有'不惮

改'。诚愿大王揆古察今，深谋远虑，与三事大夫算其长短。臣沐浴先王之遇，又初改政，复受重任，虽知言触龙鳞，阿谀近福，窃感所诵，危而不持。"奏通，帝怒，遣刺奸就考，竟杀之。既而悔之，追原不及。

秋七月庚辰，令曰："轩辕有明台之议，放勋有衢室之问，皆所以广询于下也。[1]百官有司，其务以职尽规谏，将率陈军法，朝士明制度，牧守申政事，缙绅考六艺，吾将兼览焉。"

[1]管子曰：黄帝立明台之议者，上观于贤也；尧有衢室之问者，下听于民也；舜有告善之旌，而主不蔽也；禹立建鼓于朝，而备诉讼也；汤有总街之廷，以观民非也；武王有灵台之囿，而贤者进也：此古圣帝明王所以有而勿失，得而勿忘也。

孙权遣使奉献。蜀将孟达率众降。武都氐王杨仆率种人内附，居汉阳郡。[1]

[1]魏略载王自手笔令曰："日前遣使宣国威灵，而达即来。吾惟春秋褒仪父，即封拜达，使还领新城太守。近复有扶老携幼首向王化者。吾闻凤沙之民自缚其君以归神农，幽国之众襁负其子而入丰、镐，斯岂驱略迫胁之所致哉？乃风化动其情而仁义感其衷，欢心内发使之然也。以此而推，西南将万里无外，权、备将与谁守死乎？"

甲午，军次于谯，大飨六军及谯父老百姓于邑东。[1]八月，石邑县言凤皇集。

[1]魏书曰：设伎乐百戏，令曰："先王云乐其所自生，[2]礼不忘其本。谯，霸王之邦，真人本出，其复谯租税二年。"三老吏民上寿，日夕而罢。丙申，亲祠谯陵。

孙盛曰：昔者先王之以孝治天下也，内节天性，外施四海，存尽其敬，亡极其哀，思慕谅闇，寄政冢宰，故曰"三年之丧，自天子达于庶人"；夫然，故在三之义惇，臣子之恩笃，雍熙之化隆，经国之道固，圣人之所以通天地，厚人伦，显至教，敦风俗，斯万世不易之典，百王服膺之制也。是故丧礼素冠,郤人著庶见之讥,宰予降期,仲尼发不仁之叹,子颓忘戚,君子以为乐祸,鲁侯易服,春秋知其不终,岂不以坠至痛之诚心,丧哀乐之大节者哉?故虽三季之末,七雄之弊,犹未有废缞斩于旬朔之间,释麻杖于反哭之日者也。逮于汉文,变易古制,人道之纪,一旦而废,缞素夺于至尊,四海散其遇密,义感阙于群后,大化坠于君亲;虽心存贬约,虑在经纶,至于树德垂声,崇化变俗,固以道薄于当年,风颓于百代矣。且武王载主而牧野不陈,晋襄墨缞而三帅为俘,应务济功,服其焉害?魏王既追汉制,替其大礼,处莫重之哀而设飨宴之乐,居贻厥之始而坠王化之基,及至受禅,显纳二女,忘其至恤以诬先圣之典,天心丧矣,将何以终!是以知王龄之不遐,卜世之期促也。

　　冬十月癸卯,[3]令曰:"诸将征伐,士卒死亡者或未收敛,吾甚哀之;其告郡国给槥椟殡敛,_{槥音卫。}送致其家,官为设祭。"① 丙午,行至曲蠡。

　　① 汉书高祖八月令曰:"士卒从军死,为槥。"应劭曰:"槥,小棺也,今谓之椟。"应璩百一诗曰:"槥车在道路,征夫不得休。"陆机大墓赋曰:"观细木而闷迟,睹洪椟而念槥。"

　　汉帝以众望在魏,乃召群公卿士,① 告祠高庙。使兼御史大夫张音持节奉玺绶禅位,册曰:"咨尔魏王:昔者帝尧禅位于虞舜,舜亦以命禹,天命不于常,惟归有德。汉道陵迟,世失其序,降及朕躬,大乱兹昏,群凶肆逆,宇内颠覆。赖武王神武,拯兹难于四方,惟清区夏,以保绥我宗庙,岂予一人获乂,俾九服实受其赐。今王钦承前绪,光于乃德,恢文武之大业,昭尔考之弘烈。皇灵降瑞,人神告征,诞惟亮采,师锡朕命,金曰尔度克协于虞舜,用率我唐典,敬逊尔位。於戏!天之历数在尔躬,允执其中,天禄永终;君其祗顺大礼,飨兹万国,以肃承天命。"② 乃为坛于繁阳。庚午,王升坛即阼,百官陪位。事讫,降坛,视燎成礼而反。改延康为黄初,大赦。③

51

①袁宏汉纪载汉帝诏曰："朕在位三十有二载，遭天下荡覆，幸赖祖宗之灵，危而复存。然仰瞻天文，俯察民心，炎精之数既终，行运在乎曹氏。是以前王既树神武之绩，今王又光曜明德以应其期，是历数昭明，信可知矣。夫大道之行，天下为公，选贤与能，故唐尧不私于厥子，而名播于无穷。朕羡而慕焉，今其追踵尧典，禅位于魏王。"

②献帝传载禅代众事曰：左中郎将李伏表魏王曰："昔先王初建魏国，在境外者闻之未审，皆以为拜王。武都李庶、姜合羁旅汉中，谓臣曰：'必为魏公，未便王也。定天下者，魏公子桓，神之所命，当合符谶，以应天人之位。'臣以合辞语镇南将军张鲁，鲁亦问合知书所出，合曰：'孔子玉版也。天子历数，虽百世可知。'是后月馀，有亡人来，写得册文，卒如合辞。合长于内学，关右知名。鲁虽有怀国之心，沈溺异道变化，不果窃合之言。后密与臣议策质，国人不协，或欲西通，鲁即怒曰：'宁为魏公奴，不为刘备上客也。'言发恻痛，诚有由然。合先迎王师，往岁病亡于邺。自臣在朝，每为所亲宣说此意，时未有宜，弗敢显言。殿下即位初年，祯祥众瑞，日月而至，有命自天，昭然著见。然圣德洞达，符表豫明，实乾坤挺庆，万国作孚。臣每庆贺，欲言合验；事君尽礼，人以为谄。况臣名行秽贱，入朝日浅，言为罪尤，自抑而已。今洪泽被四表，灵恩格天地，海内翕习，殊方归服，兆应并集，以扬休命，始终允臧。臣不胜喜舞，谨具表通。"王令曰："以示外。薄德之人，何能致此，未敢当也；斯诚先王至德通于神明，固非人力也。"

魏王侍中刘廙、辛毗、刘晔、尚书令桓阶、尚书陈矫、陈群、给事黄门侍郎王毖、董遇等言："臣伏读左中郎将李伏上事，考图纬之言，以效神明之应，稽之古代，未有不然者也。故尧称历数在躬，璇玑以明天道；周武未战而赤乌衔书；汉祖未兆而神母告符；孝宣伏微，字成木叶；光武布衣，名已勒谶。是天之所命以著圣哲，非有言语之声，芬芳之臭，可得而知也，徒县象以示人，微物以效意耳。自汉德之衰，渐染数世，桓、灵之末，皇极不建，暨于大乱，二十馀年。天之不泯，诞生明圣，以济其难，是以符谶先著，以彰至德。殿下践阼未期，而灵象变于上，群瑞应于下，四方不羁之民，归心向义，唯惧在后，虽典籍所传，未若今之盛也。臣妾远近,莫不免藻。"王令曰:"犁牛之驳似虎,莠之幼似禾,事有似是而非者,今日是已。睹斯言事,良重吾不德。"于是尚书仆射宣告官寮,咸使闻知。

辛亥,太史丞许芝条魏代汉见谶纬于魏王曰:"易传曰:'圣人受命而王,黄龙以戊己日见。'七月四日戊寅,黄龙见,此帝王受命之符瑞最著明者也。又曰:'初六,履霜,阴始凝也。'又有积虫大穴天子之宫,殿瓮然,今蝗虫见,应之也。又曰:'圣人以德亲比天下,仁恩洽普,厥应麒麟以戊己日至,厥应圣人受命。'又曰:'圣人清净行中正,贤人福至民从命,厥应麒麟来。'春秋汉含孳曰:'汉以魏,魏以征。'春秋玉版谶曰:'代赤者魏公子。'春秋佐助期曰:'汉以许昌失天下。'故白马令李云上事曰:'许昌气见于当涂高,当涂高者当昌于许。'当涂高者,魏也;象魏者,两观阙是也;当道而高大者魏。魏当代汉。今魏基昌于许,汉征绝于许,乃今效见,如李云之言,许昌相应也。佐助期又曰:'汉以蒙孙亡。'说者以蒙孙汉二十四帝,童蒙愚昏,以弱亡。或以杂文为蒙其孙当失天下,以为汉帝非正嗣,少时为董侯,名不正,蒙乱之荒惑,其子孙以弱亡。孝经中黄谶曰:'日载东,绝火光。不横一,圣聪明。四百之外,易姓而王。天下归功,致太平,居八甲;共礼乐,正万民,嘉乐家和雑。'此魏王之姓讳,著见图谶。

易运期谶曰:'言居东,西有午,两日并光日居下。其为主,反为辅。五八四十,黄气受,真人出。'言午,许字。两日,昌字。汉当以许亡,魏当以许昌。今际会之期在许,是其大效也。易运期又曰:'鬼在山,禾女连,王天下。'臣闻帝王者,五行之精;易姓之符,代兴之会,以七百二十年为一轨。有德者过之,至于八百,无德者不及,至四百载。是以周家八百六十七年,夏家四百数十年,汉行夏正,迄今四百二十六岁。又高祖受命,数虽起乙未,然其兆征始于获麟。获麟以来七百馀年,天之历数将以尽终。帝王之兴,不常一姓。太微中,黄帝坐常明,而赤帝坐常不见,以为黄家兴而赤家衰,凶亡之渐。自是以来四十馀年,又荧惑失色不明十有馀年。建安十年,彗星先除紫微,二十三年,复扫太微。新天子气见东南以来,二十三年,白虹贯日,月蚀荧惑,比年己亥、壬子、丙午日蚀,皆水灭火之象也。殿下即位,初践阼,德配天地,行合神明,恩泽盈溢,广被四表,格于上下。是以黄龙数见,凤皇仍翔,麒麟皆臻,白虎效仁,前后献见于郊甸;甘露醴泉,奇兽神物,众瑞并出。斯皆帝王受命易姓之符也。昔黄帝受命,风后受河图;舜、禹有天下,凤皇翔,洛出书;汤之王,白鸟为符;文王为西伯,赤乌衔丹书;武王伐殷,白鱼升舟;高祖始起,白蛇为征。巨迹瑞应,皆为圣人兴。观汉前后之大灾,今兹之符瑞,察图谶之期运,揆河洛之所甄,未若今大魏之最美也。夫得岁星者,道始兴。昔武王伐殷,岁在鹑火,有周之分野也。高祖入秦,五星聚东井,有汉之分野也。今兹岁星在大梁,有魏之分野也。而天之瑞应,并集来臻,四方归附,褔负而至,兆民欣戴,咸乐嘉庆。春秋大传曰:'周公何以不之鲁?盖以为虽有继体守文之君,不害圣人受命而王。'周公反政,尸子以为孔子非之,以为周公不圣,不为兆民也。京房作易传曰:'凡为王者,恶者去之,弱者夺之。易姓改代,天命应常,人谋鬼谋,百姓与能。'伏惟殿下体尧舜之盛明,膺七百之禅代,当汤武之期运,值天命之移受,河洛所表,图谶所载,昭然明白,天下学士所共见也。臣职在史官,考符察征,图谶效见,际会之期,谨以上闻。"王令曰:"昔周文三分天下有其二,以服事殷,仲尼叹其至德;公旦履天子之籍,听天下之断,终然复子明辟,书美其人。吾虽德不及二圣,敢忘高山景行之义哉?若夫唐尧、舜、禹之迹,皆以圣质茂德处之,故能上和灵祇,下宁万姓,流称今日。今吾德至薄也,人至鄙也,遭遇际会,幸承先王馀业,恩未被四海,泽未及天下,虽倾仓竭府以振魏国百姓,犹寒者未尽暖,饥者未尽饱。夙夜忧惧,弗敢遑宁,庶欲保全发齿,长守今日,以没于地,以全魏国,下见先王,以塞负荷之责。望狭志局,守此而已。虽屡蒙祥瑞,当之战惶,五色无主。若芝之言,岂所闻乎?心栗手悼,书不成字,辞不宣心。吾闲作诗曰:'丧乱悠悠过纪,白骨纵横万里,哀哀下民靡恃,吾将佐时整理,复子明辟致仕。'庶欲守此辞以自终,卒不虚言也。宜宣示远近,使昭赤心。"于是侍中辛毗、刘晔、散骑常侍傅巽、卫臻、尚书令桓阶、尚书陈矫、陈群、给事中博士骑都尉苏林、董巴等奏曰:"伏见太史丞许芝上魏国受命之符;令书恳切,允执谦让,虽舜、禹、汤、文,义无以过。然古先哲王所以受天命而不辞者,诚急遵皇天之意,副兆民之望,弗得已也。且易曰:'观乎天文以察时变,观乎人文以化成天下。'又曰:'天垂象,见吉凶,圣人则之;河出图,洛出书,圣人效

54

之。'以为天文因人而变，至于河洛之书，著于洪范，则殷、周效而用之
矣。斯言，诚帝王之明符，天道之大要也。是以由德应录者代兴于前，失
道数尽者迭废于后，传讥苌弘欲支天之所坏，而说蔡墨'雷乘乾'之说，
明神器之存亡，非人力所能建也。今汉室衰替，帝纲堕坠，天子之诏，歇
灭无闻，皇天将舍旧而命新，百姓既去汉而为魏，昭然著明，是可知也。
先王拨乱平世，将建洪基；至于殿下，以至德当历数之运，即位以来，天
应人事，粲然大备，神灵图籍，兼仍往古，休征嘉兆，跨越前代；是芝所取
中黄、运期姓纬之谶，斯文乃著于前世，与汉并见。由是言之，天命久矣，
非殿下所得而拒之也。神明之意，候望禋享，兆民颙颙，咸注嘉愿，惟殿
下览图籍之明文，急天下之公义，辄宣令外内，布告州郡，使知符命著
明，而殿下谦虚之意。"令曰："下四方以明孤款心，是也。至于览余辞，岂
余所谓哉？宁所堪哉？诸卿指论，未若孤自料之审也。夫虚谈谬称，鄙薄
所弗当也。且闻比来东征，经郡县，历屯田，百姓面有饥色，衣或裋褐不
完，罪皆在孤；是以上惭众瑞，下愧士民。由斯言之，德尚未堪偏王，何言
帝者也！宜止息此议，无重吾不德，使逝之后，不愧后之君子。"
癸丑，宣告群寮。督军御史中丞司马懿、侍御史郑浑、羊祕、鲍勋、武周等
言："令如左。伏读太史丞许芝上符命事，臣等闻有唐世衰，天命在虞，虞
氏世衰，天命在夏；然则天地之灵，历数之运，去就之符，惟德所在。故孔
子曰：'凤鸟不至，河不出图，吾已矣夫！'今汉室衰，自安、和、冲、质以
来，国统屡绝，桓、灵荒淫，禄去公室，此乃天命去就，非一朝一夕，其所
由来久矣。殿下践阼，至德广被，格于上下，天人感应，符瑞并臻，考之旧
史，未有若今日之盛。夫大人者，先天而天弗违，后天而奉天时，天时已
至而犹谦让者，舜、禹所不为也，故生民蒙救济之惠，群类受育长之施。
今八方颙颙，大小注望，皇天乃眷，神人同谋，十分而九以委质，义过周
文，所谓过恭也。臣妾上下，伏所不安。"令曰："世之所不足者道义也，所
有余者苟妄也；常人之性，贱所不足，贵所有余，故曰'不患无位，患所以
立'。孤虽寡德，庶自免于常人之贵。夫'石可破而不可夺坚，丹可磨而不
可夺赤'。丹石微物，尚保斯质，况吾托士人之末列，曾受教于君子哉？且
於陵仲子以仁为富，柏成子高以义为贵，鲍焦感子贡之言，弃其蔬而槁

死,薪者讥季札失辞,皆委重而弗视。吾独何人?昔周武,大圣也,使叔旦盟胶鬲于四内,使召公约微子于共头,故伯夷、叔齐相与笑之曰:‘昔神农氏之有天下,不以人之坏自成,不以人之卑自高。’以为周之伐殷以暴也。吾德非周武而义惭夷、齐,庶欲远苟妄之失道,立丹石之不夺,迈於陵之所富,蹈柏成之所贵,执鲍焦之贞至,遵薪者之清节。故曰:‘三军可夺帅,匹夫不可夺志。’吾之斯志,岂可夺哉?”

乙卯,册诏魏王禅代天下曰:“惟延康元年十月乙卯,皇帝曰,咨尔魏王:夫命运否泰,依德升降,三代卜年,著于春秋,是以天命不于常,帝王不一姓,由来尚矣。汉道陵迟,为日已久,安、顺已降,世失其序,冲、质短祚,三世无嗣,皇纲肇亏,帝典颓沮。暨于朕躬,天降之灾,遭无妄厄运之会,值炎精幽昧之期。变兴辇毂,祸由阉宦。董卓乘衅,恶甚浇、豷,劫迁省御,火扑宫庙,[4]遂使九州幅裂,强敌虎争,华夏鼎沸,蝮蛇塞路。当斯之时,尺土非复汉有,一夫岂复朕民?幸赖武王德膺符运,奋扬神武,芟夷凶暴,清定区夏,保乂皇家。今王缵承前绪,至德光昭,御衡不迷,布德优远,声教被四海,仁风扇鬼区,是以四方效珍,人神响应,天之历数实在尔躬。昔虞舜有大功二十,而放勋禅以天下;大禹有疏导之绩,而重华禅以帝位。汉承尧运,有传圣之义,加顺灵祇,绍天明命,釐降二女,以嫔于魏。使使持节行御史大夫事太常音,奉皇帝玺绶,王其永君万国,敬御天威,允执其中,天禄永终,敬之哉!”于是尚书令桓阶等奏曰:“汉氏以天子位禅之陛下,陛下以圣明之德,历数之序,承汉之禅,允当天心。夫天命弗可得辞,兆民之望弗可得违,臣请会列侯诸将、群臣陪隶,发玺书,顺天命,具礼仪列奏。”令曰:“当议孤终不当承之意而已。犹猎,还方有令。”

尚书令等又奏曰:“昔尧、舜禅于文祖,至汉氏,以师征受命,畏天之威,不敢怠遑,便即位行在所之地。今当受禅代之命,宜会百寮群司,六军之士,皆在行位,使咸睹天命。营中促狭,可于平敞之处设坛场,奉答休命。臣辄与侍中常侍会议礼仪,太史官择吉日讫,复奏。”令曰:“吾殊不敢当之,外亦何豫事也!”

侍中刘廙、常侍卫臻等奏议曰:“汉氏遵唐尧公天下之议,陛下以圣德膺

56

历数之运,天人同欢,靡不得所,宜顺灵符,速践皇阼。问太史丞<u>许芝</u>,今月十七日己未直成,可受禅命,辄治坛场之处,所当施行别奏。"令曰:"属出见外,便设坛场,斯何谓乎?今当辞让不受诏也。但于帐前发玺书,威仪如常,且天寒,罢作坛士使归。"既发玺书,王令曰:"当奉还玺绶为让章。吾岂奉此诏承此贶邪?昔<u>尧</u>让天下于<u>许由</u>、<u>子州支甫</u>,<u>舜</u>亦让于<u>善卷</u>、<u>石户之农</u>、<u>北人无择</u>,或退而耕<u>颍</u>之阳,或辞以幽忧之疾,或远入山林,莫知其处,或携子入海,终身不反,或以为辱,自投深渊;且<u>颜烛</u>惧太朴之不完,守知足之明分,<u>王子搜</u>乐<u>丹穴</u>之潜处,被熏而不出,<u>柳下惠</u>不以三公之贵易其介,<u>曾参</u>不以<u>晋</u>、<u>楚</u>之富易其仁:斯九士者,咸高节而尚义,轻富而贱贵,故名千载,于今称焉。求仁得仁,仁岂在远?孤独何为不如哉?义有蹈东海而逝,不奉<u>汉朝</u>之诏也。亟为上章还玺绶,宣之天下,使咸闻焉。"己未,宣告群僚,下<u>魏</u>,又下天下。

辅国将军清苑侯<u>刘若</u>等百二十人上书曰:"伏读令书,深执克让,圣意恳恻,至诚外昭,臣等有所不安。何者?<u>石户</u>、<u>北人</u>,匹夫狂狷,行不合义,事不经见者,是以<u>史迁</u>谓之不然,诚非圣明所当希慕。且有<u>虞</u>不逆<u>放勋</u>之禅,<u>夏禹</u>亦无辞位之语,故传曰:'<u>舜</u>陟帝位,若固有之。'斯诚圣人知天命不可逆,历数弗可辞也。伏惟陛下应乾符运,至德发闻,升昭于天,是三灵降瑞,人神以和,休征杂沓,万国响应,虽欲勿用,将焉避之?而固执谦虚,违天逆众,慕匹夫之微分,背上圣之所蹈,违经谶之明文,信百氏之穿凿,非所以奉答天命,光慰众望也。臣等昧死以请,辄整顿坛场,至吉日受命,如前奏,分别写令宣下。"王令曰:"昔<u>柏成子高</u>辞<u>夏禹</u>而匿野,<u>颜阖</u>辞<u>鲁</u>币而远迹,夫以王者之重,诸侯之贵,而二子忽之,何则?其节高也。故烈士徇荣名,义夫高贞介,虽蔬食瓢饮,乐在其中。是以<u>仲尼</u>师<u>王骀</u>,而<u>子产</u>嘉<u>申徒</u>。今诸卿皆孤股肱腹心,足以明孤,而今咸若斯,则诸卿游于形骸之内,而孤求为形骸之外,其不相知,未足多怪。亟为上章还玺绶,勿复纷纭也。"

辅国将军等一百二十人又奏曰:"臣闻符命不虚见,众心不可违,故<u>孔子</u>曰:'<u>周公</u>其为不圣乎?以天下让。是天地日月轻去万物也。'是以<u>舜</u>向天下,不拜而受命。今火德气尽,炎上数终,帝迁明德,祚隆<u>大魏</u>。符瑞昭晰,受命既固,光天之下,神人同应,虽有虞仪凤,成周跃鱼,方今之事,未足以喻。而陛下违天命以饰小行,逆人心以守私志,上忤皇穹眷命之旨,中忘圣人达节之数,下孤人臣翘首之望,非所以扬圣道之高衢,乘无穷之懿勋也。臣等闻事君有献可替否之道,奉上有逆鳞固争之义,臣等敢以死请。"令曰:"夫古圣王之治也,至德合乾坤,惠泽均造化,礼教优乎昆虫,仁恩洽乎草木,日月所照,戴天履地含气有生之类,靡不被服清风,沐浴玄德;是以金革不起,苛慝不作,风雨应节,祯祥触类而见。今百姓寒者未暖,饥者未饱,鳏者未室,寡者未嫁;权、备尚存,未可舞以干戚,方将整以齐斧;戎役未息于外,士民未安于内,耳未闻康哉之歌,目未睹击壤之戏,婴儿未可托于高巢,馀粮未可以宿于田亩:人事未备,至于此也。夜未曜景星,治未通真人,河未出龙马,山未出象车,蓂荚未植阶庭,萐莆未生庖厨,王母未献白环,渠搜未见珍裘:灵瑞未效,又如彼也。昔东户季子、容成、大庭、轩辕、赫胥之君,咸得以此就功勒名。今诸卿独不可少假孤精心竭虑,以和天人,以格至理,使彼众事备,群瑞效,然后安乃议此乎,何遽相愧相迫之如是也?速为让章,上还玺绶,无重吾不德也。"

侍中刘廙等奏曰:"伏惟陛下以大圣之纯懿,当天命之历数,观天象则符瑞著明,考图纬则文义焕炳,察人事则四海齐心,稽前代则异世同归;而固拒禅命,未践尊位,圣意恳恻,臣等敢不奉诏?辄具章道使者。"奉令曰:"泰伯三以天下让,人无得而称焉,仲尼叹其至德,孤独何人?"

庚申,魏王上书曰:"皇帝陛下:奉被今月乙卯玺书,伏听册命,五内惊震,精爽散越,不知所处。臣前上还相位,退守藩国,圣恩听许。臣虽无古人量德度身自定之志,保己存性,实其私愿。不寤陛下猥损过谬之命,发不世之诏,以加无德之臣。且闻尧禅重华,举其克谐之德,舜授文命,采其齐圣之美,犹下咨四岳,上观璇玑。今臣德非虞、夏,行非二君,而承历数之诏,应选授之命,内自揆抚,无德以称。且许由匹夫,犹拒帝位,善卷布衣,而逆虞诏。臣虽鄙蔽,敢忘守节以当大命,不胜至愿。谨拜章陈情,使行相国永寿少府粪土臣毛宗奏,并上玺绶。"

辛酉,给事中博士苏林、董巴上表曰:"天有十二次以为分野,王公之国,各有所属,周在鹑火,魏在大梁。岁星行历十二次国,天子受命,诸侯以封。周文王始受命,岁在鹑火,至武王伐纣十三年,岁星复在鹑火,故春秋传曰:'武王伐纣,岁在鹑火;岁之所在,即我有周之分野也。'昔光和七年,岁在大梁,武王始受命,于时将讨黄巾。[5]是岁改年为中平元年。建安元年,岁复在大梁,始拜大将军。十三年复在大梁,始拜丞相。今二十五年,岁复在大梁,陛下受命。此魏得岁与周文王受命相应。今年青龙在庚子,诗推度灾曰:'庚者更也,子者滋也,圣命天下治。'又曰:'王者布德于子,治成于丑。'此言今年天更命圣人制治天下,布德于民也。魏以改制天下,与诗协矣。颛顼受命,岁在豕韦,卫居其地,亦在豕韦,故春秋传曰:'卫,颛顼之墟也。'今十月斗之建,则颛顼受命之分也,始魏以十月受禅,此同符始祖受命之验也。魏之氏族,出自颛顼,与舜同祖,见于春秋世家。舜以土德承尧之火,今魏亦以土德承汉之火,于行运,会于尧舜授受之次。臣闻天之去就,固有常分,圣人当之,昭然不疑,故尧捐骨肉而禅有虞,终无吝色,舜发陇亩而君天下,若固有之,其相受授,间不替漏;天下已传矣,所以急天命,天下不可一日无君也。今汉期运已终,妖异绝之已审,陛下受天之命,符瑞告征,丁宁详悉,反覆备至,虽言语相喻,无以代此。今既发诏书,玺绶未御,固执谦让,上逆天命,下违民望。臣谨案古之典籍,参以图纬,魏之行运及天道所在,即尊之验,在于今年此月,昭晰分明。唯陛下迁思易虑,以时即位,显告天帝而告天下,然后改正朔,易服色,正大号,天下幸甚。"令曰:"凡斯皆宜圣德,故曰:'苟非其人,道不虚行。'天瑞虽彰,须德而光;吾德薄之人,胡足以当之?今让,冀见听许,外内咸使闻知。"

壬戌,册诏曰:"皇帝问魏王言:遣宗奉庚申书到,所称引,闻之。朕惟汉家世逾二十,年过四百,运周数终,行祚已讫,天心已移,兆民望绝,天之所废,有自来矣。今大命有所底止,神器当归圣德,违众不顺,逆天不祥。王其体有虞之盛德,应历数之嘉会,是以祯祥告符,图谶表录,神人同应,受命咸宜。朕畏上帝,致位于王;天不可违,众不可拂。且重华不逆尧命,大禹不辞舜位,若夫由、卷四夫,不载圣籍,固非皇材帝器所当称慕。今使音奉皇帝玺绶,王其陟帝位,无逆朕命,以祗奉天心焉。"

于是尚书令桓阶等奏曰:"今汉使音奉玺书到,臣等以为天命不可稽,神器不可渎。周武中流有白鱼之应，不待师期而大号已建，舜受大麓，桑荫未移而已陟帝位，皆所以祗承天命，若此之速也。故无固让之义，不以守节为贵，必道信于神灵，符合于天地而已。易曰：'其受命如响，无有远近幽深，遂知来物，非天下之至赜，其孰能与于此？'今陛下应期运之数，为皇天所子，而复稽滞于辞让，低回于大号，非所以则天地之道，副万国之望。臣等敢以死请，辄敕有司修治坛场，择吉日，受禅命，发玺绶。"令曰："冀三让而不见听，何汲汲于斯乎？"

甲子，魏王上书曰："奉今月壬戌玺书，重被圣命，伏听册告，肝胆战悸，不知所措。天下神器，禅代重事，故尧将禅舜，纳于大麓，舜之命禹，玄圭告功；烈风不迷，九州攸平，询事考言，然后乃命，而犹执谦让于德不嗣。况臣顽固，质非二圣，乃应天统，受终明诏；敢守微节，归志箕山，不胜大愿。谨拜表陈情，使并奉上玺绶。"

侍中刘廙等奏曰："臣等闻圣帝不违时，明主不逆人，故易称通天下之志，断天下之疑。伏惟陛下体有虞之上圣，承土德之行运，当亢阳明夷之会，应汉氏祚终之数，合契皇极，同符两仪。是以圣瑞表征，天下同应，历运去就，深切著明；论之天命，无所与议，比之时宜，无所与争。故受命之期，时清日晏，曜灵施光，休气云蒸。是乃天道悦怿，民心欣戴，而仍见闭拒，于礼何居？且群生不可一日无主，神器不可以斯须无统，故臣有违君以成业，下有矫上以立事，臣等敢不重以死请。"王令曰："天下重器，王者正统，以圣德当之，犹有惧心，吾何人哉？且公卿未至乏主，斯岂小事，且宜以待固让之后，乃当更议其可耳。"

丁卯，册诏魏王曰："天讫汉祚，辰象著明，朕祗天命，致位于王，仍陈历数于诏册，喻符运于翰墨；神器不可以辞拒，皇位不可以谦让，稽于天命，至于再三。且四海不可以一日旷主，万机不可以斯须无统，故建大业者不拘小节，知天命者不系细物，是以舜受大业之命而无逊让之辞，圣人达节，不亦远乎！今使音奉皇帝玺绶，王其钦承，以答天下向应之望焉。"

相国华歆、太尉贾诩、御史大夫王朗及九卿上言曰："臣等被召到，伏见太史丞许芝、左中郎将李伏所上图谶、符命，侍中刘廙等宣叙众心，人灵同谋。又汉朝知陛下圣化通于神明，圣德参于虞、夏，因瑞应之备至，听历数之所在，遂献玺绶，固让尊号。能言之伦，莫不抃舞，河图、洛书，天命瑞应，人事协于天时，民言协于天叙。而陛下性秉劳谦，体尚克让，明诏恳切，未肯听许，臣妾小人，莫不伊邑。臣等闻自古及今，有天下者不常在乎一姓；考以德势，则盛衰在乎强弱，论以终始，则废兴在乎期运。唐、虞历数，不在厥子而在舜、禹。舜、禹虽怀克让之意迫，群后执玉帛而朝之，兆民怀欣戴而归之，率土扬歌谣而咏之，故其守节之拘，不可得而常处，达节之权，不可得而久避；是以或逊位而不吝，或受禅而不辞，不吝者未必厌皇宠，不辞者未必渴帝祚，各迫天命而不得以已。既禅之后，则唐氏之子为宾于有虞，虞氏之胄为客于夏代，然则禅代之义，非独受之者实应天福，授之者亦与有馀庆焉。汉自章、和之后，世多变故，稍以陵迟，洎乎孝灵，不恒其心，虐贤害仁，聚敛无度，政在嬖竖，视民如雠，遂令上天震怒，百姓从风如归；当时则四海鼎沸，既没则祸发宫庭，宠势并竭，帝室遂卑，若在帝舜之末节，犹择圣代而授之，荆人抱玉璞，犹思良工而刊之，况汉国既往，莫之能匡，推器移君，委之圣哲，固其宜也。汉朝委质，既愿禅礼之速定也，天祚率土，必将有主；主率土者，非陛下其孰能任之？所谓论德无与为比，考功无推让矣。天命不可久稽，民望不可久违，臣等惓惓，不胜大愿。伏请陛下割捴谦之志，修受禅之礼，副人神之意，慰外内之愿。"令曰："以德则孤不足，以时则戎虏未灭。若以群贤之灵，得保首领，终君魏国，于孤足矣。若孤者，胡足以辱四海？至乎天瑞人事，皆先王圣德遗庆，孤何有焉？是以未敢闻命。"

己巳，魏王上书曰："臣闻舜有宾于四门之勋，乃受禅于陶唐，禹有存国七百之功，乃承禄于有虞。臣以蒙蔽，德非二圣，猥当天统，不敢闻命。敢屡抗疏，略陈私愿，庶章通紫庭，得全微节，情达宸极，永守本志。而音重复衔命，申制诏臣，臣实战悸，不发玺书，而音迫于严诏，不敢复命。愿陛下驰传骋驿，召音还台。不胜至诚，谨使宗奉书。"

相国歆、太尉诩、御史大夫朗及九卿奏曰："臣等伏读诏书，於邑益甚。臣等闻易称圣人奉天时，论语云君子畏天命，天命有去就，然后帝者有禅代。是以唐之禅虞，命在尔躬，虞之顺唐，谓之受终；尧知天命去已，故不得不禅舜,舜知历数在躬,故不敢不受;不得不禅,奉天时也,不敢不受,畏天命也。汉朝虽承季末陵迟之馀,犹务奉天命以则尧之道,是以愿禅帝位而归二女。而陛下正于大魏受命之初,抑虞、夏之达节,尚延陵之让退,而所枉者大,所直者小,所详者轻,所略者重,中人凡士犹为陛下陋之。没者有灵,则重华必愤愤于苍梧之神墓,大禹必郁悒于会稽之山阴,武王必不悦于高陵之玄宫矣。[6]是以臣等敢以死请。且汉政在阉宦,禄去帝室七世矣,遂集矢石于其宫殿,而二京为之丘墟。当是之时,四海荡覆,天下分崩,武王亲衣甲而冠胄,沐雨而栉风,为民请命,则活万国,为世拔乱,则致升平,鸠民而立长,筑宫而置吏,元元无过,罔于前业,而始有造于华夏。陛下即位,光昭文德,以翊武功,勤恤民隐,视之如伤,惧者宁之,劳者息之,寒者以暖,饥者以充,远人以德服,[7]寇敌以恩降,迈恩种德,光被四表,稽古笃睦,茂于放勋,网漏吞舟,弘乎周文。是以布政未期,人神并和,皇天则降甘露而臻四灵,后土则挺芝草而吐醴泉,虎豹鹿兔,皆素其色,雉鸠燕雀,亦白其羽,连理之木,同心之瓜,五采之鱼,珍祥瑞物,杂遝于其间者,无不毕备。古人有言:'微禹,吾其鱼乎!'微大魏,则臣等之白骨交横于旷野矣。伏省群臣外内前后章奏,所以陈叙陛下之符命者,莫不条河洛之图书,据天地之瑞应,因汉朝之款诚,宣万方之景附,可谓信矣著矣;[8]三王无以及,五帝无以加。民命之悬于魏邦,民心之系于魏政,[9]三十有馀年矣,此乃千世时至之会,万载一遇之秋;达节广度,宜昭于斯际,拘牵小节,不施于此时。久稽天命,罪在臣等。辄营坛场,具礼仪,择吉日,昭告昊天上帝,秩群神之礼,须禋祭毕,会群寮于朝堂,议年号、正朔、服色当施行,上。"复令曰:"昔者大舜饭糗茹草,将终身焉,斯则孤之前志也。及至承尧禅,被袗裼,妻二女,若固有之,斯则顺天命也。群公卿士诚以天命不可拒,民望不可违,孤亦曷以辞焉?"

庚午,册诏魏王曰:"昔尧以配天之德,秉六合之重,犹睹历运之数,移于有虞,委让帝位,忽如遗迹。今天既讫我汉命,乃眷北顾,帝皇之业,实在大魏。朕守空名以窃古义,顾视前事,犹有惭德,而王逊让至于三四,朕用惧焉。夫不辞万乘之位者,知命达节之数也,虞、夏之君,处之不疑,故

勋烈垂于万载，美名传于无穷。今遣守尚书令侍中觊喻[10]王其速陟帝
位，以顺天人之心，副朕之大愿。"

于是尚书令桓阶等奏曰："今汉氏之命已四至，而陛下前后固辞，臣等伏
以为上帝之临圣德，期运之隆大魏，斯岂数载？传称周之有天下，非甲子
之朝，殷之去帝位，非牧野之日也，故诗序商汤，追本玄王之至，述姬周，
上录后稷之生，是以受命既固，厥德不回。汉氏衰废，行次已绝，三辰垂
其征，史官著其验，着老记先古之占，百姓协歌谣之声。陛下应天受禅，
当速即坛场，柴燎上帝，诚不宜久停神器，拒亿兆之愿。臣辄下太史令择
元辰，今月二十九日，可登坛受命，请诏三公群卿，具条礼仪别奏。"令
曰："可。"

③献帝传曰：辛未，魏王登坛受禅，公卿、列侯、诸将、匈奴单于、四夷朝者
数万人陪位，燎祭天地、五岳、四渎，曰："皇帝臣丕敢用玄牡昭告于皇皇
后帝：汉历世二十有四，践年四百二十有六，四海困穷，三纲不立，五纬
错行，灵祥并见，推术数者，虑之古道，咸以为天之历数，运终兹世，凡诸
嘉祥民神之意，比昭有汉数终之极，魏家受命之符。汉主以神器宜授于
臣，宪章有虞，致位于丕。丕震畏天命，虽休勿休。群公庶尹六事之人，
外及将士，泊于蛮夷君长，佥曰：'天命不可以辞拒，神器不可以久旷，群
臣不可以无主，万几不可以无统。'丕祗承皇象，敢不钦承。卜之守龟，
兆有大横，筮之三易，兆有革兆，谨择元日，与群寮登坛受帝玺绶，告类
于尔大神：唯尔有神，尚飨永吉，兆民之望，祚于有魏世享。"遂制诏三
公："上古之始有君也，必崇恩化以美风俗，然百姓顺教而刑辟厝焉。今
朕承帝王之绪，其以延康元年为黄初元年，议改正朔，易服色，殊徽号，
同律度量，承土行，大赦天下；自殊死以下，诸不当得赦，皆赦除之。"

魏氏春秋曰：帝升坛礼毕，顾谓群臣曰："舜、禹之事，吾知之矣。"

干宝搜神记曰：宋大夫邢史子臣明于天道，周敬王之三十七年，景公问
曰："天道其何祥？"对曰："后五年五月丁亥，臣将死；死后五年五月丁
卯，吴将亡；亡后五年，君将终；终后四百年，邾王天下。"俄而皆如其言。
所云邾王天下者，谓魏之兴也。邾，曹姓，魏亦曹姓，皆邾之后。其年数则
错，未知邢史失其数邪，将年代久远，注记者传而有谬也？

黄初元年十一月癸酉，以河内之山阳邑万户奉汉帝为山阳公，行汉正朔，以天子之礼郊祭，上书不称臣，京都有事于太庙，致胙；封公之四子为列侯。追尊皇祖太王曰太皇帝，考武王曰武皇帝，尊王太后曰皇太后。赐男子爵人一级，为父后及孝悌力田人二级。以汉诸侯王为崇德侯，列侯为关中侯。以颍阴之繁阳亭为繁昌县。封爵增位各有差。改相国为司徒，御史大夫为司空，奉常为太常，郎中令为光禄勋，大理为廷尉，大农为大司农。郡国县邑，多所改易。更授匈奴南单于呼厨泉魏玺绶，赐青盖车、乘舆、宝剑、玉玦。十二月，初营洛阳宫，戊午幸洛阳。①

① 臣松之案：诸书记是时帝居北宫，以建始殿朝群臣，门曰承明，陈思王植诗曰"谒帝承明庐"是也。至明帝时，始于汉南宫崇德殿处起太极、昭阳诸殿。

魏书曰：以夏数为得天，故即用夏正，而服色尚黄。

魏略曰：诏以汉火行也，火忌水，故"洛"去"水"而加"隹"。魏于行次为土，土，水之牡也，水得土而乃流，土得水而柔，故除"隹"加"水"，变"雒"为"洛"。

是岁，长水校尉戴陵谏不宜数行弋猎，帝大怒；陵减死罪一等。

二年春正月，郊祀天地、明堂。甲戌，校猎至原陵，遣使者以太牢祠汉世祖。乙亥，朝日于东郊。①初令郡国口满十万者，岁察孝廉一人；其有秀异，无拘户口。辛巳，分三公户邑，封子弟各一人为列侯。壬午，复颍川郡一年田租。② 改许县为许昌县。以魏郡东部为阳平郡，西部为广平郡。③

① 臣松之以为礼天子以春分朝日，秋分夕月；寻此年正月郊祀，有月无日，乙亥朝日，则有日无月，盖文之脱也。案明帝朝日夕月，皆如礼文，故知此纪为误者也。

②魏书载诏曰:"颍川,先帝所由起兵征伐也。官渡之役,四方瓦解,远近顾望,而此郡守义,丁壮荷戈,老弱负粮。昔汉祖以秦中为国本,光武恃河内为王基,今朕复于此登坛受禅,天以此郡翼成大魏。"

③魏略曰:改长安、谯、许昌、邺、洛阳为五都;立石表,西界宜阳,北循太行,东北界阳平,南循鲁阳,东界郯,为中都之地。今天下听内徙,复五年,后又增其复。

诏曰:"昔仲尼资大圣之才,怀帝王之器,当衰周之末,无受命之运,在鲁、卫之朝,教化乎洙、泗之上,凄凄焉,遑遑焉,欲屈己以存道,贬身以救世。于时王公终莫能用之,乃退考五代之礼,修素王之事,因鲁史而制春秋,就太师而正雅颂,俾千载之后,莫不宗其文以述作,仰其圣以成谋,咨! 可谓命世之大圣,亿载之师表者也。遭天下大乱,百祀堕坏,旧居之庙,毁而不修,褒成之后,绝而莫继,阙里不闻讲颂之声,四时不睹蒸尝之位,斯岂所谓崇礼报功,盛德百世必祀者哉! 其以议郎孔羡为宗圣侯,邑百户,奉孔子祀。"令鲁郡修起旧庙,置百户吏卒以守卫之,又于其外广为室屋以居学者。

三月,[11]加辽东太守公孙恭为车骑将军。初复五铢钱。夏四月,以车骑将军曹仁为大将军。五月,郑甘复叛,遣曹仁讨斩之。六月庚子,初祀五岳四渎,咸秩群祀。①丁卯,夫人甄氏卒。戊辰晦,日有食之,有司奏免太尉,诏曰:"灾异之作,以谴元首,而归过股肱,岂禹、汤罪己之义乎?其令百官各虔厥职,后有天地之眚,勿复劾三公。"

①魏书:甲辰,以京师宗庙未成,帝亲祠武皇帝于建始殿,躬执馈奠,如家人之礼。

秋八月,孙权遣使奉章,并遣于禁等还。丁巳,使太常邢贞持节拜权为大将军,封吴王,加九锡。冬十月,授杨彪光禄大夫。^①以谷贵,罢五铢钱。^②己卯,以大将军曹仁为大司马。十二月,行东巡。是岁筑陵云台。

①魏书曰:己亥,公卿朝朔旦,并引故汉太尉杨彪,待以客礼,诏曰:"夫先王制几杖之赐,所以宾礼黄耇褒崇元老也。昔孔光、卓茂皆以淑德高年,受兹嘉锡。公故汉宰臣,乃祖已来,世著名节,年过七十,行不逾矩,可谓老成人矣,所宜宠异以章旧德。其赐公延年杖及冯几;谒请之日,便使杖入,又可使著鹿皮冠。"彪辞让不听,竟著布单衣、皮弁以见。

续汉书曰:彪见汉祚将终,自以累世为三公,耻为魏臣,遂称足挛,不复行。积十馀年,帝即王位,欲以为太尉,令近臣宣旨。彪辞曰:"尝以汉朝为三公,值世衰乱,不能立尺寸之益,若复为魏臣,于国之选,亦不为荣也。"帝不夺其意。黄初四年,诏拜光禄大夫,秩中二千石,朝见位次三公,如孔光故事。彪上章固让,帝不听,又为门施行马,致吏卒,以优崇之。年八十四,以六年薨。子修,事见陈思王传。

②魏书曰:十一月辛未,镇西将军曹真命众将及州郡兵讨破叛胡治元多、卢水、封赏等,斩首五万馀级,获生口十万,羊一百一十一万口,牛八万,河西遂平。帝初闻胡决水灌略阳,谓左右诸将曰:"昔隗嚣灌略阳,而光武因其疲弊,进兵灭之。今胡决水灌略阳,其事正相似,破胡事今至不久。"旬日,破胡告檄到,上大笑曰:"吾策之于帷幕之内,诸将奋击于万里之外,其相应若合符节。前后战克获虏,未有如此也。"

三年春正月丙寅朔,日有蚀之。庚午,行幸许昌宫。诏曰:"今之计、孝,^{〔12〕}古之贡士也;十室之邑,必有忠信,若限年然后取士,是吕尚、周晋不显于前世也。其令郡国所选,勿拘老幼;儒通经术,吏达文法,到皆试用。有司纠故不以实者。"^①

①魏书曰:癸亥,孙权上书,说:"刘备支党四万人,马二三千四,出秭归,请往扫扑,以克捷为效。"帝报曰:"昔隗嚣之弊,祸发栒邑,子阳之禽,变起扞关,将军其亢厉威武,勉蹈奇功,以称吾意。"

二月，鄯善、龟兹、于阗王各遣使奉献，诏曰："西戎即叙，氐、羌来王，诗、书美之。顷者西域外夷并款塞内附，[1]其遣使者抚劳之。"是后西域遂通，置戊己校尉。

①应劭汉书注曰：款，叩也；皆叩塞门来服从。

三月乙丑，立齐公叡为平原王，帝弟鄢陵公彰等十一人皆为王。初制封王之庶子为乡公，嗣王之庶子为亭侯，公之庶子为亭伯。甲戌，立皇子霖为河东王。甲午，行幸襄邑。夏四月戊申，立鄄城侯植为鄄城王。癸亥，行还许昌宫。五月，以荆、扬、江表八郡为荆州，孙权领牧故也；荆州江北诸郡为郢州。

闰月，孙权破刘备于夷陵。初，帝闻备兵东下，与权交战，树栅连营七百余里，谓群臣曰："备不晓兵，岂有七百里营可以拒敌者乎！'苞原隰险阻而为军者为敌所禽'，此兵忌也。孙权上事今至矣。"后七日，破备书到。

秋七月，冀州大蝗，民饥，使尚书杜畿持节开仓廪以振之。八月，蜀大将黄权率众降。[1]

①魏书曰：权及领南郡太守史邰等三百一十八人，诣荆州刺史奉上所假印绶、棨戟、幢麾、牙门、鼓车。权等诣行在所，帝置酒设乐，引见于承光殿。权、邰等人人前自陈，帝为论说军旅成败去就之分，诸将无不喜悦。赐权金帛、车马、衣裘、帷帐、妻妾，下及偏裨皆有差。拜权为侍中镇南将军，封列侯，即日召使骖乘；及封史邰等四十二人皆为列侯，为将军郎将百余人。

九月甲午，诏曰："夫妇人与政，乱之本也。自今以后，群臣不得奏事太后，后族之家不得当辅政之任，又不得横受茅土之爵；以此诏传后世，若有背违，天下共诛之。"[1]庚子，立皇后郭氏。赐天下男子爵人二级；鳏寡笃癃及贫不能自存者赐谷。

① 孙盛曰：夫经国营治，必凭俊哲之辅，贤达令德，必居参乱之任，故虽周室之盛，有妇人与焉。然则坤道承天，南面罔二，三从之礼，谓之至顺，至于号令自天子出，奏事专行，非古义也。昔在申、吕，实匡有周。苟以天下为心，惟德是杖，则亲疏之授，至公一也，何至后族而必斥远之哉？二汉之季世，王道陵迟，故令外戚凭宠，职为乱阶。此自时昏道衰，[13]运祚将移，纵无王、吕之难，岂乏田、赵之祸乎？而后世观其若此，深怀鸩毒之戒也。至于魏文，遂发一概之诏，可谓有识之爽言，非帝者之宏议。

冬十月甲子，表首阳山东为寿陵，作终制曰："礼，国君即位为椑，椑音扶历反。存不忘亡也。①昔尧葬穀林，通树之，禹葬会稽，农不易亩，②故葬于山林，则合乎山林。封树之制，非上古也，吾无取焉。寿陵因山为体，无为封树，无立寝殿，造园邑，通神道。夫葬也者，藏也，欲人之不得见也。骨无痛痒之知，冢非栖神之宅，礼不墓祭，欲存亡之不黩也，为棺椁足以朽骨，衣衾足以朽肉而已。故吾营此丘墟不食之地，欲使易代之后不知其处。无施苇炭，无藏金银铜铁，一以瓦器，合古涂车、刍灵之义。棺但漆际会三过，饭含无以珠玉，无施珠襦玉匣，诸愚俗所为也。季孙以玙璠敛，孔子历级而救之，譬之暴骸中原。宋公厚葬，君子谓华元、乐莒不臣，以为弃君于恶。汉文帝之不发，霸陵无求也；光武之掘，原陵封树也。霸陵之完，功在释之；原陵之掘，罪在明帝。是释之忠以利君，明帝爱以害亲也。忠臣孝子，宜思仲尼、丘明、释之之言，鉴华元、乐莒、明帝之戒，存于所以安君定亲，使魂灵万载无危，斯则贤圣之忠孝矣。自古及今，未有不亡之国，亦无不掘之墓也。丧乱以来，汉氏诸陵无不发掘，至乃烧取玉匣金缕，骸骨并尽，是焚如之刑，岂不重痛哉！祸由乎厚葬封树。'桑、霍为我戒'，不亦明乎？其皇后及贵人以下，不随王之国者，有终没皆葬涧西，前又以表其处矣。盖舜葬苍梧，二妃不从，延陵葬子，远在嬴、博，魂而有灵，无不之也，一涧之间，不足为远。若违今诏,妄有所变改造施,吾为戮尸地下,戮而重戮,死而重死。臣子为蔑死君父,不忠不孝,使死者有知,将不福汝。其以此诏藏之宗庙,副在尚书、秘书、三府。"

①臣松之按:礼,天子诸侯之棺,各有重数;棺之亲身者曰椑。
②吕氏春秋:尧葬于谷林,通树之;舜葬于纪,市廛不变其肆;禹葬会稽,不变人徒。

是月,孙权复叛。复郢州为荆州。帝自许昌南征,诸军兵并进,权临江拒守。十一月辛丑,行幸宛。庚申晦,日有食之。是岁,穿灵芝池。

四年春正月,诏曰:"丧乱以来,兵革未戢,天下之人,互相残杀。今海内初定,敢有私复雠者皆族之。"筑南巡台于宛。三月丙申,行自宛还洛阳宫。癸卯,月犯心中央大星。①丁未,大司马曹仁薨。是月大疫。

①魏书载丙午诏曰:"孙权残害民物,朕以寇不可长,故分命猛将三道并征。今征东诸军与权党吕范等水战,则斩首四万,获船万艘。大司马据守濡须,其所禽获亦以万数。中军、征南,攻取江陵,左将军张郃等轴舻直渡,击其南渚,贼赴水溺死者数千人,又为地道攻城,城中外雀鼠不得出入,此几上肉耳!而贼中大气疾病,夹江涂地,恐相染污。昔周武伐殷,旋师孟津,汉祖征隗嚣,还军高平,皆知天时而度贼情也。且成汤解三面之网,天下归仁。今开江陵之围,以缓成死之禽。且休力役,罢省繇戍,畜养士民,咸使安息。"

夏五月,有鹈鹕鸟集灵芝池,诏曰:"此诗人所谓污泽也。曹诗'刺恭公远君子而近小人',今岂有贤智之士处于下位乎?否则斯鸟何为而至?其博举天下俊德茂才、独行君子,以答曹人之刺。"①

①魏书曰:辛酉,有司奏造二庙,立太皇帝庙,大长秋特进侯与高祖合祭,亲尽以次毁;特立武皇帝庙,四时享祀,为魏太祖,万载不毁也。

六月甲戌，任城王彰薨于京都。甲申，太尉贾诩薨。太白昼见。是月大雨，伊、洛溢流，杀人民，坏庐宅。①秋八月丁卯，以廷尉锺繇为太尉。②辛未，校猎于荥阳，遂东巡。论征孙权功，诸将已下进爵增户各有差。九月甲辰，行幸许昌宫。③

①魏书曰：七月乙未，大军当出，使太常以特牛一告祠于郊。

臣松之按：魏郊祀奏中，尚书卢毓议祀厉殃事云："具牺牲祭器，如前后师出告郊之礼。"如此，则魏氏出师，皆告郊也。

②魏书曰：有司奏改汉氏宗庙安世乐曰正世乐，嘉至乐曰迎灵乐，武德乐曰武颂乐，昭容乐曰昭业乐，云翘舞曰凤翔舞，[14]育命舞曰灵应舞，武德舞曰武颂舞，文始舞曰大韶舞，[15]五行舞曰大武舞。

③魏书曰：十二月丙寅，赐山阳公夫人汤沐邑，公女曼为长乐郡公主，食邑各五百户。是冬，甘露降芳林园。

臣松之按：芳林园即今华林园，齐王芳即位，改为华林。

五年春正月，初令谋反大逆乃得相告，其馀皆勿听治；敢妄相告，以其罪罪之。三月，行自许昌还洛阳宫。夏四月，立太学，制五经课试之法，置春秋穀梁博士。五月，有司以公卿朝朔望日，因奏疑事，听断大政，论辨得失。秋七月，行东巡，幸许昌宫。八月，为水军，亲御龙舟，循蔡、颍、浮淮，幸寿春。扬州界将吏士民，犯五岁刑已下，皆原除之。九月，遂至广陵，赦青、徐二州，改易诸将守。冬十月乙卯，太白昼见。行还许昌宫。①十一月庚寅，以冀州饥，遣使者开仓廪振之。戊申晦，日有食之。

①魏书载癸酉诏曰："近之不绥，何远之怀？今事多而民少，上下相弊以文法，百姓无所措其手足。昔太山之哭者，以为苛政甚于猛虎，吾备儒者之风，服圣人之遗教，岂可以目玩其辞，行违其诚者哉？广议轻刑，以惠百姓。"

十二月，诏曰："先王制礼，所以昭孝事祖，大则郊社，其次宗庙，三辰五行，名山大川，非此族也，不在祀典。叔世衰乱，崇信巫史，至乃宫殿之内，户牖之间，无不沃酹，甚矣其惑也。自今，其敢设非祀之祭，巫祝之言，皆以执左道论，著于令典。"是岁穿天渊池。

六年春二月，遣使者循行许昌以东尽沛郡，问民所疾苦，贫者振贷之。① 三月，行幸召陵，通讨虏渠。乙巳，还许昌宫。并州刺史梁习讨鲜卑轲比能，大破之。辛未，帝为舟师东征。五月戊申，幸谯。壬戌，荧惑入太微。

① 魏略载诏曰："昔轩辕建四面之号，周武称'予有乱臣十人'，斯盖先圣所以体国君民，亮成天工，多贤为贵也。今内有公卿以镇京师，外设牧伯以监四方，至于元戎出征，则军中宜有柱石之贤帅，辎重所在，又宜有镇守之重臣，然后车驾可以周行天下，无内外之虑。吾今当征贼，欲守之积年。其以尚书令颍乡侯陈群为镇军大将军，尚书仆射西乡侯司马懿为抚军大将军。若吾临江授诸将方略，则抚军当留许昌，督后诸军，录后台文书事；镇军随车驾，当董督众军，录行尚书事；皆假节鼓吹，给中军兵骑六百人。吾欲去江数里，筑宫室，往来其中，见贼可击之形，便出奇兵击之；若或未可，则当舒六军以游猎，飨赐战士。"

六月，利成郡兵蔡方等以郡反，杀太守徐质。遣屯骑校尉任福、步兵校尉段昭与青州刺史讨平之；其见胁略及亡命者，皆赦其罪。

秋七月，立皇子鉴为东武阳王。八月，帝遂以舟师自谯循涡入淮，从陆道幸徐。九月，筑东巡台。冬十月，行幸广陵故城，临江观兵，戎卒十馀万，旌旗数百里。① 是岁大寒，水道冰，舟不得入江，乃引还。十一月，东武阳王鉴薨。十二月，行自谯过梁，遣使以太牢祀故汉太尉桥玄。

① 魏书载帝于马上为诗曰："观兵临江水，水流何汤汤！戈矛成山林，玄甲耀日光。猛将怀暴怒，胆气正从横。谁云江水广？一苇可以航。不战屈敌虏，戢兵称贤良。古公宅岐邑，实始翦殷商。孟献营虎牢，郑人惧稽颡。充国务耕植，先零自破亡。兴农淮、泗间，筑室都徐方。量宜运权略，六军咸

悦康；岂如东山诗，悠悠多忧伤。"

七年春正月，将幸许昌，许昌城南门无故自崩，帝心恶之，遂不入。壬子，行还洛阳宫。三月，筑九华台。夏五月丙辰，帝疾笃，召中军大将军曹真、镇军大将军陈群、征东大将军曹休、抚军大将军司马宣王，并受遗诏辅嗣主。遣后宫淑媛、昭仪已下归其家。丁巳，帝崩于嘉福殿，时年四十。① 六月戊寅，葬首阳陵。自殡及葬，皆以终制从事。②

①魏书曰：殡于崇华前殿。

②魏氏春秋曰：明帝将送葬，曹真、陈群、王朗等以暑热固谏，乃止。

孙盛曰：夫窀穸之事，孝子之极痛也，人伦之道，于斯莫重。故天子七月而葬，同轨毕至。夫以义感之情，犹尽临隧之哀，况乎天性发中，敦礼者重之哉！魏氏之德，仍世不基矣。昔华元厚葬，君子以为弃君于恶，群等之谏，弃孰甚焉！

鄄城侯植为诔曰："惟黄初七年五月十七日，[16]大行皇帝崩，呜呼哀哉！于时天震地骇，崩山陨霜，阳精薄景，五纬错行，百姓呼嗟，万国悲伤，若丧考妣，思慕过唐，[17]擗踊郊野，仰想穹苍，金曰何辜，早世殒丧，呜呼哀哉！悲夫大行，忽焉光灭，永弃万国，云往雨绝。承问荒忽，惝慌哽咽，袖锋抽刃，叹自僵毙，追慕三良，甘心同穴。感惟南风，惟以郁滞，终于偕没，指景自誓。考诸先记，寻之哲言，生若浮寄，唯德可论，朝闻夕逝，孔志所存。皇虽一没，天禄永延，何以述德？表之素旗。何以咏功？宣之管弦。乃作诔曰：皓皓太素，两仪始分，中和产物，肇有人伦，爰暨三皇，实秉道真，降逮五帝，继以蚩纯，三代制作，踵武立勋。季嗣不维，网漏于秦，崩乐灭学，儒坑礼焚，二世而殄，汉氏乃因，弗求古训，嬴政是遵，王纲帝典，阒尔无闻。末光幽昧，道究运迁，乾坤回历，简圣授贤，乃眷大行，属以黎元。龙飞启祚，合契上玄，五行定纪，改号革年，明明赫赫，受命于天。仁风偃物，德以礼宣；祥惟圣质，巍在幼妍。庶几六典，学不过庭，潜心无罔，抗志青冥。才秀藻朗，如玉之莹，听察无向，瞻睹未形。其刚如金，其贞如琼，如冰之洁，如砥之平。爵公无私，戮违无轻，心镜万机，揽照下情。思良股肱，嘉昔伊、吕，搜扬侧陋，举汤代禹；拔才岩穴，取士蓬户，唯德是荣，弗拘祢祖。宅土之表，道义是图，弗营厥险，六合是虞。齐契共遵，下以纯民，恢拓规矩，克绍前人。科条品制，褒贬以因。乘殷之辂，行夏之辰。金根黄屋，翠葆龙鳞，绛冕崇丽，衔统维新，尊肃礼容，瞩之若神。方牧妙举，钦于恤民，虎将荷节，镇彼四邻，朱旗所剿，九壤被震，畴克不若？孰敢不臣？县旌海表，万里无尘。房备凶徼，乌殪江岷，权若涸鱼，乾腊矫鳞，肃慎纳贡，越裳效珍，条支绝域，侍子内宾。德侪先皇，功侔太古。上灵降瑞，黄初叔祜；河龙洛龟，凌波游下；平钧应绳，神鸾翔舞；数莢阶除，系风扇暑；皓兽素禽，飞走郊野；神钟宝鼎，形自旧土；云英甘露，瀸涂被宇；灵芝冒沼，朱华荫渚。回回凯风，祁祁甘雨，稼穑丰登，我稷我黍。家佩惠君，户蒙慈父。图致太和，洽德全义。将登介山，先皇作俪。镌石纪勋，兼录众瑞，方隆封禅，归功天地，宾礼百灵，勋命视规，望柴四岳，燎封奉柴，甫于南郊，宗祀上帝。三牲既供，夏禘秋尝，元侯佐祭，献璧奉璋。鸾舆幽蔼，龙旂太常，爰造太庙，钟鼓锽锽，颂德咏功，八佾锵锵。皇祖既飨，烈考来享，神具醉止，降兹福祥。天地震荡，大行康之；三辰暗昧，大行光之；皇纮绝维，大行纲之；神器莫统，大行当之；礼乐废弛，大行张之；仁义陆沈，大行扬之；潜龙隐凤，大行翔之；疏狄遐康，大行匡之。在位七载，元功仍举，将永太和，绝迹三五，宜作物师，长为神主，寿终金石，等算东父，如何奄忽，摧身后土，俾我茕茕，靡瞻靡顾。嗟嗟皇穹，胡宁忍务？呜呼哀哉！明监吉凶，体远存亡，深垂典制，申之嗣皇。圣上虔奉，是顺是将，乃创玄宇，基为首阳，拟迹穀林，追尧慕唐，合山同陵，不树不疆，涂车刍灵，珠玉靡藏。百神警侍，来宾幽堂，耕禽田兽，望魂之翔。于是，俟大隧之致功兮，练元辰之淑祯，潜华体于梓宫兮，冯正殿以居灵。顾望嗣之号咷兮，存临者之悲声，悼晏驾之既修兮，感容车之速征。浮飞魂于轻霄兮，就黄墟以灭形，背三光之昭晰兮，归玄宅之冥冥。嗟一往之不反兮，痛闷阒之长扃。咨远臣之眇眇，感凶讳以怛惊，心孤绝而靡告兮，纷流涕而交颈。思恩荣以横奔兮，阂阙塞之峣峥，顾衰经以轻举兮，迫关防之我婴。欲高飞而遥憩兮，惮天网之远经，遥投骨于山足兮，报恩养于下庭。慨拊心而自悼兮，惧施重而命轻，嗟微躯之是效兮，甘九死而忘生，几司命之役籍兮，先黄发而

陨零，天盖高而察卑兮，冀神明之我听。独郁伊而莫诉兮，追顾景而怜
形，奏斯文以写思兮，结翰墨以敷诚。呜呼哀哉！”

初，帝好文学，以著述为务，自所勒成垂百篇。又使诸儒撰集
经传，随类相从，凡千馀篇，号曰皇览。①

①魏书曰：帝初在东宫，疫疠大起，时人凋伤，帝深感叹，与素所敬者大理
王朗书曰：“生有七尺之形，死唯一棺之土，唯立德扬名，可以不朽，其次
莫如著篇籍。疫疠数起，士人凋落，余独何人，能全其寿？”故论撰所著典
论、诗赋，盖百馀篇，集诸儒于肃城门内，讲论大义，侃侃无倦。常嘉汉文
帝之为君，宽仁玄默，务欲以德化民，有贤圣之风。时文学诸儒，或以为
孝文虽贤，其于聪明，通达国体，不如贾谊。帝由是著太宗论曰：“昔有苗
不宾，重华舞以干戚，尉佗称帝，孝文抚以恩德，吴王不朝，锡之几杖以
抚其意，而天下赖安；乃弘三章之教，恺悌之化，欲使曩时累息之民，得
阔步高谈，无危惧之心。若贾谊之才敏，筹画国政，特贤臣之器，管、晏之
姿，岂若孝文大人之量哉？”三年之中，以孙权不服，复颁太宗论于天下，
明示不愿征伐也。他日又从容言曰：“顾我亦有所不取于汉文帝者三：杀
薄昭；幸邓通；慎夫人衣不曳地，集上书囊为帐帷。以为汉文俭而无法，
舅后之家，但当养育以恩而不当假借以权，既触罪法，又不得不害矣。”
其欲秉持中道，以为帝王仪表者如此。

胡冲吴历曰：帝以素书所著典论及诗赋饷孙权，又以纸写一通与张昭。

评曰：文帝天资文藻，下笔成章，博闻强识，才艺兼该；①若加
之旷大之度，励以公平之诚，迈志存道，克广德心，则古之贤主，何
远之有哉！

①典论帝自叙曰：初平之元，董卓杀主鸩后，荡覆王室。是时四海既困中
平之政，兼恶卓之凶逆，家家思乱，人人自危。山东牧守，咸以春秋之义，
“卫人讨州吁于濮”，言人人皆得讨贼。于是大兴义兵，名豪大侠，富室强
族，飘扬云会，万里相赴；兖、豫之师战于荥阳，河内之甲军于孟津。卓遂
迁大驾，西都长安。而山东大者连郡国，中者婴城邑，小者聚阡陌，以还

相吞灭。会黄巾盛于海、岱，山寇暴于并、冀，乘胜转攻，席卷而南，乡邑望烟而奔，城郭睹尘而溃，百姓死亡，暴骨如莽。余时年五岁，上以世方扰乱，教余学射，六岁而知射，又教余骑马，八岁而能骑射矣。以时之多故，每征，余常从。建安初，上南征荆州，至宛，张绣降。旬日而反，亡兄孝廉子修、从兄安民遇害。时余年十岁，乘马得脱。夫文武之道，各随时而用，生于中平之季，长于戎旅之间，是以少好弓马，于今不衰；逐禽辄十里，驰射常百步，日多体健，心每不厌。建安十年，始定冀州，涉、貊贡良弓，燕、代献名马。时岁之暮春，勾芒司节，和风扇物，弓燥手柔，草浅兽肥，与族兄子丹猎于邺西，终日手获麀九，雉兔三十。后军南征次曲蠡，尚书令荀彧奉使犒军，见余谈论之末，彧言："闻君善左右射，此实难能。"余言："执事未睹夫项发口纵，俯马蹄而仰月支也。"彧喜笑曰："乃尔！"余曰："埒有常径，的有常所，虽每发辄中，非至妙也。若驰平原，赴丰草，要狡兽，截轻禽，使弓不虚弯，所中必洞，斯则妙矣。"时军祭酒张京在坐，顾彧拊手曰"善"。余又学击剑，阅师多矣，四方之法各异，唯京师为善。桓、灵之间，有虎贲王越善斯术，称于京师。河南史阿言昔与越游，具得其法，余从阿学之精熟。尝与平虏将军刘勋、奋威将军邓展等共饮，宿闻展善有手臂，晓五兵，又称其能空手入白刃。余与论剑良久，谓言将军法非也，余顾尝好之，又得善术，因求与余对。时酒酣耳热，方食芋蔗，便以为杖，下殿数交，三中其臂，左右大笑。展意不平，求更为之。余言吾法急属，难相中面，故齐臂耳。展言愿复一交，余知其欲突以取交中也，因伪深进，展果寻前，余却脚剿，正截其颡，坐中惊视。余还坐，笑曰："昔阳庆使淳于意去其故方，更授以秘术，今余亦愿邓将军捐弃故伎，更受要道也。"一坐尽欢。夫事不可自谓己长，余少晓持复，自谓无对；俗名双戟为坐铁室，镶楯为蔽木户；后从陈国袁敏学，以单攻复，每为若神，对家不知所出，先日若逢敏于狭路，直决耳！余于他戏弄之事少所喜，唯弹棋略尽其巧，少为之赋。昔京师先工有马合乡侯、东方安世、张公子，常恨不得与彼数子者对。上雅好诗书文籍，虽在军旅，手不释卷，每每定省从容，常言人少好学则思专，长则善忘，长大而能勤学者，唯吾与袁伯业耳。余是以少诵诗、论，及长而备历五经、四部，史、汉、诸子百家之言,靡不毕览。

博物志曰:帝善弹棋,能用手巾角。时有一书生,又能低头以所冠著葛巾角撇棋。

【校勘记】

[1]建安十三年　三,原作"五",据后汉书卷九孝献帝纪改。

[2]先王云乐其所自生　云,原作"皆";自,原脱。据太平御览卷五三九改补。

[3]冬十月癸卯　十下原衍"一"字,据三国志考证卷一删。

[4]火扑宫庙　火扑,原作"太仆",据官本考证朱良裘说改。

[5]于时将讨黄巾　于,原作"为",据三国志集解赵一清说改。

[6]武王必不悦于高陵之玄宫矣　高,原作"商",据隶释改。

[7]远人以德服　德服,原作"恩复",据隶释改。

[8]可谓信矣著矣　著,原作"省",据隶释改。

[9]民命之悬于魏邦民心之系于魏政　原脱"邦民心之系于魏"七字,据隶释补。

[10]今遣守尚书令侍中觊喻　觊,原作"颉",据本书卷二一卫觊传改。

[11]三月　三上原衍"春"字,据何焯校本删。

[12]今之计孝　孝,原作"考",据资治通鉴卷六九魏纪一胡三省注改。

[13]此自时昏道丧　此上原衍"于"字,据何焯校本删。

[14]云翘舞曰凤翔舞　翘,原作"翻",据宋书卷一九改。

[15]文始舞曰大韶舞　始,原作"昭";韶,原作"昭";据宋书卷一九改。

[16]惟黄初七年五月十七日　原脱"十"字。此年五月是辛丑朔,"丁巳帝崩",丁巳为十七日。

[17]思慕过唐　思慕过,原作"恩过慕",据艺文类聚卷一三改。

三国志卷三　魏书三

明帝纪第三

　　明皇帝讳叡,字元仲,文帝太子也。生而太祖爱之,常令在左右。①年十五,封武德侯,黄初二年为齐公,三年为平原王。以其母诛,故未建为嗣。②七年夏五月,帝病笃,乃立为皇太子。丁巳,即皇帝位,大赦。尊皇太后曰太皇太后,皇后曰皇太后。诸臣封爵各有差。③癸未,追谥母甄夫人曰文昭皇后。壬辰,立皇弟蕤为阳平王。

　　①魏书曰:帝生数岁而有岐嶷之姿。武皇帝异之,曰:"我基于尔三世矣。"每朝宴会同,与侍中近臣并列帷幄。好学多识,特留意于法理。

　　②魏略曰:文帝以郭后无子,诏使子养帝。帝以母不以道终,意甚不平。后不获已,乃敬事郭后,旦夕因长御问起居。郭后亦自以无子,遂加慈爱。文帝始以帝不悦,有意欲以他姬子京兆王为嗣,故久不拜太子。

　　魏末传曰:帝常从文帝猎,见子母鹿。文帝射杀鹿母,使帝射鹿子,帝不从,曰:"陛下已杀其母,臣不忍复杀其子。"因涕泣。文帝即放弓箭,以此深奇之,而树立之意定。

　　③世语曰:帝与朝士素不接,即位之后,群下想闻风采。居数日,独见侍中

刘晔，语尽日。众人侧听，晔既出，问"何如"？晔曰："秦始皇、汉孝武之俦，才具微不及耳。"

八月，孙权攻江夏郡，太守文聘坚守。朝议欲发兵救之，帝曰："权习水战，所以敢下船陆攻者，几掩不备也。今已与聘相持，夫攻守势倍，终不敢久也。"先时遣治书侍御史荀禹慰劳边方，禹到，于江夏发所经县兵及所从步骑千人乘山举火，权退走。

辛巳，立皇子冏为清河王。吴将诸葛瑾、张霸等寇襄阳，抚军大将军司马宣王讨破之，斩霸，征东大将军曹休又破其别将于寻阳。论功行赏各有差。冬十月，清河王冏薨。十二月，以太尉锺繇为太傅，征东大将军曹休为大司马，中军大将军曹真为大将军，司徒华歆为太尉，司空王朗为司徒，镇军大将军陈群为司空，抚军大将军司马宣王为骠骑大将军。

太和元年春正月，郊祀武皇帝以配天，宗祀文皇帝于明堂以配上帝。分江夏南部，置江夏南部都尉。西平麹英反，杀临羌令、西都长，遣将军郝昭、鹿磐讨斩之。二月辛未，帝耕于籍田。辛巳，立文昭皇后寝庙于邺。丁亥，朝日于东郊。夏四月乙亥，行五铢钱。甲申，初营宗庙。秋八月，夕月于西郊。冬十月丙寅，治兵于东郊。焉耆王遣子入侍。十一月，立皇后毛氏。赐天下男子爵人二级，鳏寡孤独不能自存者赐谷。十二月，封后父毛嘉为列侯。新城太守孟达反，诏骠骑将军司马宣王讨之。①

① 三辅决录曰：伯郎，凉州人，名不令休。其注曰：伯郎姓孟，名他，扶风人。灵帝时，中常侍张让专朝政，让监奴典护家事。他仕不遂，乃尽以家财赂监奴，与共结亲，积年家业为之破尽。众奴皆惭，问他所欲，他曰："欲得卿曹拜耳。"奴被恩久，皆许诺。时宾客求见让者，门下车常数百乘，或累日不得通。他最后到，众奴伺其至，皆迎车而拜，径将他车独入。众人悉惊，谓他与让善，争以珍物遗他。他得之，尽以赂让，让大喜。他又以蒲桃

78

酒一斛遗让,即拜凉州刺史。他生达,少入蜀。其处蜀事迹在刘封传。

魏略曰:达以延康元年率部曲四千馀家归魏。文帝时初即王位,既宿知有达,闻其来,甚悦,令贵臣有识察者往观之,还曰"将帅之才也",或曰"卿相之器也",王益钦达。逆与达书曰:"近日有命,未足达旨,何者?昔伊挚背商而归周,百里去虞而入秦,乐毅感鸥夷以蝉蜕,王遵识逆顺以去就,皆审兴废之符效,知成败之必然,故丹青画其形容,良史载其功勋。闻卿姿度纯茂,器量优绝,当骋能明时,收名传记。今者翻然濯鳞清流,甚相嘉乐,虚心西望,依依若旧,下笔属辞,欢心从之。昔虞卿入赵,再见取相,陈平就汉,一观参乘,孤今于卿,情过于往,故致所御马物以昭忠爱。"又曰:"今者海内清定,万里一统,三垂无边尘之警,中夏无狗吠之虞,以是弛罔阔禁,与世无疑,保官空虚,初无质任。[1]卿来相就,当明孤意,慎勿令家人缤纷道路,以亲骇疏也。若卿欲来相见,且当先安部曲,有所保固,然后徐徐轻骑来东。"达既至谯,进见闲雅,才辩过人,众莫不属目。又王亲出,乘小辇,执达手,抚其背戏之曰:"卿得无为刘备刺客邪?"遂与同载。又加拜散骑常侍,领新城太守,委以西南之任。时众臣或以为待之太猥,又不宜委以方任。王闻之曰:"吾保其无他,亦譬以蒿箭射蒿中耳。"达既为文帝所宠,又与桓阶、夏侯尚亲善,及文帝崩,时桓、尚皆卒,达自以羁旅久在疆场,心不自安。诸葛亮闻之,阴欲诱达,数书招之,达与相报答。魏兴太守申仪与达有隙,密表达与蜀潜通,帝未之信也。司马宣王遣参军梁几察之,又劝其入朝。达惊惧,遂反。

干宝晋纪曰:达初入新城,登白马塞,叹曰:"刘封、申耽,据金城千里而失之乎!"

二年春正月,宣王攻破新城,斩达,传其首。[1]分新城之上庸、武陵、巫县为上庸郡,锡县为锡郡。

①魏略曰:宣王诱达将李辅及达甥邓贤,贤等开门纳军。达被围旬有六日而败,焚其首于洛阳四达之衢。

蜀大将诸葛亮寇边,天水、南安、安定三郡吏民叛应亮。①遣大将军曹真都督关右,并进兵。右将军张郃击亮于街亭,大破之。亮败走,三郡平。丁未,行幸长安。②夏四月丁酉,还洛阳宫。③赦系囚非殊死以下。乙巳,论讨亮功,封爵增邑各有差。五月,大旱。六月,诏曰:"尊儒贵学,王教之本也。自顷儒官或非其人,将何以宣明圣道?其高选博士,才任侍中常侍者。申敕郡国,贡士以经学为先。"秋九月,曹休率诸军至皖,与吴将陆议战于石亭,败绩。乙酉,立皇子穆为繁阳王。庚子,大司马曹休薨。冬十月,诏公卿近臣举良将各一人。十一月,司徒王朗薨。十二月,诸葛亮围陈仓,曹真遣将军费曜等拒之。④辽东太守公孙恭兄子渊,劫夺恭位,遂以渊领辽东太守。

① 魏书曰:是时朝臣未知计所出,帝曰:"亮阻山为固,今者自来,既合兵书致人之术;且亮贪三郡,知进而不知退,今因此时,破亮必也。"乃部勒兵马步骑五万拒亮。

② 魏略载帝露布天下并班告益州曰:"刘备背恩,自窜巴蜀。诸葛亮弃父母之国,阿残贼立之党,神人被毒,恶积身灭。亮外慕立孤之名,而内贪专擅之实。刘升之兄弟守空城而已。亮又侮易益土,虐用其民,是以利狼、宕渠、高定、青羌莫不瓦解,为亮仇敌。而亮反裘负薪,里尽毛殚,刖趾适屦,刻肌伤骨,反更称说,自以为能。行兵于井底,游步于牛蹄。自朕即位,三边无事,犹哀怜天下数遭兵革,且欲养四海之耆老,长后生之孤幼,先移风于礼乐,次讲武于农隙,置亮画外,未以为虞。而亮怀李熊愚勇之志,[2]不思荆邯度德之戒,驱略吏民,盗利祁山。王师方振,胆破气夺,马谡、高祥,望旗奔败。虎臣逐北,蹈尸涉血,亮也小子,震惊朕师。猛锐踊跃,咸思长驱。朕惟率土莫非王臣,师之所处,荆棘生焉,不欲使千室之邑忠信贞良,与夫淫昏之党,共受涂炭。故先开示,以昭国诚,勉思变化,无滞乱邦。巴蜀将吏士民诸为亮所劫迫,公卿已下皆听束手。"

③ 魏略曰:是时讹言,云帝已崩,从驾群臣迎立雍丘王植。京师自卞太后群公尽惧。及帝还,皆私察颜色。卞太后悲喜,欲推始言者,帝曰:"天下皆

言,将何所推?"

④魏略曰:先是,使将军郝昭筑陈仓城;会亮至,围昭,不能拔。昭字伯道,
太原人,为人雄壮,少入军为部曲督,数有战功,为杂号将军,遂镇守河
西十馀年,民夷畏服。亮围陈仓,使昭乡人靳详于城外遥说之,昭于楼上
应详曰:"魏家科法,卿所练也;我之为人,卿所知也。我受国恩而门户
重,卿无可言者,但有必死耳。卿还谢诸葛,便可攻也。"详以昭语告亮,
亮又使详重说昭,言人兵不敌,无为空自破灭。昭谓详曰:"前言已定矣。
我识卿耳,箭不识也。"详乃去。亮自以有众数万,而昭兵才千馀人,又度
东救未能便到,乃进兵攻昭,起云梯冲车以临城。昭于是以火箭逆射其
云梯,梯然,梯上人皆烧死。昭又以绳连石磨压其冲车,冲车折。亮乃更
为井阑百尺以射城中,以土丸填堑,欲直攀城,昭又于内筑重墙。亮又为
地突,欲踊出于城里,昭又于城内穿地横截之。昼夜相攻拒二十馀日,亮
无计,救至,引退。诏嘉昭善守,赐爵列侯。及还,帝引见慰劳之,顾谓中
书令孙资曰:"卿乡里乃有尔曹快人,为将灼如此,朕复何忧乎?"仍欲大
用之。会病亡,遗令戒其子凯曰:"吾为将,知将不可为也。吾数发冢,取
其木以为攻战具,又知厚葬无益于死者也。汝必敛以时服。且人生有处
所耳,死复何在耶?今去本墓远,东西南北,在汝而已。"

三年夏四月,元城王礼薨。六月癸卯,繁阳王穆薨。戊申,追尊
高祖大长秋曰高皇帝,夫人吴氏曰高皇后。

秋七月,诏曰:"礼,王后无嗣,择建支子以继大宗,则当纂正
统而奉公义,何得复顾私亲哉!汉宣继昭帝后,加悼考以皇号;哀帝
以外藩援立,而董宏等称引亡秦,惑误时朝,既尊恭皇,立庙京都,
又宠藩妾,使比长信,叙昭穆于前殿,并四位于东宫,僭差无度,人
神弗祐,而非罪师丹忠正之谏,用致丁、傅焚如之祸。自是之后,相
踵行之。昔鲁文逆祀,罪由夏父;宋国非度,讥在华元。其令公卿有
司,深以前世行事为戒。后嗣万一有由诸侯入奉大统,则当明为人
后之义;敢为佞邪导谀时君,妄建非正之号以干正统,谓考为皇,

称妣为后,则股肱大臣,诛之无赦。其书之金策,藏之宗庙,著于令典。"

冬十月,改平望观曰听讼观。帝常言"狱者,天下之性命也",每断大狱,常幸观临听之。

初,洛阳宗庙未成,神主在邺庙。十一月,庙始成,使太常韩暨持节迎高皇帝、太皇帝、武帝、文帝神主于邺,十二月己丑至,奉安神主于庙。①

①臣松之按:黄初四年,有司奏立二庙,太皇帝大长秋与文帝之高祖共一庙,特立武帝庙,百世不毁。今此无高祖神主,盖以亲尽毁也。此则魏初唯立亲庙,祀四室而已。至景初元年,始定七庙之制。

孙盛曰:事亡犹存,祭如神在,迎迁神主,正斯宜矣。

癸卯,大月氏王波调遣使奉献,以调为亲魏大月氏王。

四年春二月壬午,诏曰:"世之质文,随教而变。兵乱以来,经学废绝,后生进趣,不由典谟。岂训导未洽,将进用者不以德显乎?其郎吏学通一经,才任牧民,博士课试,擢其高第者,亟用;其浮华不务道本者,皆罢退之。"戊子,诏太傅三公:以文帝典论刻石,立于庙门之外。癸巳,以大将军曹真为大司马,骠骑将军司马宣王为大将军,辽东太守公孙渊为车骑将军。夏四月,太傅钟繇薨。六月戊子,太皇太后崩。丙申,省上庸郡。秋七月,武宣卞后祔葬于高陵。诏大司马曹真、大将军司马宣王伐蜀。八月辛巳,行东巡,遣使者以特牛祠中岳。①乙未,幸许昌宫。九月,大雨,伊、洛、河、汉水溢,诏真等班师。冬十月乙卯,行还洛阳宫。庚申,令:"罪非殊死听赎各有差。"十一月,太白犯岁星。十二月辛未,改葬文昭甄后于朝阳陵。丙寅,诏公卿举贤良。

①魏书曰:行过繁昌,使执金吾臧霸行太尉事,以特牛祠受禅坛。

臣松之按:汉纪章帝元和三年,诏高邑县祠即位坛,五成陌,比腊祠门户。此虽前代已行故事,然为坛以祀天,而坛非神也,今无事于上帝,而致祀于虚坛,求之义典,未详所据。

五年春正月,帝耕于籍田。三月,大司马曹真薨。诸葛亮寇天水,诏大将军司马宣王拒之。自去冬十月至此月不雨,辛巳,大雩。夏四月,鲜卑附义王轲比能率其种人及丁零大人兒禅诣幽州贡名马。复置护匈奴中郎将。秋七月丙子,以亮退走,封爵增位各有差。①乙酉,皇子殷生,大赦。

①魏书曰:初,亮出,议者以为亮军无辎重,粮必不继,不击自破,无为劳兵;或欲自芟上邽左右生麦以夺贼食,帝皆不从。前后遣兵增宣王军,又敕使护麦。宣王与亮相持,赖得此麦以为军粮。

八月,诏曰:"古者诸侯朝聘,所以敦睦亲亲协和万国也。先帝著令,不欲使诸王在京都者,谓幼主在位,母后摄政,防微以渐,关诸盛衰也。朕惟不见诸王十有二载,悠悠之怀,能不兴思!其令诸王及宗室公侯各将适子一人朝。后有少主、母后在宫者,自如先帝令,申明著于令。"冬十一月乙酉,月犯轩辕大星。戊戌晦,日有蚀之。十二月甲辰,月犯镇星。戊午,太尉华歆薨。

六年春二月,诏曰:"古之帝王,封建诸侯,所以藩屏王室也。诗不云乎,'怀德维宁,宗子维城'。秦、汉继周,或强或弱,俱失厥中。大魏创业,诸王开国,随时之宜,未有定制,非所以永为后法也。其改封诸侯王,皆以郡为国。"三月癸酉,行东巡,所过存问高年鳏寡孤独,赐谷帛。乙亥,月犯轩辕大星。夏四月壬寅,行幸许昌宫。甲子,初进新果于庙。五月,皇子殷薨,追封谥安平哀王。秋七月,以卫尉董昭为司徒。九月,行幸摩陂,治许昌宫,起景福、承光殿。冬十月，殄夷将军田豫帅众讨吴将周贺于成山，杀贺。十一月丙寅，太白昼见。有星孛于翼，近太微上将星。庚寅，陈思王植薨。十二月，行还许昌宫。

青龙元年春正月甲申，青龙见郏之摩陂井中。二月丁酉，幸摩陂观龙，于是改年；改摩陂为龙陂，赐男子爵人二级，鳏寡孤独无出今年租赋。三月甲子，诏公卿举贤良笃行之士各一人。夏五月壬申，诏祀故大将军夏侯惇、大司马曹仁、车骑将军程昱于太祖庙庭。①戊寅，北海王蕤薨。闰月庚寅朔，日有蚀之。丁酉，改封宗室女非诸王女皆为邑主。诏诸郡国山川不在祠典者勿祠。六月，洛阳宫鞠室灾。

① 魏书载诏曰："昔先王之礼，于功臣存则显其爵禄，没则祭于大蒸，故汉氏功臣，祀于庙庭。大魏元功之臣功勋优著、终始休明者，其皆依礼祀之。"于是以惇等配飨。

保塞鲜卑大人步度根与叛鲜卑大人轲比能私通，并州刺史毕轨表，辄出军以外威比能，内镇步度根。帝省表曰："步度根以为比能所诱，有自疑心。今轨出军，适使二部惊合为一，何所威镇乎？"促敕轨，以出军者慎勿越塞过句注也。比诏书到，轨以进军屯阴馆，遣将军苏尚、董弼追鲜卑。比能遣子将千馀骑迎步度根部落，与尚、弼相遇，战于楼烦，二将败没。步度根部落皆叛出塞，与比能合寇边。遣骁骑将军秦朗将中军讨之，虏乃走漠北。

秋九月，安定保塞匈奴大人胡薄居姿职等叛，司马宣王遣将军胡遵等追讨，破降之。

冬十月，步度根部落大人戴胡阿狼泥等诣并州降，朗引军还。①

① 魏氏春秋曰：朗字元明，新兴人。献帝传曰：朗父名宜禄，为吕布使诣袁

术，术妻以汉宗室女。其前妻杜氏留下邳。布之被围，关羽屡请于太祖，求以杜氏为妻，太祖疑其有色，及城陷，太祖见之，乃自纳之。宣禄归降，以为铚长。及刘备走小沛，张飞随之，过谓宣禄曰："人取汝妻，而为之长，乃蚩蚩若是邪！随我去乎？"宣禄从之数里，悔欲还，飞杀之。朗随母氏畜于公宫，太祖甚爱之，每坐席，谓宾客曰："世有人爱假子如孤者乎？"

魏略曰：朗游遨诸侯间，历武、文之世而无尤也。及明帝即位，授以内官，为骁骑将军、给事中，每车驾出入，朗常随从。时明帝喜发举，数有以轻微而致大辟者，朗终不能有所谏止，又未尝进一善人，帝亦以是亲爱；每顾问之，多呼其小字阿稣，数加赏赐，为起大第于京城中。四方虽知朗无能为益，犹以附近至尊，多赂遗之，富均公侯。

世语曰：朗子秀，劲厉能直言，为晋武帝博士。

魏略以朗与孔桂俱在佞幸篇。桂字叔林，天水人也。建安初，数为将军杨秋使诣太祖，太祖表拜骑都尉。桂性便辟，晓博弈、蹴鞠，故太祖爱之，每在左右，出入随从。桂察太祖意，喜乐之时，因言次曲有所陈，事多见从，数得赏赐，人多馈遗，桂由此侯服玉食。太祖既爱桂，五官将及诸侯亦皆亲之。其后桂见太祖久不立太子，而有意于临菑侯，因更亲附临菑侯而简于五官将，将甚衔之。及太祖薨，文帝即王位，未及致其罪。黄初元年，随例转拜驸马都尉。而桂私受西域货赂，许为人事。事发，有诏收问，遂杀之。鱼豢曰：为上者不虚授，处下者不虚受，然后外无伐檀之叹，内无尸素之刺，雍熙之美著，太平之律显矣。而佞幸之徒，但姑息人主，至乃无德而荣，无功而禄，如是焉得不使中正日朘，倾邪滋多乎！以武皇帝之慎赏，明皇帝之持法，而犹有若此等人，而况下斯者乎？

　　十二月，公孙渊斩送孙权所遣使张弥、许晏首，以渊为大司马乐浪公。①

　　①世语曰：并州刺史毕轨送汉故度辽将军范明友鲜卑奴，年三百五十岁，言语饮食如常人。奴云："霍显，光后小妻。明友妻，光前妻女。"

　　博物志曰：时京邑有一人，失其姓名，食啖兼十许人，遂肥不能动。其父曾作远方长吏，官徒送彼县，令故义传供食之；一二年中，一乡中辄为之俭。

傅子曰：时太原发冢破棺，棺中有一生妇人，将出与语，生人也。送之京师，问其本事，不知也。视其冢上树木可三十岁，不知此妇人三十岁常生于地中邪？将一朝欻生，偶与发冢者会也？

二年春二月乙未，太白犯荧惑。癸酉，诏曰："鞭作官刑，所以纠慢怠也，而顷多以无辜死。其减鞭杖之制，著于令。"三月庚寅，山阳公薨，帝素服发哀，遣使持节典护丧事。己酉，大赦。夏四月，大疫。崇华殿灾。丙寅，诏有司以太牢告祠文帝庙。追谥山阳公为汉孝献皇帝，葬以汉礼。①

① 献帝传曰：帝变服，率群臣哭之，使使持节行司徒太常和洽吊祭，又使持节行大司空大司农崔林监护丧事。诏曰："盖五帝之事尚矣，仲尼盛称尧、舜巍巍荡荡之功者，以为禅代乃大圣之懿事也。山阳公深识天禄永终之运，禅位文皇帝以顺天命。先帝命公行汉正朔，郊天祀祖以天子之礼，言事不称臣，此舜事尧之义也。昔放勋殂落，四海如丧考妣，遏密八音，明丧葬之礼同于王者也。今有司奏丧礼比诸侯王，此岂古之遗制而先帝之至意哉？今谥公汉孝献皇帝。"使太尉具以一太牢告祠文帝庙，曰："歆闻夫礼也者，反本修古，不忘厥初，是以先代之君，尊尊亲亲，咸有尚焉。今山阳公寝疾弃国，有司建言丧纪之礼视诸侯王。歆惟山阳公昔知天命永终于己，深观历数允在圣躬，传祚禅位，尊我民主，斯乃陶唐懿德之事也。黄初受终，命公于国行汉正朔，郊天祀祖礼乐制度率乃汉旧，斯亦舜、禹明堂之义也。上考遂初，皇极攸建，允熙克让，莫朗于兹。盖子以继志嗣训为孝，臣以配命钦述为忠，故诗称'匪棘其犹，聿追来孝'，书曰'前人受命，兹不忘大功'。歆敢不奉承徽典，以昭皇考之神灵。今追谥山阳公曰孝献皇帝，册赠玺绶。命司徒、司空持节吊祭护丧，光禄、大鸿胪为副，将作大匠、复土将军营成陵墓，及置百官群吏，车旗服章丧葬礼仪，一如汉氏故事；丧葬所供群官之费，皆仰大司农。立其后嗣为山阳公，以通三统，永为魏宾。"于是赠册曰："呜呼，昔皇天降戾于汉，

悖逆臣董卓,播厥凶虐,焚灭京都,劫迁大驾。于时六合云扰,奸雄熛起。帝自西京,徂唯求定,臻兹洛邑。畴咨圣贤,聿改乘辕,又迁许昌,武皇帝是依。岁在玄枵,皇师肇征,迄于鹑尾,十有八载,群寇歼殄,九域咸乂。惟帝念功,祚兹魏国,大启土宇。爰及文皇帝,齐圣广渊,仁声旁流,柔远能迩,殊俗向义,乾精承祚,坤灵吐曜,稽极玉衡,允膺历数,度于轨仪,克厌帝心。乃仰钦七政,俯察五典,弗采四岳之谋,不俟师锡之举,幽赞神明,承天禅位。祚逮朕躬,[3]统承洪业。盖闻昔帝尧,元恺既举,凶族未流,登舜百揆,然后百揆时序,内平外成,授位明堂,退终天禄,故能冠德百王,表功嵩岳。自往迄今,弥历七代,岁暨三千,而大运来复,庸命底绩,纂我民主,作建皇极。念重光,绍咸池,继韶夏,超群后之遐踪,邈商、周之惭德,可谓高朗令终,昭明洪烈之懿盛者矣。非夫汉、魏与天地合德,与四时合信,动和民神,格于上下,其孰能至于此乎?朕惟孝献享年不永,钦若顾命,考之典谟,恭述皇考先灵遗意,阐崇弘谥,奉成圣美,以章希世同符之隆,以传亿载不朽之荣。魂而有灵,嘉兹弘休。呜呼哀哉!"八月壬申,葬于山阳国,陵曰禅陵,置园邑。葬之日,帝制锡衰弁绖,哭之恸。適孙桂氏乡侯康,嗣立为山阳公。

是月,诸葛亮出斜谷,屯渭南,司马宣王率诸军拒之。诏宣王:"但坚壁拒守以挫其锋,彼进不得志,退无与战,久停则粮尽,虏略无所获,则必走矣。走而追之,以逸待劳,全胜之道也。"①

①魏氏春秋曰:亮既屡遣使交书,又致巾帼妇人之饰,以怒宣王。宣王将出战,辛毗杖节奉诏,勒宣王及军吏已下,乃止。宣王见亮使,唯问其寝食及其事之烦简,不问戎事。使对曰:"诸葛公夙兴夜寐,罚二十已上,皆亲览焉;所啖食不过数升。"宣王曰:"亮体毙矣,其能久乎?"

五月,太白昼见。孙权入居巢湖口,向合肥新城,又遣将陆议、孙韶各将万馀人入淮、沔。六月,征东将军满宠进军拒之。宠欲拔新城守,致贼寿春,帝不听,曰:"昔汉光武遣兵县据略阳,终以破隗嚣,先帝东置合肥,南守襄阳,西固祁山,贼来辄破于三城之下者,地有所必争也。纵权攻新城,必不能拔。敕诸将坚守,吾将自往征之,比至,恐权走也。"秋七月壬寅,帝亲御龙舟东征,权攻新城,将军张颖等拒守力战,帝军未至数百里,权遁走,议、韶等亦退。群臣以为大将军方与诸葛亮相持未解,车驾可西幸长安。帝曰:"权走,亮胆破,大将军以制之,吾无忧矣。"遂进军幸寿春,录诸将功,封赏各有差。八月己未,大曜兵,飨六军,遣使者持节犒劳合肥、寿春诸军。辛巳,行还许昌宫。

司马宣王与亮相持,连围积日,亮数挑战,宣王坚垒不应。会亮卒,其军退还。

冬十月乙丑,月犯镇星及轩辕。戊寅,月犯太白。十一月,京都地震,从东南来,隐隐有声,摇动屋瓦。十二月,诏有司删定大辟,减死罪。

三年春正月戊子,以大将军司马宣王为太尉。己亥,复置朔方郡。京都大疫。丁巳,皇太后崩。乙亥,陨石于寿光县。三月庚寅,葬文德郭后,营陵于首阳陵涧西,如终制。[1]

> [1]顾恺之启蒙注曰:魏时人有开周王冢者,得殉葬女子,经数日而有气,数月而能语;年可二十。送诣京师,郭太后爱养之。十余年,太后崩,哀思哭泣,一年余而死。

是时,大治洛阳宫,起昭阳、太极殿,筑总章观。百姓失农时,直臣杨阜、高堂隆等各数切谏,虽不能听,常优容之。[1]

> [1]魏略曰:是年起太极诸殿,筑总章观,高十余丈,建翔凤于其上;又于芳林园中起陂池,楗橾越歌;又于列殿之北,立八坊,诸才人以次序处其中,贵人夫人以上,转南附焉,其秩石拟百官之数。帝常游宴在内,乃选女子知书可付信者六人,以为女尚书,使典省外奏事,处当画可,自贵人以下至尚保,及给披庭洒扫,习伎歌者,各有千数。通引谷水过九龙殿前,为玉井绮栏,蟾蜍含受,神龙吐出。使博士马均作司南车,水转百戏。岁首建巨兽,鱼龙曼延,弄马倒骑,备如汉西京之制,筑阊阖诸门阙外罘

罳。太子舍人张茂以吴、蜀数动,诸将出征,而帝盛兴宫室,留意于玩饰,赐与无度,帑藏空竭;又录夺士女前已嫁为吏民妻者,还以配士,既听以生口自赎,又简选其有姿色者内之掖庭,乃上书谏曰:"臣伏见诏书,诸士女嫁非士者,一切录夺,以配战士,斯诚权时之宜,然非大化之善者也。臣请论之。陛下,天之子也,百姓吏民,亦陛下之子也。礼,赐君子小人不同日,所以殊贵贱也。吏属君子,士为小人,今夺彼以与此,亦无以异于夺兄之妻妻弟也,于父母之恩偏矣。又诏书听受以生口年纪、颜色与妻相当者自代,故富者则倾家尽产,贫者举假贷贳,贵买生口以赎其妻;县官以配士为名而实内之掖庭,其丑恶者乃出与士。得妇者未必有欢心,而失妻者必有忧色,或穷或愁,皆不得志。夫君有天下而不得万姓之欢心者,鲜不危殆。且军师在外数千万人,一日之费非徒千金,举天下之赋以奉此役,犹将不给,况复有宫庭非员无录之女,椒房母后之家,赏赐横兴,内外交引,其费半军。昔汉武帝好神仙,信方士,掘地为海,封土为山,赖是时天下为一,莫敢与争者耳。自衰乱以来,四五十载,马不舍鞍,士不释甲,每一交战,血流丹野,创痍号痛之声,于今未已。犹强寇在疆,图危魏室。陛下不就兢业业,念崇节约,思所以安天下者,而乃奢靡是务,中尚方纯作玩弄之物,炫耀后园,建承露之盘,斯诚快耳目之观,然亦足以骋寇雠之心矣。惜乎,舍尧舜之节俭,而为汉武之侈事,臣窃为陛下不取也。愿陛下沛然下诏,万几之事有无益而有损者悉除去之,以所除无益之费,厚赐将士父母妻子之饥寒者,问民所疾而除其所恶,实仓廪,缮甲兵,恪恭以临天下。如是,吴贼面缚,蜀虏舆榇,不待诛而自服,太平之路可计日而待也。陛下可无劳神思于海表,军师高枕,战士备员。今群公皆结舌,而臣所以不敢不献瞽言者,臣昔上要言,散骑奏臣书,以听谏篇为善,诏曰'是也',擢臣为太子舍人;且臣作书讥为人臣不能谏诤,今有可谏之事而臣不谏,此为作书虚妄而不能言也。臣年五十,常恐至死无以报国,是以投躯没命,冒昧以闻,惟陛下裁察。"书通,上顾左右曰:"张茂恃乡里故也。"以事付散骑而已。茂字彦林,沛人。

秋七月,洛阳崇华殿灾。八月庚午,立皇子芳为齐王,询为秦王。丁巳，行还洛阳宫。命有司复崇华，改名九龙殿。冬十月己酉，中山王衮薨。壬申，太白昼见。十一月丁酉，行幸许昌宫。①

①魏氏春秋曰：是岁张掖郡删丹县金山玄川溢涌，宝石负图，状象灵龟，广一丈六尺，长一丈七尺一寸，围五丈八寸，立于川西。有石马七，其一仙人骑之，其一羁绊，其五有形而不善成。有玉匣关盖于前，上有玉字，玦二，璜一。麒麟在东，凤鸟在南，白虎在西，牺牛在北，马自中布列四面，色皆苍白。其南有五字，曰"上上三天王"；又曰"述大金，大讨曹，金但取之，金立中，大金马一匹在中，大吉开寿，[4]此马甲寅述水"。凡"中"字六，"金"字十；又有若八卦及列宿孛彗之象焉。

世语曰：又有一鸡象。

搜神记曰：初，汉元、成之世，先识之士有言曰，魏年有和，当有开石于西三千余里，系五马，文曰"大讨曹"。及魏之初兴也，张掖之柳谷，有开石焉，始见于建安，形成于黄初，文备于太和，周围七寻，中高一仞，苍质素章，龙马、麟鹿、凤皇、仙人之象，粲然咸著，此一事者，魏、晋代兴之符也。至晋泰始三年，张掖太守焦胜上言，以留郡本国图校今石文，文字多少不同，谨具图上。按其文有五马象，其一有人平上帻，执戟而乘之，其一有若马形而不成，其字有"金"，有"中"，有"大司马"，有"王"，有"大吉"，有"正"，有"开寿"，其一成行，曰"金当取之"。

汉晋春秋曰：氐池县大柳谷口夜激波涌溢，其声如雷，晓而有苍石立水中，长一丈六尺，高八尺，白石画文，[5]为十三马，一牛，一鸟，八卦玉玦之象，皆隆起，其文曰"大讨曹，适水中，甲寅"。帝恶其"讨"也，使凿去为"计"，以苍石窒之，宿昔而白石满焉。至晋初，其文愈明，马象皆焕徹如玉焉。

90

四年春二月，太白复昼见，月犯太白，又犯轩辕一星，入太微而出。夏四月，置崇文观，征善属文者以充之。五月乙卯，司徒董昭薨。丁巳，肃慎氏献楛矢。

六月壬申，诏曰："有虞氏画象而民弗犯，周人刑错而不用。朕从百王之末，追望上世之风，邈乎何相去之远?法令滋章，犯者弥多，刑罚愈众，而奸不可止。往者按大辟之条，多所蠲除，思济生民之命，此朕之至意也。而郡国毙狱，一岁之中尚过数百，岂朕训导不醇，俾民轻罪，将苛法犹存，为之陷阱乎？有司其议狱缓死，务从宽简，及乞恩者，或辞未出而狱以报断，非所以究理尽情也。其令廷尉及天下狱官，诸有死罪具狱以定，非谋反及手杀人，亟语其亲治，有乞恩者，使与奏当文书俱上，朕将思所以全之。其布告天下，使明朕意。"

秋七月，<u>高句骊</u>王宫斩送<u>孙权</u>使<u>胡卫</u>等首，诣<u>幽州</u>。甲寅，太白犯轩辕大星。冬十月己卯，行还<u>洛阳宫</u>。甲申，有星孛于大辰，乙酉，又孛于东方。十一月己亥，彗星见，犯宦者天纪星。十二月癸巳，司空<u>陈群</u>薨。乙未，行幸<u>许昌宫</u>。

<u>景初</u>元年春正月壬辰，<u>山茌县</u>言黄龙见。<small>茌音仕狸反。</small>于是有司奏，以为<u>魏</u>得地统，宜以建丑之月为正。三月，定历改年为孟夏四月。[1] 服色尚黄，牺牲用白，戎事乘黑首白马，建大赤之旂，朝会建大白之旗。[2] 改<u>太和历</u>曰<u>景初历</u>。其春夏秋冬孟仲季月虽与正岁不同，至于郊祀、迎气、祠祠、蒸尝、巡狩、蒐田、分至启闭、班宣时令、中气早晚、敬授民事，皆以正岁斗建为历数之序。

①<u>魏书</u>曰：初，<u>文皇帝</u>即位，以受禅于<u>汉</u>，因循<u>汉</u>正朔弗改。帝在东宫著论，以为五帝三王虽同礼共祖，礼不相袭，正朔自宜改变，以明受命之运。及即位，优游者久之，史官复著言宜改，乃诏三公、特进、九卿、中郎将、大夫、博士、议郎、千石、六百石博议，议者或不同。帝据古典，甲子诏曰："夫太极运三辰五星于上，元气转三统五行于下，登降周旋，终则又始。故<u>仲尼</u>作春秋，于三微之月，每月称王，以明三正迭相为首。今推三统之次，<u>魏</u>得地统，当以建丑之月为正月。考之群艺，厥义章矣。其改<u>青龙</u>五年三月为<u>景初</u>元年四月。"

②臣<u>松之</u>按：<u>魏</u>为土行，故服色尚黄。行<u>殷</u>之时，以建丑为正，故牺牲旂旗一用<u>殷</u>礼。<u>礼记</u>云："<u>夏后氏</u>尚黑，故戎事乘骊，牲用玄；<u>殷</u>人尚白，戎事

乘翰,牲用白;周人尚赤,戎事乘骝,牲用骍。"郑玄云:"夏后氏以建寅
为正,物生色黑;殷以建丑为正,物牙色白;周以建子为正,物萌色赤。
翰,白色马也,易曰'白马翰如'。"周礼巾车职"建大赤以朝","大白以即
戎",此则周以正色之旗以朝,先代之旗即戎。今魏用殷礼,变周之制,故
建大白以朝,大赤即戎。

五月己巳,行还洛阳宫。己丑,大赦。六月戊申,京都地震。己
亥,以尚书令陈矫为司徒,尚书右仆射卫臻为司空。[6]丁未,分魏兴
之魏阳、锡郡之安富、上庸为上庸郡。省锡郡,以锡县属魏兴郡。

有司奏:武皇帝拨乱反正,为魏太祖,乐用武始之舞。文皇帝
应天受命,为魏高祖,乐用咸熙之舞。帝制作兴治,为魏烈祖,乐用
章斌之舞。[7]三祖之庙,万世不毁。其馀四庙,亲尽迭毁,如周后稷、
文、武庙祧之制。①

①孙盛曰:夫谥以表行,庙以存容,皆于既没然后著焉,所以原始要终,以
　示百世也。未有当年而逆制祖宗,未终而豫自尊显。昔华乐以厚敛致讥,
　周人以豫凶违礼,魏之群司,于是乎失正。

秋七月丁卯,司徒陈矫薨。孙权遣将朱然等二万人围江夏郡,
荆州刺史胡质等击之,然退走。初,权遣使浮海与高句骊通,欲袭辽
东。遣幽州刺史毌丘俭率诸军及鲜卑、乌丸屯辽东南界,玺书征公
孙渊。渊发兵反,俭进军讨之,会连雨十日,辽水大涨,诏俭引军还。
右北平乌丸单于寇娄敦、辽西乌丸都督王护留等居辽东,率部众随
俭内附。己卯,诏辽东将吏士民为渊所胁略不得降者,一切赦之。辛
卯,太白昼见。渊自俭还,遂自立为燕王,置百官,称绍汉元年。

诏青、兖、幽、冀四州大作海船。九月,冀、兖、徐、豫四州民遇
水,遣侍御史循行没溺死亡及失财产者,在所开仓振救之。庚辰,
皇后毛氏卒。冬十月丁未,月犯荧惑。癸丑,葬悼毛后于愍陵。乙
卯,营洛阳南委粟山为圜丘。① 十二月壬子冬至,始祀。丁巳,分襄

阳临沮、宜城、旍阳、邔邔音其己反。四县,置襄阳南部都尉。己未,有司奏文昭皇后立庙京都。分襄阳郡之鄀叶县属义阳郡。②

①魏书载诏曰:"盖帝王受命,莫不恭承天地以章神明,尊祀世统以昭功德,故先代之典既著,则禘郊祖宗之制备也。昔汉氏之初,承秦灭学之后,采摭残缺,以备郊祀,自甘泉后土、雍宫五畤,神祇兆位,多不见经,是以制度无常,一彼一此,四百馀年,废无禘祀。古代之所更立者,遂有阙焉。曹氏系世,出自有虞氏,今祀圜丘,以始祖帝舜配,号圜丘曰皇皇帝天;方丘所祭曰皇皇后地,以舜妃伊氏配;天郊所祭曰皇天之神,以太祖武皇帝配;地郊所祭曰皇地之祇,以武宣后配;宗祀皇考高祖文皇帝于明堂,以配上帝。"至晋泰始二年,并圜丘、方丘二至之祀于南北郊。

②魏略曰:是岁,徙长安诸钟虡、骆驼、铜人、承露盘。盘折,铜人重不可致,留于霸城。大发铜铸作铜人二,号曰翁仲,列坐于司马门外。又铸黄龙、凤皇各一,龙高四丈,凤高三丈馀,置内殿前。起土山于芳林园西北陬,使公卿群僚皆负土成山,树松竹杂木善草于其上,捕山禽杂兽置其中。

汉晋春秋曰:帝徙盘,盘折,声闻数十里,金狄或泣,因留霸城。

魏略载司徒军议掾河东董寻上书谏曰:"臣闻古之直士,尽言于国,不避死亡。故周昌比高祖于桀、纣,刘辅譬赵后于人婢。天生忠直,虽白刃沸汤,往而不顾者,诚为时主爱惜天下也。建安以来,野战死亡,或门殚户尽,虽有存者,遗孤老弱。若今宫室狭小,当广大之,犹宜随时,不妨农务,况乃作无益之物,黄龙、凤皇、九龙、承露盘、土山、渊池,此皆圣明之所不兴也,其功参倍于殿舍。三公九卿侍中尚书,天下至德,皆知非道而不敢言者,以陛下春秋方刚,心畏雷霆。今陛下既尊群臣,显以冠冕,被以文绣,载以华舆,所以异于小人;而使穿方举土,面目垢黑,沾体涂足,衣冠之鸟,毁国之光以崇无益,甚非谓也。孔子曰:'君使臣以礼,臣事君以忠。'无忠无礼,国何以立!故有君不君,臣不臣,上下不通,心怀郁结,使阴阳不和,灾害屡降,凶恶之徒,因间而起,谁当为陛下尽言事者乎?又谁当干万乘以死为戏乎?臣知言出必死,而臣自比于牛之一毛,生既无益,死亦何损?秉笔流涕,心与世辞。臣有八子,臣死之后,累陛下矣!"将奏,沐浴。既通,帝曰:"董寻不畏死邪!"主者奏收寻,有诏勿问。后为贝丘令,清省得民心。

二年春正月,诏太尉司马宣王帅众讨辽东。①

①干宝晋纪曰:帝问宣王:"度公孙渊将何计以待君?"宣王对曰:"渊弃城
预走,上计也;据辽水拒大军,其次也;坐守襄平,此为成禽耳。"帝曰:
"然则三者何出?"对曰:"唯明智审量彼我,乃预有所割弃,此既非渊所
及;又谓今往县远,不能持久,必先拒辽水,后守也。"帝曰:"往还几日?"
对曰:"往百日,攻百日,还百日,以六十日为休息,如此,一年足矣。"
魏名臣奏载散骑常侍何曾表曰:"臣闻先王制法,必于全慎,故建官授
任,则置假辅,陈师命将,则立监贰,宣命遣使,则设介副,临敌交刃,则
参御右,盖以尽谋思之功,防安危之变也。是以在险当难,则权足相济,
陨缺不预,则才足相代,其为固防,至深至远。及至汉氏,亦循旧章。韩信
伐赵,张耳为贰;马援讨越,刘隆副军。前世之迹,著在篇志。今懿奉辞诛
罪,步骑数万,道路回阻,四千馀里,虽假天威,有征无战,寇或潜遁,消
散日月,命无常期,人非金石,远虑详备,诚宜有副。今北边诸将及懿所
督,皆为僚属,名位不殊,素无定分,卒有变急,不相镇摄。存不忘亡,圣
达所戒,宜选大臣名将咸重宿著者,盛其礼秩,遣诣懿军,进同谋略,退
为副佐。虽有万一不虞之灾,军主有储,则无患矣。"毌丘俭志记云,时
以俭为宣王副也。

二月癸卯,以大中大夫韩暨为司徒。癸丑,月犯心距星,又犯
心中央大星。夏四月庚子,司徒韩暨薨。壬寅,分沛国萧、相、竹邑、
符离、蕲、铚、龙亢、山桑、洨、虹洨音胡交反。虹音绛。十县为汝阴郡。宋
县、陈郡苦县皆属谯郡。以沛、杼秋、公丘、彭城丰国、广戚,并五县
为沛王国。庚戌,大赦。五月乙亥,月犯心距星,又犯中央大星。①
六月,省渔阳郡之狐奴县,复置安乐县。

①魏书载戊子诏曰:"昔汉高祖创业,光武中兴,谋除残暴,功昭四海,而坟
陵崩颓,童儿牧竖践蹸其上,非大魏尊崇所承代之意也。其表高祖、光武
陵四面百步,不得使民耕牧樵采。"

秋八月，烧当羌王芒中、注诣等叛，凉洲刺史率诸郡攻讨，斩注诣首。癸丑，有彗星见张宿。[1]

①汉晋春秋曰：史官言于帝曰："此周之分野也，洛邑恶之。"于是大修禳祷之术以厌焉。

　　魏书曰：九月，蜀阴平太守廖惇反，攻守善羌侯宕蕈营。雍州刺史郭淮遣广魏太守王赟、南安太守游奕将兵讨惇。淮上书："赟、奕等分兵夹山东西，围落贼表，破在旦夕。"帝曰："兵势恶离。"促诏淮敕奕诸别营非要处者，还令据便地。诏敕未到，奕军为惇所破；赟为流矢所中死。

　　丙寅，司马宣王围公孙渊于襄平，大破之，传渊首于京都，海东诸郡平。冬十一月，录讨渊功，太尉宣王以下增邑封爵各有差。初，帝议遣宣王讨渊，发卒四万人。议臣皆以为四万兵多，役费难供。帝曰："四千里征伐，虽云用奇，亦当任力，不当稍计役费。"遂以四万人行。及宣王至辽东，霖雨不得时攻，群臣或以为渊未可卒破，宜诏宣王还。帝曰："司马懿临危制变，擒渊可计日待也。"卒皆如所策。

　　壬午，以司空卫臻为司徒，司隶校尉崔林为司空。闰月，月犯心中央大星。十二月乙丑，帝寝疾不豫。辛巳，立皇后。赐天下男子爵人二级，鳏寡孤独谷。以燕王宇为大将军，甲申免，以武卫将军曹爽代之。[1]

①汉晋春秋曰：帝以燕王宇为大将军，使与领军将军夏侯献、武卫将军曹爽、屯骑校尉曹肇、骁骑将军秦朗等对辅政。中书监刘放、令孙资久专权宠，为朗等素所不善，惧有后害，阴图间之，而宇常在帝侧，故未得有言。甲申，帝气微，宇下殿呼曹肇有所议，未还，而帝少间，惟曹爽独在。放知之，呼资与谋。资曰："不可动也。"放曰："俱入鼎镬，何不可之有？"乃突前见帝，垂泣曰："陛下气微，若有不讳，将以天下付谁？"帝曰："卿不闻用燕王耶？"放曰："陛下忘先帝诏敕，藩王不得辅政。且陛下方病，而曹肇、秦朗等便与才人侍疾者言戏。燕王拥兵南面，不听臣等入，此即竖

95

刁、赵高也。今皇太子幼弱,未能统政,外有强暴之寇,内有劳怨之民,陛下不远虑存亡,而近系虑恩旧。委祖宗之业,付二三凡士,寝疾数日,外内壅隔,社稷危殆,而己不知,此臣等所以痛心也。"帝得放言,大怒曰:"谁可任者?"放、资乃举爽代宇,又白"宜诏司马宣王使相参",帝从之。放、资出,曹肇入,泣涕固谏,帝使肇敕停。肇出户,放、资趋而往,复说止帝,帝又从其言。放曰:"宜为手诏。"帝曰:"我困笃,不能。"放即上床,执帝手强作之,遂赍出,大言曰:"有诏免燕王宇等官,不得停省中。"于是宇、肇、献、朗相与泣而归第。

初,青龙三年中,寿春农民妻自言为天神所下,命为登女,当营卫帝室,蠲邪纳福。饮人以水,及以洗疮,或多愈者。于是立馆后宫,下诏称扬,甚见优宠。及帝疾,饮水无验,于是杀焉。

三年春正月丁亥,太尉宣王还至河内,帝驿马召到,引入卧内,执其手谓曰:"吾疾甚,以后事属君,君其与爽辅少子。吾得见君,无所恨!"宣王顿首流涕。① 即日,帝崩于嘉福殿,② 时年三十六。③ 癸丑,葬高平陵。④

① 魏略曰:帝既从刘放计,召司马宣王,自力为诏,既封,顾呼宫中常所给使者曰:"辟邪来!汝持我此诏授太尉也。"辟邪驰去。先是,燕王为帝画计,以为关中事重,宜便道遣宣王从河内西还,事以施行。宣王得前诏,斯须复得后手笔,疑京师有变,乃驰到,入见帝,劳问讫,乃召齐、秦二王以示宣王,别指齐王谓宣王曰:"此是也,君谛视之,勿误也!"又教齐王令前抱宣王颈。

魏氏春秋曰:时太子芳年八岁,秦王九岁,在于御侧。帝执宣王手,目太子曰:"死乃复可忍,朕忍死待君,君其与爽辅此。"宣王曰:"陛下不见先帝属臣以陛下乎?"

② 魏书曰:殡于九龙前殿。

③ 臣松之按:魏武以建安九年八月定邺,文帝始纳甄后,明帝应以十年生,计至此年正月,整三十四年耳。时改正朔,以故年十二月为今年正月,可强名三十五年,不得三十六也。

④魏书曰：帝容止可观，望之俨然。自在东宫，不交朝臣，不问政事，唯潜思书籍而已。即位之后，褒礼大臣，料简功能，真伪不得相贸，务绝浮华谮毁之端，行师动众，论决大事，谋臣将相，咸服帝之大略。性特强识，虽左右小臣官簿性行，名迹所履，及其父兄子弟，一经耳目，终不遗忘。含垢藏疾，容受直言，听受吏民士庶上书，一月之中至数十百封，虽文辞鄙陋，犹览省究竟，意无厌倦。

孙盛曰：闻之长老，魏明帝天资秀出，立发垂地，口吃少言，而沉毅好断。初，诸公受遗辅导，帝皆以方任处之，政自己出。而优礼大臣，开容善直，虽犯颜极谏，无所摧戮，其君人之量如此之伟也。然不思建德垂风，不固维城之基，至使大权偏据，社稷无卫，悲夫！

评曰：明帝沉毅断识，任心而行，盖有君人之至概焉。于时百姓凋弊，四海分崩，不先聿修显祖，阐拓洪基，而遽追秦皇、汉武，宫馆是营，格之远猷，其殆疾乎！

【校勘记】

〔1〕初无质任　质，原作"资"。三国志辨误卷上："资，当作质。魏制，凡镇守部曲将及外州长吏，并纳质任。"今从之。

〔2〕而亮怀李熊愚勇之志　志，原作"智"，据何焯校本改。

〔3〕祚逮朕躬　逮，原作"建"，据吴勉学刊本改。

〔4〕大吉开寿　吉，原作"告"，据宋书卷二七符瑞上改。

〔5〕白石画文　文，原作"之"，据晋书卷三武帝纪改。

〔6〕尚书右仆射卫臻为司空　右，原作"左"，据本书卷二三卫臻传改。

〔7〕乐用章斌之舞　斌，原作"武"。宋书卷一九乐一"臣等谨制乐舞名章斌之舞"，三国志注证遗："予谓章武为昭烈帝纪元，魏臣敢以此二字为乐舞名，触明帝之忌邪？即此可断武为斌字之误。"今从之。

三国志卷四　魏书四

三少帝纪第四

齐王讳芳,字兰卿。明帝无子,养王及秦王询;宫省事秘,莫有
知其所由来者。①青龙三年,立为齐王。景初三年正月丁亥朔,帝病
甚,乃立为皇太子。是日,即皇帝位,大赦。尊皇后曰皇太后。大将
军曹爽、太尉司马宣王辅政。诏曰:"朕以眇身,继承鸿业,茕茕在
疚,靡所控告。大将军、太尉奉受末命,夹辅朕躬,司徒、司空、冢
宰、元辅总率百寮,以宁社稷,其与群卿大夫勉勖乃心,称朕意焉。
诸所兴作宫室之役,皆以遗诏罢之。官奴婢六十已上,免为良人。"
二月,西域重译献火浣布,诏大将军、太尉临试以示百寮。②

①魏氏春秋曰:或云任城王楷子。

②异物志曰:斯调国有火州,在南海中。其上有野火,春夏自生,秋冬自
死。有木生于其中而不消也,枝皮更活,秋冬火死则皆枯瘁。其俗常冬
采其皮以为布,色小青黑;若尘垢污之,便投火中,则更鲜明也。

傅子曰:汉桓帝时,大将军梁冀以火浣布为单衣,常大会宾客,冀阳争
酒,失杯而污之,伪怒,解衣曰:"烧之。"布得火,炜晔赫然,如烧凡布,
垢尽火灭,粲然絜白,若用灰水焉。

搜神记曰:昆仑之墟,有炎火之山,山上有鸟兽草木,皆生于炎火之中,故有火浣布,非此山草木之皮枲,则其鸟兽之毛也。汉世西域旧献此布,中间久绝;至魏初,时人疑其无有。文帝以为火性酷烈,无含生之气,著之典论,明其不然之事,绝智者之听。及明帝立,诏三公曰:"先帝昔著典论,不朽之格言,其刊石于庙门之外及太学,与石经并,以永示来世。"至是西域使至而献火浣布焉,于是刊灭此论,而天下笑之。

臣松之昔从征西至洛阳,历观旧物,见典论石在太学者尚存,而庙门外无之,问诸长老,云晋初受禅,即用魏庙,移此石于太学,非两处立也。窃谓此言为不然。

又东方朔神异经曰:南荒之外有火山,长三十里,广五十里,其中皆生不烬之木,昼夜火烧,得暴风不猛,猛雨不灭。火中有鼠,重百斤,毛长二尺馀,细如丝,可以作布。常居火中,色洞赤,时时出外而色白,以水逐而沃之即死,绩其毛,[1]织以为布。

丁丑诏曰:"太尉体道正直,尽忠三世,南擒孟达,西破蜀虏,东灭公孙渊,功盖海内。昔周成建保傅之官,近汉显宗崇宠邓禹,所以优隆隽义,必有尊也。其以太尉为太傅,持节统兵都督诸军事如故。"三月,以征东将军满宠为太尉。夏六月,以辽东东沓县吏民渡海居齐郡界,以故纵城为新沓县以居徙民。秋七月,上始亲临朝,听公卿奏事。八月,大赦。冬十月,以镇南将军黄权为车骑将军。

十二月,诏曰:"烈祖明皇帝以正月弃背天下,臣子永惟忌日之哀,其复用夏正;虽违先帝通三统之义,斯亦礼制所由变改也。又夏正于数为得天正,其以建寅之月为正始元年正月,以建丑月为后十二月。"

正始元年春二月乙丑,加侍中中书监刘放、侍中中书令孙资为左右光禄大夫。丙戌,以辽东汶、北丰县民流徙渡海,规齐郡之西安、临菑、昌国县界为新汶、南丰县,以居流民。

自去冬十二月至此月不雨。丙寅，诏令狱官亟平冤枉，理出轻微；群公卿士谠言嘉谋，各悉乃心。夏四月，车骑将军黄权薨。秋七月，诏曰："易称损上益下，节以制度，不伤财，不害民。方今百姓不足而御府多作金银杂物，将奚以为?今出黄金银物百五十种，千八百馀斤，销冶以供军用。"八月，车驾巡省洛阳界秋稼，赐高年力田各有差。

二年春二月，帝初通论语，使太常以太牢祭孔子于辟雍，以颜渊配。

夏五月，吴将朱然等围襄阳之樊城，太傅司马宣王率众拒之。[①]六月辛丑，退，己卯，以征东将军王凌为车骑将军。冬十二月，南安郡地震。

① 干宝晋纪曰：吴将全琮寇芍陂，朱然、孙伦五万人围樊城，诸葛瑾、步骘寇柤中；琮已破走而樊围急。宣王曰："柤中民夷十万，隔在水南，流离无主，樊城被攻，历月不解，此危事也，请自讨之。"议者咸言："贼远围樊城不可拔，挫于坚城之下，有自破之势，宜长策以御之。"宣王曰："军志有之：将能而御之，此为縻军；不能而任之，此为覆军。今疆埸骚动，民心疑惑，是社稷之大忧也。"六月，督诸军南征，车驾送津阳城门外。宣王以南方暑湿，不宜持久，使轻骑挑之，然不敢动。于是乃令诸军休息洗沐，简精锐，募先登，申号令，示必攻之势。然等闻之，乃夜遁。追至三州口，大杀获。

三年春正月，东平王徽薨。三月，太尉满宠薨。秋七月甲申，南安郡地震。乙酉，以领军将军蒋济为太尉。冬十二月，魏郡地震。

四年春正月，帝加元服，赐群臣各有差。夏四月乙卯，立皇后甄氏，大赦。五月朔，日有食之，既。秋七月，诏祀故大司马曹真、曹休、征南大将军夏侯尚、太常桓阶、司空陈群、太傅锺繇、车骑将军张郃、左将军徐晃、前将军张辽、右将军乐进、太尉华歆、司徒王朗、骠骑将军曹洪、征西将军夏侯渊、后将军朱灵、文聘、执金吾臧霸、破虏将军李典、立义将军庞德、武猛校尉典韦于太祖庙庭。冬十二月,倭国女王俾弥呼遣使奉献。

五年春二月,诏大将军曹爽率众征蜀。夏四月朔,日有蚀之。五月癸巳,讲尚书经通,使太常以太牢祀孔子于辟雍,以颜渊配;赐太傅、大将军及侍讲者各有差。丙午,大将军曹爽引军还。秋八月,秦王询薨。九月,鲜卑内附,置辽东属国,立昌黎县以居之。冬十一月癸卯,诏祀故尚书令荀攸于太祖庙庭。① 己酉,复秦国为京兆郡。十二月,司空崔林薨。

① 臣松之以为故魏氏配飨不及荀彧,盖以其末年异议,又位非魏臣故也。至于升程昱而遗郭嘉,先锺繇而后荀攸,则未详厥趣也。徐他谋逆而许褚心动,[2]忠诚之至远同于日磾,且潼关之危,非褚不济,褚之功烈有过典韦,今祀韦而不及褚,又所未达也。

六年春二月丁卯,南安郡地震。丙子,以骠骑将军赵俨为司空;夏六月,俨薨。八月丁卯,以太常高柔为司空。癸巳,以左光禄大夫刘放为骠骑将军,右光禄大夫孙资为卫将军。冬十一月,祫祭太祖庙,始祀前所论佐命臣二十 人。十二月辛亥,诏故司徒王朗所作易传,令学者得以课试。乙亥,诏曰:"明日大会群臣,其令太傅乘舆上殿。"

七年春二月,幽州刺史毌丘俭讨高句骊,夏五月,讨濊貊,皆破之。韩那奚等数十国各率种落降。秋八月戊申,诏曰:"属到市观见所斥卖官奴婢,年皆七十,或癃疾残病,所谓天民之穷者也。且官以其力竭而复鬻之,进退无谓,其悉遣为良民。若有不能自存者,郡县振给之。"①

①臣松之案：帝初即位，有诏"官奴婢六十以上免为良人"。既有此诏，则宜遂为永制。七八年间，而复货年七十者，且七十奴婢及癃疾残病，并非可售之物，而鬻之于市，此皆事之难解。

己酉，诏曰："吾乃当以十九日亲祠，而昨出已见治道，得雨当复更治，徒弃功夫。每念百姓力少役多，夙夜存心。道路但当期于通利，闻乃挝捶老小，务崇修饰，疲困流离，以至哀叹，吾岂安乘此而行，致馨德于宗庙邪？自今已后，明申敕之。"冬十二月，讲礼记通，使太常以太牢祀孔子于辟雍，以颜渊配。①

①习凿齿汉晋春秋曰：是年，吴将朱然入柤中，斩获数千；柤中民吏万馀家渡沔。司马宣王谓曹爽曰："若便令还，必复致寇，宜权留之。"爽曰："今不修守沔南，留民沔北，非长策也。"宣王曰："不然。凡物置之安地则安，危地则危，故兵书曰，成败，形也，安危，势也，形势御众之要，不可不审。设令贼二万人断沔水，三万人与沔南诸军相持，万人陆钞柤中，君将何以救之？"爽不听，卒令还。然后袭破之。袁淮言于爽曰："吴楚之民脆弱寡能，英才大贤不出其土，比技量力，不足与中国相抗，然自上世以来常为中国患者，盖以江汉为池，舟楫为用，利则陆钞，不利则入水，攻之道远，中国之长技无所用之也。孙权自十数年以来，大畋江北，缮治甲兵，精其守御，数出盗窃，敢远其水，陆次平土，此中国所愿闻也。夫用兵者，贵以饱待饥，以逸击劳，师不欲久，行不欲远，守少则固，力专则强。当今宜捐淮、汉以南，退却避之。若贼能入居中央，来侵边境，则随其所短，中国之长技得用矣。若不敢来，则边境得安，无钞盗之忧矣。使我国富兵强，政修民一，陵其国不足为远矣。今襄阳孤在汉南，贼循汉而上，则断而不通，一战而胜，则不攻而自服，故置之无益于国，亡之不足为辱。自江夏已东，淮南诸郡，三后已来，其所亡几何，以近贼疆界易钞掠之故哉！若徙之淮北，远绝其间，则民人安乐，何鸣吠之惊乎？"遂不徙。

八年春二月朔，日有蚀之。夏五月，分河东之汾北十县为平阳郡。

秋七月，尚书何晏奏曰："善为国者必先治其身，治其身者慎其所习。所习正则其身正，其身正则不令而行；所习不正则其身不正，其身不正则虽令不从。是故为人君者，所与游必择正人，所观览必察正象，放郑声而弗听，远佞人而弗近，然后邪心不生而正道可弘也。季末暗主，不知损益，斥远君子，引近小人，忠良疏远，便辟褒狎，乱生近昵，譬之社鼠；考其昏明，所积以然，故圣贤谆谆以为至虑。舜戒禹曰'邻哉邻哉'，言慎所近也，周公戒成王曰'其朋其朋'，言慎所与也。书云：[3]'一人有庆，兆民赖之。'可自今以后，御幸式乾殿及游豫后园，皆大臣侍从，因从容戏宴，兼省文书，询谋政事，讲论经义，为万世法。"冬十二月，散骑常侍谏议大夫孔乂奏曰："礼，天子之宫，有砑砻之制，无朱丹之饰，宜循礼复古。今天下已平，君臣之分明，陛下但当不懈于位，平公正之心，审赏罚以使之。可绝后园习骑乘马，出必御辇乘车，天下之福，臣子之愿也。"晏、乂咸因阙以进规谏。

九年春二月，卫将军中书令孙资，癸巳，骠骑将军中书监刘放，三月甲午，司徒卫臻，各逊位，以侯就第，位特进。四月，以司空高柔为司徒；光禄大夫徐邈为司空，固辞不受。秋九月，以车骑将军王凌为司空。冬十月，大风发屋折树。

嘉平元年春正月甲午，车驾谒高平陵。① 太傅司马宣王奏免大将军曹爽、爽弟中领军羲、武卫将军训、散骑常侍彦官，以侯就第。戊戌，有司奏收黄门张当付廷尉，考实其辞，爽与谋不轨。又尚书丁谧、邓飏、何晏、司隶校尉毕轨、荆州刺史李胜、大司农桓范皆与爽通奸谋，夷三族。语在爽传。丙午，大赦。丁未，以太傅司马宣王为丞相，固让乃止。②

104

①孙盛魏世谱曰：高平陵在洛水南大石山，去洛城九十里。

②孔衍汉魏春秋曰：诏使太常王肃册命太傅为丞相，增邑万户，群臣奏事不得称名，如汉霍光故事。太傅上书辞让曰：“臣亲受顾命，忧深责重，凭赖天威，摧弊奸凶，赎罪为幸，功不足论。又三公之官，圣王所制，著之典礼。至于丞相，始自秦政，汉氏因之，无复变改。今三公之官皆备，横复宠臣，违越先典，革圣明之经，袭秦汉之路，虽在异人，臣所宜正，况当臣身而不固争，四方议者将谓臣何！”书十馀上，诏乃许之，复加九锡之礼。太傅又言：“太祖有大功大德，汉氏崇重，故加九锡，此乃历代异事，非后代之君臣所得议也。”又辞不受。

夏四月乙丑，改年。丙子，太尉蒋济薨。冬十二月辛卯，以司空王凌为太尉。庚子，以司隶校尉孙礼为司空。

二年夏五月，以征西将军郭淮为车骑将军。冬十月，以特进孙资为骠骑将军。十一月，司空孙礼薨。十二月甲辰，东海王霖薨。乙未，征南将军王昶渡江，掩攻吴，破之。

三年春正月，荆州刺史王基、新城太守州泰攻吴，[4]破之，降者数千口。二月，置南郡之夷陵县以居降附。三月，以尚书令司马孚为司空。四月甲申，以征南将军王昶为征南大将军。壬辰，大赦。丙午，闻太尉王凌谋废帝，立楚王彪，太傅司马宣王东征凌。五月甲寅，凌自杀。六月，彪赐死。秋七月壬戌，皇后甄氏崩。辛未，以司空司马孚为太尉。戊寅，太傅司马宣王薨，以卫将军司马景王为抚军大将军，录尚书事。乙未，葬怀甄后于太清陵。庚子，骠骑将军孙资薨。十一月，有司奏诸功臣应飨食于太祖庙者，更以官为次，太傅司马宣王功高爵尊，最在上。十二月，以光禄勋郑冲为司空。

四年春正月癸卯，以抚军大将军司马景王为大将军。二月，立皇后张氏，大赦。夏五月，鱼二，见于武库屋上。①冬十一月，诏征南大将军王昶、征东将军胡遵、镇南将军毌丘俭等征吴。十二月，吴大将军诸葛恪拒战，大破众军于东关。不利而还。②

①汉晋春秋曰：初，孙权筑东兴堤以遏巢湖。后征淮南，坏不复修。是岁诸
葛恪帅军更于堤左右结山，挟筑两城，使全端、留略守之，引军而还。诸
葛诞言于司马景王曰："'致人而不致于人'者，此之谓也。今因其内侵，
使文舒逼江陵，仲恭向武昌，以羁吴之上流，然后简精卒攻两城，比救
至，可大获也。"景王从之。

②汉晋春秋曰：毌丘俭、王昶闻东军败，各烧屯走。朝议欲贬黜诸将，景王
曰："我不听公休，以至于此。此我过也，诸将何罪？"悉原之。时司马文王
为监军，统诸军，唯削文王爵而已。是岁，雍州刺史陈泰求敕并州并力讨
胡，景王从之。未集，而雁门、新兴二郡以为将远役，遂惊反。景王又谢朝
士曰："此我过也，非玄伯之责！"于是魏人愧悦，人思其报。

习凿齿曰："司马大将军引二败以为己过，过消而业隆，可谓智矣。夫民
忘其败，而下思其报，虽欲不康，其可得邪？若乃讳败推过，归咎万物，常
执其功而隐其丧，上下离心，贤愚解体，是楚再败而晋再克也，谬之甚
矣！君人者，苟统斯理而以御国，则朝无秕政，身靡留怨，行失而名扬，兵
挫而战胜，虽百败可也，况于再乎！

五年夏四月，大赦。五月，吴太傅诸葛恪围合肥新城，诏太尉
司马孚拒之。①秋七月，恪退还。②

①汉晋春秋曰：是时姜维亦出围狄道。司马景王问虞松曰："今东西有事，
二方皆急，而诸将意沮，若之何？"松曰："昔周亚夫坚壁昌邑而吴楚自
败，事有似弱而强，或似强而弱，不可不察也。今恪悉其锐众，足以肆暴，
而坐守新城，欲以致一战耳。若攻城不拔，请战不得，师老众疲，势将自
走，诸将之不径进，乃公之利也。姜维有重兵而县军应恪，投食我麦，非
深根之寇也。且谓我并力于东，西方必虚，是以径进。今若使关中诸军倍
道急赴，出其不意，殆将走矣。"景王曰："善！"乃使郭淮、陈泰悉关中之
众，解狄道之围；敕毌丘俭等案兵自守，以新城委吴。姜维闻淮进兵，军
食少，乃退屯陇西界。

②是时，张特守新城。

魏略曰:特字子产,涿郡人。先时领牙门,给事镇东诸葛诞,诞不以为能也,欲遣还护军。会毋丘俭代诞,遂使特屯守合肥新城。及诸葛恪围城,特与将军乐方等三军众合有三千人,吏兵疾病及战死者过半,而恪起土山急攻,城将陷,不可护。特乃谓吴人曰:"今我无心复战也。然魏法,被攻过百日而救不至者,虽降,家不坐也。自受敌以来,已九十馀日矣。此城中本有四千馀人,而战死者已过半,城虽陷,尚有半人不欲降,我当还为相语之,条名别善恶,明日早送名,且持我印绶去以为信。"乃投其印绶以与之。吴人听其辞而不取印绶。不攻。顷之,特还,乃夜彻诸屋材栅,补其缺为二重。明日,谓吴人曰:"我但有斗死耳!"吴人大怒,进攻之,不能拔,遂引去。朝廷嘉之,加杂号将军,封列侯,又迁安丰太守。

　　八月,诏曰:"故中郎西平郭脩,砥节厉行,秉心不回。乃者蜀将姜维寇钞脩郡,为所执略。往岁伪大将军费祎驱率群众,阴图阆阎,道经汉寿,请会众宾,脩于广坐之中手刃击祎,勇过聂政,功逾介子,可谓杀身成仁,释生取义者矣。夫追加褒宠,所以表扬忠义;祚及后胤,所以奖劝将来。其追封脩为长乐乡侯,食邑千户,谥曰威侯;子袭爵,加拜奉车都尉;赐银千饼,绢千匹,以光宠存亡,永垂来世焉。"①

　　①魏氏春秋曰:脩字孝先,素有业行,著名西州。姜维劫之,脩不为屈。刘禅以为左将军,脩欲刺禅而不得亲近,每因庆贺,且拜且前,为禅左右所遏,事辄不克,故杀祎焉。

　　臣松之以为古之舍生取义者,必有理存焉,或感恩怀德,投命无悔,或利害有机,奋发以应会,诏所称聂政、介子是也。事非斯类,则陷乎妄作矣。魏之与蜀,虽为敌国,非有赵襄灭智之仇,燕丹危亡之急;且刘禅凡下之主,费祎中才之相,二人存亡,固无关于兴丧。郭脩在魏,西州之男子耳,始获于蜀,既不能抗节不辱,于魏又无食禄之责,不为时主所使,而无故规规然糜身于非所,义无所加,功无所立,可谓"折柳樊圃",其狂也且,此之谓也。

自帝即位至于是岁，郡国县道多所置省，俄或还复，不可胜纪。

六年春二月己丑，镇东将军毌丘俭上言："昔诸葛恪围合肥新城，城中遣士刘整出围传消息，为贼所得，考问所传，语整曰：'诸葛公欲活汝，汝可具服。'整骂曰：'死狗，此何言也！我当必死为魏国鬼，不苟求活，逐汝去也。欲杀我者，便速杀之。'终无他辞。又遣士郑像出城传消息，或以语恪，恪遣马骑寻围迹索，得像还。四五人靷头面缚，[5]将绕城表，敕语像，使大呼，言'大军已还洛，不如早降。'像不从其言，更大呼城中曰：'大军近在围外，壮士努力！'贼以刀筑其口，使不得言，像遂大呼，令城中闻知。整、像为兵，能守义执节，子弟宜有差异。"诏曰："夫显爵所以褒元功，重赏所以宠烈士。整、像召募通使，越蹈重围，冒突白刃，轻身守信，不幸见获，抗节弥厉，扬六军之大势，安城守之惧心，临难不顾，毕志传命。昔解杨执楚，有陨无贰，齐路中大夫以死成命，方之整、像，所不能加。今追赐整、像爵关中侯，各除士名，使子袭爵，如部曲将死事科。"

庚戌，中书令李丰与皇后父光禄大夫张缉等谋废易大臣，以太常夏侯玄为大将军。事觉，诸所连及者皆伏诛。辛亥，大赦。三月，废皇后张氏。夏四月，立皇后王氏，大赦。五月，封后父奉车都尉王夔为广明乡侯、光禄大夫，位特进，妻田氏为宣阳乡君。秋九月，大将军司马景王将谋废帝，以闻皇太后。① 甲戌，太后令曰："皇帝芳春秋已长，不亲万机，耽淫内宠，沉漫女德，日延倡优，纵其丑谑；迎六宫家人留止内房，毁人伦之叙，乱男女之节；恭孝日亏，悖傲滋甚，不可以承天绪，奉宗庙。使兼太尉高柔奉策，用一元大武告于宗庙，遣芳归藩于齐，以避皇位。"② 是日迁居别宫，年二十三。使者持节送卫，营齐王宫于河内之重门，[6]制度皆如藩国之礼。③

①世语及魏氏春秋并云：此秋，姜维寇陇右。时安东将军司马文王镇许昌，征还击维，至京师，帝于平乐观以临军过。中领军许允与左右小臣谋，因文王辞，杀之，勒其众以退大将军。已书诏于前，文王入，帝方食栗，优人云午等唱曰："青头鸡，青头鸡。"青头鸡者，鸭也。帝惧不敢发。文王引兵入城，景王因是谋废帝。

臣松之案夏侯玄传及魏略，许允此年春与李丰事相连。丰既诛，即出允为镇北将军，未发，以放散官物收付廷尉，徙乐浪，追杀之。允此秋不得故为领军而建此谋。

②魏书曰：是日，景王承皇太后令，诏公卿中朝大臣会议，群臣失色。景王流涕曰："皇太后令如是，诸君其若王室何！"咸曰："昔伊尹放太甲以宁殷，霍光废昌邑以安汉，夫权定社稷以济四海，二代行之于古，明公当之于今，今日之事，亦唯公命。"景王曰："诸君所以望师者重，师安所避之？"于是乃与群臣共为奏永宁宫曰："守尚书令太尉长社侯臣孚、大将军武阳侯臣师、司徒万岁亭侯臣柔、司空文阳亭侯臣冲、行征西安东将军新城侯臣昭、光禄大夫关内侯臣邕、太常臣晏、卫尉昌邑侯臣伟、太仆臣巍、廷尉定陵侯臣毓、[7]大鸿胪臣芝、大司农臣祥、少府臣裹、[8]永宁卫尉臣桢、[9]永宁太仆臣阆、[10]大长秋臣模、司隶校尉颍昌侯臣曾、河南尹兰陵侯臣肃、城门校尉臣虑、中护军永安亭侯臣望、武卫将军安寿亭侯臣演、中坚将军平原侯臣德、中垒将军昌武亭侯臣颐、屯骑校尉关内侯臣陵、步兵校尉临晋侯臣建、射声校尉安阳乡侯臣温、越骑校尉睢阳侯臣初、长水校尉关内侯臣超、侍中臣小同、臣颋、臣酆、博平侯臣表、侍中中书监安阳亭侯臣诞、散骑常侍臣瓌、臣仪、关内侯臣芝、尚书仆射光禄大夫高乐亭侯臣毓、尚书关内侯臣观、臣嘏、长合乡侯臣亮、臣赞、臣骞、中书令臣康、御史中丞臣铃、博士臣范、臣峻等稽首言：臣等闻天子者，所以济育群生，永安万国，三祖勋烈，光被六合。皇帝即位，纂继洪业，春秋已长，未亲万机，耽淫内宠，沉漫女色，废捐讲学，弃辱儒士，日延小优郭怀、袁信等于建始芙蓉殿前裸袒游戏，使与保林女尚等为乱，亲将后宫瞻观。又于广望观上，使怀、信等于观下作辽东妖妇，嬉亵过度，道路行

人掩目,帝于观上以为谑笑。于陵云台曲中施帷,见九亲妇女,帝临宣曲观,呼怀、信使入帷共饮酒。怀、信等更行酒,妇女皆醉,戏侮无别。使保林李华、刘勋等与怀、信等戏,清商令令狐景呵华、勋曰:'诸女,上左右人,各有官职,何以得尔?'华、勋数谮毁景。帝常喜以弹弹人,以此恚景,弹景不避首目。景语帝曰:'先帝持门户急,今陛下日将妃后游戏无度,至乃共观倡优,裸袒为乱,不可令皇太后闻。景不爱死,为陛下计耳。'帝言:'我作天子,不得自在邪?太后何与我事!'使人烧铁灼景,身体皆烂。甄后崩后,帝欲立王贵人为皇后。太后更欲外求,帝恚语景等:'魏家前后立皇后,皆从所爱耳,太后必违我意,知我当往不也?'后卒待张皇后疏薄。太后遭邰阳君丧,[11]帝日在后园,倡优音乐自若,不数往定省。清商丞庞熙谏帝:'皇太后至孝,今遭重忧,水浆不入口,陛下当数往宽慰,不可但在此作乐。'帝言:'我自尔,谁能奈我何?'皇太后还北宫,杀张美人及禺婉,帝志望,语景等:'太后横杀我所宠爱,此无复母子恩。'数往至故处啼哭,私使暴室厚殡棺,不令太后知也。每见九亲妇女有美色,或留以付清商。帝至后园竹间戏,或与从官携手共行。熙曰:'从官不宜与至尊相提挈。'帝怒,复以弹弹熙。日游后园,每有外文书入,帝不省,左右曰'出',帝亦不索视。太后令帝常在式乾殿上讲学,不欲使行来,帝径去;太后来问,辄诈令黄门答言'在'耳。景、熙等畏恐,不敢复止,更共谄媚。帝肆行昏淫,败人伦之叙,乱男女之节,恭孝弥顇,凶德浸盛。臣等忧惧倾覆天下,危坠社稷,虽杀身毙命不足以塞责。今帝不可以承大绪,臣请依汉霍光故事,收帝玺绶。帝本以齐王践祚,宜归藩于齐。使司徒臣柔持节,与有司以太牢告祀宗庙。臣谨昧死以闻。"奏可。

③魏略曰:景王将废帝,遣郭芝入白太后,太后与帝对坐。芝谓帝曰:"大将军欲废陛下,立彭城王据。"帝乃起去。太后不悦。芝曰:"太后有子不能教,今大将军意已成,又勒兵于外以备非常,但当顺旨,将复何言!"太后曰:"我欲见大将军,口有所说。"芝曰:"何可见邪?但当速取玺绶。"太后意折,乃遣傍侍御取玺绶著坐侧。芝出报景王,景王甚欢。又遣使者授齐王印绶,当出就西宫。帝受命,遂载王车,与太后别,垂涕,始从太极殿南出,群臣送者数十人,太尉司马孚悲不自胜,馀多流涕。王出后,景王又使使者请玺绶。太后曰:"彭城王,我之季叔也,今来立,我当何之!且明

皇帝当绝嗣乎?吾以为高贵乡公者,文皇帝之长孙,明皇帝之弟子,于礼,小宗有后大宗之义,其详议之。"景王乃更召群臣,以皇太后令示之,乃定迎高贵乡公。是时太常已发二日,待玺绶于温。事定,又请玺绶。太后令曰:"我见高贵乡公,小时识之,明日我自欲以玺绶手授之。"

丁丑,令曰:"东海王霖,高祖文皇帝之子。霖之诸子,与国至亲,高贵乡公髦有大成之量,其以为明皇帝嗣。"①

①魏书曰:景王复与群臣共奏永宁宫曰:"臣等闻人道亲亲故尊祖,尊祖故敬宗。礼,大宗无嗣,则择支子之贤者;为人后者,为之子也。东海定王子高贵乡公,文皇帝之孙,宜承正统,以嗣烈祖明皇帝后。率土有赖,万邦幸甚,臣请征公诣洛阳宫。"奏可。使中护军望、兼太常河南尹肃持节,与少府袤[12]、尚书亮、侍中表等奉法驾,迎公于元城。

魏世谱曰:晋受禅,封齐王为邵陵县公。年四十三,泰始十年薨,谥曰厉公。

高贵乡公讳髦,字彦士,文帝孙,东海定王霖子也。正始五年,封郯县高贵乡公。少好学,夙成。齐王废,公卿议迎立公。十月己丑,公至于玄武馆,群臣奏请舍前殿,公以先帝旧处,避止西厢;群臣又请以法驾迎,公不听。庚寅,公入于洛阳,群臣迎拜西掖门南,公下舆将答拜,傧者请曰:"仪不拜。"公曰:"吾人臣也。"遂答拜。至止车门下舆。左右曰:"旧乘舆入。"公曰:"吾被皇太后征,未知所为!"遂步至太极东堂,见于太后。其日即皇帝位于太极前殿,百僚陪位者欣欣焉。①诏曰:"昔三祖神武圣德,应天受祚。齐王嗣位,肆行非度,颠覆厥德。皇太后深惟社稷之重,延纳宰辅之谋,用替厥位,集大命于余一人。以眇眇之身,托于王公之上,夙夜祗畏,惧不能嗣守祖宗之大训,恢中兴之弘业,战战兢兢,如临于谷。今群公卿士股肱之辅,四方征镇宣力之佐,皆积德累功,忠勤帝室;

庶凭先祖先父有德之臣,左右小子,用保乂皇家,俾朕蒙暗,垂拱而治。盖闻人君之道,德厚侔天地,润泽施四海,先之以慈爱,示之以好恶,然后教化行于上,兆民听于下。朕虽不德,昧于大道,思与宇内共臻兹路。书不云乎:'安民则惠,黎民怀之。'"大赦,改元。减乘舆服御,后宫用度,及罢尚方御府百工技巧靡丽无益之物。

> ①魏氏春秋曰:公神明爽俊,德音宣朗。罢朝,景王私曰:"上何如主也?"钟会对曰:"才同陈思,武类太祖。"景王曰:"若如卿言,社稷之福也。"

正元元年冬十月壬辰,遣侍中持节分适四方,观风俗,劳士民,察冤枉失职者。癸巳,假大将军司马景王黄钺,入朝不趋,奏事不名,剑履上殿。戊戌,黄龙见于邺井中。甲辰,命有司论废立定策之功,封爵、增邑、进位、班赐各有差。

二年春正月乙丑,镇东将军毌丘俭、扬州刺史文钦反。戊寅,[13]大将军司马景王征之。癸未,车骑将军郭淮薨。闰月己亥,破钦于乐嘉。钦遁走,遂奔吴。甲辰,安风津都尉斩俭,[14]传首京都。①壬子,复特赦淮南士民诸为俭、钦所诖误者。以镇南将军诸葛诞为镇东大将军。司马景王薨于许昌。二月丁巳,以卫将军司马文王为大将军,录尚书事。

> ①世语曰:大将军奉天子征俭,至项;俭既破,天子先还。
>
> 臣松之检诸书都无此事,至诸葛诞反,司马文王始挟太后及帝与俱行耳。故发诏引汉二祖及明帝亲征以为前比,知明帝已后始有此行也。案张璠、虞溥、郭颁皆晋之令史,璠、颁出为官长,溥,鄱阳内史。璠撰后汉纪,虽似未成,辞藻可观。溥著江表传,亦粗有条贯。惟颁撰魏晋世语,蹇乏全无宫商,最为鄙劣,以时有异事,故颇行于世。干宝、孙盛等多采其言以为晋书,其中虚错如此者,往往而有之。

甲子,吴大将孙峻等众号十万至寿春,诸葛诞拒击破之,斩吴左将军留赞,献捷于京都。三月,立皇后卞氏,大赦。夏四月甲寅,封后父卞隆为列侯。甲戌,以征南大将军王昶为骠骑将军。秋七月,以征东大将军胡遵为卫将军,镇东大将军诸葛诞为征东大将军。

八月辛亥,蜀大将军姜维寇狄道,雍州刺史王经与战洮西,经大败,还保狄道城。辛未,以长水校尉邓艾行安西将军,与征西将军陈泰并力拒维。戊辰,复遣太尉司马孚为后继。九月庚子,讲尚书业终,赐执经亲授者司空郑冲、侍中郑小同等各有差。甲辰,姜维退还。冬十月,诏曰:"朕以寡德,不能式遏寇虐,乃令蜀贼陆梁边陲。洮西之战,至取负败,将士死亡,计以千数,或没命战场,冤魂不反,或牵掣虏手,流离异域,吾深痛愍,为之悼心。其令所在郡典农及安抚夷二护军各部大吏慰恤其门户,无差赋役一年;其力战死事者,皆如旧科,勿有所漏。"

十一月甲午,以陇右四郡及金城,连年受敌,或亡叛投贼,其亲戚留在本土者不安,皆特赦之。癸丑,诏曰:"往者洮西之战,将吏士民或临陈战亡,或沉溺洮水,骸骨不收,弃于原野,吾常痛之。其告征西、安西将军,各令部人于战处及水次钩求尸丧,收敛藏埋,以慰存亡。"

甘露元年春正月辛丑,青龙见轵县井中。乙巳,沛王林薨。①

① 魏氏春秋曰:"二月丙辰,帝宴群臣于太极东堂,与侍中荀顗、尚书崔赞、袁亮、锺毓、给事中中书令虞松等并讲述礼典,遂言帝王优劣之差。帝慕夏少康,因问顗等曰:"有夏既衰,后相殆灭,少康收集夏众,复禹之绩,高祖拔起陇亩,驱帅豪俊,芟夷秦、项,包举宇内,斯二主可谓殊才异略,命世大贤者也。考其功德,谁宜为先?"顗等对曰:"夫天下重器,王者天授,圣德应期,然后能受命创业。至于阶缘前绪,兴复旧绩,造之与因,难易不同。少康功德虽美,犹为中兴之君,与世祖同流可也。至如高祖,臣等以为优。"帝曰:"自古帝王,功德言行,互有高下,未必创业者皆优,绍继者咸劣也。汤、武、高祖虽俱受命,贤圣之分,所觉县殊。少康、殷宗中

113

兴之美,夏启、周成守文之盛,论德较实,方诸汉祖,吾见其优,未闻其劣;顾所遇之时殊,故所名之功异耳。少康生于灭亡之后,降为诸侯之隶,崎岖逃难,仅以身免,能布其德而兆其谋,卒灭过、戈,克复禹绩,祀夏配天,不失旧物,非至德弘仁,岂济斯勋?汉祖因土崩之势,仗一时之权,专任智力以成功业,行事动静,多违圣检;为人子则数危其亲,为人君则囚系贤相,为人父则不能卫子;身没之后,社稷几倾,若与少康易时而处,或未能复大禹之绩也。推此言之,宜高夏康而下汉祖矣。诸卿其论详之。"翌日丁巳,讲业既毕,颐、亮等议曰:"三代建国,列土而治,当其衰弊,无土崩之势,可怀以德,难屈以力。逮至战国,强弱相兼,去道德而任智力。故秦之弊可以力争。少康布德,仁者之英也;高祖任力,智者之俊也。仁智不同,二帝殊矣。诗、书述殷中宗、高宗,皆列大雅,少康功美过于二宗,其为大雅明矣。少康为优,宜如诏旨。"赞、毓、松等议曰:"少康虽积德累仁,然上承大禹遗泽馀庆,内有虞、仍之援,外有靡、艾之助,寒浞谗慝,不德于民,浇、豷无亲,外内弃之,以此有国,盖有所因。至于汉祖,起自布衣,率乌合之士,以成帝者之业。论德则少康优,课功则高祖多,语资则少康易,校时则高祖难。"帝曰:"诸卿论少康因资,高祖创造,诚有之矣,然未知三代之世,任德济勋如彼之难,秦、项之际,任力成功如此之易。且太上立德,其次立功,汉祖功高,未若少康盛德之茂也。且夫仁者必有勇,诛暴必用武,少康武烈之威,岂必降于高祖哉?但夏书沦亡,旧文残缺,故勋美阙而罔载,唯有伍员粗述大略,其言复禹之绩,不失旧物,祖述圣业,旧章不忝,自非大雅兼才,孰能与于此?向令丈、典具存,行事详备,亦岂有异同之论哉?"于是群臣咸悦服。中书令松进曰:"少康之事,去世久远,其文昧如,是以自古及今,议论之士莫有言者,德美隐而不宣。陛下既垂心远鉴,考详古昔,又发德音,赞明少康之美,使显于千载之上,宜录以成篇,永垂于后。"帝曰:"吾学不博,所闻浅狭,惧于所论,未获其宜;纵有可采,亿则屡中,又不足贵,无乃致笑后贤,彰吾暗昧乎!"于是侍郎锺会退论次焉。

夏四月庚戌,赐大将军司马文王衮冕之服,赤舄副焉。

丙辰,帝幸太学,问诸儒曰:"圣人幽赞神明,仰观俯察,始作八卦,后圣重之为六十四,立爻以极数,凡斯大义,罔有不备,而夏有连山,殷有归藏,周曰周易,易之书,其故何也?"易博士淳于俊对曰:"包羲因燧皇之图而制八卦,神农演之为六十四,黄帝、尧、舜通其变,三代随时,质文各繇其事。故易者,变易也,名曰连山,似山出内云气,[15]连天地也;归藏者,万事莫不归藏于其中也。"帝又曰:"若使包羲因燧皇而作易,孔子何以不云燧人氏没包羲氏作乎?"俊不能答。帝又问曰:"孔子作彖、象,郑玄作注,虽圣贤不同,其所释经义一也。今彖、象不与经文相连,而注连之,何也?"俊对曰:"郑玄合彖、象于经者,欲使学者寻省易了也。"帝曰:"若郑玄合之,于学诚便,则孔子曷为不合以了学者乎?"俊对曰:"孔子恐其与文王相乱,是以不合,此圣人以不合为谦。"帝曰:"若圣人以不合为谦,则郑玄何独不谦邪?"俊对曰:"古义弘深,圣问奥远,非臣所能详尽。"帝又问曰:"系辞云'黄帝、尧、舜垂衣裳而天下治',此包羲、神农之世为无衣裳。但圣人化天下,何殊异尔邪?"俊对曰:"三皇之时,人寡而禽兽众,故取其羽皮而天下用足,及至黄帝,人众而禽兽寡,是以作为衣裳以济时变也。"帝又问:"乾为天,而复为金,为玉,为老马,与细物并邪?"俊对曰:"圣人取象,或远或近,近取诸物,远则天地。"

　　讲易毕,复命讲尚书。帝问曰:"郑玄曰'稽古同天,言尧同于天也'。王肃云'尧顺考古道而行之'。二义不同,何者为是?"博士庾峻对曰:"先儒所执,各有乖异,臣不足以定之。然洪范称'三人占,从二人之言'。贾、马及肃皆以为'顺考古道'。以洪范言之,肃义为长。"帝曰:"仲尼言'唯天为大,唯尧则之'。尧之大美,在乎则天,顺考古道,非其至也。今发篇开义以明圣德,而舍其大,更称其细,岂作者之意邪?"峻对曰:"臣奉遵师说,未喻大义,至于折中,裁之圣思。"次及四岳举鲧,帝又问曰:"夫大人者,与天地合其德,与日月合其明,思无不周,明无不照,今王肃云'尧意不能明鲧,是以试用'。如此,圣人之明有所未尽邪?"峻对曰:"虽圣人之弘,犹有所未尽,故禹曰'知人则哲,惟帝难之',然卒能改授圣贤,缉熙庶绩,亦所以成圣也。"帝曰:"夫有始有卒,其唯圣人。若不能始,何以为圣?其言'惟帝难之',然卒能改授,盖谓知人,圣人所难,非不尽之言也。经云:'知人则哲,能官人。'若尧疑鲧,试之九年,官人失叙,何得谓之圣哲?"峻对曰:"臣窃观经传,圣人行事不能无失,是以尧失之四凶,周公失之二叔,仲尼失之宰予。"帝曰:"尧之任鲧,九载无成,汨陈五行,民用昏垫。至于仲尼失之宰予,言行之间,轻重不同也。至于周公、管、蔡之事,亦尚书所载,皆博士所当通也。"峻对曰:"此皆先贤所疑,非臣寡见所能究论。"次及"有鳏在下曰虞舜",帝问曰:"当尧之时,洪水为害,四凶在朝,宜速登贤圣济斯民之时也。舜年在既立,圣德光明,而久不进用,何也?"峻对曰:"尧咨嗟求贤,欲逊己位,岳曰'否德忝帝位'。尧复使岳扬举仄陋,然后荐舜。荐舜之本,实由于尧,此盖圣人欲尽众心也。"帝曰:"尧既闻舜而不登用,又时忠臣亦不进达,乃使岳扬仄陋而后荐举,非急于用圣恤民之谓也。"峻对曰:"非臣愚见所能逮及。"

于是复命讲礼记。帝问口:"'太上立德,其次务施报'。为治何由而教化各异,皆修何政而能致于立德,施而不报乎?"博士马照对曰:"太上立德,谓三皇五帝之世以德化民,其次报施,谓三王之世以礼为治也。"帝曰:"二者致化薄厚不同,将主有优劣邪?时使之然乎?"照对曰:"诚由时有朴文,故化有薄厚也。"[1]

①帝集载帝自叙始生祯祥曰:"昔帝王之生,或有祯祥,盖所以彰显神异也。惟予小子,支胤末流,谬为灵祇之所相祐也,岂敢自比于前哲,聊记录以示后世焉。其辞曰:惟正始三年九月辛未朔,二十五日乙未直成,予生。于时也,天气清明,日月辉光,爰有黄气,烟煴于堂,照曜室宅,其色

煌煌。相而论之曰：未者为土，魏之行也；厥日直成，应嘉名也；烟煴之气，神之精也；无灾无害，蒙神灵也。齐王不吊，颠覆厥度，群公受予，绍继祚皇。以眇眇之身，质性顽固，未能涉道，而遵大路，临深履冰，涕泗忧惧。古人有云，惧则不亡。伊予小子，曷敢怠荒？庶不忝辱，永奉烝尝。"

傅畅晋诸公赞曰：帝常与中护军司马望、侍中王沈、散骑常侍裴秀、黄门侍郎钟会等讲宴于东堂，并属文论。名秀为儒林丈人，沈为文籍先生，望、会亦各有名号。帝性急，请召欲速。秀等在内职，到得及时，以望在外，特给追锋车，虎贲卒五人，每有集会，望辄奔驰而至。

五月，邺及上洛并言甘露降。[16]夏六月丙午，改元为甘露。乙丑，青龙见元城县界井中。秋七月己卯，卫将军胡遵薨。

癸未，安西将军邓艾大破蜀大将姜维于上邽，诏曰："兵未极武，丑虏摧破，斩首获生，动以万计，自顷战克，无如此者。今遣使者犒赐将士，大会临飨，饮宴终日，称朕意焉。"

八月庚午，命大将军司马文王加号大都督，奏事不名，假黄钺。癸酉，以太尉司马孚为太傅。九月，以司徒高柔为太尉。冬十月，以司空郑冲为司徒，尚书左仆射卢毓为司空。

二年春二月，青龙见温县井中。三月，司空卢毓薨。

夏四月癸卯，诏曰："玄菟郡高显县吏民反叛，长郑熙为贼所杀。民王简负担熙丧，晨夜星行，远致本州，忠节可嘉。其特拜简为忠义都尉，以旌殊行。"

甲子，以征东大将军诸葛诞为司空。

五月辛未，帝幸辟雍，会命群臣赋诗。侍中和逌、尚书陈骞等作诗稽留，有司奏免官，诏曰："吾以暗昧，爱好文雅，广延诗赋，以知得失，而乃尔纷纭，良用反仄。其原逌等。主者宜敕自今以后，群臣皆当玩习古义，修明经典，称朕意焉。"

乙亥，诸葛诞不就征，发兵反，杀扬州刺史乐綝。丙子，赦淮南将吏士民为诞所诖误者。丁丑，诏曰："诸葛诞造为凶乱，荡覆扬州。昔黥布逆叛,汉祖亲戎,隗嚣违戾,光武西伐,及烈祖明皇帝躬征吴、蜀,皆所以奋扬赫斯,震耀威武也。今宜皇太后与朕暂共临戎,速定丑虏,时宁东夏。"己卯,诏曰:"诸葛诞造构逆乱,迫胁忠义,平寇将军临渭亭侯庞会、骑督偏将军路蕃,各将左右,斩门突出,忠壮勇烈,所宜嘉异。其进会爵乡侯,蕃封亭侯。"

六月乙巳,诏:"吴使持节都督夏口诸军事镇军将军沙羡侯孙壹,贼之枝属,位为上将,畏天知命,深鉴祸福,翻然举众,远归大国,虽微子去殷,乐毅遁燕,无以加之。其以壹为侍中车骑将军、假节、交州牧、吴侯,开府辟召仪同三司,依古侯伯八命之礼,衮冕赤舄,事从丰厚。"①

① 臣松之以为壹畏逼归命,事无可嘉,格以古义,欲盖而弥彰者也。当时之宜,未得远遵式典,固应量才受赏,足以酬其来情而已。至乃光锡八命,礼同台鼎,不亦过乎!于招携致远,又无取焉。何者?若使彼之将守,与时无嫌,终不悦于殊宠,坐生叛心,以叛而愧,辱孰甚焉?如其忧危将及,非奔不免,则必逃死苟存,无希荣利矣,然则高位厚禄何为者哉?魏初有孟达、黄权,在晋有孙秀、孙楷;达、权爵赏,比壹为轻,秀、楷礼秩,优异尤甚。及至吴平,而降黜数等,不承权舆,岂不缘在始失中乎?

甲子,诏曰:"今车驾驻项,大将军恭行天罚,前临淮浦。昔相国大司马征讨,皆与尚书俱行,今宜如旧。"乃令散骑常侍裴秀、给事黄门侍郎锺会咸与大将军俱行。秋八月,诏曰:"昔燕刺王谋反,韩谊等谏而死,汉朝显登其子。诸葛诞创造凶乱,主簿宣隆、部曲督秦絜秉节守义,临事固争,为诞所杀,所谓无比干之亲而受其戮者。其以隆、絜子为骑都尉,加以赠赐,光示远近,以殊忠义。"

九月,大赦。冬十二月,吴大将全端、全怿等率众降。

三年春二月,大将军司马文王陷寿春城,斩诸葛诞。三月,诏曰:"古者克敌,收其尸以为京观,所以惩昏逆而章武功也。汉孝武元鼎中，改桐乡为闻喜，新乡为获嘉，以著南越之亡。大将军亲总六戎，营据丘头，内夷群凶，外殄寇虏，功济兆民，声振四海。克敌之地，宜有令名，其改丘头为武丘，明以武平乱，后世不忘，亦京观二邑之义也。”

夏五月，命大将军司马文王为相国，封晋公，食邑八郡，加之九锡，文王前后九让乃止。

六月丙子，诏曰：“昔南阳郡山贼扰攘，欲劫质故太守东里衮，功曹应余独身捍衮，遂免于难。余颠沛殒毙，杀身济君。其下司徒，署余孙伦吏，使蒙伏节之报。”①

①楚国先贤传曰：余字子正，天姿方毅，志尚仁义，建安二十三年为郡功曹。是时吴、蜀不宾，疆场多虞。宛将侯音扇动山民，保城以叛。余与太守东里衮当扰攘之际，逾窜得出。音即遣骑追逐，去城十里相及，贼便射衮，飞矢交流。余前以身当箭，被七创，因谓追贼曰：“侯音狂狡，造为凶逆，大军寻至，诛夷在近。谓卿曹本是善人，素无恶心，当思反善，何为受其指挥？我以身代君，以被重创，若身死君全，陨没无恨。”因仰天号哭泣，血泪俱下。贼见其义烈，释衮不害。贼去之后，余亦命绝。征南将军曹仁讨平音，表余行状，并修祭醊。太祖闻之，嗟叹良久，下荆州复表门闾，赐谷千斛。衮后于禁司马，见魏略游说传。

辛卯，大论淮南之功，封爵行赏各有差。

秋八月甲戌，以骠骑将军王昶为司空。丙寅，诏曰：“夫养老兴教，三代所以树风化垂不朽也，必有三老、五更以崇至敬，乞言纳诲，著在惇史，然后六合承流，下观而化。宜妙简德行，以充其选。关内侯王祥，履仁秉义，雅志淳固。关内侯郑小同，温恭孝友，帅礼不忒。其以祥为三老，小同为五更。”车驾亲率群司，躬行古礼焉。①

①汉晋春秋曰：帝乞言于祥，祥对曰：“昔者明王礼乐既备，加之以忠诚，忠诚之发，形于言行。夫大人者，行动乎天地；天且弗违，况于人乎？”祥事别见吕虔传。小同，郑玄孙也。玄别传曰：“玄有子，为孔融吏，举孝廉。融

之被围,往赴,为贼所害。有遗腹子,以丁卯日生;而玄以丁卯岁生,故名曰小同。"

魏名臣奏载太尉华歆表曰:"臣闻励俗宣化,莫先于表善,班禄叙爵,莫美于显能,是以楚人思子文之治,复命其胤,汉室嘉江公之德,用显其世。伏见故汉大司农北海郑玄,当时之学,名冠华夏,为世儒宗。文皇帝旌录先贤,拜玄适孙小同以为郎中,长假在家。小同年逾三十,少有令质,学综六经,行著乡邑。海、岱之人莫不嘉其自然,美其气量。迹其所履,有质直不渝之性,然而恪恭静默,色养其亲,不治可见之美,不竞人间之名,斯诚清时所宜式叙,前后明诏所斟酌而求也。臣老病委顿,无益视听,谨具以闻。"

魏氏春秋曰:小同诣司马文王,文王有密疏,未之屏也。如厕还,谓之曰:"卿见吾疏乎?"对曰:"否。"文王犹疑而鸩之,卒。

郑玄注文王世子曰"三老、五更各一人,皆年老更事致仕者也"。注乐记曰"皆老人更知三德五事者也"。

蔡邕明堂论云:"更"应作"叟"。叟,长老之称,字与"更"相似,书者遂误以为"更"。"嫂"字"女"傍"叟",今亦以为"更",以此验知应为"叟"也。臣松之以为邕谓"更"为"叟",诚为有似,而诸儒莫之从,未知孰是。

是岁,青龙、黄龙仍见顿丘、冠军、阳夏县界井中。

四年春正月,黄龙二,见宁陵县界井中。① 夏六月,司空王昶薨。秋七月,陈留王峻薨。冬十月丙寅,分新城郡,复置上庸郡。十一月癸卯,车骑将军孙壹为婢所杀。

①汉晋春秋曰:是时龙仍见,咸以为吉祥。帝曰:"龙者,君德也。上不在天,下不在田,而数屈于井,非嘉兆也。"仍作潜龙之诗以自讽,司马文王见而恶之。

五年春正月朔,日有蚀之。夏四月,诏有司率遵前命,复进大将军司马文王位为相国,封晋公,加九锡。

五月己丑,高贵乡公卒,年二十。① 皇太后令曰:"吾以不德,遭家不造，昔援立东海王子髦，以为明帝嗣，见其好书疏文章，冀可成济，而情性暴戾，日月滋甚。吾数呵责，遂更忿恚，造作丑逆不道之言以诬谤吾，遂隔绝两宫。其所言道，不可忍听，非天地所覆载。吾即密有令语大将军，不可以奉宗庙，恐颠覆社稷，死无面目以见先帝。大将军以其尚幼，谓当改心为善，殷勤执据。而此儿忿戾，所行益甚，举弩遥射吾宫，祝当令中吾项，箭亲堕吾前。吾语大将军，不可不废之，前后数十。此儿具闻，自知罪重，便图为弑逆，赂遗吾左右人，令因吾服药，密行鸩毒，重相设计。事已觉露，直欲因际会举兵入西宫杀吾，出取大将军，呼侍中王沈、散骑常侍王业，②尚书王经，出怀中黄素诏示之，言今日便当施行。吾之危殆，过于累卵。吾老寡，岂复多惜馀命邪？但伤先帝遗意不遂，社稷颠覆为痛耳。赖宗庙之灵，沈、业即驰语大将军，得先严警，而此儿便将左右出云龙门，雷战鼓，躬自拔刃，与左右杂卫共入兵陈间，为前锋所害。此儿既行悖逆不道，而又自陷大祸，重令吾悼心不可言。昔汉昌邑王以罪废为庶人，此儿亦宜以民礼葬之，当令内外咸知此儿所行。又尚书王经，凶逆无状，其收经及家属皆诣廷尉。"

① 汉晋春秋曰：帝见威权日去，不胜其忿。乃召侍中王沈、尚书王经、散骑常侍王业，谓曰："司马昭之心，路人所知也。吾不能坐受废辱，今日当与卿等自出讨之。"[17]王经曰："昔鲁昭公不忍季氏，败走失国，为天下笑。今权在其门，为日久矣，朝廷四方皆为之致死，不顾逆顺之理，非一日也。且宿卫空阙，兵甲寡弱，陛下何所资用？而一旦如此，无乃欲除疾而更深之邪！祸殆不测，宜见重详。"帝乃出怀中版令投地，曰："行之决矣。正使死，何所惧？况不必死邪！"于是入白太后，沈、业奔走告文王，文王为之备。帝遂帅僮仆数百，鼓噪而出。文王弟屯骑校尉伷入，遇帝于东止车门，左右呵之，伷众奔走。中护军贾充又逆帝战于南阙下，帝自用剑。众欲退，太子舍人成济问充曰："事急矣。当云何？"充曰："畜养汝等，正谓今日。今日之事，无所问也。"济即前刺帝，刃出于背。文王闻，大惊，

自投于地曰:"天下其谓我何!"太傅孚奔往,枕帝股而哭,哀甚,曰:"杀陛下者,臣之罪也。"臣松之以为习凿齿书,虽最后出,然述此事差有次第。故先载习语,以其馀所言微异者次其后。

世语曰:王沈、王业驰告文王,尚书王经以正直不出,因沈、业申意。

晋诸公赞曰:沈、业将出,呼王经。经不从,曰:"吾子行矣!"

干宝晋纪曰:成济问贾充曰:"事急矣。若之何?"充曰:"公畜养汝等,为今日之事也。夫何疑!"济曰:"然。"乃抽戈犯跸。

魏氏春秋曰:戊子夜,帝自将冗从仆射李昭、黄门从官焦伯等下陵云台,铠仗授兵,欲因际会,自出讨文王。会雨,有司奏却日,遂见王经等出黄素诏于怀曰:"是可忍也,孰不可忍也!今日便当决行此事。"入白太后,遂拔剑升辇,帅殿中宿卫苍头官僮击战鼓,出云龙门。贾充自外而入,帝师溃散,犹称天子,手剑奋击,众莫敢逼。充帅厉将士,骑督成倅弟成济以矛进,帝崩于师。时暴雨雷霆,晦冥。

魏末传曰:贾充呼帐下督成济谓曰:"司马家事若败,汝等岂复有种乎?何不出击!"倅兄弟二人乃帅帐下人出,顾曰:"当杀邪?执邪?"充曰:"杀之。"兵交,帝曰:"放仗!"大将军士皆放仗。济兄弟因前刺帝,帝倒车下。

②世言曰:业,武陵人,后为晋中护军。

　　庚寅,太傅孚、大将军文王、太尉柔、司徒冲稽首言:"伏见中令,故高贵乡公悖逆不道,自陷大祸,依汉昌邑王罪废故事,以民礼葬。臣等备位,不能匡救祸乱,式遏奸逆,奉令震悚,肝心悼栗。春秋之义,王者无外,而书'襄王出居于郑',不能事母,故绝之于位也。今高贵乡公肆行不轨,几危社稷,自取倾覆,人神所绝,葬以民礼,诚当旧典。然臣等伏惟殿下仁慈过隆,虽存大义,犹垂哀矜,臣等之心实有不忍,以为可加恩以王礼葬之。"太后从之。①

①汉晋春秋曰:丁卯,葬高贵乡公于洛阳西北三十里瀍涧之滨。下车数乘,不设旌旐,百姓相聚而观之,曰:"是前日所杀天子也。"或掩面而泣,悲不自胜。

臣松之以为若但下车数乘,不设旌旐,何以为王礼葬乎?斯盖恶之过言,所谓不如是之甚者。

使使持节行中护军中垒将军司马炎北迎常道乡公璜嗣明帝后。辛卯，群公奏太后曰："殿下圣德光隆，宁济六合，而犹称令，与藩国同。请自今殿下令书，皆称诏制，如先代故事。"

癸卯，大将军固让相国、晋公、九锡之宠。太后诏曰："夫有功不隐，周易大义，成人之美，古贤所尚，今听所执，出表示外，以章公之谦光焉。"

戊申，大将军文王上言："高贵乡公率将从驾人兵，拔刃鸣金鼓向臣所止；惧兵刃相接，即敕将士不得有所伤害，违令以军法从事。骑督成倅弟太子舍人济，横入兵陈伤公，遂至陨命；辄收济行军法。臣闻人臣之节，有死无二，事上之义，不敢逃难。前者变故卒至，祸同发机，诚欲委身守死，唯命所裁。然惟本谋乃欲上危皇太后，倾覆宗庙。臣忝当大任，义在安国，惧虽身死，罪责弥重。欲遵伊、周之权，以安社稷之难，即骆驿申敕，不得迫近辇舆，而济遽入陈间，以致大变。哀怛痛恨，五内摧裂，不知何地可以陨坠？科律大逆无道，父母妻子同产皆斩。济凶戾悖逆，干国乱纪，罪不容诛。辄敕侍御史收济家属，付廷尉，结正其罪。"① 太后诏曰："夫五刑之罪，莫大于不孝。夫人有子不孝，尚告治之，此儿岂复成人主邪？吾妇人不达大义，以谓济不得便为大逆也。然大将军志意恳切，发言恻怆，故听如所奏。当班下远近，使知本末也。"②

① 魏氏春秋曰："成济兄弟不即伏罪，袒而升屋，丑言悖慢；自下射之，乃殪。

② 世语曰：初，青龙中，石苞鬻铁于长安，得见司马宣王，宣王知焉。后擢为尚书郎，历青州刺史、镇东将军。甘露中入朝，当还，辞高贵乡公，留中尽日。文王遣人要令过。文王问苞："何淹留也？"苞曰："非常人也。"明日发至荥阳，数日而难作。

123

六月癸丑,诏曰:"古者人君之为名字,难犯而易讳。今常道乡公讳字甚难避,其朝臣博议改易,列奏。"

陈留王讳奂,字景明,武帝孙,燕王宇子也。甘露三年,封安次县常道乡公。高贵乡公卒,公卿议迎立公。六月甲寅,入于洛阳,见皇太后,是日即皇帝位于太极前殿,大赦,改年,赐民爵及谷帛各有差。

景元元年夏六月丙辰,进大将军司马文王位为相国,封晋公,增封二郡,并前满十,加九锡之礼,一如前诏;[18]诸群从子弟,其未有侯者皆封亭侯,赐钱千万,帛万匹,文王固让乃止。己未,故汉献帝夫人节薨,帝临于华林园,使使持节追谥夫人为献穆皇后。及葬,车服制度皆如汉氏故事。癸亥,以尚书右仆射王观为司空,冬十月,观薨。

十一月,燕王上表贺冬至,称臣。诏曰:"古之王者,或有所不臣,王将宜依此义。表不称臣乎!又当为报。夫后大宗者,降其私亲,况所继者重邪!若便同之臣妾,亦情所未安。其皆依礼典处,当务尽其宜。"有司奏,以为"礼莫崇于尊祖,制莫大于正典。陛下稽德期运,抚临万国,绍大宗之重,隆三祖之基。伏惟燕王体尊戚属,正位藩服,躬秉虔肃,率蹈恭德以先万国;其于正典,阐济大顺,所不得制。圣朝诚宜崇以非常之制,奉以不臣之礼。臣等平议以为燕王章表,可听如旧式。中诏所施,或存好问,准之义类,则'燕觌之敬'也,[19]可少顺圣敬,加崇仪称,示不敢斥,宜曰'皇帝敬问大王侍御'。至于制书,国之正典,朝廷所以辨章公制,宣昭轨仪于天下者也,宜循法,故曰'制诏燕王'。凡诏命、制书、奏事、上书诸称燕王者,可皆上平。其非宗庙助祭之事,皆不得称王名,奏事、上书、文书及吏民皆不得触王讳,以彰殊礼,加于群后。上遵王典尊祖之制,俯顺圣敬烝烝之心,二者不愆,礼实宜之,可普告施行。"

十二月甲申,黄龙见华阴县井中。甲午,以司隶校尉王祥为司空。

二年夏五月朔,日有食之。秋七月,乐浪外夷韩、濊貊各率其属来朝贡。八月戊寅,赵王幹薨。甲寅,复命大将军进爵晋公,加位相国,备礼崇锡,一如前诏;又固辞乃止。

三年春二月,青龙见于轵县井中。夏四月,辽东郡言肃慎国遣使重译入贡,献其国弓三十张,长三尺五寸,楛矢长一尺八寸,石弩三百枚,皮骨铁杂铠二十领,貂皮四百枚。冬十月,蜀大将姜维寇洮阳,镇西将军邓艾拒之,破维于侯和,维遁走。是岁,诏祀故军祭酒郭嘉于太祖庙庭。

四年春二月,复命大将军进位爵赐一如前诏,又固辞乃止。

夏五月,诏曰:"蜀,蕞尔小国,土狭民寡,而姜维虐用其众,曾无废志;往岁破败之后,犹复耕种沓中,刻剥众羌,劳役无已,民不堪命。夫兼弱攻昧,武之善经,致人而不致于人,兵家之上略。蜀所恃赖,唯维而已,因其远离巢窟,用力为易。今使征西将军邓艾督帅诸军,趣甘松、沓中以罗取维,雍州刺史诸葛绪督诸军趣武都、高楼,首尾蹴讨。若擒维,便当东西并进,扫灭巴蜀也。"又命镇西将军锺会由骆谷伐蜀。

秋九月,太尉高柔薨。冬十月甲寅,复命大将军进位爵赐一如前诏。癸卯,立皇后卞氏,十一月,大赦。

自邓艾、锺会率众伐蜀,所至辄克。是月,蜀主刘禅诣艾降,巴蜀皆平。十二月庚戌,以司徒郑冲为太保。壬子,分益州为梁州。癸丑,特赦益州士民,复除租赋之半五年。

乙卯,以征西将军邓艾为太尉,镇西将军锺会为司徒。皇太后崩。

咸熙元年春正月壬戌,槛车征邓艾。甲子,行幸长安。壬申,使使者以璧币祀华山。是月,锺会反于蜀,为众所讨;邓艾亦见杀。二月辛卯,特赦诸在益土者。庚申,葬明元郭后。三月丁丑,以司空王祥为太尉,征北将军何曾为司徒,尚书左仆射荀顗为司空。己卯,进晋公爵为王,封十郡,并前二十。① 丁亥,封刘禅为安乐公。夏五月庚申,相国晋王奏复五等爵。甲戌,改年。癸未,追命舞阳宣文侯为晋宣王,舞阳忠武侯为晋景王。六月,镇西将军卫瓘上雍州兵于成都县获璧玉印各一,印文似"成信"字,依周成王归禾之义,宣示百官,藏于相国府。②

① 汉晋春秋曰:晋公既进爵为王,太尉王祥、司徒何曾、司空荀顗并诣王。顗曰:"相王尊重,何侯与一朝之臣皆已尽敬,今日便当相率而拜,无所疑也。"祥曰:"相国位势,诚为尊贵,然要是魏之宰相,吾等魏之三公;公、王相去,一阶而已,班列大同,安有天子三公可辄拜人者!损魏朝之望,亏晋王之德,君子爱人以礼,吾不为也。"及入,顗遂拜,而祥独长揖。王谓祥曰:"今日然后知君见顾之重!"

② 孙盛曰:昔公孙述自以起成都,号曰成。二玉之文,殆述所作也。

初,自平蜀之后,吴寇屯逼永安,遣荆、豫诸军掎角赴救。七月,贼皆遁退。八月庚寅,命中抚军司马炎副贰相国事,以同鲁公拜后之义。

癸巳,诏曰:"前逆臣锺会构造反乱,聚集征行将士,劫以兵威,始吐奸谋,发言桀逆,逼胁众人,皆使下议,仓卒之际,莫不惊慑。相国左司马夏侯和、骑士曹属朱抚时使在成都,中领军司马贾辅、郎中羊琇各参会军事;和、琇、抚皆抗节不挠,拒会凶言,临危不顾,词指正烈。辅语散将王起,说'会奸逆凶暴,欲尽杀将士',又云'相国已率三十万众西行讨会',欲以称张形势,感激众心。起出,以辅言宣语诸军,遂使将士益怀奋励。宜加显宠,以彰忠义。其进和、辅爵为乡侯，璓、抚爵关内侯。起宣传辅言，告令将士，所宜赏异。其以起为部曲将。”

癸卯，以卫将军司马望为骠骑将军。九月戊午，以中抚军司马炎为抚军大将军。

辛未，诏曰：“吴贼政刑暴虐，赋敛无极。孙休遣使邓句，敕交阯太守锁送其民，发以为兵。吴将吕兴因民心愤怒，又承王师平定巴蜀，即纠合豪杰，诛除句等，驱逐太守长吏，抚和吏民，以待国命。九真、日南郡闻兴去逆即顺，亦齐心响应，与兴协同。兴移书日南州郡，开示大计，兵临合浦，告以祸福；遣都尉唐谱等诣进乘县，因南中都督护军霍弋上表自陈。又交阯将吏各上表，言‘兴创造事业，大小承命。郡有山寇，入连诸郡，惧其计异，各有携贰。权时之宜，以兴为督交阯诸军事、上大将军、定安县侯，乞赐褒奖，以慰边荒’。乃心款诚，形于辞旨。昔仪父朝鲁，春秋所美；窦融归汉，待以殊礼。今国威远震，抚怀六合，方包举殊裔，混一四表。兴首向王化，举众稽服，万里驰义，请吏帅职，宜加宠遇，崇其爵位。既使兴等怀忠感悦，远人闻之，必皆竞劝。其以兴为使持节、都督交州诸军事、南中大将军，封定安县侯，得以便宜从事，先行后上。”策命未至，兴为下人所杀。

冬十月丁亥，诏曰：“昔圣帝明王，静乱济世，保大定功，文武殊涂，勋烈同归。是故或舞干戚以训不庭，或陈师旅以威暴慢。至于爱民全国，康惠庶类，必先修文教，示之轨仪，不得已然后用兵，此盛德之所同也。往者季汉分崩，九土颠覆，刘备、孙权乘间作祸。三祖绥宁中夏，日不暇给，遂使遗寇僭逆历世。幸赖宗庙威灵，宰辅忠武，爰发四方，拓定庸、蜀，役不浃时，一征而克。自顷江表衰弊，政刑荒暗，巴、汉平定，孤危无援，交、荆、扬、越，靡然向风。今交阯伪将吕兴已帅三郡，万里归命；武陵邑侯相严等纠合五县，请为臣妾;<u>豫章</u><u>庐陵</u>山民举众叛吴,以助北将军为号。又<u>孙休</u>病死,主帅改易,国内乖违,人各有心。伪将<u>施绩</u>,贼之名臣,怀疑自猜,深见忌恶。众叛亲离,莫有固志,自古及今,未有亡征若此之甚。若六军震曜,南临<u>江</u>、<u>汉</u>,吴会之域必扶老携幼以迎王师,必然之理也。然兴动大众,犹有劳费,宜告喻威德,开示仁信,使知顺附和同之利。相国参军事<u>徐绍</u>、水曹掾<u>孙彧</u>,昔在<u>寿春</u>,并见虏获。<u>绍</u>本伪<u>南陵</u>督,才质开壮;<u>彧</u>,<u>孙权</u>支属,忠良见事。其遣<u>绍</u>南还,以<u>彧</u>为副,宣扬国命,告喻吴人,诸所示语,皆以事实,若其觉悟,不损征伐之计,盖庙胜长算,自古之道也。其以<u>绍</u>兼散骑常侍,加奉车都尉,封都亭侯;<u>彧</u>兼给事黄门侍郎,赐爵关内侯。<u>绍</u>等所赐妾及男女家人在此者,悉听自随,以明国恩,不必使还,以开广大信。"

丙午,命抚军大将军<u>新昌乡侯炎</u>为晋世子。是岁,罢屯田官以均政役,诸典农皆为太守,都尉皆为令长;劝募<u>蜀</u>人能内移者,给廪二年,复除二十岁。<u>安弥</u>、<u>福禄县</u>各言嘉禾生。

二年春二月甲辰,<u>朐䏰县</u>获灵龟以献,归之于相国府。庚戌,以虎贲<u>张脩</u>昔于<u>成都</u>驰马至诸营言<u>锺会</u>反逆,以至没身,赐<u>脩</u>弟<u>倚</u>爵关内侯。夏四月,<u>南深泽县</u>言甘露降。吴遣使<u>纪陟</u>、<u>弘璆</u>请和。

五月,诏曰:"相国<u>晋王</u>诞敷神虑,光被四海;震耀武功,则威盖殊荒;流风迈化,则旁洽无外。愍恤<u>江</u>表,务存济育,戢武崇仁,示以威德。文告所加,承风向慕,遣使纳献,以明委顺,方宝纤珍,欢以效意。而王谦让之至,一皆簿送,非所以慰副初附,从其款愿也。<u>孙皓</u>诸所献致,其皆还送,归之于王,以协古义。"王固辞乃止。又命<u>晋王</u>冕十有二旒,建天子旌旗,出警入跸,乘金根车、六马,备五时副车,置旄头云罕,乐舞八佾,设钟虡宫县。进王妃为王后,世子为太子,王子、王女、王孙,爵命之号如旧仪。癸未,大赦。秋八月辛卯,相国<u>晋王薨</u>,壬辰,<u>晋太子炎</u>绍封袭位,总摄百揆,备物典册,一皆如前。是月,襄武县言有大人见,长三丈馀,[20]迹长三尺二寸,白发,著黄单衣,黄巾,柱杖,呼民王始语云:"今当太平。"九月乙未,大赦。戊午,司徒何曾为晋丞相。癸亥,以骠骑将军司马望为司徒,征东大将军石苞为骠骑将军,征南大将军陈骞为车骑将军。乙亥,葬晋文王。闰月庚辰,康居、大宛献名马,归于相国府,以显怀万国致远之勋。

十二月壬戌,天禄永终,历数在晋。诏群公卿士具仪设坛于南郊,使使者奉皇帝玺绶册,禅位于晋嗣王,如汉魏故事。甲子,使使者奉策。遂改次于金墉城,而终馆于邺,时年二十。①

　①魏世谱曰:封帝为陈留王。年五十八,太安元年崩,谥曰元皇帝。

评曰:古者以天下为公,唯贤是与。后代世位,立子以适;若适嗣不继,则宜取旁亲明德,若汉之文、宣者,斯不易之常准也。明帝既不能然,情系私爱,抚养婴孩,传以大器,托付不专,必参枝族,终于曹爽诛夷,齐王替位。高贵公才慧夙成,好问尚辞,盖亦文帝之风流也;然轻躁忿肆,自蹈大祸。陈留王恭己南面,宰辅统政,仰遵前式,揖让而禅,遂飨封大国,作宾于晋,比之山阳,班宠有加焉。

【校勘记】

〔1〕绩其毛　绩,原作"续",据后汉书卷八十六南蛮西南夷列传论注改。

〔2〕徐他谋逆而许褚心动　他,原作"佗",据本书卷一八许褚传改。

〔3〕书云　书,原作"诗"。下句出自尚书吕刑,故改之。

〔4〕新城太守州泰攻吴　州,原作"陈"。本书卷二七王昶传"遣新城太守州泰",卷二八邓艾传"州泰擢为新城太守",今从之。

〔5〕四五人靬头面缚,靬原作"的",据三国志考证卷二改。

〔6〕营齐王宫于河内之重门　原脱"之"字,据三国志考证卷二补。

〔7〕廷尉定陵侯臣毓　毓,原作"繁",据三国志辨误卷上改。

〔8〕少府臣衮　衮,原作"袤",据三国志辨误卷上改。

〔9〕永宁卫尉臣桢　桢,原作"祯",据三国志考证卷二改。

〔10〕永宁太仆臣阁　阁,原作"闳",据三国志考证卷二改。

〔11〕太后遭郃阳君丧,郃原作"合",据本书卷五后妃传改。

〔12〕与少府衮　衮,原作"袤",据三国志辨误卷上改。

〔13〕戊寅　寅,原作"戌"。据沈家本校本改。

〔14〕安风津都尉斩俭　风下原衍"淮"字,据本书卷二八毌丘俭传删。

〔15〕似山出内云气　内下原脱"云"字,据太平御览卷四四九补。

〔16〕邺及上洛并言甘露降　洛,原作"谷",据宋书卷二八符瑞中改。

〔17〕今日当与卿等自出讨之　卿下原脱"等"字,据资治通鉴卷七七胡三
省说补。

〔18〕一如前诏　诏,原作"奏",据三国志旁证卷六改。

〔19〕则燕觌之敬也　燕,原作"宴";敬,原作"族"。据礼文王世子篇改。

〔20〕长三丈馀　原脱"长"字,据三国志考证卷二补。

三国志卷五　魏书五

后妃传第五

易称"男正位乎外,女正位乎内;男女正,天地之大义也"。古先哲王,莫不明后妃之制,顺天地之德,故二妃嫔妫,虞道克隆,任、姒配姬,周室用熙,废兴存亡,恒此之由。春秋说云天子十二女,诸侯九女,考之情理,不易之典也。而末世奢纵,肆其侈欲,至使男女怨旷,感动和气,惟色是崇,不本淑懿,故风教陵迟而大纲毁泯,岂不惜哉!呜呼,有国有家者,其可以永鉴矣!

汉制,帝祖母曰太皇太后,帝母曰皇太后,帝妃曰皇后,其馀内官十有四等。魏因汉法,母后之号,皆如旧制,自夫人以下,世有增损。太祖建国,始命王后,其下五等:有夫人,有昭仪,有倢伃,有容华,有美人。文帝增贵嫔、淑媛、修容、顺成、良人。明帝增淑妃、昭华、修仪;除顺成官。太和中始复命夫人,登其位于淑妃之上。自夫人以下爵凡十二等:贵嫔、夫人,位次皇后,爵无所视;淑妃位视相国,爵比诸侯王;淑媛位视御史大夫,爵比县公;昭仪比县侯;昭华比乡侯;修容比亭侯;修仪比关内侯;倢伃视中二千石;容华视真二千石;美人视比二千石;良人视千石。

武宣卞皇后,琅邪开阳人,文帝母也。本倡家,① 年二十,太祖于谯纳后为妾。后随太祖至洛。及董卓为乱,太祖微服东出避难。袁术传太祖凶问,时太祖左右至洛者皆欲归,后止之曰:"曹君吉凶未可知,今日还家,明日若在,何面目复相见也?正使祸至,共死何苦!"遂从后言。太祖闻而善之。建安初,丁夫人废,遂以后为继室。诸子无母者,太祖皆令后养之。② 文帝为太子,左右长御贺后曰:"将军拜太子,天下莫不欢喜,后当倾府藏赏赐。"后曰:"王自以丕年大,故用为嗣,我但当以免无教导之过为幸耳,亦何为当重赐遗乎!"长御还,具以语太祖。太祖悦曰:"怒不变容,喜不失节,故是最为难。"

① 魏书曰:后以汉延熹三年十二月己巳生齐郡白亭,有黄气满室移日。父敬侯怪之,以问卜者王旦,旦曰:"此吉祥也。"

② 魏略曰:太祖始有丁夫人,又刘夫人生子修及清河长公主。刘早终,丁养子修。子修亡于穰,丁常言:"将我儿杀之,都不复念!"遂哭泣无节。太祖忿之,遣归家,欲其意折。后太祖就见之,夫人方织,外人传云"公至",夫人踞机如故。太祖到,抚其背曰:"顾我共载归乎!"夫人不顾,又不应。太祖却行,立于户外,复云:"得无尚可邪!"遂不应,太祖曰:"真诀矣。"遂与绝,欲其家嫁之,其家不敢。初,丁夫人既为嫡,加有子修,丁视后母子不足。后为继室,不念旧恶,因太祖出行,常四时使人馈遗,又私迎之,延以正坐而己下之,迎来送去,有如昔日。丁谢曰:"废放之人,夫人何能常尔邪!"其后丁亡,后请太祖殡葬,许之,乃葬许城南。后太祖病困,自虑不起,叹曰:"我前后行意,于心未曾有所负也。假令死而有灵,子修若问'我母所在',我将何辞以答!"

魏书曰:后性约俭,不尚华丽,无文绣珠玉,器皆黑漆。太祖常得名珰数具,命后自选一具,后取其中者,太祖问其故,对曰:"取其上者为贪,取其下者为伪,故取其中者。"

二十四年,拜为王后,策曰:"夫人卞氏,抚养诸子,有母仪之德。今进位王后,太子诸侯陪位,群卿上寿,减国内死罪一等。"二十五年,太祖崩,文帝即王位,尊后曰王太后,及践阼,尊后曰皇太后,称永寿宫。①明帝即位,尊太后曰太皇太后。

①魏书曰:后以国用不足,减损御食,诸金银器物皆去之。东阿王植,太后少子,最爱之。后植犯法,为有司所奏,文帝令太后弟子奉车都尉兰持公卿议白太后,太后曰:"不意此儿所作如是,汝还语帝,不可以我故坏国法。"及自见帝,不以为言。

臣松之案:文帝梦磨钱,欲使文灭而更愈明,以问周宣。宣答曰:"此陛下家事,虽意欲尔,而太后不听。"则太后用意,不得如此书所言也。

魏书又曰:太后每随军征行,见高年白首,辄住车呼问,赐与绢帛,对之涕泣曰:"恨父母不及我时也。"太后每见外亲,不假以颜色,常言"居处当务节俭,不当望赏赐,念自佚也。外舍当怪吾遇之太薄,吾自有常度故也。吾事武帝四五十年,行俭日久,不能自变为奢,有犯科禁者,吾且能加罪一等耳,莫望钱米恩贷也"。帝为太后弟秉起第,第成,太后幸第请诸家外亲,设下厨,无异膳。太后左右,菜食粟饭,无鱼肉。其俭如此。

黄初中,文帝欲追封太后父母,尚书陈群奏曰:"陛下以圣德应运受命,创业革制,当永为后式。案典籍之文,无妇人分土命爵之制。在礼典,妇因夫爵。秦违古法,汉氏因之,非先王之令典也。"帝曰:"此议是也,其勿施行。以作著诏下藏之台阁,永为后式。"至太和四年春,明帝乃追谥太后祖父广曰开阳恭侯,父远曰敬侯,祖母周封阳都君及敬侯夫人,[1]皆赠印绶。其年五月,后崩。七月,合葬高陵。

初,太后弟秉,以功封都乡侯,黄初七年进封开阳侯,邑千二百户,为昭烈将军。①秉薨,子兰嗣。少有才学,②为奉车都尉、游击将军,加散骑常侍。兰薨,子晖嗣。③又分秉爵,封兰弟琳为列侯,官至步兵校尉。兰子隆女为高贵乡公皇后,隆以后父为光禄大夫,

魏书 后妃传第五

133

位特进，封睢阳乡侯，妻王为显阳乡君。追封隆前妻刘为顺阳乡君，后亲母故也。琳女又为陈留王皇后，时琳已没，封琳妻刘为广阳乡君。

①魏略曰：初，卞后弟秉，当建安时得为别部司马，后常对太祖怨言，太祖答言："但得与我作妇弟，不为多邪？"后又欲太祖给其钱帛，太祖又曰："但汝盗与，不为足邪？"故讫太祖世，秉官不移，财亦不益。

②魏略曰：兰献赋赞述太子德美，太子报曰："赋者，言事类之所附也，颂者，美盛德之形容也，故作者不虚其辞，受者必当其实。兰此赋，岂吾实哉？昔吾丘寿王一陈宝鼎，何武等徒以歌颂，犹受金帛之赐，兰事虽不谅，义足嘉也。今赐牛一头。"由是遂见亲敬。

③魏略曰：明帝时，兰见外有二难，而帝留意于宫室，常因侍从，数切谏。帝虽不能从，犹纳其诚款。后兰苦酒消渴，时帝信巫女用水方，使人持水赐兰，兰不肯饮。诏问其意，兰言治病自当以方药，何信于此？帝为变色，而兰终不服。后渴稍甚，以至于亡。故时人见兰好直言，谓帝面折之而兰自杀，其实不然。

　　文昭甄皇后，中山无极人，明帝母，汉太保甄邯后也。世吏二千石。父逸，上蔡令。后三岁失父。①后天下兵乱，加以饥馑，百姓皆卖金银珠玉宝物，时后家大有储谷，颇以买之。后年十馀岁，白母曰："今世乱而多买宝物，匹夫无罪，怀璧为罪。又左右皆饥乏，不如以谷振给亲族邻里，广为恩惠也。"举家称善，即从后言。②

①魏书曰：逸娶常山张氏，生三男五女：长男豫，早终；次俨，举孝廉，大将军掾、曲梁长；次尧，举孝廉；长女姜，次脱，次道，次荣，次即后。后以汉光和五年十二月丁酉生。每寝寐，家中仿佛见如有人持玉衣覆其上者，常共怪之。逸薨，加号慕，内外益奇之。后相者刘良相后及诸子，良指后曰："此女贵乃不可言。"后自少至长，不好戏弄。年八岁，外有立骑马戏者，家人诸姊皆上阁观之，后独不行。诸姊怪问之，后答言："此岂女人之

所观邪?"年九岁,喜书,视字辄识,数用诸兄笔砚,兄谓后言:"汝当习女工。用书为学,当作女博士邪?"后答言:"闻古者贤女,未有不学前世成败,以为己诫。不知书,何由见之?"

②魏略曰:后年十四,丧中兄俨,悲哀过制,事寡嫂谦敬,事处其劳,拊养俨子,慈爱甚笃。后母性严,待诸妇有常,后数谏母:"兄不幸早终,嫂年少守节,顾留一子,以大义言之,待之当如妇,爱之宜如女。"母感后言流涕,便令后与嫂共止,寝息坐起常相随,恩爱益密。

建安中,袁绍为中子熙纳之。熙出为幽州,后留养姑。及冀州平,文帝纳后于邺,有宠,生明帝及东乡公主。① 延康元年正月,文帝即王位,六月,南征,后留邺。黄初元年十月,帝践阼。践阼之后,山阳公奉二女以嫔于魏,郭后、李、阴贵人并爱幸,后愈失意,有怨言。帝大怒,二年六月,遣使赐死,葬于邺。②

①魏略曰:熙出在幽州,后留侍姑。及邺城破,绍妻及后共坐皇堂上。文帝入绍舍,见绍妻及后,后怖,以头伏姑膝上,绍妻两手自搏。文帝谓曰:"刘夫人云何如此?令新妇举头!"姑乃捧后令仰,文帝就视,见其颜色非凡,称叹之。太祖闻其意,遂为迎取。

世语曰:太祖下邺,文帝先入袁尚府,有妇人被发垢面,垂涕立绍妻刘后,文帝问之,刘答"是熙妻",顾揽发髻,以巾拭面,姿貌绝伦。既过,刘谓后"不忧死矣"! 遂见纳,有宠。

魏书曰:后宠愈隆而弥自抑损,后宫有宠者劝勉之,其无宠者慰诲之,每因闲宴,常劝帝,言"昔黄帝子孙蕃育,盖由妾媵众多,乃获斯祚耳。所愿广求淑媛,以丰继嗣"。帝心嘉焉。其后帝欲遣任氏,后请于帝曰:"任既乡党名族,德、色,妾等不及也,如何遣之?"帝曰:"任性狷急不婉顺,前后忿吾非一,是以遣之耳。"后流涕固请曰:"妾受敬遇之恩,众人所知,必谓任之出,是妾之由。上惧有见私之讥,下受专宠之罪,愿重留意!"帝不听,遂出之。

十六年七月,太祖征关中,武宣皇后从,留孟津,帝居守邺。时武宣皇后体小不安,后不得定省,忧怖,昼夜泣涕;左右骤以差问告,后犹不信,曰:"夫人在家,故疾每动,辄历时,今疾便差,何速也?此欲慰我意耳!"忧愈甚。后得武宣皇后还书,说疾已平复,后乃欢悦。十七年正月,大军还邺,后朝武宣皇后,望幄座悲喜,感动左右。武宣皇后见后如此,亦泣,且谓之曰:"新妇谓吾前病如昔时困邪?吾时小小耳,十馀日即差,不当视我颜色乎!"嗟叹曰:"此真孝妇也。"二十一年,太祖东征,武宣皇后、文帝及明帝、东乡公主皆从,时后以病留邺。二十二年九月,大军还,武宣皇后左右侍御见后颜色丰盈,怪问之曰:"后与二子别久,下流之情,不可为念,而后颜色更盛,何也?"后笑答之曰:"叡等自随夫人,[2]我当何忧!"后之贤明以礼自持如此。

② 魏书曰:有司奏建长秋宫,帝玺书迎后,诣行在所,后上表曰:"妾闻先代之兴,所以绵国久长,垂祚后嗣,无不由后妃焉。故必审选其人,以兴内教。今践阼之初,诚宜登进贤淑,统理六宫。妾自省愚陋,不任粢盛之事,加以寝疾,敢守微志。"玺书三至而后三让,言甚恳切。时盛暑,帝欲须秋凉乃更迎后。会后疾遂笃,夏六月丁卯,崩于邺。帝哀痛咨嗟,策赠皇后玺绶。

臣松之以为春秋之义,内大恶讳,小恶不书。文帝之不立甄氏,及加杀害,事有明审。魏史若以为大恶邪,则宜隐而不言,若谓为小恶邪,则不应假为之辞,而崇饰虚文乃至于是,异乎所闻于旧史。推此而言,其称卞、甄诸后言行之善,皆难以实论。陈氏删落,良有以也。

明帝即位,有司奏请追谥,使司空王朗持节奉策以太牢告祠于陵,又别立寝庙。① 太和元年三月,以中山魏昌之安城乡户千,追封逸,谥曰敬侯;適孙像袭爵。四月,初营宗庙,掘地得玉玺,方一寸九分,其文曰"天子羡思慈亲",明帝为之改容,以太牢告庙。又尝梦见后,于是差次舅氏亲疏高下,叙用各有差,赏赐累钜万;以像为虎贲中郎将。是月,后母薨,帝制缌服临丧,百僚陪位。四年十一月,以后旧陵庳下,使像兼太尉,持节诣邺,昭告后土,十二月,改葬朝阳陵。像还,迁散骑常侍。青龙二年春,追谥后兄俨曰安城乡穆侯。夏,吴贼寇扬州,以像为伏波将军,持节监诸将东征,还,复为射声校尉。三年薨,追赠卫将军,改封魏昌县,谥曰贞侯;子畅嗣。又封畅弟温、𤋮、艳皆为列侯。四年,改逸、俨本封皆曰魏昌侯,谥因故。封俨世妇刘为东乡君,又追封逸世妇张为安喜君。①

①魏书载三公奏曰:"盖孝敬之道,笃乎其亲,乃四海所以承化,天地所以明察,是谓生则致其养,殁则光其灵,诵述以尽其美,宣扬以显其名者也。今陛下以圣懿之德,绍承洪业,至孝烝烝,通于神明,遭罹殷忧,每劳谦让。先帝迁神山陵,大礼既备,至于先后,未有显谥。伏惟先后恭让著于幽微,至行显于不言,化流邦国,德侔二南,故能膺神灵嘉祥,为大魏世妃。虽凤年登遐,万载之后,永播融烈,后妃之功莫得而尚也。案谥法:'圣闻周达曰昭。德明有功曰昭。'昭者,光明之至,盛久而不昧者也。宜上尊谥曰文昭皇后。"是月,三公又奏曰:"自古周人始祖后稷,又特立庙以祀姜嫄。今文昭皇后之于万嗣,圣德至化,岂有量哉!夫以皇家世妃之尊,[3]而克让允恭,固推盛位,神灵迁化,而无寝庙以承享祀,[4]非所以报显德,昭孝敬也。稽之古制,宜依周礼,先妣别立寝庙。"并奏可之。

景初元年夏,有司议定七庙。冬,又奏曰:"盖帝王之兴,既有受命之君,又有圣妃协于神灵,然后克昌厥世,以成王业焉。昔高辛氏卜其四妃之子皆有天下,而帝挚、陶唐、商、周代兴。周人上推后稷,以配皇天,追述王初,本之姜嫄,特立宫庙,世世享尝,周礼所谓'奏夷则,歌中吕,舞大濩,以享先妣'者也。诗人颂之曰:'厥初生民,时维姜嫄。'言王化之本,生民所由。又曰:'闷宫有侐,实实枚枚,赫赫姜嫄,其德不回。'诗、礼所称姬宗之盛,其美如此。大魏期运,继于有虞,然崇弘帝道,三世弥隆,庙祧之数,实与周同。今武宣皇后、文德皇后各配无穷之祚,至于文昭皇后膺天灵符,诞育明圣,功济生民,德盈宇宙,开诸后嗣,乃道化之所兴也。寝庙特祀,亦姜嫄之闷宫也,而未著不毁之制,惧论功报德之义,万世或阙焉,非所以昭孝示后世也。文昭庙宜世世享祀奏乐,与祖庙同,永著不毁之典,以播圣善之风。"于是与七庙议并勒金策,藏之金匮。

帝思念舅氏不已。畅尚幼,景初末,以畅为射声校尉,加散骑常侍,又特为起大第,车驾亲自临之。又于其后园为像母起观庙,名其里曰渭阳里,以追思母氏也。嘉平三年正月,畅薨,追赠车骑将军,谥曰恭侯;子绍嗣。太和六年,明帝爱女淑薨,追封谥淑为平原懿公主,为之立庙。取后亡从孙黄与合葬,追封黄列侯,以夫人郭氏从弟悳为之后,承甄氏姓,封悳为平原侯,袭公主爵。①青龙中,又封后从兄子毅及像弟三人,皆为列侯。毅数上疏陈时政,官至越骑校尉。嘉平中,复封畅子二人为列侯。后兄俨孙女为齐王皇后,后父已没,封后母为广乐乡君。

①孙盛曰:于礼,妇人既无封爵之典,况于孩末,而可建以大邑乎?悳自异族,援继非类,匪功匪亲,而袭母爵,违情背典,于此为甚。陈群虽抗言,杨阜引事比并,然皆不能极陈先王之礼,明封建继嗣之义,忠至之辞,犹有阙乎!诗云:"赫赫师尹,民具尔瞻。"宰辅之职,其可略哉!
晋诸公赞曰:悳字彦孙。司马景王辅政,以女妻悳。妻早亡,文王复以女继室,即京兆长公主。景、文二王欲自结于郭后,是以频繁为婚。悳虽无才学,而恭谨谦顺。甄温字仲舒,与郭建及悳等皆后族,以事宜见宠。咸熙初,封郭建为临渭县公,悳广安县公,邑皆千八百户。温本国侯,进为辅国大将军,加侍中,领射声校尉,悳镇军大将军。泰始元年,晋受禅,加建、悳、温三人位特进。悳为人贞素,加以世祖姊夫,是以遂贵当世。悳暮年官更转为宗正,迁侍中。太康中,大司马齐王攸当之藩,悳与左卫将军王济共谏请,时人嘉之。世祖以此望悳,由此出悳为大鸿胪,加侍中、光禄大夫,寻疾薨,赠中军大将军,开府侍中如故,谥恭公,子喜嗣。喜精粹有器美,历中书郎、右卫将军、侍中,位至辅国大将军,加散骑常侍。喜与国姻亲,而经赵王伦、齐王同事故,能不豫际会,良由其才短,然亦以退静免之。

文德郭皇后，安平广宗人也。祖世长吏。① 后少而父永奇之曰："此乃吾女中王也。"遂以女王为字。早失二亲，丧乱流离，没在铜鞮侯家。太祖为魏公时，得入东宫。后有智数，时时有所献纳。文帝定为嗣，后有谋焉。太子即王位，后为夫人，及践阼，为贵嫔。甄后之死，由后之宠也。黄初三年，将登后位，文帝欲立为后，中郎栈潜上疏曰："在昔帝王之治天下，不惟外辅，亦有内助，治乱所由，盛衰从之。故西陵配黄，英娥降妫，并以贤明，流芳上世。桀奔南巢，祸阶末喜；纣以炮烙，怡悦妲己。是以圣哲慎立元妃，必取先代世族之家，择其令淑以统六宫，虔奉宗庙，阴教聿修。易曰：'家道正而天下定。'由内及外，先王之令典也。春秋书宗人衅夏云，无以妾为夫人之礼。齐桓誓命于葵丘，亦曰'无以妾为妻'。今后宫嬖宠，常亚乘舆。若因爱登后，使贱人暴贵，臣恐后世下陵上替，开张非度，乱自上起也。"文帝不从，遂立为皇后。②

①魏书曰：父永，官至南郡太守，谥敬侯。母姓董氏，即堂阳君，生三男二女：长男浮，高唐令，次女昱，次即后，后弟都，弟成。后以汉中平元年三月乙卯生，生而有异常。

②魏书曰：后上表谢曰："妾无皇、英釐降之节，又非姜、任思齐之伦，诚不足以假充女君之盛位，处中馈之重任。"后自在东宫，及即尊位，虽有异宠，心愈恭肃，供养永寿宫，以孝闻。是时柴贵人亦有宠，后教训奖导之。后宫诸贵人时有过失，常弥覆之，有谴让，辄为帝言其本末，帝或大有所怒，至为之顿首请罪，是以六宫无怨。性俭约，不好音乐，常慕汉明德马后之为人。

后早丧兄弟，以从兄表继永后，拜奉车都尉。后外亲刘斐与他国为婚，后闻之，敕曰："诸亲戚嫁娶，自当与乡里门户匹敌者，不得因势，强与他方人婚也。"后姊子孟武还乡里，求小妻，后止之。遂敕诸家曰："今世妇女少，当配将士，不得因缘取以为妾也。宜各自慎，无为罚首。"①

①魏书曰:后常敕戒表、武等曰:"汉氏椒房之家,少能自全者,皆由骄奢,可不慎乎!"

　　五年,帝东征,后留许昌永始台。时霖雨百馀日,城楼多坏,有司奏请移止。后曰:"昔楚昭王出游,贞姜留渐台,江水至,使者迎而无符,不去,卒没。今帝在远,吾幸未有是患,而便移止,奈何?"群臣莫敢复言。六年,帝东征吴,至广陵,后留谯宫。时表留宿卫,欲遏水取鱼。后曰:"水当通运漕,又少材木,奴客不在目前,当复私取官竹木作梁遏。今奉车所不足者,岂鱼乎?"

　　明帝即位,尊后为皇太后,称永安宫。太和四年,诏封表安阳亭侯,又进爵乡侯,增邑并前五百户,迁中垒将军。以表子详为骑都尉。其年,帝追谥太后父永为安阳乡敬侯,母董为都乡君。迁表厚葬,昭德将军,加金紫,位特进,表第二子训为骑都尉。及孟武母卒,欲起祠堂,太后止之曰:"自丧乱以来,坟墓无不发掘,皆由厚葬也;首阳陵可以为法。"青龙三年春,后崩于许昌,以终制营陵,三月庚寅,葬首阳陵西。① 帝进表爵为观津侯,增邑五百,并前千户。迁详为驸马都尉。四年,追改封永为观津敬侯,世妇董为堂阳君。追封谥后兄浮为梁里亭戴侯,都为武城亭孝侯,成为新乐亭定侯,皆使使者奉策,祠以太牢。表薨,子详嗣,又分表爵封详弟述为列侯。详薨,子钊嗣。

①魏略曰:明帝既嗣立,追痛甄后之薨,故太后以忧暴崩。甄后临没,以帝属李夫人。及太后崩,夫人乃说甄后见谮之祸,不获大敛,被发覆面,帝哀恨流涕,命殡葬太后,皆如甄后故事。
汉晋春秋曰:初,甄后之诛,由郭后之宠,及殡,令被发覆面,以糠塞口,遂立郭后,使养明帝。帝知之,心常怀忿,数泣问甄后死状。郭后曰:"先帝自杀,何以责问我?且汝为人子,可追雠死父,为前母枉杀后母邪?"明帝怒,遂逼杀之,敕殡者使如甄后故事。

魏书载哀策曰："维青龙三年三月壬申，皇太后梓宫启殡，将葬于首阳之西陵。哀子皇帝睿亲奉册祖载，遂亲遣奠，叩心擗踊，号咷仰诉，痛灵魂之迁幸，悲容车之向路，背三光以潜翳，就黄垆而安厝。呜呼哀哉！昔二女妃虞，帝道以彰，三母嫔周，圣善弥光，既多受祉，享国延长，哀哀慈妣，兴化闺房，龙飞紫极，作合圣皇，不虞中年，暴罹殄殃。愍予小子，茕茕摧伤，魂虽永逝，定省曷望？呜呼哀哉！"

明悼毛皇后，河内人也。黄初中，以选入东宫，明帝时为平原王，进御有宠，出入与同舆辇。及即帝位，以为贵嫔。太和元年，立为皇后。后父嘉，拜骑都尉，后弟曾，郎中。

初，明帝为王，始纳河内虞氏为妃，帝即位，虞氏不得立为后，太皇卞太后慰勉焉。虞氏曰："曹氏自好立贱，未有能以义举者也。然后职内事，君听外政，其道相由而成，苟不能以善始，未有能令终者也。殆必由此亡国丧祀矣！"虞氏遂绌还邺宫。进嘉为奉车都尉，曾骑都尉，宠赐隆渥。顷之，封嘉博平乡侯，迁光禄大夫，曾驸马都尉。嘉本典虞车工，卒暴富贵，明帝令朝臣会其家饮宴，其容止举动甚蚩騃，语辄自谓"侯身"，时人以为笑。[1] 后又加嘉位特进，曾迁散骑侍郎。青龙三年，嘉薨，追赠光禄大夫，改封安国侯，增邑五百，并前千户，谥曰节侯。四年，追封后母夏为野王君。

[1] 孙盛曰：古之王者，必求令淑以对扬至德，恢王化于关雎，致淳风于麟趾。及臻三季，并乱兹绪，义以情溺，位由宠昏，贵贱无章，下陵上替，兴衰隆废，皆是物也。魏自武王，暨于烈祖，三后之升，起自幽贱，本既卑矣，何以长世？诗云："缔兮绤兮，凄其以风。"其此之谓乎！

帝之幸郭元后也，后爱宠日弛。景初元年，帝游后园，召才人以上曲宴极乐。元后曰"宜延皇后"，帝弗许。乃禁左右，使不得宣。后知之，明日，帝见后，后曰："昨日游宴北园，乐乎？"帝以左右泄之,所杀十餘人。赐后死,然犹加谥,葬愍陵。迁曾散骑常侍,后徙为羽林虎贲中郎将、原武典农。

明元郭皇后,西平人也,世河右大族。黄初中,本郡反叛,遂没入宫。明帝即位,甚见爱幸,拜为夫人。叔父立为骑都尉,从父芝为虎贲中郎将。帝疾困,遂立为皇后。齐王即位,尊后为皇太后,称永宁宫。追封谥太后父满为西都定侯,以立子建绍其爵。封太后母杜为郃阳君。芝迁散骑常侍、长水校尉,① 立,宣德将军,皆封列侯。建兄惪,出养甄氏。惪及建俱为镇护将军,皆封列侯,并掌宿卫。值三主幼弱,宰辅统政,与夺大事,皆先咨启于太后而后施行。毌丘俭、锺会等作乱,咸假其命而以为辞焉。景元四年十二月崩,五年二月,葬高平陵西。②

①魏略曰:诸郭之中,芝最壮直。先时自以他功封侯。

②晋诸公赞曰:建字叔始,有器局而强问,泰始中疾薨。子嘏嗣,为给事中。

评曰:魏后妃之家,虽云富贵,未有若衰汉乘非其据,宰割朝政者也。鉴往易轨,于斯为美。追观陈群之议,栈潜之论,适足以为百王之规典,垂宪范乎后叶矣。

【校勘记】

三国志卷六　魏书六

魏书
董二袁刘传第
六

董二袁刘传第六

　　董卓字仲颖，陇西临洮人也。①少好侠，尝游羌中，尽与诸豪帅相结。后归耕于野，而豪帅有来从之者，卓与俱还，杀耕牛与相宴乐。诸豪帅感其意，归相敛，得杂畜千馀头以赠卓。②汉桓帝末，以六郡良家子为羽林郎。卓有才武，旅力少比，双带两鞬，左右驰射。为军司马，从中郎将张奂征并州有功，拜郎中，赐缣九千匹，卓悉以分与吏士。迁广武令，蜀郡北部都尉，西域戊己校尉，免。征拜并州刺史、河东太守，③迁中郎将，讨黄巾，军败抵罪。韩遂等起凉州，复为中郎将，西拒遂。于望垣硖北，为羌、胡数万人所围，粮食乏绝。卓伪欲捕鱼，堰其还道当所渡水为池，使水渟满数十里，默从堰下过其军而决堰。比羌、胡闻知追逐，水已深，不得渡。时六军上陇西，五军败绩，卓独全众而还，屯住扶风。拜前将军，封斄乡侯，征为并州牧。④

　①英雄记曰：卓父君雅，由微官为颍川纶氏尉。有三子：长子擢，字孟高，
　　早卒；次即卓；卓弟旻字叔颖。
　②吴书曰：郡召卓为吏，使监领盗贼。胡尝出钞，多虏民人，凉州刺史成就

辟卓为从事，使领兵骑讨捕，大破之，斩获千计。并州刺史段颎荐卓公府，司徒袁隗辟为掾。

③英雄记曰：卓数讨羌、胡，前后百馀战。

④灵帝纪曰：中平五年，征卓为少府，敕以营吏士属左将军皇甫嵩，诣行在所。卓上言："凉州扰乱，鲸鲵未灭，此臣奋发效命之秋。吏士踊跃，恋恩念报，各遮臣车，辞声恳恻，未得即路也。辄且行前将军事，尽心慰恤，效力行陈。"六年，以卓为并州牧，又敕以吏兵属皇甫嵩。卓复上言："臣掌戎十年，士卒大小，相狎弥久，恋臣畜养之恩，乐为国家奋一旦之命，乞将之州，效力边陲。"卓再违诏敕，会为何进所召。

灵帝崩，少帝即位。大将军何进与司隶校尉袁绍谋诛诸阉官，太后不从。进乃召卓使将兵诣京师，并密令上书曰："中常侍张让等窃幸乘宠，浊乱海内。昔赵鞅兴晋阳之甲，以逐君侧之恶。臣辄鸣钟鼓如洛阳，即讨让等。"欲以胁迫太后。卓未至，进败。①中常侍段珪等劫帝走小平津，卓遂将其众迎帝于北芒，还宫。②时进弟车骑将军苗为进众所杀，③进、苗部曲无所属，皆诣卓。卓又使吕布杀执金吾丁原，并其众，故京都兵权唯在卓。④

①续汉书曰：进字遂高，南阳人，太后异母兄也。进本屠家子，父曰真。真死后，进以妹倚黄门得入掖庭，有宠，光和三年立为皇后，进由是贵幸。中平元年，黄巾起，拜进大将军。

典略载卓表曰："臣伏惟天下所以有逆不止者，各由黄门常侍张让等侮慢天常，操擅王命，父子兄弟并据州郡，一书出门，便获千金，京畿诸郡数百万膏腴美田皆属让等，至使怨气上蒸，妖贼蜂起。臣前奉诏讨於扶罗，将士饥乏，不肯渡河，皆言欲诣京师先诛阉竖以除民害，从台阁求乞资直。臣随慰抚，以至新安。臣闻扬汤止沸，不如灭火去薪，溃痈虽痛，胜于养肉，及溺呼船，悔之无及。"

②张璠汉纪曰：帝以八月庚午为诸黄门所劫，步出穀门，走至河上。诸黄门既投河死，时帝年十四，陈留王年九岁，兄弟独夜步行欲还宫，暗暝，逐萤火而行，数里，得民家以露车载送。辛未，公卿以下与卓共迎帝于北芒

阪下。

献帝春秋曰:先是童谣曰:"侯非侯,王非王,千乘万骑走北芒。"卓时适至,屯显阳苑。闻帝当还,率众迎帝。

典略曰:帝望见卓兵涕泣。群公谓卓曰:"有诏却兵。"卓曰:"公诸人为国大臣,不能匡正王室,至使国家播荡,何却兵之有!"遂俱入城。

献帝纪曰:卓与帝语,语不可了。乃更与陈留王语,问祸乱由起;王答,自初至终,无所遗失。卓大喜,乃有废立意。

英雄记曰:河南中部掾闵贡扶帝及陈留王上至雒舍止。帝独乘一马,陈留王与贡共乘一马,从雒舍南行。公卿百官奉迎于北芒阪下,故太尉崔烈在前导。卓将步骑数千来迎,烈呵使避,卓骂烈曰:"昼夜三百里来,何云避,我不能断卿头邪?"前见帝曰:"陛下令常侍小黄门作乱乃尔,以取祸败,为负不小邪?"又趍陈留王,曰:"我董卓也,从我抱来。"乃于贡抱中取王。

英雄记曰:一本云王不就卓抱,卓与王并马而行也。

③英雄记云:苗,太后之同母兄,先嫁朱氏之子。进部曲将吴匡,素怨苗不与进同心,又疑其与宦官通谋,乃令军中曰:"杀大将军者,车骑也。"遂引兵与卓弟旻共攻杀苗于朱爵阙下。

④九州春秋曰:卓初入洛阳,步骑不过三千,自嫌兵少,不为远近所服;率四五日,辄夜遣兵出四城门,明日陈旌鼓而入,宣言云"西兵复入至洛中"。人不觉,谓卓兵不可胜数。

先是,进遣骑都尉太山鲍信所在募兵,适至,信谓绍曰:"卓拥强兵,有异志,今不早图,将为所制;及其初至疲劳,袭之可禽也。"绍畏卓,不敢发,信遂还乡里。

于是以久不雨,策免司空刘弘而卓代之,俄迁太尉,假节钺虎贲。遂废帝为弘农王。寻又杀王及何太后。立灵帝少子陈留王,是为献帝。①卓迁相国,封郿侯,赞拜不名,剑履上殿,又封卓母为池阳君,置家令、丞。卓既率精兵来,适值帝室大乱,得专废立,据有武库甲兵,国家珍宝,威震天下。卓性残忍不仁,遂以严刑胁众,睚眦之隙必报,人不自保。②尝遣军到阳城。时适二月社,民各在其社下,悉就断其男子头,驾其车牛,载其妇女财物,以所断头系车辕轴,连轸而还洛,云攻贼大获,称万岁。入开阳城门,焚烧其头,以妇女与甲兵为婢妾。至于奸乱宫人公主。其凶逆如此。

①献帝纪曰:卓谋废帝,会群臣于朝堂,议曰:"大者天地,次者君臣,所以为治。今皇帝暗弱,不可以奉宗庙,为天下主。欲依伊尹、霍光故事,立陈留王,何如?"尚书卢植曰:"案尚书太甲既立不明,伊尹放之桐宫。昌邑王立二十七日,罪过千馀,故霍光废之。今上富于春秋,行未有失,非前事之比也。"卓怒,罢坐,欲诛植,侍中蔡邕劝之,得免。九月甲戌,卓复大会群臣曰:"太后逼迫永乐太后,令以忧死,逆妇姑之礼,无孝顺之节。天子幼质,软弱不君,昔伊尹放太甲,霍光废昌邑,著在典籍,佥以为善。今太后宜如太甲,皇帝宜如昌邑。陈留王仁孝,宜即尊皇祚。"

献帝起居注载策曰:"孝灵皇帝不究高宗眉寿之祚,早弃臣子。皇帝承绍,海内侧望,而帝天姿轻佻,威仪不恪,在丧慢惰,衰如故焉;凶德既彰,淫秽发闻,损辱神器,忝污宗庙。皇太后教无母仪,统政荒乱。永乐太后暴崩,众论惑焉。三纲之道,天地之纪,而乃有阙,罪之大者。陈留王协,圣德伟茂,规矩邈然,丰下兑上,有尧图之表;居丧哀戚,言不及邪,岐嶷之性,有周成之懿。休声美称,天下所闻,宜承洪业,为万世统,可以承宗庙。废皇帝为弘农王。皇太后还政。"尚书读册毕,群臣莫有言,尚书丁宫曰:"天祸汉室,丧乱弘多,昔祭仲废忽立突,春秋大其权。今大臣量宜为社稷计,诚合天人,请称万岁。"卓以太后见废,故公卿以下不布服,会葬,素衣而已。

②魏书曰:卓所愿无极,语宾客曰:"我相,贵无上也。"

英雄记曰:卓欲震威,侍御史扰龙宗诣卓白事,不解剑,立挝杀之,京师震动。发何苗棺,出其尸,枝解节弃于道边。又收苗母舞阳君杀之,弃尸于苑枳落中,不复收敛。

初,卓信任尚书周毖、城门校尉伍琼等,用其所举韩馥、刘岱、孔伷、张咨、[1]张邈等出宰州郡。而馥等至官,皆合兵将以讨卓。卓闻之，以为毖、琼等通情卖己，皆斩之。①

① 英雄记曰：毖字仲远，武威人。琼字德瑜，汝南人。

谢承后汉书曰：伍孚字德瑜，少有大节，为郡门下书佐。其本邑长有罪，太守使孚出教，敕曹下督邮收之。孚不肯受教，伏地仰谏曰："君虽不君，臣不可不臣，明府奈何令孚受教，敕外收本邑长乎?更乞授他吏。"太守奇而听之。后大将军何进辟为东曹属，稍迁侍中、河南尹、越骑校尉。董卓作乱，百僚震栗。孚著小铠，于朝服里挟佩刀见卓，欲伺便刺杀之。语阕辞去，卓送至阁中，孚因出刀刺之。卓多力，退却不中，即收孚。卓曰："卿欲反邪?"孚大言曰："汝非吾君，吾非汝臣，何反之有?汝乱国篡主，罪盈恶大，今是吾死日，故来诛奸贼耳，恨不车裂汝于市朝以谢天下。"遂杀孚。

谢承记孚字及本郡，则与琼同，而致死事乃与孚异也，不知孚为琼之别名，为别有伍孚也?盖未详之。

河内太守王匡，遣泰山兵屯河阳津，将以图卓。卓遣疑兵若将于平阴渡者，潜遣锐众从小平北渡，绕击其后，大破之津北，死者略尽。卓以山东豪杰并起，恐惧不宁。初平元年二月，乃徙天子都长安。焚烧洛阳宫室，悉发掘陵墓，取宝物。①卓至西京，为太师，号曰尚父。乘青盖金华车，爪画两𫐐，时人号曰竿摩车。②卓弟旻为左将军，封鄠侯；兄子璜为侍中中军校尉典兵；宗族内外并列朝廷。③公卿见卓，谒拜车下，卓不为礼。召呼三台尚书以下自诣卓府启事。④筑郿坞，高与长安城埒，积谷为三十年储，⑤云事成，雄据天下，不成，守此足以毕老。尝至郿行坞，公卿已下祖道于横门外。横音光。卓豫施帐幔饮，诱降北地反者数百人，于坐中先断其舌，或斩手足，或凿眼，或镬煮之，未死，偃转杯案间，会者皆战栗亡失匕箸，而卓饮食自若。太史望气，言当有大臣戮死者。故太尉张温时为卫尉，素不善卓，卓心怨之，因天有变，欲以塞咎，使人言温与袁术交关，遂笞杀之。⑥法令苛酷，爱憎淫刑，更相被诬，冤死者千数。

百姓嗷嗷,道路以目。⑦悉椎破铜人、钟虡,及坏五铢钱。更铸为小钱,大五分,无文章,肉好无轮郭,不磨鑢。于是货轻而物贵,谷一斛至数十万。自是后钱货不行。

①华峤汉书曰:卓欲迁都长安,召公卿以下大议。司徒杨彪曰:"昔盘庚五迁,殷民胥怨,故作三篇以晓天下之民。今海内安稳,[2]无故移都,恐百姓惊动,麋沸蚁聚为乱。"卓曰:"关中肥饶,故秦得并吞六国。今徙西京,设令关东豪强敢有动者,以我强兵踧之,可使诣沧海。"彪曰:"海内动之甚易,安之甚难。又长安宫室坏败,不可卒复。"卓曰:"武帝时居杜陵南山下,有成瓦窑数千处,引凉州材木东下以作宫室,为功不难。"卓意不得,便作色曰:"公欲沮我计邪?边章、韩约有书来,欲令朝廷必徙都。若大兵东下,[3]我不能复相救,公便可与袁氏西行。"彪曰:"西方自彪道径也,顾未知天下何如耳!"议罢。卓敕司隶校尉宣璠以灾异劾奏,因策免彪。

续汉书曰:太尉黄琬、司徒杨彪、司空荀爽俱诣卓,卓言:"昔高祖都关中,十一世后中兴,更都洛阳。从光武至今复十一世,案石苞室谶,宜复还都长安。"坐中皆惊愕,无敢应者。彪曰:"迁都改制,天下大事,皆当因民之心,随时之宜。昔盘庚五迁,殷民胥怨,故作三篇以晓之。往者王莽篡逆,变乱五常,更始赤眉之时,焚烧长安,残害百姓,民人流亡,百无一在。光武受命,更都洛邑,此其宜也。今方建立圣主,光隆汉祚,而无故捐宫庙,弃园陵,恐百姓惊愕,不解此意,必麋沸蚁聚以致扰乱。石苞室谶,妖邪之书,岂可信用?"卓作色曰:"杨公欲沮国家计邪?关东方乱,所在贼起。崤函险固,国之重防。又陇右取材,功夫不难。杜陵南山下有孝武故陶处,作砖瓦,一朝可办。宫室官府,盖何足言!百姓小民,何足与议。若有前却,我以大兵驱之,岂得自在。"百寮皆恐怖失色。琬谓卓曰:"此大事。杨公之语,得无重思!"卓罢坐,即日令司隶奏彪及琬,皆免官。大驾即西。卓部兵烧洛阳城外面百里,又自将兵烧南北宫及宗庙、府库、民家,城内扫地殄尽。又收诸富室,以罪恶没入其财物;无辜而死者,不可胜计。

献帝纪曰:卓获山东兵,以猪膏涂布十馀匹,用缠其身,然后烧之,先从足起。获袁绍豫州从事李延,煮杀之。卓所爱胡,恃宠放纵,为司隶校尉赵谦所杀。卓大怒曰:“我爱狗,尚不欲令人呵之,而况人乎!”乃召司隶都官挝杀之。

②魏书曰:言其逼天子也。

献帝纪曰:卓既为太师,复欲称尚父,以问蔡邕。邕曰:“昔武王受命,太公为师,辅佐周室,以伐无道,是以天下尊之,称为尚父。今公之功德诚为巍巍,宜须关东悉定,车驾东还,然后议之。”乃止。京师地震,卓又问邕。邕对曰:“地动阴盛,大臣逾制之所致也。公乘青盖车,远近以为非宜。”卓从之,更乘金华皂盖车也。

③英雄记曰:卓侍妾怀抱中子,皆封侯,弄以金紫。孙女名白,时尚未笄,封为渭阳君。于郿城东起坛,从广二丈馀,高五六尺,使白乘轩金华青盖车,都尉、中郎将、刺史二千石在郿者,各令乘轩簪笔,为白导从,之坛上,使兄子璜为使者授印绶。

④山阳公载记曰:初卓为前将军,皇甫嵩为左将军,俱征韩遂,各不相下。后卓征为少府并州牧,兵当属嵩,卓大怒。及为太师,嵩为御史中丞,拜于车下。卓问嵩:“义真服未乎?”嵩曰:“安知明公乃至于是!”卓曰:“鸿鹄固有远志,但燕雀自不知耳。”嵩曰:“昔与明公俱为鸿鹄,不意今日变为凤皇耳。”卓笑曰:“卿早服,今日可不拜也。”

张璠汉纪曰:卓抵其手谓皇甫嵩曰:“义真怖未乎?”嵩对曰:“明公以德辅朝廷,大庆方至,何怖之有?若淫刑以逞,将天下皆惧,岂独嵩乎?”卓默然,遂与嵩和解。

⑤英雄记曰:郿去长安二百六十里。

⑥傅子曰:灵帝时榜门卖官,于是太尉段颎、司徒崔烈、太尉樊陵、司空张温之徒,皆入钱上千万下五百万以买三公。颎数征伐有大功,烈有北州重名,温有杰才,陵能偶时,皆一时显士,犹以货取位,而况于刘嚣、唐珍、张颢之党乎!

风俗通曰:司隶刘嚣,以党诸常侍,致位公辅。

续汉书曰:唐珍,中常侍唐衡弟。张颢,中常侍张奉弟。

⑦魏书曰:卓使司隶校尉刘嚣籍吏民有为子不孝,为臣不忠,为吏不清,为

弟不顺,有应此者皆身诛,财物没官。于是爱憎互起,民多冤死。

三年四月,司徒王允、尚书仆射士孙瑞、卓将吕布共谋诛卓。是时,天子有疾新愈,大会未央殿。布使同郡骑都尉李肃等,将亲兵十馀人,伪著卫士服守掖门。布怀诏书。卓至,肃等格卓。卓惊呼布所在。布曰“有诏”,遂杀卓,夷三族。主簿田景前趋卓尸,布又杀之;凡所杀三人,馀莫敢动。①长安士庶咸相庆贺,诸阿附卓者皆下狱死。②

①英雄记曰:时有谣言曰:"千里草,何青青,十日卜,犹不生。"又作董逃之歌。又有道士书布为"吕"字以示卓,卓不知其为吕布也。卓当入会,陈列步骑,自营至宫,朝服导引其中。马踬不前,卓心怪欲止,布劝使行,乃裹甲而入。卓既死,当时日月清净,微风不起。旻、璜等及宗族老弱悉在郿,皆还,为其群下所研射。卓母年九十,走至坞门曰"乞脱我死",即斩首。袁氏门生故吏,改殡诸袁死于郿者,敛聚董氏尸于其侧而焚之。暴卓尸于市。卓素肥,膏流浸地,草为之丹。守尸吏暝以为大炷,置卓脐中以为灯,光明达旦,如是积日。后卓故部曲收所烧者灰,并以一棺棺之,葬于郿。卓坞中金有二三万斤,银八九万斤,珠玉锦绮奇玩杂物皆山崇阜积,不可知数。

②谢承后汉书曰:蔡邕在王允坐,闻卓死,有叹惜之音。允责邕曰:"卓,国之大贼,杀主残臣,天地所不祐,人神所同疾。君为王臣,世受汉恩,国主危难,曾不倒戈,卓受天诛,而更嗟痛乎?"便使收付廷尉。邕谢允曰:"虽以不忠,犹识大义,古今安危,耳所厌闻,口所常玩,岂当背国而向卓也?狂瞽之词,谬出患入,愿黥首为刑以继汉史。"公卿惜邕才,咸共谏允。允曰:"昔武帝不杀司马迁,使作谤书,流于后世。方今国祚中衰,戎马在郊,不可令佞臣执笔在幼主左右,后令吾徒并受谤议。"遂杀邕。
臣松之以为蔡邕虽为卓所亲任,情必不党。宁不知卓之奸凶,为天下所毒,闻其死亡,理无叹惜。纵复令然,不应反言于王允之坐。斯殆谢承之妄记也。史迁纪传,博有奇功于世,而云王允谓孝武应早杀迁,此非识者之言。但迁为不隐孝武之失,直书其事耳,何谤之有乎?王允之忠正,可

谓内省不疚者矣,既无惧于谤,且欲杀邕,当论邕应死与不,岂可虑其谤
己而枉戮善人哉! 此皆诬罔不通之甚者。

张璠汉纪曰:初,蔡邕以言事见徙,名闻天下,义动志士。及还,内宠恶
之。邕恐,乃亡命海滨,往来依太山羊氏,积十年。卓为太尉,辟为掾,以
高第为侍御史治书,三日中遂至尚书。后迁巴东太守,卓上留拜侍中,至
长安为左中郎将。卓重其才,厚遇之,每有朝廷事,常令邕具草。及允将
杀邕,时名士多为之言,允悔欲止,而邕已死。

初,卓女婿中郎将牛辅典兵别屯陕,分遣校尉李傕、郭汜、张
济略陈留、颍川诸县。卓死,吕布使李肃至陕,欲以诏命诛辅。辅
等逆与肃战,肃败走弘农,布诛肃。[1]其后辅营兵有夜叛出者,营
中惊,辅以为皆叛,乃取金宝,独与素所厚支胡赤儿等五六人相
随,[4]逾城北渡河,赤儿等利其金宝,斩首送长安。

[1]魏书曰:辅恒怯失守,不能自安。常把辟兵符,以铁锁致其旁,欲以自
强。见客,先使相者相之,知有反气与不,又筮知吉凶,然后乃见之。中
郎将董越来就辅,辅使筮之,得兑下离上,筮者曰:"火胜金,外谋内之
卦也。"即时杀越。

献帝纪云:筮人常为越所鞭,故因此以报之。

比傕等还,辅已败,众无所依,欲各散归。既无赦书,而闻长安
中欲尽诛凉州人,忧恐不知所为。用贾诩策,遂将其众而西,所在
收兵,比至长安,众十馀万,[1]与卓故部曲樊稠、李蒙、王方等合围
长安城。十日城陷,与布战城中,布败走。傕等放兵略长安老少,杀
之悉尽,死者狼籍。诛杀卓者,尸王允于市。[2]葬卓于郿,大风暴雨
震卓墓,水流入藏,漂其棺椁。傕为车骑将军、池阳侯,领司隶校
尉、假节。汜为后将军、美阳侯。稠为右将军、万年侯。傕、汜、稠擅
朝政。[3]济为骠骑将军、平阳侯,屯弘农。

[1]九州春秋曰:傕等在陕,皆恐怖,急拥兵自守。胡文才、杨整修皆凉州大

人,而司徒王允素所不善也。及李傕之叛,允乃呼文才、整脩使东解释
之,不假借以温颜,谓曰:"关东鼠子欲何为邪?卿往呼之。"于是二人往,
实召兵而还。

②张璠汉纪曰:布兵败,驻马青琐门外,谓允曰:"公可以去。"允曰:"安
国家,吾之上愿也,若不获,则奉身以死。朝廷幼主恃我而已,临难苟
免,吾不为也。努力谢关东诸公,以国家为念。"傕、氾入长安城,屯南
宫掖门,杀太仆鲁馗、大鸿胪周奂、城门校尉崔烈、越骑校尉王颀。吏
民死者不可胜数。司徒王允挟天子上宣平城门避兵,傕等于城门下
拜,伏地叩头。帝谓傕等曰:"卿无作威福,而乃放兵纵横,欲何为乎?"
傕等曰:"董卓忠于陛下,而无故为吕布所杀。臣等为卓报雠,弗敢为
逆也。请事竟,诣廷尉受罪。"允穷逼出见傕,傕诛允及妻子宗族十馀
人。长安城中男女大小莫不流涕。允字子师,太原祁人也。少有大节,
郭泰见而奇之,曰:"王生一日千里,王佐之才也。"泰虽先达,遂与定
交。三公并辟,历豫州刺史,辟荀爽、孔融为从事,迁河南尹、尚书令。
及为司徒,其所以扶持王室,甚得大臣之节,自天子以下,皆倚赖焉。
卓亦推信之,委以朝廷。

华峤曰:夫士以正立,以谋济,以义成,若王允之推董卓而分其权,伺其
间而弊其罪。当此之时,天下之难解矣,本之皆主于忠义也,故推卓不为
失正,分权不为不义,伺间不为狙诈,是以谋济义成,而归于正也。

③英雄记曰:傕,北地人。氾,张掖人,一名多。

是岁,韩遂、马腾等降,率众诣长安。以遂为镇西将军,遣还凉
州,腾征西将军,屯郿。侍中马宇与谏议大夫种邵、左中郎将刘范
等谋,欲使腾袭长安,己为内应,以诛傕等。腾引兵至长平观,宇等
谋泄,出奔槐里。稠击腾,腾败走,还凉州;又攻槐里,宇等皆死。时
三辅民尚数十万户,傕等放兵劫略,攻剽城邑,人民饥困,二年间
相啖食略尽。①

①献帝纪曰:是时新迁都,宫人多亡衣服,帝欲发御府缯以与之,李傕弗
欲,曰:"宫中有衣,胡为复作邪?"诏卖厩马百馀匹,御府大司农出杂缯

二万匹,与所卖厩马直,赐公卿以下及贫民不能自存者。李傕曰"我邸阁储偫少",乃悉载置其营。贾诩曰"此上意,不可拒",傕不从之。

诸将争权,遂杀稠,并其众。①汜与傕转相疑,战斗长安中。②傕质天子于营,烧宫殿城门,略官寺,尽收乘舆服御物置其家。③傕使公卿诣汜请和,汜皆执之。④相攻击连月,死者万数。⑤

①九州春秋曰:马腾、韩遂之败,樊稠追至陈仓。遂语稠曰:"天地反覆,未可知也。本所争者非私怨,王家事耳。与足下州里人,今虽小违,要当大同,欲相与善语别。邂逅万一不如意,后可复相见乎!"俱却骑前接马,交臂相加,共语良久而别。傕兄子利随稠,利还告傕,韩、樊交马语,不知所道,意爱甚密。傕以是疑稠与韩遂私和而有异意。稠欲将兵东出关,从傕索益兵。因请稠会议,便于坐杀稠。

②典略曰:傕数设酒请汜,或留汜止宿。汜妻惧傕与汜婢妾而夺己爱,思有以离间之。会傕送馈,妻乃以豉为药,汜将食,妻曰:"食从外来,傥或有故!"遂摘药示之,曰:"一栖不二雄,我固疑将军之信李公也。"他日傕复请汜,大醉。汜疑傕药之,绞粪汁饮之乃解。于是遂生嫌隙,而治兵相攻。

③献帝起居注曰:初,汜谋迎天子幸其营,夜有亡告傕者,傕使兄子暹将数千兵围宫,以车三乘迎天子。杨彪曰:"自古帝王无在人臣家者。举事当合天下心,诸君作此,非是也。"暹曰:"将军计定矣。"于是天子一乘,贵人伏氏一乘,贾诩、左灵一乘,其馀皆步从。是日,傕复移乘舆幸北坞,使校尉监坞门,内外隔绝。诸侍臣皆有饥色,时盛暑热,人尽寒心。帝求米五斛、牛骨五具以赐左右,傕曰:"朝铺上饭,何用米为?"乃与腐牛骨,皆臭不可食。帝大怒,欲诘责之。侍中杨琦上封事曰:"傕,边鄙之人,习于夷风,今又自知所犯悖逆,常有怏怏之色,欲辅车驾幸黄白城以纾其愤。臣愿陛下忍之,未可显其罪也。"帝纳之。初,傕屯黄白城,故谋欲徙之。傕以司徒赵温不与己同,乃内温坞中。温闻傕欲移乘舆,与傕书曰:"公前托为董公报雠,然实屠陷王城,杀戮大臣,天下不可家见而户释也。今争睚眦之隙,以成千钧之雠,民在涂炭,各不聊生,曾不改寤,遂成祸乱。朝廷仍下明诏,欲令和解,诏命不行,恩泽日损,而复欲辅乘舆于黄白

城，此诚老夫所不解也。于易，一过为过，再为涉，三而弗改，灭其顶，凶。不如早共和解，引兵还屯，上安万乘，下全生民，岂不幸甚！"傕大怒，欲遣人害温。其从弟应，温故掾也，谏之数日乃止。帝闻温与傕书，问侍中常洽曰："傕弗知臧否，温言太切，可为寒心。"对曰："李应已解之矣。"帝乃悦。

④华峤汉书曰：汜缚公卿，议欲攻傕。杨彪曰："群臣共斗，一人劫天子，一人质公卿，此可行乎？"汜怒，欲手刃之，中郎将杨密及左右多谏，汜乃归之。

⑤献帝起居注曰：傕喜鬼怪左道之术，常有道人及女巫歌讴击鼓下神，祠祭六丁，符劾厌胜之具，无所不为。又于朝廷省门外，为董卓作神坐，数以牛羊祠之，讫，过省阁问起居，求入见。傕带三刀，手复与鞭合持一刀。侍中、侍郎见傕带仗，皆惶恐，亦带剑持刀，先入在帝侧。傕对帝，或言"明陛下"，或言"明帝"，为帝说郭汜无状，帝亦随其意答应之。傕喜，出言"明陛下真贤圣主"，意遂自信，自谓良得天子欢心也。虽然，犹不欲令近臣带剑在帝边，谓人言"此曹子将欲图我邪？而皆持刀也"。侍中李祯，傕州里，素与傕通，语傕"所以持刀者，军中不可不尔，此国家故事"。傕意乃解。天子以谒者仆射皇甫郦凉州旧姓，有专对之才，遣令和傕、汜。郦先诣汜，汜受诏命。诣傕，傕不肯，曰："我有讨吕布之功，[5]辅政四年，三辅清静，天下所知也。郭多，盗马虏耳，何敢乃欲与吾等邪？必欲诛之。君为凉州人，观吾方略士众，足办多不？多又劫质公卿，所为如是，而君苟欲利郭多，李傕有胆自知之。"郦答曰："昔有穷后羿恃其善射，不思患难，以至于毙。近董公之强，明将军目所见，内有王公以为内主，外有董旻、承、璜以为鲠毒，吕布受恩而反图之，斯须之间，头县竿端，此有勇而无谋也。今将军身为上将，把钺仗节，子孙握权，宗族荷宠，国家好爵而皆据。今郭多劫质公卿，将军胁至尊，谁为轻重邪？张济与郭多、杨定有谋，又为冠带所附。杨奉，白波帅耳，犹知将军所为非是，将军虽拜宠之，犹不肯尽力也。"傕不纳郦言，而呵之令出。郦出，诣省门，白傕不肯从诏，辞语不顺。侍中胡邈为傕所幸，呼传诏者令饰其辞。又谓郦曰："李将军于卿不薄，又皇甫公为太尉，李将军力也。"郦答曰："胡敬才，卿为国家常伯，辅弼之臣也，语言如此，宁可用邪？"邈曰："念卿失李

将军意，恐不易耳！我与卿何事者？"郿言："我累世受恩，身又常在帏幄，君辱臣死，当坐国家，为李傕所杀，则天命也。"天子闻郿答语切，恐傕闻之，便敕遣郿。郿裁出营门，傕遣虎贲王昌呼之。昌知郿忠直，纵令去，还答傕，言追之不及。天子使左中郎将李固持节拜傕为大司马，在三公之右。傕自以为得鬼神之力，乃厚赐诸巫。

傕将杨奉与傕军吏宋果等谋杀傕，事泄，遂将兵叛傕。傕众叛，稍衰弱。张济自陕和解之，天子乃得出，至新丰、霸陵间。① 郭汜复欲胁天子还都郿。天子奔奉营，奉击汜破之。汜走南山，奉及将军董承以天子还洛阳。傕、汜悔遣天子，复相与和，追及天子于弘农之曹阳。奉急招河东故白波帅韩暹、胡才、李乐等合，与傕、汜大战。奉兵败，傕等纵兵杀公卿百官，略宫人入弘农。② 天子走陕，北渡河，失辎重，步行，唯皇后贵人从，至大阳，止人家屋中。③ 奉、暹等遂以天子都安邑，御乘牛车。太尉杨彪、太仆韩融近臣从者十馀人。以暹为征东、才为征西、乐征北将军，并与奉、承持政。遣融至弘农，与傕、汜等连和，还所略宫人公卿百官，及乘舆车马数乘。是时蝗虫起，岁旱无谷，从官食枣菜。④ 诸将不能相率，上下乱，粮食尽。奉、暹、承乃以天子还洛阳。出箕关，下轵道，张杨以食迎道路，拜大司马。语在杨传。天子入洛阳，宫室烧尽，街陌荒芜，百官披荆棘，依丘墙间。州郡各拥兵自卫，莫有至者。饥穷稍甚，尚书郎以下，自出樵采，或饥死墙壁间。

① 献帝起居注曰：初，天子出到宣平门，当度桥，汜兵数百人遮桥问"是天子邪"？车不得前。傕兵数百人皆持大戟在乘舆车左右，侍中刘艾大呼云："是天子也。"使侍中杨琦高举车帷。帝言诸兵："汝不却，何敢迫近至尊邪？"汜等兵乃却。既度桥，士众咸呼万岁。

② 献帝纪曰：时尚书令士孙瑞为乱兵所害。

三辅决录注曰：瑞字君荣，扶风人，世为学门。瑞少传家业，博达无所不通，仕历显位。卓既诛，迁大司农，为国三老。每三公缺，瑞常在选中。太尉周忠、皇甫嵩，司徒淳于嘉、赵温，司空杨彪、张喜等为公，皆辞拜让瑞。天子都许，追论瑞功，封子萌澹津亭侯。萌字文始，亦有才学，与王粲善。临当就国，粲作诗以赠萌，萌有答，在粲集中。

③献帝纪曰：初，议者欲令天子浮河东下，太尉杨彪曰：“臣弘农人，从此巳东，有三十六滩，非万乘所当从也。”刘艾曰：“臣前为陕令，知其危险，有师犹有倾覆，况今无师，太尉谋是也。”乃止。及当北渡，使李乐具船。天子步行趋河岸，岸高不得下，董承等谋欲以马羁相续以系帝腰，时中宫仆伏德扶中宫，一手持十匹绢，乃取德绢连续为辇。行军校尉尚弘多力，令弘居前负帝，乃得下登船。其馀不得渡者甚众，复遣船收诸不得渡者，皆争攀船，船上人以刃栎断其指，舟中之指可掬。

④魏书曰：乘舆时居棘篱中，门户无关闭。天子与群臣会，兵士伏篱上观，互相镇压以为笑。诸将专权，或擅答杀尚书。司隶校尉出入，民兵抵掷之。诸将或遣婢诣省阁，或自赍酒啖，过天子饮，侍中不通，喧呼骂詈，遂不能止。又竞表拜诸营壁民为部曲，求其礼遗。医师、走卒，皆为校尉，御史刻印不供，乃以锥画，示有文字，或不时得也。

太祖乃迎天子都许。暹、奉不能奉王法，各出奔，寇徐、扬间，为刘备所杀。①董承从太祖岁馀，诛。建安二年，遣谒者仆射裴茂率关西诸将诛傕，夷三族。②氾为其将五习所袭，死于郿。济饥饿，至南阳寇略，为穰人所杀，从子绣摄其众。才、乐留河东，才为怨家所杀，乐病死。遂、腾自还凉州，更相寇。后腾入为卫尉，子超领其部曲。十六年，超与关中诸将及遂等反，太祖征破之。语在武纪。遂奔金城，为其将所杀。超据汉阳，腾坐夷三族。赵衢等举义兵讨超，超走汉中从张鲁，后奔刘备，死于蜀。

①英雄记曰：备诱奉与相见，因于坐上执之。暹失奉势孤，时欲走还并州，为杼秋屯帅张宣所邀杀。

②典略曰：傕头至，有诏高县。

袁绍字本初，汝南汝阳人也。高祖父安，为汉司徒。自安以下四世居三公位，由是势倾天下。①绍有姿貌威容，能折节下士，士多附之，太祖少与交焉。以大将军掾为侍御史，②稍迁中军校尉，至司隶。

> ①华峤汉书曰：安字邵公，好学有威重。明帝时为楚郡太守，治楚王狱，所申理者四百馀家，皆蒙全济，安遂为名臣。章帝时至司徒，生蜀郡太守京。京弟敞为司空。京子汤，太尉。汤四子，长子平，平弟成，左中郎将，并早卒。成弟逢，逢弟隗，皆为公。
>
> 魏书曰：自安以下，皆博爱容众，无所拣择；宾客入其门，无贤愚皆得所欲，为天下所归。绍即逢之庶子，术异母兄也，出后成为子。
>
> 英雄记曰：成字文开，壮健有部分，贵戚权豪自大将军梁冀以下皆与结好，言无不从。故京师为作谚曰："事不谐，问文开。"
>
> ②英雄记曰：绍生而父死，二公爱之。幼使为郎，弱冠除濮阳长，有清名。遭母丧，服竟，又行父服，凡在冢庐六年。礼毕，隐居洛阳，不妄通宾客，非海内知名，不得相见。又好游侠，与张孟卓、何伯求、吴子卿、许子远、伍德瑜等皆为奔走之友。不应辟命。中常侍赵忠谓诸黄门曰："袁本初坐作声价，不应呼召而养死士，不知此儿欲何所为乎？"绍叔父隗闻之，责数绍曰："汝且破我家！"绍于是乃起应大将军之命。
>
> 臣松之案：魏书云"绍，逢之庶子，出后伯父成"。如此记所言，则似实成所生。夫人追服所生，礼无其文，况于所后而可以行之！二书未详孰是。

灵帝崩，太后兄大将军何进与绍谋诛诸阉官，①太后不从。乃召董卓，欲以胁太后。常侍、黄门闻之，皆诣进谢，唯所错置。时绍劝进便可于此决之，至于再三，而进不许。令绍使洛阳方略武吏检司诸宦者。又令绍弟虎贲中郎将术选温厚虎贲二百人，当入禁中，代持兵黄门陛守门户。中常侍段珪等矫太后命，召进入议，遂杀之，宫中乱。②术将虎贲烧南宫嘉德殿青琐门，欲以迫出珪等。珪等不出，劫帝及帝弟陈留王走小平津。绍既斩宦者所署司隶校尉许相,遂勒兵捕诸阉人,无少长皆杀之。或有无须而误死者,至自发露形体而后得免。宦者或有行善自守而犹见及。其滥如此。死者二千馀人。急追珪等,珪等悉赴河死。帝得还宫。

①续汉书曰:绍使客张津说进曰:"黄门、常侍秉权日久,又永乐太后与诸常侍专通财利,将军宜整顿天下,为海内除患。"进以为然,遂与绍结谋。

②九州春秋曰:初绍说进曰:"黄门、常侍累世太盛,威服海内,前窦武欲诛之而反为所害,但坐言语漏泄,以五营士为兵故耳。五营士生长京师,服畏中人,而窦氏反用其锋,遂果叛走归黄门,是以自取破灭。今将军以元舅之尊,二府并领劲兵,其部曲将吏,皆英雄名士,乐尽死力,事在掌握,天赞其时也。今为天下诛除贪秽,功勋显著,垂名后世,虽周之申伯,何足道哉!今大行在前殿,将军以诏书领兵卫守,可勿入宫。"进纳其言,后更狐疑。绍惧进之改变,胁进曰:"今交构已成,形势已露,将军何为不早决之?事留变生,后机祸至。"进不从,遂败。

董卓呼绍,议欲废帝,立陈留王。是时绍叔父隗为太傅,绍伪许之,曰:"此大事,出当与太傅议。"卓曰:"刘氏种不足复遗。"绍不应,横刀长揖而去。①绍既出,遂亡奔冀州。侍中周毖、城门校尉伍琼、议郎何颙等,皆名士也,卓信之,而阴为绍,乃说卓曰:"夫废立大事,非常人所及。绍不达大体,恐惧故出奔,非有他志也。今购之急,势必为变。袁氏树恩四世,门生故吏遍于天下,若收豪杰以聚徒众,英雄因之而起,则山东非公之有也。不如赦之,拜一郡守,则绍喜于免罪,必无患矣。"卓以为然,乃拜绍勃海太守,封邟乡侯。

①献帝春秋曰:卓欲废帝,谓绍曰:"皇帝冲暗,非万乘之主。陈留王犹胜,今欲立之。人有少智,大或痴,亦知复何如,为当且尔;卿不见灵帝乎?念此令人愤毒!"绍曰:"汉家君天下四百许年,恩泽深渥,兆民戴之来久。今帝虽幼冲,未有不善宣闻天下,公欲废适立庶,恐众不从公议也。"卓谓绍曰:"竖子!天下事岂不决我?我今为之,谁敢不从?尔谓董卓刀为不利乎!"绍曰:"天下健者,岂唯董公?"引佩刀横揖而出。

臣松之以为绍于时与卓未构嫌隙，故卓与之谐谋。若但以言议不同，便骂为竖子，而有推刃之心，及绍复答，屈强为甚，卓又安能容忍而不加害乎？且如绍此言，进非亮正，退违诡逊，而显其竞爽之旨，以触哮阚之锋，有志功业者，理岂然哉！此语，妄之甚矣。

绍遂以勃海起兵，将以诛卓。语在武纪。绍自号车骑将军，主盟，与冀州牧韩馥立幽州牧刘虞为帝，遣使奉章诣虞，虞不敢受。后馥军安平，为公孙瓒所败。瓒遂引兵入冀州，以讨卓为名，内欲袭馥。馥怀不自安。[1]会卓西入关，绍还军延津，因馥惶遽，使陈留高幹、颍川荀谌等说馥曰："公孙瓒乘胜来向南，而诸郡应之。袁车骑引军东向，此其意不可知，窃为将军危之。"馥曰："为之奈何？"谌曰："公孙提燕、代之卒，其锋不可当。袁氏一时之杰，必不为将军下。夫冀州，天下之重资也，若两雄并力，兵交于城下，危亡可立而待也。夫袁氏，将军之旧，且同盟也，当今为将军计，莫若举冀州以让袁氏。袁氏得冀州，则瓒不能与之争，必厚德将军。冀州入于亲交，是将军有让贤之名，而身安于泰山也。愿将军勿疑！"馥素恇怯，因然其计。馥长史耿武、别驾闵纯、治中李历谏馥曰："冀州虽鄙，带甲百万，谷支十年。袁绍孤客穷军，仰我鼻息，譬如婴儿在股掌之上，绝其哺乳，立可饿杀。奈何乃欲以州与之？"馥曰："吾，袁氏故吏，且才不如本初，度德而让，古人所贵，诸君独何病焉！"从事赵浮、程奂请以兵拒之，馥又不听。乃让绍，[2]绍遂领冀州牧。

[1]英雄记曰：逢纪说绍曰："将军举大事而仰人资给，不据一州，无以自全。"绍答云："冀州兵强，吾士饥乏，设不能办，无所容立。"纪曰："可与公孙瓒相闻，导使来南，击取冀州。公孙必至而馥惧矣，因使说利害，为陈祸福，馥必逊让。于此之际，可据其位。"绍从其言而瓒果来。

[2]九州春秋曰：馥遣都督从事赵浮、程奂将强弩万张屯河阳。浮等闻馥欲以冀州与绍，自孟津驰东下。时绍尚在朝歌清水口，浮等从后来，船数百艘，众万馀人，整兵鼓夜过绍营，绍甚恶之。浮等到，谓馥曰："袁本

初军无斗粮，各已离散，虽有<u>张杨</u>、<u>於扶罗</u>新附，未肯为用，不足敌也。小从事等请自以见兵拒之，旬日之间，必土崩瓦解；明将军但当开阁高枕，何忧何惧！"<u>馥</u>不从，乃避位，出居<u>赵忠</u>故舍。遣子赍<u>冀州</u>印绶于<u>黎阳</u>与<u>绍</u>。

从事<u>沮授</u><u>沮</u>音菹。说<u>绍</u>曰："将军弱冠登朝，则播名海内；值废立之际，则忠义奋发；单骑出奔，则<u>董卓</u>怀怖；济河而北，则<u>勃海</u>稽首。振一郡之卒，撮<u>冀州</u>之众，威震河朔，名重天下。虽<u>黄巾</u>猾乱，<u>黑山</u>跋扈，举军东向，则<u>青州</u>可定；还讨<u>黑山</u>，则<u>张燕</u>可灭；回众北首，则<u>公孙</u>必丧；震胁戎狄，则<u>匈奴</u>必从。横<u>大河</u>之北，合四州之地，收英雄之才，拥百万之众，迎大驾于<u>西京</u>，复宗庙于<u>洛邑</u>，号令天下，以讨未复，以此争锋，谁能敌之？比及数年，此功不难。"<u>绍</u>喜曰："此吾心也。"即表授为监军、奋威将军。①<u>卓</u>遣执金吾<u>胡母班</u>、将作大匠<u>吴脩</u>赍诏书喻<u>绍</u>，<u>绍</u>使<u>河内</u>太守<u>王匡</u>杀之。②<u>卓</u>闻<u>绍</u>得<u>关东</u>，乃悉诛<u>绍</u>宗族太傅<u>隗</u>等。当是时，豪侠多附<u>绍</u>，皆思为之报，州郡蜂起，莫不假其名。<u>馥</u>怀惧，从<u>绍</u>索去，往依<u>张邈</u>。③后<u>绍</u>遣使诣<u>邈</u>，有所计议，与<u>邈</u>耳语。<u>馥</u>在坐上，谓见图构，无何起至溷自杀。④

①<u>献帝纪</u>曰：<u>沮授</u>，<u>广平</u>人，少有大志，多权略。仕州别驾，举茂才，历二县令，又为<u>韩馥</u>别驾，表拜骑都尉。<u>袁绍</u>得<u>冀州</u>，又辟焉。

<u>英雄记</u>曰：是时年号<u>初平</u>，<u>绍</u>字<u>本初</u>，自以为年与字合，必能克平祸乱。

②<u>汉末名士录</u>曰：<u>班</u>字<u>季皮</u>，<u>太山</u>人，少与<u>山阳度尚</u>、<u>东平张邈</u>等八人并轻财赴义，振济人士，世谓之八厨。

<u>谢承后汉书</u>曰：<u>班</u>，<u>王匡</u>之妹夫，<u>董卓</u>使<u>班</u>奉诏到<u>河内</u>，解释义兵。<u>匡</u>受<u>袁绍</u>旨，收<u>班</u>系狱，欲杀之以徇军。<u>班</u>与<u>匡</u>书云："自古以来，未有下土诸侯举兵向京师者。<u>刘向传</u>曰'掷鼠忌器'，器犹忌之，况<u>卓</u>今处宫阙之内，以天子为藩屏，幼主在宫，如何可讨？仆与太傅<u>马公</u>、太仆<u>赵岐</u>、少府<u>阴脩</u>俱受诏命。<u>关东</u>诸郡，虽实嫉<u>卓</u>，犹以衔奉王命，不敢沾辱。而足下独

囚仆于狱，欲以衅鼓，此悖暴无道之甚者也。仆与董卓有何亲戚，义岂同恶？而足下张虎狼之口，吐长蛇之毒，怨卓迁怒，何甚酷哉！死，人之所难，然耻为狂夫所害。若亡者有灵，当诉足下于皇天。夫婚姻者祸福之机，今日著矣。曩为一体，今为血仇。亡人子二人，则君之甥，身没之后，慎勿令临仆尸骸也。"匡得书，抱班二子而泣。班遂死于狱。班尝见<u>太山</u>府君及河伯，事在<u>搜神记</u>，语多不载。

③<u>英雄记</u>曰：<u>绍</u>以<u>河内朱汉</u>为都官从事。<u>汉</u>先时为<u>馥</u>所不礼，内怀怨恨，且欲邀迎<u>绍</u>意，擅发城郭兵围守<u>馥</u>第，拔刃登屋。<u>馥</u>走上楼，收得<u>馥</u>大儿，槌折两脚。<u>绍</u>亦立收<u>汉</u>，杀之。<u>馥</u>犹忧怖，故报<u>绍</u>索去。

④<u>英雄记</u>曰：<u>公孙瓒</u>击<u>青州黄巾</u>贼，大破之，还屯<u>广宗</u>，改易守令，<u>冀州</u>长吏无不望风响应，开门受之。<u>绍</u>自往征<u>瓒</u>，合战于<u>界桥</u>南二十里。<u>瓒</u>步兵三万馀人为方陈，骑为两翼，左右各五千馀匹，白马义从为中坚，亦分作两校，左射右，右射左，旌旗铠甲，光照天地。<u>绍</u>令<u>麹义</u>以八百兵为先登，强弩千张夹承之，<u>绍</u>自以步兵数万结陈于后。<u>义</u>久在<u>凉州</u>，晓习羌斗，兵皆骁锐。<u>瓒</u>见其兵少，便放骑欲陵蹈之。<u>义</u>兵皆伏楯下不动，未至数十步，乃同时俱起，扬尘大叫，直前冲突，强弩雷发，所中必倒，临陈斩<u>瓒</u>所署<u>冀州</u>刺史<u>严纲</u>甲首千馀级。<u>瓒</u>军败绩，步骑奔走，不复还营。<u>义</u>追至<u>界桥</u>；<u>瓒</u>殿兵还战桥上，<u>义</u>复破之，遂到<u>瓒</u>营，拔其牙门，营中馀众皆复散走。<u>绍</u>在后，未到桥十数里，下马发鞍，见<u>瓒</u>已破，不为设备，惟帐下强弩数十张，大戟士百馀人自随。<u>瓒</u>部逆骑二千馀匹卒至，便围<u>绍</u>数重，弓矢雨下。别驾从事<u>田丰</u>扶<u>绍</u>欲却入空垣，<u>绍</u>以兜鍪扑地曰："大丈夫当前斗死，而入墙间，岂可得活乎？"强弩乃乱发，多所杀伤。<u>瓒</u>骑不知是<u>绍</u>，亦稍引却；会<u>麹义</u>来迎，乃散去。<u>瓒</u>每与<u>虏</u>战，常乘白马，追不虚发，数获戎捷，<u>虏</u>相告云"当避白马"。因<u>虏</u>所忌，简其白马数千匹，选骑射之士，号为白马义从；一曰<u>胡夷</u>健者常乘白马，<u>瓒</u>有健骑数千，多乘白马，故以号焉。<u>绍</u>既破<u>瓒</u>，引军南到<u>薄落津</u>，方与宾客诸将共会，闻<u>魏郡</u>兵反，与<u>黑山</u>贼<u>于毒</u>共覆<u>邺城</u>，遂杀太守<u>栗成</u>。贼十馀部，众数万人，聚会<u>邺中</u>。坐上诸客有家在<u>邺</u>者，皆忧怖失色，或起啼泣，<u>绍</u>容貌不变，自若也。贼<u>陶升</u>者，故<u>内黄</u>小吏也，有善心，独将部众逾西城入，闭守州门，不内他贼，

以车载绍家及诸衣冠在州内者,身自捍卫,送到斥丘乃还。绍到,遂屯斥丘,以陶升为建义中郎将。乃引军入朝歌鹿场山苍岩谷讨于毒,围攻五日,破之,斩毒及长安所署冀州牧壶寿。遂寻山北行,薄击诸贼左髭丈八等,[6]皆斩之。又击刘石、青牛角、黄龙、左校、郭大贤、李大目、于氐根等,皆屠其屯壁,奔走得脱,斩首数万级。绍复还屯邺。初平四年,天子使太傅马日磾、太仆赵岐和解关东。岐别诣河北,绍出迎于百里上,拜奉帝命。岐住绍营,移书告瓒。瓒遣使具与绍书曰:"赵太仆以周召之德,衔命来征,宣扬朝恩,示以和睦,旷若开云见日,何喜如之?昔贾复、寇恂亦争士卒,欲相危害,遇光武之宽,亲俱陛见,同舆共出,时人以为荣。自省边鄙,得与将军共同此福,此诚将军之眷,而瓒之幸也。"麹义后恃功而骄恣,绍乃杀之。

初,天子之立非绍意,及在河东,绍遣颍川郭图使焉。图还说绍迎天子都邺,绍不从。①会太祖迎天子都许,收河南地,关中皆附。绍悔,欲令太祖徙天子都鄄城以自密近,太祖拒之。天子以绍为太尉,转为大将军,封邺侯,②绍让侯不受。顷之。击破瓒于易京,并其众。③出长子谭为青州,沮授谏绍:"必为祸始。"绍不听,曰:"孤欲令诸儿各据一州也。"④又以中子熙为幽州,甥高幹为并州。众数十万,以审配、逢纪统军事,田丰、荀谌、许攸为谋主,颜良、文丑为将率,简精卒十万,骑万匹,将攻许。⑤

①献帝传曰:沮授说绍云:"将军累叶辅弼,世济忠义。今朝廷播越,宗庙毁坏,观诸州郡外托义兵,内图相灭,未有存主恤民者。且今州城粗定,宜迎大驾,安宫邺都,挟天子而令诸侯,畜士马以讨不庭,谁能御之!"绍悦,将从之。郭图、淳于琼曰:"汉室陵迟,为日久矣,今欲兴之,不亦难乎!且今英雄据有州郡,众动万计,所谓秦失其鹿,先得者王。若迎天子以自近,动辄表闻,从之则权轻,违之则拒命,非计之善者也。"授曰:"今迎朝廷,至义也,又于时宜大计也,若不早图,必有先人者也。夫权不失机,功在速捷,将军其图之!"绍弗能用。案此书称沮授之计,[7]则与本传违也。

②献帝春秋曰：绍耻班在太祖下，怒曰："曹操当死数矣，我辄救存之，今乃背恩，挟天子以令我乎！"太祖闻，而以大将军让于绍。

③典略曰：自此绍贡御希慢，私使主簿耿苞密白曰："赤德衰尽，袁为黄胤，宜顺天意。"绍以苞密白事示军府将吏。议者咸以苞为妖妄宜诛，绍乃杀苞以自解。

九州春秋曰：绍延征北海郑玄而不礼，赵融闻之曰："贤人者，君子之望也。不礼贤，是失君子之望也。夫有为之君，不敢失万民之欢心，况于君子乎？失君子之望，难乎以有为矣。"

英雄记载太祖作董卓歌，辞云："德行不亏缺，变故自难常。郑康成行酒，伏地气绝，郭景图命尽于园桑。"如此之文，则玄无病而卒。馀书不见，故载录之。

④九州春秋载授谏辞曰："世称一兔走衢，万人逐之，一人获之，贪者悉止，分定故也。且年均以贤，德均则卜，古之制也。愿上惟先代成败之戒，下思逐兔分定之义。"绍曰："孤欲令四儿各据一州，以观其能。"授出曰："祸其始此乎！"谭始至青州，为都督，未为刺史，后太祖拜为刺史。其土自河而西，盖不过平原而已。遂北排田楷，东攻孔融，曜兵海隅，是时百姓无主，欣然戴之矣。然信用群小，好受近言，肆志奢淫，不知稼穑之艰难。华彦、孔顺皆好奸佞小人也，信以为腹心；王修等备官而已。然能接待宾客，慕名敬士。使妇弟领兵在内，至令草窃，市井而外，房掠田野；别使两将募兵下县，有赂者见免，无者见取，贫弱者多，乃至于窜伏丘野之中，放兵捕索，如猎鸟兽。邑有万户者，著籍不盈数百，收赋纳税，参分不入一。招命贤士，不就；不趋赴军期，安居族党，亦不能罪也。

⑤世语曰：绍步卒五万，骑八千。孙盛评曰：案魏武谓崔琰曰"昨案贵州户籍，可得三十万众"。由此推之，但冀州胜兵已如此，况兼幽、并及青州乎？绍之大举，必悉师而起，十万近之矣。

献帝传曰：绍将南师，沮授、田丰谏曰："师出历年，百姓疲弊，仓庾无积，赋役方殷，此国之深忧也。宜先遣使献捷天子，务农逸民；若不得通，乃表曹氏隔我王路。然后进屯黎阳，渐营河南，益作舟船，缮治器械，分遣精骑，钞其边鄙，令彼不得安，我取其逸。三年之中，事可坐定也。"审配、郭图曰:"兵书之法,十围五攻,敌则能战。今以明公之神武,跨河朔之强众,以伐曹氏,譬若覆手,今不时取,后难图也。"授曰:"盖救乱诛暴,谓之义兵;恃众凭强,谓之骄兵。兵义无敌,骄者先灭。曹氏迎天子安宫许都,今举兵南向,于义则违。且庙胜之策,不在强弱。曹氏法令既行,士卒精练,非公孙瓒坐受围者也。今弃万安之术,而兴无名之兵,窃为公惧之!"图等曰:"武王伐纣,不曰不义,况兵加曹氏而云无名!且公师武臣力,[8]将士愤怒,人思自骋,而不及时早定大业,虑之失也。夫天与弗取,反受其咎,此越之所以霸,吴之所以亡也。监军之计,计在持牢,而非见时知机之变也。"绍从之。图等因是谮授"监统内外,威震三军,若其浸盛,何以制之?夫臣与主不同者昌,主与臣同者亡,此黄石之所忌也。且御众于外,不宜知内"。绍疑焉,乃分监军为三都督,使授及郭图、淳于琼各典一军,遂合而南。

先是,太祖遣刘备诣徐州拒袁术。术死,备杀刺史车胄,引军屯沛。绍遣骑佐之。太祖遣刘岱、王忠击之,不克。建安五年,太祖自东征备。田丰说绍袭太祖后,绍辞以子疾,不许。丰举杖击地曰:"夫遭难遇之机,而以婴儿之病失其会,惜哉!"太祖至,击破备;备奔绍。①

①魏氏春秋载绍檄州郡文曰:"盖闻明主图危以制变,忠臣虑难以立权。曩者强秦弱主,赵高执柄,专制朝命,威福由己,终有望夷之祸,污辱至今。及臻吕后,禄、产专政,擅断万机,决事省禁,下陵上替,海内寒心。于是绛侯、朱虚兴威奋怒,诛夷逆乱,尊立太宗,故能道化兴隆,光明显融,此则大臣立权之明表也。司空曹操,祖父腾,故中常侍,与左悺、徐璜并作妖孽,饕餮放横,伤化虐民。父嵩,乞丐携养,因赃假位,舆金辇璧,输货权门,窃盗鼎司,倾覆重器。操赘阉遗丑,本无令德,僄狡锋侠,好乱乐祸。幕府昔统鹰扬,扫夷凶逆。续遇董卓侵官暴国,于是提剑挥鼓,发命东夏。方收罗英雄,弃瑕录用,故遂与操参咨策略,谓其鹰犬之才,爪牙可任。至乃愚佻短虑,轻进易退,伤夷折衄,数丧师徒。幕府辄复分兵命锐,修完补辑,表行东郡太守、兖州刺史,被以虎文,授以偏师,奖蹙威

柄，冀获秦师一克之报。而操遂乘资跋扈，肆行酷烈，割剥元元，残贤害善。故九江太守边让，英才俊逸，天下知名，以直言正色，论不阿谄，身首被枭县之戮，[9]妻孥受灰灭之咎。自是士林愤痛，民怨弥重，一夫奋臂，举州同声，故躬破于徐方，地夺于吕布，彷徨东裔，蹈据无所。幕府唯强干弱枝之义，且不登叛人之党，故复援旌擐甲，席卷赴征，金鼓响震，布众破沮，拯其死亡之患，复其方伯之任，是则幕府无德于兖土之民，而有大造于操也。后会銮驾东反，群虏乱政，时冀州方有北鄙之警，匪遑离局，故使从事中郎徐勋就发遣操，使缮修郊庙，翼卫幼主。而便放志专行，胁迁省禁，卑侮王官，败法乱纪，坐召三台，专制朝政，爵赏由心，刑戮在口，所爱光五宗，所恶灭三族，群谈者蒙显诛，腹议者蒙隐戮，道路以目，百寮钳口，尚书记朝会，公卿充员品而已。故太尉杨彪，历典三司，享国极位，操因眦眦，被以非罪，榜楚并兼，五毒俱至，触情放慝，不顾宪章。又议郎赵彦，忠谏直言，议有可纳，故圣朝含听，改容加锡，操欲迷夺时权，杜绝言路，擅收立杀，不俟报闻。又梁孝王，先帝母弟，坟陵尊显，松柏桑梓，犹宜恭肃，而操率将校吏士亲临发掘，破棺裸尸，略取金宝，至令圣朝流涕，士民伤怀。又署发丘中郎将、摸金校尉，所过堕突，无骸不露。身处三公之官，而行桀虏之态，殄国虐民，毒流人鬼。加其细政苛惨，科防互设，缯缴充蹊，坑阱塞路，举手挂网罗，动足蹈机陷，是以兖、豫有无聊之民，帝都有吁嗟之怨。历观古今书籍，所载贪残虐烈无道之臣，于操为甚。幕府方诘外奸，未及整训，加意含覆，冀可弥缝。而操豺狼野心，潜苞祸谋，乃欲挠折栋梁，孤弱汉室，除灭中正，专为枭雄。往岁伐鼓北征，讨公孙瓒，强御桀逆，拒围一年，操因其未破，阴交书命，欲托助王师，以相掩袭，故引兵造河，方舟北济。会其行人发露，瓒亦枭夷，故使锋芒挫缩，厥图不果。屯据敖仓，阻河为固，乃欲以螗螂之斧，御隆车之隧。幕府奉汉威灵，折冲宇宙，长戟百万，胡骑千群，奋中黄、育、获之材，骋良弓劲弩之势，并州越太行，青州涉济、漯，大军泛黄河以角其前，荆州下宛、叶而掎其后，雷震虎步，并集虏庭，若举炎火以蒸飞蓬，覆沧海而沃熛炭，有何不消灭者哉？当今汉道陵迟，纲弛纪绝。操以精兵七百，围守宫阙，外称陪卫，内以拘执，惧其篡逆之祸，因斯而作。乃忠臣肝脑涂地之秋,烈士立功之会也,可不勖哉!"此陈琳之辞。

绍进军黎阳,遣颜良攻刘延于白马。沮授又谏绍:"良性促狭,虽骁勇不可独任。"绍不听。太祖救延,与良战,破斩良。①绍渡河,壁延津南,使刘备、文丑挑战。太祖击破之,斩丑,再战,禽绍大将。绍军大震。②太祖还官渡。沮授又曰:"北兵数众而果劲不及南,南谷虚少而货财不及北;南利在于急战,北利在于缓搏。宜徐持久,旷以日月。"绍不从。连营稍前,逼官渡,合战,太祖军不利,复壁。绍为高橹,起土山,射营中,营中皆蒙楯,众大惧。太祖乃为发石车,击绍楼,皆破,绍众号曰霹雳车。③绍为地道,欲袭太祖营。太祖辄于内为长堑以拒之,又遣奇兵袭击绍运车,大破之,尽焚其谷。太祖与绍相持日久,百姓疲乏,多叛应绍,军食乏。会绍遣淳于琼等将兵万馀人北迎运车,沮授说绍:"可遣将蒋奇别为支军于表,以断曹公之钞。"绍复不从。琼宿乌巢,去绍军四十里。太祖乃留曹洪守,自将步骑五千候夜潜往攻琼。绍遣骑救之,败走。破琼等,悉斩之。太祖还,未至营,绍将高览、张郃等率其众降。绍众大溃,绍与谭单骑退渡河。馀众伪降,尽坑之。④沮授不及绍渡,为人所执,诣太祖。⑤太祖厚待之。后谋还袁氏,见杀。

①曰:绍临发,沮授会其宗族,散资财以与之曰:"夫势在则威无不加,势亡则不保一身,哀哉!"其弟宗曰:"曹公士马不敌,君何惧焉!"授曰:"以曹兖州之明略,又挟天子以为资,我虽克公孙,众实疲弊,而将骄主忲,军之破败,在此举也。扬雄有言,'六国蚩蚩,为嬴弱姬',今之谓也。"

②献帝传曰:绍将济河,沮授谏曰:"胜负变化,不可不详。今宜留屯延津,分兵官渡,若其克获,还迎不晚,设其有难,众弗可还。"绍弗从。授临济叹曰:"上盈其志,下务其功,悠悠黄河,吾其不反乎!"遂以疾辞。绍恨之,乃省其所部兵属郭图。

③魏氏春秋曰：以古有矢石，又传言"旝动而鼓"。说文曰：[10]"旝，发石也。"于是造发石车。

④张璠汉纪曰：杀绍卒凡八万人。

⑤献帝传云：授大呼曰："授不降也，为军所执耳！"太祖与之有旧，逆谓授曰："分野殊异，遂用圮绝，不图今日乃相禽也！"授对曰："冀州失策，以取奔北。授智力俱困，宜其见禽耳。"太祖曰："本初无谋，不用君计，今丧乱过纪，国家未定，当相与图之。"授曰："叔父、母、弟，县命袁氏，若蒙公灵，速死为福。"太祖叹曰："孤早相得，天下不足虑。"

初，绍之南也，田丰说绍曰："曹公善用兵，变化无方，众虽少，未可轻也，不如以久持之。将军据山河之固，拥四州之众，外结英雄，内修农战，然后简其精锐，分为奇兵，乘虚迭出，以扰河南，救右则击其左，救左则击其右，使敌疲于奔命，民不得安业；我未劳而彼已困，不及二年，可坐克也。今释庙胜之策，而决成败于一战，若不如志，悔无及也。"绍不从。丰恳谏，绍怒甚，以为沮众，械系之。绍军既败，或谓丰曰："君必见重。"丰曰："若军有利，吾必全，今军败，吾其死矣。"绍还，谓左右曰："吾不用田丰言，果为所笑。"遂杀之。①绍外宽雅，有局度，忧喜不形于色，而内多忌害，皆此类也。

①先贤行状曰：丰字元皓，钜鹿人，或云勃海人。丰天姿瓌杰，权略多奇，少丧亲，居丧尽哀，日月虽过，笑不至矧。博览多识，名重州党。初辟太尉府，举茂才，迁侍御史。阉宦擅朝，英贤被害，丰乃弃官归家。袁绍起义，卑辞厚币以招致丰，丰以王室多难，志存匡救，乃应绍命，以为别驾。劝绍迎天子，绍不纳。绍后用丰谋，以平公孙瓒。逢纪惮丰亮直，数谮之于绍，绍遂忌丰。绍军之败也，土崩奔北，师徒略尽，军皆拊膺而泣曰："向令田丰在此，不至于是也。"绍谓逢纪曰："冀州人闻吾军败，皆当念吾，惟田别驾前谏止吾，与众不同，吾亦惭见之。"纪复曰："丰闻将军之退，拊手大笑，喜其言之中也。"绍于是有害丰之意。初，太祖闻丰不从戎，喜曰："绍必败矣。"及绍奔遁，复曰："向使绍用田别驾计，尚未可知也。"

孙盛曰：观田丰、沮授之谋，虽良、平何以过之？故君贵审才，臣尚量主；君用忠良，则伯王之业隆，臣奉暗后，则覆亡之祸至；存亡荣辱，常必由兹。丰知绍将败，败则己必死，甘冒虎口以尽忠规，烈士之于所事，虑不存己。夫诸侯之臣，义有去就，况丰与绍非纯臣乎？诗云"逝将去汝，适彼乐土"，言去乱邦，就有道可也。

冀州城邑多叛，绍复击定之。自军败后发病，七年，忧死。

绍爱少子尚，貌美，欲以为后而未显。① 审配、逢纪与辛评、郭图争权，配、纪与尚比，评、图与谭比。众以谭长，欲立之。配等恐谭立而评等为己害，缘绍素意，乃奉尚代绍位。谭至，不得立，自号车骑将军。由是谭、尚有隙。太祖北征谭、尚。谭军黎阳，尚少与谭兵，而使逢纪从谭。谭求益兵，配等议不与。谭怒，杀纪。②太祖渡河攻谭，谭告急于尚。尚欲分兵益谭，恐谭遂夺其众，乃使审配守邺，尚自将兵助谭，与太祖相拒于黎阳。自九月至二月，[11]大战城下，谭、尚败退，入城守。太祖将围之，乃夜遁。追至邺，收其麦，拔阴安，引军还许。太祖南征荆州，军至西平。谭、尚遂举兵相攻，谭败奔平原。尚攻之急，谭遣辛毗诣太祖请救。太祖乃还救谭，十月至黎阳。③ 尚闻太祖北，释平原还邺。其将吕旷、吕翔叛尚归太祖，谭复阴刻将军印假旷、翔。太祖知谭诈，与结婚以安之，乃引军还。尚使审配、苏由守邺，复攻谭平原。太祖进军将攻邺，到洹水，去邺五十里，由欲为内应，谋泄，与配战城中，败，出奔太祖。太祖遂进攻之，为地道，配亦于内作堑以当之。配将冯礼开突门，内太祖兵三百馀人，配觉之，从城上以大石击突中栅门，栅门闭，入者皆没。太祖遂围之，为堑，周四十里，初令浅，示若可越。配望而笑之，不出争利。太祖一夜掘之，广深二丈，决漳水以灌之，自五月至八月，城中饿死者过半。尚闻邺急，将兵万馀人还救之，依西山来，东至阳平亭，去邺十七里，临滏水，举火以示城中，城中亦举火相应。配出兵城北，欲与尚对决围。太祖逆击之，败还，尚亦破走，依曲漳为营，太祖遂围之。未合，尚惧，遣阴夔、陈琳乞降，不听。尚还走滥口，进复围之急，其将马延等临陈降，众大溃，尚奔中山。尽收其辎重，得尚印绶、节钺及衣物，以示其家，城中崩沮。配兄子荣守东门，夜开门内太祖兵，与配战城中，生禽配。配声气壮烈，终无挠辞，见者莫不叹息。遂斩之。④高幹以并州降，复以幹为刺史。

①典论曰：谭长而惠，尚少而美。绍妻刘氏爱尚，数称其才，绍亦奇其貌，欲以为后，未显而绍死。刘氏性酷妒，绍死，僵尸未殡，宠妾五人，刘尽杀之。以为死者有知，当复见绍于地下，乃髡头墨面以毁其形。尚又为尽杀死者之家。

②英雄记曰：纪字元图。初，绍去董卓出奔，与许攸及纪俱诣冀州，绍以纪聪达有计策，甚亲信之，与共举事。后审配任用，与纪不睦。或有谮配于绍，绍问纪，纪称"配天性烈直，古人之节，不宜疑之"。绍曰："君不恶之邪？"纪答曰："先日所争者私情，今所陈者国事。"绍善之，卒不废配。配由是更与纪为亲善。

③魏氏春秋载刘表遗谭书曰："天笃降害，祸难殷流，尊公殂殒，四海悼心。贤胤承统，遐迩属望，咸欲展布旅力，以投盟主，虽亡之日，犹存之愿也。何寤青蝇飞于干旄，无极游于二垒，使股肱分为二体，背膂绝为异身！昔三王五伯，下及战国，父子相残，盖有之矣；然或欲以成王业，或欲以定霸功，或欲以显宗主，或欲以固家嗣，未有弃亲即异，扤其本根，而能崇业济功，垂祚后世者也。若齐襄复九世之雠，士匄卒荀偃之事，是故春秋美其义，君子称其信。夫伯游之恨于齐，未若太公之忿曹；[12]宣子之承业，未若仁君之继统也。且君子之违难不适雠国，岂可忘先君之怨，弃至亲之好，为万世之戒，遗同盟之耻哉！冀州不弟之傲，既已然矣；仁君当降志辱身，以匡国为务；虽见憎于夫人，未若郑庄之于姜氏，兄弟之嫌，未若重华之于象傲也。然庄公有大隧之乐，象受有鼻之封，愿弃捐前忿，远思旧义，复为母子昆弟如初。"又遗尚书曰："知变起辛、郭，祸结同生，追阋伯、实沈之踪，忘常棣死丧之义，亲寻干戈，僵尸流血，闻之哽

169

咽，虽存若亡。昔轩辕有涿鹿之战，周武有商、奄之师，皆所以翦除秽害而定王业，非强弱之争，[13]喜怒之忿也。故灭亲不为尤，诛兄不伤义。今二君初承洪业，纂继前轨，进有国家倾危之虑，退有先公遗恨之负，当唯义是务，唯国是康。何者？金木水火以刚柔相济，然后克得其和，能为民用。今青州天性峭急，迷于曲直。仁君度数弘广，绰然有馀，当以大包小，以优容劣，先除曹操以卒先公之恨，事定之后，乃议曲直之计，不亦善乎！若留神远图，克己复礼，当振旆长驱，共奖王室，若迷而不反，违而无改，则胡夷将有诮让之言，况我同盟，复能戮力为君之役哉？此韩卢、东郭自困于前而遗田父之获者也。愤踊鹤望，冀闻和同之声。若其泰也，则袁族其与汉升降乎！如其否也，则同盟永无望矣。"谭、尚尽不从。

汉晋春秋载审配献书于谭曰："春秋之义，国君死社稷，忠臣死王命。苟有图危宗庙，败乱国家，王纲典律，亲疏一也。是以周公垂泣而蔽管、蔡之狱，季友歔欷而行鴆叔之鸩。何则？义重人轻，事不得已也。昔卫灵公废蒯聩而立辄，蒯聩为不道，入戚以篡，卫师伐之。春秋传曰：'以石曼姑之义，为可以拒之。'是以蒯聩终获叛逆之罪，而曼姑永享忠臣之名。父子犹然，岂况兄弟乎！昔先公废绌将军以续贤兄，立我将军以为適嗣，上告祖灵，下书谱牒，先公谓将军为兄子，将军谓先公为叔父，海内远近，谁不备闻？且先公即世之日，我将军斩衰居庐，而将军斋于垩室，出入之分，于斯益明。是时凶臣逢纪，妄画蛇足，曲辞诌媚，交乱懿亲，将军奋赫然之怒，诛不旋时，我将军亦奉命承旨，[14]加以淫刑。自是之后，痈疽破溃，骨肉无丝发之嫌，自疑之臣，皆保生全之福。故悉遣强胡，简命名将，料整器械，选择战士，殚府库之财，竭食土之实，其所以供奉将军，何求而不备？君臣相率，共卫茌庵，战为雁行，赋为币主，虽倾仓覆库，翦剥民物，上下欣戴，莫敢告劳。何则？推恋恋忠赤之情，尽家家肝脑之计，唇齿辅车，不相为赐。谓为将军心合意同，混齐一体，必当并咸偶势，御寇宁家。何图凶险谗慝之人，造饰无端，诱导奸利，至令将军翻然改图，忘孝友之仁，听豺狼之谋，诬先公废立之言，违近者在丧之位，悖纪刚之理，不顾逆顺之节，横易冀州之主，欲当先公之继。遂放兵钞拨，屠城杀吏，交尸盈原，裸民满野，或有髡剔发肤，割截支体，冤魂痛于幽冥，创痍号于草棘。又乃图获邺城,许赐秦、胡,财物如女,豫有分界。或闻告令吏士云:'孤虽有老母,辄使身体完具而已。'闻此言者,莫不惊愕失气,悼心挥涕,使太夫人忧哀愤懑于堂室,我州君臣士友假寐悲叹,无所措其手足;念欲静师拱默以听执事之图,则惧违春秋死命之节,贻太夫人不测之患,陨先公高世之业。且三军愤慨,人怀私怒,我将军辞不获已,以及馆陶之役。是时外为御难,内实乞罪,既不见赦,而屠各二三其心,[15]临陈叛戾。我将军进退无功,首尾受敌,引军奔避,不敢告辞。亦谓将军当少垂亲亲之仁,既以缓追之惠,而乃寻踪蹑轨,无所逃命。困兽必斗,以干严行,而将军师旅土崩瓦解,此非人力,乃天意也。是后又望将军改往修来,克己复礼,追还孔怀如初之爱;而纵情肆怒,趣破家门,企踵鹤立,连结外雠,散锋放火,播增毒螫,烽烟相望,涉血千里,遗城厄民,引领悲怨,虽欲勿救,恶得已哉!故遂引军东辕,保正疆场,虽近郊垒,未侵境域,然望旌麾,能不永叹?配等备先公家臣,奉废立之命。而图等干国乱家,礼有常刑。故奋敝州之赋,以除将军之疾,若乃天启其心,早行其诛,则我将军葡萄悲号于将军股掌之上,配等亦袒躬布体以待斧钺之刑。若必不悛,有以国毙,图头不县,军不旋踵。愿将军详度事宜,锡以环玦。”

典略曰:谭得书怅然,登城而泣。既劫于郭图,亦以兵锋累交,遂战不解。

④先贤行状曰:配字正南,魏郡人,少忠烈慷慨,有不可犯之节。袁绍领冀州,委以腹心之任,以为治中别驾,并总幕府。初,谭之去,皆呼辛毗、郭图家得出,而辛评家独被收。及配兄子开城门内兵,时配在城东南角楼上,望见太祖兵入,忿辛、郭坏败冀州,乃遣人驰诣邺狱,指杀仲治家。是时,辛毗在军,闻门开,驰走诣狱,欲解其兄家,兄家已死。是日生缚配,将诣帐下,辛毗等逆以马鞭击其头,骂之曰:“奴,汝今日真死矣!”配顾曰:“狗辈,正由汝曹破我冀州,恨不得杀汝也!且汝今日能杀生我邪?”有顷,公引见,谓配:“知谁开卿城门?”配曰:“不知也。”曰:“自卿子荣耳。”[16]配曰:“小儿不足用乃至此!”公复谓曰:“曩日孤之行围,何弩之多也?”配曰:“恨其少耳!”公曰:“卿忠于袁氏父子,亦自不得不尔也。”有意欲活之。配既无挠辞,而辛毗等号哭不已,乃杀之。初,冀州人张子

谦先降，素与配不善，笑谓配曰："正南，卿竟何如我？"配厉声曰："汝为降虏，审配为忠臣，虽死，岂若汝生邪！"临行刑，叱持兵者令北向，曰："我君在北。"

乐资山阳公载记及袁暐献帝春秋并云太祖兵入城，审配战于门中，既败，逃于井中，于井获之。

臣松之以为配一代之烈士，袁氏之死臣，岂当数穷之日，方逃身于井，此之难信，诚为易了。不知资、暐之徒竟为何人，未能识别然否，而轻弄翰墨，妄生异端，以行其书。如此之类，正足以诬罔视听，疑误后生矣。寔史籍之罪人，达学之所不取者也。

太祖之围邺也，谭略取甘陵、安平、勃海、河间，攻尚于中山。尚走故安从熙，谭悉收其众。太祖将讨之，谭乃拔平原，并南皮，自屯龙凑。十二月，太祖军其门，谭不出，夜遁奔南皮，临清河而屯。十年正月，攻拔之，斩谭及图等。熙、尚为其将焦触、张南所攻，奔辽西乌丸。触自号幽州刺史，驱率诸郡太守令长，背袁向曹，陈兵数万，杀白马盟，令曰："违命者斩！"众莫敢语，各以次歃。至别驾韩珩，曰："吾受袁公父子厚恩，今其破亡，智不能救，勇不能死，于义阙矣；若乃北面于曹氏，所弗能为也。"一坐为珩失色。触曰："夫兴大事，当立大义，事之济否，不待一人，可卒珩志，以励事君。"高干叛，执上党太守，举兵守壶口关。遣乐进、李典击之，未拔。十一年，太祖征干。干乃留其将夏昭、邓升守城，自诣匈奴单于求救，不得，独与数骑亡，欲南奔荆州，上洛都尉捕斩之。①十二年，太祖至辽西击乌丸。尚、熙与乌丸逆军战，败走奔辽东，公孙康诱斩之，送其首。②太祖高韩珩节，屡辟不至，卒于家。③

①典略曰：上洛都尉王琰获高干，以功封侯；其妻哭于室，以为琰富贵将更娶妾媵而夺己爱故也。

②典略曰：尚为人有勇力，欲夺取康众，与熙谋曰："今到，康必相见，欲与兄手击之，有辽东犹可以自广也。"康亦心计曰："今不取熙、尚，无以为

说于国家。"乃先置其精勇于厩中,然后请熙、尚。熙、尚入,康伏兵出,皆缚之,坐于冻地。尚寒,求席,熙曰:"头颅方行万里,何席之为!"遂斩首。谭,字显思。熙,字显奕。尚,字显甫。

吴书曰:尚有弟名买,与尚俱走辽东。曹瞒传云:买,尚兄子。未详。

③先贤行状曰:珩字子佩,代郡人,清粹有雅量。少丧父母,奉养兄姊,宗族称孝悌焉。

　　袁术字公路,司空逢子,绍之从弟也。以侠气闻。举孝廉,除郎中,历职内外,后为折冲校尉、虎贲中郎将。董卓之将废帝,以术为后将军;术亦畏卓之祸,出奔南阳。会长沙太守孙坚杀南阳太守张咨,术得据其郡。南阳户口数百万,而术奢淫肆欲,征敛无度,百姓苦之。既与绍有隙,又与刘表不平而北连公孙瓒;绍与瓒不和而南连刘表。其兄弟携贰,舍近交远如此。①引军入陈留。太祖与绍合击,大破术军。术以馀众奔九江,杀扬州刺史陈温,领其州。②以张勋、桥蕤等为大将军。李傕入长安,欲结术为援,以术为左将军,封阳翟侯,假节,遣太傅马日磾因循行拜授。术夺日磾节,拘留不遣。③

①吴书曰:时议者以灵帝失道,使天下叛乱,少帝幼弱,为贼臣所立,又不识母氏所出。幽州牧刘虞宿有德望,绍等欲立之以安当时,使人报术。术观汉室衰陵,阴怀异志,故外托公义以拒绍。绍复与术书曰:"前与韩文节共建永世之道,欲海内见再兴之主。今西名有幼君,无血脉之属,公卿以下皆媚事卓,安可复信!但当使兵往屯关要,皆自縻死于西。东立圣君,太平可冀,如何有疑!又室家见戮,不念子胥,可复北面乎?违天不祥,愿详思之。"术答曰:"圣主聪睿,有周成之质。贼卓因危乱之际,威服百寮,此乃汉家小厄之会。乱尚未厌,复欲兴之。乃云今主'无血脉之属',岂不诬乎!先人以来,奕世相承,忠义为先。太傅公仁慈恻隐,虽知贼卓必为祸害,以信徇义,不忍去也。门户灭绝,死亡流漫,幸蒙远近来相赴助,不因此时上讨国贼,下刷家耻,而图于此,非所闻也。又曰'室家

见戮,可复北面',此卓所为,岂国家哉?君命,天也,天不可雠,况非君命乎!偻偻赤心,志在灭卓,不识其他。"

②臣松之案英雄记:"陈温字元悌,汝南人。先为扬州刺史,自病死。袁绍遣袁遗领州,败散,奔沛国,为兵所杀。袁术更用陈瑀为扬州。瑀字公玮,下邳人。瑀既领州,而术败于封丘,南向寿春,瑀拒术不纳。术退保阴陵,更合军攻瑀,瑀惧走归下邳。"如此,则温不为术所杀,与本传不同。

③三辅决录注曰:日磾字翁叔,马融之族子,少传融业,以才学进。与杨彪、卢植、蔡邕等典校中书,历位九卿,遂登台辅。

献帝春秋曰:术从日磾借节观之,因夺不还,备军中千馀人,使促辟之。日磾谓术曰:"卿家先世诸公,辟士云何,而言促之,谓公府掾可劫得乎!"从术求去,而术留之不遣;既以失节屈辱,忧恚而死。

时沛相下邳陈珪,故太尉球弟子也。术与珪俱公族子孙,少共交游,书与珪曰:"昔秦失其政,天下群雄争而取之,兼智勇者卒受其归。今世事纷扰,复有瓦解之势矣,诚英义有为之时也。与足下旧交,岂肯左右之乎?若集大事,子实为吾心膂。"珪中子应时在下邳,术并胁质应,图必致珪。珪答书曰:"昔秦末世,肆暴恣情,虐流天下,毒被生民,下不堪命,故遂土崩。今虽季世,未有亡秦苛暴之乱也。曹将军神武应期,兴复典刑,将拨平凶慝,清定海内,信有征矣。以为足下当戮力同心,匡翼汉室,而阴谋不轨,以身试祸,岂不痛哉!若迷而知反,尚可以免。吾备旧知,故陈至情,虽逆于耳,骨肉之惠也。欲吾营私阿附,有犯死不能也。"

兴平二年冬,天子败于曹阳。术会群下谓曰:"今刘氏微弱,海内鼎沸。吾家四世公辅,百姓所归,欲应天顺民,于诸君意如何?"众莫敢对。主簿阎象进曰:"昔周自后稷至于文王,积德累功,三分天下有其二,犹服事殷。明公虽奕世克昌,未若有周之盛,汉室虽微,未若殷纣之暴也。"术嘿然不悦。用河内张炯之符命,遂僭号。①以九江太守为淮南尹。置公卿,祠南北郊。荒侈滋甚,后宫数百皆服绮縠，馀粱肉，②而士卒冻馁，江淮间空尽，人民相食。术前为吕布所破，后为太祖所败，奔其部曲雷薄、陈兰于灊山，复为所拒，忧惧不知所出。将归帝号于绍，欲至青州从袁谭，发病道死。③妻子依术故吏庐江太守刘勋，孙策破勋，复见收视。术女入孙权宫，子耀拜郎中，耀女又配于权子奋。

① 典略曰：术以袁姓出陈，陈，舜之后，以土承火，得应运之次。又见谶文云："代汉者，当涂高也。"自以名字当之，乃建号称仲氏。

② 九州春秋曰：司隶冯方女，国色也，避乱扬州，术登城见而悦之，遂纳焉，甚爱幸。诸妇害其宠，语之曰："将军贵人有志节，当时时涕泣忧愁，必长见敬重。"冯氏以为然，后见术辄垂涕，术以有心志，益哀之。诸妇人因共绞杀，悬之厕梁，术诚以为不得志而死，乃厚加殡敛。

③ 魏书曰：术归帝号于绍曰："汉之失天下久矣，天子提挈，政在家门，豪雄角逐，分裂疆宇，此与周之末年七国分势无异，卒强者兼之耳。加袁氏受命当王，符瑞炳然。今君拥有四州，民户百万，以强则无与比大，论德则无与比高。曹操欲扶衰拯弱，安能续绝命救已灭乎？"绍阴然之。

吴书曰：术既为雷薄等所拒，留住三日，士众绝粮，乃还至江亭，去寿春八十里。问厨下，尚有麦屑三十斛。时盛暑，欲得蜜浆，又无蜜。坐棂床上，叹息良久，乃大咤曰："袁术至于此乎！"因顿伏床下，呕血斗馀而死。

刘表字景升，山阳高平人也。少知名，号八俊。①长八尺馀，姿貌甚伟。以大将军掾为北军中候。灵帝崩，代王睿为荆州刺史。是时山东兵起，表亦合兵军襄阳。②袁术之在南阳也，与孙坚合从，欲袭夺表州，使坚攻表。坚为流矢所中死，军败，术遂不能胜表。李傕、郭汜入长安，欲连表为援，乃以表为镇南将军、荆州牧，封成武侯，假节。天子都许，表虽遣使贡献，然北与袁绍相结。治中邓羲谏表，表不听，③羲辞疾而退，终表之世。张济引兵入荆州界，攻穰城，为流矢所中死。荆州官属皆贺，表曰："济以穷来，主人无礼，至于交锋，此非牧意，牧受吊，不受贺也。"使人纳其众；众闻之喜，遂服从。长沙太守张羡叛表，④表围之连年不下。羡病死，长沙复立其子怿，表遂攻并怿，南收零、桂，北据汉川，地方数千里，带甲十馀万。⑤

①张璠汉纪曰：表与同郡人张隐、薛郁、王访、宣靖、公绪恭、[17]刘祗、田林为八交，或谓之八顾。

汉末名士录云：表与汝南陈翔字仲麟、范滂字孟博、鲁国孔昱字世元、勃海苑康字仲真、山阳檀敷字文友、张俭字元节、南阳岑晊字公孝为八友。

谢承后汉书曰：表受学于同郡王畅。畅为南阳太守，行过乎俭。表时年十七，进谏曰："奢不僭上，俭不逼下，盖中庸之道，是故蘧伯玉耻独为君子。府君若不师孔圣之明训，而慕夷齐之末操，无乃皎然自遗于世！"畅答曰："以约失之者鲜矣。且以矫俗也。"

②司马彪战略曰：刘表之初为荆州也，江南宗贼盛，袁术屯鲁阳，尽有南阳之众。吴人苏代领长沙太守，贝羽为华容长，各阻兵作乱。表初到，单马入宜城，而延中庐人蒯良、蒯越、襄阳人蔡瑁与谋。表曰："宗贼甚盛，而众不附，袁术因之，祸今至矣！吾欲征兵，恐不集，其策安出？"良曰："众不附者，仁不足也，附而不治者，义不足也；苟仁义之道行，百姓归之如水之趣下，何患所至之不从而问兴兵与策乎？"表顾问越，越曰："治平者先仁义，治乱者先权谋。兵不在多，在得人也。袁术勇而无断，苏代、贝羽皆武人，不足虑。宗贼帅多贪暴，为下所患。越有所素养者，使示之以利，必以众来。君诛其无道，抚而用之。一州之人，有乐存之心，闻君盛德，必襁负而至矣。兵集众附，南据江陵，北守襄阳，荆州八郡可传檄而定。术等虽至，无能为也。"表曰："子柔之言，雍季之论也。异度之计，臼犯之谋也。"遂使越遣人诱宗贼，至者五十五人，皆斩之。袭取其众，或即授部曲。唯江夏贼张虎、陈生拥众据襄阳，表乃使越与庞季单骑往说降之，江南遂悉平。

③汉晋春秋曰：表答义曰："内不失贡职，外不背盟主，此天下之达义也。治中独何怪乎？"

④英雄记曰:张羡,南阳人。先作零陵、桂阳长,甚得江、湘间心,然性屈强不顺。表薄其为人,不甚礼也。羡由是怀恨,遂叛表焉。

⑤英雄记曰:州界群寇既尽,表乃开立学官,博求儒士,使綦毋闿、宋忠等撰五经章句,谓之后定。

太祖与袁绍方相持于官渡,绍遣人求助,表许之而不至,亦不佐太祖,欲保江汉间,观天下变。从事中郎韩嵩、别驾刘先说表曰:"豪杰并争,两雄相持,天下之重,在于将军。将军若欲有为,起乘其弊可也;若不然,固将择所从。将军拥十万之众,安坐而观望。夫见贤而不能助,请和而不得,此两怨必集于将军,将军不得中立矣。夫以曹公之明哲,天下贤俊皆归之,其势必举袁绍,然后称兵以向江汉,恐将军不能御也。故为将军计者,不若举州以附曹公,曹公必重德将军;长享福祚,垂之后嗣,此万全之策也。"表大将蒯越亦劝表,表狐疑,乃遣嵩诣太祖以观虚实。嵩还,深陈太祖威德,说表遣子入质。表疑嵩反为太祖说,大怒,欲杀嵩,考杀随嵩行者,知嵩无他意,乃止。①表虽外貌儒雅,而心多疑忌,皆此类也。

①傅子曰:初表谓嵩曰:"今天下大乱,未知所定,曹公拥天子都许,君为我观其衅。"嵩对曰:"圣达节,次守节。嵩,守节者也。夫事君为君,君臣名定,以死守之;今策名委质,唯将军所命,虽赴汤蹈火,死无辞也。以嵩观之,曹公至明,必济天下。将军能上顺天子,下归曹公,必享百世之利,楚国实受其祐,使嵩可也;设计未定,嵩使京师,天子假嵩一官,则天子之臣,而将军之故吏耳。在君为君,则嵩守天子之命,义不得复为将军死也。唯将军重思,无负嵩。"表遂使之,果如所言,天子拜嵩侍中,迁零陵太守,还称朝廷、曹公之德也。表以为怀贰,大会寮属数百人,陈兵见嵩,盛怒,持节将斩之,数曰:"韩嵩敢怀贰邪!"众皆恐,欲令嵩谢。嵩不动,谓表曰:"将军负嵩,嵩不负将军!"具陈前言。表怒不已,其妻蔡氏谏之曰:"韩嵩,楚国之望也;且其言直,诛之无辞。"表乃弗诛而囚之。

刘备奔表,表厚待之,然不能用。①建安十三年,太祖征表,未至,表病死。

①汉晋春秋曰:太祖之始征柳城,刘备说表使袭许,表不从。及太祖还,谓备曰:"不用君言,故失此大会也。"备曰:"今天下分裂,日寻干戈,事会之来,岂有终极乎?若能应之于后者,则此未足为恨也。"

初,表及妻爱少子琮,欲以为后,而蔡瑁、张允为之支党,乃出长子琦为江夏太守,众遂奉琮为嗣。琦与琮遂为雠隙。①越、嵩及东曹掾傅巽等说琮归太祖,琮曰:"今与诸君据全楚之地,守先君之业,以观天下,何为不可乎?"巽对曰:"逆顺有大体,强弱有定势。以人臣而拒人主,逆也;以新造之楚而御国家,其势弗当也;以刘备而敌曹公,又弗当也。三者皆短,欲以抗王兵之锋,必亡之道也。将军自料何与刘备?"琮曰:"吾不若也。"巽曰:"诚以刘备不足御曹公乎,则虽保楚之地,不足以自存也;诚以刘备足御曹公乎,则备不为将军下也。愿将军勿疑。"太祖军到襄阳,琮举州降。备走奔夏口。②

①典略曰:表疾病,琦还省疾。琦性慈孝,瑁、允恐琦见表,父子相感,更有托后之意,谓曰:"将军命君抚临江夏,为国东藩,其任至重,今释众而来,必见谴怒,伤亲之欢心以增其疾,非孝敬也。"遂遏于户外,使不得见,琦流涕而去。

②傅子曰:巽字公悌,瓌伟博达,有知人鉴。辟公府,拜尚书郎,后客荆州,以说刘琮之功,赐爵关内侯。文帝时为侍中,太和中卒。巽在荆州,目庞统为半英雄,证裴潜终以清行显;统遂附刘备,见待次于诸葛亮,潜位至尚书令,并有名德。及在魏朝,魏讽以才智闻,巽谓之必反,卒如其言。巽弟子嘏,别有传。

汉晋春秋曰:王威说刘琮曰:"曹操得将军既降,刘备已走,必解弛无备,轻行单进;若给威奇兵数千,徼之于险,操可获也。获操即威震天下,坐而虎步,中夏虽广,可传檄而定,非徒收一胜之功,保守今日而已。此难遏之机,不可失也。"琮不纳。

搜神记曰:建安初,荆州童谣曰:"八九年间始欲衰,至十三年无孑遗。"言自中平以来,[18]荆州独全,及刘表为牧,民又丰乐,至建安八年九年当始衰。始衰者,谓刘表妻死,诸将并零落也。十三年无孑遗者,表当又死,因以丧破也。是时,华容有女子忽啼呼云:"荆州将有大丧。"言语过差,县以为妖言,系狱月馀,忽于狱中哭曰:"刘荆州今日死。"华容去州数百里,即遣马吏验视,而刘表果死,县乃出之。续又歌吟曰:"不意李立为贵人。"后无几,太祖平荆州,以涿郡李立字建贤为荆州刺史。

太祖以琮为青州刺史、封列侯。① 蒯越等侯者十五人。越为光禄勋;② 嵩,大鸿胪;③ 羲,侍中;④ 先,尚书令;其馀多至大官。⑤

① 魏武故事载令曰:"楚有江、汉山川之险,后服先强,与秦争衡,荆州则其故地。刘镇南久用其民矣。身没之后,诸子鼎峙,虽终难全,犹可引日。青州刺史琮,心高志洁,智深虑广,轻荣重义,薄利厚德,蔑万里之业,忽三军之众,笃中正之体,敦今名之誉,上耀先君之遗尘,下图不朽之馀祚;鲍永之弃并州,窦融之离五郡,未足以喻也。虽封列侯一州之位,犹恨此宠未副其人;而比有笺求还州。监史虽尊,秩禄未优。今听所执,表琮为谏议大夫,参同军事。"

② 傅子曰:越,蒯通之后也,深中足智,魁杰有雄姿。大将军何进闻其名,辟为东曹掾。越劝进诛诸阉官,进犹豫不决。越知进必败,求出为汝阳令,佐刘表平定境内,表得以强大。诏书拜章陵太守,封樊亭侯。荆州平,太祖与荀彧书曰:"不喜得荆州,喜得蒯异度耳。"建安十九年卒。临终,与太祖书,托以门户。太祖报书曰:"死者反生,生者不愧。孤少所举,行之多矣。魂而有灵,亦将闻孤此言也。"

③ 先贤行状曰:嵩字德高,义阳人。少好学,贫不改操。知世将乱,不应三公之命,与同好数人隐居于郦西山中。黄巾起,嵩避难南方,刘表逼以为别驾,转从事中郎。表郊祀天地,嵩正谏不从,渐见违忤。奉使到许,事在前注。荆州平,嵩疾病,就在所拜授大鸿胪印绶。

④ 羲,章陵人。

⑤ 零陵先贤传曰:先字始宗,博学强记,尤好黄老言,明习汉家典故。为刘

表别驾,奉章诣许,见太祖。时宾客并会,太祖问先:"刘牧如何郊天地?"先对曰:"刘牧托汉室肺腑,处牧伯之位,而遭王道未平,群凶塞路,抱玉帛而无所聘颊,修章表而不获亲御,是以郊天祀地,昭告赤诚。"太祖曰:"群凶为谁?"先曰:"举目皆是。"太祖曰:"今孤有熊黑之士,步骑十万,奉辞伐罪,谁敢不服?"先曰:"汉道陵迟,群生憔悴,既无忠义之士,翼戴天子,绥宁海内,使万邦归德,而阻兵安忍,曰莫己若,即蚩尤、智伯复见于今也。"太祖嘿然。拜先武陵太守。荆州平,先始为汉尚书,后为魏国尚书令。

先甥同郡周不疑,字元直,零陵人。先贤传称不疑幼有异才,聪明敏达,太祖欲以女妻之,不疑不敢当。太祖爱子仓舒,凤有才智,谓可与不疑为俦。及仓舒卒,太祖心忌不疑,欲除之。文帝谏以为不可,太祖曰:"此人非汝所能驾御也。"乃遣刺客杀之。

挚虞文章志曰:不疑死时年十七,著文论四首。

世语曰:表死后八十馀年,至晋太康中,表冢见发。表及妻身形如生,芬香闻数里。

评曰:董卓狼戾贼忍,暴虐不仁,自书契已来,殆未之有也。[1]袁术奢淫放肆,荣不终己,自取之也。[2]袁绍、刘表,咸有威容、器观,知名当世。表跨蹈汉南,绍鹰扬河朔,然皆外宽内忌,好谋无决,有才而不能用,闻善而不能纳,废嫡立庶,舍礼崇爱,至于后嗣颠蹷,社稷倾覆,非不幸也。昔项羽背范增之谋,以丧其王业;绍之杀田丰,乃甚于羽远矣!

[1]英雄记曰:昔大人见临洮而铜人铸,临洮生卓而铜人毁;世有卓而大乱作,大乱作而卓身灭,抑有以也。

[2]臣松之以为桀、纣无道,秦、莽纵虐,皆多历年所,然后众恶乃著。董卓自窃权柄,至于陨毙,计其月日,未盈三周,而祸崇山岳,毒流四海。其残贼之性,寔豺狼不若。"书契未有",斯言为当。但评既曰"贼忍",又云"不仁",贼忍、不仁,于辞为重。袁术无毫芒之功,纤介之善,而猖狂于时,妄

自尊立,固义夫之所扼腕,人鬼之所同疾。虽复恭俭节用,而犹必覆亡不暇,而评但云"奢淫不终",未足见其大恶。

【校勘记】

〔1〕张咨　咨,原作"资",据后汉书卷七二董卓传、本书卷四六孙坚传改。

〔2〕今海内安稳　今,原作"而",据何焯校本改。

〔3〕若大兵东下　东,原作"来",据何焯校本改。

〔4〕独与素所厚支胡赤儿等五六人相随　支,原作"髮",据何焯校本改。

〔5〕我有讨吕布之功　原脱"讨"字,据册府元龟补。

〔6〕薄击诸贼左髭丈八等　髭,原作"髮",据后汉书卷七四上袁绍传、本书卷八张燕传注改。

〔7〕案此书称沮授之计　沮授,原作"郭图",据三国志集解陈景云说改。

〔8〕且公师武臣力　臣下原衍"竭"字,据何焯、沈家本校本删。

〔9〕身首被枭县之戮　原脱"首"字,据文选卷四四为袁绍檄豫州补。

〔10〕说文曰　原脱"文"字,据三国志集解赵一清说补。

〔11〕自九月至二月　原作"自二月至九月",据后汉书卷七四下袁谭传改。

〔12〕未若太公之忿曹　太,原作"文",据后汉书卷七四下袁谭传改。

〔13〕非强弱之争　之下原衍"事"字,据后汉书卷七四下袁谭传删。

〔14〕我将军亦奉命承旨　原脱"我"字,据李慈铭校本补。

〔15〕而屠各二三其心　屠下原衍"辱"字,据三国志集解陈景云说删。

〔16〕自卿子荣耳　子,原作"文",据何焯校本改。

〔17〕公绪恭　绪,原作"褚",据后汉书卷六七党锢传改。

〔18〕言自中平以来　平,原作"兴",据三国志集解陈景云说改。

三国志卷七　魏书七

吕布(张邈)臧洪传第七

吕布字奉先,五原郡九原人也。以骁武给并州。刺史丁原为骑都尉,屯河内,以布为主簿,大见亲待。灵帝崩,原将兵诣洛阳。①与何进谋诛诸黄门,拜执金吾。进败,董卓入京都,将为乱,欲杀原,并其兵众。卓以布见信于原,诱布令杀原。布斩原首诣卓,卓以布为骑都尉,甚爱信之,誓为父子。

①英雄记曰:原字建阳。本出自寒家,为人粗略,有武勇,善骑射。为南县吏,受使不辞难,有警急,追寇虏,辄在其前。裁知书,少有吏用。

布便弓马,膂力过人,号为飞将。稍迁至中郎将,封都亭侯。卓自以遇人无礼,恐人谋己,行止常以布自卫。然卓性刚而褊,忿不思难,尝小失意,拔手戟掷布。布拳捷避之,①为卓顾谢,卓意亦解。由是阴怨卓。卓常使布守中阁,布与卓侍婢私通,恐事发觉,心不自安。

①诗曰:"无拳无勇,职为乱阶。"注:"拳,力也。"

先是,司徒王允以布州里壮健,厚接纳之。后布诣允,陈卓几

183

见杀状。时允与仆射士孙瑞密谋诛卓，是以告布使为内应。布曰："奈如父子何！"允曰："君自姓吕，本非骨肉。今忧死不暇，何谓父子？"布遂许之，手刃刺卓。语在卓传。允以布为奋武将军，[1]假节，仪比三司，进封温侯，共秉朝政。布自杀卓后，畏恶凉州人，凉州人皆怨。由是李傕等遂相结还攻长安城。① 布不能拒，傕等遂入长安。卓死后六旬，布亦败。② 将数百骑出武关，欲诣袁术。

① 英雄记曰：郭汜在城北。布开城门，将兵就汜，言"且却兵，但身决胜负"。汜、布乃独共对战，布以矛刺中汜，汜后骑遂前救汜，汜、布遂各两罢。

② 臣松之案英雄记曰：诸书，布以四月二十三日杀卓，六月一日败走，时又无闰，不及六旬。

布自以杀卓为术报雠，欲以德之。术恶其反覆，拒而不受。北诣袁绍，绍与布击张燕于常山。燕精兵万馀，骑数千。布有良马曰赤兔。① 常与其亲近成廉、魏越等陷锋突陈，遂破燕军。而求益兵众，将士钞掠，绍患忌之。布觉其意，从绍求去。绍恐还为己害，遣壮士夜掩杀布，不获。事露，布走河内，②与张杨合。绍令众追之，皆畏布，莫敢逼近者。③

① 曹瞒传曰：时人语曰："人中有吕布，马中有赤兔。"

② 英雄记曰：布自以有功于袁氏，轻傲绍下诸将，以为擅相署置，不足贵也。布求还洛，绍假布领司隶校尉。外言当道，内欲杀布。明日当发，绍遣甲士三十人，辞以送布。布使止于帐侧，伪使人于帐中鼓筝。绍兵卧，布无何出帐去，而兵不觉。夜半兵起，乱斫布床被，谓为已死。明日，绍讯问，知布尚在，乃闭城门。布遂引去。

③ 英雄记曰：杨及部曲诸将，皆受傕、汜购募，共图布。布闻之，谓杨曰："布，卿州里也。卿杀布，于卿弱。不如卖布，可极得汜、傕爵宠。"杨于是外许汜、傕，内实保护布。汜、傕患之，更下大封诏书，以布为颍川太守。

张邈字孟卓，东平寿张人也。少以侠闻，振穷救急，倾家无爱，士多归之。<u>太祖</u>、<u>袁绍</u>皆与<u>邈</u>友。辟公府，以高第拜骑都尉，迁<u>陈留</u>太守。<u>董卓</u>之乱，<u>太祖</u>与<u>邈</u>首举义兵。<u>汴水</u>之战，<u>邈</u>遣<u>卫兹</u>将兵随<u>太祖</u>。<u>袁绍</u>既为盟主，有骄矜色，<u>邈</u>正议责<u>绍</u>。<u>绍</u>使<u>太祖</u>杀<u>邈</u>，<u>太祖</u>不听，责<u>绍</u>曰："<u>孟卓</u>，亲友也，是非当容之。今天下未定，不宜自相危也。"<u>邈</u>知之，益德<u>太祖</u>。<u>太祖</u>之征<u>陶谦</u>，敕家曰："我若不还，往依<u>孟卓</u>。"后还，见<u>邈</u>，垂泣相对。其亲如此。

　　<u>吕布</u>之舍<u>袁绍</u>从<u>张杨</u>也，过<u>邈</u>临别，把手共誓。<u>绍</u>闻之，大恨。<u>邈</u>畏<u>太祖</u>终为<u>绍</u>击己也，心不自安。<u>兴平</u>元年，<u>太祖</u>复征<u>谦</u>，<u>邈</u>弟<u>超</u>，与<u>太祖</u>将<u>陈宫</u>、从事中郎<u>许汜</u>、<u>王楷</u>共谋叛<u>太祖</u>。<u>宫</u>说<u>邈</u>曰："今雄杰并起，天下分崩，君以千里之众，当四战之地，抚剑顾眄，亦足以为人豪，而反制于人，不以鄙乎！今州军东征，其处空虚，<u>吕布</u>壮士，善战无前，若权迎之，共牧<u>兖州</u>，观天下形势，俟时事之变通，此亦纵横之一时也。"<u>邈</u>从之。<u>太祖</u>初使<u>宫</u>将兵留屯<u>东郡</u>，遂以其众东迎<u>布</u>为<u>兖州</u>牧，据<u>濮阳</u>。郡县皆应，唯<u>鄄城</u>、<u>东阿</u>、<u>范</u>为<u>太祖</u>守。<u>太祖</u>引军还，与<u>布</u>战于<u>濮阳</u>，<u>太祖</u>军不利，相持百馀日。是时岁旱、虫蝗、少谷，百姓相食，<u>布</u>东屯<u>山阳</u>。二年间，<u>太祖</u>乃尽复收诸城，击破<u>布</u>于<u>钜野</u>。<u>布</u>东奔<u>刘备</u>。[1]<u>邈</u>从<u>布</u>，留<u>超</u>将家属屯<u>雍丘</u>。<u>太祖</u>攻围数月，屠之，斩<u>超</u>及其家。<u>邈</u>诣<u>袁术</u>请救未至，自为其兵所杀。[2]

[1] <u>英雄记</u>曰：<u>布</u>见<u>备</u>，甚敬之，谓<u>备</u>曰："我与卿同边地人也。<u>布</u>见<u>关东</u>起兵，欲诛<u>董卓</u>。<u>布</u>杀<u>卓</u>东出，<u>关东</u>诸将无安<u>布</u>者，皆欲杀<u>布</u>耳。"请<u>备</u>于帐中坐妇床上，令妇向拜，酌酒饮食，名<u>备</u>为弟。<u>备</u>见<u>布</u>语言无常，外然之而内不说。

[2] <u>献帝春秋</u>曰：<u>袁术</u>议称尊号，<u>邈</u>谓<u>术</u>曰："<u>汉</u>据火德，绝而复扬，德泽丰流，诞生明公。公居轴处中，入则享于上席，出则为众目之所属，<u>华</u>、<u>霍</u>不能增其高，渊泉不能同其量，可谓巍巍荡荡，无与为贰。何为舍此而欲称制？恐福不盈眦，祸将溢世。<u>庄周</u>之称郊祭牺牛，养饲经年，衣以文绣，宰

执鸾刀,以入庙门,当此之时,求为孤犊不可得也!”

按本传,邈诣术,未至而死。而此云谦称尊号,未详孰是。

备东击术,布袭取下邳,备还归布。布遣备屯小沛。布自称徐州刺史。①术遣将纪灵等步骑三万攻备,备求救于布。布诸将谓布曰:“将军常欲杀备,今可假手于术。”布曰:“不然。术若破备,则北连太山诸将,吾为在术围中,不得不救也。”便严步兵千、骑二百,驰往赴备。灵等闻布至,皆敛兵不敢复攻。布于沛西南一里安屯,遣铃下请灵等,灵等亦请布共饮食。布谓灵等曰:“玄德,布弟也。弟为诸君所困,故来救之。布性不喜合斗,但喜解斗耳。”布令门候于营门中举一只戟,布言:“诸君观布射戟小支,一发中者诸君当解去,不中可留决斗。”布举弓射戟,正中小支。诸将皆惊,言“将军天威也”!明日复欢会,然后各罢。

①英雄记曰:布初入徐州,书与袁术。术报书曰:“昔董卓作乱,破坏王室,祸害术门户,术举兵关东,未能屠裂卓。将军诛卓,送其头首,为术扫灭雠耻,使术明目于当世,死生不愧,其功一也。昔将金元休向兖州,甫诣封丘,[2]为曹操逆所拒破,流离迸走,几至灭亡。将军破兖州,术复明目于遐迩,其功二也。术生年已来,不闻天下有刘备,备乃举兵与术对战;术凭将军威灵,得以破备,其功三也。将军有三大功在术,术虽不敏,奉以生死。将军连年攻战,军粮苦少,今送米二十万斛,迎逢道路,非直此止,当骆驿复致;若兵器战具,它所乏少,大小唯命。”布得书大喜,遂造下邳。

典略曰:元休名尚,京兆人也。尚与同郡韦休甫、第五文休俱著名,号为三休。尚,献帝初为兖州刺史,东之郡,而太祖已临兖州。尚南依袁术。术僭号,欲以尚为太尉,不敢显言,私使人讽之,尚无屈意,术亦不敢强也。建安初,尚逃还,为术所害。其后尚丧与太傅马日磾丧俱至京师,天子嘉尚忠烈,为之咨嗟,诏百官吊祭,拜子玮郎中,而日磾不与焉。

英雄记曰:布水陆东下,军到下邳西四十里。备中郎将丹杨许耽夜遣司马章诳来诣布,言"张益德与下邳相曹豹共争,益德杀豹,城中大乱,不相信。丹杨兵有千人屯西白门城内,闻将军来东,大小踊跃,如复更生。将军兵向城西门,丹杨军便开门内将军矣"。布遂夜进,晨到城下。天明,丹杨兵悉开门内布兵。布于门上坐,步骑放火,大破益德兵,获备妻子军资及部曲将吏士家口。建安元年六月夜半时,布将河内郝萌反,将兵入布所治下邳府,诣厅事阁外,同声大呼攻阁,阁坚不得入。布不知反者为谁,直牵妇,科头袒衣,相将从溷上排壁出,诣都督高顺营,直排顺门入。顺问:"将军有所隐不?"布言"河内儿声"。顺言"此郝萌也"。顺即严兵入府,弓弩并射萌众;萌众乱走,天明还故营。萌将曹性反萌,与对战,萌刺伤性,性斫萌一臂。顺斫萌首,床舆性,送诣布。布问性,言"萌受袁术谋"。"谋者悉谁?"性言"陈宫同谋"。时宫在坐上,面赤,傍人悉觉之。布以宫大将,不问也。性言"萌常以此问,性言吕将军大将有神,不可击也,不意萌狂惑不止。"布谓性曰:"卿健儿也!"善养视之。创愈,使安抚萌故营,领其众。

术欲结布为援,乃为子索布女,布许之。术遣使韩胤以僭号议告布,并求迎妇。沛相陈珪恐术、布成婚,则徐、扬合从,将为国难,于是往说布曰:"曹公奉迎天子,辅赞国政,威灵命世,将征四海,将军宜与协同策谋,图太山之安。今与术结婚,受天下不义之名,必有累卵之危。"布亦怨术初不已受也,女已在涂,追还绝婚,械送韩胤,枭首许市。珪欲使子登诣太祖,布不肯遣。会使者至,拜布左将军。布大喜,即听登往,并令奉章谢恩。①登见太祖,因陈布勇而无计,轻于去就,宜早图之。太祖曰:"布,狼子野心,诚难久养,非卿莫能究其情也。"即增珪秩中二千石,拜登广陵太守。临别,太祖执登手曰:"东方之事,便以相付。"令登阴合部众以为内应。

187

①英雄记曰:初,天子在河东,有手笔版书召布来迎。布军无畜积,不能自致,遣使上书。朝廷以布为平东将军,封平陶侯。使人于山阳界亡失文字,太祖又手书厚加慰劳布,说起迎天子,当平定天下意,并诏书购捕公

孙瓒、袁术、韩暹、杨奉等。布大喜,复遣使上书于天子曰:"臣本当迎大驾,知曹操忠孝,奉迎都许。臣前与操交兵,今操保傅陛下,臣为外将,欲以兵自随,恐有嫌疑,是以待罪徐州,进退未敢自宁。"答太祖曰:"布获罪之人,分为诛首,手命慰劳,厚见褒奖。重见购捕袁术等诏书,布当以命为效。"太祖更道奉车都尉王则为使者,赍诏书,又封平东将军印绶来拜布。太祖又手书与布曰:"山阳屯送将军所失大封,国家无好金,孤自取家好金更相为作印,国家无紫绶,自取所带紫绶以籍心。将军所使不良。袁术称天子,将军止之,而使不通章。朝廷信将军,使复重上,以相明忠诚。"布乃遣登奉章谢恩,并以一好绶答太祖。

始,布因登求徐州牧,登还,布怒,拔戟斫几曰:"卿父劝吾协同曹公,绝婚公路;今吾所求无一获,而卿父子并显重,为卿所卖耳!卿为吾言,其说云何?"登不为动容,徐喻之曰:"登见曹公言:'待将军譬如养虎,当饱其肉,不饱则将噬人。'公曰:'不如卿言也。譬如养鹰,饥则为用,饱则扬去。'其言如此。"布意乃解。

术怒,与韩暹、杨奉等连势,遣大将张勋攻布。布谓珪曰:"今致术军,卿之由也,为之奈何?"珪曰:"暹、奉与术,卒合之军耳,策谋不素定,不能相维持,子登策之,比之连鸡,势不俱栖,可解离也。"布用珪策,遣人说暹、奉,使与己并力共击术军,军资所有,悉许暹、奉。于是暹、奉从之,勋大破败。①

① 九州春秋载布与暹、奉书曰:"二将军拔大驾来东,有元功于国,当书勋竹帛,万世不朽。今袁术造逆,当共诛讨,奈何与贼臣还共伐布?布有杀董卓之功,与二将俱为功臣,可因今共击破术,建功于天下,此时不可失也。"暹、奉得书,即回计从布。布进军,去勋等营百步,暹、奉兵同时并发,斩十将首,杀伤堕水死者不可胜数。

英雄记曰:布后又与暹、奉二军向寿春,水陆并进,所过虏略。到锺离,大获而还。既渡淮北,留书与术曰:"足下恃军强盛,常言猛将武士,欲相吞灭,每抑止之耳!布虽无勇,虎步淮南,一时之间,足下鼠窜寿春,无出头者。猛将武士,为悉何在?足下喜为大言以诬天下,天下之人安可尽诬?

古者兵交,使在其间,造策者非布先唱也。相去不远,可复相闻。"布渡毕,术自将步骑五千扬兵淮上,布骑皆于水北大咄笑之而还。时有东海萧建为琅邪相,治莒,保城自守,不与布通。布与建书曰:"天下举兵,本以诛董卓耳。布杀卓,来诣关东,欲求兵西迎大驾,光复洛京,诸将自还相攻,莫肯念国。布,五原人也,去徐州五千馀里,乃在天西北角,今不来共争天东南之地。莒与下邳相去不远,宜当共通。君如自遂以为郡郡作帝,县县自王也!昔乐毅攻齐,呼吸下齐七十馀城,唯莒、即墨二城不下,所以然者,中有田单故也。布虽非乐毅,君亦非田单,可取布书与智者详共议之。"建得书,即遣主簿赍笺上礼,贡良马五匹。建寻为臧霸所袭破,得建资实。布闻之,自将步骑向莒。高顺谏曰:"将军躬杀董卓,威震夷狄,端坐顾盼,远近自然畏服,不宜轻自出军;如或不捷,损名非小。"布不从。霸畏布钞暴,[3]果登城拒守。布不能拔,引还下邳。霸后复与布和。

建安三年,布复叛为术,遣高顺攻刘备于沛,破之。太祖遣夏侯惇救备,为顺所败。太祖自征布,至其城下,遗布书,为陈祸福。布欲降,陈宫等自以负罪深,沮其计。① 布遣人求救于术,自将千馀骑出战,[4]败走,还保城,不敢出。② 术亦不能救。布虽骁猛,然无谋而多猜忌,不能制御其党,但信诸将。诸将各异意自疑,故每战多败。太祖堑围之三月,上下离心,其将侯成、宋宪、魏续缚陈宫,将其众降。③布与其麾下登白门楼。兵围急,乃下降。遂生缚布,布曰:"缚太急,小缓之。"太祖曰:"缚虎不得不急也。"布请曰:"明公所患不过于布,今已服矣,天下不足忧。明公将步,令布将骑,则天下不足定也。"太祖有疑色。刘备进曰:"明公不见布之事丁建阳及董太师乎!"太祖颔之。布因指备曰:"是儿最叵信者。"④于是缢杀布。布与宫、顺等皆枭首送许,然后葬之。⑤

①献帝春秋曰:太祖军至彭城。陈宫谓布:"宜逆击之,以逸击劳,无不克也。"布曰:"不如待其来攻,縻著泗水中。"及太祖军攻之急,布于白门楼

上谓军士曰:"卿曹无相困,我当自首明公。"〔5〕陈宫曰:"逆贼曹操,何等明公! 今日降之,若卵投石,岂可得全也! "

②英雄记曰:布遣许汜、王楷告急于术。术曰:"布不与我女,理自当败,何为复来相闻邪?"汜、楷曰:"明上今不救布,为自败耳! 布破,明上亦破也。"术时僭号,故呼为明上。术乃严兵为布作声援。布恐术为女不至,故不遣兵救也,以绵缠女身,缚著马上,夜自送女出与术,与太祖守兵相触,格射不得过,复还城。布欲令陈宫、高顺守城,自将骑断太祖粮道。布妻谓曰:"将军自出断曹公粮道是也。宫、顺素不和,将军一出,宫、顺必不同心共城守也,如有蹉跌,将军当于何自立乎?愿将军谛计之,无为宫等所误也。妾昔在长安,已为将军所弃,赖得庞舒私藏妾身耳,今不须顾妾也。"布得妻言,愁闷不能决。

魏氏春秋曰:陈宫谓布曰:"曹公远来,势不能久。若将军以步骑出屯,为势于外,宫将馀众闭守于内,若向将军,宫引兵而攻其背,若来攻城,将军为救于外。不过旬日,军食必尽,击之可破。"布然之。布妻曰:"昔曹氏待公台如赤子,犹舍而来。今将军厚公台不过于曹公,而欲委全城,捐妻子,孤军远出,若一旦有变,妾岂得为将军妻哉! "布乃止。

③九州春秋曰:初,布骑将侯成遣客牧马十五匹,客悉驱马去,向沛城,欲归刘备。成自将骑逐之,悉得马还。诸将合礼贺成,成酿五六斛酒,猎得十馀头猪,未饮食,先持半猪五斗酒自入诣布前,跪言:"间蒙将军恩,逐得所失马,诸将来相贺,自酿少酒,猎得猪,未敢饮食,先奉上微意。"布大怒曰:"布禁酒,卿酿酒,诸将共饮食作兄弟,共谋杀布邪?"成大惧而去,弃所酿酒,还诸将礼。由是自疑,会太祖围下邳,成遂领众降。

④英雄记曰:布谓太祖曰:"布待诸将厚也,诸将临急皆叛布耳。"太祖曰:"卿背妻,爱诸将妇,何以为厚?"布默然。

献帝春秋曰:布问太祖:"明公何瘦?"太祖曰:"君何以识孤?"布曰:"昔在洛,会温氏园。"太祖曰:"然。孤忘之矣。所以瘦,恨不早相得故也。"布曰:"齐桓舍射钩,使管仲相;今使布竭股肱之力,为公前驱,可乎?"布缚急,谓刘备曰:"玄德,卿为坐客,我为执虏,不能一言以相宽乎?"太祖笑曰:"何不相语,而诉明使君乎?"意欲活之,命使宽缚。主簿王必趋进曰:"布,勍虏也。其众近在外,不可宽也。"太祖曰:"本欲相缓,主簿复不听,如之何?"

⑤英雄记曰:顺为人清白有威严,不饮酒,不受馈遗。所将七百馀兵,号为千人,铠甲斗具皆精练齐整,每所攻击无不破者,名为陷陈营。顺每谏布,言"凡破家亡国,非无忠臣明智者也,但患不见用耳。将军举动,不肯详思,辄喜言误,误不可数也"。布知其忠,然不能用。布从郝萌反后,更疏顺。以魏续有外内之亲,悉夺顺所将兵以与续。及当攻战,故令顺将续所领兵,顺亦终无恨意。

太祖之禽宫也,问宫欲活老母及女不,宫对曰:"宫闻孝治天下者不绝人之亲,仁施四海者不乏人之祀,老母在公,不在宫也。"太祖召养其母终其身,嫁其女。①

①鱼氏典略曰:陈宫字公台,东郡人也。刚直烈壮,少与海内知名之士皆相连结。及天下乱,始随太祖,后自疑,乃从吕布,为布画策,布每不从其计。下邳败,军士执布及宫,太祖皆见之,与语平生,故布有求活之言。太祖谓宫曰:"公台,卿平常自谓智计有馀,今竟何如?"宫顾指布曰:"但坐此人不从宫言,以至于此。若其见从,亦未必为禽也。"太祖笑曰:"今日之事当云何?"宫曰:"为臣不忠,为子不孝,死自分也。"太祖曰:"卿如是,奈卿老母何?"宫曰:"宫闻将以孝治天下者不害人之亲,老母之存否,在明公也。"太祖曰:"若卿妻子何?"宫曰:"宫闻将施仁政于天下者不绝人之祀,妻子之存否,亦在明公也。"太祖未复言。宫曰:"请出就戮,以明军法。"遂趋出,不可止。太祖泣而送之,宫不还顾。宫死后,太祖待其家皆厚如初。

陈登者,字元龙,在广陵有威名。又挢角吕布有功,加伏波将军,年三十九卒。后许汜与刘备并在荆州牧刘表坐,表与备共论天下人,汜曰:"陈元龙湖海之士,豪气不除。"备谓表曰:"许君论是非?"表曰:"欲言非,此君为善士,不宜虚言;欲言是,元龙名重天下。"备问汜:"君言豪,宁有事邪?"汜曰:"昔遭乱过下邳,见元龙。

元龙无客主之意，久不相与语，自上大床卧，使客卧下床。"备曰：
"君有国士之名，今天下大乱，帝主失所，望君忧国忘家，有救世之
意，而君求田问舍，言无可采，是元龙所讳也，何缘当与君语？如小
人，欲卧百尺楼上，卧君于地，何但上下床之间邪？"表大笑。备因
言曰："若元龙文武胆志，当求之于古耳，造次难得比也。"①

①先贤行状曰：登忠亮高爽，沈深有大略，少有扶世济民之志。博览载籍，
雅有文艺，旧典文章，莫不贯综。年二十五，举孝廉，除东阳长，养耆育
孤，视民如伤。是时，世荒民饥，州牧陶谦表登为典农校尉，乃巡土田之
宜，尽凿溉之利，粳稻丰积。奉使到许，太祖以登为广陵太守，令阴合众
以图吕布。登在广陵，明审赏罚，威信宣布。海贼薛州之群万有馀户，束
手归命。未及期年，功化以就，百姓畏而爱之。登曰："此可用矣。"太祖
到下邳，登率郡兵为军先驱。时登诸弟在下邳城中，布乃质执登三弟，欲
求和同。登执意不挠，进围日急。布刺奸张弘，惧于后累，夜将登三弟出
就登。布既伏诛，登以功加拜伏波将军，甚得江、淮间欢心，于是有吞灭
江南之志。孙策遣军攻登于匡琦城。贼初到，旌甲覆水，群下咸以今贼众
十倍于郡兵，恐不能抗，可引军避之，与其空城。水人居陆，不能久处，必
寻引去。登厉声曰："吾受国命，来镇此土。昔马文渊之在斯位，能南平百
越，北灭群狄，吾既不能遏除凶慝，何逃寇之为邪！吾其出命以报国，仗
义以整乱，天道与顺，克之必矣。"乃闭门自守，示弱不与战，将士衔声，
寂若无人。登乘城望形势，知其可击。乃申令将士，宿整兵器，昧爽，开南
门，引军诣贼营，步骑钞其后。贼周章，方结陈，不得还船。登手执军鼓，
纵兵乘之，贼遂大破，皆弃船逆走。登乘胜追奔，斩虏以万数。贼忿丧军，
寻复大兴兵向登。登以兵不敌，使功曹陈矫求救于太祖。登密去城十里
治军营处所，令多取柴薪，两束一聚，相去十步，纵横成行，令夜俱起火，
火然其聚。城上称庆，若大军到！贼望火惊溃，登勒兵追奔，斩首万级。迁
登为东城太守。广陵吏民佩其恩德，共拔郡随登。老弱襁负而追之。登
晓语令还，曰："太守在卿郡，频致吴寇，幸而克济。诸卿何患无令君乎？"
孙权遂跨有江外。太祖每临大江而叹，恨不早用陈元龙计，而令封豕养
其爪牙。文帝追美登功，拜登息肃为郎中。

臧洪字子源，广陵射阳人也。父旻，历匈奴中郎将、中山、太原太守，所在有名。①洪体貌魁梧，有异于人，举孝廉为郎。时选三署郎以补县长；瑯邪赵昱为莒长，东莱刘繇下邑长，东海王朗菑丘长，洪即丘长。灵帝末，弃官还家，太守张超请洪为功曹。

①谢承后汉书曰：旻有干事才，达于从政，为汉良吏。初从徐州从事辟司徒府，除卢奴令，冀州举尤异，迁扬州刺史、丹杨太守。是时边方有警，羌、胡出寇，三府举能，迁旻匈奴中郎将。讨贼有功，征拜议郎，还京师。见太尉袁逢，逢问其西域诸国土地、风俗、人物、种数。旻具答言西域本三十六国，后分为五十五，稍散至百馀国；其国大小，道里近远，人数多少，风俗燥湿，山川、草木、鸟兽、异物名种，不与中国同者，悉口陈其状，手画地形。逢奇其才，叹息言："虽班固作西域传，何以加此？"旻转拜长水校尉，终太原太守。

董卓杀帝，图危社稷，洪说超曰："明府历世受恩，兄弟并据大郡，今王室将危，贼臣未枭，此诚天下义烈报恩效命之秋也。今郡境尚全，吏民殷富，若动枹鼓，可得二万人，以此诛除国贼，为天下倡先，义之大者也。"超然其言，与洪西至陈留，见兄邈计事。邈亦素有心，会于酸枣，邈谓超曰："闻弟为郡守，政教威恩，不由己出，动任臧洪，洪者何人？"超曰："洪才略智数优超，超甚爱之，海内奇士也。"邈即引见洪，与语大异之。致之于刘兖州公山、孔豫州公绪，皆与洪亲善。乃设坛场，方共盟誓，诸州郡更相让，莫敢当，咸共推洪。洪乃升坛操槃歃血而盟曰："汉室不幸，皇纲失统，贼臣董卓乘衅纵害，祸加至尊，虐流百姓，大惧沦丧社稷，翦覆四海。兖州刺史岱、豫州刺史伷、陈留太守邈、东郡太守瑁、广陵太守超等，纠合义兵，并赴国难。凡我同盟，齐心戮力，以致臣节，殒首丧元，必无二志。有渝此盟，俾坠其命，无克遗育。皇天后土，祖宗明灵，实皆鉴之!"洪辞气慷慨,涕泣横下,闻其言者,虽卒伍厮养,莫不激扬,人思致节。①顷之,诸军莫适先进,而食尽众散。

①臣松之案:于时此盟止有刘岱等五人而已。魏氏春秋横内刘表等数人,皆非事实。表保据江、汉,身未尝出境,何由得与洪同坛而盟乎?

超遣洪诣大司马刘虞谋,值公孙瓒之难,至河间,遇幽、冀二州交兵,使命不达。而袁绍见洪,又奇重之,与结分合好。会青州刺史焦和卒,绍使洪领青州以抚其众。①洪在州二年,群盗奔走。绍叹其能,徙为东郡太守,治东武阳。

①九州春秋曰:初平中,焦和为青州刺史。是时英雄并起,黄巾寇暴,和务及同盟,俱在京畿,不暇为民保障,引军逾河而西。未久而袁、曹二公与卓将战于荥阳,败绩。黄巾遂广,屠裂城邑。和不能御,然军器尚利,战士尚众,而耳目侦逻不设,恐动之言妄至,望寇奔走,未尝接风尘交旗鼓也。欲作陷冰九沈河,令贼不得渡,祷祈群神,求用兵必利,著筮常陈于前,巫祝不去于侧;入见其清谈干云,出则浑乱,命不可知。州遂萧条,悉与丘墟也。

太祖围张超于雍丘,超言:"唯恃臧洪,当来救吾。"众人以为袁、曹方睦,而洪为绍所表用,必不败好招祸,远来赴此。超曰:"子源,天下义士,终不背本者,但恐见禁制,不相及逮耳。"洪闻之,果徒跣号泣,并勒所领兵,又从绍请兵马,求欲救超,而绍终不听许。超遂族灭。洪由是怨绍,绝不与通。绍兴兵围之,历年不下。绍令洪邑人陈琳书与洪,喻以祸福,责以恩义。洪答曰:

　　隔阔相思,发于寤寐。幸相去步武之间耳,而以趣舍异规,不得相见,其为怆恨,可为心哉!前日不遗,比辱雅贶,述叙祸福,公私切至。所以不即奉答者,既学薄才钝,不足塞诘;亦以吾子携负侧室,息肩主人,家在东州,仆为仇敌。以是事人,虽披中情,堕肝胆,犹身疏有罪,言甘见怪,方首尾不救,何能恤人？且以子之才，穷该典籍，岂将暗于大道，不达余趣哉！然犹复云云者，仆以是知足下之言，信不由衷，将以救祸也。必欲算计长短，辩谮是非，是非之论，言满天下，陈之更不明，不言无所损。又言伤告绝之义，非吾所忍行也，是以捐弃纸笔，一无所答。亦冀遥忖其心，知其计定，不复渝变也。重获来命，援引古今，纷纭六纸，虽欲不言，焉得已哉！

仆小人也，本因行役，寇窃大州，恩深分厚，宁乐今日自还接刃！每登城勒兵，望主人之旗鼓，感故友之周旋，抚弦搦矢，不觉流涕之覆面也。何者？自以辅佐主人，无以为悔。主人相接，过绝等伦。当受任之初，自谓究竟大事，共尊王室。岂悟天子不悦，本州见侵，郡将遘<u>牖里</u>之厄，<u>陈留</u>克创兵之谋，谋计栖迟，丧忠孝之名，杖策携背，亏交友之分。揆此二者，与其不得已，丧忠孝之名与亏交友之道，轻重殊涂，亲疏异画，故便收泪告绝。若使主人少垂故人，住者侧席，去者克己，不汲汲于离友，信刑戮以自辅，则仆抗<u>季札</u>之志，不为今日之战矣。何以效之？昔<u>张景明</u>亲登坛唼血，奉辞奔走，卒使<u>韩</u>牧让印，主人得地；然后但以拜章朝主，赐爵获传之故，旋时之间，不蒙观过之贷，而受夷灭之祸。[1]<u>吕奉先</u>讨<u>卓</u>来奔，请兵不获，告去何罪？复见斫刺，滨于死亡。<u>刘子璜</u>奉使逾时，辞不获命，畏威怀亲，以诈求归，可谓有志忠孝，无损霸道者也；然辄僵毙麾下，不蒙亏除。[2]仆虽不敏，又素不能原始见终，睹微知著，窃度主人之心，岂谓三子宜死，罚当刑中哉？实且欲一统<u>山东</u>，增兵讨雠，惧战士狐疑，无以沮劝，故抑废王命以崇承制，慕义者蒙荣，待放者被戮，此乃主人之利，非游士之愿也。故仆鉴戒前人，困穷死战。仆虽下愚，亦尝闻君子之言矣。此实非吾心也，乃主人招焉。凡吾所以背弃国民，用命此城者，正以君子之违,不适敌国故也。是以获罪主人,见攻逾时,而足下更引此义以为吾规,无乃辞同趋异,非君子所为休戚者哉!

吾闻之也,义不背亲,忠不违君,故东宗本州以为亲援,中扶郡将以安社稷,一举二得以徼忠孝,何以为非?而足下欲使吾轻本破家,均君主人。主人之于我也,年为吾兄,分为笃友,道乖告去,以安君亲,可谓顺矣。若子之言,则包胥宜致命于伍员,不当号哭于秦庭矣。苟区区于攘患,不知言乖乎道理矣。足下或者见城围不解,救兵未至,感婚姻之义,惟平生之好,以屈节而苟生,胜守义而倾覆也。昔晏婴不降志于白刃,南史不曲笔以求生,故身著图象,名垂后世,况仆据金城之固,驱士民之力,散三年之畜,以为一年之资,匮困补乏,以悦天下,何图筑室反耕哉!但惧秋风扬尘,伯珪马首南向,张杨、飞燕,膂力作难,北鄙将告倒县之急,股肱奏乞归之诚耳。主人当鉴我曹辈,反旆退师,治兵邺垣,何宜久辱盛怒,暴威于吾城下哉?足下讥吾恃黑山以为救,独不念黄巾之合从邪!加飞燕之属悉以受王命矣。昔高祖取彭越于钜野,光武创基兆于绿林,卒能龙飞中兴,以成帝业,苟可辅主兴化,夫何嫌哉!况仆亲奉玺书,与之从事。

行矣孔璋!足下徼利于境外,臧洪授命于君亲;吾子托身于盟主,臧洪策名于长安。子谓余身死而名灭,仆亦笑子生死而无闻焉,悲哉!本同而末离,努力努力,夫复何言!

① 臣松之案英雄记云:"袁绍使张景明、郭公则、高元才等说韩馥,使让冀州。"然则馥之让位,[6]景明亦有其功。其馀之事未详。

② 臣松之案:公孙瓒表列绍罪过云:"绍与故虎牙将军刘勋首共造兵,勋仍有效,而以小念枉害于勋,绍罪七也。"疑此是子璜也。

绍见洪书,知无降意,增兵急攻。城中粮谷以尽,外无强救,洪自度必不免,呼吏士谓曰:"袁氏无道,所图不轨,且不救洪郡将。洪于大义,不得不死,念诸君无事空与此祸!可先城未败,将妻子出。"将吏士民皆垂泣曰:"明府与袁氏本无怨隙,今为本朝郡将之故,自致残困,吏民何忍当舍明府去也!"初尚掘鼠煮筋角,后无可复食者。主簿启内厨米三斗,请中分稍以为麋粥,洪叹曰:"独食此何为!"使作薄粥,众分歠之,杀其爱妾以食将士。将士咸流涕,无能仰视者。男女七八千人相枕而死,莫有离叛。

城陷,绍生执洪。绍素亲洪,盛施帏幔,大会诸将见洪,谓曰:"臧洪,何相负若此!今日服未?"洪据地瞋目曰:"诸袁事汉,四世五公,可谓受恩。今王室衰弱,无扶翼之意,欲因际会,希冀非望,多杀忠良以立奸威。洪亲见呼张陈留为兄,则洪府君亦宜为弟,同共戮力,为国除害,何为拥众观人屠灭!惜洪力劣,不能推刃为天下报仇,何谓服乎!"绍本爱洪,意欲令屈服,原之;见洪辞切,知终不为己用,乃杀之。[1]洪邑人陈容少为书生,亲慕洪,随洪为东郡丞;城未败,洪遣出。绍令在坐,见洪当死,起谓绍曰:"将军举大事,欲为天下除暴,而专先诛忠义,岂合天意!臧洪发举为郡将,奈何杀之!"绍惭,左右使人牵出,谓曰:"汝非臧洪俦,空复尔为!"容顾曰:"夫仁义岂有常,蹈之则君子,背之则小人。今日宁与臧洪同日而死,不与将军同日而生!"复见杀。在绍坐者无不叹息,窃相谓曰:"如何一日杀二烈士!"先是,洪遣司马二人出,求救于吕布;比还,城已陷,皆赴敌死。

[1]徐众三国评曰:洪敦天下名义,救旧君之危,其恩足以感人情,义足以励薄俗。然袁亦知己亲友,致位州郡,虽非君臣,且实盟主,既受其命,义不应贰。袁、曹方睦,夹辅王室,吕布反覆无义,志在逆乱,而邈、超擅立布为州牧,其于王法,乃一罪人也。曹公讨之,袁氏弗救,未为非理也。洪本不当就袁请兵,又不当还为怨雠。为洪计者,苟力所不足,可奔他国以求

赴救,若谋力未展以待事机,则宜徐更观衅,效死于超。何必誓守穷城而无变通,身死殄民,功名不立,良可哀也!

评曰:吕布有虓虎之勇,而无英奇之略,轻狡反覆,唯利是视。自古及今,未有若此不夷灭也。昔汉光武谬于庞萌,近魏太祖亦蔽于张邈。知人则哲,唯帝难之,信矣!陈登、臧洪并有雄气壮节,登降年夙陨,功业未遂,洪以兵弱敌强,烈志不立,惜哉!

【校勘记】

〔1〕允以布为奋武将军　武,原作"威"。宋书卷三九百官上:"奋武将军,后汉末,吕布为之。"今从之。

〔2〕甫诣封丘　丘,原作"部",据后汉书卷七五张邈传改。

〔3〕霸畏布钞暴　布下原衍"引还"二字,据何焯校本删。

〔4〕自将千馀骑出战　自上原衍"术"字,据殿本考证卢明楷说删。

〔5〕我当自首明公　当自首,原作"自首当",据何焯校本改。

〔6〕然则馥之让位　原脱"则"字,据后汉书卷五八臧洪传补。

三国志卷八　魏书八

二公孙陶四张传第八

公孙瓒字伯珪,辽西令支人也。令音郎定反。支音其兒反。为郡门下书佐。有姿仪,大音声,侯太守器之,以女妻焉,①遣诣涿郡卢植读经。后复为郡吏。刘太守坐事征诣廷尉,瓒为御车,身执徒养。及刘徙日南,瓒具米肉,于北芒上祭先人,举觞祝曰:"昔为人子,今为人臣,当诣日南。日南瘴气,或恐不还,与先人辞于此。"再拜慷慨而起,时见者莫不歔欷。刘道得赦还。瓒以孝廉为郎,除辽东属国长史。尝从数十骑出行塞,见鲜卑数百骑,瓒乃退入空亭中,约其从骑曰:"今不冲之,则死尽矣。"瓒乃自持矛,两头施刃,驰出刺胡,杀伤数十人,亦亡其从骑半,遂得免。鲜卑惩艾,后不敢复入塞。迁为涿令。光和中,凉州贼起,发幽州突骑三千人,假瓒都督行事传,使将之。军到蓟中,渔阳张纯诱辽西乌丸丘力居等叛,劫略蓟中,自号将军,②略吏民攻右北平、辽西属国诸城,所至残破。瓒将所领,追讨纯等有功,迁骑都尉。属国乌丸贪至王率种人诣瓒降。迁中郎将,封都亭侯,进屯属国,与胡相攻击五六年。丘力居等钞略青、徐、幽、冀,四州被其害,瓒不能御。

① 典略曰:瓒性辩慧,每白事不肯稍入,常总说数曹事,无有忘误,太守奇其才。

② 九州春秋曰:纯自号弥天将军、安定王。

朝议以宗正东海刘伯安既有德义,昔为幽州刺史,恩信流著,戎狄附之,若使镇抚,可不劳众而定,乃以刘虞为幽州牧。① 虞到,遣使至胡中,告以利害,责使送纯首。丘力居等闻虞至,喜,各遣译自归。瓒害虞有功,乃阴使人徼杀胡使。胡知其情,间行诣虞。虞上罢诸屯兵,但留瓒将步骑万人屯右北平。纯乃弃妻子,逃入鲜卑,为其客王政所杀,送首诣虞。封政为列侯。虞以功即拜太尉,封襄贲侯。② 会董卓至洛阳,迁虞大司马,瓒奋武将军,封蓟侯。

① 吴书曰:虞,东海恭王之后也。遭世衰乱,又与时主疏远,仕县为户曹吏。以能治身奉职,召为郡吏,以孝廉为郎,累迁至幽州刺史,转甘陵相,甚得东土戎狄之心。后以疾归家,常降身隐约,与邑党州闾同乐共恤,等齐有无,不以名位自殊,乡曲咸共宗之。时乡曲有所诉讼,不以诣吏,自投虞平;虞以情理为之论判,皆大小散从,不以为恨。尝有失牛者,骨体毛色,与虞牛相似,因以为是,虞便推与之;后主自得本牛,乃还谢罪。会甘陵复乱,吏民思虞治行,复以为甘陵相,甘陵大治。征拜尚书令、光禄勋,以公族有礼,更为宗正。

英雄记曰:虞为博平令,治正推平,高尚纯朴,境内无盗贼,灾害不生。时邻县接壤,蝗虫为害,至博平界,飞过不入。

魏书曰:虞在幽州,清静俭约,以礼义化民。灵帝时,南宫灾,吏迁补州郡者,皆责助治宫钱,或一千万,或二千万,富者以私财办,或发民钱以备之,贫而清慎者,无以充调,或至自杀。灵帝以虞清贫,特不使出钱。

② 英雄记曰:虞让太尉,因荐卫尉赵谟、益州牧刘焉、豫州牧黄琬、南阳太守羊续,并任为公。

关东义兵起,卓遂劫帝西迁,征虞为太傅,道路隔塞,信命不得至。袁绍、韩馥议，以为少帝制于奸臣，天下无所归心。虞，宗室知名，民之望也，遂推虞为帝。遣使诣虞，虞终不肯受。绍等复劝虞领尚书事，承制封拜，虞又不听，然犹与绍等连和。①虞子和为侍中，在长安。天子思东归，使和伪逃卓，潜出武关诣虞，令将兵来迎。和道经袁术，为说天子意。术利虞为援，留和不遣，许兵至俱西，令和为书与虞。虞得和书，乃遣数千骑诣和。瓒知术有异志，不欲遣兵，止虞，虞不可。瓒惧术闻而怨之，亦遣其从弟越将千骑诣术以自结，而阴教术执和，夺其兵。由是虞、瓒益有隙。和逃术来北，复为绍所留。

① 九州春秋曰：绍、馥使故乐浪太守甘陵张岐赍议诣虞，使即尊号。虞厉声呵岐曰："卿敢出此言乎！忠孝之道，既不能济。孤受国恩，天下扰乱，未能竭命以除国耻，望诸州郡烈义之士戮力西面，援迎幼主，而乃妄造逆谋，欲涂污忠臣邪！"

吴书曰：馥以书与袁术，云帝非孝灵子，欲依绛、灌诛废少主，迎立代王故事；称虞功德治行，华夏少二，当今公室枝属，皆莫能及。又云："昔光武去定王五世，以大司马领河北，耿弇、冯异劝即尊号，卒代更始。今刘公自恭王枝别，其数亦五，以大司马领幽州牧，此其与光武同。"是时有四星会于箕尾，馥称谶云神人将在燕分。又言济阴男子王定得玉印，文曰"虞为天子"。又见两日出于代郡，谓虞当代立。绍又别书报术。是时术阴有不臣之心，不利国家有长主，外托公义以答拒之。绍亦使人私报虞，虞以国有正统，非人臣所宜言，固辞不许；乃欲图奔匈奴以自绝，绍等乃止。虞于是奉职修贡，愈益恭肃；诸外国羌、胡有所贡献，道路不通，皆为传送，致之京师。

是时，术遣孙坚屯阳城拒卓，绍使周昂夺其处。术遣越与坚攻昂，不胜，越为流矢所中死。瓒怒曰："余弟死，祸起于绍。"遂出军屯磐河，将以报绍。绍惧，以所佩勃海太守印绶授瓒从弟范，遣之郡，欲以结援。范遂以勃海兵助瓒，破青、徐黄巾，兵益盛，进军界桥。①以严纲为冀州，田楷为青州，单经为兖州，置诸郡县。绍军广川，令将麴义先登与瓒战，生禽纲。瓒军败走勃海，与范俱还蓟，于大城东南筑小城，与虞相近，稍相恨望。

①典略载瓒表绍罪状曰："臣闻皇、羲以来，始有君臣上下之事，张化以导民，刑罚以禁暴。今行车骑将军袁绍，托其先轨，寇窃人爵，既性暴乱，厥行淫秽。昔为司隶校尉，会值国家丧祸之际，太后承摄，何氏辅政，绍专为邪媚，不能举直，至令丁原焚烧孟津，招来董卓，造为乱根，绍罪一也。卓既入雒而主见质，绍不能权谲以济君父，而弃置节传，逆窜逃亡，忝辱爵命，背上不忠，绍罪二也。绍为勃海太守，默选戎马，当攻董卓，不告父兄，至使太傅门户，太仆母子，一旦而毙，不仁不孝，绍罪三也。绍既兴兵，涉历二年，不恤国难，广自封殖，乃多以资粮专为不急，割剥富室，收考责钱，百姓吁嗟，莫不痛怨，绍罪四也。韩馥之迫，窃其虚位，矫命诏恩，刻金印玉玺，每下文书，皂囊施检，文曰'诏书一封，郱乡侯印'。郱，口浪反。昔新室之乱，渐以即真，今绍所施，拟而方之，绍罪五也。绍令崔巨业候视星日，财货略遗，与共饮食，克期会合，攻钞郡县，此岂大臣所当宜为?绍罪六也。绍与故虎牙都尉刘勋首共造兵，勋仍有效，又降伏张杨，而以小忿枉害于勋，信用谗愿，杀害有功，绍罪七也。绍又上故上谷太守高焉、故甘陵相姚贡，横责其钱，钱不备毕，二人并命，绍罪八也。春秋之义，子以母贵。绍母亲为婢使，绍实微贱，不可以为人后，以义不宜，乃据丰隆之重任，忝污王爵，损辱袁宗，绍罪九也。又长沙太守孙坚，前领豫州刺史，驱走董卓，扫除陵庙，其功莫大;绍令周昂盗居其位，断绝坚粮，令不得入，使卓不被诛，绍罪十也。臣又每得后将军袁术书，云绍非术类也。绍之罪庶，虽南山之竹不能载。昔姬周政弱，王道陵迟，天子迁都，诸侯背叛，于是齐桓立柯亭之盟，晋文为践土之会，伐荆楚以致菁茅，诛曹、卫以彰无礼。臣虽阗茸，名非先贤，蒙被朝恩，当此重任，职在铁钺，奉辞伐罪，辄与诸将州郡兵讨绍等。若事克捷，罪人斯得，庶续桓、文忠诚之效，攻战形状，前后续上。"遂举兵与绍对战，绍不胜。

虞惧瓒为变，遂举兵袭瓒。虞为瓒所败，出奔居庸。瓒攻拔居庸,生获虞,执虞还蓟。会卓死,天子遣使者段训增虞邑,督六州;瓒迁前将军,封易侯。瓒诬虞欲称尊号,胁训斩虞。① 瓒上训为幽州刺史。瓒遂骄矜,记过忘善,多所贼害。② 虞从事渔阳鲜于辅、齐周、骑都尉鲜于银等,率州兵欲报瓒,以燕国阎柔素有恩信,共推柔为乌丸司马。柔招诱乌丸、鲜卑,得胡、汉数万人,与瓒所置渔阳太守邹丹战于潞北,大破之,斩丹。袁绍又遣麹义及虞子和,将兵与辅合击瓒。瓒军数败,乃走还易京固守。③ 为围堑十重,于堑里筑京,皆高五六丈,为楼其上;中堑为京,特高十丈,自居焉,积谷三百万斛。④ 瓒曰:"昔谓天下事可指麾而定,今日视之,非我所决,不如休兵,力田畜谷。兵法,百楼不攻。今吾楼橹千重,食尽此谷,足知天下之事矣。"欲以此弊绍。绍遣将攻之,连年不能拔。⑤ 建安四年,绍悉军围之。瓒遣子求救于黑山贼,复欲自将突骑直出,傍西南山,拥黑山之众,陆梁冀州,横断绍后。长史关靖说瓒曰:"今将军将士,皆已土崩瓦解,其所以能相守持者,顾恋其居处老小,以将军为主耳。将军坚守旷日,袁绍要当自退;自退之后,四方之众必复可合也。若将军今舍之而去,军无镇重,易京之危,可立待也。将军失本,孤在草野,何所成邪!"瓒遂止不出。⑥ 救至,欲内外击绍。遣人与子书,刻期兵至,举火为应。⑦ 绍候者得其书,如期举火。瓒以为救兵至,遂出欲战。绍设伏击,大破之,复还守。绍为地道,突坏其楼,稍至中京。⑧ 瓒自知必败,尽杀其妻子,乃自杀。⑨

203

①魏氏春秋曰:初,刘虞和辑戎狄,瓒以胡夷难御,当因不宾而讨之,今加财赏,必益轻汉,效一时之名,非久长深虑。故虞所赏赐,瓒辄钞夺。虞数请会,称疾不往。至是战败,虞欲讨之,告东曹掾右北平人魏攸。攸曰:"今天下引领,以公为归,谋臣爪牙,不可无也。瓒,文武才力足恃,虽有小恶,固宜容忍。"乃止。后一年,攸病死。虞又与官属议,密令众袭瓒。瓒部曲放散在外,自惧败,掘东城门欲走。虞兵无部伍,不习战,又爱民屋,敕令勿烧。故瓒得放火,因以精锐冲突。虞众大溃,奔居庸城。瓒攻

及家属以还，杀害州府，衣冠善士殆尽。

典略曰：瓒曝虞于市而祝曰："若应为天子者，天当降雨救之。"时盛暑，竟日不雨，遂杀虞。

英雄记曰：虞之见杀，故常山相孙瑾、掾张逸、张瓒等忠义愤发，相与就虞，骂瓒极口，然后同死。

② 英雄记曰：瓒统内外，衣冠子弟有材秀者，必抑使困在穷苦之地。或问其故，答曰："今取衣冠家子弟及善士富贵之，皆自以为职当得之，不谢人善也。"所宠遇骄恣者，类多庸儿，若故卜数师刘纬台、贩缯李移子、贾人乐何当等三人，与之定兄弟之誓，自号为伯，谓三人者为仲叔季，富皆巨亿，或取其女以配己子，常称古者曲周、灌婴之属以譬也。

③ 英雄记曰：先是有童谣曰："燕南垂，赵北际，中央不合大如砺，惟有此中可避世。"瓒以易当之，乃筑京固守。瓒别将有为敌所围，义不救也。其言曰："救一人，使后将恃救不力战；今不救此，后将当念在自勉。"是以袁绍始北击之时，瓒南界上别营自度守则不能自固，又知必不见救，是以或自杀其将帅，或为绍兵所破，遂令绍军径至其门。

臣松之以为童谣之言，无不皆验；至如此记，似若无征。谣言之作，盖令瓒终始保易，无事远略。而瓒因破黄巾之威，意志张远，遂置三州刺史，图灭袁氏，所以致败也。

④ 英雄记曰：瓒诸将家家各作高楼，楼以千计。瓒作铁门，居楼上，屏去左右，婢妾侍侧，汲上文书。

⑤ 汉晋春秋曰：袁绍与瓒书曰："孤与足下，既有前盟旧要，申之以讨乱之誓，爱过夷、叔，分著丹青，谓为旅力同轨，足踵齐、晋，故解印释绂，以北带南，分割膏腴，以奉执事，此非孤赤情之明验邪？岂寤足下弃烈士之高义，寻祸亡之险踪，辍而改虑，以好易怨，盗道士马，犯暴豫州。始闻甲卒在南，亲临战陈，惧于飞矢逆流，狂刃横集，以重足下之祸，徒增孤之咎衅也。[1]故为荐书恳恻，冀可改悔。而足下超然自逸，矜其威诈，谓天冈可吞，豪雄可灭，果令贵弟殒于锋刃之端。斯言犹在于耳，而足下曾不寻讨祸源，克心罪己，苟欲逞其无疆之怒，不顾逆顺之津，匿怨害民，骋于余躬。遂跃马控弦，处我疆土，毒遍生民，辜延白骨。孤辞不获已，以登界

桥之役。是时足下兵气霆震,骏马电发;仆师徒肇合,机械不严,强弱殊科,众寡异论,假天之助,小战大克,遂陵蹈奔背,因垒馆谷,此非天威棐谌,福丰有礼之符表乎?足下志犹未厌,乃复纠合馀烬,率我蚌贼,以焚爇勃海。孤又不获宁,用及龙河之师。羸兵前诱,大军未济,而足下胆破众散,不鼓而败,兵众扰乱,君臣并奔。此又足下之为,非孤之咎也。自此以后,祸陈弥深,孤之师旅,不胜其忿,遂至积尸为京,头颅满野,愍彼无辜,未尝不慨然失涕也。后比得足下书,辞意婉约,有改往修来之言。仆既欣于旧好克复,且愍兆民之不宁,每辄引师南驾,以顺简书。弗盈一时,而北边羽檄之文,未尝不至。孤是用痛心疾首,靡所错情。夫处三军之帅,当列将之任,宜令怒如严霜,喜如时雨,臧否好恶,坦然可观。而足下二三其德,强弱易谋,急则曲躬,缓则放逸,行无定端,言无质要,为壮士者固若此乎!既乃残杀老弱,幽土愤怨,众叛亲离,孑然无党。又乌丸、涉貊,皆足下同州,仆与之殊俗,各奋迅激怒,争为锋锐;又东西鲜卑,举踵来附。此非孤德所能招,乃足下驱而致之也。夫当荒危之世,处干戈之险,内违同盟之誓,外失戎狄之心,兵兴州壤,祸发萧墙,将以定霸,不亦难乎!前以西山陆梁,出兵平讨,会麹义馀残,畏诛逃命,故遂住大军,分兵扑荡,此兵孤之前行,乃界桥搴旗拔垒,先登制敌者也。始闻足下镌金纡紫,命以元帅,谓当因兹奋发,以报孟明之耻,是故战夫引领,竦望旌旆,怪遂含光匿影,寂尔无闻,卒臻屠灭,相为惜之。夫有平天下之怒,希长世之功,权御师徒,带养戎马,叛者无讨,服者不收,威怀并丧,何以立名?今旧京克复,天罔云补,罪人斯亡,忠干翼化,华夏俨然,望旅穆之作,将戢干戈,放散牛马,足下独何守区区之土,保军内之广,甘恶名以速朽,亡令德之久长?壮人筹之,非良策也。宜释憾除嫌,敦我旧好。若斯言之玷,皇天是闻。"瓒不答,而增修戒备。谓关靖曰:"当今四方虎争,无有能坐吾城下相守经年者明矣。袁本初其若我何!"

⑥英雄记曰:关靖字士起,太原人。本酷吏也,谄而无大谋,特为瓒所信幸。

⑦典略曰:瓒遣行人文则赍书告子续曰:"袁氏之攻,似若神鬼,鼓角鸣于地中,梯冲舞吾楼上。日穷月蹴,无所聊赖。汝当碎首于张燕,速致轻骑,到者当起烽火于北,吾当从内出。不然,吾亡之后,天下虽广,汝欲求安

足之地,其可得乎!"

献帝春秋曰:瓒梦蓟城崩,知必败,乃遣间使与续书。绍候者得之,使陈
琳更其书曰:"盖闻在昔衰周之世,僵尸流血,以为不然,岂意今日身当
其冲!"其馀语与典略所载同。

⑧英雄记曰:袁绍分部攻者掘地为道,穿穴其楼下,稍稍施木柱之,度足达
半,便烧所施之柱,楼辄倾倒。

⑨汉晋春秋曰:关靖曰:"吾闻君子陷人于危,必同其难,岂可独生乎!"乃
策马赴绍军而死。绍悉送其首于许。

鲜于辅将其众奉王命。以辅为建忠将军,督幽州六郡。太祖与
袁绍相拒于官渡,阎柔遣使诣太祖受事,迁护乌丸校尉。而辅身诣
太祖,拜左度辽将军,封亭侯,遣还镇抚本州。① 太祖破南皮,柔将
部曲及鲜卑献名马以奉军,从征三郡乌丸,以功封关内侯。② 辅亦
率其众从。文帝践阼,拜辅虎牙将军,柔度辽将军,皆进封县侯,位
特进。

①魏略曰:辅从太祖于官渡。袁绍破走,太祖喜,顾谓辅曰:"如前岁本初送
公孙瓒头来,孤自视忽然耳,而今克之。此既天意,亦二三子之力。"

②魏略曰:太祖甚爱阎柔,每谓之曰:"我视卿如子,亦欲卿视我如父也。"
柔由此自托于五官将,如兄弟。

陶谦字恭祖,丹杨人。① 少好学,为诸生,仕州郡,举茂才,除
卢令,②迁幽州刺史,征拜议郎,参车骑将军张温军事,西讨韩遂。③
会徐州黄巾起,以谦为徐州刺史,击黄巾,破走之。董卓之乱,州郡
起兵,天子都长安,四方断绝,谦遣使间行致贡献,迁安东将军、徐
州牧,封溧阳侯。是时,徐州百姓殷盛,谷米丰赡,流民多归之。而
谦背道任情:广陵太守琅邪赵昱,徐方名士也,以忠直见疏;④曹
宏等,谗慝小人也,谦亲任之。刑政失和,良善多被其害,由是渐

乱。下邳阙宣自称天子，谦初与合从寇钞，后遂杀宣，并其众。

①吴书曰：谦父，故馀姚长。谦少孤，始以不羁闻于县中。年十四，犹缀帛为幡，乘竹马而戏，邑中儿童皆随之。故苍梧太守同县甘公出遇之涂，见其容貌，异而呼之，住车与语，甚悦，因许妻以女。甘公夫人闻之，怒曰："妾闻陶家儿敖戏无度，如何以女许之？"公曰："彼有奇表，长必大成。"遂妻之。

②吴书曰：谦性刚直，有大节，少察孝廉，拜尚书郎，除舒令。郡守张磐，同郡先辈，与谦父友，意殊亲之，而谦耻为之屈。与众还城，因以公事进见，坐罢，磐常私还入，与谦饮宴，或拒不为留。常以舞属谦，谦不为起，固强之；及舞，又不转。磐曰："不当转邪？"曰："不可转，转则胜人。"由是不乐，卒以构隙。谦在官清白，无以纠举，祠灵星，有赢钱五百，欲以臧之。谦委官而去。

③吴书曰：会西羌寇边，皇甫嵩为征西将军，表请武将。召拜谦扬武都尉，与嵩征羌，大破之。后边章、韩遂为乱，司空张温衔命征讨，又请谦为参军事，接遇甚厚，而谦轻其行事，心怀不服。及军罢还，百寮高会，温属谦行酒，谦众辱温。温怒，徙谦于边。或说温曰："陶恭祖本以材略见重于公，一朝以醉饮过失，不蒙容贷，远弃不毛，厚德不终，四方人士安所归望！不如释憾除恨，克复初分，于以远闻德美。"温然其言，乃追还谦。谦至，或又谓谦曰："足下轻辱三公，罪自己作，今蒙释宥，德莫厚矣，宜降志卑辞以谢之。"谦曰："诺。"又谓温曰："陶恭祖今深自罪责，思在变革。谢天子礼毕，必诣公门。公宜见之，以慰其意。"时温于宫门见谦，谦仰曰："谦自谢朝廷，岂为公邪？"温曰："恭祖痴病尚未除邪？"遂为之置酒，待之如初。

④谢承后汉书曰：昱年十三，母尝病，经涉三月。昱惨戚消瘠，至目不交睫，握粟出卜，祈祷泣血，乡党称其孝。就处士东莞綦毋君受公羊传，兼该群业。至历年潜志，不窥园圃，亲疏希见其面。时入定省父母，须臾即还。高絜廉正，抱礼而立，清英俨恪，莫干其志；旌善以兴化，殚邪以矫俗。州郡请召，常称病不应。国相檀谟、陈遵共召，不起；或兴盛怒，终不回意。举孝廉，除莒长，宣扬五教，政为国表。会黄巾作乱，陆梁五郡，郡县发兵，以为先办。徐州刺史巴祇表功第一，当受迁赏，昱深以为耻，委官还家。

徐州牧陶谦初辟别驾从事,辞疾逊遁。谦重令扬州从事会稽吴范宣旨,昱守意不移;欲威以刑罚,然后乃起。举茂才,迁广陵太守。贼笮融从临淮见讨,迳入郡界,昱将兵拒战,败绩见害。

初平四年,太祖征谦,攻拔十馀城,至彭城大战。谦兵败走,死者万数,泗水为之不流。谦退守郯。太祖以粮少引军还。①兴平元年,复东征,略定琅邪、东海诸县。谦恐,欲走归丹阳。会张邈叛迎吕布,太祖还击布,是岁,谦病死。②

① 吴书曰:曹公父于泰山被杀,归咎于谦。欲伐谦而畏其强,乃表令州郡一时罢兵。诏曰:"今海内扰攘,州郡起兵,征夫劳瘁,寇难未弭,或将吏不良,因缘讨捕,侵侮黎民,离害者众;风声流闻,震荡城邑,丘墙惧于横暴,贞良化为群恶,此何异乎抱薪救焚,扇火止沸哉!今四民流移,托身他方,携白首于山野,弃稚子于沟壑,顾故乡而哀叹,向阡陌而流涕,饥厄困苦,亦已甚矣。虽悔往者之迷谬,思奉教于今日,然兵连众结,锋镝布野,恐一朝解散,夕见系虏,是以阻兵屯据,欲止而不敢散也。诏书到,其各罢遣甲士,还亲农桑,惟留常员吏以供官署,慰示远近,咸使闻知。"谦被诏,乃上书曰:"臣闻怀远柔服,非德不集;克难平乱,非兵不济。是以涿鹿、阪泉、三苗之野有五帝之师,有扈、鬼方、商、奄四国有王者之伐,自古在昔,未有不扬威以弭乱,震武以止暴者也。臣前初以黄巾乱治,受策长驱,匪遑启处。虽宪章敕戒,奉宣威灵,敬行天诛,每伐辄克,然妖寇类众,殊不畏死,父兄奸殪,子弟群起,治屯连兵,至今为患。若承命解甲,弱国自虚,释武备以资寇,损官威以益寇,今日兵罢,明日难必至,上忝朝廷宠授之本,下令群凶日月滋蔓,非所以强干弱枝遏恶止乱之务也。臣虽愚蔽,忠恕不昭,抱恩念报,所不忍行。辄勒部曲,申令警备。出芟强寇,惟力是视,入宣德泽,躬奉职事,冀效微劳,以赎罪负。"又曰:"华夏沸扰,于今未弭,包茅不入,职贡多阙,寤寐忧叹,无日敢宁。诚思贡献必至,荐羞获通,然后销锋解甲,臣之愿也。臣前调谷百万斛,已在水次,辄敕兵卫送。"曹公得谦上事,知不罢兵。乃进攻彭城,多杀人民。谦引兵击之,青州刺史田楷亦以兵救谦。公引兵还。

臣松之案：此时天子在长安，曹公尚未秉政。罢兵之诏，不得由曹氏出。

②吴书曰：谦死时，年六十三，张昭等为之哀辞曰："猗欤使君，君侯将军，膺秉懿德，允武允文，体足刚直，守以温仁。令舒及卢，遗爱于民；牧幽暨徐，甘棠是均。憬憬夷、貊，赖侯以清；蠢蠢妖寇，匪侯不宁。唯帝念绩，爵命以章，既牧且侯，启土溧阳。遂升上将，受号安东，将平世难，社稷是崇。降年不永，奄忽殂薨，丧覆失恃，民知困穷。曾不旬日，五郡溃崩，哀我人斯，将谁仰凭？追思靡及，仰叫皇穹。呜呼哀哉！"谦二子：商、应，皆不仕。

张杨字稚叔，云中人也。以武勇给并州，为武猛从事。灵帝末，天下乱，帝以所宠小黄门蹇硕为西园上军校尉，军京都，欲以御四方，征天下豪杰以为偏裨。太祖及袁绍等皆为校尉，属之。①并州刺史丁原遣杨将兵诣硕，为假司马。灵帝崩，硕为何进所杀。杨复为进所遣，归本州募兵，得千馀人，因留上党，击山贼。进败，董卓作乱。杨遂以所将攻上党太守于壶关，不下，略诸县，众至数千人。山东兵起，欲诛卓。袁绍至河内，杨与绍合，复与匈奴单于於夫罗屯漳水。单于欲叛，绍、杨不从。单于执杨与俱去，绍使将麹义追击于邺南，破之。单于执杨至黎阳，攻破度辽将军耿祉军，众复振。卓以杨为建义将军、河内太守。天子之在河东，杨将兵至安邑，拜安国将军，封晋阳侯。杨欲迎天子还洛，诸将不听；杨还野王。建安元年，杨奉、董承、韩暹挟天子还旧京，粮乏。杨以粮迎道路，遂至洛阳。谓诸将曰："天子当与天下共之，幸有公卿大臣，杨当捍外难，何事京都？"遂还野王。即拜为大司马。②杨素与吕布善。太祖之围布，杨欲救之，不能。乃出兵东市，遥为之势。其将杨丑，杀杨以应太祖。杨将眭固杀丑，将其众，欲北合袁绍。太祖遣史涣邀击，破之于犬城，斩固，尽收其众也。③

①灵帝纪曰：以虎贲中郎将袁绍为中军校尉，屯骑校尉鲍鸿为下军校尉，议
郎曹操为典军校尉，赵融、冯芳为助军校尉，夏牟、淳于琼为左右校尉。
②英雄记曰：杨性仁和，无威刑。下人谋反，发觉，对之涕泣，辄原不问。
③典略曰：固字白兔，既杀杨丑，军屯射犬。时有巫诚固曰："将军字兔而此
邑名犬，兔见犬，其势必惊，宜急移去。"固不从，遂战死。

公孙度字升济，本辽东襄平人也。度父延，避吏居玄菟，任度
为郡吏。时玄菟太守公孙域，子豹，年十八岁，早死。度少时名豹，
又与域子同年，域见而亲爱之，遣就师学，为取妻。后举有道，除尚
书郎，稍迁冀州刺史，以谣言免。同郡徐荣为董卓中郎将，荐度为
辽东太守。度起玄菟小吏，为辽东郡所轻。先时，属国公孙昭守襄
平令，召度子康为伍长。度到官，收昭，笞杀于襄平市。郡中名豪大
姓田韶等宿遇无恩，皆以法诛，所夷灭百馀家，郡中震栗。东伐高
句骊，西击乌丸，威行海外。初平元年，度知中国扰攘，语所亲吏柳
毅、阳仪等曰："汉祚将绝，当与诸卿图王耳。"① 时襄平延里社生
大石，长丈馀，下有三小石为之足。或谓度曰："此汉宣帝冠石之
祥，而里名与先君同。社主土地，明当有土地，而三公为辅也。"度
益喜。故河内太守李敏，郡中知名，恶度所为，恐为所害，乃将家属
入于海。度大怒，掘其父冢，剖棺焚尸，诛其宗族。② 分辽东郡为辽
西中辽郡，置太守。越海收东莱诸县，置营州刺史。自立为辽东侯、
平州牧，追封父延为建义侯。立汉二祖庙，承制设坛墠于襄平城
南，郊祀天地，藉田，治兵，乘鸾路，九旒，旄头羽骑。太祖表度为武
威将军，封永宁乡侯，度曰："我王辽东，何永宁也！"藏印绶武库。度
死，子康嗣位，以永宁乡侯封弟恭。是岁建安九年也。

①魏书曰：度语毅、仪："谶书云孙登当为天子，太守姓公孙，字升济，升即
登也。"

②晋阳秋曰：敏子追求敏，出塞，越二十馀年不娶。州里徐邈责之曰："不孝莫大于无后，何可终身不娶乎！"乃娶妻，生子胤而遣妻，常如居丧之礼，不胜忧，数年而卒。胤生不识父母，及有识，蔬食哀戚亦如三年之丧。以祖父不知存亡，设主奉之。由是知名，仕至司徒。

臣松之案：本传云敏将家入海，而复与子相失，未详其故。

十二年，太祖征三郡乌丸，屠柳城。袁尚等奔辽东，康斩送尚首。语在武纪。封康襄平侯，拜左将军。康死，子晃、渊等皆小，众立恭为辽东太守。文帝践阼，遣使即拜恭为车骑将军、假节，封平郭侯；追赠康大司马。

初，恭病阴消为阉人，劣弱不能治国。太和二年，渊胁夺恭位。明帝即拜渊扬烈将军、[2]辽东太守。渊遣使南通孙权，往来赂遗。①权遣使张弥、许晏等，赍金玉珍宝，立渊为燕王。渊亦恐权远不可恃，且贪货物，诱致其使，悉斩送弥、晏等首。②明帝于是拜渊大司马，封乐浪公，持节、领郡如故。③使者至，渊设甲兵为军陈，出见使者，又数对国中宾客出恶言。④景初元年，乃遣幽州刺史毌丘俭等赍玺书征渊。渊遂发兵，逆于辽隧，与俭等战。俭等不利而还。渊遂自立为燕王，置百官有司。遣使者持节，假鲜卑单于玺，封拜边民，诱呼鲜卑，侵扰北方。⑤二年春，遣太尉司马宣王征渊。六月，军至辽东。⑥渊遣将军卑衍、杨祚等步骑数万屯辽隧，围堑二十馀里。宣王军至，令衍逆战。宣王遣将军胡遵等击破之。宣王令军穿围，引兵东南向，而急东北，即趋襄平。衍等恐襄平无守，夜走。诸军进至首山，渊复遣衍等迎军殊死战。复击，大破之，遂进军造城下，为围堑。会霖雨三十馀日，辽水暴长，运船自辽口径至城下。雨霁，起土山、修橹，为发石连弩射城中。渊窘急。粮尽，人相食，死者甚多。将军杨祚等降。八月丙寅夜，大流星长数十丈，从首山东北坠襄平城东南。壬午，渊众溃，与其子脩将数百骑突围东南走，大兵急击之,当流星所坠处,斩渊父子。城破,斩相国以下首级以千数,传渊首洛阳,辽东、带方、乐浪、玄菟悉平。

①吴书载渊表权曰:"臣伏惟遭天地反易,遇无妄之运;王路未夷,倾侧扰攘。自先人以来,历事汉、魏,阶缘际会,为国效节,继世享任,得守藩表,犹知符命未有攸归。每感厚恩,频辱显使,退念人臣交不越境,是以固守所执,拒违前使。虽义无二信,敢忘大恩!陛下镇抚,长存小国,前后裴校尉、葛都尉等到,奉被敕诫,圣旨弥密,重纡累素,幽明备著,所以申示之事,言提其耳。臣昼则呕吟,宵则发梦,终身诵之,志不知足。季末凶荒,乾坤否塞,兵革未戢,人民荡析。仰此天命将有眷顾,私从一隅永瞻云日。今魏家不能采录忠善,褒功臣之后,乃令谗讹得行其志,听幽州刺史、东莱太守诳误之言,猥兴州兵,图害臣郡。臣不负魏,而魏绝之。盖闻人臣有去就之分;田饶适齐,乐毅走赵,以不得事主,故保有道之君;陈平、耿况,亦睹时变,卒归于汉,勒名帝籍。伏惟陛下德不再出,时不世遇,是以偻偻怀慕自纳,望远视险,有如近易。诚愿神谋蚤定洪业,奋六师之势,收河、洛之地,为圣代宗。天下幸甚!"

魏略曰:国家知渊两端,而恐辽东吏民为渊所误。故公文下辽东,因赦之曰:"告辽东、玄菟将校吏民:逆贼孙权遭遇乱阶,因其先人劫略州郡,遂成群凶,自擅江表,含垢藏疾。冀其可化,故割地王权,使南面称孤,位以上将,礼以九命。权亲叉手,北向稽颡。假人臣之宠,受人臣之荣,未有如权者也。狼子野心,告令难移,卒归反覆,背恩叛主,滔天逆神,乃敢僭号。恃江湖之险阻,王诛未加。比年已来,复远遣船,越渡大海,多持货物,诳诱边民。边民无知,与之交关。长吏以下,莫肯禁止。至使周贺浮舟百艘,沈滞津岸,贸迁有无。既不疑拒,赉以名马,又使宿舒随贺通好。十室之邑,犹有忠信,陷君于恶,春秋所书也。今辽东、玄菟奉事国朝,纡青拖紫,以千百为数,戴绌垂缨,咸佩印绶,曾无匡正纳善之言。龟玉毁于椟,虎兕出于匣,是谁之过欤?国朝为子大夫羞之!昔狐突有言:'父教子贰,何以事君?策名委质,贰乃辟也。'今乃阿顺邪谋,胁从奸惑,岂独父兄之教不详,子弟之举习非而已哉!若苗秽害田,随风烈火,芝艾俱焚,安能白别乎?且又此事固然易见,不及鉴古成败,书传所载也。江南海北有万里之限,辽东君臣无怵惕之患,利则义所不利,贵则义所不贵,此为厌安乐之居,求危亡之祸,贱忠贞之节,重背叛之名。蛮、貊之长,犹知爱礼,以此事人,亦难为颜!且又宿舒无罪,挤使入吴,奉不义之使,始与家诀,涕泣而行。及至贺死之日,覆众成山,舒虽脱死,魂魄离身,何所逼迫,乃至于此!今忠臣烈将,咸忿辽东反覆携贰,皆欲乘桴浮海,期于肆意。朕为天下父母,加念天下新定,既不欲劳动干戈,远涉大川,费役如彼,又悼边陲遗馀黎民,迷误如此,故遣郎中卫慎、邵瑁等且先奉诏示意。若股肱忠良,能效节立信以辅时君,反邪就正以建大功,福莫大焉。倪恐自嫌已为恶逆所见染污,不敢倡言,永怀伊戚。其诸与贼使交通,皆赦除之,与之更始。"

②魏略载渊表曰:"臣前遣校尉宿舒、郎中令孙综,甘言厚礼,以诱吴贼。幸赖天道福助大魏,使此贼虏暗然迷惑,违戾群下,不从众谏,承信臣言,远遣船使,多将士卒,来致封拜。臣之所执,得如本志,虽忧罪衅,私怀幸甚。贼众本号万人,舒、综伺察,可七八千人,到沓津。伪使者张弥、许晏与中郎将万泰、校尉裴潜将吏兵四百馀人,赍文书命服什物,下到臣郡。泰、潜别赍致遣货物,欲因市马。军将贺达、虞咨领馀众在船所。臣本欲须凉节乃取弥等,而弥等人兵众多,见臣不便承受吴命,意有猜疑。惧其先作,变态妄生,即进兵围取,斩弥、晏、泰、潜等首级。其吏从兵众,皆士伍小人,给使东西,不得自由,面缚乞降,不忍诛杀,辄听纳受,徙充边城。别遣将韩起等率将三军,驰行至沓。使领长史柳远设宾主礼诱请达、咨,三军潜伏以待其下,又驱群马货物,欲与交市。达、咨怀疑不下,使诸市买者五六百人下,欲交市。起等金鼓始震,锋矢乱发,斩首三百馀级,被创赴水没溺者可二百馀人,其散走山谷,来归降及藏窜饥饿死者,不在数中。得银印、铜印、兵器、资货,不可胜数。谨遣西曹掾公孙珩奉送贼权所假臣节、印绶、符策、九锡、什物,及弥等伪节、印绶、首级。"又曰:"宿舒、孙综前到吴,贼权问臣家内小大,舒、综对臣有三息,脩别属亡弟。权敢奸巧,便擅拜命。谨封送印绶、符策。臣虽无昔人洗耳之风,惭为贼权污损所加,既行天诛,犹有馀忿。"又曰:"臣父康,昔杀权使,结为雠隙。今乃谲欺,遣使诱致,令权倾心,虚国竭禄,远命上卿,宠授极位,

震动南土,备尽礼数。又权待舒、综,契阔委曲,君臣上下,毕欢竭情。而令四使见杀,枭示万里,士众流离,屠戮津渚,惭耻远布,痛辱弥天。权之怨疾,将刻肌骨。若天衰其业,使至丧陨,权将内伤愤激而死。若期运未讫,将播毒螫,必恐长蛇来为寇害。徐州诸屯及城阳诸郡,与相接近,如有船众后年向海门,得其消息,乞速告臣,使得备豫。"又曰:"臣门户受恩,实深实重,自臣承摄即事以来,连被荣宠,殊特无量,分当陨越,竭力致死。而臣狂愚,意计迷暗,不即禽贼,以至见疑。前章表所陈情趣事势,实但欲罢弊此贼,使困自绝,诚不敢背累世之恩,附僭盗之虏也。而后爱憎之人,缘事加诬,伪生节目,卒令明听疑于市虎,移恩改爱,兴动威怒,几至沈没,长为负忝。幸赖慈恩,犹垂三宥,使得补过,解除愆责。如天威远加,不见假借,早当糜碎,辱先废祀,何缘自明,建此微功。臣既喜于事捷,得自申展,悲于畴昔,至此变故,馀怖踊跃,未敢便宁。唯陛下既崇春日生全之仁,除忿塞隙,抑弭纤介,推今亮往,察臣本心,长令抱戴,衔分三泉。"又曰:"臣被服光荣,恩情未报,而以罪衅,自招谴怒,分当即戮,为众社戒。所以越典诡常,伪通于吴,诚自念穷迫,报效未立,而为天威督罚所加,长恐奄忽不得自洗。故敢自阙替废于一年,遣使诱吴,知其必来。权之求郡,积有年岁,初无偦答一言之应,今权得使,来必不疑,至此一举,果如所规,上卿大众,翕赫丰盛,财货赂遗,倾国极位,到见禽取,流离死亡,千有馀人,灭绝不反。此诚暴猎贼之锋,摧矜夸之巧,昭示天下,破损其业,足以惭之矣。臣之惓惓念效于国,虽有非常之过,亦有非常之功,愿陛下原其逾阙之愆,采其毫毛之善,使得国恩,保全终始矣。"

③魏名臣奏载中领军夏侯献表曰:"公孙渊昔年敢违王命,废绝计贡者,实挟两端。既恃阻险,又怙孙权。故敢跋扈,恣睢海外。宿舒亲见贼权军众府库,知其弱少不足凭恃,是以决计斩贼之使。又高句丽、涉貊与渊为雠,并为寇钞。今外失吴援,内有胡寇,心知国家能从陆道,势不得不怀惶惧之心。因斯之时,宜遣使示以祸福。奉车都尉郐弘,武皇帝时始奉使命,开通道路。文皇帝即位,欲通使命,遣弘将妻子还归乡里,赐其车、牛,绢百匹。弘以受恩,归死国朝,无有还意,乞留妻子,身奉使命。公孙

康遂称臣妾。以弘奉使称意,赐爵关内侯。弘性果烈,乃心于国,夙夜拳拳,念自竭效。冠族子孙,少好学问,博通书记,多所关涉,口论速捷,辩而不俗,附依典诰,若出胸臆,加仕本郡,常在人右,彼方士人素所敬服。若当遣使,以为可使弘行。弘乃自旧土,习其国俗,为说利害,辩足以动其意,明足以见其事,才足以行之,辞足以见信。若其计从,虽郦生之降齐王、陆贾之说尉佗,亦无以远过也。欲进远路,不宜释骐骥;将已笃疾,不宜废扁鹊。愿察愚言也。"

④吴书曰:魏遣使者傅容、聂夔拜渊为乐浪公。渊计吏从洛阳还,语渊曰:"使者左骏伯,使皆择勇力者,非凡人也。"渊由是疑怖。容、夔至,住学馆中。渊先以步骑围之,乃入受拜。容、夔大怖,由是还洛言状。

⑤魏书曰:渊知此变非独出俭,遂为备。遣使谢吴,自称燕王,求为与国。然犹令官属上书自直于魏曰:"大司马长史臣郭昕、参军臣柳浦等七百八十九人言:奉被今年七月己卯诏书,伏读恳切,精魄散越,不知身命所当投措!昕等伏自惟省,蝼蚁小丑,器非时用,遭值千载,被受公孙渊祖考以来光明之德,惠泽沾渥,滋润荣华,无寸尺之功,有负乘之累;遂蒙褒奖,登名天府,并以驾骞附龙托骥,纡青拖紫,飞腾云梯,感恩惟报,死不择地。臣等闻明君在上,听政采言,人臣在下,得无隐情。是以因缘诉让,冒犯诉冤。郡在藩表,密迩不羁,平昔三州,转输费调,以供赏赐,岁用累亿,虚耗中国。然犹跋扈,虐刘边陲,烽火相望,羽檄相逮,城门昼闭,路无行人,州郡兵戈,奔散覆没。渊祖父度初来临郡,承受荒残,开日月之光,建神武之略,聚乌合之民,扫地为业,威震耀于殊俗,德泽被于群生。辽土之不坏,实度是赖。孔子曰:'微管仲,吾其被发左衽。'向不遭度,则郡早为丘墟,而民系于虏廷矣。遗风馀爱,永存不朽。度既薨殂,吏民感慕,欣戴子康,尊而奉之。康践统洪绪,克壮徽猷,文昭武烈,迈德种仁,乃心京辇,翼翼虔恭,佐国平乱,效绩纷纭,功隆事大,勋藏王府。度、康当值武皇帝休明之会,合策名之计,夹辅汉室,降身委质,卑己事魏。匪处小厌大,畏而服焉,乃慕托高风,怀仰盛懿也。武皇帝亦虚心接纳,待以不次,功无巨细,每不见忘。又命之曰:'海北土地,割以付君,世世子孙,实得有之。'皇天后土,实闻德音。臣庶小大,豫在下风,奉以周旋,不

敢失坠。渊生有兰石之姿，少含恺悌之训，允文允武，忠惠且直；生民钦仰，莫弗怀爱。渊纂戎祖考，君临万民，为国以礼，淑化流行，独见先睹，罗结遐方，勤王之义，视险如夷，世载忠亮，不陨厥名。孙权慕义，不远万里，连年遣使，欲自结援，虽见绝杀，不念旧怨，纤纤往来，求成恩好。渊执节弥固，不为利回，守志匪石，确乎弥坚。犹惧丹心未见保明，乃卑辞厚币，诱致权使，枭截献馘，以示无二。吴虽在远，水道通利，举帆便至，无所隔限。渊不顾敌雠之深，念存人臣之节，绝强吴之欢，昭事魏之心，灵祇明鉴，普天咸闻。陛下嘉美洪烈，懿兹武功，诞锡休命，宠亚齐、鲁，下及陪臣，普受介福。诚以天覆之恩，当卒终始，得竭股肱，永保禄位，不虞一旦，横被残酷。惟育养之厚，念积累之效，悲思不遂，痛切见弃，举国号咷，拊膺泣血。夫三军所伐，蛮夷戎狄，骄逸不虔，于是致武，不闻义国反受诛讨。盖圣王之制，五服之域，有不供职，则修文德，而又不至，然后征伐。渊小心翼翼，恪恭于位，勤事奉上，可谓勉矣。尽忠竭节，还被患祸。小弁之作，离骚之兴，皆由此也。就或佞邪，盗言孔甘，犹当清览，憎而知善；谗巧似直，惑乱圣听，尚望文告，使知所由。若信有罪，当垂三宥；若不改寤，计功减降，当在八议。而潜军伺袭，大兵奄至，舞戈长驱，冲击辽土。犬马恶死，况于人类！吏民昧死，挫辱王师。渊虽冤枉，方临危殆，犹恃圣恩，怅然重奔，冀必奸臣矫制，妄肆威虐，乃谓臣等曰：'汉安帝建光元年，辽东属国都尉庞奋，受三月乙未诏书，曰收幽州刺史冯焕、玄菟太守姚光。推案无乙未诏书，遣侍御史幽州收考奸臣矫制者。'[3]今刺史或傥谬承矫制乎？'臣等议：以为刺史兴兵，摇动天下，殆非矫制，必是诏命。渊乃俯仰叹息，自伤无罪。深惟土地所以养人，窃慕古公杖策之岐，乃欲投冠释绂，逝归林麓。臣等维持，誓之以死，屯守府门，不听所执。而七营虎士，五部蛮夷，各怀素饱，不谋同心，奋臂大呼，排门遁出。近郊农民，释其耰镈，伐薪制梃，改案为橹，奔驰赴难，军旅行成，虽蹈汤火，死不顾生。渊虽见孤弃，怨而不怒，比遣敕军，勿得干犯，及手书告语，恳恻至诚。而吏士凶悍，不可解散，期于毕命，投死无悔。渊惧吏士不从教令，乃躬驰骛，自往化解，仅乃止之。一饭之惠，匹夫所死，况渊累叶信结百姓，恩著民心。自先帝初兴，爰暨陛下，荣渊累叶，丰功懿德，策名褒扬，辩著廊庙，胜衣举履，诵咏明文，以为口实。埋而掘之，古人所耻。小白、重耳，衰世诸侯，犹慕著信，以隆霸业。诗美文王作孚万邦，论语称仲尼去食存信；信之为德，固亦大矣。今吴、蜀共帝，鼎足而居，天下摇荡，无所统一，臣等每为陛下惧此危心。渊据金城之固，仗和睦之民，国殷兵强，可以横行。策名委质，守死善道，忠至义尽，为九州表。方今二敌窥闚，未知孰定，是之不戒，而渊是害。茹柔吐刚，非王者之道也。臣等虽鄙，诚窃耻之。若无天乎，臣一郡吉凶，尚未可知；若云有天，亦何惧焉！臣等闻仕于家者，二世则主之，三世则君之。臣等生于荒裔之土，出于圭窦之中，无大援于魏，世隶于公孙氏，报生与赐，在于死力。昔蒯通言直，汉祖赦其诛；郑詹辞顺，晋文原其死。臣等顽愚，不达大节，苟执一介，披露肝胆，言逆龙鳞，罪当万死。惟陛下恢崇抚育，亮其控告，使疏远之臣，永有保恃。"

⑥汉晋春秋曰：公孙渊自立，称绍汉元年。闻魏人将讨，复称臣于吴，乞兵北伐以自救。吴人欲戮其使，羊衜曰："不可，是肆匹夫之怒而捐霸王之计也。不如因而厚之，遣奇兵潜往以要其成。若魏伐渊不克，而我军远赴，是恩结遐夷，义盖万里；若兵连不解，首尾离隔，则我虏其傍郡，驱略而归，亦足以致天之罚，报雪曩事矣。"权曰："善。"乃勒兵大出。谓渊使曰："请俟后问，当从简书，必与弟同休戚，共存亡，虽陨于中原，吾所甘心也。"又曰："司马懿所向无前，深为弟忧也。"

初，渊家数有怪，犬冠帻绛衣上屋，炊有小儿蒸死甑中。襄平北市生肉，长围各数尺，有头目口喙，无手足而动摇。占曰："有形不成，有体无声，其国灭亡。"始度以中平六年据辽东，至渊三世，凡五十年而灭。①

①魏略曰：始渊兄晃为恭任子，在洛，闻渊劫夺恭位，谓渊终不可保，数自表闻，欲令国家讨渊。帝以渊已秉权，故因而抚之。及渊叛，遂以国法系晃。晃虽有前言，冀不坐，然内以骨肉，知渊破则己从及。渊首到，晃自审必死，与其子相对啼哭。时上亦欲活之，而有司以为不可，遂杀之。

张燕,常山真定人也,本姓褚。黄巾起,燕合聚少年为群盗,在山泽间转攻,还真定,众万馀人。博陵张牛角亦起众,自号将兵从事,与燕合。燕推牛角为帅,俱攻瘿陶。牛角为飞矢所中,被创且死,令众奉燕,告曰:"必以燕为帅。"牛角死,众奉燕,故改姓张。燕剽捍捷速过人,故军中号曰飞燕。其后人众寝广,常山、赵郡、中山、上党、河内诸山谷皆相通,其小帅孙轻、王当等,各以部众从燕,众至百万,号曰黑山。灵帝不能征,河北诸郡被其害。燕遣人至京都乞降,拜燕平难中郎将。[1]是后,董卓迁天子于长安,天下兵数起,燕遂以其众与豪杰相结。袁绍与公孙瓒争冀州,燕遣将杜长等助瓒,与绍战,为绍所败,人众稍散,太祖将定冀州,燕遣使求佐王师,拜平北将军;率众诣邺,封安国亭侯,邑五百户。燕薨,子方嗣。方薨,子融嗣。[2]

[1]九州春秋曰:张角之反也,黑山、白波、黄龙、左校、牛角、五鹿、瓠根、苦蝤、刘石、平汉、大洪、司隶、缘城、罗市、雷公、浮云、飞燕、白爵、杨凤、于毒等各起兵,大者二三万,小者不减数千。灵帝不能讨,乃遣使拜杨凤为黑山校尉,领诸山贼,得举孝廉计吏。后遂弥漫,不可复数。

典略曰:黑山、黄巾诸帅,本非冠盖,自相号字,谓骑白马者为张白骑,谓轻捷者为张飞燕,谓声大者为张雷公,其饶须者则自称于瓠根,其眼大者自称李大目。

张璠汉纪云:又有左校、郭大贤、左髭丈八三部也。

[2]陆机晋惠帝起居注曰:门下通事令史张林,飞燕之曾孙。林与赵王伦为乱,未及周年,位至尚书令、卫将军,封郡公。寻为伦所杀。

张绣,武威祖厉人,骠骑将军济族子也。边章、韩遂为乱凉州,金城麹胜袭杀祖厉长刘隽。绣为县吏,间伺杀胜,郡内义之。遂招合少年,为邑中豪杰。董卓败,济与李傕等击吕布,为卓报仇。语在卓传。绣随济,以军功稍迁至建忠将军,封宣威侯。济屯弘农,士卒饥饿,南攻穰,为流矢所中死。绣领其众,屯宛,与刘表合。太祖南征,军淯水,绣等举众降。太祖纳济妻,绣恨之。太祖闻其不悦,密有杀绣之计。计漏,绣掩袭太祖。太祖军败,二子没。绣还保穰,①太祖比年攻之,不克。太祖拒袁绍于官渡,绣从贾诩计,复以众降。语在诩传。绣至,太祖执其手,与欢宴,为子均取绣女,拜扬武将军。官渡之役,绣力战有功,迁破羌将军。从破袁谭于南皮,复增邑凡二千户。是时天下户口减耗,十裁一在,诸将封未有满千户者,而绣特多。从征乌丸于柳城,未至,薨,谥曰定侯。②子泉嗣,坐与魏讽谋反诛,国除。

> ①傅子曰:绣有所亲胡车儿,勇冠其军。太祖爱其骁健,手以金与之。绣闻而疑太祖欲因左右刺之,遂反。
>
> 吴书曰:绣降,用贾诩计,乞徙军就高道,道由太祖屯中。绣又曰:"车少而重,乞得使兵各被甲。"太祖信绣,皆听之。绣乃严兵入屯,掩太祖。太祖不备,故败。
>
> ②魏略曰:五官将数因请会,发怒曰:"君杀吾兄,何忍持面视人邪!"绣心不自安,乃自杀。

张鲁字公祺,沛国丰人也。祖父陵,客蜀,学道鹄鸣山中,造作道书以惑百姓,从受道者出五斗米,故世号米贼。陵死,子衡行其道。衡死,鲁复行之。益州牧刘焉以鲁为督义司马,与别部司马张修将兵击汉中太守苏固,鲁遂袭修杀之,夺其众。焉死,子璋代立,以鲁不顺,尽杀鲁母家室。鲁遂据汉中,以鬼道教民,自号"师君"。其来学道者,初皆名"鬼卒"。受本道已信,号"祭酒"。各领部众,多者为治头大祭酒。皆教以诚信不欺诈,有病自首其过,大都与黄巾相似。诸祭酒皆作义舍,如今之亭传。又置义米肉,县于义舍,行路者量腹取足;若过多,鬼道辄病之。犯法者,三原,然后乃行刑。不置长吏,皆以祭酒为治,民夷便乐之。雄据巴、汉垂三十年。①汉末,力不能征,遂就宠鲁为镇民中郎将,领汉宁太守,通贡献而已。民有地中得玉印者,群下欲尊鲁为汉宁王。鲁功曹巴西阎圃谏鲁曰:"汉川之民,户出十万,财富土沃,四面险固;上匡天子,则为桓、文,次及窦融,不失富贵。今承制署置,势足斩断,不烦于王。愿且不称,勿为祸先。"鲁从之。韩遂、马超之乱,关西民从子午谷奔之者数万家。

①典略曰:熹平中,妖贼大起,三辅有骆曜。光和中,东方有张角,汉中有张脩。骆曜教民缅匿法,角为太平道,脩为五斗米道。太平道者,师持九节杖为符祝,教病人叩头思过,因以符水饮之,得病或日浅而愈者,则云此人信道,其或不愈,则为不信道。脩法略与角同,加施静室,使病者处其中思过。又使人为奸令祭酒,祭酒主以老子五千文,使都习,号为奸令。为鬼吏,主为病者请祷。请祷之法,书病人姓名,说服罪之意。作三通,其一上之天,著山上,其一埋之地,其一沉之水,谓之三官手书。使病者家出米五斗以为常,故号曰五斗米师。实无益于治病,但为淫妄,然小人昏愚,竞共事之。后角被诛,脩亦亡。及鲁在汉中,因其民信行脩业,遂增饰之。教使作义舍,以米肉置其中以止行人;又教使自隐,有小过者,当治道百步,则罪除;又依月令,春夏禁杀;又禁酒。流移寄在其地者,不敢不奉。

臣松之谓张脩应是张衡,非典略之失,则传写之误。

建安二十年,太祖乃自散关出武都征之,至阳平关。鲁欲举汉中降,其弟卫不肯,率众数万人拒关坚守。太祖攻破之,遂入蜀。①鲁闻阳平已陷,将稽颡归降,[4]圃又曰:"今以迫往,功必轻;不如依杜濩赴朴胡相拒,[5]然后委质,功必多。"于是乃奔南山入巴中。左右欲悉烧宝货仓库,鲁曰:"本欲归命国家,而意未达。今之走,避锐锋,非有恶意。宝货仓库,国家之有。"遂封藏而去。太祖入南郑,甚嘉之。又以鲁本有善意,遣人慰喻。鲁尽将家出,太祖逆拜鲁镇南将军,待以客礼,封阆中侯,邑万户。封鲁五子及阎圃等皆为列侯。②为子彭祖取鲁女。鲁薨,谥之曰原侯。子富嗣。③

①魏名臣奏载董昭表曰:"武皇帝承凉州从事及武都降人之辞,说张鲁易攻,阳平城下南北山相远,不可守也,信以为然。及往临履,不如所闻,乃叹曰:'他人商度,少如人意。'攻阳平山上诸屯,既不时拔,士卒伤夷者多。武皇帝意沮,便欲拔军截山而还,遣故大将军夏侯惇、将军许褚呼山上兵还。会前军未还,夜迷惑,误入贼营,贼便退散。侍中辛毗、刘晔等在兵后,语惇、褚,言'官兵已据得贼要屯,贼已散走'。犹不信之。惇前自见,乃还白武皇帝,进兵定之。幸而克获。此近事,吏士所知。"又杨暨表曰:"武皇帝始征张鲁,以十万之众,身亲临履,指授方略,因就民麦以为军粮。张卫之守,盖不足言。地险守易,虽有精兵虎将,势不能施。对兵三日,欲抽军还,言'作军三十年,一朝持与人,如何'。此计已定,天祚大魏,鲁守自坏,因以定之。"

世语曰:鲁遣五官掾降,弟卫横山筑阳平城以拒,王师不得进。鲁走巴中。军粮尽,太祖将还。西曹掾东郡郭谌曰:"不可。鲁已降,留使既未反,卫虽不同,偏携可攻。县军深入,以进必克,退必不免。"太祖疑之。夜有野麋数千突坏卫营,军大惊。夜,高祚等误与卫众遇,祚等多鸣鼓角会众。卫惧,以为大军见掩,遂降。

②臣松之以为张鲁虽有善心,要为败而后降,今乃宠以万户,五子皆封侯,过矣。

习凿齿曰:鲁欲称王,而阎圃谏止之,今封圃为列侯。夫赏罚者,所以惩恶劝善也,苟其可以明轨训于物,无远近幽深矣。今阎圃谏鲁勿王,而太祖追封之,将来之人孰不思顺! 塞其本源而末流自止,其此之谓与! 若乃不明于此而重燋烂之功,丰爵厚赏止于死战之士,则民利于有乱,俗竞于杀伐,阻兵仗力,干戈不戢矣。太祖之此封,可谓知赏罚之本,虽汤武居之,无以加也。

魏略曰:黄初中,增圃爵邑,在礼请中。后十馀岁病死。

晋书云:西戎司马阎缵,圃孙也。

③魏略曰:刘雄鸣者,蓝田人也。少以采药射猎为事,常居覆车山下,每晨

夜,出行云雾中,以识道不迷,而时人因谓之能为云雾。郭、李之乱,人多就之。建安中,附属州郡,州郡表荐为小将。马超等反,不肯从,超破之。后诣太祖,太祖执其手谓之曰:"孤方入关,梦得一神人,即卿邪!"乃厚礼之,表拜为将军,遣令迎其部党。部党不欲降,遂劫以反,诸亡命皆往依之,有众数千人,据武关道口。太祖遣夏侯渊讨破之,雄鸣南奔汉中。汉中破,穷无所之,乃复归降。太祖捉其须曰:"老贼,真得汝矣!"复其官,徙勃海。时又有程银、侯选、李堪,皆河东人也,兴平之乱,各有众千馀家。建安十六年,并与马超合。超破走,堪临陈死。银、选南入汉中,汉中破,诣太祖降,皆复官爵。

评曰:公孙瓒保京,坐待夷灭。度残暴而不节,渊仍业以载凶,只足覆其族也。陶谦昏乱而忧死,张杨授首于臣下,皆拥据州郡,曾匹夫之不若,固无可论者也。燕、绣、鲁舍群盗,列功臣,去危亡,保宗祀,则于彼为愈焉。

【校勘记】

〔1〕徒增孤之咎衅也　孤下原衍"子"字,据何焯校本删。

〔2〕明帝即拜渊扬烈将军　即下原衍"位"字。据三国志集解钱大昕说删。

〔3〕遣侍御史幽州收考奸臣矫制者　收,原作"牧",据三国志集解陈景云说改。

〔4〕将稽颡归降　原脱"归降"二字,据后汉书卷七五刘焉传补。

〔5〕不如依杜濩赴朴胡相拒　濩,原作"灌",据本书卷一武帝纪改。

三国志卷九　魏书九

诸夏侯曹传第九

夏侯惇字元让，沛国谯人，夏侯婴之后也。年十四，就师学，人有辱其师者，惇杀之，由是以烈气闻。太祖初起，惇常为裨将，从征伐。太祖行奋武将军，以惇为司马，别屯白马，迁折冲校尉，领东郡太守。太祖征陶谦，留惇守濮阳。张邈叛迎吕布，太祖家在鄄城，惇轻军往赴，适与布会，交战。布退还，遂入濮阳，袭得惇军辎重。遣将伪降，共执持惇，责以宝货，惇军中震恐。惇将韩浩乃勒兵屯惇营门，召军吏诸将，皆案甲当部不得动，诸营乃定。遂诣惇所，叱持质者曰："汝等凶逆，乃敢执劫大将军，复欲望生邪！且吾受命讨贼，宁能以一将军之故，而纵汝乎？"因涕泣谓惇曰："当奈国法何！"促召兵击持质者。持质者惶遽叩头，言"我但欲乞资用去耳"！浩数责，皆斩之。惇既免，太祖闻之，谓浩曰："卿此可为万世法。"乃著令，自今已后有持质者，皆当并击，勿顾质。由是劫质者遂绝。[1]

223

① 孙盛曰：案光武纪，建武九年，盗劫阴贵人母弟，吏以不得拘质迫盗，盗遂杀之也。然则合击者，乃古制也。自安、顺已降，政教陵迟，劫质不避王公，而有司莫能遵奉国宪者，浩始复斩之，故魏武嘉焉。

太祖自徐州还,惇从征吕布,为流矢所中,伤左目。①复领陈留、济阴太守,加建武将军,封高安乡侯。时大旱,蝗虫起,惇乃断太寿水作陂,身自负土,率将士劝种稻,民赖其利。转领河南尹。太祖平河北,为大将军后拒。邺破,迁伏波将军,领尹如故,使得以便宜从事,不拘科制。建安十二年,录惇前后功,增封邑千八百户,并前二千五百户。二十一年,从征孙权还,使惇都督二十六军,留居巢。赐伎乐名倡,令曰:"魏绛以和戎之功,犹受金石之乐,况将军乎!"二十四年,太祖军于摩陂,[1]召惇常与同载,特见亲重,出入卧内,诸将莫得比也。拜前将军,②督诸军还寿春,徙屯召陵。文帝即王位,拜惇大将军,数月薨。

①魏略曰:时夏侯渊与惇俱为将军,军中号惇为盲夏侯。惇恶之,每照镜恚怒,辄扑镜于地。

②魏书曰:时诸将皆受魏官号,惇独汉官,乃上疏自陈不当不臣之礼。太祖曰:"吾闻太上师臣,其次友臣。夫臣者,贵德之人也,区区之魏,而臣足以屈君乎?"惇固请,乃拜为前将军。

惇虽在军旅,亲迎师受业。性清俭,有馀财辄以分施,不足资之于官,不治产业。谥曰忠侯。子充嗣。帝追思惇功,欲使子孙毕侯,分惇邑千户,赐惇七子二孙爵皆关内侯。惇弟廉及子楙素自封列侯。初,太祖以女妻楙,即清河公主也。楙历位侍中尚书、安西镇东将军,假节。①充薨,子廙嗣。廙薨,子劭嗣。②

①魏略曰:楙字子林,惇中子也。文帝少与楙亲,及即位,以为安西将军、持节,承夏侯渊处都督关中。楙性无武略,而好治生。至太和二年,明帝西征,人有白楙者,遂召还为尚书。楙在西时,多畜伎妾,公主由此与楙不和。其后群弟不遵礼度,楙数切责,弟惧见治,乃共构楙以诽谤,令主奏之,有诏收楙。帝意欲杀之,以问长水校尉京兆段默,默以为"此必清河公主与楙不睦,出于谮构,冀不推实耳。且伏波与先帝有定天下之功,宜加三思"。帝意解,曰:"吾亦以为然。"乃发诏推问为公主作表者,果其群

弟子臧、子江所构也。

②晋阳秋曰：泰始二年，高安乡侯夏侯佐卒，惇之孙也，嗣绝。诏曰："惇，魏之元功，勋书竹帛。昔庭坚不祀，犹或悼之，况朕受禅于魏，而可以忘其功臣哉！宜择惇近属劲封之。"

韩浩者，河内人。沛国史涣与浩俱以忠勇显。[2]浩至中护军，涣至中领军，皆掌禁兵，封列侯。①

①魏书曰：韩浩字元嗣。汉末起兵，县近山薮，多寇，浩聚徒众为县藩卫。太守王匡以为从事，将兵拒董卓于盟津。时浩舅杜阳为河阴令，卓执之，使招浩，浩不从。袁术闻而壮之，以为骑都尉。夏侯惇闻其名，请与相见，大奇之，使领兵从征伐。时大议损益，浩以为当急田。太祖善之，迁护军。太祖欲讨柳城，领军史涣以为道远深入，非完计也，欲与浩共谏。浩曰："今兵势强盛，威加四海，战胜攻取，无不如志，不以此时遂除天下之患，将为后忧。且公神武，举无遗策，吾与君为中军主，不宜沮众。"遂从破柳城，改其官为中护军，置长史、司马。从讨张鲁，鲁降。议者以浩智略足以绥边，欲留使都督诸军，镇汉中。太祖曰："吾安可以无护军？"乃与俱还。其见亲任如此。及薨，太祖愍惜之。无子，以养子荣嗣。史涣字公刘。少任侠，有雄气。太祖初起，以客从，行中军校尉，从征伐，常监诸将，见亲信，转拜中领军。十四年薨。子静嗣。

夏侯渊字妙才，惇族弟也。太祖居家，曾有县官事，渊代引重罪，太祖营救之，得免。①太祖起兵，以别部司马、骑都尉从，迁陈留、颍川太守。及与袁绍战于官渡，行督军校尉。绍破，使督兖、豫、徐州军粮；时军食少，渊传馈相继，军以复振。昌豨反，遣于禁击之，未拔，复遣渊与禁并力，遂击豨，降其十馀屯，豨诣禁降。渊还，拜典军校尉。②济南、乐安黄巾徐和、司马俱等攻城，杀长吏，渊将泰山、齐、平原郡兵击，大破之，斩和，平诸县，收其粮谷以给军士。十四年，以渊为行领军。太祖征孙权还，使渊督诸将击庐江叛者雷绪,绪破,又行征西护军,督徐晃击太原贼,攻下二十馀屯,斩贼帅商曜,屠其城。从征韩遂等,战于渭南。又督朱灵平隃糜、汧氐。与太祖会安定,降杨秋。

①魏略曰:时兖、豫大乱,渊以饥乏,弃其幼子,而活亡弟孤女。

②魏书曰:渊为将,赴急疾,常出敌之不意,故军中为之语曰:"典军校尉夏侯渊,三日五百,六日一千。"

十七年,太祖乃还邺,以渊行护军将军,督朱灵、路招等屯长安,击破南山贼刘雄,降其众。围遂、超馀党梁兴于鄠,拔之,斩兴,封博昌亭侯。马超围凉州刺史韦康于冀,渊救康,未到,康败。去冀二百馀里,超来逆战,军不利。汧氐反,渊引军还。十九年,赵衢、尹奉等谋讨超,姜叙起兵卤城以应之。衢等谲说超,使出击叙,于后尽杀超妻子。超奔汉中,还围祁山。叙等急求救,诸将议者欲须太祖节度。渊曰:"公在邺,反覆四千里,比报,叙等必败,非救急也。"遂行,使张郃督步骑五千在前,从陈仓狭道入,渊自督粮在后。郃至渭水上,超将氐羌数千逆郃。未战,超走,郃进军收超军器械。渊到,诸县皆已降。韩遂在显亲,渊欲袭取之,遂走。渊收遂军粮,追至略阳城,去遂二十馀里,诸将欲攻之,或言当攻兴国氐。渊以为遂兵精,兴国城固,攻不可卒拔,不如击长离诸羌。长离诸羌多在遂军,必归救其家。若舍羌独守则孤,[3]救长离则官兵得与野战,可必虏也。渊乃留督将守辎重,轻兵步骑到长离,攻烧羌屯,斩获其众。诸羌在遂军者,各还种落。遂果救长离,与渊军对陈。诸将见遂众,恶之,欲结营作堑乃与战。渊曰:"我转斗千里,今复作营堑,则士众罢弊,不可久。贼虽众,易与耳。"乃鼓之,大破遂军,得其旌麾,还略阳,进军围兴国。氐王千万逃奔马超,馀众降。转击高平屠各,皆散走,收其粮谷牛马。乃假渊节。

初,枹罕宋建因凉州乱,自号河首平汉王。太祖使渊帅诸将讨建。渊至,围枹罕,月馀拔之,斩建及所置丞相已下。渊别遣张郃等平河关,渡河入小湟中,河西诸羌尽降,陇右平。太祖下令曰:"宋建造为乱逆三十馀年,渊一举灭之,虎步关右,所向无前。仲尼有言:'吾与尔不如也。'"二十一年,增封三百户,并前八百户。还击武都氐羌下辩,收氐谷十馀万斛。太祖西征张鲁,渊等将凉州诸将侯王已下,与太祖会休亭。太祖每引见羌、胡,以渊畏之。会鲁降,汉中平,以渊行都护将军,督张郃、徐晃等平巴郡。太祖还邺,留渊守汉中,即拜渊征西将军。二十三年,刘备军阳平关,渊率诸将拒之,相守连年。二十四年正月,备夜烧围鹿角。渊使张郃护东围,自将轻兵护南围。备挑郃战,郃军不利。渊分所将兵半助,为备所袭,渊遂战死。谥曰愍侯。

初,渊虽数战胜,太祖常戒曰:"为将当有怯弱时,不可但恃勇也。将当以勇为本,行之以智计;但知任勇,一匹夫敌耳。"

渊妻,太祖内妹。长子衡,尚太祖弟海阳哀侯女,恩宠特隆。衡袭爵,转封安宁亭侯。黄初中,赐中子霸,太和中,赐霸四弟,爵皆关内侯。霸,正始中为讨蜀护军右将军,进封博昌亭侯,素为曹爽所厚。闻爽诛,自疑,亡入蜀。以渊旧勋赦霸子,徙乐浪郡。[1]霸弟威,官至兖州刺史。[2]威弟惠,乐安太守。[3]惠弟和,河南尹。[4]衡薨,子绩嗣,为虎贲中郎将。绩薨,子褒嗣。

[1] 魏略曰:霸字仲权。渊为蜀所害,故霸常切齿,欲有报蜀意。黄初中为偏将军。子午之役,霸召为前锋,进至兴势围,安营在曲谷中。蜀人望知其是霸也,指下兵攻之。霸手战鹿角间,赖救至,然后解。后为右将军,屯陇西,其养士和戎,并得其欢心。至正始中,代夏侯儒为征蜀护军,统属征西。时征西将军夏侯玄,于霸为从子,而玄于曹爽为外弟。及司马宣王诛曹爽,遂召玄,玄来东。霸闻曹爽被诛而玄又征,以为祸必转相及,心既内恐;又霸先与雍州刺史郭淮不和,而淮代玄为征西,霸尤不安,故遂奔蜀。南趋阴平而失道,入穷谷中,粮尽,杀马步行,足破,卧岩石下,使

人求道，未知何之。蜀闻之，乃使人迎霸。初，建安五年，时霸从妹年十三四，在本郡，出行樵采，为张飞所得。飞知其良家女，遂以为妻，产息女，为刘禅皇后。故渊之初亡，飞妻请而葬之。及霸入蜀，禅与相见，释之曰："卿父自遇害于行间耳，非我先人之手刃也。"指其儿子以示之曰："此夏侯氏之甥也。"厚加爵宠。

②世语曰：咸字季权，任侠。贵历荆、兖二州刺史。子骏，并州刺史。次庄，淮南太守。庄子湛，字孝若，以才博文章，至南阳相、散骑常侍。庄，晋景阳皇后姊夫也。由此一门侈盛于时。

③文章叙录曰：惠字稚权，幼以才学见称，善属奏议。历散骑黄门侍郎，与锺毓数有辩驳，事多见从。迁燕相、乐安太守。年三十七卒。

④世语曰：和字义权，清辩有才论。历河南尹、太常。渊第三子称，第五子荣。从孙湛为其序曰："称字叔权。自孺子而好合聚童儿，为之渠帅，戏必为军旅战陈之事，有违者辄严以鞭捶，众莫敢逆。渊阴奇之，使读项羽传及兵书，不肯，曰：'能则自为耳，安能学人?'年十六，渊与之田，见奔虎，称驱马逐之，禁之不可，一箭而倒。名闻太祖，太祖把其手喜曰：'我得汝矣!'与文帝为布衣之交，每谳会，气陵一坐，辩士不能屈。世之高名者多从之游。年十八卒。弟荣，字幼权。幼聪惠，七岁能属文，诵书日千言，经目辄识之。文帝闻而请焉。宾客百馀人，人人一奏刺，悉书其乡邑名氏，世所谓爵里刺也，客示之，一寓目，使之遍谈，不谬一人。帝深奇之。汉中之败，荣年十三，左右提之走，不肯，曰：'君亲在难，焉所逃死!'乃奋剑而战，遂没陈。"

曹仁字子孝，太祖从弟也。①少好弓马弋猎。后豪杰并起，仁亦阴结少年，得千馀人，周旋淮、泗之间，遂从太祖为别部司马，行厉锋校尉。太祖之破袁术，仁所斩获颇多。从征徐州，仁常督骑，为军前锋。别攻陶谦将吕由，破之，还与大军合彭城，大破谦军。从攻费、华、即墨、开阳，谦遣别将救诸县，仁以骑击破之。太祖征吕布，仁别攻句阳，拔之，生获布将刘何。太祖平黄巾，迎天子都许，仁数有功,拜广阳太守。太祖器其勇略,不使之郡,以议郎督骑。太祖征张绣,仁别徇旁县,虏其男女三千馀人。太祖军还,为绣所追,军不利,士卒丧气,仁率厉将士甚奋,太祖壮之,遂破绣。

①魏书曰:仁祖褒,颍川太守。父炽,侍中、长水校尉。

太祖与袁绍久相持于官渡,绍遣刘备徇濦彊诸县,多举众应之。自许以南,吏民不安,太祖以为忧。仁曰:“南方以大军方有目前急,其势不能相救,刘备以强兵临之,其背叛固宜也。备新将绍兵,未能得其用,击之可破也。”太祖善其言,遂使将骑击备,破走之,仁尽复收诸叛县而还。绍遣别将韩荀钞断西道,仁击荀于鸡洛山,大破之。由是绍不敢复分兵出。复与史涣等钞绍运车,烧其粮谷。

河北既定,从围壶关。太祖令曰:“城拔,皆坑之。”连月不下。仁言于太祖曰:“围城必示之活门,所以开其生路也。今公告之必死,将人自为守。且城固而粮多,攻之则士卒伤,守之则引日久;今顿兵坚城之下,以攻必死之虏,非良计也。”太祖从之,城降。于是录仁前后功,封都亭侯。

从平荆州,以仁行征南将军,留屯江陵,拒吴将周瑜。瑜将数万众来攻,前锋数千人始至,仁登城望之,乃募得三百人,遣部曲将牛金逆与挑战。贼多,金众少,遂为所围。长史陈矫俱在城上,望见金等垂没,左右皆失色。仁意气奋怒甚,谓左右取马来,矫等共援持之。谓仁曰:“贼众盛,不可当也。假使弃数百人何苦,而将军以身赴之!”仁不应,遂被甲上马,将其麾下壮士数十骑出城。去贼百馀步,迫沟,矫等以为仁当住沟上,为金形势也,仁径渡沟直前,冲入贼围,金等乃得解。馀众未尽出,仁复直还突之,拔出金兵,亡其数人,贼众乃退。矫等初见仁出,皆惧,及见仁还,乃叹曰:“将军真天人也!”三军服其勇。太祖益壮之,转封安平亭侯。

太祖讨马超，以仁行安西将军，督诸将拒潼关，破超渭南。苏伯、田银反，以仁行骁骑将军，都督七军讨银等，破之。复以仁行征南将军，假节，屯樊，镇荆州。侯音以宛叛，略傍县众数千人，仁率诸军攻破音，斩其首，还屯樊，即拜征南将军。关羽攻樊，时汉水暴溢，于禁等七军皆没，禁降羽。仁人马数千人守城，城不没者数板。羽乘船临城，围数重，外内断绝，粮食欲尽，救兵不至。仁激厉将士，示以必死，将士感之皆无二。徐晃救至，水亦稍减，晃从外击羽，仁得溃围出，羽退走。

仁少时不修行检，及长为将，严整奉法令，常置科于左右，案以从事。鄢陵侯彰北征乌丸，文帝在东宫，为书戒彰曰："为将奉法，不当如征南邪！"及即王位，拜仁车骑将军，都督荆、扬、益州诸军事，进封陈侯，增邑二千，并前三千五百户。追赐仁父炽谥曰陈穆侯，置守冢十家。后召还屯宛。孙权遣将陈邵据襄阳，诏仁讨之。仁与徐晃攻破邵，遂入襄阳，使将军高迁等徙汉南附化民于汉北，文帝遣使即拜仁大将军。又诏仁移屯临颍，迁大司马，复督诸军据乌江，还屯合肥。黄初四年薨，谥曰忠侯。[1]子泰嗣，官至镇东将军，假节，转封宁陵侯。泰薨，子初嗣。又分封泰弟楷、范，皆为列侯，而牛金官至后将军。

①魏书曰：仁时年五十六。

傅子曰：曹大司马之勇，贲、育弗加也。张辽其次焉。

230　　仁弟纯，① 初以议郎参司空军事，督虎豹骑从围南皮。袁谭出战，士卒多死。太祖欲缓之，纯曰："今千里蹈敌，进不能克，退必丧威；且县师深入，难以持久。彼胜而骄，我败而惧，以惧敌骄，必可克也。"太祖善其言，遂急攻之，谭败。纯麾下骑斩谭首。及北征三郡，纯部骑获单于蹋顿。以前后功封高陵亭侯，邑三百户。从征荆州，追刘备于长坂，获其二女辎重，收其散卒。进降江陵，从还谯。

建安十五年薨。文帝即位，追谥曰威侯。^②子演嗣，官至领军将军，正元中进封平乐乡侯。演薨，子亮嗣。

　　①英雄记曰：纯字子和。年十四而丧父，与同产兄仁别居。承父业，富于财，僮仆人客以百数，纯纲纪督御，不失其理，乡里咸以为能。好学问，敬爱学士，学士多归焉，由是为远近所称。年十八，为黄门侍郎。二十，从太祖到襄邑募兵，遂常从征战。

　　②魏书曰：纯所督虎豹骑，皆天下骁锐，或从百人将补之，太祖难其帅。纯以选为督，抚循甚得人心。及卒，有司白选代，太祖曰："纯之比，何可复得！吾独不中督邪？"遂不选。

　　曹洪字子廉，太祖从弟也。^①太祖起义兵讨董卓，至荥阳。为卓将徐荣所败。太祖失马，贼追甚急，洪下，以马授太祖，太祖辞让，洪曰："天下可无洪，不可无君。"遂步从到汴水，水深不得渡，洪循水得船，与太祖俱济，还奔谯。扬州刺史陈温素与洪善，洪将家兵千馀人，就温募兵，得庐江上甲二千人，东到丹杨复得数千人，与太祖会龙亢。太祖征徐州，张邈举兖州叛迎吕布。时大饥荒，洪将兵在前，先据东平、范，聚粮谷以继军。太祖讨邈、布于濮阳，布破走，遂据东阿，转击济阴、山阳、中牟、阳武、京、密十馀县，皆拔之。以前后功拜鹰扬校尉，迁扬武中郎将。天子都许，拜洪谏议大夫。别征刘表，破表别将于舞阳、阴叶、堵阳、博望，有功，迁厉锋将军，封国明亭侯。累从征伐，拜都护将军。文帝即位，为卫将军，迁骠骑将军，进封野王侯，益邑千户，并前二千一百户，位特进；后徙封都阳侯。

　　①魏书曰：洪伯父鼎为尚书令，任洪为蕲春长。

　　始，洪家富而性吝啬，文帝少时假求不称，常恨之，遂以舍客犯法，下狱当死。群臣并救莫能得。卞太后谓郭后曰："令曹洪今日死,吾明日敕帝废后矣。"于是泣涕屡请,乃得免官削爵土。①洪先帝功臣,时人多为觖望。明帝即位,拜后将军,更封乐城侯,邑千户,位特进,复拜骠骑将军。太和六年薨,谥曰恭侯。子馥,嗣侯。初,太祖分洪户封子震列侯。洪族父瑜,修慎笃敬,官至卫将军,封列侯。

①魏略曰:文帝收洪,时曹真在左右,请之曰:"今诛洪,洪必以真为谮也。"帝曰:"我自治之,卿何豫也?"会卞太后责怒帝,言"梁、沛之间,非子廉无有今日"。诏乃释之。犹尚没入其财产。太后又以为言,后乃还之。初,太祖为司空时,以己率下,每岁发调,使本县平赀。于时谯令平洪赀财与公家等,太祖曰:"我家赀那得如子廉耶!"文帝在东宫,尝从洪贷绢百匹,洪不称意。及洪犯法,自分必死,既得原,喜,上书谢曰:"臣少不由道,过在人伦,长窃非任,遂蒙见贷。性无检度知足之分,而有豺狼无厌之质,老惛倍贪,触突国网,罪迫三千,不在赦宥,当就辜诛,弃诸市朝,犹蒙天恩,骨肉更生。臣仰视天日,愧负灵神,俯惟怨阙,惭愧怖悸,不能雉经以自裁割,谨涂颜阙门,拜章陈情。"

曹休字文烈,太祖族子也。天下乱,宗族各散去乡里。休年十馀岁,丧父,独与一客担丧假葬,携将老母,渡江至吴。①以太祖举义兵,易姓名转至荆州,间行北归,见太祖。太祖谓左右曰:"此吾家千里驹也。"使与文帝同止,见待如子。常从征伐,使领虎豹骑宿卫。刘备遣将吴兰屯下辩,太祖遣曹洪征之,以休为骑都尉,参洪军事。太祖谓休曰:"汝虽参军,其实帅也。"洪闻此令,亦委事于休。备遣张飞屯固山,欲断军后。众议狐疑,休曰:"贼实断道者,当伏兵潜行。今乃先张声势,此其不能也。宜及其未集,促击兰,兰破则飞自走矣。"洪从之,进兵击兰,大破之,飞果走。太祖拔汉中,诸军还长安,拜休中领军。文帝即王位,为领军将军,录前后功,封东阳亭侯。夏侯惇薨，以休为镇南将军，假节都督诸军事，车驾临送，上乃下舆执手而别。孙权遣将屯历阳，休到，击破之，又别遣兵渡江，烧贼芜湖营数千家。迁征东将军，领扬州刺史，进封安阳乡侯。[2]帝征孙权，以休为征东大将军，假黄钺，督张辽等及诸州郡二十馀军，击权大将吕范等于洞浦，破之。拜扬州牧。明帝即位，进封长平侯。吴将审悳屯皖，休击破之，斩悳首，吴将韩综、翟丹等前后率众诣休降。增邑四百，并前二千五百户，迁大司马，都督扬州如故。太和二年，帝为二道征吴，遣司马宣王从汉水下，休督诸军向寻阳。[4]贼将伪降，休深入，战不利，退还宿石亭。军夜惊，士卒乱，弃甲兵辎重甚多。休上书谢罪，帝遣屯骑校尉杨暨慰谕，礼赐益隆。休因此痈发背薨，谥曰壮侯。子肇嗣。[3]

①魏书曰：休祖父尝为吴郡太守。休于太守舍，见壁上祖父画像，下榻拜涕泣，同坐者皆嘉叹焉。

②魏书曰：休丧母至孝。帝使侍中夺丧服，使饮酒食肉，休受诏而形体益憔悴。乞归谯葬母，帝复遣越骑校尉薛乔奉诏节其忧哀，使归家治丧；一宿便葬，葬讫诣行在所。帝见，亲自宽慰之。其见爱重如此。

③世语曰：肇字长思。

肇有当世才度，为散骑常侍、屯骑校尉。明帝寝疾，方与燕王宇等属以后事。帝意寻变，诏肇以侯归第。正始中薨，追赠卫将军。子兴嗣。初，文帝分休户三百封肇弟纂为列侯，后为殄吴将军，薨，追赠前将军。[1]

①张隐文士传曰：肇孙摅，字颜远，少历志操，博学有才藻。仕晋，辟公府，历洛阳令，有能名。大司马齐王冏辅政，摅与齐人左思俱为记室督。从中郎出为襄阳太守、征南司马。值天下乱，摅讨贼向吴，战败死。

曹真字子丹，太祖族子也。太祖起兵，真父邵募徒众，为州郡所杀。①太祖哀真少孤，收养与诸子同，使与文帝共止。常猎，为虎所逐，顾射虎，应声而倒。太祖壮其鸷勇，使将虎豹骑。讨灵丘贼，拔之，封灵寿亭侯。以偏将军将兵击刘备别将于下辩，破之，拜中坚将军。从至长安，领中领军。是时，夏侯渊没于阳平，太祖忧之。以真为征蜀护军，督徐晃等破刘备别将高详于阳平。太祖自至汉中，拔出诸军，使真至武都迎曹洪等还屯陈仓。文帝即王位，以真为镇西将军，假节都督雍、凉州诸军事。录前后功，进封东乡侯。张进等反于酒泉，真遣费曜讨破之，斩进等。黄初三年还京都，以真为上军大将军，都督中外诸军事，假节钺。与夏侯尚等征孙权，击牛渚屯，破之。转拜中军大将军，加给事中。七年，文帝寝疾，真与陈群、司马宣王等受遗诏辅政。明帝即位，进封邵陵侯，②迁大将军。

> ①魏略曰：真本姓秦，养曹氏。或云其父伯南夙与太祖善。兴平末，袁术部党与太祖攻劫，太祖出，为寇所追，走入秦氏，伯南开门受之。寇问太祖所在，答云："我是也。"遂害之。由此太祖思其功，故变其姓。
>
> 魏书曰：邵以忠笃有才智，为太祖所亲信。初平中，太祖兴义兵，邵募徒众，从太祖周旋。时豫州刺史黄琬欲害太祖，太祖避之而邵独遇害。
>
> ②臣松之案：真父名邵。封邵陵侯，若非书误，则事不可论。

诸葛亮围祁山，南安、天水、安定三郡反应亮。帝遣真督诸军军郿，遣张郃击亮将马谡，大破之。安定民杨条等略吏民保月支城，真进军围之。条谓其众曰："大将军自来，吾愿早降耳。"遂自缚出。三郡皆平。真以亮惩于祁山，后出必从陈仓，乃使将军郝昭、王生守陈仓，治其城。明年春，亮果围陈仓，已有备而不能克。增邑，并前二千九百户。四年，朝洛阳，迁大司马，赐剑履上殿，入朝不趋。真以"蜀连出侵边境，宜遂伐之，数道并入，可大克也"。帝从其计。真当发西讨，帝亲临送。真以八月发长安，从子午道南入。司马宣王泝汉水,当会南郑。诸军或从斜谷道,或从武威入。会大霖雨三十馀日,或栈道断绝,诏真还军。

真少与宗人曹遵、乡人朱赞并事太祖。遵、赞早亡,真愍之,乞分所食邑封遵、赞子。诏曰:"大司马有叔向抚孤之仁,笃晏平久要之分。君子成人之美,听分真邑赐遵、赞子爵关内侯,各百户。"真每征行,与将士同劳苦,军赏不足,辄以家财班赐,士卒皆愿为用。真病还洛阳,帝自幸其第省疾。真薨,谥曰元侯。子爽嗣。帝追思真功,诏曰:"大司马蹈履忠节,佐命二祖,内不恃亲戚之宠,外不骄白屋之士,可谓能持盈守位,劳谦其德者也。其悉封真五子羲、训、则、彦、皑皆为列侯。"初,文帝分真邑二百户,封真弟彬为列侯。

爽字昭伯,少以宗室谨重,明帝在东宫,甚亲爱之。及即位,为散骑侍郎,累迁城门校尉,加散骑常侍,转武卫将军,宠待有殊。帝寝疾,乃引爽入卧内,拜大将军,假节钺,都督中外诸军事,录尚书事,与太尉司马宣王并受遗诏辅少主。明帝崩,齐王即位,加爽侍中,改封武安侯,邑万二千户,赐剑履上殿,入朝不趋,赞拜不名。丁谧画策,使爽白天子,发诏转宣王为太傅,外以名号尊之,内欲令尚书奏事,先来由己,得制其轻重也。[1] 爽弟羲为中领军,训武卫将军,彦散骑常侍侍讲,其馀诸弟,皆以列侯侍从,出入禁闼,贵宠莫盛焉。南阳何晏、邓飏、李胜、沛国丁谧、东平毕轨咸有声名,进趣于时,明帝以其浮华,皆抑黜之;及爽秉政,乃复进叙,任为腹心。飏等欲令爽立威名于天下,劝使伐蜀,爽从其言,宣王止之不能禁。正始五年,爽乃西至长安,大发卒六七万人,从骆谷入。是时,关中及氐、羌转输不能供,牛马骡驴多死,民夷号泣道路。入谷行数百里,贼因山为固,兵不得进。爽参军杨伟为爽陈形势,宜急还,不然将败。[2] 飏与伟争于爽前,伟曰:"飏、胜将败国家事,可斩也。"爽不悦，乃引军还。③

① 魏书曰：爽使弟羲为表曰："臣亡父真，奉事三朝，入备冢宰，出为上将。
先帝以臣肺腑遗绪，奖饬拔擢，典兵禁省，进无忠恪积累之行，退无羔羊
自公之节。先帝圣体不豫，臣虽奔走，侍疾尝药，曾无精诚翼日之应，猥
与太尉懿俱受遗诏，且惭且惧，靡所底告。臣闻虞舜序贤，以稷、契为先，
成汤褒功，以伊、吕为首，审选博举，优劣得所，斯诚辅世民之大经，录
勋报功之令典，自古以来，未之或阙。今臣虚暗，位冠朝首，顾惟越次，中
心愧惕，敢竭愚情，陈写至实。夫天下之达道者三，谓德、爵、齿也。懿本
以高明中正，处上司之位，名足镇众，义足率下，一也。包怀大略，允文允
武，仍立征伐之勋，退迹归功，二也。万里旋旆，亲受遗诏，翼亮皇家，内
外所向，三也。加之耆艾，纪纲邦国，体练朝政；论德则过于吉甫、樊仲；
课功则逾于方叔、召虎：凡此数者，懿实兼之。臣抱空名而处其右，天下
之人将谓臣以宗室见私，知进而不知退。陛下岐嶷，克明克类，如有以察
臣之言，臣以为宜以懿为太傅、大司马，上昭陛下进贤之明，中显懿身文
武之实，下使愚臣免于谤诮。"于是帝使中书监刘放令孙资为诏曰："昔
吴汉佐光武，有征定四方之功，为大司马，名称于今。太尉体履正直，功
盖海内，先帝本以前后欲更其位者辄不弥久，是以迟迟不施行耳。今大
将军荐太尉宜为大司马，既合先帝本旨，又放推让，进德尚勋，乃欲明贤
良、辨等列、顺长少也。虽旦、奭之属，宗师吕望，念在引领以处其下，何
以过哉！朕甚嘉焉。朕惟先帝固知君子乐天知命；纤芥细疑，不足为忌，
当顾柏人彭亡之文，故用低佪，有意未遂耳！斯亦先帝敬重大臣，恩爱深
厚之至也。昔成王建保傅之官，近汉显宗以邓禹为太傅，皆所以优崇俊
乂，必有尊也。其以太尉为太傅。"

② 世语曰：伟字世英，冯翊人。明帝治宫室，伟谏曰："今作宫室，斩伐
生民墓上松柏，毁坏碑兽石柱，辜及亡人，伤孝子心，不可以为后世
之法则。"

③ 汉晋春秋曰：司马宣王谓夏侯玄曰："春秋责大德重，昔武皇帝再入汉
中，几至大败，君所知也。今兴平路势至险，蜀已先据；若进不获战，退见
徼绝，覆军必矣。将何以任其责！"玄惧，言于爽，引军退。费祎进兵据三

岭以截爽,爽争崄苦战,仅乃得过。所发牛马运转者,死失略尽,羌、胡怨叹,而关右悉虚耗矣。

初,爽以宣王年德并高,恒父事之,不敢专行。及晏等进用,咸共推戴,说爽以权重不宜委之于人。乃以晏、飏、谧为尚书,晏典选举,轨司隶校尉,胜河南尹,诸事希复由宣王。宣王遂称疾避爽。[①]晏等专政,共分割洛阳、野王典农部桑田数百顷,及坏汤沐地以为产业,承势窃取官物,因缘求欲州郡。有司望风,莫敢忤旨。晏等与廷尉卢毓素有不平,因毓吏微过,深文致毓法,使主者先收毓印绶,然后奏闻。其作威如此。爽饮食车服,拟于乘舆;尚方珍玩,充牣其家;妻妾盈后庭,又私取先帝才人七八人,及将吏、师工、鼓吹、良家子女三十三人,皆以为伎乐。诈作诏书,发才人五十七人送邺台,使先帝仔倢教习为伎。擅取太乐乐器,武库禁兵。作窟室,绮疏四周,数与晏等会其中,纵酒作乐。羲深以为大忧,数谏止之。又著书三篇,陈骄淫盈溢之致祸败,辞旨甚切,不敢斥爽,托戒诸弟以示爽。爽知其为己发也,甚不悦。羲或时以谏喻不纳,涕泣而起。宣王密为之备。九年冬,李胜出为荆州刺史,往诣宣王。宣王称疾困笃,示以羸形。胜不能觉,谓之信然。[②]

① 初,宣王以爽魏之肺腑,每推先之,爽以宣王名重,亦引身卑下,当时称焉。丁谧、毕轨等既进用,数言于爽曰:"宣王有大志而甚得民心,不可以推诚委之。"由是爽恒猜防焉。礼貌虽存,而诸所兴造,皆不复由宣王。宣王力不能争,且惧其祸,故避之。

② 魏末传曰:爽等令胜辞宣王,并伺察焉。宣王见胜,胜自陈无他功劳,横蒙特恩,当为本州,诣阙拜辞,不悟加恩,得蒙引见。宣王令两婢侍边,持衣,衣落;复上指口,言渴求饮,婢进粥,宣王持杯饮粥,粥皆流出沾胸。胜愍然,为之涕泣,谓宣王曰:"今主上尚幼,天下恃赖明公。然众情谓明公方旧风疾发,何意尊体乃尔!"宣王徐更宽言,才令气息相属,说:"年老沉疾,死在旦夕。君当屈并州,并州近胡,好善为之,恐不复相见,如

何!"胜曰:"当还忝本州,非并州也。"宣王乃复阳为昏谬,曰:"君方到并州,努力自爱!"错乱其辞,状如荒语。胜复曰:"当忝荆州,非并州也。"宣王乃若微悟者,谓胜曰:"懿年老,意荒忽,不解君言。今还为本州刺史,盛德壮烈,好建功勋。今当与君别,自顾气力转微,后必不更会,因欲自力,设薄主人,生死共别。令师、昭兄弟结君为友,不可相舍去,副懿区区之心。"因流涕哽咽。胜亦长叹,答曰:"辄当承教,须待敕命。"胜辞出,与爽等相见,说:"太傅语言错误,口不摄杯,指南为北。又云吾当作并州,吾答言当还为荆州,非并州也。徐徐与语,有识人时,乃知当还为荆州耳。又欲设主人祖送。不可舍去,宜须待之。"更向爽等垂泪云:"太傅患不可复济,令人怆然。"

十年正月,车驾朝高平陵,爽兄弟皆从。① 宣王部勒兵马,先据武库,遂出屯洛水浮桥。奏爽曰:"臣昔从辽东还,先帝诏陛下、秦王及臣升御床,把臣臂,深以后事为念。臣言'二祖亦属臣以后事,此自陛下所见,[5]无所忧苦,万一有不如意,臣当以死奉明诏'。黄门令董箕等,才人侍疾者,皆所闻知。今大将军爽背弃顾命,败乱国典,内则僭拟,外专威权;破坏诸营,尽据禁兵,群官要职,皆置所亲;殿中宿卫,历世旧人皆复斥出,欲置新人以树私计;根据槃互,纵恣日甚。外既如此,又以黄门张当为都监,专共交关,看察至尊,候伺神器,离间二宫,伤害骨肉。天下汹汹,人怀危惧,陛下但为寄坐,岂得久安!此非先帝诏陛下及臣升御床之本意也。臣虽朽迈,敢忘往言?昔赵高极意,秦氏以灭;吕、霍早断,汉祚永世。此乃陛下之大鉴,臣受命之时也。太尉臣济、尚书令臣孚等,皆以爽为有无君之心,兄弟不宜典兵宿卫,奏永宁宫。皇太后令敕臣如奏施行。臣辄敕主者及黄门令罢爽、羲、训吏兵,以侯就第,不得逗留以稽车驾;敢有稽留,便以军法从事。臣辄力疾,将兵屯洛水浮桥,伺察非常。"②

①世语曰:爽兄弟先是数俱出游,桓范谓曰:"总万机,典禁兵,不宜并出,

若有闭城门，谁复内入者?"爽曰："谁敢尔邪!"由此不复并行。至是乃尽
出也。

②世语曰：初，宣王勒兵从阙下趋武库，当爽门，人逼车住。爽妻刘怖，出至
厅事，谓帐下守督曰："公在外。今兵起，如何?"督曰："夫人勿忧。"乃上
门楼，引弩注箭欲发。将孙谦在后牵止之曰："天下事未可知!"如此者
三，宣王遂得过去。

爽得宣王奏事，不通，迫窘不知所为。①大司农沛国桓范闻兵
起，不应太后召，矫诏开平昌门，拔取剑戟，略将门候，南奔爽。宣
王知，曰："范画策，爽必不能用范计。"范说爽使车驾幸许昌，招外
兵。爽兄弟犹豫未决，范重谓羲曰："当今日，卿门户求贫贱复可得
乎?且匹夫持质一人，尚欲望活，今卿与天子相随，令于天下，谁敢
不应者?"羲犹不能纳。侍中许允、尚书陈泰说爽，使早自归罪。爽
于是遣允、泰诣宣王，归罪请死，乃通宣王奏事。②遂免爽兄弟，以
侯还第。③

①干宝晋纪曰：爽留车驾宿伊水南，伐木为鹿角，发屯甲兵数千人以为卫。

　魏末传曰：宣王语弟孚，陛下在外不可露宿，促送帐幔、太官食具诣行
　在所。

②干宝晋书曰：桓范出赴爽，宣王谓蒋济曰："智囊往矣。"济曰："范则智
　矣，驽马恋栈豆，爽必不能用也。"

　世语曰：宣王使许允、陈泰解语爽，蒋济亦与书达宣王之旨，又使爽所信
　殿中校尉尹大目谓爽，唯免官而已，以洛水为誓。爽信之，罢兵。

　魏氏春秋曰：爽既罢兵，曰："我不失作富家翁。"范哭曰："曹子丹佳人，
　生汝兄弟，犊耳! 何图今日坐汝等族灭矣!"

③魏末传曰：爽兄弟归家。敕洛阳县发民八百人，使尉部围爽第四角，角作
　高楼，令人在上望视爽兄弟举动。爽计穷愁闷，持弹到后园中，楼上人便
　唱言"故大将军东南行!"爽还厅事上，与兄弟共议，未知宣王意深浅，作
　书与宣王曰："贱子爽哀惶恐怖，无状招祸，分受屠灭。前遣家人迎粮，于
　今未反，数日乏匮，当烦见饷，以继旦夕。"宣王得书大惊，即答书曰："初

不知乏粮，甚怀踟蹰。令致米一百斛，并肉脯、盐豉、大豆。"寻送。爽兄弟不达变数，即便喜欢，自谓不死。

初，张当私以所择才人张、何等与爽。疑其有奸，收当治罪。当陈爽与晏等阴谋反逆，并先习兵，须三月中欲发，于是收晏等下狱。会公卿朝臣廷议，以为"春秋之义，'君亲无将，将而必诛'。爽以支属，世蒙殊宠，亲受先帝握手遗诏，托以天下，而包藏祸心，蔑弃顾命，乃与晏、飏及当等谋图神器，范党同罪人，皆为大逆不道"。于是收爽、羲、训、晏、飏、谧、轨、胜、范、当等，皆伏诛，夷三族。①嘉平中，绍功臣世，封真族孙熙为新昌亭侯，邑三百户，以奉真后。②

①魏略曰：邓飏字玄茂，邓禹后也。少得士名于京师。明帝时为尚书郎，除洛阳令，坐事免，拜中郎，又入兼中书郎。初，飏与李胜等为浮华友，及在中书，浮华事发，被斥出，遂不复用。正始初，乃出为颍川太守，转大将军长史，迁侍中尚书。飏为人好货，前在内职，许臧艾授以显官，艾以父妾与飏，故京师为之语曰："以官易妇邓玄茂。"每所荐达，多如此比。故何晏选举不得人，颇由飏之不公忠，遂同其罪，盖由交友非其才。

丁谧，字彦靖。父斐，字文侯。初，斐随太祖，太祖以斐乡里，特饶爱之。斐性好货，数请求犯法，辄得原宥。为典军校尉，总摄内外，每所陈说，多见从之。建安末，从太祖征吴，斐随行，自以家牛羸困，乃私易官牛，为人所白，被收送狱，夺官。其后太祖问斐曰："文侯，印绶所在？"斐亦知见戏，对曰："以易饼耳。"太祖笑，顾谓左右曰："东曹毛掾数白此家，欲令我重治，我非不知此人不清，良有以也。我之有斐，譬如人家有盗狗而善捕鼠，盗虽有小损，而完我囊贮。"遂复斐官，听用如初。后数岁，病亡。谧少不肯交游，但博观书传。为人沉毅，颇有才略。太和中，常住邺，借人空屋，居其中。而诸王亦欲借之，不知谧已得，直开门入。谧望见王，交脚卧而不起，而呼其奴客曰："此何等人？促呵使去。"王怒其无礼，还具上言。明帝收谧，系邺狱，以其功臣子，原出。后帝闻其有父风，召拜度支郎中。曹爽宿与相亲，时爽为武卫将军，数为帝称其可大用。会帝崩，爽辅政，乃拔谧为散骑常侍，遂转尚书。谧为人外似疏略，而内多忌。其在台阁，

数有所弹驳，台中患之，事不得行。又其意轻贵，多所忽略，虽与何晏、邓
飏等同位，而皆少之，唯以势屈于爽。爽亦敬之，言无不从。故于时谤书，
谓"台中有三狗，二狗崖柴不可当，一狗凭默作疽囊"。三狗，谓何、邓、丁
也。默者，爽小字也。其意言三狗皆欲啮人，而谧尤甚也。奏使郭太后出
居别宫，及遣乐安王使北诣邺，又遣文钦令还淮南，皆谧之计。司马宣王
由是特深恨之。

毕轨，字昭先。父字子礼，建安中为典农校尉。轨以才能，少有名声。明
帝在东宫时，轨在文学中。黄初末，出为长史。明帝即位，入为黄门郎，子
尚公主，居处殷富。迁并州刺史。其在并州，名为骄豪。时杂虏数为暴，
害吏民，轨辄出军击鲜卑轲比能，失利。中护军蒋济表曰："毕轨前失，既
往不咎，但恐是后难可以再。凡人材有长短，不可强战。轨文雅志意，自
为美器。今失并州，换置他州，若入居显职，不毁其德，于国事实善。此安
危之要，唯圣恩察之。"至正始中，入为中护军，转侍中尚书，迁司隶校
尉。素与曹爽善，每言于爽，多见从之。

李胜字公昭。父休字子朗，有智略。张鲁前为镇北将军，休为司马，家南
郑。时汉中有甘露降，子朗见张鲁精兵数万人，有四塞之固，遂建言赤气
久衰，黄家当兴，欲鲁举号，鲁不听。会鲁破，太祖以其劝鲁内附，赐爵关
内侯，署散官骑从，诣邺。至黄初中，仕历上党、钜鹿二郡太守，后以年老
还，拜议郎。胜少游京师，雅有才智，与曹爽善。明帝禁浮华，而人白胜堂
有四窗八达，各有主名。用是被收，以其所连引者多，故得原，禁锢数岁。
帝崩，曹爽辅政，胜为洛阳令。夏侯玄为征西将军，以胜为长史。玄亦宿
与胜厚。骆谷之役，议从胜出，由是司马宣王不悦于胜。累迁荥阳太守、
河南尹。胜前后所宰守，未尝不称职，为尹岁馀，斤事前屠苏坏，令人更
治之，小材一枚激堕，正挝受符吏石虎头，断之。后旬日，迁为荆州刺史，
未及之官而败也。

桓范字元则，世为冠族。建安末，入丞相府。延康中，为羽林左监。以有
文学，与王象等典集皇览。明帝时为中领军尚书，迁征虏将军、东中郎
将，使持节都督青、徐诸军事，治下邳。与徐州刺史郑岐争屋，引节欲斩
岐，为岐所奏，不直，坐免还。复为兖州刺史，怏怏不得意。又闻当转为冀

州牧。是时冀州统属镇北，而镇北将军吕昭才实仕进，本在范后。范谓其妻仲长曰："我宁作诸卿，向三公长跪耳，不能为吕子展屈也。"其妻曰："君前在东，坐欲擅斩徐州刺史，众人谓君难为作下，今复羞为吕屈，是复难为作上也。"范忿其言触实，乃以刀环撞其腹。妻时怀孕，遂堕胎死。范亦竟称疾，不赴冀州。正始中拜大司农。范前在台阁，号为晓事，及为司农，又以清省称。范尝抄撮汉书中诸杂事，自以意斟酌之，名曰世要论。蒋济为太尉，尝与范会社下，群卿列坐有数人，范怀其所撰，欲以示济，谓济当虚心观之。范出其书以示左右，左右传之示济，济不肯视，范心恨之。因论他事，乃发怒谓济曰："我祖薄德，公辈何似邪？"济性虽强毅，亦知范刚毅，睨而不应，各罢。范于沛郡，仕次在曹真后。于时曹爽辅政，以范乡里老宿，于九卿中特敬之，然不甚亲也。及宣王起兵，闭城门，以范为晓事，乃指召之，欲使领中领军。范欲应召，而其子谏之，以为车驾在外，不如南出。范疑有顷，儿又促之。范欲去而司农丞吏皆止范。范不从，乃突出至平昌城门，城门已闭。门候司蕃，故范举吏也，范呼之，举手中版以示之，矫曰："有诏召我，卿促开门！"蕃欲求见诏书，范呵之，言"卿非我故吏邪，何以敢尔"？乃开之。范出城，顾谓蕃曰："太傅图逆，卿从我去！"蕃徒行不能及，遂避侧。范南见爽，劝爽兄弟以天子诣许昌，征四方以自辅。爽疑，羲又无言。范自谓羲曰："事昭然，卿用读书何为邪！于今日卿等门户倒矣！"俱不言。范又谓羲曰："卿别营近在阙南，洛阳典农治在城外，呼召如意。今诣许昌，不过中宿，许昌别库，足相被假；所忧当在谷食，而大司农印章在我身。"羲兄弟默然不从，中夜至五鼓，爽乃投刀于地，谓诸从驾群臣曰："我度太傅意，亦不过欲令我兄弟向己也。我独有以不合于远近耳！"遂进谓帝曰："陛下作诏免臣官，报皇太后令。"范知爽首免而已必坐唱义也。范乃曰："老子今兹坐卿兄弟族矣！"爽等既免，帝还宫，遂令范随从。到洛水浮桥北，望见宣王，下车叩头而无言。宣王呼范姓曰："桓大夫何为尔邪！"车驾入宫，有诏范还复位。范诣阙拜章谢，待报。会司蕃诣鸿胪自首，具说范前临出所道。宣王乃忿然曰："诬人以反，于法何应？"主者曰："科律，反受其罪。"乃收范于阙下。时人持范甚急，范谓部官曰："徐之，我亦义士耳。"遂送廷尉。

世语曰：初，爽梦二虎衔雷公，雷公若二升碗，放著庭中。爽恶之，以问占者，灵台丞马训曰："忧兵。"训退，告其妻曰："爽将以兵亡，不出旬日。"

汉晋春秋曰：安定皇甫谧以九年冬梦至洛阳，自庙出，见车骑甚众，以物呈庙云："诛大将军曹爽。"寤而以告其邑人，邑人曰："君欲作曹人之梦乎！朝无公孙彊如何？且爽兄弟典重兵，又权尚书事，谁敢谋之？"谧曰："爽无叔振铎之请，苟失天机则离矣，何恃于彊？昔汉之阎显，倚母后之尊，权国威命，可谓至重矣，阉人十九人一旦尸之，况爽兄弟乎？"

世语曰：初，爽出，司马鲁芝留在府，闻有事，将营骑斫津门出赴爽。爽诛，擢为御史中丞。及爽解印绶，将出，主簿杨综止之曰："公挟主握权，舍此以至东市乎？"爽不从。有司奏综导爽反，宣王曰："各为其主也。"宥之，以为尚书郎。芝字世英，扶风人也。以后仕进至特进光禄大夫。综字初伯，后为安东将军司马文王长史。

臣松之案：夏侯湛为芝铭及干宝晋纪并云爽既诛，宣王即擢芝为并州刺史，以综为安东参军。与世语不同。

②干宝晋纪曰：蒋济以曹真之勋力，不宜绝祀，故以熙为后。济又病其言之失信于爽，发病卒。

　　晏，何进孙也。母尹氏，为太祖夫人。晏长于宫省，又尚公主，少以才秀知名，好老庄言，作道德论及诸文赋著述凡数十篇。①

①晏字平叔。魏略曰：太祖为司空时，纳晏母并收养晏，其时秦宜禄儿阿苏亦随母在公家，并见宠如公子。苏即朗也。苏性谨慎，而晏无所顾惮，服饰拟于太子，故文帝特憎之，每不呼其姓字，尝谓之为"假子"。晏尚主，又好色，故黄初时无所事任。及明帝立，颇为冗官。至正始初，曲合于曹爽，亦以才能，故爽用为散骑侍郎，迁侍中尚书。晏前以尚主，得赐爵为列侯，又其母在内，晏性自喜，动静粉白不去手，行步顾影。晏为尚书，主选举，其宿与之有旧者，多被拔擢。

魏末传曰：晏妇金乡公主，即晏同母妹。公主贤，谓其母沛王太妃曰："晏为恶日甚，将何保身？"母笑曰："汝得无妒晏邪！"俄而晏死。有一男，年五六岁，宣王遣人录之。晏母归藏其子王宫中，向使者搏颊，乞白活之，使者具以白宣王。宣王亦闻晏妇有先见之言，心常嘉之；且为沛王故，特原不杀。

魏氏春秋曰：初，夏侯玄、何晏等名盛于时，司马景王亦预焉。晏尝曰："唯深也，故能通天下之志，夏侯泰初是也；唯几也，故能成天下之务，司马子元是也；惟神也，不疾而速，不行而至，吾闻其语，未见其人。"盖欲以神况诸己也。初，宣王使晏与治爽等狱。晏穷治党与，冀以获宥。宣王曰："凡有八族。"晏疏丁、邓等七姓。宣王曰："未也。"晏穷急，乃曰："岂谓晏乎！"宣王曰："是也。"乃收晏。

臣松之案：魏末传云晏取其同母妹为妻，此搢绅所不忍言，虽楚王之妻媦，[6]不是甚也已。设令此言出于旧史，犹将莫之或信，况厎下之书乎！案诸王公传，沛王出自杜夫人所生。晏母姓尹，公主若与沛王同生，焉得言与晏同母？

皇甫谧列女传曰：爽从弟文叔，妻谯郡夏侯文宁之女，名令女。文叔早死，服阕，自以年少无子，恐家必嫁己，乃断发以为信。其后，家果欲嫁之，令女闻，即复以刀截两耳，居止常依爽。及爽被诛，曹氏尽死。令女叔父上书与曹氏绝婚，强迎令女归。时文宁为梁相，怜其少，执义，又曹氏无遗类，冀其意沮，乃微使人讽之。令女叹且泣曰："吾亦惟之，许之是也。"家以为信，防之少懈。令女于是窃入寝室，以刀断鼻，蒙被而卧。其母呼与语，不应，发被视之，血流满床席。举家惊惶，奔往视之，莫不酸鼻。或谓之曰："人生世间，如轻尘栖弱草耳，何至辛苦乃尔！且夫家夷灭已尽，守此欲谁为哉？"令女曰："闻仁者不以盛衰改节，义者不以存亡易心，曹氏前盛之时，尚欲保终，况今衰亡，何忍弃之！禽兽之行，吾岂为乎？"司马宣王闻而嘉之，听使乞子字养，为曹氏后，名显于世。

夏侯尚字伯仁，渊从子也。文帝与之亲友。[1]太祖定冀州，尚为军司马，将骑从征伐，后为五官将文学。魏国初建，迁黄门侍郎。代郡胡叛，遣鄢陵侯彰征讨之，以尚参彰军事，定代地，还。太祖崩于洛阳，尚持节，奉梓宫还邺。并录前功，封平陵亭侯，拜散骑常侍，迁中领军。文帝践阼,更封平陵乡侯,迁征南将军,领荆州刺史,假节都督南方诸军事。尚奏:"刘备别军在上庸,山道险难,彼不我虞,若以奇兵潜行,出其不意,则独克之势也。"遂勒诸军击破上庸,平三郡九县,迁征南大将军。孙权虽称藩,尚益修攻讨之备,权后果有贰心。黄初三年,车驾幸宛,使尚率诸军与曹真共围江陵。权将诸葛瑾与尚军对江,瑾渡入江中渚,而分水军于江中。尚夜多持油船,将步骑万馀人,于下流潜渡,攻瑾诸军,夹江烧其舟船,水陆并攻,破之。城未拔,会大疫,诏敕尚引诸军还。益封六百户,并前千九百户,假钺,进为牧。荆州残荒,外接蛮夷,而与吴阻汉水为境,旧民多居江南。尚自上庸通道,西行七百馀里,山民蛮夷多服从者,五六年间,降附数千家。五年,徙封昌陵乡侯。尚有爱妾嬖幸,宠夺適室;適室,曹氏女也,故文帝遣人绞杀之。尚悲感,发病恍惚,既葬埋妾,不胜思见,复出视之。文帝闻而恚之曰:"杜袭之轻薄尚,良有以也。"然以旧臣,恩宠不衰。六年,尚疾笃,还京都,帝数临幸,执手涕泣。尚薨,谥曰悼侯。②子玄嗣。又分尚户三百,赐尚弟子奉爵关内侯。

①魏书曰:尚有筹画智略,文帝器之,与为布衣之交。

②魏书载诏曰:"尚自少侍从,尽诚竭节,虽云异姓,其犹骨肉,是以入为腹心,出当爪牙。智略深敏,谋谟过人,不幸早殒,命也奈何!赠征南大将军、昌陵侯印绶。"

玄字太初。少知名,弱冠为散骑黄门侍郎。尝进见,与皇后弟毛曾并坐,玄耻之,不悦形之于色。明帝恨之,左迁为羽林监。正始初,曹爽辅政。玄,爽之姑子也。累迁散骑常侍、中护军。①

①世语曰:玄世名知人,为中护军,拔用武官,参戟牙门,无非俊杰,多牧州典郡。立法垂教,于今皆为后式。

太傅司马宣王问以时事,玄议以为:"夫官才用人,国之柄也,故铨衡专于台阁，上之分也，孝行存乎闾巷，优劣任之乡人，下之叙也。夫欲清教审选，在明其分叙，不使相涉而已。何者？上过其分，则恐所由之不本，而干势驰骛之路开；下逾其叙，则恐天爵之外通，而机权之门多矣。夫天爵下通，是庶人议柄也；机权多门，是纷乱之原也。自州郡中正品度官才之来，有年载矣，缅缅纷纷，未闻整齐，岂非分叙参错，各失其要之所由哉！若令中正但考行伦辈，伦辈当行均，斯可官矣。何者？夫孝行著于家门，岂不忠恪于在官乎？仁恕称于九族，岂不达于为政乎？义断行于乡党，岂不堪于事任乎？三者之类，取于中正，虽不处其官名，斯任官可知矣。行有大小，比有高下，则所任之流，亦涣然明别矣。奚必使中正干铨衡之机于下，而执机柄者有所委仗于上，上下交侵，以生纷错哉？且台阁临下，考功校否，众职之属，各有官长，旦夕相考，莫究于此；闾阎之议，以意裁处，而使匠宰失位，众人驱骇，欲风俗清静，其可得乎？天台县远，众所绝意。所得至者，更在侧近，孰不修饰以要所求？所求有路，则修己家门者，已不如自达于乡党矣。自达乡党者，已不如自求之于州邦矣。苟开之有路，而患其饰真离本，虽复严责中正，督以刑罚，犹无益也。岂若使各帅其分，官长则各以其属能否献之台阁，台阁则据官长能否之第，参以乡闾德行之次，拟其伦比，勿使偏颇。中正则唯考其行迹，别其高下，审定辈类，勿使升降。台阁总之，如其所简，或有参错，则其责负自在有司。官长所第，中正辈拟，比随次率而用之，如其不称，责负在外。然则内外相参，得失有所，互相形检，孰能相饰？斯则人心定而事理得，庶可以静风俗而审官才矣。"又以为："古之建官，所以济育群生，统理民物也，故为之君长以司牧之。司牧之主，欲一而专，一则官任定而上下安，专则职业修而事不烦。夫事简业修，上下相安而不治者，未之有也。先王建万国，虽其详未可得而究，然分疆画界，各守土境，则非重累羁绊之体也。下考殷、周五等之叙，徒有小大贵贱之差，亦无君官臣民而有二统互相牵制者也。夫官统不一，则职业不修；职业不修，则事何得而简？事之不简，则民何得而静？民之不静，则邪恶并兴，而奸伪滋长矣。先王达其如此，故专其职司而一其统业。始自秦世，不师圣道，私以御职，奸以待下；惧宰官之不修，立监牧以董之，畏督监之容曲，设司察以纠之；宰牧相累，监察相司，人怀异心，上下殊务。汉承其绪，莫能匡改。魏室之隆，日不暇及，五等之典，虽难卒复，可粗立仪准以一治制。今之长吏，皆君吏民，横重以郡守，累以刺史。若郡所摄，唯在大较，则与州同，无为再重。宜省郡守，但任刺史；刺史职存则监察不废，郡吏万数，还亲农业，以省烦费，丰财殖谷，一也。大县之才，皆堪郡守，是非之讼，每生异意，顺从则安，直己则争。夫和羹之美，在于合异，上下之益，在能相济，顺从乃安，此琴瑟一声也，荡而除之，则官省事简，二也。又干郡之吏，职监诸县，营护党亲，乡邑旧故，如有不副，而因公掣顿，民之困弊，咎生于此，若皆并合，则乱原自塞，三也。今承衰弊，民人凋落，贤才鲜少，任事者寡，郡县良吏，往往非一，郡受县成，其剧在下，而吏之上选，郡当先足，此为亲民之吏，专得底下，吏者民命，而常顽鄙，今如并之，吏多选清良者造职，大化宣流，民物获宁，四也。制使万户之县，名之郡守，五千以上，名之都尉，千户以下，令长如故，自长以上，考课迁用，转以能升，所牧亦增，此进才效功之叙也，若经制一定，则官才有次，治功齐明，五也。若省郡守，县皆径达，事不拥隔，官无留滞，三代之风，虽未可必，简一之化，庶几可致，便民省费，在于此矣。"又以为："文质之更用，犹四时之迭兴也，王者体天理物，必因弊而济通之，时弥质则文之以礼，时泰侈则救之以质。今承百王之末，秦汉馀流，世俗弥文，宜大改之以易民望。今科制自公、列侯以下，位从大将军以上，皆得服绫锦、罗绮、纨素、金银饰镂之物，自是以下，杂彩之服，通于贱人，虽上下等级，各示有差，然朝臣之制，已得偪至尊矣，玄黄之采，已得通于下矣。欲使市不鬻华丽之色，商不通难得之货，工不作雕刻之物，不可得也。是故宜大理其本，准度古法，文质之宜，取其中则，以为礼度。车舆服章，皆从质朴，禁除末俗华丽之事，使干朝之家，有位之室，不复有锦绮之饰，无兼采之服，纤巧之物，自上以下，至于朴素之差，示有等级而已，勿使过一二之觉。若夫功德之赐，上恩所特加，皆表之有司，然后服用之。夫上之化下，犹风之靡草。朴素之教兴于本朝，则弥侈之心自消于下矣。"

宣王报书曰；"审官择人，除重官，改服制，皆大善。礼乡闾本行，朝廷考事，大指如所示。而中间一相承习，卒不能改。秦时无刺史，但有郡守长吏。汉家虽有刺史，奉六条而已，故刺史称传车，其吏言从事，居无常治，吏不成臣，其后转更为官司耳。昔贾谊亦患服制，汉文虽身服弋绨，犹不能使上下如意。恐此三事，当待贤能然后了耳。"玄又书曰："汉文虽身衣弋绨，而不革正法度，内外有僭拟之服，宠臣受无限之赐，由是观之，似指立在身之名，非笃齐治制之意也。今公侯命世作宰，追踪上古，将隆至治，抑末正本，若制定于上，则化行于众矣。夫当宜改之时，留殷勤之心，令发之日，下之应也犹响寻声耳，犹垂谦谦，曰'待贤能'，此伊周不正殷姬之典也。窃未喻焉。"

顷之，为征西将军，假节都督雍、凉州诸军事。①与曹爽共兴骆谷之役，时人讥之。爽诛，征玄为大鸿胪，数年徙太常。玄以爽抑绌，内不得意。中书令李丰虽宿为大将军司马景王所亲待，然私心在玄，遂结皇后父光禄大夫张缉，谋欲以玄辅政。丰既内握权柄，子尚公主，又与缉俱冯翊人，故缉信之。丰阴令弟兖州刺史翼求入朝，欲使将兵入，并力起。会翼求朝，不听。嘉平六年二月，当拜贵人,丰等欲因御临轩,诸门有陛兵,诛大将军,以玄代之,以缉为骠骑将军。丰密语黄门监苏铄、永宁署令乐敦、冗从仆射刘贤等曰:"卿诸人居内,多有不法,大将军严毅,累以为言,张当可以为诫。"铄等皆许以从命。② 大将军微闻其谋,请丰相见,丰不知而往,即杀之。③ 事下有司,收玄、缉、铄、敦、贤等送廷尉。④ 廷尉锺毓奏:"丰等谋迫胁至尊,擅诛冢宰,大逆无道,请论如法。"于是会公卿朝臣廷尉议,咸以为"丰等各受殊宠,典综机密,缉承外戚椒房之尊,玄备世臣,并居列位,而包藏祸心,构图凶逆,交关阉竖,授以奸计,畏惮天威,不敢显谋,乃欲要君胁上,肆其诈虐,谋诛良辅,擅相建立,将以倾覆京室,颠危社稷。毓所正皆如科律,报毓施行"。诏书:"齐长公主,先帝遗爱,原其三子死命。"于是丰、玄、缉、敦、贤等皆夷三族,⑤ 其馀亲属徙乐浪郡。玄格量弘济,临斩东市,颜色不变,举动自若,时年四十六。⑥ 正元中,绍功臣世,封尚从孙本为昌陵亭侯,邑三百户,以奉尚后。

① 魏略曰:玄既迁,司马景王代为护军。护军总统诸将,任主武官选举,前后当此官者,不能止货赂。故蒋济为护军时,有谣言"欲求牙门,当得千匹;百人督,五百匹"。宣王与济善,间以问济,济无以解之,因戏曰:"洛中市买,一钱不足则不行。"遂相对欢笑。玄代济,故不能止绝人事。及景王之代玄,整顿法令,人莫犯者。

② 魏书曰:玄素贵,以爽故废黜,居常快快不得意。中书令李丰与玄及后父光禄大夫张缉阴谋为乱,缉与丰同郡,倾巧人也,以东莞太守召,为后家,亦不得意,故皆同谋。初,丰自以身处机密,息韬又以列侯给事中,尚齐长公主,有内外之重,心不自安。密谓韬曰:"玄既为海内重人,加以当大任,年时方壮而永见废,又亲曹爽外弟,于大将军有嫌。吾得玄书,深以忧。缉有才用,弃兵马大郡,还坐家巷。各不得志,欲使汝以密计告之。"缉尝病创卧,丰遣韬省病,韬屏人语缉曰:"韬尚公主,父子在机近,大将军秉事,常恐不见明信,太常亦怀深忧。君侯虽有后父之尊,安危未

可知,皆与韬家同虑者也,韬父欲与君侯谋之。"缉默然良久曰:"同舟之难,吾焉所逃?此大事,不捷即祸及宗族。"韬于是往报丰。密语黄门监苏铄等,苏铄等答丰:"惟君侯计。"丰言曰:"今拜贵人,诸营兵皆屯门。陛下临轩,因此便共迫胁,将群僚人兵,就诛大将军。卿等当共密白此意。"铄等曰:"陛下傥不从人,奈何?"丰等曰:"事有权宜,临时若不信听,便当劫将去耳。那得不从?"铄等许诺。丰曰:"此族灭事,卿等密之。事成,卿等皆当封侯常侍也。"丰复密以告玄、缉。缉遣子邈与丰相结,同谋起事。

世语曰:丰遣子韬以谋报玄,玄曰"宜详之耳",而不以告也。

③世语曰:大将军闻丰谋,舍人王羡请以命请丰。"丰若无备,情屈势迫,必来,若不来,羡一人足以制之;若知谋泄,以众挟轮,长戟自卫,径入云龙门,挟天子登凌云台,台上有三千人仗,鸣鼓会众,如此,羡所不及也"。大将军乃遣羡以车迎之。丰见劫迫,随羡而至。

魏氏春秋曰:大将军责丰,丰知祸及,遂正色曰:"卿父子怀奸,将倾社稷,惜吾力劣,不能相禽灭耳!"大将军怒,使勇士以刀环筑丰腰,杀之。

魏略曰:丰字安国,故卫尉李义子也。黄初中,以父任召随军。始为白衣时,年十七八,在邺下名为清白,识别人物,海内翕然,莫不注意。后随军在许昌,声称日隆。其父不愿其然,遂令闭门,敕使断客。初,明帝在东宫,丰在文学中。及即尊位,得吴降人,问"江东闻中国名士为谁"?降人云:"闻有李安国者是。"时丰为黄门郎,明帝问左右安国所在,左右以丰对。帝曰:"丰名乃被于吴越邪?"后转骑都尉、给事中。帝崩后,为永宁太仆,以名过其实,能用少也。正始中,迁侍中尚书仆射。丰在台省,常多托疾,时台制,疾满百日当解禄,丰疾未满数十日,辄暂起,已复卧,如是数岁。初,丰子韬以选尚公主,丰虽外辞之,内不甚惮也。丰弟翼及伟,仕数岁间,并历郡守。丰尝于人中显诚二弟,言当用荣位为□。[7]及司马宣王久病,伟为二千石,荒于酒,乱新平、扶风二郡而丰不召,众人以为恃宠。曹爽专政,丰依违二公间,无有适莫,故于时有谤书曰:"曹爽之势热如汤,太傅父子冷如浆,李丰兄弟如游光。"其意以为丰虽外示清净,而内图事,有似于游光也。及宣王奏诛爽,住车阙下,与丰相闻,丰怖,遽气

索，足委地不能起。至嘉平四年宣王终后，中书令缺，大将军咨问朝臣：
"谁可补者?"或指向丰。丰虽知此非显选，而自以连婚国家，思附至尊，
因伏不辞，遂奏用之。丰为中书二岁，帝比每独召与语，不知所说。景王
知其议己，请丰，丰不以实告，乃杀之。其事秘。丰前后仕历二朝，不以家
计为意，仰俸廪而已。韬虽尚公主，丰常约敕不得有所侵取，时得赐钱
帛，辄以外施亲族；及得赐宫人，多与子弟，而丰皆以与诸外甥。及死后，
有司籍其家，家无馀积。

魏氏春秋曰：夜送丰尸付廷尉，廷尉钟毓不受，曰："非法官所治也。"以其
状告，且敕之，乃受。帝怒，将问丰死意，太后惧，呼帝入，乃止。遣使收翼。

世语曰：翼后妻，散骑常侍荀庾姊，谓翼曰："中书事发，可及书未至赴
吴，何为坐取死亡!左右可共同赴水火者谁?"翼思未答，妻曰："君在大
州，不知可与同死生者，去亦不免。"翼曰："二儿小，吾不去。今但从坐，
身死，二儿必免。"果如翼言。翼子斌，杨骏外甥也。晋惠帝初，为河南尹，
与骏俱死，见晋书。

④世语曰：玄至廷尉，不肯下辞。廷尉钟毓自临治玄。玄正色责毓曰："吾当
何辞?卿为令史责人也，卿便为吾作。"毓以其名士，节高不可屈，而狱
当竟，夜为作辞，令与事相附，流涕以示玄。玄视，颔之而已。毓弟会，年
少于玄，玄不与交，是日于毓坐狎玄，玄不受。

孙盛杂语曰：玄在囹圄，会因欲狎而友玄，玄正色曰："钟君何相逼
如此也!"

⑤魏书曰：丰子韬，以尚主，赐死狱中。

⑥魏略曰：玄自从西还，不交人事，不蓄华妍。

魏氏春秋曰：初，夏侯霸将奔蜀，呼玄欲与之俱。玄曰："吾岂苟存自客于
寇虏乎?"遂还京师。太傅薨，许允谓玄曰："无复忧矣。"玄叹曰："士宗，
卿何不见事乎?此人犹能以通家年少遇我，子元、子上不吾容也。"玄尝
著乐毅、张良及本无肉刑论，辞旨通远，咸传于世。玄之执也，卫将军司
马文王流涕请之，大将军曰："卿忘会赵司空葬乎?"先是，司空赵俨薨，
大将军兄弟会葬，宾客以百数，玄时后至，众宾客咸越席而迎，大将军由
是恶之。

臣松之案：曹爽以正始五年伐蜀，时玄已为关中都督，至十年，爽诛灭后，方还洛耳。案少帝纪，司空赵俨以六年亡，玄则无由得会俨葬，若云玄入朝，纪、传又无其事。斯近妄不实。

初，中领军高阳许允与丰、玄亲善。先是有诈作尺一诏书，以玄为大将军，允为太尉，共录尚书事。有何人天未明乘马以诏版付允门吏，曰"有诏"，因便驰走。允即投书烧之，不以开呈司马景王。后丰等事觉，徙允为镇北将军，假节督河北诸军事。未发，以放散官物，收付廷尉，徙乐浪，道死。①

① 魏略曰：允字士宗，世冠族。父据，仕历典农校尉、郡守。允少与同郡崔赞俱发名于冀州，召入军。明帝时为尚书选曹郎，与陈国袁侃对，同坐职事，皆收送狱，诏旨严切，当有死者，正直者为重。允谓侃曰："卿，功臣之子，法应八议，不忧死也。"侃知其指，乃为受重。允刑竟复吏，出为郡守，稍迁为侍中尚书中领军。允闻李丰等被收，欲往见大将军，已出门，回遑不定，中道还取裤，丰等已收讫。大将军闻允前遽，怪之曰："我自收丰等，不知士大夫何为匆匆乎？"是时朝臣遽者多耳，而众人咸以为意在允也。会镇北将军刘静卒，朝廷以允代静。已受节传，出止外舍。大将军与允书曰："镇北虽少事，而都典一方，念足下震华鼓，建朱节，历本州，此所谓著绣昼行也。"允心甚悦，与台中相闻，欲易其鼓吹旌旗。其兄子素颇闻众人说允前见嫌意，戒允"但当趣耳，用是为邪"！允曰："卿俗士不解，我以荣国耳，故求之。"帝以允当出，乃诏会群臣，群臣皆集，帝特引允以自近；允前为侍中，顾当与帝别，涕泣歔欷。会讫，罢出，诏促允令去。会有司奏允前擅以厨钱谷乞诸俳及其官属，故遂收送廷尉，考问竟，减死徙边。[8]允以嘉平六年秋徙，妻子不得自随，行道未到，以其年冬死。

魏氏春秋曰：允为吏部郎，选郡守。明帝疑其所用非次，召入，将加罪。允妻阮氏跣出，谓曰："明主可以理夺，难以情求。"允领之而入。帝怒诘之，允对曰："某郡太守虽限满文书先至，年限在后，某守虽后，[9]日限在前。"帝前取事视之，乃释遣出。望其衣败，曰："清吏也。"赐之。允之出

252

三国志卷九

为镇北也,喜谓其妻曰:"吾知免矣!"妻曰:"祸见于此,何免之有?"允善相印,将拜,以印不善,使更刻之,如此者三。允曰:"印虽始成而已被辱。"问送印者,果怀之而坠于厕。相印书曰:"相印法本出陈长文,长文以语韦仲将,印工杨利从仲将受法,以语许士宗。利以法术占吉凶,十可中八九。仲将问长文'从谁得法'?长文曰:'本出汉世,有相印、相笏经,又有鹰经、牛经、马经。印工宗养以法语程申伯,是故有一十二家相法传于世。'"允妻阮氏贤明而丑,允始见愕然,交礼毕,无复入意。妻遣婢觇之,云"有客姓桓",妻曰:"是必桓范,将劝使入也。"既而范果劝之。允入,须臾便起,妻捉裾留之。允顾谓妇曰:"妇有四德,卿有其几?"妇曰:"新妇所乏唯容。士有百行,君有其几?"许曰:"皆备。"妇曰:"士有百行,以德为首,君好色不好德,何谓皆备?"允有惭色,知其非凡,遂雅相亲重。生二子,奇、猛,少有令闻。允后为景王所诛,门生走入告其妇,妇正在机,神色不变,曰:"早知尔耳。"门生欲藏其子,妇曰:"无预诸儿事。"后移居墓所,景王遣钟会看之,若才艺德能及父,当收。儿以语母,母答:"汝等虽佳,才具不多,率胸怀与会语,便自无忧,不须极哀,会止便止。又可多少问朝事。"儿从之。会反命,具以状对,卒免其祸,皆母之教也。虽会之识鉴,而输贤妇之智也。果庆及后嗣,追封子孙而已。

世语曰:允二子:奇字子泰,猛字子豹,并有治理才学。晋元康中,奇为司隶校尉,猛幽州刺史。

傅畅晋诸公赞曰:猛礼乐儒雅,当时最优。奇子遐,字思祖,以清尚称,位至侍中。猛子式,字仪祖,有才干,至濮阳内史、平原太守。

清河王经亦与允俱称冀州名士。甘露中为尚书,坐高贵乡公事诛。始经为郡守,经母谓经曰:"汝田家子,今仕至二千石,物太过不祥,可以止矣。"经不能从,历二州刺史,司隶校尉,终以致败。[1] 允友人同郡崔赞,亦尝以处世太盛戒允云。[2]

①世语曰:经字彦纬,[10]初为江夏太守。大将军曹爽附绢二十四令交市于吴,经不发书,弃官归。母问归状,经以实对。母以经典兵马而擅去,对送吏杖经五十,爽闻,不复罪。经为司隶校尉,辟河内向雄为都官从事,王

业之出,不申经意以及难。〔11〕经刑于东市,雄哭之,感动一市。刑及经母,雍州故吏皇甫晏以家财收葬焉。

汉晋春秋曰:经被收,辞母。母颜色不变,笑而应曰:"人谁不死?往所以不止汝者,恐不得其所也。以此并命,何恨之有哉?"晋武帝太始元年诏曰:"故尚书王经,虽身陷法辟,然守志可嘉。门户埋没,意常愍之,其赐经孙郎中。"

②荀绰冀州记曰:赞子洪,字良伯,清恪有匪躬之志,为晋吏部尚书、大司农。

评曰:夏侯、曹氏,世为婚姻,故惇、渊、仁、洪、休、尚、真等并以亲旧肺腑,贵重于时,左右勋业,咸有效劳。爽德薄位尊,沈溺盈溢,此固大易所著,道家所忌也。玄以规格局度,世称其名,然与曹爽中外缱绻;荣位如斯,曾未闻匡弼其非,援致良才。举兹以论,焉能免之乎!

【校勘记】

〔1〕太祖军于摩陂　军下原衍"击破吕布军"五字。吕布于建安三年被诛,故此五字为衍文,删去。

〔2〕沛国史涣与浩俱以忠勇显　沛上原衍"及"字,据三国志集解卢弼说删。

〔3〕若舍羌独守则孤　原脱"舍"字,据资治通鉴卷六七补。

〔4〕休督诸军向寻阳　休督,原作"督休"。据三国志集解陈景云说改。

〔5〕此自陛下所见　此上原衍"为念"二字,据何焯校本删。

〔6〕虽楚王之妻娟　娟,原作"嫂",据三国志集解卢弼说改。

〔7〕言当用荣位为□　三国志集解卢弼曰:"为下疑有脱字。"今用□表示。

〔8〕减死徙边　减上原衍"故"字,据何焯校本删。

〔9〕某守虽后　原脱此四字,据太平御览卷二一六补。

〔10〕经字彦纬　纬,原作"伟",据本书卷二九管辂传注改。

〔11〕不申经意以及难　意,原作"竟",据殿本考证卢明楷说改。

三国志卷十　魏书十

荀彧荀攸贾诩传第十

荀彧字文若，颍川颍阴人也。祖父淑，字季和，朗陵令。当汉顺、桓之间，知名当世。有子八人，号曰八龙。彧父绲，济南相。叔父爽，司空。①

①续汉书曰：淑有高才，王畅、李膺皆以为师，为朗陵侯相，号称神君。

张璠汉纪曰：淑博学有高行，与李固、李膺同志友善，拔李昭于小吏，友黄叔度于幼童。以贤良方正征，对策讥切梁氏，出补朗陵侯相，卒官。八子：俭、绲、靖、焘、诜、爽、肃、旉。音敷。爽字慈明，幼好学，年十二，通春秋、论语，耽思经典，不应征命，积十数年。董卓秉政，复征爽，爽欲遁去，吏持之急。诏下郡，即拜平原相。行至苑陵，又追拜光禄勋。视事三日，策拜司空。爽起自布衣，九十五日而至三公。淑旧居西豪里，县令苑康曰昔高阳氏有才子八人，署其里为高阳里。靖字叔慈，亦有至德，名几亚爽，隐居终身。

皇甫谧逸士传：或问许子将，靖与爽孰贤？子将曰："二人皆玉也，慈明外朗，叔慈内润。"

彧年少时，南阳何颙异之，曰："王佐才也。"①永汉元年，举孝廉，拜守宫令。董卓之乱，求出补吏。除亢父令，遂弃官归，谓父老曰：“颍川，四战之地也，天下有变，常为兵冲，宜亟去之，无久留。”乡人多怀土犹豫，会冀州牧同郡韩馥遣骑迎之，莫有随者，彧独将宗族至冀州。而袁绍已夺馥位，待彧以上宾之礼。彧弟谌及同郡辛评、郭图，皆为绍所任。彧度绍终不能成大事，时太祖为奋武将军，在东郡，初平二年，彧去绍从太祖。太祖大悦曰：“吾之子房也。”以为司马，时年二十九。是时，董卓威陵天下，太祖以问彧，彧曰：“卓暴虐已甚，必以乱终，无能为也。”卓遣李傕等出关东，所过虏略，至颍川、陈留而还。乡人留者多见杀略。明年，太祖领兖州牧，后为镇东将军，彧常以司马从。兴平元年，太祖征陶谦，任彧留事。会张邈、陈宫以兖州反，潜迎吕布。布既至，邈乃使刘翊告彧曰：“吕将军来助曹使君击陶谦，宜亟供其军食。”众疑惑。彧知邈为乱，即勒兵设备，驰召东郡太守夏侯惇，而兖州诸城皆应布矣。时太祖悉军攻谦，留守兵少，而督将大吏多与邈、宫通谋。彧至，其夜诛谋叛者数十人，众乃定。豫州刺史郭贡帅众数万来至城下，或言与吕布同谋，众甚惧。贡求见彧，彧将往。惇等曰：“君，一州镇也，往必危，不可。”彧曰：“贡与邈等，分非素结也，今来速，计必未定；及其未定说之，纵不为用，可使中立，若先疑之，彼将怒而成计。”贡见彧无惧意，谓鄄城未易攻，遂引兵去。又与程昱计，使说范、东阿，卒全三城，以待太祖。太祖自徐州还击布濮阳，布东走。二年夏，太祖军乘氏，大饥，人相食。

256

①典略曰：中常侍唐衡欲以女妻汝南傅公明，公明不娶，转以与彧。父绲慕衡势，为彧娶之。彧为论者所讥。臣松之案：汉纪云唐衡以桓帝延熹七年死，计彧于时年始二岁，则彧婚之日，衡之没久矣。慕势之言为不然也。臣松之又以为绲八龙之一，必非苟得者也，将有逼而然，何云慕势哉？昔郑忽以违齐致讥，隽生以拒霍见美，致讥在于失援，见美嘉其

虑远，并无交至之害，故得各全其志耳。至于阉竖用事，四海屏气；<u>左悺</u>、<u>唐衡</u>，杀生在口。故于时谚云"<u>左</u>回天，<u>唐</u>独坐"，言威权莫二也。顺之则六亲以安，忤违则大祸立至；斯诚以存易亡，蒙耻期全之日。昔<u>蒋诩</u>姻于<u>王氏</u>，无损清高之操，绲之此婚，庸何伤乎！

<u>陶谦</u>死，<u>太祖</u>欲遂取<u>徐州</u>，还乃定<u>布</u>。或曰："昔<u>高祖</u>保<u>关中</u>，<u>光武</u>据<u>河内</u>，皆深根固本以制天下，进足以胜敌，退足以坚守，故虽有困败而终济大业。将军本以<u>兖州</u>首事，平<u>山东</u>之难，百姓无不归心悦服。且<u>河</u>、<u>济</u>，天下之要地也，今虽残坏，犹易以自保，是亦将军之<u>关中</u>、<u>河内</u>也，不可以不先定。今以破<u>李封</u>、<u>薛兰</u>，若分兵东击<u>陈宫</u>，<u>宫</u>必不敢西顾，以其间勒兵收熟麦，约食畜谷，一举而<u>布</u>可破也。破<u>布</u>，然后南结<u>扬州</u>，共讨<u>袁术</u>，以临<u>淮</u>、<u>泗</u>。若舍<u>布</u>而东，多留兵则不足用，少留兵则民皆保城，不得樵采。<u>布</u>乘虚寇暴，民心益危，唯<u>鄄城</u>、<u>范</u>、<u>卫</u>可全，其馀非己之有，是无<u>兖州</u>也。若<u>徐州</u>不定，将军当安所归乎？且<u>陶谦</u>虽死，<u>徐州</u>未易亡也。彼惩往年之败，将惧而结亲，相为表里。今东方皆以收麦，必坚壁清野以待将军，将军攻之不拔，略之无获，不出十日，则十万之众未战而自困耳。[1] 前讨<u>徐州</u>，威罚实行，[2] 其子弟念父兄之耻，必人自为守，无降心，就能破之，尚不可有也。夫事固有弃此取彼者，以大易小可也，以安易危可也，权一时之势，不患本之不固可也。今三者莫利，愿将军熟虑之。"<u>太祖</u>乃止。大收麦，复与<u>布</u>战，分兵平诸县。<u>布</u>败走，<u>兖州</u>遂平。

[1] 臣<u>松之</u>以为于时<u>徐州</u>未平，<u>兖州</u>又叛，而云十万之众，虽是抑抗之言，要非寡弱之称。益知官渡之役，不得云兵不满万也。

[2] <u>曹瞒传</u>云：自京师遭<u>董卓</u>之乱，人民流移东出，多依<u>彭城</u>间。遇<u>太祖</u>至，坑杀男女数万口于<u>泗水</u>，水为不流。<u>陶谦</u>帅其众军<u>武原</u>，<u>太祖</u>不得进。引军从<u>泗</u>南攻取<u>虑</u>、<u>睢陵</u>、<u>夏丘</u>诸县，皆屠之；鸡犬亦尽，墟邑无复行人。

建安元年，太祖击破黄巾。汉献帝自河东还洛阳。太祖议奉迎都许，或以山东未平，韩暹、杨奉新将天子到洛阳，北连张杨，未可卒制。或劝太祖曰："昔晋文纳周襄王而诸侯景从，[1]高祖东伐为义帝缟素而天下归心。自天子播越，将军首唱义兵，徒以山东扰乱，未能远赴关右，然犹分遣将帅，蒙险通使，虽御难于外，乃心无不在王室，是将军匡天下之素志也。今车驾旋轸，东京榛芜，[2]义士有存本之思，百姓感旧而增哀。诚因此时，奉主上以从民望，大顺也；秉至公以服雄杰，大略也；扶弘义以致英俊，大德也。天下虽有逆节，必不能为累，明矣。韩暹、杨奉其敢为害！若不时定，四方生心，后虽虑之，无及。"太祖遂至洛阳，奉迎天子都许。天子拜太祖大将军，进彧为汉侍中，守尚书令。常居中持重，①太祖虽征伐在外，军国事皆与彧筹焉。②太祖问彧："谁能代卿为我谋者？"彧言"荀攸、锺繇"。先是，彧言策谋士，进戏志才。志才卒，又进郭嘉。太祖以彧为知人，诸所进达皆称职，唯严象为扬州，韦康为凉州，后败亡。③

① 典略曰：彧折节下士，坐不累席。其在台阁，不以私欲挠意。彧有群从一人，才行实薄，或谓彧："以君当事，不可不以某为议郎邪？"彧笑曰："官者所以表才也，若如来言，众人其谓我何邪！"其持心平正皆类此。

② 典略曰：彧为人伟美。又平原祢衡传曰：衡字正平，建安初，自荆州北游许都，恃才傲逸，臧否过差，见不如己者不与语，人皆以是憎之。唯少府孔融高贵其才，上书荐之曰："淑质贞亮，英才卓荦。初涉艺文，升堂睹奥；目所一见，辄诵于口，耳所暂闻，不忘于心。性与道合，思若有神。弘羊心计，安世默识，以衡准之，诚不足怪。"衡时年二十四。是时许都虽新建，尚饶人士。衡尝书一刺怀之，字漫灭而无所适。或问之曰："何不从陈长文、司马伯达乎？"衡曰："卿欲使我从屠沽儿辈也！"又问曰："当今许中，谁最可者？"衡曰："大儿有孔文举，小儿有杨德祖。"又问："曹公、荀令君、赵荡寇皆足盖世乎？"衡称曹公不甚多；又见荀有仪容，赵

有腹尺,因答曰:"文若可借面吊丧,稚长可使监厨请客。"其意以为荀但有貌,赵健啖肉也。于是众人皆切齿。衡知众不悦,将南还荆州。装束临发,众人为祖道,先设供帐于城南,自共相诫曰:"衡数不逊,今因其后到,以不起报之。"及衡至,众人皆坐不起,衡乃号咷大哭。众人问其故,衡曰:"行尸柩之间,能不悲乎?"衡南见刘表,表甚礼之。将军黄祖屯夏口,祖子射与衡善,随到夏口。祖嘉其才,每在坐,席有异宾,介使与衡谈。后衡骄蹇,答祖言俳优饶言,祖以为骂己也,大怒,顾伍伯捉头出。左右遂扶以去,拉而杀之。

臣松之以本传不称彧容貌,故载典略与衡传以见之。又潘勖为彧碑文,称彧"瓌姿奇表"。张衡文士传曰:孔融数荐衡于太祖,欲与相见,而衡疾恶之,意常愤懑。因狂疾不肯往,而数有言论。太祖闻其名,图欲辱之,乃录为鼓史。[3]后至八月朝,大宴,宾客并会。时鼓史击鼓过,皆当脱其故服,易着新衣。次衡,衡击为渔阳参挝,容态不常,音节殊妙。坐上宾客听之,莫不慷慨。过不易衣,吏呵之,衡乃当太祖前,以次脱衣,裸身而立,徐徐乃著裈帽毕,复击鼓参挝,而颜色不作。太祖大笑,告四坐曰:"本欲辱衡,衡反辱孤。"至今有渔阳参挝,自衡造也。融深责数衡,并宣太祖意,欲令与太祖相见。衡许之,曰:"当为卿往。"至十月朝,融先见太祖,说"衡欲求见"。至日晏,衡著布单衣,疏布履,[4]坐太祖营门外,以杖捶地,数骂太祖。太祖敕外厩急具精马三匹,并骑二人,谓融曰:"祢衡竖子,乃敢尔!孤杀之无异于雀鼠,顾此人素有虚名,远近所闻,今日杀之,人将谓孤不能容。今送与刘表,视卒当何如?"乃令骑以衡置马上,两骑扶送至南阳。

傅子曰:衡辩于言而疥于论,见荆州牧刘表曰,所以自结于表者甚至,表悦之以为上宾。衡称表之美盈口,而论表左右不废绳墨。于是左右因形而谮之,曰:"衡称将军之仁,西伯不过也,唯以为不能断;终不济者,必由此也。"是言实指表智短,而非衡所言也。表不详察,遂疏衡而逐之。衡以交绝于刘表,智穷于黄祖,身死名灭,为天下笑者,谮之者有形也。

③三辅决录注曰:[5]象字文则,京兆人。少聪博,有胆智。以督军御史中丞诣扬州讨袁术,会术病卒,因以为扬州刺史。建安五年,为孙策庐江太

守李术所杀,时年三十八。象同郡赵岐作三辅决录,恐时人不尽其意,
故隐其书,唯以示象。

康字元将,亦京兆人。孔融与康父端书曰:"前日元将来,渊才亮茂,雅
度弘毅,伟世之器也。昨日仲将又来,懿性贞实,文敏笃诚,保家之主
也。不意双珠,近出老蚌,甚珍贵之。"端从凉州牧征为太仆,康代为凉
州刺史,时人荣之。后为马超所围,坚守历时,救军不至,遂为超所杀。

仲将名诞,见刘邵传。

自太祖之迎天子也,袁绍内怀不服。绍既并河朔,天下畏其
强。太祖方东忧吕布,南拒张绣,而绣败太祖军于宛。绍益骄,与太
祖书,其辞悖慢。太祖大怒,出入动静变于常,众皆谓以失利于张
绣故也。锺繇以问彧,彧曰:"公之聪明,必不追咎往事,殆有他
虑。"则见太祖问之,太祖乃以绍书示彧,曰:"今将讨不义,而力不
敌,何如?"彧曰:"古之成败者,诚有其才,虽弱必强,苟非其人,虽
强易弱,刘、项之存亡,足以观矣。今与公争天下者,唯袁绍尔。绍
貌外宽而内忌,任人而疑其心,公明达不拘,唯才所宜,此度胜也。
绍迟重少决,失在后机,公能断大事,应变无方,此谋胜也。绍御军
宽缓,法令不立,士卒虽众,其实难用,公法令既明,赏罚必行,士
卒虽寡,皆争致死,此武胜也。绍凭世资,从容饰智,以收名誉,故
士之寡能好问者多归之,公以至仁待人,推诚心不为虚美,行己谨
俭,而与有功者无所吝惜,故天下忠正效实之士咸愿为用,此德胜
也。夫以四胜辅天子,扶义征伐,谁敢不从?绍之强其何能为!"太
祖悦。彧曰:"不先取吕布,河北亦未易图也。"太祖曰:"然。吾所
惑者,又恐绍侵扰关中,乱羌、胡,南诱蜀汉,是我独以兖、豫抗天
下六分之五也。为将奈何?"彧曰:"关中将帅以十数,莫能相一,唯
韩遂、马超最强。彼见山东方争,必各拥众自保。今若抚以恩德,遣
使连和,相持虽不能久安,比公安定山东,足以不动。锺繇可属以

西事。则公无忧矣。"

三年，太祖既破张绣，东禽吕布，定徐州，遂与袁绍相拒。孔融谓彧曰："绍地广兵强；田丰、许攸，智计之士也，为之谋；审配、逢纪，尽忠之臣也，任其事；颜良、文丑，勇冠三军，统其兵：殆难克乎！"彧曰："绍兵虽多而法不整。田丰刚而犯上，许攸贪而不治。审配专而无谋，逢纪果而自用，此二人留知后事，若攸家犯其法，必不能纵也，不纵，攸必为变。颜良、文丑，一夫之勇耳，可一战而禽也。"五年，与绍连战。太祖保官渡，绍围之。太祖军粮方尽，书与彧，议欲还许以引绍。彧曰："今军食虽少，未若楚、汉在荥阳、成皋间也。是时刘、项莫肯先退，先退者势屈也。公以十分居一之众，画地而守之，扼其喉而不得进，已半年矣。情见势竭，必将有变，此用奇之时，不可失也。"太祖乃住。遂以奇兵袭绍别屯，斩其将淳于琼等，绍退走。审配以许攸家不法，收其妻子，攸怒叛绍；颜良、文丑临阵授首；田丰以谏见诛：皆如彧所策。

六年，太祖就谷东平之安民，粮少，不足与河北相支，欲因绍新破，以其间击讨刘表。彧曰："今绍败，其众离心，宜乘其困，遂定之；而背兖、豫，远师江、汉，若绍收其馀烬，承虚以出人后，则公事去矣。"太祖复次于河上。绍病死。太祖渡河，击绍子谭、尚，而高干、郭援侵略河东，关右震动，锺繇帅马腾等击破之。语在繇传。八年，太祖录彧前后功，表封彧为万岁亭侯。[1]九年，太祖拔邺，领冀州牧。或说太祖"宜复古置九州，则冀州所制者广大，天下服矣。"太祖将从之，彧言曰："若是，则冀州当得河东、冯翊、扶风、西河、幽、并之地，所夺者众。前日公破袁尚，禽审配，海内震骇，必人人自恐不得保其土地，守其兵众也；今使分属冀州，将皆动心。且人多说关右诸将以闭关之计；今闻此，以为必以次见夺。一旦生变，虽有守善者，[6]转相胁为非，则袁尚得宽其死，而袁谭怀贰，刘表

遂保江、汉之间，天下未易图也。愿公急引兵先定河北，然后修复
旧京，南临荆州，责贡之不入，则天下咸知公意，人人自安。天下大
定，乃议古制，此社稷长久之利也。"太祖遂寝九州议。

① 彧别传载太祖表曰："臣闻虑为功首，谋为赏本，野绩不越庙堂，战多
不逾国勋。是故曲阜之锡，不后营丘，萧何之土，先于平阳。珍策重计，
古今所尚。侍中守尚书令彧，积德累行，少长无悔，遭世纷扰，怀忠念
治。臣自始举义兵，周游征伐，与彧戮力同心，左右王略，发言授策，无
施不效。彧之功业，臣由以济，用披浮云，显光日月。陛下幸许，彧左右
机近，忠恪祗顺，如履薄冰，研精极锐，以抚庶事。天下之定，彧之功
也。宜享高爵，以彰元勋。"彧固辞无野战之劳，不通太祖表。太祖与
彧书曰："与君共事已来，立朝廷，君之相为匡弼，君之相为举人，君
之相为建计，君之相为密谋，亦以多矣。夫功未必皆野战也，愿君勿
让。"彧乃受。

是时荀攸常为谋主。彧兄衍以监军校尉守邺，都督河北事。
太祖之征袁尚也，高幹密遣兵谋袭邺，衍逆觉，尽诛之，以功封列
侯。①太祖以女妻彧长子恽，后称安阳公主。彧及攸并贵重，皆谦
冲节俭，禄赐散之宗族知旧，家无馀财。十二年，复增彧邑千户，
合二千户。②

①荀氏家传曰：衍字休若，彧第三兄。彧第四兄谌，字友若，事见袁绍传。
陈群与孔融论汝、颍人物，群曰："荀文若、公达、休若、友若、仲豫，当今
并无对。"衍行绍，位至太仆。绍子融，字伯雅，与王弼、钟会俱知名，为
洛阳令，参大将军军事，与弼、会论易、老义，传于世。谌子闿，字仲
茂，为太子文学掾。时有甲乙疑论，闿与钟繇、王朗、袁涣议各不同。
文帝与繇书曰："袁、王国士，更为唇齿，荀闿劲悍，往来锐师，真君侯
之劲敌，左右之深忧也。"终黄门侍郎。闿从孙辉字景文，[7]太子中庶
子，亦知名。与贾充共定音律，又作易集解。仲豫名悦，朗陵长俭之少
子，彧从父兄也。
张璠汉纪称悦清虚沈静，善于著述。建安初为秘书监侍中，被诏删汉书

作汉纪三十篇，因事以明臧否，致有典要；其书大行于世。

②或别传曰：太祖又表曰："昔袁绍侵入郊甸，战于官渡。时兵少粮尽，图欲还许，书与或议，或不听臣。建宜住之便，恢进讨之规，更起臣心，易其愚虑，遂摧大逆，覆取其众。此或睹胜败之机，略不世出也。及绍破败，臣粮亦尽，以为河北未易图也，欲南讨刘表。或复止臣，陈其得失，臣用反斾，遂吞凶族，克平四州。向使臣退于官渡，绍必鼓行而前，有倾覆之形，无克捷之势。后若南征，委弃兖、豫，利既难要，将失本据。或之二策，以亡为存，以祸致福，谋殊功异，臣所不及也。是以先帝贵指纵之功，薄搏获之赏；古人尚帷幄之规，下攻拔之捷。前所赏录，未副或巍巍之勋，乞重平议，畴其户邑。"或深辞让，太祖报之曰："君之策谋，非但所表二事。前后谦冲，欲慕鲁连先生乎?此圣人达节者所不贵也。昔介子推有言'窃人之财，犹谓之盗'。况君密谋安众，光显于孤者以百数乎! 以二事相还而复辞之，何取谦亮之多邪!"太祖欲表或为三公，或使荀攸深让，至于十数，太祖乃止。

太祖将伐刘表，问或策安出，或曰："今华夏已平，南土知困矣。可显出宛、叶而间行轻进，以掩其不意。"太祖遂行。会表病死，太祖直趋宛、叶如或计，表子琮以州逆降。

十七年，董昭等谓太祖宜进爵国公，九锡备物，以彰殊勋，密以谘或。或以为太祖本兴义兵以匡朝宁国，秉忠贞之诚，守退让之实；君子爱人以德，不宜如此。太祖由是心不能平。会征孙权，表请或劳军于谯，因辄留或，以侍中光禄大夫持节，参丞相军事。太祖军至濡须，或疾留寿春，以忧薨，时年五十。谥曰敬侯。明年，太祖遂为魏公矣。①

①魏氏春秋曰：太祖馈或食，发之乃空器也，于是饮药而卒。咸熙二年，赠或太尉。

或别传曰：或自为尚书令，常以书陈事，临薨，皆焚毁之，故奇策密谋不得尽闻也。是时征役草创，制度多所兴复，或尝言于太祖曰："昔舜分命禹、稷、契、皋陶以揆庶绩，教化征伐，并时而用。及高祖之初，金革方殷，犹举民能善教训者，叔孙通习礼仪于戎旅之间，世祖有投戈讲艺、息马论道之事，君子无终食之间违仁。今公外定武功，内兴文学，使干戈戢睦，大道流行，国难方夷，六礼俱治，此姬旦宰周之所以速平也。既立德立功，而又兼立言，诚仲尼述作之意；显制度于当时，扬名于后世，岂不盛哉！若须武事毕而后制作，以稽治化，于事未敏。宜集天下大才通儒，考论六经，刊定传记，存古今之学，除其烦重，以一圣真，并隆礼学，渐敦教化，则王道两济。"或从容与太祖论治道，如此之类甚众，太祖常嘉纳之。或德行周备，非正道不用心，名重天下，莫不以为仪表，海内英隽咸宗焉。司马宣王常称书传远事，吾自耳目所从闻见，逮百数十年间，贤才未有及荀令君者也。前后所举者，命世大才，邦邑则荀攸、钟繇、陈群，海内则司马宣王，及引致当世知名郗虑、华歆、王朗、荀悦、杜袭、辛毗、赵俨之俦，终为卿相，以十数人。取士不以一揆，戏志才、郭嘉等有负俗之讥，杜畿简傲少文，皆以智策举之，终各显名。荀攸后为魏尚书令，亦推贤进士。太祖曰："二荀令之论人，久而益信，吾没世不忘。"钟繇以为颜子既没，能备九德，不贰其过，唯荀彧然。或问繇曰："君雅重荀君，比之颜子，自以不及，可得闻乎？"曰："夫明君师臣，其次友之。以太祖之聪明，每有大事，常先诺之荀君，是则古师友之义也。吾等受命而行，犹或不尽，相去顾不远邪！"

献帝春秋曰：董承之诛，伏后与父完书，言司空杀董承，帝方为报怨。完得书以示彧，彧恶之，久隐而不言。完以示妻弟樊普，普封以呈太祖，太祖阴为之备。彧后恐事觉，欲自发之，因求使至邺，劝太祖以女配帝。太祖曰："今朝廷有伏后，吾女何得以配上，吾以微功见录，位为宰相，岂复赖女宠乎！"彧曰："伏后无子，性又凶邪，往常与父书，言辞丑恶，可因此废也。"太祖曰："卿昔何不道之？"彧阳惊曰："昔已尝为公言也。"太祖曰："此岂小事而吾忘之！"彧又惊曰："诚未语公邪！昔公在官渡与袁绍相持，恐增内顾之念，故不言尔。"太祖曰："官渡事后何以不言？"彧无对，谢阙而已。太祖以此恨彧，而外含容之，故世莫得知。至董昭建立魏公之议，彧意不同，欲言之于太祖。及贲玺书犒军，饮飨礼毕，彧留请间。太祖知彧欲言封事，揖而遣之，彧遂不得言。彧卒于寿春，寿春亡者告孙权,言太祖使彧杀伏后,彧不从,故自杀。权以露布于蜀,刘备闻之,曰:"老贼不死,祸乱未已。"臣松之案献帝春秋云彧欲发伏后事而求使至邺,而方诬太祖云"昔已尝言"。言既无征,回托以官渡之虑,俯仰之间,辞情顿屈,虽在庸人,犹不至此,何以玷累贤哲哉!凡诸云云,皆出自鄙俚,可谓以吾侪之言而厚诬君子者矣。袁暐虚罔之类,此最为甚也。

子恽,嗣侯,官至虎贲中郎将。初,文帝与平原侯植并有拟论,文帝曲礼事彧。及彧卒,恽又与植善,而与夏侯尚不穆,文帝深恨恽。恽早卒,子甝、霬,音翼。以外甥故犹宠待。恽弟俣,御史中丞,俣弟诜,大将军从事中郎,皆知名,早卒。[1]诜弟顗,咸熙中为司空。[2]恽子甝,嗣为散骑常侍,进爵广阳乡侯,年三十薨。子頵嗣。[3]霬官至中领军,薨,谥曰贞侯,追赠骠骑将军。子恺嗣。霬妻,司马景王、文王之妹也,二王皆与亲善。咸熙中,开建五等,霬以著勋前朝,改封恺南顿子。[4]

[1]荀氏家传曰:恽字长倩,俣字叔倩,诜字曼倩,俣子寓,字景伯。世语曰:寓少与裴楷、王戎、杜默俱有名京邑,仕晋,位至尚书,名见显著。子羽嗣,位至尚书。

[2]晋阳秋曰:顗字景倩,幼为姊夫陈群所异。博学洽闻,意思慎密。司马宣王见顗,奇之,曰:"荀令君之子也。近见袁侃,亦曜卿之子也。"擢拜散骑侍郎。顗佐命晋室,位至太尉,封临淮康公。尝难锺会"易无互体",见称于世。顗弟粲,字奉倩。何劭为粲传曰:粲字奉倩。粲诸兄并以儒术论议,而粲独好言道,常以为子贡称夫子之言性与天道,不可得闻,然则六籍虽存,固圣人之糠秕。粲兄俣难曰:"易亦云圣人立象以尽意,系辞焉以尽言,则微言胡为不可得而闻见哉?"粲答曰:"盖理之微者,非物象之所举也。今称立象以尽意,此非通于意外者也,系辞焉以尽言,此非言乎系表者也;斯则象外之意,系表之言,固蕴而不出矣。"及当时能言者不能屈也。又论父彧不如从兄攸。彧立德高整,轨仪以训物,而攸不治外形,慎密自居而已。粲以此言善攸,诸兄怒而不能回也。太和

初，到京邑与傅嘏谈。嘏善名理而粲尚玄远，宗致虽同，仓卒时或有格而不相得意。裴徽通彼我之怀，为二家骑驿，顷之，粲与嘏善。夏侯玄亦亲。常谓嘏、玄曰："子等在世涂间，功名必胜我，但识劣我耳！"嘏难曰："能盛功名者，识也。天下孰有本不足而末有馀者邪？"粲曰："功名者，志局之所奖也。然则志局自一物耳，固非识之所独济也。我以能使子等为贵，然未必齐子等所为也。"粲常以妇人者，才智不足论，自宜以色为主。骠骑将军曹洪女有美色，粲于是娉焉，容服帷帐甚丽，专房欢宴。历年后，妇病亡，未殡，傅嘏往唁粲；粲不哭而神伤。嘏问曰："妇人才色并茂为难。子之娶也，遗才而好色。此自易遇，今何哀之甚？"粲曰："佳人难再得！顾逝者不能有倾国之色，然未可谓之易遇。"痛悼不能已，岁馀亦亡，时年二十九。粲简贵，不能与常人交接，所交皆一时俊杰。至葬夕，赴者裁十馀人，皆同时知名士也，哭之，感动路人。

③荀氏家传曰：颙字温伯，为羽林右监，早卒。颙子崧，字景猷。晋阳秋称崧少有志操，雅好文学，孝义和爱，在朝恪勤，位至左右光禄大夫，开府仪同三司。崧子美，字令则，清和有才。尚公主，少历显位，年二十八为北中郎将，徐、兖二州刺史，假节都督徐、兖、青三州诸军事。在任十年，遇疾解职，卒于家，追赠骠骑将军。美孙伯子，今御史中丞也。

④荀氏家传曰：恺，晋武帝时为侍中。

干宝晋纪曰：武帝使侍中荀颉、和峤俱至东宫，观察太子。颉还称太子德识进茂，而峤云圣质如初。孙盛曰"遣荀勖"，其馀语则同。

臣松之案和峤为侍中，荀颉亡没久矣。荀勖位亚台司，不与峤同班，无缘方称侍中。二书所云，皆为非也。考其时位，恺寔当之。恺位至征西大将军。恺兄憺，少府。弟悝，护军将军，追赠车骑大将军。

266

　　荀攸字公达，彧从子也。祖父昙，广陵太守。①攸少孤。及昙卒，故吏张权求守昙墓。攸年十三，疑之，谓叔父衢曰："此吏有非常之色，殆将有奸！"衢寤，乃推问，果杀人亡命。由是异之。②何进秉政，征海内名士攸等二十馀人。攸到，拜黄门侍郎。董卓之乱，关东兵起，卓徙都长安。攸与议郎郑泰、何颙、侍中种辑、越骑校尉伍琼等谋曰:"董卓无道,甚于桀纣,天下皆怨之,虽资强兵,实一匹夫耳。今直刺杀之以谢百姓,然后据崤、函,辅王命,以号令天下,此桓文之举也。"事垂就而觉,收颙、攸系狱,颙忧惧自杀,③攸言语饮食自若,会卓死得免。④弃官归,复辟公府,举高第,迁任城相,不行。攸以蜀汉险固,人民殷盛,乃求为蜀郡太守,道绝不得至,驻荆州。

① 荀氏家传曰:昙字元智。兄昱,字伯脩。张璠汉纪称昱、昙并杰俊有殊才。昱与李膺、王畅、杜密等号为八俊,位至沛相。攸父彝,州从事。彝于彧为从祖兄弟。

② 魏书曰:攸年七八岁,衢曾醉,误伤攸耳,而攸出入游戏,常避护不欲令衢见。衢后闻之,乃惊其夙智如此。

荀氏家传曰:衢子祈,字伯旗,与族父愭俱著名。祈与孔融论肉刑,愭与孔融论圣人优劣,并在融集。祈位至济阴太守;愭后征有道,至丞相祭酒。

③ 张璠汉纪曰:颙字伯求,少与郭泰、贾彪等游学洛阳,泰等与同风好。颙显名太学,于是中朝名臣太傅陈蕃、司隶李膺等皆深接之。及党事起,颙亦名在其中,乃变名姓亡匿汝南间,所至皆交结其豪杰。颙既奇太祖而知荀彧,袁绍慕之,与为奔走之友。是时天下士大夫多遭党难,颙常岁再三私入洛阳,从绍计议,为诸穷窘之士解释患祸。而袁术亦豪侠,与绍争名。颙未常造术,术深恨之。

汉末名士录曰:术常于众坐数颙三罪,曰:"王德弥先觉隽老,名德高亮,而伯求疏之,是一罪也。许子远凶淫之人,性行不纯,而伯求亲之,是二罪也。郭、贾寒窭,无他资业,而伯求肥马轻裘,光耀道路,是三罪也。"陶丘洪曰:"王德弥大贤而短于济时,许子远虽不纯而赴难不惮濡足。伯求举善则以德弥为首,济难则以子远为宗。且伯求尝为虞伟高手刃复仇,义名奋发。其怨家积财巨万,文马百驷,而欲使伯求赢牛疲马,顿伏道路,此为披其胸而假仇敌之刃也。"术意犹不平。后与南阳宗承会于阙下,术发怒曰:"何伯求,凶德也,吾当杀之。"承曰:"何生英俊之士，足下善遇之，使延令名于天下。"术乃止。后党禁除解，辟司空府。每三府椽属会议，颙策谋有馀，议者皆自以为不及。迁北军中候，董卓以为长史。后荀彧为尚书令，遣人迎叔父司空爽丧，使并置颙尸，而葬之于爽冢傍。

④魏书云攸使人说卓得免，与此不同。

太祖迎天子都许，遗攸书曰："方今天下大乱，智士劳心之时也，而顾观变蜀汉，不已久乎！"于是征攸为汝南太守，入为尚书。太祖素闻攸名，与语大悦，谓荀彧、锺繇曰："公达，非常人也，吾得与之计事，天下当何忧哉！"以为军师。建安三年，从征张绣。攸言于太祖曰："绣与刘表相恃为强，然绣以游军仰食于表，表不能供也，势必离。不如缓军以待之，可诱而致也；若急之，其势必相救。"太祖不从，遂进军之穰，与战。绣急，表果救之。军不利。太祖谓攸曰："不用君言至是。"乃设奇兵复战，大破之。

是岁，太祖自宛征吕布，①至下邳，布败退固守，攻之不拔，连战，士卒疲，太祖欲还。攸与郭嘉说曰："吕布勇而无谋，今三战皆北，其锐气衰矣。三军以将为主，主衰则军无奋意。夫陈宫有智而迟，今及布气之未复，宫谋之未定，进急攻之，布可拔也。"乃引沂、泗灌城，城溃，生禽布。

①魏书曰：议者云表、绣在后而还袭吕布，其危必也。攸以为表、绣新破，势不敢动。布骁猛，又恃袁术，若纵横淮、泗间，豪杰必应之。今乘其初叛，众心未一，往可破也。太祖曰："善。"比行，布以败刘备，而臧霸等应之。

后从救刘延于白马，攸画策斩颜良。语在武纪。太祖拔白马还，遣辎重循河而西。袁绍渡河追，卒与太祖遇。诸将皆恐，说太祖还保营，攸曰："此所以禽敌，奈何去之！"太祖目攸而笑。遂以辎重饵贼,贼竞奔之,陈乱。乃纵步骑击,大破之,斩其骑将文丑,太祖遂与绍相拒于官渡。军食方尽,攸言于太祖曰:"绍运车旦暮至,其将韩荀锐而轻敌,击可破也。"①太祖曰:"谁可使?"攸曰:"徐晃可。"乃遣晃及史涣邀击破走之,烧其辎重。会许攸来降,言绍遣淳于琼等将万馀兵迎运粮,将骄卒惰,可要击也。众皆疑,唯攸与贾诩劝太祖。太祖乃留攸及曹洪守。太祖自将攻破之,尽斩琼等。绍将张郃、高览烧攻橹降,绍遂弃军走。郃之来,洪疑不敢受,攸谓洪曰:"郃计不用,怒而来,君何疑?"乃受之。

①臣松之案诸书,韩荀或作韩猛,或云韩若,未详孰是。

七年,从讨袁谭、尚于黎阳。明年,太祖方征刘表,谭、尚争冀州。谭遣辛毗乞降请救,太祖将许之,以问群下。群下多以为表强,宜先平之,谭、尚不足忧也。攸曰:"天下方有事,而刘表坐保江、汉之间,其无四方志可知矣。袁氏据四州之地,带甲十万,绍以宽厚得众,借使二子和睦以守其成业,则天下之难未息也。今兄弟遘恶,此势不两全。若有所并则力专,力专则难图也。及其乱而取之,天下定矣,此时不可失也。"太祖曰:"善。"乃许谭和亲,遂还击破尚。其后谭叛,从斩谭于南皮。冀州平,太祖表封攸曰:"军师荀攸,自初佐臣,无征不从,前后克敌,皆攸之谋也。"于是封陵树亭侯。十二年,下令大论功行封,太祖曰:"忠正密谋,抚宁内外,文若是也。公达其次也。"增邑四百,并前七百户,① 转为中军师。魏国初建,为尚书令。

①魏书曰:太祖自柳城还,过攸舍,称述攸前后谋谟劳勋,曰:"今天下事略已定矣,孤愿与贤士大夫共飨其劳。昔高祖使张子房自择邑三万户,今孤亦欲君自择所封焉。"

攸深密有智防,自从太祖征伐,常谋谟帷幄,时人及子弟莫知其所言。^①太祖每称曰:"公达外愚内智,外怯内勇,外弱内强,不伐善,无施劳,智可及,愚不可及,虽颜子、甯武不能过也。"文帝在东宫,太祖谓曰:"荀公达,人之师表也,汝当尽礼敬之。"攸曾病,世子问病,独拜床下,其见尊异如此。攸与锺繇善,繇言:"我每有所行,反覆思惟,自谓无以易;以咨公达,辄复过人意。"公达前后凡画奇策十二,唯繇知之。繇撰集未就,会薨,故世不得尽闻也。^②攸从征孙权,道薨。太祖言则流涕。^③

①魏书曰:攸姑子辛韬曾问攸说太祖取冀州时事。攸曰:"佐治为袁谭乞降,王师自往平之,吾何知焉?"自是韬及内外莫敢复问军国事也。

②臣松之案:攸亡后十六年,锺繇乃卒,撰攸奇策,亦有何难?而年造八十,犹云未就,遂使攸从征机策之谋不传于世,惜哉!

③魏书曰:时建安十九年,攸年五十八。计其年大或六岁。

魏书载太祖令曰:"孤与荀公达周游二十余年,无毫毛可非者。"又曰:"荀公达真贤人也,所谓'温良恭俭让以得之'。孔子称'晏平仲善与人交,久而敬之',公达即其人也。"

傅子曰:或问近世大贤君子,答曰:"荀令君之仁,荀军师之智,斯可谓近世大贤君子矣。荀令君仁以立德,明以举贤,行无谄黩,谋能应机。孟轲称'五百年而有王者兴,其间必有命世者',其荀令君乎!太祖称'荀令君之进善,不进不休,荀军师之去恶,不去不止'也。"

长子缉,有攸风,早没。次子適嗣,无子,绝。黄初中,绍封攸孙彪为陵树亭侯,邑三百户,后转封丘阳亭侯。正始中,追谥攸曰敬侯。

贾诩字文和,武威姑臧人也。少时人莫知,唯汉阳阎忠异之,谓诩有良、平之奇。^①察孝廉为郎,疾病去官,西还至汧,道遇叛氐,同行数十人皆为所执。诩曰:"我段公外孙也,汝别埋我,我家必厚赎之。"时太尉段颎,昔久为边将,威震西土,故诩假以惧

氏。氏果不敢害，与盟而送之，其馀悉死。诩实非段甥，权以济
事，咸此类也。

① 九州春秋曰：中平元年，车骑将军皇甫嵩既破黄巾，威震天下。阎忠时
罢信都令，说嵩曰："夫难得而易失者时也，时至而不旋踵者机也，故圣
人常顺时而动，智者必因机以发。今将军遭难得之运，蹈易解之机，而
践运不抚，临机不发，将何以享大名乎？"嵩曰："何谓也？"忠曰："天道
无亲，百姓与能，故有高人之功者，不受庸主之赏。今将军授钺于初春，
收功于末冬，兵动若神，谋不再计，旬月之间，神兵电扫，攻坚易于折
枯，摧敌甚于汤雪，七州席卷，屠三十六方，[8] 夷黄巾之师，除邪害之
患，或封户刻石，南向以报德，威震本朝，风驰海外。是以群雄回首，百
姓企踵，虽汤武之举，未有高于将军者。身建高人之功，北面以事庸主，
将何以图安？"嵩曰："心不忘忠，何为不安？"忠曰："不然。昔韩信不忍
一餐之遇，而弃三分之利，拒蒯通之忠，忽鼎跱之势，利剑已揣其喉，乃
叹息而悔，所以见烹于儿女也。今主势弱于刘、项，将军权重于淮阴，指
麾可以振风云，叱咤足以兴雷电；赫然奋发，因危抵颓，崇恩以绥前附，
振武以临后服；征冀方之士，动七州之众，羽檄先驰于前，大军震响于
后，蹈迹漳河，饮马孟津，举天网以网罗京都，诛阉宦之罪，除群怨之积
愆，解久危之倒悬。如此则攻守无坚城，不招必影从，虽儿童可使奋空
拳以致力，女子可使其褰裳以用命，况厉智能之士，因迅风之势，则大
功不足合，八方不足同也。功业已就，天下已顺，乃燎于上帝，告以天
命，混齐六合，南面以制，移神器于己家，推亡汉以定祚，实神机之至
决，风发之良时也。夫木朽不雕，世衰难佐，将军虽欲委忠难佐之朝，雕
画朽败之木，犹逆坂而走丸，必不可也。方今权宦群居，同恶如市，主上
不自由，诏命出左右。如有至聪不察，机事不先，必婴后悔，亦无及矣。"
嵩不从，忠乃亡去。
英雄记曰：凉州贼王国等起兵，共劫忠为主，统三十六部，号车骑将军。
忠感慨发病而死。

董卓之入洛阳，诩以太尉掾为平津都尉，迁讨虏校尉。卓婿中

271

郎将牛辅屯陕，诩在辅军。卓败，辅又死，众恐惧，校尉李傕、郭汜、张济等欲解散，间行归乡里。诩曰："闻长安中议欲尽诛凉州人，而诸君弃众单行，即一亭长能束君矣。不如率众而西，所在收兵，以攻长安，为董公报仇，幸而事济，奉国家以征天下，若不济，走未后也。"众以为然。傕乃西攻长安。语在卓传。①后诩为左冯翊，傕等欲以功侯之，诩曰："此救命之计，何功之有！"固辞不受。又以为尚书仆射，诩曰："尚书仆射，官之师长，天下所望，诩名不素重，非所以服人也。纵诩昧于荣利，奈国朝何！"乃更拜诩尚书，典选举，多所匡济，傕等亲而惮之。②会母丧去官，拜光禄大夫。傕、汜等斗长安中，③傕复请诩为宣义将军。④傕等和，出天子，祐护大臣，诩有力焉。⑤天子既出，诩上还印绶。是时将军段煨屯华阴，⑥与诩同郡，遂去傕托煨。诩素知名，为煨军所望。煨内恐其见夺，而外奉诩礼甚备，诩愈不自安。

① 臣松之以为传称"仁人之言，其利薄哉"！然则不仁之言，理必反是。夫仁功难著，而乱源易成，是故有祸机一发而殃流百世者矣。当是时，元恶既枭，天地始开，致使厉阶重结，大梗殷流，邦国遘殄悴之哀，黎民婴周馀之酷，岂不由贾诩片言乎？诩之罪也，一何大哉！自古兆乱，未有如此之甚。

② 献帝纪曰：郭汜、樊稠与傕互相违戾，欲斗者数矣。诩辄以道理责之，颇受诩言。

魏书曰：诩典选举，多选旧名以为令仆，论者以此多诩。

③ 献帝纪曰：傕等与诩议，迎天子置其营中。诩曰："不可。胁天子，非义也。"傕不听。张绣谓诩曰："此中不可久处，君胡不去？"诩曰："吾受国恩，义不可背。卿自行，我不能也。"

④ 献帝纪曰：傕时召羌、胡数千人，先以御物缯采与之，又许以宫人妇女，欲令攻郭汜。羌、胡数来窥省门，曰："天子在中邪！李将军许我宫人美

女,今皆安在?"帝患之,使诩为之方计。诩乃密呼羌、胡大帅饮食之,许以封爵重宝,于是皆引去。傕由此衰弱。

⑤献帝纪曰:天子既东,而李傕来追,王师败绩。司徒赵温、太常王伟、卫尉周忠、司隶荣邵皆为傕所嫌,欲杀之。诩谓傕曰:"此皆天子大臣,卿奈何害之?"傕乃止。

⑥典略称煨在华阴时,修农事,不虏略。天子东还,煨迎道贡遗周急。

献帝纪曰:后以煨为大鸿胪光禄大夫,建安十四年,以寿终。

张绣在南阳,诩阴结绣,绣遣人迎诩。诩将行,或谓诩曰:"煨待君厚矣,君安去之?"诩曰:"煨性多疑,有忌诩意,礼虽厚,不可恃,久将为所图。我去必喜,又望吾结大援于外,必厚吾妻子。绣无谋主,亦愿得诩,则家与身必俱全矣。"诩遂往,绣执子孙礼,煨果善视其家。诩说绣与刘表连和。①太祖比征之,一朝引军退,绣自追之。诩谓绣曰:"不可追也,追必败。"绣不从,进兵交战,大败而还。诩谓绣曰:"促更追之,更战必胜。"绣谢曰:"不用公言,以至于此。今已败,奈何复追?"诩曰:"兵势有变,亟往必利。"绣信之,遂收散卒赴追,大战,果以胜还。问诩:"绣以精兵追退军,而公曰必败;退以败卒击胜兵,而公曰必克。悉如公言,何其反而皆验也?"诩曰:"此易知耳。将军虽善用兵,非曹公敌也。军虽新退,曹公必自断后;追兵虽精,将既不敌,彼士亦锐,故知必败。曹公攻将军无失策,力未尽而退,必国内有故;已破将军,必轻军速进,纵留诸将断后,诸将虽勇,亦非将军敌,故虽用败兵而战必胜也。"绣乃服。是后,太祖拒袁绍于官渡,绍遣人招绣,并与诩书结援。绣欲许之,诩显于绣坐上谓绍使曰:"归谢袁本初,兄弟不能相容,而能容天下国士乎?"绣惊惧曰:"何至于此!"窃谓诩曰:"若此,当何归?"诩曰:"不如从曹公。"绣曰:"袁强曹弱,又与曹为仇,从之如何?"诩曰:"此乃所以宜从也。夫曹公奉天子以令天下,其宜从一也。绍强盛,我以少众从之,必不以我为重。曹公众弱,其得我必喜,其宜从二也。夫有霸王之志者,固将释私怨,以明德于四海,其宜从三也。愿将军无疑!"绣从之,率众归太祖。太祖见之,喜,执诩手曰:"使我信重于天下者,子也。"表诩为执金吾,封都亭侯,迁冀州牧。冀州未平,留参司空军事。袁绍围太祖于官渡,太祖粮方尽,问诩计焉出,诩曰:"公明胜绍,勇胜绍,用人胜绍,决机胜绍,有此四胜而半年不定者,但顾万全故也。必决其机,须臾可定也。"太祖曰:"善。"乃并兵出,围击绍三十馀里营,破之。绍军大溃,河北平。太祖领冀州牧,徙诩为太中大夫。建安十三年,太祖破荆州,欲顺江东下。诩谏曰:"明公昔破袁氏,今收汉南,威名远著,军势既大;若乘旧楚之饶,以飨吏士,抚安百姓,使安土乐业,则可不劳众而江东稽服矣。"太祖不从,军遂无利。②太祖后与韩遂、马超战于渭南,超等索割地以和,并求任子。诩以为可伪许之。又问诩计策,诩曰:"离之而已。"太祖曰:"解。"一承用诩谋。语在武纪。卒破遂、超,诩本谋也。

①傅子曰:诩南见刘表,表以客礼待之。诩曰:"表,平世三公才也;不见事变,多疑无决,无能为也。"

②臣松之以为诩之此谋,未合当时之宜。于时韩、马之徒尚狼顾关右,魏武不得安坐鄴都以威怀吴会,亦已明矣。彼荆州者,孙、刘之所必争也。荆人服刘主之雄姿,惮孙权之武略,为日既久,诚非曹氏诸将所能抗御。故曹仁守江陵,败不旋踵,何抚安之得行,稽服之可期?将此既新平江、汉,威慑扬、越,资刘表水战之具,藉荆楚楫棹之手,实震荡之良会,廓定之大机。不乘此取吴,将安俟哉?至于赤壁之败,盖有运数。实由疾疫大兴,以损凌厉之锋,凯风自南,用成焚如之势。天实为之,岂人事哉?然则魏武之东下,非失算也。诩之此规,为无当矣。魏武后克平张鲁,蜀中一日数十惊,刘备虽斩之而不能止,由不用刘晔之计,以失席卷之会,斤石既差,悔无所及,即亦此事之类也。世咸谓刘计为是,即愈

见贾言之非也。

是时，文帝为五官将，而临菑侯植才名方盛，各有党与，有夺宗之议。文帝使人问诩自固之术，诩曰："愿将军恢崇德度，躬素士之业，朝夕孜孜，不违子道。如此而已。"文帝从之，深自砥砺。太祖又尝屏除左右问诩，诩嘿然不对。太祖曰："与卿言而不答，何也？"诩曰："属适有所思，故不即对耳。"太祖曰："何思？"诩曰："思袁本初、刘景升父子也。"太祖大笑，于是太子遂定。诩自以非太祖旧臣，而策谋深长，惧见猜疑，阖门自守，退无私交，男女嫁娶，不结高门，天下之论智计者归之。

文帝即位，以诩为太尉，①进爵魏寿乡侯，增邑三百，并前八百户。又分邑二百，封小子访为列侯。以长子穆为驸马都尉。帝问诩曰："吾欲伐不从命以一天下，吴、蜀何先？"对曰："攻取者先兵权，建本者尚德化。陛下应期受禅，抚临率土，若绥之以文德而俟其变，则平之不难矣。吴、蜀虽蕞尔小国，依阻山水，刘备有雄才，诸葛亮善治国，孙权识虚实，陆议见兵势，据险守要，泛舟江湖，皆难卒谋也。用兵之道，先胜后战，量敌论将，故举无遗策。臣窃料群臣，无备、权对，虽以天威临之，未见万全之势也。昔舜舞干戚而有苗服，臣以为当今宜先文后武。"文帝不纳。后兴江陵之役，士卒多死。诩年七十七，薨，谥曰肃侯。子穆嗣，历位郡守。穆薨，子模嗣。②

① 魏略曰：文帝得诩之对太祖，故即位首登上司。

荀勖别传曰：晋司徒阙，武帝问其人于勖。答曰："三公具瞻所归，不可用非其人。昔魏文帝用贾诩为三公，孙权笑之。"

② 世语曰：模，晋惠帝时为散骑常侍、护军将军，模子胤，胤弟龛，从弟疋，皆至大官，并显于晋也。

评曰:荀彧清秀通雅,有王佐之风,然机鉴先识,未能充其志也。①荀攸、贾诩,庶乎算无遗策,经达权变,其良、平之亚欤!②

①世之论者,多讥彧协规魏氏,以倾汉祚;君臣易位,实彧之由。虽晚节立异,无救运移;功既违义,识亦疚焉。陈氏此评,盖亦同乎世识。臣松之以为斯言之作,诚未得其远大者也。彧岂不知魏武之志气,非衰汉之贞臣哉?良以于时王道既微,横流已极,雄豪虎视,人怀异心,不有拨乱之资,仗顺之略,则汉室之亡忽诸,黔首之类殄矣。夫欲翼赞时英,一匡屯运,非斯人之与而谁与哉?是故经纶急病,若救身首,用能动于岭中,至于大亨,苍生蒙舟航之接,刘宗延二纪之祚,岂非荀生之本图,仁恕之远致乎?及至霸业既隆,翦汉迹著,然后亡身殉节,以申素情,全大正于当年,布诚心于百代,可谓任重道远,志行义立。谓之未充,其殆诬欤!

②臣松之以为列传之体,以事类相从。张子房青云之士,诚非陈平之伦。然汉之谋臣,良、平而已。若不共列,则馀无所附,故前史合之,盖其宜也。魏氏如诩之俦,其比幸多。诩不编程、郭之篇,而与二荀并列,失其类矣。且攸、诩之为人,其犹夜光之与蒸烛乎!其照虽均,质则异焉。今荀、贾之评,共同一称,尤失区别之宜也。

【校勘记】

〔1〕昔晋文纳周襄王而诸侯景从　原脱昔下十一字,据后汉书卷七〇荀彧传补。

〔2〕东京榛芜　原脱此四字,据后汉书卷七〇荀彧传补。

〔3〕乃录为鼓史　史,原作"吏",据后汉书卷八〇下文苑传改。下同。

〔4〕练布履　练布,原作"疏巾",据何焯校本改。

〔5〕三辅决录注曰　原脱"注"字,据三国志辨误卷上补。

〔6〕虽有守善者　守善,原作"善守",据何焯校本改。

〔7〕闳从孙辉字景文　辉,原作"恽",据三国志辨误卷上改。

〔8〕屠三十六方　六下原衍"万"字,据义门读书记卷二六删。

三国志卷十一　魏书十一

袁张凉国田王邴管传第十一

　　袁涣字曜卿,陈郡扶乐人也。父滂,为汉司徒。①当时诸公子多越法度,而涣清静,举动必以礼。郡命为功曹,郡中奸吏皆自引去。后辟公府,举高第,迁侍御史。除谯令,不就。刘备之为豫州,举涣茂才。后避地江、淮间,为袁术所命。术每有所咨访,涣常正议,术不能抗,然敬之不敢不礼也。顷之,吕布击术于阜陵,涣往从之,遂复为布所拘留。布初与刘备和亲,后离隙。布欲使涣作书詈辱备,涣不可,再三强之,不许。布大怒,以兵胁涣曰:"为之则生,不为则死。"涣颜色不变,笑而应之曰:"涣闻唯德可以辱人,不闻以骂。使彼固君子邪,且不耻将军之言,彼诚小人邪,将复将军之意,则辱在此不在于彼。且涣他日之事刘将军,犹今日之事将军也,如一旦去此,复骂将军,可乎?"布惭而止。

　　①袁宏汉纪曰:滂字公熙,纯素寡欲,终不言人之短。当权宠之盛,或以同异致祸,滂独中立于朝,故爱憎不及焉。

　　布诛,涣得归太祖。①涣言曰:"夫兵者,凶器也,不得已而用之。鼓之以道德,征之以仁义,兼抚其民而除其害。夫然,故可与之死而可与之生。自大乱以来十数年矣,民之欲安,甚于倒悬,然而暴乱未息者,何也?意者政失其道欤!涣闻明君善于救世,故世乱则齐之以义,时伪则镇之以朴;世异事变,治国不同,不可不察也。夫制度损益,此古今之不必同者也。若夫兼爱天下而反之于正,虽以武平乱而济之以德,诚百王不易之道也。公明哲超世,古之所以得其民者,公既勤之矣,今之所以失其民者,公既戒之矣,海内赖公,得免于危亡之祸,然而民未知义,其惟公所以训之,则天下幸甚!"太祖深纳焉。拜为沛南部都尉。

①袁氏世纪曰:布之破也,陈群父子时亦在布之军,见太祖皆拜。涣独高揖不为礼,太祖甚严惮之。时太祖又给众官车各数乘,使取布军中物,唯其所欲。众人皆重载,唯涣取书数百卷,资粮而已。众人闻之,大惭。涣谓所亲曰:"脱我以行陈,令军发足以为行粮而已,不以此为我有。由是厉名也,大悔恨之。"太祖益以此重焉。

是时新募民开屯田,民不乐,多逃亡。涣白太祖曰:"夫民安土重迁,不可卒变,易以顺行,难以逆动,宜顺其意,乐之者乃取,不欲者勿强。"太祖从之,百姓大悦。迁为梁相。涣每敕诸县:"务存鳏寡高年,表异孝子贞妇。常谈曰'世治则礼详,世乱则礼简',全在斟酌之间耳。方今虽扰攘,难以礼化,然在吾所以为之。"为政崇教训,恕思而后行,外温柔而内能断。①以病去官,百姓思之。后征为谏议大夫、丞相军祭酒。前后得赐甚多,皆散尽之,家无所储,终不问产业,乏则取之于人,不为皦察之行,然时人服其清。

①魏书曰:谷熟长吕岐善朱渊、爰津,遣使行学还,召用之,与相见,出署渊师友祭酒,津决疑祭酒。渊等因各归家,不受署,岐大怒,将吏民收渊等,皆杖杀之,议者多非焉。涣教勿劾,主簿孙徽等以为"渊等罪不足死,长吏无专杀之义,孔子称'唯器与名,不可以假人'。谓之师友而加大戮,刑名相伐,不可以训。"涣教曰:"主簿以不请为罪,此则然矣。谓渊等罪不

足死,则非也。夫师友之名,古今有之。然有君之师友,有士大夫之师友。夫君置师友之官者,所以敬其臣也;有罪加于刑焉,国之法也。今不论其罪而谓之戮师友,斯失之矣。主簿取弟子戮师之名,而加君诛臣之实,非其类也。夫圣哲之治,观时而动,故不必循常,将有权也。间者世乱,民陵其上,虽务尊君卑臣,犹或未也,而反长世之过,不亦谬乎!"遂不劾。

魏国初建,为郎中令,行御史大夫事。涣言于太祖曰:"今天下大难已除,文武并用,长久之道也。以为可大收篇籍,明先圣之教,以易民视听,使海内斐然向风,则远人不服可以文德来之。"太祖善其言。时有传刘备死者,群臣皆贺;涣以尝为备举吏,独不贺。居官数年卒,太祖为之流涕,赐谷二千斛,一教"以太仓谷千斛赐郎中令之家",一教"以垣下谷千斛与曜卿家",外不解其意。教曰:"以太仓谷者,官法也;以垣下谷者,亲旧也。"又帝闻涣昔拒吕布之事,问涣从弟敏:"涣勇怯何如?"敏对曰:"涣貌似和柔,然其临大节,处危难,虽贲育不过也。"涣子侃,亦清粹闲素,有父风,历位郡守尚书。①

① 袁氏世纪曰:涣有四子,侃、寓、奥、准。侃字公然,论议清当,柔而不犯,善与人交。在废兴之间,人之所趣务者,常谦退不为也。时人以是称之。历位黄门选部郎,号为清平。稍迁至尚书,早卒。寓字宣厚,精辩有机理,好道家之言,少被病,未官而卒。奥字公荣,行足以厉俗,言约而理当,终于光禄勋。准字孝尼,忠信公正,不耻下问,唯恐人之不胜己。以世事多险,故常恬退而不敢求进。著书十馀万言,论治世之务,为易、周官、诗传,及论五经滞义,圣人之微言,以传于世。此准之自序也。
荀绰九州记称准有俊才,泰始中为给事中。袁氏子孙世有名位,贵达至今。

初,涣从弟霸,公恪有功干,魏初为大司农,及同郡何夔并知名于时。而霸子亮,夔子曾,与侃复齐声友善。亮贞固有学行,疾何晏、邓飏等，著论以讥切之，位至<u>河南尹</u>、尚书。[1]<u>霸</u>弟<u>徽</u>，以儒素称。遭天下乱，避难<u>交州</u>。司徒辟，不至。[2]<u>徽</u>弟<u>敏</u>，有武艺而好水功，官至河堤谒者。

[1] <u>晋诸公赞</u>曰：<u>亮</u>子<u>粲</u>，字<u>仪祖</u>，文学博识，累为儒官，至尚书。

[2] <u>袁宏汉纪</u>曰：初，天下将乱，<u>涣</u>慨然叹曰："汉室陵迟，乱无日矣。苟天下扰攘，逃将安之？若天未丧道，民以义存，唯强而有礼，可以庇身乎！"<u>徽</u>曰："古人有言，'知机其神乎'！见机而作，君子所以元吉也。天理盛衰，<u>汉</u>其亡矣！夫有大功必有大事，此又君子之所深识，退藏于密者也。且兵革既兴，外患必众，<u>徽</u>将远迹山海，以求免身。"及乱作，各行其志。

<u>张范</u>，字<u>公仪</u>，<u>河内脩武</u>人也。祖父<u>歆</u>，为<u>汉</u>司徒。父<u>延</u>，为太尉。太傅<u>袁隗</u>欲以女妻<u>范</u>，<u>范</u>辞不受。性恬静乐道，忽于荣利，征命无所就。弟<u>承</u>，字<u>公先</u>，亦知名，以方正征，拜议郎，迁<u>伊阙</u>都尉。<u>董卓</u>作乱，<u>承</u>欲合徒众与天下共诛<u>卓</u>。<u>承</u>弟<u>昭</u>时为议郎，适从<u>长安</u>来，谓<u>承</u>曰："今欲诛<u>卓</u>，众寡不敌，且起一朝之谋，战阡陌之民，士不素抚，兵不练习，难以成功。<u>卓</u>阻兵而无义，固不能久；不若择所归附，待时而动，然后可以如志。"<u>承</u>然之，乃解印绶间行归家，与<u>范</u>避地<u>扬州</u>。<u>袁术</u>备礼招请，<u>范</u>称疾不往，<u>术</u>不强屈也。遣<u>承</u>与相见，<u>术</u>问曰："昔<u>周</u>室陵迟，则有<u>桓</u>、<u>文</u>之霸；<u>秦</u>失其政，<u>汉</u>接而用之。今孤以土地之广，士民之众，欲徼福齐<u>桓</u>，拟迹<u>高祖</u>，何如？"<u>承</u>对曰："在德不在强。夫能用德以同天下之欲，虽由匹夫之资，而兴霸王之功，不足为难。若苟僭拟，干时而动，众之所弃，谁能兴之？"<u>术</u>不悦。是时，<u>太祖</u>将征<u>冀州</u>，<u>术</u>复问曰："今曹公欲以弊兵数千，敌十万之众，可谓不量力矣！子以为何如？"<u>承</u>乃曰："汉德虽衰，天命未改，今<u>曹公</u>挟天子以令天下，虽敌百万之众可也。"<u>术</u>作色不怿，<u>承</u>去之。

<u>太祖</u>平<u>冀州</u>，遣使迎<u>范</u>。<u>范</u>以疾留<u>彭城</u>，遣<u>承</u>诣<u>太祖</u>，<u>太祖</u>表

以为谏议大夫。范子陵及承子戬为山东贼所得，范直诣贼请二子，贼以陵还范。范谢曰："诸君相还儿厚矣。夫人情虽爱其子，然吾怜戬之小，请以陵易之。"贼义其言，悉以还范。太祖自荆州还，范得见于陈，以为议郎，参丞相军事，甚见敬重。太祖征伐，常令范及邴原留，与世子居守。太祖谓文帝："举动必谘此二人。"世子执子孙礼。救恤穷乏，家无所馀，中外孤寡皆归焉。赠遗无所逆，亦终不用，及去，皆以还之。建安十七年卒。魏国初建，承以丞相参军祭酒领赵郡太守，政化大行。太祖将西征，征承参军事，至长安，病卒。

①魏书曰：文帝即位，以范子参为郎中。承孙邵，晋中护军，与舅杨骏俱被诛。事见晋书。

凉茂字伯方，山阳昌邑人也。少好学，论议常据经典，以处是非。太祖辟为司空掾，举高第，补侍御史。时泰山多盗贼，以茂为泰山太守，旬月之间，襁负而至者千馀家。①转为乐浪太守。公孙度在辽东，擅留茂，不遣之官，然茂终不为屈。度谓茂及诸将曰："闻曹公远征，邺无守备，今吾欲以步卒三万，骑万匹，直指邺，谁能御之？"诸将皆曰："然。"②又顾谓茂曰："于君意何如？"茂答曰："比者海内大乱，社稷将倾，将军拥十万之众，安坐而观成败，夫为人臣者，固若是邪！曹公忧国家之危败，愍百姓之苦毒，率义兵为天下诛残贼，功高而德广，可谓无二矣。以海内初定，民始安集，故未责将军之罪耳！而将军乃欲称兵西向，则存亡之效，不崇朝而决。将军其勉之！"诸将闻茂言，皆震动。良久。度曰："凉君言是也。"后征还为魏郡太守、甘陵相，所在有绩。文帝为五官将，茂以选为长史，迁左军师。魏国初建，迁尚书仆射，后为中尉奉常。文帝在东宫，茂复为太子太傅，甚见敬礼。卒官。③

①博物记曰：襁，织缕为之，广八寸，长尺二，以约小儿于背上，负之而行。

②臣松之案此传云公孙度闻曹公远征,邺无守备,则太祖定邺后也。案度
传,度以建安九年卒,太祖亦以此年定邺,自后远征,唯有北征柳城耳。
征柳城之年,度已不复在矣。

③英雄记曰:茂名在八友中。

国渊字子尼,乐安盖人也。师事郑玄。①后与邴原、管宁等避乱
辽东。②既还旧土,太祖辟为司空掾属,每于公朝论议,常直言正
色,退无私焉。太祖欲广置屯田,使渊典其事。渊屡陈损益,相土处
民,计民置吏,明功课之法,五年中仓廪丰实,百姓竞劝乐业。太祖
征关中,以渊为居府长史,统留事。田银、苏伯反河间,银等既破,
后有馀党,皆应伏法。渊以为非首恶,请不行刑。太祖从之,赖渊得
生者千馀人。破贼文书,旧以一为十,及渊上首级,如其实数。太祖
问其故,渊曰:"夫征讨外寇,多其斩获之数者,欲以大武功,且示
民听也。河间在封域之内,银等叛逆,虽克捷有功,渊窃耻之。"太
祖大悦,迁魏郡太守。

①玄别传曰:渊始未知名,玄称之曰:"国子尼,美才也,吾观其人,必为国
器。"

②魏书曰:渊笃学好古,在辽东,常讲学于山岩,士人多推慕之,由此知名。

时有投书诽谤者,太祖疾之,欲必知其主。渊请留其本书,而
不宣露。其书多引二京赋,渊敕功曹曰:"此郡既大,今在都辇,而
少学问者。其简开解年少,欲遣就师。"功曹差三人,临遣引见,训
以"所学未及,二京赋,博物之书也,世人忽略,少有其师,可求能
读者从受之。"又密喻旨。旬日得能读者,遂往受业。吏因请使作
笺,比方其书,与投书人同手。收摄案问,具得情理。迁太仆。居列
卿位,布衣蔬食,禄赐散之旧故宗族,以恭俭自守,卒官。①

①魏书曰:太祖以其子泰为郎。

田畴字子泰，右北平无终人也。好读书，善击剑。初平元年，义兵起，董卓迁帝于长安。幽州牧刘虞叹曰："贼臣作乱，朝廷播荡，四海俄然，莫有固志。身备宗室遗老，不得自同于众。今欲奉使展效臣节，安得不辱命之士乎？"众议咸曰："田畴虽年少，多称其奇。"畴时年二十二矣。虞乃备礼请与相见，大悦之，遂署为从事，具其车骑。将行，畴曰："今道路阻绝，寇虏纵横，称官奉使，为众所指名。愿以私行，期于得达而已。"虞从之。畴乃归，自选其家客与年少之勇壮慕从者二十骑俱往。虞自出祖而遣之。[1]既取道，畴乃更上西关，出塞，傍北山，直趣朔方，循间径去，遂至长安致命。诏拜骑都尉。畴以为天子方蒙尘未安，不可以荷佩荣宠，固辞不受。朝廷高其义。三府并辟，皆不就。得报，驰还，未至，虞已为公孙瓒所害。畴至，谒祭虞墓，陈发章表，哭泣而去。瓒闻之大怒，购求获畴，谓曰："汝何自哭刘虞墓，而不送章报于我也？"畴答曰："汉室衰颓，人怀异心，唯刘公不失忠节。章报所言，于将军未美，恐非所乐闻，故不进也。且将军方举大事以求所欲，既灭无罪之君，又雠守义之臣，诚行此事，则燕、赵之士将皆蹈东海而死耳，岂忍有从将军者乎！"瓒壮其对，释不诛也。拘之军下，禁其故人莫得与通。或说瓒曰："田畴义士，君弗能礼，而又囚之，恐失众心。"瓒乃纵遣畴。

[1]先贤行状曰：畴将行，引虞密与议。畴因说虞曰："今帝王幼弱，奸臣擅不命，表上须报，惧失事机。且公孙瓒阻兵安忍，不早图之，必有后悔。"虞听。

畴得北归，率举宗族他附从数百人，扫地而盟曰："君仇不报，吾不可以立于世！"遂入徐无山中，营深险平敞地而居，躬耕以养父母。百姓归之，数年间至五千馀家。畴谓其父老曰："诸君不以畴不肖,远来相就。众成都邑,而莫相统一,恐非久安之道,愿推择其贤长者以为之主。"皆曰:"善。"同金推畴。畴曰:"今来在此,非苟安而已,将图大事,复怨雪耻。窃恐未得其志,而轻薄之徒自相侵侮,偷快一时,无深计远虑。畴有愚计,愿与诸君共施之,可乎?"皆曰:"可。"畴乃为约束相杀伤、犯盗、诤讼之法,法重者至死,其次抵罪,二十馀条。又制为婚姻嫁娶之礼,兴举学校讲授之业,班行其众,众皆便之,至道不拾遗。北边翕然服其威信,乌丸、鲜卑并各遣译使致贡遗,畴悉抚纳,令不为寇。袁绍数遣使招命,又即授将军印,因安辑所统,畴皆拒不受。[1]绍死,其子尚又辟焉,畴终不行。

　　畴常忿乌丸昔多贼杀其郡冠盖,有欲讨之意而力未能。建安十二年,太祖北征乌丸,未至,先遣使辟畴,又命田豫喻指。畴戒其门下趣治严。门人谓曰:"昔袁公慕君,礼命五至,君义不屈;今曹公使一来而君若恐弗及者,何也?"畴笑而应之曰:"此非君所识也。"遂随使者到军,署司空户曹掾,引见谘议。明日出令曰:"田子泰非吾所宜吏者。"即举茂才,拜为蓨令,不之官,随军次无终。时方夏水雨,而滨海洿下,泞滞不通,虏亦遮守蹊要,军不得进。太祖患之,以问畴。畴曰:"此道,秋夏每常有水,浅不通车马,深不载舟船,为难久矣。旧北平郡治在平冈,道出卢龙,达于柳城;自建武以来,陷坏断绝,垂二百载,而尚有微径可从。今虏将以大军当由无终,不得进而退,懈弛无备。若嘿回军,从卢龙口越白檀之险,出空虚之地,路近而便,掩其不备,蹋顿之首可不战而禽也。"太祖曰:"善。"乃引军还,而署大木表于水侧路傍曰:"方今暑夏,道路不通,且俟秋冬,乃复进军。"虏候骑见之,诚以为大军去也。太祖令畴将其众为乡导,上徐无山,出卢龙,历平冈,登白狼堆,去柳城二百馀里,虏乃惊觉。单于身自临陈,太祖与交战,遂大斩获,追奔逐北,至柳城。军还入塞,论功行封,封畴亭侯,邑五百户。①畴自以始为居难,率众遁逃,志义不立,反以为利,非本意也,固让。太祖知其至心,许而不夺。②

①先贤行状载太祖表论畴功曰:"文雅优备,忠武又著,和于抚下,慎于事上,量时度理,进退合义。幽州始扰,胡、汉交革,荡析离居,靡所依怀。畴率宗人避难于无终山,北拒卢龙,南守要害,清静隐约,耕而后食,人民化从,咸共资奉。及袁绍父子威力加于朔野,远结乌丸,与为首尾,前后召畴,终不陷挠。后臣奉命,军次易县,畴长驱自到,陈讨胡之势,犹广武之建燕策,薛公之度淮南。又使部曲持臣露布,出诱胡众,汉民或因亡来,乌丸闻之震荡。王旅出塞,涂由山中九百余里,畴帅兵五百,启导山谷,遂灭乌丸,荡平塞表。畴文武有效,节义可嘉,诚应宠赏,以旌其美。"

②魏书载太祖令曰:"昔伯成弃国,夏后不夺,将欲使高尚之士,优贤之主,不止于一世也。其听畴所执。"

辽东斩送袁尚首,令"三军敢有哭之者斩"。畴以尝为尚所辟,乃往吊祭。太祖亦不问。①畴尽将其家属及宗人三百余家居邺。太祖赐畴车马谷帛,皆散之宗族知旧。从征荆州还,太祖追念畴功殊美,恨前听畴之让,曰:"是成一人之志,而亏王法大制也。"于是乃复以前爵封畴。②畴上疏陈诚,以死自誓。太祖不听,欲引拜之,至于数四,终不受。有司劾畴狷介违道,苟立小节,宜免官加刑。太祖重其事,依违者久之。乃下世子及大臣博议,世子以畴同于子文辞禄,申胥逃赏,宜勿夺以优其节。尚书令荀彧、司隶校尉锺繇亦以为可听。③太祖犹欲侯之。畴素与夏侯惇善,太祖语惇曰:"且往以情喻之,自从君所言,无告吾意也。"惇就畴宿,如太祖所戒。畴揣知其指,不复发言。惇临去,乃拊畴背曰:"田君,主意殷勤,曾不能顾乎!"畴答曰:"是何言之过也!畴,负义逃窜之人耳,蒙恩全活,为幸多矣。岂可卖卢龙之塞,以易赏禄哉?纵国私畴,畴独不愧于心乎？将军雅知畴者，犹复如此，若必不得已，请愿效死刎首于前。"言未卒，涕泣横流。惇具答太祖。太祖喟然知不可屈，乃拜为议郎。年四十六卒。子又早死。文帝践阼，高畴德义，赐畴从孙续爵关内侯，以奉其嗣。

①臣松之以为田畴不应袁绍父子之命，以其非正也。故尽规魏祖，建卢龙之策。致使袁尚奔迸，授首辽东，皆畴之由也。既以明其为贼，胡为复吊祭其首乎？若以尝被辟命，义在其中，则不应为人设谋，使其至此也。畴此举止，良为进退无当，与王脩哭袁谭，貌同而心异也。

②先贤行状载太祖命曰："蓨令田畴，至节高尚，遭值州里戎夏交乱，引身深山，研精味道，百姓从之，以成都邑。袁贼之盛，命召不屈。慷慨守志，以徼真主。及孤奉诏征定河北，逐服幽都，将定胡寇，时加礼命。畴即受署，陈建攻胡蹊路所由，率乔山民，一时向化，开塞导送，供承使役，路近而便，令虏不意，斩蹋顿于白狼，遂长驱于柳城，畴有力焉。及军入塞，将图其功，表封亭侯，食邑五百，而畴恳恻，前后辞赏。出入三载，历年未赐，此为成一人之高，甚违王典，失之多矣。宜从表封，无久留吾过。"

③魏书载世子议曰："昔蓬敖逃禄，传载其美，所以激浊世，励贪夫，贤于尸禄素餐之人也。故可得而小，不可得而毁。至于田畴，方斯近矣。免官加刑，于法为重。"

魏略载教曰："昔夷、齐弃爵而讥武王，可谓愚暗，孔子犹以为'求仁得仁'。畴之所守，虽不合道，但欲清高耳。使天下悉如畴志，即墨翟兼爱尚同之事，而老聃使民结绳之道也。外议虽善，为复使令司隶以决之。"魏书载荀彧议，以为"君子之道，或出或处，期于为善而已。故匹夫守志，圣人各因而成之"。钟繇以为"原思辞粟，仲尼不与，子路拒牛，谓之止善，虽可以激清励浊，犹不足多也。畴虽不合大义，有益推让之风，宜如世子议。"

臣松之案吕氏春秋："鲁国之法，鲁人有为臣妾于诸侯，有能赎之者取其金于府。子贡赎人而辞不取金，孔子曰：'赐失之矣。自今以来鲁人不赎矣。'子路拯溺者，其人拜之以牛，子路受之。孔子曰：'鲁人必拯溺矣。'"案此语不与繇所引者相应，未详为繇之事误邪，而事将别有所出耳？[2]

王脩字叔治,北海营陵人也。年七岁丧母。母以社日亡,来岁邻里社,脩感念母,哀甚。邻里闻之,为之罢社。年二十,游学南阳,止张奉舍。奉举家得疾病,无相视者,脩亲隐恤之,病愈乃去。初平中,北海相孔融召以为主簿,[3]守高密令。高密孙氏素豪侠,人客数犯法。民有相劫者,贼入孙氏,吏不能执。脩将吏民围之,孙氏拒守,吏民畏惮不敢近。脩令吏民:"敢有不攻者与同罪。"孙氏惧,乃出贼。由是豪强慑服。举孝廉,脩让邴原,融不听。[1]时天下乱,遂不行。顷之,郡中有反者。脩闻融有难,夜往奔融。贼初发,融谓左右曰:"能冒难来,唯王脩耳!"言终而脩至。复署功曹。时胶东多贼寇,复令脩守胶东令。胶东人公沙卢宗强,自为营堑,不肯应发调。脩独将数骑径入其门,斩卢兄弟,公沙氏惊愕莫敢动。脩抚慰其馀,由是寇少止。融每有难,脩虽休归在家,无不至。融常赖脩以免。

①融集有融答脩教曰:"原之贤也,吾已知之矣。昔高阳氏有才子八人,尧不能用,舜实举之。原可谓不患无位之士。以遗后贤,不亦可乎!"脩重辞,融答曰:"掾清身絜己,历试诸难,谋而鲜过,惠训不倦。余嘉乃勋,应乃懿德,用升尔于王庭,其可辞乎!"

袁谭在青州,辟脩为治中从事,别驾刘献数毁短脩。后献以事当死,脩理之,得免。时人益以此多焉。袁绍又辟脩除即墨令,后复为谭别驾。绍死,谭、尚有隙。尚攻谭,谭军败,脩率吏民往救谭。谭喜曰:"成吾军者,王别驾也。"谭之败,刘询起兵漯阴,诸城皆应。谭叹息曰:"今举州背叛,岂孤之不德邪!"脩曰:"东莱太守管统虽在海表,此人不反,必来。"后十馀日,统果弃其妻子来赴谭,妻子为贼所杀,谭更以统为乐安太守。谭复欲攻尚,脩谏曰:"兄弟还相攻击,是败亡之道也。"谭不悦,然知其志节。后又问脩:"计安出?"

脩曰:"夫兄弟者,左右手也。譬人将斗而断其右手,而曰'我必胜',若是者可乎?夫弃兄弟而不亲,天下其谁亲之! 属有谗人,固将交斗其间,以求一朝之利,愿明使君塞耳勿听也。若斩佞臣数人,复相亲睦,以御四方,可以横行天下。"谭不听,遂与尚相攻击,请救于太祖。太祖既破冀州,谭又叛。太祖遂引军攻谭于南皮。脩时运粮在乐安,闻谭急,将所领兵及诸从事数十人往赴谭。至高密,闻谭死,下马号哭曰:"无君焉归?"遂诣太祖,乞收葬谭尸。太祖欲观脩意,默然不应。脩复曰:"受袁氏厚恩,若得收敛谭尸,然后就戮,无所恨。"太祖嘉其义,听之。①以脩为督军粮,还乐安。谭之破,诸城皆服,唯管统以乐安不从命。太祖命脩取统首,脩以统亡国之忠臣,因解其缚,使诣太祖。太祖悦而赦之。袁氏政宽,在职势者多畜聚。太祖破邺,籍没审配等家财物赀以万数。及破南皮,阅脩家,谷不满十斛,有书数百卷。太祖叹曰:"士不妄有名。"乃礼辟为司空掾,行司金中郎将,迁魏郡太守。为治,抑强扶弱,明赏罚,百姓称之。②魏国既建,为大司农郎中令。太祖议行肉刑,脩以为时未可行,太祖采其议。徙为奉尚。其后严才反,与其徒属数十人攻掖门。脩闻变,召车马未至,便将官属步至宫门。太祖在铜爵台望见之,曰:"彼来者必王叔治也。"相国锺繇谓脩:"旧,京城有变,九卿各居其府。"脩曰:"食其禄,焉避其难?居府虽旧,非赴难之义。"顷之,病卒官。子忠,官至东莱太守、散骑常侍。初,脩识高柔于弱冠,异王基于幼童,终皆远至,世称其知人。③

①傅子曰:太祖既诛袁谭,枭其首,令曰:"敢哭之者戮及妻子。"于是王叔治、田子泰相谓曰:"生受辟命,亡而不哭,非义也。畏死忘义,何以立世?"遂造其首而哭之,哀动三军。军正白行其戮,太祖曰:"义士也。"赦之。

臣松之案田畴传,畴为袁尚所辟,不被谭命。傅子合而言之,有违事实。

②**魏略曰**：脩为司金中郎将，陈黄白异议，因奏记曰："脩闻枳棘之林，无梁柱之质；涓流之水，无洪波之势。是以在职七年，忠说不昭于时，功业不见于事，欣于所受，俯惭不报，未尝不长夜起坐，中饭释餐。何者？力少任重，不堪而惧也。谨贡所议如左。"太祖甚然之，乃与脩书曰："君澡身浴德，流声本州，忠能成绩，为世美谈，名实相副，过人甚远。孤以心知君，至深至熟，非徒耳目而已也。察观先贤之论，多以盐铁之利，足赡军国之用。昔孤初立司金之官，念非屈君，馀无可者。故与君教曰：'昔遏父陶正，民赖其器用，及子妫满，建侯于陈；近桑弘羊，位至三公。此君元龟之兆先告者也'，是孤用君之本言也，或恐众人未晓此意。自是以来，在朝之士，每得一显选，常举君为首，及闻袁军师众贤之议，以为不宜越君。然孤执心将有所底，以军师之职，闲于司金，至于建功，重于军师。孤之精诚，足以达君；君之察孤，足以不疑。但恐傍人浅见，以蠡测海，为蛇画足，将言前后百选，辄不用之，而使此君沉滞冶官。张甲李乙，尚犹先之，此主人意待之不优之效也。孤惧有此空声冒实，淫蛙乱耳。假有斯事，亦庶钟期不失听也；若其无也，过备何害？昔宣帝察少府萧望之才任宰相，故复出之，令为冯翊。从正卿往，似于左迁。上使侍中宣意曰：'君守平原日浅，故复试君三辅，非有所间也。'孤揆先主中宗之意，诚备此事。既君崇勋业以副孤意，公叔文子与君俱升，独何人哉！"后无几而迁魏郡太守。

③**王隐晋书曰**：脩一子，名仪，字朱表，高亮雅直。司马文王为安东，仪为司马。东关之败，文王曰："近日之事，谁任其咎？"仪曰："责在军帅。"文王怒曰："司马欲委罪于孤邪？"遂杀之。子褒，字伟元。少立操尚，非礼不动。身长八尺四寸，容貌绝异。痛父不以命终，绝世不仕。立屋墓侧，以教授为务。旦夕常至墓前拜，辄悲号断绝。墓前有一柏树，褒常所攀援，涕泣所著，树色与凡树不同。读诗至"哀哀父母，生我劳悴"，未尝不反覆流涕，泣下沾襟。家贫躬耕，计口而田，度身而蚕。诸生有密为褒刈麦者，褒遂弃之；自是莫敢复佐者。褒门人为本县所役，求褒为属，褒曰："卿学不足以庇身，吾德薄不足以荫卿，属之何益？且吾不捉笔已四十年。"乃步担干饭，儿负盐豉，门徒从者千馀人。安丘令以为见己，整衣

出迎之于门。袤乃下道至土牛,磬折而立,云:"门生为县所役,故来送别。"执手涕泣而去。令即放遣诸生,一县以为耻。同县管彦,少有才力,未知名,袤独以为当自达,常友爱之;男女各始生,共许为婚。彦果为西夷校尉。袤后更以女嫁人,彦弟馥问袤,袤曰:"吾薄志毕愿,山薮自处,姊妹皆远,吉凶断绝,以此自誓。贤兄子葬父于帝都,此则洛阳之人也,岂吾欲婚之本指邪?"馥曰:"嫂,齐人也。当还临淄。"袤曰:"安有葬父河南,随母还齐![4]用意如此,何婚之有?"遂不婚。

郱春者,根矩之后也。少立志操,寒苦自居,负笈游学,身不停家,乡邑翕然,以为能系其先也。袤以为春性险狭,慕名意多,终必不成,及后春果无学业,流离远外,有识以此归之。袤常以为人所行,其当归于善道,不可以己所能而责人所不能也。有致遗者,皆不受。及洛都倾覆,寇贼蜂起,袤宗亲悉欲移江东,袤恋坟垅。贼大盛,乃南达泰山郡。袤思土不肯去,贼害之。

汉晋春秋曰:袤与济南刘兆字延世,俱以不仕显名。袤以父为文王所滥杀,终身不应征聘,未尝西向坐,以示不臣于晋也。

魏略纯固传以脂习、王脩、庞淯、文聘、成公英、郭宪、单固七人为一传。其脩、淯、聘三人各自有传,成公英别见张既传,单固见王凌传,馀习、宪二人列于脩传后也。

脂习字元升,京兆人也。中平中仕郡,公府辟,举高第,除太医令。天子西迁及东诣许昌,习常随从。与少府孔融亲善。太祖为司空,威德日盛,而融故以旧意,书疏倨傲。习常责融,欲令改节,融不从。会融被诛,当时许中百官先与融亲善者,莫敢收恤,而习独往抚而哭之曰:"文举,卿舍我死,我当复与谁语者?"哀叹无已。太祖闻之,收习,欲理之,寻以其事直见原,徙许东土桥下。习后见太祖,陈谢前愆。太祖呼其字曰:"元升,卿故慷慨!"因问其居处,以新移徙,赐谷百斛。至黄初,诏欲用之,以其年老,然嘉其敦旧,有栾布之节,赐拜中散大夫。还家,年八十馀卒。

郭宪字幼简,西平人,为其郡右姓。建安中为郡功曹,州辟不就,以仁笃为一郡所归。至十七年,韩约失众,从羌中还,依宪。众人多欲取约以徼功,而宪皆责怒之,言:"人穷来归我,云何欲危之?"遂拥护厚遇之。其后约病死,而田乐、阳逯等就斩约头,当送之。逯等欲条疏宪名,宪不肯在名中,言我尚不忍生图之,岂忍取死人以要功乎?逯等乃止。时太祖方攻汉中,在武都,而逯等送约首到。太祖宿闻宪名,及视条疏,怪不在中,以问逯等,逯具以情对。太祖叹其志义,乃并表列与逯等并赐爵关内侯,由是名震陇右。黄初元年病亡。正始初,国家追嘉其事,复赐其子爵关内侯。

邴原字根矩,北海朱虚人也。少与管宁俱以操尚称,州府辟命皆不就。黄巾起,原将家属入海,住郁洲山中。时孔融为北海相,举原有道。原以黄巾方盛,遂至辽东,与同郡刘政俱有勇略雄气。辽东太守公孙度畏恶欲杀之,尽收捕其家,政得脱。度告诸县:"敢有藏政者与同罪。"政窘急,往投原,①原匿之月馀,时东莱太史慈当归,原因以政付之。既而谓度曰:"将军前日欲杀刘政,以其为己害。今政已去,君之害岂不除哉!"度曰:"然。"原曰:"君之畏政者,以其有智也。今政已免,智将用矣,尚奚拘政之家?不若赦之,无重怨。"度乃出之。原又资送政家,皆得归故郡。原在辽东,一年中往归原居者数百家,游学之士,教授之声,不绝。

①魏氏春秋曰:政投原曰:"穷鸟入怀。"原曰:"安知斯怀之可入邪?"

后得归,太祖辟为司空掾。原女早亡,时太祖爱子仓舒亦没,太祖欲求合葬,原辞曰:"合葬,非礼也。原之所以自容于明公,公之所以待原者,以能守训典而不易也。若听明公之命,则是凡庸也,明公焉以为哉?"太祖乃止,徙署丞相征事。①崔琰为东曹掾,记让曰:"征事邴原、议郎张范,皆秉德纯懿,志行忠方,清静足以厉俗,贞固足以干事,所谓龙翰凤翼,国之重宝。举而用之,不仁者远。"代凉茂为五官将长史,闭门自守,非公事不出。太祖征吴,原从行,卒。②

①<u>献帝起居</u>注曰:<u>建安</u>十五年,初置征事二人,<u>原</u>与<u>平原王烈</u>俱以选补。
②<u>原别传</u>曰:<u>原</u>十一而丧父,家贫,早孤。邻有书舍,<u>原</u>过其旁而泣。师问曰:"童子何悲?"<u>原</u>曰:"孤者易伤,贫者易感。夫书者,必皆具有父兄者,一则羡其不孤,二则羡其得学,心中恻然而为涕零也。"师亦哀<u>原</u>之言而为之泣曰:"欲书可耳!"答曰:"无钱资。"师曰:"童子苟有志,我徒相教,不求资也。"于是遂就书。一冬之间,诵<u>孝经</u>、<u>论语</u>。自在童龀之中,嶷然有异。及长,金玉其行。欲远游学,诣<u>安丘孙崧</u>。<u>崧</u>辞曰:"君乡里<u>郑</u>君,君知之乎?"<u>原</u>答曰:"然。"<u>崧</u>曰:"<u>郑</u>君学览古今,博闻强识,钩深致远,诚学者之师模也。君乃舍之,蹑屐千里,所谓以<u>郑</u>为东家<u>丘</u>者也。君似不知而曰然者,何?"<u>原</u>曰:"先生之说,诚可谓苦药良针矣;然犹未达仆之微趣也。人各有志,所规不同,故乃有登山而采玉者,有入海而采珠者,岂可谓登山者不知海之深,入海者不知山之高哉!君谓仆以<u>郑</u>为东家<u>丘</u>,君以仆为西家愚夫邪?"<u>崧</u>辞谢焉。又曰:"<u>兖</u>、<u>豫</u>之士,吾多所识,未有若君者;当以书相分。"<u>原</u>重其意,难辞之,持书而别。<u>原</u>心以为求师启学,志高者通,非若交游待分而成也。书何为哉?乃藏书于家而行。<u>原</u>旧能饮酒,自行之后,八九年间,酒不向口。单步负笈,苦身持力,至<u>陈留</u>则师<u>韩子助</u>,<u>颍川</u>则宗<u>陈仲弓</u>,<u>汝南</u>则交<u>范孟博</u>,<u>涿郡</u>则亲<u>卢子干</u>。临别,师友以<u>原</u>不饮酒,会米肉送<u>原</u>。<u>原</u>曰:"本能饮酒,但以荒思废业,故断之耳。今当远别,因见贶饯,可一饮讌。"于是共坐饮酒,终日不醉。归以书还<u>孙崧</u>,解不致书之意。后为郡所召,署功曹主簿。时<u>鲁国孔融</u>在郡,教选当任公卿之才,乃以<u>郑玄</u>为计掾,<u>彭璆</u>为计吏,<u>原</u>为计佐。<u>融</u>有所爱一人,常盛嗟叹之。后忽望,欲杀之,朝吏皆请。时其人亦在坐,叩头流血,而<u>融</u>意不解。<u>原</u>独不为请。<u>融</u>谓<u>原</u>曰:"众皆请而君何独不?"<u>原</u>对曰:"明府于某,本不薄也,常言岁终当举之,此所谓'吾一子'也。如是,朝吏受恩未有在某前者矣,而今乃欲杀之。明府爱之,则引而方之于子,憎之,则推之欲危其身。<u>原</u>愚,不知明府以何爱之?以何恶之?"<u>融</u>曰:"某生于微门,吾成就其兄弟,拔擢而用之;某今孤负恩施。夫善则进之,恶则诛之,固君道也。往者<u>应仲远</u>为<u>泰山</u>太守,举一孝廉,旬月之间而杀之。夫君人者,厚薄何常之有!"<u>原</u>对曰:"<u>仲远</u>举孝廉,杀之,其义焉在?夫孝

廉，国之俊选也。举之若是，则杀之非也；若杀之是，则举之非也。诗云：'彼己之子，不遂其媾。'盖讥之也。语云：'爱之欲其生，恶之欲其死。既欲其生，又欲其死，是惑也。'仲远之惑甚矣。明府奚取焉？"融乃大笑曰："吾直戏耳！"原又曰："君子于其言，出乎身，加乎民；言行，君子之枢机也。安有欲杀人而可以为戏者哉？"融无以答。是时汉朝陵迟，政以贿成，原乃将家人入郁洲山中。郡举有道，融书喻原曰："修性保贞，清虚守高，危邦不入，久潜乐土。王室多难，西迁镐京。圣朝劳谦，畴咨隽义。我徂求定，策命恳恻。国之将陨，嫠不恤纬，家之将亡，缇萦跋涉，彼匹妇也，犹执此义。实望根矩，仁为己任，授手援溺，振民于难。乃或晏晏居息，莫我肯顾，谓之君子，固如此乎！根矩，根矩，可以来矣！"原遂到辽东。辽东多虎，原之邑落独无虎患。原尝行而得遗钱，拾以系树枝，此钱既不见取，而系钱者愈多。问其故，答者谓之神树。原恶其由己而成淫祀，乃辨之，于是里中遂敛其钱以为社供。后原欲归乡里，止于三山。孔融书曰："随会在秦，贾季在翟，谣仰靡所，叹息增怀。顷知来至，近在三山。诗不云乎，'来归自镐，我行永久'。今遣五官掾，奉问榜人舟楫之劳，祸福动静告慰。乱阶未已，阻兵之雄，若棋弈争枭。"原于是遂复反还。积十馀年，后乃遁还。南行已数日，而度甫觉。度知原之不可复追也，因曰："邴君所谓云中白鹤，非鹑鷃之网所能罗矣。又吾自遣之，勿复求也。"遂免危难。自反国土，原于是讲述礼乐，吟咏诗书，门徒数百，服道数十。时郑玄博学洽闻，注解典籍，故儒雅之士集焉。原亦自以高远清白，颐志澹泊，口无择言，身无择行，故英伟之士向焉。是时海内清议，云青州有邴、郑之学。魏太祖为司空，辟原署东阁祭酒。太祖北伐三郡单于，还住昌国，燕士大夫。酒酣，太祖曰："孤反，邺守诸君必将来迎，今日明旦，度皆至矣。其不来者，独有邴祭酒耳！"言讫未久，而原先至。门下通谒，太祖大惊喜，揽履而起，远出迎原曰："贤者诚难测度！孤谓君将不能来，而远自屈，诚副饥虚之心。"谒讫而出，军中士大夫诣原者数百人。太祖怪而问之，时荀文若在坐，对曰："独可省问邴原耳！"太祖曰："此君名重，乃亦倾士大夫心？"文若曰："此一世异人，士之精藻，公宜尽礼以待之。"太祖曰："固孤之宿心也。"自是之后，见敬益重。原虽在军历署，常以病疾，高枕里巷,终不当事,又希会见。河内张范,名公之子也,其志行有与原符,甚相亲敬。今曰:"邴原名高德大,清规邈世,魁然而峙,不为孤用。闻张子颇欲学之,吾恐造之者富,随之者贫也。"魏太子为五官中郎将,天下向慕,宾客如云,而原独守道持常,自非公事不妄举动。太祖微使人从容问之,原曰:"吾闻国危不事家宰,君去不奉世子,此典制也。"于是乃转五官长史,令曰:"子弱不才,惧其难正,贪欲相屈,以匡励之。虽云利贤,能不恶恶!"太子燕会,众宾百数十人,太子建议曰:"君父各有笃疾,有药一丸,可救一人,当救君邪,父邪?"众人纷纭,或父或君。时原在坐,不与此论。太子诸之于原,原悖然对曰:"父也。"太子亦不复难之。

是后大鸿胪钜鹿张泰、河南尹扶风庞迪以清贤称,①永宁太仆东郡张阁以简质闻。②

> ①荀绰冀州记曰:钜鹿张貔,字邵虎。祖父泰,字伯阳,有名于魏。父邈,字叔辽,辽东太守。著名自然好学论,在嵇康集。为人弘深有远识,恢恢然,使求之者莫之能测也。官历二宫,[5]元康初为城阳太守,未行而卒。

> ②杜恕著家戒称阁曰:"张子台,视之似鄙朴人,然其心中不知天地间何者为美,何者为好,敦然似如与阴阳合德者。作人如此,自可不富贵,然而患祸当何从而来?世有高亮如子台者,皆多力慕,体之不如也。"

管宁字幼安,北海朱虚人也。① 年十六丧父,中表愍其孤贫,咸共赠赗,悉辞不受,称财以送终。长八尺,美须眉。与平原华歆、同县邴原相友,俱游学于异国,并敬善陈仲弓。天下大乱,闻公孙度令行于海外,遂与原及平原王烈等至于辽东。度虚馆以候之。既往见度,乃庐于山谷。时避难者多居郡南,而宁居北,示无迁志,后渐来从之。太祖为司空,辟宁,度子康绝命不宣。②

> ①傅子曰:齐相管仲之后也。昔田氏有齐而管氏去之,或适鲁,或适楚。汉兴有管少卿为燕令,始家朱虚,世有名节,九世而生宁。

> ②傅子曰:宁往见度,语惟经典,不及世事。还乃因山为庐,凿坏为室。越海避难者,皆来就之而居,旬月而成邑。遂讲诗、书,陈俎豆,饰威仪,明礼

让，非学者无见也。由是度安其贤，民化其德。邴原性刚直，清议以格物，度已下心不安之。宁谓原曰："潜龙以不见成德，言非其时，皆招祸之道也。"密遣令西还。度庶子康代居郡，外以将军太守为号，而内实有王心，卑己崇礼，欲官宁以自镇辅，而终莫敢发言，其敬惮如此。

皇甫谧高士传曰：宁所居屯落，会井汲者，或男女杂错，或争井斗阋。宁患之，乃多买器，分置井傍，汲以待之，又不使知。来者得而怪之，问知宁所为，乃各相责，不复斗讼。邻有牛暴宁田者，宁为牵牛着凉处，自为饮食，过于牛主。牛主得牛，大惭，若犯严刑。是以左右无斗讼之声，礼让移于海表。

王烈者，字彦方，于时名闻在原、宁之右。辞公孙度长史，商贾自秽。太祖命为丞相掾，征事，未至，卒于海表。①

①先贤行状曰：烈通识达道，秉义不回。以颍川陈太丘为师，二子为友。时颍川荀慈明、贾伟节、李元礼、韩元长皆就陈君学，见烈器业过人，叹服所履，亦与相亲。由是英名著于海内，道成德立，还归旧庐，遂遭父丧，泣泪三年。遇岁饥馑，路有饿莩，烈乃分釜庾之储，以救邑里之命。是以宗族称孝，乡党归仁。以典籍娱心，育人为务，遂建学校，敦崇庠序。其诱人也，皆不因其性气，诲之以道，使之从善远恶。益者不自觉，而大化隆行，皆成宝器。门人出入，容止可观，时在市井，行步有异，人皆别之。州闾成风，咸竞为善。时国中有盗牛者，牛主得之。盗者曰："我邂逅迷惑，从今已后将为改过。子既已赦宥，幸无使王烈闻之。"人有以告烈者，烈以布一端遗之。或问："此人既为盗，畏君闻之，反与之布，何也？"烈曰："昔秦穆公，人盗其骏马食之，乃赐之酒。盗者不爱其死，以救穆公之难。今此盗人能悔其过，惧吾闻之，是知耻恶。知耻恶，则善心将生，故与布劝为善也。"间年之中，行路老父担重，人代担行数十里，欲至家，置而去，问姓名，不以告。顷之，老父复行，失剑于路。有人行而遇之，欲置而去，惧后人得之，剑主于是永失，欲取而购募，或恐差错，遂守之。至暮，剑主还见之，前者代担人也。老父揽其袂，问曰："子前者代吾担，不得姓名，今子复守吾剑于路，未有若子之仁，请子告吾姓名，吾将以告王烈。"乃语之而去。老父以告烈，烈曰："世有仁人，吾未之见。"遂使人推之，乃昔时

盗牛人也。烈叹曰:"韶乐九成,虞宾以和;人能有感,乃至于斯也!"遂使国人表其闾而异之。时人或讼曲直,将质于烈,或至涂而反,或望庐而还,皆相推以直,不敢使烈闻之。时国主皆亲驿乘适烈私馆,畴谘政令。察孝廉,三府并辟,皆不就。会董卓作乱,避地辽东,躬秉农器,编于四民,布衣蔬食,不改其乐。东域之人,奉之若君。时衰世弊,识真者少,朋党之人,互相谤谤。自避世在东国者,多为人所害,烈居之历年,未尝有患。使辽东强不凌弱,众不暴寡,商贾之人,市不二价。太祖累征召,辽东为解而不遣。以建安二十三年寝疾,年七十八而终。

　中国少安,客人皆还,唯宁晏然若将终焉。黄初四年,诏公卿举独行君子,司徒华歆荐宁。文帝即位,征宁,遂将家属浮海还郡,公孙恭送之南郊,加赠服物。自宁之东也,度、康、恭前后所资遗,皆受而藏诸。既已西渡,尽封还之。①诏以宁为太中大夫,固辞不受。②明帝即位,太尉华歆逊位让宁,③遂下诏曰:"太中大夫管宁,耽怀道德,服膺六艺,清虚足以侔古,廉白可以当世。曩遭王道衰缺,浮海遁居,大魏受命,则褰负而至,斯盖应龙潜升之道,圣贤用舍之义。而黄初以来,征命屡下,每辄辞疾,拒违不至。岂朝廷之政,与生殊趣,将安乐山林,往而不能反乎!夫以姬公之圣,而耇德不降,则鸣鸟弗闻。④以秦穆之贤,犹思询乎黄发。况朕寡德,曷能不愿闻道于子大夫哉!今以宁为光禄勋。礼有大伦,君臣之道,不可废也。望必速至,称朕意焉。"又诏青州刺史曰:"宁抱道怀贞,潜翳海隅,比下征书,违命不至,盘桓利居,高尚其事。虽有素履幽人之贞,而失考父兹恭之义,使朕虚心引领历年,其何谓邪?徒欲怀安,必肆其志,不惟古人亦有翻然改节以隆斯民乎!日逝月除,时方已过,澡身浴德,将以曷为?仲尼有言:'吾非斯人之徒与而谁与哉!'其命别驾从事郡丞掾,奉诏以礼发遣宁诣行在所,给安车、吏从、茵蓐、道上厨食,上道先奏。"宁称草莽臣上疏曰:"臣海滨孤微，罢农无伍，禄运幸厚。横蒙陛下纂承洪绪，德侔三皇，化溢有唐。久荷渥泽，积祀一纪，不能仰答陛下恩养之福。沈委笃痾，寝疾弥留，逋违臣隶颠倒之节，夙宵战怖，无地自厝。臣元年十一月被公车司马令所下州郡，八月甲申诏书征臣，更赐安车、衣被、茵蓐，以礼发遣，光宠并臻，优命屡至，怔营竦息，悼心失图。思自陈闻，申展愚情，而明诏抑割，不令稍修章表，是以郁滞，讫于今日。诚谓乾覆，恩有纪极，不意灵润，弥以隆赫。奉今年二月被州郡所下三年十二月辛酉诏书，重赐安车、衣服，别驾从事与郡功曹以礼发遣，又特被玺书，以臣为光禄勋，躬秉劳谦，引喻周、秦，损上益下。受诏之日，精魄飞散，靡所投死。臣重自省揆，德非园、绮而蒙安车之荣，功无窦融而蒙玺封之宠，棨棁驽下，荷栋梁之任，垂没之命，获九棘之位，惧有朱博鼓妖之眚。又年疾日侵，有加无损，不任扶舆进路以塞元责，望慕闾阖，徘徊阙庭，谨拜章陈情，乞蒙哀省，抑恩听放，无令骸骨填于衢路。"自黄初至于青龙，征命相仍，常以八月赐牛酒。诏书问青州刺史程喜："宁为守节高乎，审老疾尪顿邪？"喜上言："宁有族人管贡为州吏，与宁邻比，臣常使经营消息。贡说：'宁常著皂帽、布襦袴、布裙，随时单复，出入闺庭，能自任杖，不须扶持。四时祠祭，辄自力强，改加衣服，著絮巾，故在辽东所有白布单衣，亲荐馔馈，跪拜成礼。宁少而丧母，不识形象，常特加觞，泫然流涕。又居宅离水七八十步，夏时诣水中澡洒手足，窥于园圃。'臣揆宁前后辞让之意，独自以生长潜逸，耆艾智衰，是以栖迟，每执谦退。此宁志行所欲必全，不为守高。"⑤

①傅子曰：是时康又已死，嫡子不立而立弟恭，恭懦弱，而康孽子渊有隽才。宁曰："废嫡立庶，下有异心，乱之所由起也。"乃将家属乘海即受征。宁在辽东，积三十七年乃归，其后渊果袭夺恭位，叛国家而南连吴，僭号称王，明帝使相国宣文侯征灭之。辽东之死者以万计，如宁所筹。宁之归

也，海中遇暴风，船皆没，唯宁乘船自若。时夜风晦冥，船人尽惑，莫知所泊。望见有火光，辄趣之，得岛。岛无居人，又无火燧，行人咸异焉，以为神光之佑也。皇甫谧曰："积善之应也。"

②傅子曰：宁上书天子，且以疾辞，曰："臣闻傅说发梦，以感殷宗，吕尚启兆，以动周文，以通神之才悟于圣主，用能匡佐帝业，克成大勋。臣之器朽，实非其人。虽贪清时，释体蝉蜕。内省顽病，日薄西山。唯陛下听野人山薮之愿，使一老者得尽微命。"书奏，帝亲览焉。

③傅子曰：司空陈群又荐宁曰："臣闻王者显善以消恶，故汤举伊尹，不仁者远。伏见征士北海管宁，行为世表，学任人师，清俭足以激浊，贞正足以矫时。前虽征命，礼未优备。昔司空荀爽，家拜光禄，先儒郑玄，即授司农，若加备礼，庶必可致。至延西序，坐而论道，必能昭明古今，有益大化。"

④尚书君奭曰："耇造德不降，我则鸣鸟不闻，矧曰其有能格。"郑玄曰："耇，老也。造，成也。诗云：'小子有造。'老成德之人，不降志与我并在位，则鸣鸟之声不得闻，况乃曰有能德格于天者乎！言必无也。鸣鸟谓凤也。"

⑤高士传曰：管宁自越海及归，常坐一木榻，积五十馀年，未尝箕股，其榻上当膝处皆穿。

正始二年，太仆陶丘一、永宁卫尉孟观、侍中孙邕、中书侍郎王基荐宁曰：

> 臣闻龙凤隐耀，应德而臻，明哲潜遁，俟时而动。是以鸾鹭鸣岐，周道隆兴，四皓为佐，汉帝用康。伏见太中大夫管宁，应二仪之中和，总九德之纯懿，含章素质，冰絜渊清，玄虚澹泊，与道逍遥；娱心黄老，游志六艺，升堂入室，究其阃奥，韬古今于胸怀，包道德之机要。中平之际，黄巾陆梁，华夏倾荡，王纲弛顿。遂避时难，乘桴越海，羁旅辽东三十馀年。在乾之姤，匿景藏光，嘉遁养浩，韬韫儒墨，潜化傍流，畅于殊俗。

> 黄初四年，高祖文皇帝畴谘群公，思求隽义，故司徒华歆

举<u>宁</u>应选,公车特征,振翼遐裔,翻然来翔。行遇屯厄,遭罹疾病,即拜太中大夫。<u>烈祖明皇帝</u>嘉美其德,登为光禄勋。宁疾弥留,未能进道。今宁旧疾已瘳,行年八十,志无衰倦。环堵筚门,偃息穷巷,饭鬻糊口,并日而食,吟咏<u>诗书</u>,不改其乐。困而能通,遭难必济,经危蹈险,不易其节,金声玉色,久而弥彰。揆其终始,殆天所祚,当赞<u>大魏</u>,辅亮雍熙。衮职有阙,群下属<u>望</u>。昔高<u>宗</u>刻象,营求贤哲,<u>周文</u>启龟,以卜良佐。况宁前朝所表,名德已著,而久栖迟,未时引致,非所以奉遵明训,继成前志也。陛下践阼,纂承洪绪。圣敬日跻,超越<u>周成</u>。每发德音,动谘师傅。若继二祖招贤故典,宾礼俊迈,以广缉熙,济济之化,侔于前代。

<u>宁</u>清高恬泊,拟迹前轨,德行卓绝,海内无偶。历观前世玉帛所命,<u>申公</u>、<u>枚乘</u>、<u>周党</u>、<u>樊英</u>之俦,测其渊源,览其清浊,未有厉俗独行若<u>宁</u>者也。诚宜束帛加璧,备礼征聘,仍授几杖,延登东序,敷陈坟素,坐而论道,上正璇玑,协和皇极,下阜群生,彝伦攸叙,必有可观,光益大化。若宁固执匪石,守志<u>箕山</u>,追迹<u>洪崖</u>,参踪<u>巢</u>、<u>许</u>。斯亦圣朝同符<u>唐</u>、<u>虞</u>,优贤扬历,垂声千载。[①] 虽出处殊涂,俯仰异体,至于兴治美俗,其揆一也。

① 今文尚书曰“优贤扬历”,谓扬其所历试。<u>左思魏都赋</u>曰“优贤著于扬历”也。

于是特具安车蒲轮,束帛加璧聘焉。会宁卒,时年八十四。拜子<u>邈</u>郎中,后为博士。初,宁妻先卒,知故劝更娶,宁曰:“每省<u>曾子</u>、<u>王骏</u>之言,意常嘉之,岂自遭之而违本心哉?”[①]

① 傅子曰:宁以衰乱之时,世多妄变氏族者,违圣人之制,非礼命姓之意,故著<u>氏姓论</u>以原本世系,文多不载。每所居姻亲、知旧、邻里有困穷者,

家储虽不盈担石，必分以赡救之。与人子言，教以孝；与人弟言，训以悌；言及人臣，诲以忠。貌甚恭，言甚顺，观其行，邈然若不可及，即之熙熙然，甚柔而温，因其事而导之于善，是以渐之者无不化焉。宁之亡，天下知与不知，闻之无不嗟叹。醇德之所感若此，不亦至乎！

时钜鹿张臶，字子明，颍川胡昭，字孔明，亦养志不仕。臶少游太学，学兼内外，后归乡里。袁绍前后辟命，不应，移居上党。并州牧高幹表除乐平令，不就，徙遁常山，门徒且数百人，迁居任县。太祖为丞相，辟，不诣。太和中，诏求隐学之士能消灾复异者，郡累上臶，发遣，老病不行。广平太守卢毓到官三日，纲纪白承前致版谒臶。毓教曰："张先生所谓上不事天子，下不友诸侯者也。此岂版谒所可光饰哉！"但遣主簿奉书致羊酒之礼。青龙四年辛亥诏书："张掖郡玄川溢涌，激波奋荡，宝石负图，状像灵龟，宅于川西，嶷然磐峙，仓质素章，麟凤龙马，焕炳成形，文字告命，粲然著明。太史令高堂隆上言：古皇圣帝所未尝蒙，实有魏之祯命，东序之世宝。"①事颁天下。任令于绰连赍以问臶，臶密谓绰曰："夫神以知来，不追已往，祯祥先见而后废兴从之。汉已久亡，魏已得之，何所追兴征祥乎！此石，当今之变异而将来之祯瑞也。"正始元年，戴鹕之鸟，巢臶门阴。臶告门人曰："夫戴鹕阳鸟，而巢门阴，此凶祥也。"乃援琴歌咏，作诗二篇，旬日而卒，时年一百五岁。是岁，广平太守王肃至官，教下县曰："前在京都，闻张子明，来至问之，会其已亡，致痛惜之。此君笃学隐居，不与时竞，以道乐身。昔绛县老人屈在泥涂，赵孟升之，诸侯用睦。愍其耄勤好道，而不蒙荣宠，书到，遣吏劳问其家，显题门户，务加殊异，以慰既往，以劝将来。"

①尚书顾命篇曰："大玉、夷玉、天球、河图在东序。"注曰："河图，图出于河，帝王圣者之所受。"

胡昭始避地冀州,亦辞袁绍之命,遁还乡里。太祖为司空丞相,频加礼辟。昭往应命,既至,自陈一介野生,无军国之用,归诚求去。太祖曰:"人各有志,出处异趣,勉卒雅尚,义不相屈。"昭乃转居陆浑山中,躬耕乐道,以经籍自娱。闾里敬而爱之。①建安二十三年,陆浑长张固被书调丁夫,当给汉中。百姓恶惮远役,并怀扰扰。民孙狼等因兴兵杀县主簿,作为叛乱,县邑残破。固率将十馀吏卒,依昭住止,招集遗民,安复社稷。狼等遂南附关羽。羽授印给兵,还为寇贼,到陆浑南长乐亭,自相约誓,言:"胡居士贤者也,一不得犯其部落。"一川赖昭,咸无怵惕。天下安辑,徙宅宜阳。②正始中,骠骑将军赵俨、尚书黄休、郭彝、散骑常侍荀颙、锺毓、太仆庾嶷、③弘农太守何桢等④递荐昭曰:"天真高絜,老而弥笃。玄虚静素,有夷、皓之节。宜蒙征命,以励风俗。"⑤至嘉平二年,公车特征,会卒,年八十九。拜子纂郎中。初,昭善史书,与锺繇、邯郸淳、卫觊、韦诞并有名,尺牍之迹,动见模楷焉。⑥

①高士传曰:初,晋宣帝为布衣时,与昭有旧。同郡周生等谋害帝,昭闻而步陟险,邀生于崤、渑之间,止生,生不肯。昭泣与结诚,生感其义,乃止。昭因与斫枣树共盟而别。昭虽有阴德于帝,口终不言,人莫知之。信行著于乡党。建安十六年,百姓闻马超叛,避兵入山者千馀家,饥乏,渐相劫略,昭常逊辞以解之,是以寇难消息,众咸宗焉。故其所居部落中,三百里无相侵暴者。

②高士传曰:幽州刺史杜恕尝过昭所居草庐之中,言事论理,辞意谦敬,恕甚重焉。太尉蒋济辟,不就。

③案庾氏谱:嶷字劲然,颍川人。子霗字玄默,晋尚书、阳翟子。嶷弟遁,字德先,太中大夫。遁胤嗣克昌,为世盛门。侍中峻、河南尹纯,皆遁之子,豫州牧长史颙,遁之孙,太尉文康公亮、司空冰皆遁之曾孙,贵达至今。

④文士传曰:桢字元幹,庐江人,有文学器干,容貌甚伟。历幽州刺史、廷尉,入晋为尚书光禄大夫。桢子龛,后将军;勖,车骑将军;恽,豫

州刺史;其馀多至大官。自后累世昌阜,司空文穆公充,恽之孙也,贵达至今。

⑤高士传曰:朝廷以戎车未息,征命之事,且须后之,昭以故不即征。后颙、休复与庾嶷荐昭,有诏访于本州评议。侍中韦诞驳曰:"礼贤征士,王政之所重也,古者考行于乡。今颙等位皆常伯纳言,嶷为卿佐,足以取信。附下罔上,忠臣之所不行也。昭宿德耆艾,遗逸山林,诚宜嘉异。"乃从诞议也。

⑥傅子曰:胡征君怡怡无不爱也,虽仆隶,必加礼焉。外同乎俗,内秉纯絜,心非其好,王公不能屈,年八十而不倦于书籍者,吾于胡征君见之矣。

时有隐者焦先,河东人也。魏略曰:先字孝然。中平末,白波贼起。时先年二十馀,与同郡侯武阳相随。武阳年小,有母,先与相扶接,避白波,东客扬州取妇。建安初来西还,武阳诣大阳占户,先留陕界。至十六年,关中乱。先失家属,独窜于河渚间,食草饮水,无衣履。时大阳长朱南望见之,谓为亡士,欲遣船捕取。武阳语县:"此狂痴人耳!"遂注其籍,给廪,日五升。后有疫病,人多死者,县常使埋藏,童儿竖子皆轻易之。然其行不践邪径,必循阡陌;及其捃拾,不取大穗;饥不苟食,寒不苟衣,结草以为裳,科头徒跣。每出,见妇人则隐翳,须去乃出。自作一瓜牛庐,净扫其中。营木为床,布草蓐其上。至天寒时,构火以自炙,呻吟独语。饥则出为人客作,饱食而已,不取其直。又出于道中,邂逅与人相遇,辄下道藏匿。或问其故,常言"草茅之人,与狐兔同群"。不肯妄语。太和、青龙中,尝持一杖南渡浅河水,辄独云未可也,由是人颇疑其不狂。至嘉平中,太守贾穆初之官,故过其庐。先见穆再拜。穆与语,不应;与食,不食。穆谓之曰:"国家使我来为卿作君,我食卿,卿不肯食,我与卿语,卿不应我,如是,我不中为卿作君,当去耳!"先乃曰:"宁有是邪?"遂不复语。其明年,大发卒将伐吴。有窃问先:"今讨吴何如?"先不肯应,而谬歌曰:"祝衄祝衄,非鱼非肉,更相追逐,本心为当杀羣羊,更杀其豽豾邪!"郡人不知其谓。会诸军败,好事者乃推其意,疑羣羊谓吴,豽豾谓魏,于是后人金谓之隐者也。议郎河东董经特嘉异节,与先非故人,密往观之。经到,乃奋其白须,为如与之有旧者,谓曰:"阿先阔乎!念共避白波时不?"先熟视而不言。经素知其昔受武阳恩，因复曰："念武阳不邪？"
先乃曰："已报之矣。"经又复挑欲与语，遂不肯复应。后岁馀病亡，时
年八十九矣。

高士传曰：世莫知先所出。或言生乎汉末，自陕居大阳，无父母兄弟妻
子。见汉室衰，乃自绝不言。及魏受禅，常结草为庐于河之湄，独止其
中。冬夏恒不着衣，卧不设席，又无草蓐，以身亲土，其体垢污皆如泥
漆，五形尽露，不行人间。或数日一食，欲食则为人赁作，人以衣衣之，
乃使限功受直，足得一食辄去，人欲多与，终不肯取，亦有数日不食时。
行不由邪径，目不与女子逆视。口未尝言，虽有惊急，不与人语。遗以食
物皆不受。河东太守杜恕尝以衣服迎见，而不与语。司马景王闻而使安
定太守董经因事过视，又不肯语，经以为大贤。其后野火烧其庐，先因
露寝。遭冬雪大至，先袒卧不移，人以为死，就视如故，不以为病，人莫
能审其意。度年可百岁馀乃卒。或问皇甫谧曰："焦先何人?"曰："吾不
足以知之也。考之于表，可略而言矣。夫世之所常趣者荣味也，形之所
不可释者衣裳也，身之所不可离者室宅也，口之所不能已者言语也，心
之不可绝者亲戚也。今焦先弃荣味，释衣服，离室宅，绝亲戚，闭口不
言，旷然以天地为栋宇，暗然合至道之前，出群形之表，入玄寂之幽，一
世之人不足以挂其意，四海之广不能以回其顾，妙乎与夫三皇之先者
同矣。结绳已来，未及其至也，岂群言之所能仿佛，常心之所得测量
哉！彼行人所不能行，堪人所不能堪，犯寒暑不以伤其性，居旷野不以
恐其形，遭惊急不以迫其虑，离荣爱不以累其心，损视听不以污其耳
目，舍足于不损之地，居身于独立之处，延年历百，寿越期颐，虽上识
不能尚也。自羲皇已来，一人而已矣！"

魏氏春秋曰：故梁州刺史耿黼以先为"仙人也"，北地傅玄谓之"性同禽
兽"，并为之传，而莫能测之。

魏略又载郄俭及寒贫者。俭字伯重，京兆人也。初平中，山东人有青牛
先生者，字正方，客三辅。晓知星历、风角、鸟情。常食青葙芜华。年似
如五六十者，人或亲识之，谓其已百馀岁矣。初，俭年四十馀，随正方游
学，人谓之得其术。有妇，无子。建安十六年，三辅乱，又随正方南入汉

中。汉中坏，正方入蜀，累与相失，随徙民诣邺，遭疾疫丧其妇。至黄初元年，又徙诣洛阳，遂不复娶妇。独居道侧，以廛砖为障，施一厨床，食宿其中。昼日潜思，夜则仰视星宿，吟咏内书。人或问之，闭口不肯言。至嘉平中，年八九十，裁若四五十者。县官以其孤老，给廪日五升。五升不足食，颇行佣作以裨粮，粮尽复出，人与不取。食不求美，衣弊缊，后一二年病亡。寒贫者，本姓石，字德林，安定人也。建安初，客三辅。是时长安有宿儒栾文博者，门徒数千，德林亦就学，始精诗、书。后好内事，于众辈中最玄默。至十六年，关中乱，南入汉中。初不治产业，不畜妻孥，常读老子五千文及诸内书，昼夜吟咏。到二十五年，汉中破，随众还长安，遂疵愚不复识人。食不求味，冬夏常衣弊布连结衣。体如无所胜，目如无所见。独居穷巷小屋，无亲里。人与之衣食，不肯取。郡县以其鳏穷，给廪日五升，食不足，颇行乞，乞不取多。人问其姓字，又不肯言，故因号之曰寒贫也。或素有与相知者，往存恤之，辄拜跪，由是人谓其不痴。车骑将军郭淮以意气呼之，问其所欲，亦不肯言。淮因与脯糒及衣，不取其衣，取其脯一朐、糒一升而止。

臣松之案魏略云：焦先及杨沛，并作瓜牛庐，止其中。以为瓜当作蜗；蜗牛，螺虫之有角者也，俗或呼为黄犊。先等作圜舍，形如蜗牛蔽，故谓之蜗牛庐。庄子曰："有国于蜗之左角者曰触氏，有国于右角者曰蛮氏，时相与争地而战，伏尸数万，逐北旬有五日而后反。"谓此物也。

评曰：袁涣、邴原、张范躬履清蹈，进退以道，[①]盖是贡禹、两龚之匹。凉茂、国渊亦其次也。张承名行亚范，可谓能弟矣。田畴抗节，王脩忠贞，足以矫俗；管宁渊雅高尚，确然不拔；张臶、胡昭阖门守静，不营当世：故并录焉。

①臣松之以为蹈犹履也，"躬履清蹈"，近非言乎！

【校勘记】

〔1〕畴皆拒不受　受，原作"当"，据何焯校本改。

〔2〕而事将别有所出耳　原脱"耳"字，据何焯校本补。

〔3〕北海相孔融召以为主簿　原脱“相”字，据通志卷二四补。

〔4〕随母还齐　母，原作“妻”，据晋书卷八八王裒传、太平御览卷五四
　　一改。

〔5〕宦历二宫　宫，原作“官”，据三国志辨误卷上改。

三国志卷十二　魏书十二

崔毛徐何邢鲍司马传第十二

崔琰字季珪，清河东武城人也。少朴讷，好击剑，尚武事。年二十三，乡移为正，始感激，读论语、韩诗。至年二十九，乃结公孙方等就郑玄受学。学未期，徐州黄巾贼攻破北海，玄与门人到不其山避难。时谷籴县乏，玄罢谢诸生。琰既受遣，而寇盗充斥，西道不通。于是周旋青、徐、兖、豫之郊，东下寿春，南望江、湖。自去家四年乃归，以琴书自娱。

大将军袁绍闻而辟之。时士卒横暴，掘发丘陇，琰谏曰："昔孙卿有言：'士不素教，甲兵不利，虽汤武不能以战胜。'今道路暴骨，民未见德，宜敕郡县掩骼埋胔，示愍怛之爱，追文王之仁。"绍以为骑都尉。后绍治兵黎阳，次于延津，琰复谏曰："天子在许，民望助顺，不如守境述职，以宁区宇。"绍不听，遂败于官渡。及绍卒，二子交争，争欲得琰。琰称疾固辞，由是获罪，幽于囹圄，赖阴夔、陈琳营救得免。

太祖破袁氏，领冀州牧，辟琰为别驾从事，谓琰曰："昨案户籍，可得三十万众，故为大州也。"琰对曰："今天下分崩，九州幅裂，二袁兄弟亲寻干戈，冀方蒸庶暴骨原野。未闻王师仁声先路，存问风俗，救其涂炭，而校计甲兵，唯此为先，斯岂鄙州士女所望于明公哉！"太祖改容谢之。于时宾客皆伏失色。

太祖征并州，留琰傅文帝于邺。世子仍出田猎，变易服乘，志在驱逐。琰书谏曰："盖闻盘于游田，书之所戒，鲁隐观鱼，春秋讥之，此周、孔之格言，二经之明义。殷鉴夏后，诗称不远，子卯不乐，礼以为忌，此又近者之得失，不可不深察也。袁族富强，公子宽放，盘游滋侈，义声不闻，哲人君子，俄有色斯之志，熊罴壮士，堕于吞噬之用，固所以拥徒百万，跨有河朔，无所容足也。今邦国殄瘁，惠康未洽，士女企踵，所思者德。况公亲御戎马，上下劳惨，世子宜遵大路，慎以行正，思经国之高略，内鉴近戒，外扬远节，深惟储副，以身为宝。而猥袭虞旅之贱服，忽驰骛而陵险，志雉兔之小娱，忘社稷之为重，斯诚有识所以侧心也。唯世子燔翳捐褶，以塞众望，不令老臣获罪于天。"世子报曰："昨奉嘉命，惠示雅数，欲使燔翳捐褶。翳已坏矣，褶亦去焉。后有此比，蒙复诲诸。"

太祖为丞相，琰复为东西曹掾属征事。初授东曹时，教曰："君有伯夷之风，史鱼之直，贪夫慕名而清，壮士尚称而厉，斯可以率时者已。故授东曹，往践厥职。"魏国初建，拜尚书。时未立太子，临菑侯植有才而爱。太祖狐疑，以函令密访于外。唯琰露板答曰："盖闻春秋之义，立子以长，加五官将仁孝聪明，宜承正统。琰以死守之。"植，琰之兄女婿也。太祖贵其公亮，喟然叹息，[1]迁中尉。

①世语曰：植妻衣绣，太祖登台见之，以违制命，还家赐死。

琰声姿高畅，眉目疏朗，须长四尺，甚有威重，朝士瞻望，而太祖亦敬惮焉。①琰尝荐钜鹿杨训，虽才好不足，而清贞守道，太祖即礼辟之。后太祖为魏王，训发表称赞功伐，褒述盛德。时人或笑训希世浮伪，谓琰为失所举。琰从训取表草视之，与训书曰："省表，事佳耳！时乎时乎，会当有变时。"琰本意讥论者好谴呵而不寻情理也。有白琰此书傲世怨谤者，太祖怒曰："谚言'生女耳'，'耳'非佳语。'会当有变时'，意指不逊。"于是罚琰为徒隶，使人视之，辞色不挠。太祖令曰："琰虽见刑，而通宾客，门若市人，对宾客虬须直视，若有所瞋。"遂赐琰死。②

①先贤行状曰：琰清忠高亮，雅识经远，推方直道，正色于朝。魏氏初载，委授铨衡，总齐清议，十有馀年。文武群才，多所明拔。朝廷归高，天下称平。

②魏略曰：人得琰书，以裹帻笼，行都道中。时有与琰宿不平者，遥见琰名著帻笼，从而视之，遂白之。太祖以为琰腹诽心谤，乃收付狱，髡刑输徒。前所白琰者又复白之云："琰为徒，虬须直视，心似不平。"时太祖亦以为然，遂欲杀之。乃使清公大吏往经营琰，敕吏曰："三日期消息。"琰不悟，后数日，吏故白琰平安。公忿然曰："崔琰必欲使孤行刀锯乎！"吏以是教告琰，琰谢吏曰："我殊不宜，不知公意至此也！"遂自杀。

始琰与司马朗善，晋宣王方壮，琰谓朗曰："子之弟，聪哲明允，刚断英跱，殆非子之所及也。"①朗以为不然，而琰每秉此论。琰从弟林，少无名望，虽姻族犹多轻之，而琰常曰："此所谓大器晚成者也，终必远至。"涿郡孙礼、卢毓始入军府，琰又名之曰："孙疏亮亢烈，刚简能断，卢清警明理，百炼不消，皆公才也。"后林、礼、毓咸至鼎辅。及琰友人公孙方、宋阶早卒，琰抚其遗孤，恩若己子。其鉴识笃义，类皆如此。②

①臣松之案："跱"或作"特"，窃谓"英特"为是也。

②魏略曰：明帝时，崔林尝与司空陈群共论冀州人士，称琰为首。群以"智不存身"贬之。林曰："大丈夫为有邂逅耳，即如卿诸人，良足贵乎！"

初,太祖性忌,有所不堪者,鲁国孔融、①南阳许攸、②娄圭,皆以恃旧不虔见诛。③而琰最为世所痛惜,至今冤之。④

①融字文举。续汉书曰:融,孔子二十世孙也。高祖父尚,钜鹿太守。父宙,太山都尉。融幼有异才。时河南尹李膺有重名,敕门下简通宾客,非当世英贤及通家子孙弗见也。融年十余岁,欲观其为人,遂造膺门,语门者曰:"我,李君通家子孙也。"膺见融,问曰:"高明父祖,尝与仆周旋乎?"融曰:"然。先君孔子与君先人李老君,同德比义而相师友,则融与君累世通家也。"众坐奇之,佥曰:"异童子也。"太中大夫陈炜后至,同坐以告炜,炜曰:"人小时了了者,大亦未必奇也。"融答曰:"即如所言,君之幼时,岂实慧乎!"膺大笑,顾谓曰:"高明长大,必为伟器。"山阳张俭,以中正为中常侍侯览所忿疾,览为刊章下州郡捕俭。俭与融兄褒有旧,亡投褒。遇褒出,时融年十六,俭以其少不告也。融知俭长者,有窘迫色,谓曰:"吾独不能为君主邪!"因留舍藏之。后事泄,国相以下密就掩捕,俭得脱走,登时收融及褒送狱。融曰:"保纳藏舍者融也,融当坐之。"褒曰:"彼来求我,罪我之由,非弟之过,我当坐之。"兄弟争死,郡县疑不能决,乃上谳,诏书令褒坐焉。融由是名震远近,与平原陶丘洪、陈留边让,并以俊秀,为后进冠盖。融持论经理不及让等,而逸才宏博过之。司徒大将军辟举高第,累迁北军中候、虎贲中郎将、北海相,时年三十八。承黄巾残破之后,修复城邑,崇学校,设庠序,举贤才,显儒士。以彭璆为方正,邴原为有道,王脩为孝廉。告高密县为郑玄特立一乡,名为郑公乡。又国人无后,及四方游士有死亡者,皆为棺木而殡葬之。郡人甄子然孝行知名,早卒,融恨不及之,乃令配食县社。其礼贤如此。在郡六年,刘备表融领青州刺史。建安元年,征还为将作大匠,迁少府。每朝会访对,辄为议主,诸卿大夫寄名而已。

司马彪九州春秋曰:融在北海,自以智能优赡,溢才命世,当时豪俊皆能及。亦自许大志,且欲举军曜甲,与群贤要功,自于海岱结殖根本,不肯碌碌如平居郡守,事方伯、赴期会而已。然其所任用,好奇取异,皆轻剽之才。至于稽古之士,谬为恭敬,礼之虽备,不与论国事也。高密郑玄,称之郑公,执子孙礼。及高谈教令,盈溢官曹,辞气温雅,可玩而诵。论事考实，难可悉行。但能张磔网罗，其自理甚疏。租赋少稽，一朝杀五部督邮。奸民污吏，猾乱朝市，亦不能治。幽州精兵乱，至徐州，卒到城下，举国皆恐。融直出说之，令无异志。遂与别校谋夜覆幽州，幽州军败，悉有其众。无几时，还复叛亡。黄巾将至，融大饮醇酒，躬自上马，御之渌水之上。寇令上部与融相拒，两翼径涉水，直到所治城。城溃，融不得入，转至南县，左右稍叛。连年倾覆，事无所济，遂不能保郡四境，弃郡而去。后徙徐州，以北海相自还领青州刺史，治郡北陲。欲附山东，外接辽东，得戎马之利，建树根本，孤立一隅，不与共也。于时曹、袁、公孙共相首尾，战士不满数百，谷不至万斛。王子法、刘孔慈凶辩小才，信为腹心。左丞祖、刘义逊清隽之士，备在坐席而已，言此民望，不可失也。丞祖劝融自托强国，融不听而杀之。义逊弃去。遂为袁谭所攻，自春至夏，城小寇众，流矢雨集。然融凭几安坐，读书论议自若。城坏众亡，身奔山东，妻家为谭所虏。

张璠汉纪曰：融在郡八年，仅以身免。帝初都许，融以为宜略依旧制，定王畿，正司隶所部为千里之封，乃引公卿上书言其义。是时天下草创，曹、袁之权未分，融所建明，不识时务。又天性气爽，颇推平生之意，狎侮太祖。太祖制酒禁，而融书啁之曰："天有酒旗之星，地列酒泉之郡，人有旨酒之德，故尧不饮千锺，无以成其圣。且桀纣以色亡国，今令不禁婚姻也。"太祖外虽宽容，而内不能平。御史大夫郗虑知旨，以法免融官。岁馀，拜太中大夫。虽居家失势，而宾客日满其门，爱才乐酒，常叹曰："坐上客常满，樽中酒不空，吾无忧矣。"虎贲士有貌似蔡邕者，融每酒酣，辄引与同坐，曰："虽无老成人，尚有典刑。"其好士如此。

续汉书曰：太尉杨彪与袁术婚姻，术僭号，太祖与彪有隙，因是执彪，将杀焉。融闻之，不及朝服，往见太祖曰："杨公累世清德，四叶重光，周书'父子兄弟，罪不相及'，况以袁氏之罪乎？易称'积善馀庆'，但欺人耳。"太祖曰："国家之意也。"融曰："假使成王欲杀召公，则周公可得言不知邪？今天下缨緌搢绅之士所以瞻仰明公者，以明公聪明仁智，辅相汉朝，举直措枉，致之雍熙耳。今横杀无辜，则海内观听，谁不解体？孔融鲁国男子，明日便当褰衣而去，不复朝矣。"太祖意解，遂理出彪。

魏氏春秋曰：袁绍之败也，融与太祖书曰："武王伐纣，以妲己赐周公。"太祖以融学博，谓书传所纪。后见，问之，对曰："以今度之，想其当然耳！"十三年，融对孙权使，有讪谤之言，坐弃市。二子年八岁，时方弈棋，融被收，端坐不起。左右曰："而父见执，不起何也？"二子曰："安有巢毁，而卵不破者乎！"遂俱见杀。融有高名清才，世多哀之。太祖惧远近之议也，乃令曰："太中大夫孔融既伏其罪矣，然世人多采其虚名，少于核实，见融浮艳，好作变异，眩其诳诈，不复察其乱俗也。此州人说平原祢衡受传融论，以为父母与人无亲，譬若缻器，寄盛其中，又言若遭饥馑，而父不肖，宁赡活馀人。融违天反道，败伦乱理，虽肆市朝，犹恨其晚。更以此事列上，宣示诸军将校掾属，皆使闻见。"

世语曰：融二子，皆龆龀。融见收，顾谓二子曰："何以不辞？"二子俱曰："父尚如此，复何所辞！"以为必俱死也。

臣松之以为世语云融二子不辞，知必俱死，犹差可安。如孙盛之言，诚所未譬。八岁小儿，能玄了祸福，聪明特达，卓然既远，则其忧乐之情，宜其有过成人，安有见父收执而曾无变容，弈棋不起，若在眶豫者乎？昔申生就命，言不忘父，不以己身将死而废念父之情也。父安犹尚若兹，而况于颠沛哉？盛以此为美谈，无乃贼夫人之子与！盖由好奇情多，而不知言之伤理。

② 魏略曰：攸字子远，少与袁绍及太祖善。初平中随绍在冀州，尝在坐席言议。官渡之役，谏绍勿与太祖相攻，语在绍传。绍自以强盛，必欲极其兵势。攸知不可为谋，乃亡诣太祖。绍破走，及后得冀州，攸有功焉。攸自恃勋劳，时与太祖相戏，每在席，不自限齐，至呼太祖小字，曰："某甲，卿不得我，不得冀州也。"太祖笑曰："汝言是也。"然内嫌之。其后从行出邺东门，顾谓左右曰："此家非得我，则不得出入此门也。"人有白者，遂见收之。

③ 魏略曰：娄圭字子伯，少与太祖有旧。初平中在荆州北界合众，后诣太祖。太祖以为大将，不使典兵，常在坐席言议。及河北平定，随在冀州。其后太祖从诸子出游，子伯时亦随从。子伯顾谓左右曰："此家父子，如今日为乐也。"人有白者，太祖以为有腹诽意，遂收治之。

《吴书》曰:子伯少有猛志,尝叹息曰:"男儿居世,会当得数万兵千匹骑著后耳!"侪辈笑之。后坐藏亡命,被系当死,得逾狱出,捕者追之急,子伯乃变衣服如助捕者,吏不能觉,遂以得免。会天下义兵起,子伯亦合众与刘表相依。后归曹公,遂为所用,军国大计常与焉。刘表亡,曹公向荆州。表子琮降,以节迎曹公,诸将皆疑诈,曹公以问子伯。子伯曰:"天下扰攘,各贪王命以自重,今以节来,是必至诚。"曹公曰:"大善。"遂进兵。宠秩子伯,家累千金,曰:"娄子伯富乐于孤,但势不如孤耳!"从破马超等,子伯功为多。曹公常叹曰:"子伯之计,孤不及也。"后与南郡习授同载,见曹公出,授曰:"父子如此,何其快耶!"子伯曰:"居世间,当自为之,而但观他人乎!"授乃白之,遂见诛。

鱼豢曰:古人有言曰:"得鸟者,罗之一目也,然张一目之罗,终不得鸟矣。鸟能远飞,远飞者,六翮之力也,然无众毛之助,则飞不远矣。"以此推之,大魏之作,虽有功臣,亦未必非兹辈骨附之由也。

④《世语》曰:琰兄孙谅,字士文,以简素称,仕晋为尚书大鸿胪。荀绰《冀州记》云谅即琰之孙也。

毛玠字孝先,陈留平丘人也。少为县吏,以清公称。将避乱荆州,未至,闻刘表政令不明,遂往鲁阳。太祖临兖州,辟为治中从事。玠语太祖曰:"今天下分崩,国主迁移,生民废业,饥馑流亡,公家无经岁之储,百姓无安固之志,难以持久。今袁绍、刘表,虽士民众强,皆无经远之虑,未有树基建本者也。夫兵义者胜,守位以财,宜奉天子以令不臣,修耕植,畜军资,如此则霸王之业可成也。"太祖敬纳其言,转幕府功曹。

太祖为司空丞相,玠尝为东曹掾,与崔琰并典选举。其所举用,皆清正之士,虽于时有盛名而行不由本者,终莫得进。务以俭率人,由是天下之士莫不以廉节自励,虽贵宠之臣,舆服不敢过度。太祖叹曰:"用人如此,使天下人自治,吾复何为哉!"文帝为五官将,亲自诣玠,属所亲眷。玠答曰:"老臣以能守职,幸得免戾,今所说人非迁次,是以不敢奉命。"大军还邺,议所并省。玠请谒不行,时人惮之,咸欲省东曹。乃共白曰:"旧西曹为上,东曹为次,宜省东曹。"太祖知其情,令曰:"日出于东,月盛于东,凡人言方,亦复先东,何以省东曹?"遂省西曹。初,太祖平柳城,班所获器物,特以素屏风素冯几赐玠,曰:"君有古人之风,故赐君古人之服。"玠居显位,常布衣蔬食,抚育孤兄子甚笃,赏赐以振施贫族,家无所馀。迁右军师。魏国初建,为尚书仆射,复典选举。^①时太子未定,而临菑侯植有宠,玠密谏曰:"近者袁绍以嫡庶不分,覆宗灭国。废立大事,非所宜闻。"后群僚会,玠起更衣,太祖目指曰:"此古所谓国之司直,我之周昌也。"

①先贤行状曰:玠雅亮公正,在官清恪。其典选举,拔贞实,斥华伪,进逊行,抑阿党。诸宰官治民功绩不著而私财丰足者,皆免黜停废,久不选用。于时四海翕然,莫不励行。至乃长吏还者,垢面羸衣,常乘柴车。军吏入府,朝服徒行。人拟壶飧之絜,家象濯缨之操,贵者无秽欲之累,贱者绝奸货之求,吏絜于上,俗移乎下,民到于今称之。

崔琰既死,玠内不悦。后有白玠者:"出见黥面反者,其妻子没为官奴婢,玠言曰'使天不雨者盖此也'。"太祖大怒,收玠付狱。大理锺繇诘玠曰:"自古圣帝明王,罪及妻子。书云:'左不共左,右不共右,予则孥戮女。'司寇之职,男子入于罪隶,女子入于舂稿。汉律,罪人妻子没为奴婢,黥面。汉法所行黥墨之刑,存于古典。今真奴婢祖先有罪,虽历百世,犹有黥面供官,一以宽良民之命,二以宥并罪之辜。此何以负于神明之意,而当致旱?案典谋,急恒寒若,舒恒燠若,宽则亢阳,所以为旱。玠之吐言,以为宽邪,以为急也?急当阴霖,何以反旱?成汤圣世,野无生草,周宣令主,旱魃为虐。亢旱以来,积三十年,归咎黥面,为相值不?卫人伐邢,师兴而雨,罪恶无征,何以应天?玠讥谤之言,流于下民,不悦之声,上闻圣听。玠之吐言,势不独语,时见黥面,凡为几人?黥面奴婢,所识知邪?何缘得见,对之叹言?时以语谁?见答云何?以何日月?于何处所?事已发露,不得隐欺,具以状对。"玠曰:"臣闻萧生缢死,困于石显;贾子放外,逯在绛、灌;白起赐剑于杜邮;晁错致诛于东市;伍员绝命于吴都:斯数子者,或妒其前,或害其后。臣垂齠执简,累勤取官,职在机近,人事所窜。属臣以私,无势不绝,语臣以冤,无细不理。人情淫利,为法所禁,法禁于利,势能害之。青蝇横生,为臣作谤,谤臣之人,势不在他。昔王叔、陈生争正王廷,宣子平理,命举其契,是非有宜,曲直有所,春秋嘉焉,是以书之。臣不言此,无有时、人。说臣此言,必有征要。乞蒙宣子之辨,而求王叔之对。若臣以曲闻,即刑之日,方之安驷之赠;赐剑之来,比之重赏之惠。谨以状对。"时桓阶、和洽进言救玠。玠遂免黜,卒于家。[1]太祖赐棺器钱帛,拜子机郎中。

> [1]孙盛曰:魏武于是失政刑矣。易称"明折庶狱",传有"举直措枉",庶狱明则国无怨民,枉直当则民无不服,未有征青蝇之浮声,信浸润之谮诉,可以允厘四海,惟清缉熙者也。昔者汉高狱萧何,出复相之,玠之一责,永见摈放,二主度量,岂不殊哉!

徐奕字季才,东莞人也。避难江东,孙策礼命之。奕改姓名,微服还本郡。太祖为司空,辟为掾属,从西征马超。超破,军还。时关中新服,未甚安,留奕为丞相长史,镇抚西京,西京称其威信。转为雍州刺史,复还为东曹属。丁仪等见宠于时,并害之,而奕终不为动。[1] 出为魏郡太守。太祖征孙权,徙为留府长史,谓奕曰:"君之忠亮,古人不过也,然微太严。昔西门豹佩韦以自缓,夫能以柔弱制刚强者,望之于君也。今使君统留事,孤无复还顾之忧也。"魏国既建,为尚书,复典选举,迁尚书令。

①魏书曰：或谓奕曰："夫以史鱼之直，孰与蘧伯玉之智？丁仪方贵重，宜思所以下之。"奕曰："以公明圣，仪岂得久行其伪乎！且奸以事君者，吾所能御也，子宁以他规我。"

傅子曰：武皇帝，至明也。崔琰、徐奕，一时清贤，皆以忠信显于魏朝；丁仪间之，徐奕失位而崔琰被诛。

太祖征汉中，魏讽等谋反，中尉杨俊左迁。太祖叹曰："讽所以敢生乱心，以吾爪牙之臣无遏奸防谋者故也。安得如诸葛丰者，使代俊乎！"桓阶曰："徐奕其人也。"太祖乃以奕为中尉，手令曰："昔楚有子玉，文公为之侧席而坐；汲黯在朝，淮南为之折谋。诗称'邦之司直'，君之谓与！"在职数月，疾笃乞退，拜谏议大夫，卒。①

①魏书曰：文帝每与朝臣会同，未尝不嗟叹，思奕之为人。奕无子，诏以其族子统为郎中，[1]以奉奕后。

何夔字叔龙，陈郡阳夏人也。曾祖父熙，汉安帝时官至车骑将军。①夔幼丧父，与母兄居，以孝友称。长八尺三寸，容貌矜严。②避乱淮南。后袁术至寿春，辟之，夔不应，然遂为术所留。久之，术与桥蕤俱攻围蕲阳，蕲阳为太祖固守。术以夔彼郡人，欲胁令说蕲阳。夔谓术谋臣李业曰："昔柳下惠闻伐国之谋而有忧色，曰'吾闻伐国不问仁人，斯言何为至于我哉'！"遂遁匿灊山。术知夔终不为己用，乃止。术从兄山阳太守遗母，夔从姑也，是以虽恨夔而不加害。

①华峤汉书曰：熙字孟孙，少有大志，不拘小节。身长八尺五寸，体貌魁梧，善为容仪。举孝廉，为谒者，赞拜殿中，音动左右。和帝伟之，[2]历位司隶校尉、大司农。永初三年，南单于与乌丸俱反，以熙行车骑将军征之，累有功。乌丸请降，单于复称臣如旧。会熙暴疾卒。

②魏书曰：汉末阉宦用事，夔从父衡为尚书，有直言，由是在党中，诸父兄

皆禁锢。爽叹曰："天地闭，贤人隐。"故不应宰司之命。

建安二年，爽将还乡里，度术必急追，乃间行得免，明年到本郡。顷之，太祖辟为司空掾属。时有传袁术军乱者，太祖问爽曰："君以为信不？"爽对曰："天之所助者顺，人之所助者信。术无信顺之实，而望天人之助，此不可以得志于天下。夫失道之主，亲戚叛之，而况于左右乎！以爽观之，其乱必矣。"太祖曰："为国失贤则亡。君不为术所用；乱，不亦宜乎！"太祖性严，掾属公事，往往加杖；爽常畜毒药，誓死无辱，是以终不见及。[1]出为城父令。[2]迁长广太守。郡滨山海，黄巾未平，豪杰多背叛，袁谭就加以官位。长广县人管承，徒众三千馀家，为寇害。议者欲举兵攻之。爽曰："承等非生而乐乱也，习于乱，不能自还，未被德教，故不知反善。今兵迫之急，彼恐夷灭，必并力战。攻之既未易拔，虽胜，必伤吏民。不如徐喻以恩德，使容自悔，可不烦兵而定。"乃遣郡丞黄珍往，为陈成败，承等皆请服。爽遣吏成弘领校尉，长广县丞等郊迎奉牛酒，诣郡。牟平贼从钱，众亦数千，爽率郡兵与张辽共讨定之。东牟人王营，众三千馀家，胁昌阳县为乱。爽遣吏王钦等，授以计略，使离散之。旬月皆平定。

[1]孙盛曰：夫君使臣以礼，臣事君以忠，是以上下休嘉，道光化洽。公府掾属，古之造士也，必擢时隽，搜扬英逸，得其人则论道之任隆，非其才则覆餗之患至。苟有疵衅，刑黜可也。加其捶扑之罚，肃以小惩之戒，岂"导之以德，齐之以礼"之谓与！然士之出处，宜度德投趾；可不之节，必审于所蹈。故高尚之徒，抗心于青云之表，岂王侯之所能臣，名器之所羁绁哉！自非此族，委身世涂，否泰荣辱，制之由时，故箕子安于挛戮，柳下夷于三黜，萧何、周勃亦在缧绁，夫岂不辱，君命故也。爽知时制，而甘其宠，挟药要君，以避微耻。诗云"唯此褊心"，何爽其有焉。放之，可也；宥之，非也。

[2]魏书曰：自刘备叛后，东南多变。太祖以陈群为酂令，爽为城父令，诸县

皆用名士以镇抚之,其后吏民稍定。

　　是时太祖始制新科下州郡,又收租税绵绢。夔以郡初立,近以师旅之后,不可卒绳以法,乃上言曰:"自丧乱已来,民人失所,今虽小安,然服教日浅。所下新科,皆以明罚敕法,齐一大化也。所领六县,疆域初定,加以饥馑,若一切齐以科禁,恐或有不从教者。有不从教者不得不诛,则非观民设教随时之意也。先王辨九服之赋以殊远近,制三典之刑以平治乱,愚以为此郡宜依远域新邦之典,其民间小事,使长吏临时随宜,上不背正法,下以顺百姓之心。比及三年,民安其业,然后齐之以法,则无所不至矣。"太祖从其言。征还,参丞相军事。海贼郭祖寇暴乐安、济南界,州郡苦之。太祖以夔前在长广有威信,拜乐安太守。到官数月,诸城悉平。

　　入为丞相东曹掾。夔言于太祖曰:"自军兴以来,制度草创,用人未详其本,是以各引其类,时忘道德。夔闻以贤制爵,则民慎德;以庸制禄,则民兴功。以为自今所用,必先核之乡闾,使长幼顺叙,无相逾越。显忠直之赏,明公实之报,则贤不肖之分,居然别矣。又可修保举故不以实之令,使有司别受其负。在朝之臣,时受教与曹并选者,各任其责。上以观朝臣之节,下以塞争竞之源,以督群下,以率万民,如是则天下幸甚。"太祖称善。魏国既建,拜尚书仆射。[1]文帝为太子,以凉茂为太傅,夔为少傅;特命二傅与尚书东曹并选太子诸侯官属。茂卒,以夔代茂。每月朔,太傅入见太子,太子正法服而礼焉;他日无会仪。夔迁太仆,太子欲与辞,宿戒供,夔无往意;乃与书请之,夔以国有常制,遂不往。其履正如此。然于节俭之世,最为豪汏。文帝践阼,封成阳亭侯,邑三百户。疾病,屡乞逊位。诏报曰:"盖礼贤亲旧,帝王之常务也。以亲则君有辅弼之勋焉,以贤则君有醇固之茂焉。夫有阴德者必有阳报,今君疾虽未瘳,神明听之矣。君其即安,以顺朕意。"薨,谥曰靖侯。子曾嗣,咸熙中为司徒。②

①魏书曰:时丁仪兄弟方进宠,仪与夔不合。尚书傅巽谓夔曰:"仪不相好已甚,子友毛玠、玠等仪已害之矣。子宜少下之!"夔曰:"为不义适足害其身,焉能害人?且怀奸佞之心,立于明朝,其得久乎!"夔终不屈志,仪后果以凶伪败。

②干宝晋纪曰:曾字颍考。正元中为司隶校尉。时毌丘俭孙女适刘氏,以孕系廷尉。女母荀,为武卫将军荀颚所表活,既免,辞诣廷尉,乞为官婢以赎女命。曾使主簿程咸为议,议曰:"大魏承秦、汉之弊,未及革制。所以追戮已出之女,诚欲殄丑类之族也。若已产育,则成他家之母。于防则不足惩奸乱之源,于情则伤孝子之思,男不御罪于他族,而女独婴戮于二门,非所以哀矜女弱,均法制之大分也。臣以为在室之女,可从父母之刑,既醮之妇,使从夫家之戮。"朝廷从之,乃定律令。

晋诸公赞曰:曾以高雅称,加性纯孝,位至太宰,封朗陵县公。年八十馀薨,谥曰元公。子邵嗣。邵字敬祖,才识深博,有经国体仪。位亦至太宰,谥康公。子藜嗣。邵庶兄遵,字思祖,有干能。少经清职,终于太仆。遵子绫,字伯蔚,亦以干事称。永嘉中为尚书,为司马越所杀。傅子称曾及荀颚曰:"以文王之道事其亲者,其颍昌何侯乎!其荀侯乎!古称曾、闵,今日荀、何。内尽其心以事其亲,外崇礼让以接天下。孝子,百世之宗;仁人,天下之令也。有能行仁孝之道者,君子之仪表矣。"

邢颙、字子昂,河间鄚人也。举孝廉,司徒辟,皆不就。易姓字,适右北平,从田畴游。积五年,而太祖定冀州。颙谓畴曰:"黄巾起来二十馀年,海内鼎沸,百姓流离。今闻曹公法令严。民厌乱矣,乱极则平。请以身先。"遂装还乡里。田畴曰:"邢颙,民之先觉也。"乃见太祖,求为乡导以克柳城。

太祖辟颙为冀州从事,时人称之曰:"德行堂堂邢子昂。"除广宗长,以故将丧弃官。有司举正,太祖曰:"颙笃于旧君,有一致之节。"勿问也。更辟司空掾,除行唐令,劝民农桑,风化大行。入为丞相门下督,迁<u>左冯翊</u>,病,去官。是时,<u>太祖</u>诸子高选官属,令曰:"侯家吏,宜得渊深法度如<u>邢颙</u>辈。"遂以为<u>平原侯植</u>家丞。<u>颙</u>防闲以礼,无所屈挠,由是不合。庶子<u>刘桢</u>书谏<u>植</u>曰:"家丞<u>邢颙</u>,北土之彦,少秉高节,玄静澹泊,言少理多,真雅士也。<u>桢</u>诚不足同贯斯人,并列左右。而<u>桢</u>礼遇殊特,<u>颙</u>反疏简,私惧观者将谓君侯习近不肖,礼贤不足,采庶子之春华,忘家丞之秋实。为上招谤,其罪不小,以此反侧。"后参丞相军事,转东曹掾。初,太子未定,而<u>临菑侯植</u>有宠,<u>丁仪</u>等并赞翼其美。<u>太祖</u>问<u>颙</u>,<u>颙</u>对曰:"以庶代宗,先世之戒也。愿殿下深重察之!"<u>太祖</u>识其意,后遂以为太子少傅,迁太傅。<u>文帝</u>践阼,为侍中尚书仆射,赐爵关内侯,出为司隶校尉,徙太常。<u>黄初</u>四年薨。子<u>友</u>嗣。①

①<u>晋诸公赞</u>曰:<u>颙</u>曾孙<u>乔</u>,字<u>曾伯</u>。有体量局干,美于当世。历清职。<u>元康</u>中,与<u>刘涣</u>俱为尚书吏部郎,稍迁至司隶校尉。

　　<u>鲍勋</u>字<u>叔业</u>,<u>泰山平阳</u>人也,汉司隶校尉<u>鲍宣</u>九世孙。<u>宣</u>后嗣有从<u>上党</u>徙<u>泰山</u>者,遂家焉。<u>勋</u>父<u>信</u>,<u>灵帝</u>时为骑都尉,大将军<u>何进</u>遣东募兵。后为<u>济北</u>相,协规<u>太祖</u>,身以遇害。语在<u>董卓传</u>、<u>武帝纪</u>。①<u>建安</u>十七年,<u>太祖</u>追录<u>信</u>功,表封<u>勋</u>兄<u>邵新都亭侯</u>。②辟<u>勋</u>丞相掾。③

①<u>魏书</u>曰:<u>信</u>父<u>丹</u>,官至少府侍中,世以儒雅显。少有大节,宽厚爱人,沈毅有谋。大将军<u>何进</u>辟拜骑都尉,遣归募兵,得千馀人,还到<u>成皋</u>而<u>进</u>已遇害。<u>信</u>至京师,<u>董卓</u>亦始到。<u>信</u>知<u>卓</u>必为乱,劝<u>袁绍</u>袭<u>卓</u>,<u>绍</u>畏<u>卓</u>不敢发。语在<u>绍传</u>。<u>信</u>乃引军还乡里,收徒众二万,骑七百,辎重五千馀乘。是岁,<u>太祖</u>始起兵于<u>己吾</u>,<u>信</u>与弟<u>韬</u>以兵应<u>太祖</u>。<u>太祖</u>与<u>袁绍</u>表<u>信</u>行破虏将军,<u>韬</u>裨将军。时<u>绍</u>众最盛,豪杰多向之。<u>信</u>独谓<u>太祖</u>曰:"夫略不世出,能总英雄以拨乱反正者,君也。苟非其人,虽强必毙。君殆天之所启!"

遂深自结纳,太祖亦亲异焉。汴水之败,信被疮,韬在陈战亡。绍劫夺韩馥位,遂据冀州。信言于太祖曰:"奸臣乘衅,荡覆王室,英雄奋节,天下响应者,义也。今绍为盟主,因权专利,将自生乱,是复有一卓也。若抑之,则力不能制,只以遘难,又何能济?且可规大河之南,以待其变。"太祖善之。太祖为东郡太守,表信为济北相。会黄巾大众入州界,刘岱欲与战,信止之,岱不从,遂败,语在武纪。太祖以贼恃胜而骄,欲设奇兵挑击之于寿张。先与信出行战地,后步军未至,而卒与贼遇,遂接战。信殊死战,以救太祖,太祖仅得溃围出,信遂没,时年四十一。虽遭乱起兵,家本修儒,治身至俭,而厚养将士,居无余财,士以此归之。

②魏书曰:邵有父风,太祖嘉之,加拜骑都尉,使持节。邵薨,子融嗣。

③魏书曰:勋清白有高节,知名于世。

二十二年,立太子,以勋为中庶子。徙黄门侍郎,出为魏郡西部都尉。太子郭夫人弟为曲周县吏,断盗官布,法应弃市。太祖时在谯,太子留邺,数手书为之请罪。勋不敢擅纵,具列上。勋前在东宫,守正不挠,太子固不能悦,及重此事,恚望滋甚。会郡界休兵有失期者,密敕中尉奏免勋官。久之,拜侍御史。延康元年,太祖崩,太子即王位,勋以驸马都尉兼侍中。

文帝受禅,勋每陈"今之所急,唯在军农,宽惠百姓。台榭苑囿,宜以为后。"文帝将出游猎,勋停车上疏曰:"臣闻五帝三王,靡不明本立教,以孝治天下。陛下仁圣恻隐,有同古烈。臣冀当继踪前代,令万世可则也。如何在谅闇之中,修驰骋之事乎!臣冒死以闻,唯陛下察焉。"帝手毁其表而竟行猎,中道顿息,问侍臣曰:"猎之为乐,何如八音也?"侍中刘晔对曰:"猎胜于乐。"勋抗辞曰:"夫乐,上通神明,下和人理,隆治致化,万邦咸乂。移风易俗,莫善于乐。况猎,暴华盖于原野,伤生育之至理,栉风沐雨,不以时隙哉?昔鲁隐观渔于棠,春秋讥之。虽陛下以为务,愚臣所不愿也。"因奏:"刘晔佞谀不忠,阿顺陛下过戏之言。昔梁丘据取媚于邅台,晔之谓也。请有司议罪以清皇朝。"帝怒作色,罢还,即出勋为右中郎将。

黄初四年,尚书令陈群、仆射司马宣王并举勋为宫正,宫正即御史中丞也。帝不得已而用之,百寮严惮,罔不肃然。六年秋,帝欲征吴,群臣大议,勋面谏曰:"王师屡征而未有所克者,盖以吴、蜀唇齿相依,凭阻山水,有难拔之势故也。往年龙舟飘荡,隔在南岸,圣躬蹈危,臣下破胆。此时宗庙几至倾覆,为百世之戒。今又劳兵袭远,日费千金,中国虚耗,令黠虏玩威,臣窃以为不可。"帝益忿之,左迁勋为治书执法。

帝从寿春还,屯陈留郡界。太守孙邕见,出过勋。时营垒未成,但立标埒,邕邪行不从正道,军营令史刘曜欲推之,勋以垒垒未成,解止不举。大军还洛阳,曜有罪,勋奏绌遣,而曜密表勋私解邕事。诏曰:"勋指鹿作马,收付廷尉。"廷尉法议:"正刑五岁。"三官驳:"依律罚金二斤。"帝大怒曰:"勋无活分,而汝等敢纵之!收三官已下付刺奸,当令十鼠同穴。"太尉钟繇、司徒华歆、镇军大将军陈群、侍中辛毗、尚书卫臻、守廷尉高柔等并表"勋父信有功于太祖",求请勋罪。帝不许,遂诛勋。勋内行既修,廉而能施,死之日,家无馀财。后二旬,文帝亦崩,莫不为勋叹恨。

司马芝字子华,河内温人也。少为书生,避乱荆州,于鲁阳山遇贼,同行者皆弃老弱走,芝独坐守老母。贼至,以刃临芝,芝叩头曰:"母老,唯在诸君!"贼曰:"此孝子也,杀之不义。"遂得免害,以鹿车推载母。居南方十馀年,躬耕守节。

太祖平荆州,以芝为菅长。时天下草创,多不奉法。郡主簿刘节,旧族豪侠,宾客千馀家,出为盗贼,入乱吏治。顷之,芝差节客王同等为兵,掾史据白:"节家前后未尝给繇,若至时藏匿,必为留负。"芝不听，与节书曰："君为大宗，加股肱郡，而宾客每不与役，既众庶怨望，或流声上闻。今调同等为兵，[3]幸时发遣。"兵已集郡，而节藏同等，因令督邮以军兴诡责县，县掾史穷困，乞代同行。芝乃驰檄济南，具陈节罪。太守郝光素敬信芝，即以节代同行，青州号芝"以郡主簿为兵"。迁广平令。征虏将军刘勋，贵宠骄豪，又芝故郡将，宾客子弟在界数犯法。勋与芝书，不著姓名，而多所属托，芝不报其书，一皆如法。后勋以不轨诛，交关者皆获罪，而芝以见称。①

> ①魏略曰：勋字子台，琅邪人。中平末，为沛国建平长，与太祖有旧。后为庐江太守，为孙策所破，自归太祖，封列侯，遂从在散伍议中。勋兄为豫州刺史，病亡。兄子威，又代从政。勋自恃与太祖有宿，日骄慢，数犯法，又诽谤。为李申成所白，收治，并免威官。

迁大理正。有盗官练置都厕上者，吏疑女工，收以付狱。芝曰："夫刑罪之失，失在苛暴。今赃物先得而后讯其辞，若不胜掠，或至诬服。诬服之情，不可以折狱。且简而易从，大人之化也。不失有罪，庸世之治耳。今宥所疑，以隆易从之义，不亦可乎！"太祖从其议。历甘陵、沛、阳平太守，所在有绩。黄初中，入为河南尹，抑强扶弱，私请不行。会内官欲以事托芝，不敢发言，因芝妻伯父董昭。昭犹惮芝，不为通。芝为教与群下曰："盖君能设教，不能使吏必不犯也。吏能犯教，而不能使君必不闻也。夫设教而犯，君之劣也；犯教而闻，吏之祸也。君劣于上，吏祸于下，此政事所以不理也。可不各勉之哉！"于是下吏莫不自励。门下循行尝疑门干盗簪，干辞不符，曹执为狱。芝教曰："凡物有相似而难分者，自非离娄，鲜能不惑。就其实然，循行何忍重惜一簪，轻伤同类乎！其寝勿问。"

明帝即位，赐爵关内侯。顷之，特进曹洪乳母当，与临汾公主侍者共事无涧神①系狱。卞太后遣黄门诣府传令，芝不通，辄敕洛阳狱考竟，而上疏曰："诸应死罪者，皆当先表须报。前制书禁绝淫祀以正风俗，今当等所犯妖刑，辞语始定，黄门吴达诣臣，传太皇太后令。臣不敢通，惧有救护，速闻圣听，若不得已，以垂宿留。由事不早竟，是臣之罪，是以冒犯常科，辄敕县考竟，擅行刑戮，伏须诛罚。"帝手报曰："省表，明卿至心，欲奉诏书，以权行事，是也。此乃卿奉诏之意，何谢之有？后黄门复往，慎勿通也。"芝居官十一年，数议科条所不便者。其在公卿间，直道而行。会诸王来朝，与京都人交通，坐免。

①臣松之案：无涧，山名，在洛阳东北。

后为大司农。先是诸典农各部吏民，末作治生，以要利入。芝奏曰："王者之治，崇本抑末，务农重谷。王制：'无三年之储，国非其国也。'管子区言以积谷为急。方今二虏未灭，师旅不息，国家之要，惟在谷帛。武皇帝特开屯田之官，专以农桑为业。建安中，天下仓廪充实，百姓殷足。自黄初以来，听诸典农治生，各为部下之计，诚非国家大体所宜也。夫王者以海内为家，故传曰：'百姓不足，君谁与足！'富足之由，在于不失天时而尽地力。今商旅所求，虽有加倍之显利，然于一统之计，已有不赀之损，不如垦田益一亩之收也。夫农民之事田，自正月耕种，耘锄条桑，耕鑢种麦，获刈筑场，十月乃毕。治廪系桥，运输租赋，除道理梁，墐涂室屋，以是终岁，无日不为农事也。今诸典农，各言'留者为行者宗田计，课其力，势不得不尔。不有所废，则当素有馀力。'臣愚以为不宜复以商事杂乱，专以农桑为务，于国计为便。"明帝从之。

每上官有所召问，常先见掾史，为断其意故，教其所以答塞之状，皆如所度。芝性亮直，不矜廉隅。与宾客谈论，有不可意，便面折其短，退无异言。卒于官，家无馀财，自魏迄今为河南尹者莫及芝。

芝亡，子岐嗣，从河南丞转廷尉正，迁陈留相。梁郡有系囚，多所连及，数岁不决。诏书徙狱于岐属县，县请豫治牢具。岐曰："今囚有数十，既巧诈难符，且已倦楚毒，其情易见。岂当复久处图圄邪！"及囚至，诘之，皆莫敢匿诈，一朝决竟，遂超为廷尉。是时大将军爽专权，尚书何晏、邓飏等为之辅翼。南阳圭泰尝以言连指，考系廷尉。飏讯狱，将致泰重刑。岐数飏曰："夫枢机大臣，王室之佐，既不能辅化成德，齐美古人，而乃肆其私忿，枉论无辜。使百姓危心，非此焉在？"飏于是惭怒而退。岐终恐久获罪，以疾去官。居家未期而卒，年三十五。子肇嗣。①

　①肇，晋太康中为冀州刺史、尚书，见百官名。[4]

　　评曰：徐奕、何夔、邢颙贵尚峻厉，为世名人。毛玠清公素履，司马芝忠亮不倾，庶乎不吐刚茹柔。崔琰高格最优，鲍勋秉正无亏，而皆不免其身，惜哉！大雅贵"既明且哲"，虞书尚"直而能温"，自非兼才，畴克备诸！

【校勘记】

　〔1〕诏以其族子统为郎中　原脱"中"字。本书卷二文帝纪丁亥令曰："故尚
　　书仆射毛玠、……中尉徐奕、……，其皆拜子男为郎中。"今从之。

　〔2〕和帝伟之　伟，原作"佳"，据后汉书卷四七何熙传改。

　〔3〕今调同等为兵　调，原作"条"，据殿本考证改。

　〔4〕见百官名　名，原作"志"，据何焯校本改。

三国志卷十三　魏书十三

锺繇华歆王朗传第十三

锺繇字元常,颍川长社人也。①尝与族父瑜俱至洛阳,道遇相者,曰:"此童有贵相,然当厄于水,努力慎之!"行未十里,度桥,马惊,堕水几死。瑜以相者言中,益贵繇,而供给资费,使得专学。举孝廉,②除尚书郎、阳陵令,以疾去。辟三府,为廷尉正、黄门侍郎。是时,汉帝在西京,李傕、郭汜等乱长安中,与关东断绝。太祖领兖州牧,始遣使上书。③傕、汜等以为"关东欲自立天子,今曹操虽有使命,非其至实",议留太祖使,拒绝其意。繇说傕、汜等曰:"方今英雄并起,各矫命专制,唯曹兖州乃心王室,而逆其忠款,非所以副将来之望也。"傕、汜等用繇言,厚加答报,由是太祖使命遂得通。太祖既数听荀彧之称繇,又闻其说傕、汜,益虚心。后傕胁天子,繇与尚书郎韩斌同策谋。天子得出长安,繇有力焉。拜御史中丞,迁侍中尚书仆射,并录前功封东武亭侯。

①先贤行状曰:锺皓字季明,温良笃慎,博学诗律,教授门生千有余人,为郡功曹。时太丘长陈寔为西门亭长,皓深独敬异。寔少皓十七岁。常礼待与同分义。会辟公府,临辞,太守问:"谁可代君?"皓曰:"明府欲必得

其人,<u>西门亭长</u>可用。"寔曰:"<u>锺君</u>似不察人为意,不知何独识我?"皓为司徒掾,公出,道路泥泞,导从恶其相洒,去公车绝远。公椎轼言:"司徒今日为独行耳!"还府向阁,铃下不扶,令揖掾属,公奋手不顾。时举府掾属皆投劾出,皓为西曹掾,即开府门分布晓语已出者,曰:"臣下不能得自直于君,若司隶举绳墨,以公失宰相之礼,又不胜任,诸君终身何所任邪?"掾属以故皆止。都官果移西曹掾,问空府去意,皓召都官吏,以见掾属名示之,乃止。前后九辟三府,迁<u>南乡</u>、<u>林虑</u>长,不之官。时郡中先辈为海内所归者,<u>苍梧</u>太守<u>定陵</u><u>陈稚叔</u>、故<u>黎阳</u>令<u>颍阴</u><u>荀淑</u>及皓。少府<u>李膺</u>常宗此三人,曰:"<u>荀君</u>清识难尚,<u>陈</u>、<u>锺</u>至德可师。"<u>膺</u>之姑为<u>皓</u>兄之妻,生子<u>觐</u>,与<u>膺</u>年齐,并有令名。<u>觐</u>又好学慕古,有退让之行。为童幼时,<u>膺</u>祖太尉<u>脩</u>言:"<u>觐</u>似我家性,国有道不废,国无道免于刑戮者也。"复以<u>膺</u>妹妻之。<u>觐</u>辟州宰,未尝屈就。<u>膺</u>谓<u>觐</u>曰:"<u>孟轲</u>以为人无好恶是非之心,非人也。弟于人何太无皂白邪!"<u>觐</u>尝以<u>膺</u>之言白<u>皓</u>,<u>皓</u>曰:"<u>元礼</u>祖公在位,诸父并盛,<u>韩公</u>之甥,故得然耳。<u>国武子</u>好招人过,以为怨本,今岂其时!保身全家,汝道是也。"<u>觐</u>早亡,<u>膺</u>虽荷功名,位至卿佐,而卒陨身世祸。<u>皓</u>年六十九,终于家。<u>皓</u>二子<u>迪</u>、<u>敷</u>,并以党锢不仕。<u>繇</u>则<u>迪</u>之孙。

②<u>谢承</u><u>后汉书</u>曰:<u>南阳</u><u>阴脩</u>为<u>颍川</u>太守,以旌贤擢俊为务,举五官掾<u>张仲方</u>正、察功曹<u>锺繇</u>、主簿<u>荀彧</u>、主记掾<u>张礼</u>、贼曹掾<u>杜佑</u>、孝廉<u>荀攸</u>、计吏<u>郭图</u>为吏,以光国朝。

③<u>世语</u>曰:<u>太祖</u>遣使从事<u>王必</u>致命天子。

时<u>关中</u>诸将<u>马腾</u>、<u>韩遂</u>等,各拥强兵相与争。<u>太祖</u>方有事<u>山东</u>,以<u>关右</u>为忧。乃表<u>繇</u>以侍中守司隶校尉,持节督<u>关中</u>诸军,委之后事,特使不拘科制。<u>繇</u>至<u>长安</u>,移书<u>腾</u>、<u>遂</u>等,为陈祸福,<u>腾</u>、<u>遂</u>各遣子入侍。<u>太祖</u>在<u>官渡</u>,与<u>袁绍</u>相持,<u>繇</u>送马二千馀匹给军。<u>太祖</u>与<u>繇</u>书曰:"得所送马,甚应其急。<u>关右</u>平定,朝廷无西顾之忧,足下之勋也。昔<u>萧何</u>镇守<u>关中</u>,足食成军,亦适当尔。"其后匈奴单于作乱<u>平阳</u>,<u>繇</u>帅诸军围之,未拔;而<u>袁尚</u>所置<u>河东</u>太守<u>郭援</u>

到河东,众甚盛。诸将议欲释之去,繇曰:"袁氏方强,援之来,关中阴与之通,所以未悉叛者,顾吾威名故耳。若弃而去,示之以弱,所在之民,谁非寇雠?纵吾欲归,其得至乎!此为未战先自败也。且援刚愎好胜,必易吾军,若渡汾为营,及其未济击之,可大克也。"张既说马腾会击援,腾遣子超将精兵逆之。援至,果轻渡汾,众止之,不从。济水未半,击,大破之,①斩援,降单于。语在既传。其后河东卫固作乱,与张晟、张琰及高幹等并为寇,繇又率诸将讨破之。②自天子西迁,洛阳人民单尽,繇徙关中民,又招纳亡叛以充之,数年间民户稍实。太祖征关中,得以为资,表繇为前军师。

① 司马彪战略曰:袁尚遣高幹、郭援将兵数万人,与匈奴单于寇河东,遣使与马腾、韩遂等连和,腾等阴许之。傅幹说腾曰:"古人有言'顺道者昌,逆德者亡'。曹公奉天子诛暴乱,法明国治,上下用命,有义必赏,无义必罚,可谓顺道矣。袁氏背王命,驱胡虏以陵中国,宽而多忌,仁而无断,兵虽强,实失天下心,可谓逆德矣。今将军既事有道,不尽其力,阴怀两端,欲以坐观成败,吾恐成败既定,奉辞责罪,将军先为诛首矣。"于是腾惧。幹曰:"智者转祸为福。今曹公与袁氏相持,而高幹、郭援独制河东,曹公虽有万全之计,不能禁河东之不危也。将军诚能引兵讨援,内外击之,其势必举。是将军一举,断袁氏之臂,解一方之急,曹公必重德将军。将军功名,竹帛不能尽载也。唯将军审所择!"腾曰:"敬从教。"于是遣子超将精兵万馀人,并将遂等兵,与繇会击援等,大破之。

② 魏略曰:诏征河东太守王邑。邑以天下未定,心不愿征,而吏民亦恋邑,郡掾卫固及中郎将范先等各诣繇求乞邑。而繇已拜杜畿为太守,畿已入界。繇不听先等,促邑交符。邑佩印绶,径从河北诣许自归。繇时治在洛阳,自以威禁失督司之法,乃上书自劾曰:"臣前上言故镇北将军领河东太守安阳亭侯王邑巧辟治官,犯突科条,事当推劾,检实奸诈。被诏书当如所纠。以其归罪,故加宽赦。又臣上言吏民大小,各怀顾望,谓邑当还,拒太守杜畿,今皆反悔,共迎畿之官。谨案文书,臣以空虚,

被蒙拔擢，入充近侍，兼典机衡，忝厝重任，总统偏方。既无德政以惠民物，又无威刑以检不恪，至使邑违犯诏书，郡掾<u>卫固</u>诬迫吏民，讼诉之言，交驿道路，渐失其礼，不虔王命。今虽反悔，丑声流闻，咎皆由<u>繇</u>威刑不摄。臣又疾病，前后历年，气力日微，尸素重禄，旷废职任，罪明法正。谨按侍中守司隶校尉<u>东武亭侯钟繇</u>，幸得蒙恩，以斗筲之才，仍见拔擢，显从近密，衔命督使。明知诏书深疾长吏政教宽弱，检下无刑，久病淹滞，众职荒顿，法令失张。邑虽违科，当必绳正法，既举文书，操弹失理，至乃使邑远诣阙廷。隳忝使命，挫伤爪牙。而固诬迫吏民，拒鐩连月，今虽反悔，犯顺失正，海内凶赫，罪一由<u>繇</u>威刑暗弱。又<u>繇</u>久病，不任所职，非<u>繇</u>大臣当所宜为。<u>繇</u>轻慢宪度，不畏诏令，不与国同心，为臣不忠，无所畏忌，大为不敬。又不承用诏书，奉诏不谨。又聪明蔽塞，为下所欺，弱不胜任。数罪谨以劾，臣请法车征诣廷尉治<u>繇</u>罪，大鸿胪削爵土。臣久婴笃疾，涉夏盛剧，命县呼吸，不任部官。辄以文书付功曹从事<u>马遹</u>议，免冠徒跣，伏须罪诛。"诏不听。

<u>魏国</u>初建，为大理，迁相国。<u>文帝</u>在东宫，赐<u>繇</u>五熟釜，为之铭曰："於赫有<u>魏</u>，作汉藩辅。厥相惟<u>锺</u>，实干心膂。靖恭夙夜，匪遑安处。百寮师师，楷兹度矩。"[1]数年，坐西曹掾<u>魏讽</u>谋反，策罢就第。[2]<u>文帝</u>即王位，复为大理。及践阼，改为廷尉，进封<u>崇高乡侯</u>。迁太尉，转封<u>平阳乡侯</u>。时司徒<u>华歆</u>、司空<u>王朗</u>，并先世名臣。<u>文帝</u>罢朝，谓左右曰："此三公者，乃一代之伟人也，后世殆难继矣！"[3]<u>明帝</u>即位，进封<u>定陵侯</u>，增邑五百，并前千八百户，迁太傅。<u>繇</u>有膝疾，拜起不便。时<u>华歆</u>亦以高年疾病，朝见皆使载舆车，虎贲舁上殿就坐。是后三公有疾，遂以为故事。

[1]<u>魏略</u>曰：<u>繇</u>为相国，以五熟釜鼎范因太子铸之，釜成，太子与<u>繇</u>书曰："昔有黄三鼎，周之九宝，咸以一体使调一味，岂若斯釜五味时芳？盖鼎之烹饪，以飨上帝，以养圣贤，昭德祈福，莫斯之美。故非大人，莫之能造；故非斯器，莫宜盛德。今之嘉釜，有逾兹美。夫周之<u>尸臣</u>，宋之<u>考父</u>，

卫之孔悝，晋之魏颗，彼四臣者，并以功德勒名钟鼎。今执事寅亮大魏，以隆圣化。堂堂之德，于斯为盛。诚太常之所宜铭，彝器之所宜勒。故作斯铭，勒之釜口，庶可赞扬洪美，垂之不朽。"

臣松之按汉书郊祀志，孝宣时，美阳得鼎，京兆尹张敞上议曰："按鼎有刻书曰：'王命尸臣，官此栒邑。赐尔鸾旂，[1]䵼黻琱戈。尸臣拜手稽首曰敢对扬天子丕显休命！'此殆周之所以褒赐大臣，大臣子孙刻铭其先功，[2]藏之于宫庙也。"考父铭见左氏传，孔悝铭在礼记，事显故不载。

国语曰："昔克潞之役，秦来图败晋功，魏颗以其身追秦师于辅氏，亲止杜回；其勒铭于景钟，至于今不遗类，其子孙不可不兴也。"太子所称四铭者也。

魏略曰：后太祖征汉中，太子在孟津，闻䎩有玉玦，欲得之而难公言。密使临菑侯转因人说之，䎩即送之。太子与䎩书曰："夫玉以比德君子，见美诗人。晋之垂棘，鲁之玙璠，宋之结绿，楚之和璞，价越万金，贵重都城，有称畴昔，流声将来。是以垂棘出晋，虞、虢双禽；和璧入秦，相如抗节。窃见玉书，称美玉白若截肪，黑譬纯漆，赤拟鸡冠，黄侔蒸栗。侧闻斯语，未睹厥状。虽德非君子，义无诗人，高山景行，私所慕仰。然四宝邈焉以远，秦、汉未闻有良匹。是以求之旷年，未遇厥真，私愿不果，饥渴未副。近见南阳宗惠叔称君侯昔有美玦，闻之惊喜，笑与抃俱。当自白书，恐传言未审，是以令舍弟子建因荀仲茂转言鄙旨。乃不忽遗，厚见周称，邺骑既到，宝玦初至，捧跪发匣，烂然满目。猥以蒙鄙之姿，得观希世之宝，不烦一介之使，不损连城之价，既有秦昭章台之观，而无蔺生诡夺之诳。嘉贶益腆，敢不钦承！"䎩报书曰："昔忝近任，并得赐玦。尚方耆老，颇识旧物。名其符采，必得处所。以为执事有珍此者，是以鄙之，用未奉贡。幸而纡意，实以悦怿。在昔和氏，殷勤忠笃，而䎩待命，是怀愧耻。"

② 魏略曰：孙权称臣，斩送关羽。太子书报䎩，䎩答书曰："臣同郡故司空荀爽言：'人当道情，爱我者一何可爱！憎我者一何可憎！'顾念孙权，了更妩媚。"太子又书曰："得报，知喜南方。至于荀公之清谈，孙权之妩媚，执书喵嚷，不能离手。若权复黠，当折以汝南许劭月旦之评。权优游

二国，俯仰荀、许，亦已足矣。"

③陆氏异林曰：繇尝数月不朝会，意性异常，或问其故，云："常有好妇来，美丽非凡。"问者曰："必是鬼物，可杀之。"妇人后往，不即前，止户外。繇问何以，曰："公有相杀意。"繇曰："无此。"乃勤勤呼之，乃入。繇意恨，有不忍之心，然犹斫之伤髀。妇人即出，以新绵拭血竟路。明日使人寻迹之，至一大冢，木中有好妇人，形体如生人，着白练衫，丹绣裲裆，伤左髀，以裲裆中绵拭血。叔父清河太守说如此。清河，陆云也。

初，太祖下令，使平议死刑可宫割者。繇以为"古之肉刑，更历圣人，宜复施行，以代死刑。"议者以为非悦民之道，遂寝。及文帝临飨群臣，诏谓"大理欲复肉刑，此诚圣王之法。公卿当善共议。"议未定，会有军事，复寝。太和中，繇上疏曰："大魏受命，继踪虞、夏。孝文革法，不合古道。先帝圣德，固天所纵，坟典之业，一以贯之。是以继世，仍发明诏，思复古刑，为一代法。连有军事，遂未施行。陛下远追二祖遗意，惜斩趾可以禁恶，恨人死之无辜，使明习律令，与群臣共议。出本当右趾而入大辟者，复行此刑。书云：'皇帝清问下民，鳏寡有辞于苗。'此言尧当除蚩尤、有苗之刑，先审问于下民之有辞者也。若今蔽狱之时，讯问三槐、九棘、群吏、万民，使如孝景之令，其当弃市，欲斩右趾者许之。其黥、劓、左趾、宫刑者，自如孝文，易以髡、笞。能有奸者，率年二十至四五十，虽斩其足，犹任生育。今天下人少于孝文之世，下计所全，岁三千人。张苍除肉刑，所杀岁以万计。臣欲复肉刑，岁生三千人。子贡问能济民可谓仁乎？子曰：'何事于仁，必也圣乎，尧、舜其犹病诸！'又曰：'仁远乎哉？我欲仁，斯仁至矣。'若诚行之，斯民永济。"书奏，诏曰："太傅学优才高，留心政事，又于刑理深远。此大事，公卿群僚善共平议。"司徒王朗议，以为"繇欲轻减大辟之条，以增益刖刑之数，此即起偃为竖，化尸为人矣。然臣之愚，犹有未合微异之意。夫五刑之属，著在科律，自有减死一等之法，不死即为减。施行已久，不待远假斧凿于彼肉刑，然后有罪次也。前世仁者，不忍肉刑之惨酷，是以废而不用。不用已来，历年数百。今复行之，恐所减之文未彰于万民之目，而肉刑之问已宣于寇雠之耳，非所以来远人也。今可按繇所欲轻之死罪，使减死之髡、刖。嫌其轻者，可倍其居作之岁数。内有以生易死不訾之恩，外无以刖易钛骇耳之声。"议者百馀人，与朗同者多。帝以吴、蜀未平，且寝。①

① 袁宏曰：夫民心乐全而不能常全，盖利用之物悬于外，而嗜欲之情动于内也。于是有进取贪竞之行，希求放肆之事。进取不已，不能充其嗜欲，则苟且侥幸之所生也；希求无厌，无以惬其欲，则奸伪忿怒之所兴也。先王知其如此，而欲救其弊，或先德化以陶其心；其心不化，然后加以刑辟。书曰："百姓不亲，五品不逊。汝作司徒而敬敷五教。蛮夷猾夏，寇贼奸宄。汝作士，五刑有服。"然则德、刑之设，参而用之者也。三代相因，其义详焉。周礼："使墨者守门，劓者守关，宫者守内，刖者守囿。"此肉刑之制可得而论者也。荀卿亦云，杀人者死，伤人者刑，百王之所同，未有知其所由来者也。夫杀人者死，而相杀者不已，是大辟可以惩未杀，不能使天下无杀也。伤人者刑，而害物者不息，是黥、劓可以惧未刑，不能使天下无刑也。故将欲止之，莫若先以德化。夫罪过彰著，然后入于刑辟，是将杀人者不必死，欲伤人者不必刑。纵而弗化，则陷于刑辟。故刑之所制，在于不可移之地。礼教则不然，明其善恶，所以潜劝其情，消之于未杀也；示之耻辱，所以内愧其心，治之于未伤也。故过微而不至于著，罪薄而不及于刑。终入罪辟者，非教化之所得也，故虽残一物之生，刑一人之体，是除天下之害，夫何伤哉！率斯道也，风化可以渐淳，刑罚可以渐少，其理然也。苟不能化其心，而专任刑罚，民失义方，动罹刑网，求世休和，焉可得哉？周之成、康，岂按三千之文而致刑错之美乎？盖德化渐渍，致斯有由也。汉初惩酷刑之弊，务宽厚之论，公卿大夫，相与耻言人过。文帝登朝，加以玄默。张武受赂，赐金以愧其心；吴王不朝，崇礼以训其失。是以吏民乐业，风流笃厚，断狱四百，几致刑

措,岂非德刑兼用已然之效哉?世之欲言刑罚之用,不先德教之益,失之远矣。今大辟之罪,与古同制。免死已下,不过五岁,既释钳锁,复得齿于人伦。是以民无耻恶,数为奸盗,故刑徒多而乱不治也。苟教之所去,罚当其罪,一离刀锯,没身不齿,邻里且犹耻之,而况于乡党乎?而况朝廷乎?如此,则凤沙、赵高之俦,无施其恶矣。古者察其言,观其行,而善恶彰焉。然则君子之去刑辟,固已远矣。过误不幸,则八议之所宥也。若夫卞和、史迁之冤,淫刑之所及也。苟失其道,或不免于大辟,而况肉刑哉!汉书:"斩右趾及杀人先自言告,吏坐受赇,守官物而即盗之,皆弃市。"此班固所谓当生而令死者也。今不忍刻截之惨,而安剸绝之悲,此最治体之所先,有国所宜改者也。

太和四年,薨。帝素服临吊,谥曰成侯。①子毓嗣。初,文帝分毓户邑,封薨弟演及子劭、孙豫列侯。

①魏书曰:有司议谥,以为薨昔为廷尉,辨理刑狱,决嫌明疑,民无怨者,由于、张之在汉也。诏曰:"太傅功高德茂,位为师保,论行赐谥,常先依此,兼叙廷尉于、张之德耳。"乃策谥曰成侯。

毓字稚叔。年十四为散骑侍郎,机捷谈笑,有父风。太和初,蜀相诸葛亮围祁山,明帝欲西征,毓上疏曰:"夫策贵庙胜,功尚帷幄,不下殿堂之上,而决胜千里之外。车驾宜镇守中土,以为四方威势之援。今大军西征,虽有百倍之威,于关中之费,所损非一。且盛暑行师,诗人所重,实非至尊动轫之时也。"迁黄门侍郎。时大兴洛阳宫室,车驾便幸许昌,天下当朝正许昌。许昌逼狭,于城南以毡为殿,备设鱼龙曼延,民罢劳役。毓谏,以为"水旱不时,帑藏空虚,凡此之类,可须丰年。"又上"宜复关内开荒地,使民肆力于农。"事遂施行。正始中,为散骑常侍。[3]大将军曹爽盛夏兴军伐蜀,蜀拒守,军不得进。爽方欲增兵,毓与书曰:"窃以为庙胜之策,不临矢石;王者之兵,有征无战。诚以干戚可以服有苗,退舍足以纳原寇,不必纵吴汉于江关,骋韩信于井陉也。见可而进,知难而退,盖自古之政。惟公侯详之!"爽无功而还。后以失爽意,徙侍中,出为魏郡太守。爽既诛,入为御史中丞、侍中廷尉。听君父已没,臣子得为理谤,及士为侯,其妻不复配嫁,毓所创也。

正元中,毌丘俭、文钦反,毓持节至扬、豫州班行赦令,告谕士民,还为尚书。诸葛诞反,大将军司马文王议自诣寿春讨诞。会吴大将孙壹率众降,或以为"吴新有衅,必不能复出军。东兵已多,可须后问"。毓以为"夫论事料敌,当以己度人。今诞举淮南之地以与吴国,孙壹所率,口不至千,兵不过三百。吴之所失,盖为无几。若寿春之围未解,而吴国之内转安,未可必其不出也。"大将军曰:"善。"遂将毓行。①淮南既平,为青州刺史,加后将军,迁都督徐州诸军事,假节,又转都督荆州。景元四年薨,追赠车骑将军,谥曰惠侯。子骏嗣。毓弟会,自有传。

> ①臣松之以为诸葛诞举淮南以与吴,孙壹率三百人以归魏,谓吴有衅,本非有理之言。毓之此议,盖何足称耳!

华歆字子鱼,平原高唐人也。高唐为齐名都,衣冠无不游行市里。歆为吏,休沐出府,则归家阖门。议论持平,终不毁伤人。①同郡陶丘洪亦知名,自以明见过歆。时王芬与豪杰谋废灵帝。语在武纪。②芬阴呼歆、洪共定计,洪欲行,歆止之曰:"夫废立大事,伊、霍之所难。芬性疏而不武,此必无成,而祸将及族。子其无往!"洪从歆言而止。后芬果败,洪乃服。举孝廉,除郎中,病,去官。灵帝崩,何进辅政,征河南郑泰、颍川荀攸及歆等。歆到,为尚书郎。董卓迁天子长安,歆求出为下邽令,病不行,遂从蓝田至南阳。③时袁术在穰,留歆。歆说术使进军讨卓,术不能用。歆欲弃去,会天子使太傅马日磾安集关东,日磾辟歆为掾。东至徐州,诏即拜歆豫章太守,以为政清静不烦,吏民感而爱之。④孙策略地江东,歆知策善用兵,乃幅巾奉迎。策以其长者,待以上宾之礼。⑤后策死。太祖在官渡,表天子征<u>歆</u>。孙<u>权</u>欲不遣，<u>歆</u>谓<u>权</u>曰："将军奉王命，始交好曹公，分义未固，使仆得为将军效心，岂不有益乎？今空留仆，是为养无用之物，非将军之良计也。"<u>权</u>悦，乃遣<u>歆</u>。宾客旧人送之者千馀人，赠遗数百金。<u>歆</u>皆无所拒，密各题识，至临去，悉聚诸物，谓诸宾客曰："本无拒诸君之心，而所受遂多。念单车远行，将以怀璧为罪，愿宾客为之计。"众乃各留所赠，而服其德。

① <u>魏略</u>曰：<u>歆</u>与北海<u>邴原</u>、<u>管宁</u>俱游学，三人相善，时人号三人为"一龙"，<u>歆</u>为龙头，<u>原</u>为龙腹，<u>宁</u>为龙尾。

臣松之以为<u>邴</u>根矩之徽猷懿望，不必有愧<u>华公</u>，管幼安含德高蹈，又恐弗当为尾。<u>魏略</u>此言，未可以定其先后也。

② <u>魏书</u>称<u>歆</u>有大名于天下。

③ <u>华峤谱叙</u>曰：<u>歆</u>少以高行显名。避西京之乱，与同志<u>郑泰</u>等六七人，间步出<u>武关</u>。道遇一丈夫独行，愿得俱，皆哀欲许之。<u>歆</u>独曰："不可。今已在危险之中，祸福患害，义犹一也。无故受人，不知其义。既以受之，若有进退，可中弃乎！"众不忍，卒与俱行。此丈夫中道堕井，皆欲弃之。<u>歆</u>曰："已与俱矣，弃之不义。"相率共还出之，而后别去。众乃大义之。

④ <u>魏略</u>曰：扬州刺史<u>刘繇</u>死，其众愿奉<u>歆</u>为主。<u>歆</u>以为因时擅命，非人臣之宜。众守之连月，卒谢遣之，不从。

⑤ <u>胡冲吴历</u>曰：孙策击豫章，先遣<u>虞翻</u>说<u>歆</u>。<u>歆</u>答曰："<u>歆</u>久在江表，常欲北归；<u>孙会稽</u>来，吾便去也。"<u>翻</u>还报<u>策</u>，<u>策</u>乃进军。<u>歆</u>葛巾迎<u>策</u>，<u>策</u>谓<u>歆</u>曰："府君年德名望，远近所归；<u>策</u>年幼稚，宜修子弟之礼。"便向<u>歆</u>拜。

<u>华峤谱叙</u>曰：孙策略有扬州，盛兵徇豫章，一郡大恐。官属请出郊迎，教曰："无然。"策稍进，复白发兵，又不听。及策至，一府皆造阁，请出避之。乃笑曰："今将自来，何遽避之？"有顷，门下白曰："孙将军至。"请见，乃前与<u>歆</u>共坐，谈议良久，夜乃别去。义士闻之，皆长叹息而心自服也。策遂亲执子弟之礼，礼为上宾。是时四方贤士大夫避地江南者甚众，皆出其下，人人望风。每策大会，坐上莫敢先发言，<u>歆</u>时起更衣，则论议喧哗。<u>歆</u>能剧饮，至石馀不乱，众人微察，常以其整衣冠为异，江南

号之曰"华独坐"。

虞溥江表传曰：孙策在椒丘，遣虞翻说歆。翻既去，歆请功曹刘壹入议。
壹劝歆住城，遣檄迎军。歆曰："吾虽刘刺史所置，上用，犹是剖符吏也。
今从卿计，恐死有馀责矣。"壹曰："王景兴既汉朝所用，且尔时会稽人
众盛强，犹见原恕，明府何虑？"于是夜逆作檄，明旦出城，遣吏赍迎。
策便进军，与歆相见，待以上宾，接以朋友之礼。

孙盛曰：夫大雅之处世也，必先审隐显之期，以定出处之分，否则括囊
以保其身，泰则行义以达其道。歆既无夷、皓韬邈之风，又失王臣匪躬
之操，故挠心于邪儒之说，交臂于陵肆之徒，位夺于一竖，节堕于当时。
昔许、蔡失位，不得列于诸侯；州公实来，鲁人以为贱耻。方之于歆，咎
孰大焉！

歆至，拜议郎，参司空军事，入为尚书，转侍中，代荀彧为尚书
令。太祖征孙权，表歆为军师。魏国既建，为御史大夫。文帝即王
位，拜相国，封安乐乡侯。及践阼，改为司徒。[1]歆素清贫，禄赐以振
施亲戚故人，家无担石之储。公卿尝并赐没入生口，唯歆出而嫁
之。帝叹息，[2]下诏曰："司徒，国之俊老，所与和阴阳理庶事也。今
大官重膳，而司徒蔬食，甚无谓也。"特赐御衣，及为其妻子男女皆
作衣服。[3]三府议："举孝廉，本以德行，不复限以试经。"歆以为"丧
乱以来，六籍堕废，当务存立，以崇王道。夫制法者，所以经盛衰。
今听孝廉不以经试，恐学业遂从此而废。若有秀异，可特征用。患
于无其人，何患不得哉"？帝从其言。

[1]魏书曰：文帝受禅，歆登坛相仪，奉皇帝玺绶，以成受命之礼。

华峤谱叙曰：文帝受禅，朝臣三公已下并受爵位，歆以形色忤时，徙为
司徒，而不进爵。魏文帝久不怿，以问尚书令陈群曰："我应天受禅，百
辟群后，莫不人人悦喜，形于声色，而相国及公独有不怡者，何也？"群
起离席长跪曰："臣与相国曾臣汉朝，心虽悦喜，义形其色，亦惧陛下实
应且憎。"帝大悦，遂重异之。

②孙盛曰：盛闻庆赏威刑，必宗于主，权宜宥恕，出自人君。子路私馈，仲尼毁其食器；田氏盗施，春秋著以为讥。斯褒贬之成言，已然之显义也。挛戮之家，国刑所肃，受赐之室，乾施所加，若在哀矜，理无偏宥。歆居股肱之任，同元首之重，则当公言皇朝，以彰天泽，而默受嘉赐，独为君子，既犯作福之嫌，又违必去之义，可谓匹夫之仁，蹈道则未也。

魏书曰：歆性周密，举动详慎。常以为人臣陈事，务以讽谏合道为贵，就有所言，不敢显露，故其事多不见载。

华峤谱叙曰：歆淡于财欲，前后宠赐，诸公莫及，然终不殖产业。陈群常叹曰："若华公，可谓通而不泰，清而不介者矣。"

傅子曰：敢问今之君子？曰："袁郎中积德行俭，华太尉积德居顺，其智可及也，其清不可及也。事上以忠，济下以仁，晏婴、行父何以加诸？"

③魏书曰：又赐奴婢五十人。

黄初中，诏公卿举独行君子，歆举管宁，帝以安车征之。明帝即位，进封博平侯，增邑五百户，并前千三百户，转拜太尉。①歆称病乞退，让位于宁。帝不许。临当大会，乃遣散骑常侍缪袭奉诏喻指曰："朕新莅庶事，一日万几，惧听断之不明。赖有德之臣，左右朕躬，而君屡以疾辞位。夫量主择君，不居其朝，委荣弃禄，不究其位，古人固有之矣，顾以为周公、伊尹则不然。絜身徇节，常人为之，不望之于君。君其力疾就会，以惠予一人。将立席几筵，命百官总己，以须君到，朕然后御坐。"又诏袭："须歆必起，乃还。"歆不得已，乃起。

①列异传曰：歆为诸生时，尝宿人门外。主人妇夜产。有顷，两吏诣门，便辟易却，相谓曰："公在此。"踌躇良久，一吏曰："籍当定，奈何得住？"乃前向歆拜，相将入。出并行，共语曰："当与几岁？"一人曰："当三岁。"天明，歆去。后欲验其事，至三岁，故往问儿消息，果已死。歆乃自知当为公。臣松之按晋阳秋说魏舒少时寄宿事，亦如之。以为理无二人俱有此事，将由传者不同。今宁信列异。

太和中，遣曹真从子午道伐蜀，车驾东幸许昌。歆上疏曰："兵乱以来，过逾二纪。大魏承天受命，陛下以圣德当成康之隆，宜弘一代之治，绍三王之迹。虽有二贼负险延命，苟圣化日跻，远人怀德，将襁负而至。夫兵不得已而用之，故戢而时动。臣诚愿陛下先留心于治道，以征伐为后事。且千里运粮，非用兵之利；越险深入，无独克之功。如闻今年征役，颇失农桑之业。为国者以民为基，民以衣食为本。使中国无饥寒之患，百姓无离土之心，则天下幸甚，二贼之衅，可坐而待也。臣备位宰相，老病日笃，犬马之命将尽，恐不复奉望銮盖，不敢不竭臣子之怀，唯陛下裁察！"帝报曰："君深虑国计，朕甚嘉之。贼凭恃山川，二祖劳于前世，犹不克平，朕岂敢自多，谓必灭之哉！诸将以为不一探取，无由自弊，是以观兵以窥其衅。若天时未至，周武还师，乃前事之鉴，朕敬不忘所戒。"时秋大雨，诏真引军还。太和五年，歆薨，谥曰敬侯。①子表嗣。初，文帝分歆户邑，封歆弟缉列侯。表，咸熙中为尚书。②

①魏书云：歆时年七十五。

②华峤谱叙曰：歆有三子。表字伟容，年二十余为散骑侍郎。时同僚诸郎共平尚书事，年少，并兼厉锋气，要召名誉。[4]尚书事至，或有不便，故遗漏不视，及传书者去，即入深文论驳。惟表不然，事来有不便，辄与尚书共论尽其意，主者固执，不得已，然后共奏议。司空陈群等以此称之。[5]仕晋，历太子少傅、太常。称疾致仕，拜光禄大夫。性清淡，常虑天下退想。司徒李胤、司隶王弘等常称曰：[6]"若此人者，不可得而贵，不可得而贱，不可得而亲，[7]不可得而疏。"中子博，历三县内史，治有名迹。少子周，黄门侍郎、常山太守，博学有文思。中年遇疾，终于家。表有三子。长子廙，字长骏。

晋诸公赞曰：廙有文翰，历位尚书令、太子少傅，追赠光禄大夫开府。峤字叔骏，有才学，撰后汉书，世称为良史。为秘书监、尚书。澹字玄骏，最知名，为河南尹。廙三子。昆字敬伦，清粹有检，为尚书。荟字敬叔。世语称荃贵正。恒字敬则，以通理称。昆，尚书；荃，河南尹；恒，左光禄大夫开府。澹子轶，字彦夏。有当世才志，为江州刺史。

王朗字景兴，东海郯人也。[8]以通经，拜郎中，除菑丘长。师太尉杨赐，赐薨，弃官行服。举孝廉，辟公府，不应。徐州刺史陶谦察朗茂才。时汉帝在长安，关东兵起，朗为谦治中，与别驾赵昱等说谦曰："春秋之义，求诸侯莫如勤王。今天子越在西京，宜遣使奉承王命。"谦乃遣昱奉章至长安。天子嘉其意，拜谦安东将军。以昱为广陵太守，朗会稽太守。①孙策渡江略地。朗功曹虞翻以为力不能拒，不如避之。朗自以身为汉吏，宜保城邑，遂举兵与策战，败绩，浮海至东冶。策又追击，大破之。朗乃诣策。策以朗儒雅，[9]诘让而不害。②虽流移穷困，朝不谋夕，而收恤亲旧，分多割少，行义甚著。

①朗家传曰：会稽旧祀秦始皇，刻木为像，与夏禹同庙。朗到官，以为无德之君，不应见祀，于是除之。居郡四年，惠爱在民。

②献帝春秋曰：孙策率军如闽、越讨朗。朗泛舟浮海，欲走交州，为兵所逼，遂诣军降。策令使者诘朗曰："问逆贼故会稽太守王朗：朗受国恩当官，云何不惟报德，而阻兵安忍？大军征讨，幸免枭夷，不自扫屏，复聚党众，屯住郡境。远劳王诛，卒不悟顺。捕得云降，庶以欺诈，用全首领，得尔与不，具以状对。"朗称禽虏，对使者曰："朗以琐才，误窃朝私，受爵不让，以遘罪网。前见征讨，畏死苟免。因治人物，寄命须史。又迫大兵，惶怖北引。从者疾患，死亡略尽。独与老母，共乘一柝。流矢始交，便弃柝就俘，稽颡自首于征役之中。朗惶惑不达，自称降虏。缘前迷谬，被诘惭惧。朗愚浅骛怯，畏威自惊。又无良介，不早自归。于破亡之中，然后委命下隶。身轻罪重，死有馀辜。申胝就鞅，蹴足入绊，叱咤听声，东西惟命。"

太祖表征之，朗自曲阿展转江海，积年乃至。①拜谏议大夫，参司空军事。②魏国初建，以军祭酒领魏郡太守，迁少府、奉常、大理。务在宽恕，罪疑从轻。钟繇明察当法，俱以治狱见称。③

①朗被征未至。孔融与朗书曰："世路隔塞，情问断绝，感怀增思。前见章表，知寻汤武罪已之迹，自投东裔同鲧之罚，览省未周，涕陨潜然。主上宽仁，贵德宥过。曹公辅政，思贤并立。策书屡下，殷勤款至。知樟舟浮海，息驾广陵，不意黄熊突出羽渊也。谈笑有期，勉行自爱！"

汉晋春秋曰：孙策之始得朗也，谴让之。使张昭私问朗，朗誓不屈，策忿而不敢害也，留置曲阿。建安三年，太祖表征朗，策遣之。太祖问曰："孙策何以得至此邪？"朗曰："策勇冠一世，有俊才大志。张子布，民之望也，北面而相之。周公瑾，江淮之杰，攘臂而为其将。谋而有成，所规不细，终为天下大贼，非徒狗盗而已。"

②朗家传曰：朗少与沛国名士刘阳交友。阳为莒令，年三十而卒，故后世鲜闻。初，阳以汉室渐衰，知太祖有雄才，恐为汉累，意欲除之而事不会。及太祖贵，求其嗣子甚急。其子惶窘，走伏无所。阳亲旧虽多，莫敢藏者。朗乃纳受积年，及从会稽还，又数开解。太祖久乃赦之，阳门户由是得全。

③魏略曰：太祖请同会，啁朗曰："不能效君昔在会稽折粳米饭也。"朗仰而叹曰："宜适难值！"太祖问："云何？"朗曰："如朗昔者，未可折而折；如明公今日，可折而不折也。"太祖以孙权称臣遣贡诏朗，朗答曰："孙权前笺，自诡躬讨虏以补前怨，后疏称臣，以明无二。牙兽屈膝，言鸟告欢，明珠、南金，远珍必至。情见乎辞，效著乎功。三江五湖，为治于魏，西吴东越，化为国民。鄳、郢既拔，荆门自开。席卷巴、蜀，形势乃成。重休累庆，杂沓相随。承旨之日，抚掌击节。情之畜者，辞不能宣。"

文帝即王位，迁御史大夫，封安陵亭侯。上疏劝育民省刑曰："兵起已来三十馀年，四海荡覆，万国殄瘁。赖先王芟除寇贼，扶育孤弱，遂令华夏复有纲纪。鸠集兆民，于兹魏土，使封鄙之内，鸡鸣狗吠，达于四境，蒸庶欣欣，喜遇升平。今远方之寇未宾，兵戎之役未息,诚令复除足以怀远人,良宰足以宣德泽,阡陌咸修,四民殷炽,必复过于曩时而富于平日矣。易称敕法,书著祥刑,一人有庆,兆民赖之,慎法狱之谓也。昔曹相国以狱市为寄,路温舒疾治狱之吏。夫治狱者得其情,则无冤死之囚;丁壮者得尽地力,则无饥馑之民;穷老者得仰食仓廪,则无馁饿之殍;嫁娶以时,则男女无怨旷之恨;胎养必全,则孕者无自伤之哀;新生必复,则孩者无不育之累;壮而后役,则幼者无离家之思;二毛不戎,则老者无顿伏之患。医药以疗其疾,宽繇以乐其业,威罚以抑其强,恩仁以济其弱,赈贷以赡其乏。十年之后,既笄者必盈巷。二十年之后,胜兵者必满野矣。"

及文帝践阼,改为司空,进封乐平乡侯。[1] 时帝颇出游猎,或昏夜还宫。朗上疏曰:"夫帝王之居,外则饰周卫,内则重禁门,将行则设兵而后出幄,称警而后践墀,张弧而后登舆,清道而后奉引,遮列而后转毂,静室而后息驾,皆所以显至尊,务戒慎,垂法教也。近日车驾出临捕虎,日昃而行,及昏而反,违警跸之常法,非万乘之至慎也。"帝报曰:"览表,虽魏绛称虞箴以讽晋悼,相如陈猛兽以戒汉武,未足以喻。方今二寇未殄,将帅远征,故时入原野以习戎备。至于夜还之戒,已诏有司施行。"[2]

[1] 魏名臣奏载朗节省奏曰:"诏问所宜损益,必谓东京之事也。若夫西京云阳、汾阴之大祭,千有五百之群,祀通天之台,入阿房之宫,斋必百日,养牺五载,牛则三千,其重玉则七千;其器,文绮以饰重席,童女以蹋舞缀;酿酎必贯三时而后成,乐人必三千四百而后备;内宫美人数至近千,学官博士弟子七千馀人;[10]中厩则骡骓驸马六万馀匹,外牧则庑养三万而马十之;执金吾从骑六百,走卒倍焉;太常行陵幸车千乘,太官赐官奴婢六千,长安城内治民为政者三千,中二千石蔽罪断刑者二十有五狱。政充事猥,威仪繁富,隆于三代,近过礼中。夫所以极奢者,大抵多受之于秦馀。既违茧栗悫诚之本,扫地简易之指,又失替质而损

文、避泰而从约之趣。岂夫当今隆兴盛明之时,祖述尧舜之际,割奢务俭之政,除繁崇省之令,详刑慎罚之教,所宜希慕哉?及夫寝庙日一太牢之祀,郡国并立宗庙之法,丞相御史大夫官属吏从之数,若此之辈,既已屡改于哀、平之前,不行光武之后矣。谨按图牒所改奏,在天地及五帝、六宗、宗庙、社稷,既已因前代之兆域矣。夫天地则扫地而祭,其馀则皆坛埒而埒之矣。明堂所以祀上帝,灵台所以观天文,辟雍所以修礼乐,太学所以集儒林,高禖所以祈休祥,又所以察时务,扬教化。稽古先民,开诞庆祚,旧时皆在国之阳,并高栋夏屋,足以肆缛射,[11]望云物。七郊虽尊祀尚质,犹皆有门宇便坐,足以避风雨。可须军罢年丰,以渐修治。旧时虎贲羽林五营兵,及卫士并合,虽且万人,或商贾惰游子弟,或农野谨钝之人;虽有乘制之处,不讲戎陈,既不简练,又希更寇,虽名实不副,难以备急。有警而后募兵,军行而后运粮,或乃兵既久屯,而不务营佃,不修器械,无有贮聚,一隅驰羽檄,则三面并荒扰,此亦汉氏近世之失而不可式者也。当今诸夏已安,而巴蜀在画外。虽未得偃武而弢甲,放马而戢兵,宜因年之大丰,遂寄军政于农事。吏士小大,并勤稼穑,止则成井里于广野,动则成校队于六军,省其暴繇,赡其衣食。易称'悦以使民,民忘其劳;悦以犯难,民忘其死',今之谓矣。粮畜于食,勇畜于势,虽坐曜烈威而众未动,画外之蛮,必复稽颡以求改往而效用矣。若畏威效用,不战而定,则贤于交兵而后威立,接刃而后功成远矣。若奸凶不革,遂迷不反,犹欲以其所虐用之民,待大魏投命报养之士,然后徐以前歌后舞乐征之众,临彼倒戟折矢乐服之群,伐腐摧枯,未足以为喻。"

② 王朗集载朗为大理时上主簿赵郡张登:"昔为本县主簿,值黑山贼围郡,登与县长王隽帅吏兵七十二人直往赴救,与贼交战,吏兵散走。隽殆见害,登手格一贼,以全隽命。又守长夏逸,为督邮所枉,登身受考掠,理逸之罪。义济二君,宜加显异。"太祖以所急者多,未遑擢叙。至黄初初,朗又与太尉锺繇连名表闻,兼称登在职勤劳。诏曰:"登忠义彰著,在职功勤。名位虽卑,直亮宜显。襄膳近任,当得此吏。今以登为太官令。"

初,建安末,孙权始遣使称藩,而与刘备交兵。诏议"当兴师与吴并取蜀不?"朗议曰:"天子之军,重于华、岱,诚宜坐曜天威,不动若山。假使权亲与蜀贼相持,搏战旷日,智均力敌,兵不速决,当须军兴以成其势者,然后宜选持重之将,承寇贼之要,相时而后动,择地而后行,一举更无馀事。今权之师未动,则助吴之军无为先征。且雨水方盛,非行军动众之时。"帝纳其计。黄初中,鹈鹕集灵芝池,诏公卿举独行君子。朗荐光禄大夫杨彪,且称疾,让位于彪。帝乃为彪置吏卒,位次三公。诏曰:"朕求贤于君而未得,君乃翻然称疾,非徒不得贤,更开失贤之路,增玉铉之倾。无乃居其室出其言不善,见违于君子乎! 君其勿有后辞。"朗乃起。

孙权欲遣子登入侍,不至。是时车驾徙许昌,大兴屯田,欲举军东征。朗上疏曰:"昔南越守善,婴齐入侍,遂为冢嗣,还君其国。康居骄黠,情不副辞,都护奏议以为宜遣侍子,以黜无礼。且吴濞之祸,萌于子入,隗嚣之叛,亦不顾子。往者闻权有遣子之言而未至,今六军戒严,臣恐舆人未畅圣旨,当谓国家惜于登之遘留,是以为之兴师。设师行而登乃至,则为所动者至大,所致者至细,犹未足以为庆。设其傲狠,殊无入志,惧彼舆论之未畅者,并怀伊邑。臣愚以为宜敕别征诸将,各明奉禁令,以慎守所部。外曜烈威,内广耕稼,使泊然若山,澹然若渊,势不可动,计不可测。"是时,帝以成军遂行,权子不至,车驾临江而还。①

① 魏书曰:车驾既还,诏三公曰:"三世为将,道家所忌。穷兵黩武,古有成戒。况连年水旱,士民损耗,而功役兼于前,劳役兼于昔,进不灭贼,退不和民。夫屋漏在上,知之在下,然迷而知反,失道不远,过而能改,谓之不过。今将休息,栖备高山,沉权九渊,割除摈弃,投之画外。车驾当以今月中旬到谯,淮、汉众军,亦各还反,不腊西归矣。"

明帝即位,进封兰陵侯,增邑五百,并前千二百户。使至邺省

文昭皇后陵，见百姓或有不足。是时方营修宫室，朗上疏曰："陛下
即位已来，恩诏屡布，百姓万民莫不欣欣。臣顷奉使北行，往反道
路，闻众徭役，其可得蠲除省减者甚多。愿陛下重留日昃之听，以
计制寇。昔大禹将欲拯天下之大患，故乃先卑其宫室，俭其衣食，
用能尽有九州，弼成五服。勾践欲广其御儿之疆，①毙夫差于姑苏，
故亦约其身以及家，俭其家以施国，用能囊括五湖，席卷三江，取
威中国，定霸华夏。汉之文、景亦欲恢弘祖业，增崇洪绪，故能割意
于百金之台，昭俭于弋绨之服，内减太官而不受贡献，外省徭赋而
务农桑，用能号称升平，几致刑错。孝武之所以能奋其军势，拓其
外境，诚因祖考畜积素足，故能遂成大功。霍去病，中才之将，犹以
匈奴未灭，不治第宅。明恤远者略近，事外者简内。自汉之初及其
中兴，皆于金革略寝之后，然后凤阙猥阅，德阳并起。今当建始之
前足用列朝会，崇华之后足用序内官，华林、天渊足用展游宴，若
且先成阊阖之象魏，使足用列远人之朝贡者，修城池，使足用绝逾
越，成国险，其馀一切，且须丰年。一以勤耕农为务，习戎备为事，
则国无怨旷，户口滋息，民充兵强，而寇戎不宾，缉熙不足，未之有
也。"转为司徒。

①御儿，吴界边戍之地名。

时屡失皇子，而后宫就馆者少，朗上疏曰："昔周文十五而有
武王，遂享十子之祚，以广诸姬之胤。武王既老而生成王，成王是
以鲜于兄弟。此二王者，各树圣德，无以相过，比其子孙之祚，则不
相如。盖生育有早晚，所产有众寡也。陛下既德祚兼彼二圣，春秋
高于姬文育武之时矣，而子发未举于椒兰之奥房，藩王未繁于掖
庭之众室。以成王为喻，虽未为晚，取譬伯邑，则不为夙。周礼六宫
内官百二十人，而诸经常说，咸以十二为限，至于秦汉之末，或以
千百为数矣。然虽弥猥，而就时于吉馆者或甚鲜，明'百斯男'之

本，诚在于一意，不但在于务广也。老臣惓惓，愿国家同祚于轩辕
之五五，而未及周文之二五，用为伊邑。且少小常苦被褥泰温，泰
温则不能便柔肤弱体，是以难可防护，而易用感慨。若常令少小之
缊袍，不至于甚厚，则必咸保金石之性，而比寿于南山矣。"帝报
曰："夫忠至者辞笃，爱重者言深。君既劳思虑，又手笔将顺，三复
德音，欣然无量。朕继嗣未立，以为君忧，钦纳至言，思闻良规。"朗
著易、春秋、孝经、周官传，奏议论记，咸传于世。①太和二年薨，谥
曰成侯。子肃嗣。初，文帝分朗户邑，封一子列侯，朗乞封兄子详。

①魏略曰：朗本名严，后改为朗。魏书曰：朗高才博雅，而性严整慷慨，多
威仪，恭俭节约，自婚姻中表礼赞无所受。常讥世俗有好施之名，而不
恤穷贱，故用财以周急为先。

肃字子雍。年十八，从宋忠读太玄，而更为之解。①黄初中，为
散骑黄门侍郎。太和三年，拜散骑常侍。四年，大司马曹真征蜀，肃
上疏曰："前志有之，'千里馈粮，士有饥色，樵苏后爨，师不宿饱'，
此谓平涂之行军者也。又况于深入阻险，凿路而前，则其为劳必相
百也。今又加之以霖雨，山坂峻滑，众逼而不展，粮县而难继，实行
军者之大忌也。闻曹真发已逾月而行裁半谷，治道功夫，战士悉
作。是贼偏得以逸而待劳，乃兵家之所惮也。言之前代，则武王伐
纣，出关而复还；论之近事，则武、文征权，临江而不济。岂非所谓
顺天知时，通于权变者哉！兆民知圣上以水雨艰剧之故，休而息
之，后日有衅，乘而用之，则所谓'悦以犯难，民忘其死者'矣。"于
是遂罢。又上疏："宜遵旧礼，为大臣发哀，荐果宗庙。"事皆施行。
又上疏陈政本曰："除无事之位，损不急之禄，止因食之费，并从容
之官；使官必有职，职任其事，事必受禄，禄代其耕，乃往古之常

式,当今之所宜也。官寡而禄厚,则公家之费鲜,进仕之志劝。各展才力,莫相倚仗。敷奏以言,明试以功,能之与否,简在帝心。是以唐、虞之设官分职,申命公卿,各以其事,然后惟龙为纳言,犹今尚书也,以出内帝命而已。夏、殷不可得而详。甘誓曰'六事之人',明六卿亦典事者也。周官则备矣,五日视朝,公卿大夫并进,而司士辨其位焉。其记曰:'坐而论道,谓之王公;作而行之,谓之士大夫。'及汉之初,依拟前代,公卿皆亲以事升朝。故高祖躬追反走之周昌,武帝遥可奉奏之汲黯,宣帝使公卿五日一朝,成帝始置尚书五人。自是陵迟,朝礼遂阙。可复五日视朝之仪,使公卿尚书各以事进。废礼复兴,光宣圣绪,诚所谓名美而实厚者也。"

①肃父朗与许靖书云:肃生于会稽。

青龙中,山阳公薨,汉主也。肃上疏曰:"昔唐禅虞,虞禅夏,皆终三年之丧,然后践天子之尊。是以帝号无亏,君礼犹存。今山阳公承顺天命,允答民望,进禅大魏,退处宾位。公之奉魏,不敢不尽节。魏之待公,优崇而不臣。既至其薨,榇敛之制,舆徒之饰,皆同之于王者,是故远近归仁,以为盛美。且汉总帝皇之号,号曰皇帝。有别称帝,无别称皇,则皇是其差轻者也。故当高祖之时,土无二王,其父见在而使称皇,明非二王之嫌也。况今以赠终,可使称皇以配其谥。"明帝不从使称皇,乃追谥曰汉孝献皇帝。①

①孙盛曰:化合神者曰皇,德合天者曰帝。是故三皇创号,五帝次之。然则皇之为称,妙于帝矣。肃谓为轻,不亦谬乎!

臣松之以为上古谓皇皇后帝,次言三、五,先皇后帝,诚如盛言。然汉氏诸帝,虽尊父为皇,其实则贵而无位,高而无民,比之于帝,得不谓之轻乎!魏因汉礼,名号无改。孝献之崩,岂得远考古义?肃之所云,盖就汉制而为言耳。谓之为谬,乃是讥汉,非难肃也。

后肃以常侍领秘书监,兼崇文观祭酒。景初间,宫室盛兴,民失农业,期信不敦,刑杀仓卒。肃上疏曰:"大魏承百王之极,生民无几,干戈未戢,诚宜息民而惠之以安静遐迩之时也。夫务畜积而息疲民,在于省徭役而勤稼穑。今宫室未就,功业未讫,运漕调发,转相供奉。是以丁夫疲于力作,农者离其南亩,种谷者寡,食谷者众,旧谷既没,新谷莫继。斯则有国之大患,而非备豫之长策也。今见作者三四万人,九龙可以安圣体,其内足以列六宫,显阳之殿,又向将毕,惟泰极已前,功夫尚大,方向盛寒,疾疢或作。诚愿陛下发德音,下明诏,深愍役夫之疲劳,厚矜兆民之不赡,取常食廪之士,非急要者之用,选其丁壮,择留万人,使一期而更之,咸知息代有日,则莫不悦以即事,劳而不怨矣。计一岁有三百六十万夫,亦不为少。当一岁成者,听且三年。分遣其馀,使皆即农,无穷之计也。仓有溢粟,民有馀力:以此兴功,何功不立?以此行化,何化不成?夫信之于民,国家大宝也。仲尼曰:'自古皆有死,民非信不立。'夫区区之晋国,微微之重耳,欲用其民,先示以信,是故原虽将降,顾信而归,用能一战而霸,于今见称。前车驾当幸洛阳,发民为营,有司命以营成而罢。既成,又利其功力,不以时遣。有司徒营其目前之利,不顾经国之体。臣愚以为自今以后,倘复使民,宜明其令,使必如期。若有事以次,宁复更发,无或失信。凡陛下临时之所行刑,皆有罪之吏,宜死之人也。然众庶不知,谓为仓卒。故愿陛下下之于吏而暴其罪。钧其死也,无使污于宫掖而为远近所疑。且人命至重,难生易杀,气绝而不续者也,是以圣贤重之。孟轲称杀一无辜以取天下,仁者不为也。汉时有犯跸惊乘舆马者,廷尉张释之奏使罚金,文帝怪其轻,而释之曰:'方其时,上使诛之则已。今下廷尉。廷尉,天下之平也,一倾之,天下用法皆为轻重,民安所措其手足?'臣以为大失其义,非忠臣所宜陈也。廷尉者,天子之吏也,犹不可以失平,而天子之身,反可以惑谬乎?斯重于为己,而轻于为君,不忠之甚也。周公曰:'天子无戏言;言则史书之,工诵之,士称之。'言犹不戏,而况行之乎?故释之之言不可不察,周公之戒不可不法也。"又陈"诸鸟兽无用之物,而有刍谷人徒之费,皆可蠲除。"

帝尝问曰:"汉桓帝时,白马令李云上书言:'帝者,谛也。是帝欲不谛。'当何得不死?"肃对曰:"但为言失逆顺之节。原其本意,皆欲尽心,念存补国。且帝者之威,过于雷霆,杀一匹夫,无异蝼蚁。宽而宥之,可以示容受切言,广德宇于天下。故臣以为杀之未必为是也。"帝又问:"司马迁以受刑之故,内怀隐切,著史记非贬孝武,令人切齿。"对曰:"司马迁记事,不虚美,不隐恶。刘向、扬雄服其善叙事,有良史之才,谓之实录。汉武帝闻其述史记,取孝景及己本纪览之,于是大怒,削而投之。于今此两纪有录无书。后遭李陵事,遂下迁蚕室。此为隐切在孝武,而不在于史迁也。"

正始元年,出为广平太守。公事征还,拜议郎。顷之,为侍中,迁太常。时大将军曹爽专权,任用何晏、邓飏等。肃与太尉蒋济、司农桓范论及时政,肃正色曰:"此辈即弘恭、石显之属,复称说邪!"爽闻之,戒何晏等曰:"当共慎之!公卿已比诸君前世恶人矣。"坐宗庙事免。后为光禄勋。时有二鱼长尺,集于武库之屋,有司以为吉祥。肃曰:"鱼生于渊而亢于屋,介鳞之物失其所也。边将其殆有弃甲之变乎?"其后果有东关之败。徙为河南尹。嘉平六年,持节兼太常,奉法驾,迎高贵乡公于元城。是岁,白气经天,大将军司马景王问肃其故,肃答曰:"此蚩尤之旗也,东南其有乱乎?君若修己以安百姓,则天下乐安者归德,唱乱者先亡矣。"明年春,镇东将军毌丘俭、扬州刺史文钦反，景王谓肃曰："霍光感夏侯胜之言，始重儒学之士，良有以也。安国宁主，其术焉在?"肃曰："昔关羽率荆州之众，降于禁于汉滨，遂有北向争天下之志。后孙权袭取其将士家属，羽士众一旦瓦解。今淮南将士父母妻子皆在内州，但急往御卫，使不得前，必有关羽土崩之势矣。"景王从之，遂破俭、钦。后迁中领军，加散骑常侍，增邑三百，并前二千二百户。甘露元年薨，门生缞绖者以百数。追赠卫将军，谥曰景侯。子恽嗣。恽薨，无子，国绝。景元四年，封肃子恂为兰陵侯。咸熙中，开建五等，以肃著勋前朝，改封恂为丞子。①

①世语曰：恂字良夫，[12]有通识，在朝忠正。历河南尹、侍中，所居有称。乃心存公，有匪躬之节。禹令袁毅馈以骏马，知其贪财，不受。毅竟以赇货而败。建立二学，崇明五经，皆恂所建。卒时年四十馀，赠车骑将军。肃女适司马文王，即文明皇后，生晋武帝、齐献王攸。

晋诸公赞曰：恂兄弟八人。其达者，虞字恭祖，以功干见称，位至尚书。弟恺，字君夫，少有才力而无行检，与卫尉石崇友善，俱以豪侈竞于世，终于后将军。虞子康、隆，仕亦宦达，为后世所重。

初，肃善贾、马之学，而不好郑氏，采会同异，为尚书、诗、论语、三礼、左氏解，及撰定父朗所作易传，皆列于学官。其所论驳朝廷典制、郊祀、宗庙、丧纪、轻重，凡百馀篇。时乐安孙叔然，①受学郑玄之门，人称东州大儒。征为秘书监，不就。肃集圣证论以讥短玄，叔然驳而释之，及作周易、春秋例，毛诗、礼记、春秋三传、国语、尔雅诸注，又著书十馀篇。自魏初征士燉煌周生烈，②明帝时大司农弘农董遇等，亦历注经传，颇传于世。③

①臣松之案叔然与晋武帝同名，故称其字。
②臣松之案此人姓周生，名烈。何晏论语集解有烈义例，馀所著述，见晋武帝中经簿。

③魏略曰：遇字季直，性质讷而好学。兴平中，关中扰乱，与兄季中依将军段煨。采稆负贩，而常挟持经书，投间习读。其兄笑之而遇不改。及建安初，王纲小设，郡举孝廉，稍迁黄门侍郎。是时，汉帝委政太祖，遇旦夕侍讲，为天子所爱信。至二十二年，许中百官矫制，遇虽不与谋，犹被录诣邺，转为冗散。常从太祖西征，道由孟津，过弘农王冢。太祖疑欲谒，顾问左右，左右莫对，遇乃越第进曰："春秋之义，国君即位未逾年而卒，未成为君。弘农王即阼既浅，又为暴臣所制，降在藩国，不应谒。"太祖乃过。黄初中，出为郡守。明帝时，入为侍中、大司农。数年，病亡。初，遇善治老子，为老子作训注。又善左氏传，更为作朱墨别异。人有从学者，遇不肯教，而云"必当先读百遍"。言"读书百遍而义自见"。从学者云："苦渴无日。"遇言"当以三馀"。或问三馀之意，遇言"冬者岁之馀，夜者日之馀，阴雨者时之馀也"。由是诸生少从遇学，无传其朱墨者。

世语曰：遇子绥，位至秘书监，亦有才学。齐王同功臣董艾，即绥之子也。

魏略以遇及贾洪、邯郸淳、薛夏、隗禧、苏林、乐详等七人为儒宗，其序曰："从初平之元，至建安之末，天下分崩，人怀苟且，纲纪既衰，儒道尤甚。至黄初元年之后，新主乃复，始扫除太学之灰炭，补旧石碑之缺坏，备博士之员录，依汉甲乙以考课。申告州郡，有欲学者，皆遣诣太学。太学始开，有弟子数百人。至太和、青龙中，中外多事，人怀避就。虽性非解学，多求诣太学。太学诸生有千数，而诸博士率皆粗疏，无以教弟子。弟子本亦避役，竟无能习学，冬来春去，岁岁如是。又虽有精者，而台阁举格太高，加不念统其大义，而问字指墨法点注之间，百人同试，度者未十。是以志学之士，遂复陵迟，而末求浮虚者各竞逐也。正始中，有诏议圜丘，普延学士。是时郎官及司徒领吏二万馀人，虽复分布，见在京师者尚且万人，而应书与议者略无几人。又是时朝堂公卿以下四百馀人，其能操笔者未有十人，多皆相从饱食而退。嗟夫！学业沈陨，乃至于此。是以私心常区区贵乎数公者，各处荒乱之际，而能守志弥敦者也。"

贾洪字叔业，京兆新丰人也。好学有才，而特精于春秋左传。建安初，仕郡,举计掾,应州辟。时州中自参军事以下百馀人,唯洪与冯翊严苞文通才学最高。[13]洪历守三县令,所在辄开除厩舍,亲授诸生。后马超反,超劫洪,将诣华阴,使作露布。洪不获已,为作之。司徒锺繇在东,识其文,曰:"此贾洪作也。"及超破走,太祖召洪署军谋掾。犹以其前为超作露布文,故不即叙。晚乃出为阴泉长。延康中,转为白马王相。善能谈戏。王彪亦雅好文学,常师宗之,过于三卿。数岁病亡,亡时年五十馀,时人为之恨仕不至二千石。而严苞亦历守二县,黄初中,以高才入为秘书丞,数奏文赋,文帝异之。出为西平太守,卒官。

薛夏字宣声,天水人也。博学有才。天水旧有姜、阎、任、赵四姓,常推于郡中,而夏为单家,不为降屈。四姓欲共治之,夏乃游逸,东诣京师。太祖宿闻其名,甚礼遇之。后四姓又使囚遥引夏,关移颍川,收捕系狱。时太祖已在冀州,闻夏为本郡所质,抚掌曰:"夏无罪也。汉阳儿辈直欲杀之耳!"乃告颍川使理出之,召署军谋掾。文帝又嘉其才,黄初中为秘书丞,帝每与夏推论书传,未尝不终日也。每呼之不名,而谓之薛君。夏居甚贫,帝又顾其衣薄,解所御服袍赐之。其后征东将军曹休来朝,时帝方与夏有所咨论,而外启休到,帝引入。坐定,帝顾夏言之于休曰:"此君,秘书丞天水薛宣声也,宜共谈。"其见遇如此。寻欲用之,会文帝崩。至太和中,尝以公事移兰台。兰台自以台也,而秘书署耳,谓夏为不得移也,推使当有坐者。夏报之曰:"兰台为外台,秘书为内阁,台、阁,一也,何不相移之有?"兰台屈无以折。自是之后,遂以为常。后数岁病亡,敕其子无还天水。

隗禧字子牙,京兆人也。世单家。少好学。初平中,三辅乱,禧南客荆州,不以荒扰,担负经书,每以采稆馀日,则诵习之。太祖定荆州,召署军谋掾。黄初中,为谯王郎中。王宿闻其儒者,常虚心从学。禧亦敬恭以授王,由是大得赐遗。以病还,拜郎中。年八十馀,以老处家,就之学者甚多。禧既明经,又善星官,常仰瞻天文,叹息谓鱼豢曰:"天下兵戈尚犹未息,如之何?"豢又常从问左氏传,禧答曰:"欲知幽微莫若易,人伦之纪莫若礼,多识山川草木之名莫若诗,左氏直相斫书耳,不足精意也。"豢因从问诗,禧说齐、韩、鲁、毛四家义,

不复执文,有如讽诵。又撰作诸经解数十万言,未及缮写而得韦,后
数岁病亡也。

其邯郸淳事在<u>王粲</u>传,<u>苏林</u>事在刘邵、<u>高堂隆</u>传,<u>乐详</u>事在杜畿传。

<u>鱼豢</u>曰:学之资于人也,其犹蓝之染于素乎! 故虽<u>仲尼</u>,犹曰"吾非生而
知之者",况凡品哉! 且世人所以不贵学者,必见夫有"诵诗三百而不能
专对于四方"故也。余以为是则下科耳,不当顾中庸以上,材质适等,而
加之以文乎! 今此数贤者,略余之所识也。检其事能,诚不多也。但以
守学不辍,乃上为帝王所嘉,下为国家名儒,非由学乎? 由是观之,学其
胡可以已哉!

评曰:<u>锺繇</u>开达理干,<u>华歆</u>清纯德素,<u>王朗</u>文博富赡,诚皆
一时之俊伟也。<u>魏氏</u>初祚,肇登三司,盛矣夫! <u>王肃</u>亮直多闻,能
析薪哉!①

①<u>刘寔</u>以为<u>肃</u>方于事上而好下佞己,此一反也。性嗜荣贵而不求苟合,此
二反也。吝惜财物而治身不秽,此三反也。

【校勘记】

〔1〕赐尔鸾旗　赐上原衍"尸主事之臣栒音荀幽地"十字,据汉书卷二五
　　下郊祀志第五下删。

〔2〕大臣子孙刻铭其先功　大上原衍"子孙"二字,据汉书卷二五下郊祀
　　志第五下删。

〔3〕为散骑常侍　常侍,原作"侍郎",据本书卷一一胡昭传改。

〔4〕要召名誉　召,原作"君",据何焯校本改。

〔5〕司空陈群等以此称之　群,原作"泰",据三国志辨误卷上改。

〔6〕司隶王弘等常称曰　弘,原作"密",据三国志辨误卷上改。

〔7〕不可得而亲　原脱此五字,据三国志考证卷四补。

〔8〕东海郯人也　郯,原作"郡",据何焯校本改。

〔9〕策以朗儒雅　原脱"朗"字,据沈家本校本补。

〔10〕学官博士弟子七千馀人　原脱“弟子”二字，据三国志辨疑卷一补。

〔11〕足以肄殡射　肄，原作“肆”。据三国志集解赵一清说改。

〔12〕恂字良夫　良夫，原作“子良大”，据三国志考证卷四改。

〔13〕唯洪与冯翊严苞文通才学最高　文，原作“交”，据殿本考证改。

三国志卷十四　魏书十四

程郭董刘蒋刘传第十四

程昱字仲德,东郡东阿人也。长八尺三寸,美须髯。黄巾起,县丞王度反应之,烧仓库。县令逾城走,吏民负老幼东奔渠丘山。昱使人侦视度,度等得空城不能守,出城西五六里止屯。昱谓县中大姓薛房等曰:"今度等得城郭不能居,其势可知。此不过欲虏掠财物,非有坚甲利兵攻守之志也。今何不相率还城而守之?且城高厚,多谷米,今若还求令,共坚守,度必不能久,攻可破也。"房等以为然。吏民不肯从,曰:"贼在西,但有东耳。"昱谓房等:"愚民不可计事。"乃密遣数骑举幡于东山上,令房等望见,大呼言"贼已至",便下山趣城,吏民奔走随之,求得县令,遂共城守。度等来攻城,不能下,欲去。昱率吏民开城门急击之,度等破走。东阿由此得全。

初平中,兖州刺史刘岱辟昱,昱不应。是时岱与袁绍、公孙瓒和亲,绍令妻子居岱所,瓒亦遣从事范方将骑助岱。后绍与瓒有隙。瓒击破绍军,乃遣使语岱,令遣绍妻子,使与绍绝。别敕范方:"若岱不遣绍家,将骑还。吾定绍,将加兵于岱。"岱议连日不决,别驾王或白岱:"程昱有谋,能断大事。"岱乃召见昱,问计,昱曰:"若弃绍近援而求瓒远助,此假人于越以救溺子之说也。夫公孙瓒,非袁绍之敌也。今虽坏绍军,然终为绍所禽。夫趣一朝之权而不虑远计,将军终败。"岱从之。范方将其骑归,未至,瓒大为绍所破。岱表昱为骑都尉,昱辞以疾。

刘岱为黄巾所杀。太祖临兖州,辟昱。昱将行,其乡人谓曰:"何前后之相背也!"昱笑而不应。太祖与语,说之,以昱守寿张令。太祖征徐州,使昱与荀彧留守鄄城。张邈等叛迎吕布,郡县响应,唯鄄城、范、东阿不动。布军降者,言陈宫欲自将兵取东阿,又使氾嶷取范,吏民皆恐。彧谓昱曰:"今兖州反,唯有此三城。宫等以重兵临之,非有以深结其心,三城必动。君,民之望也,归而说之,殆可!"昱乃归,过范,说其令靳允曰:"闻吕布执君母弟妻子,孝子诚不可为心!今天下大乱,英雄并起,必有命世,能息天下之乱者,此智者所详择也。得主者昌,失主者亡。陈宫叛迎吕布而百城皆应,似能有为,然以君观之,布何如人哉!夫布,粗中少亲,刚而无礼,匹夫之雄耳。宫等以势假合,不能相君也。兵虽众,终必无成。曹使君智略不世出,殆天所授!君必固范,我守东阿,则田单之功可立也。孰与违忠从恶而母子俱亡乎?唯君详虑之!"允流涕曰:"不敢有二心。"时氾嶷已在县,允乃见嶷,伏兵刺杀之,归勒兵守。[1]昱又遣别骑绝仓亭津,陈宫至,不得渡。昱至东阿,东阿令枣祇已率厉吏民,拒城坚守。又兖州从事薛悌与昱协谋,卒完三城,以待太祖。太祖还,执昱手曰:"微子之力,吾无所归矣。"乃表昱为东平相,屯范。[2]

①徐众评曰:允于曹公,未成君臣。母,至亲也,于义应去。昔王陵母为项羽所拘,母以高祖必得天下,因自杀以固陵志。明心无所系,然后可得成事人尽死之节。卫公子开方仕齐,积年不归,管仲以为不怀其亲,安

能爱君,不可以为相。是以求忠臣必于孝子之门,允宜先敕至亲。徐庶母为曹公所得,刘备乃遣庶归,欲为天下者恕人子之情也。曹公亦宜遣允。
②魏书曰:昱少时常梦上泰山,两手捧日。昱私异之,以语荀彧。及兖州反,赖昱得完三城。于是彧以昱梦白太祖。太祖曰:"卿当终为吾腹心。"昱本名立,太祖乃加其上"日",更名昱也。

太祖与吕布战于濮阳,数不利。蝗虫起,乃各引去。于是袁绍使人说太祖连和,欲使太祖迁家居邺。太祖新失兖州,军食尽,将许之。时昱使适还,引见,因言曰:"窃闻将军欲遣家,与袁绍连和,诚有之乎?"太祖曰:"然。"昱曰:"意者将军殆临事而惧,不然何虑之不深也!夫袁绍据燕、赵之地,有并天下之心,而智不能济也。将军自度能为之下乎?将军以龙虎之威,可为韩、彭之事邪?今兖州虽残,尚有三城。能战之士,不下万人。以将军之神武,与文若、昱等,收而用之,霸王之业可成也。愿将军更虑之!"太祖乃止。①

①魏略载昱说太祖曰:"昔田横,齐之世族,兄弟三人更王,据千里之地,[1]拥百万之众,与诸侯并南面称孤。既而高祖得天下,而横顾为降虏。当此之时,横岂可为心哉!"太祖曰:"然。此诚丈夫之至辱也。"昱曰:"昱愚,不识大旨,以为将军之志,不如田横。田横,齐一壮士耳,犹羞为高祖臣。今闻将军欲遣家往邺,将北面而事袁绍。夫以将军之聪明神武,而反不羞为袁绍之下,窃为将军耻之!"其后语与本传略同。

天子都许,以昱为尚书。兖州尚未安集,复以昱为东中郎将,领济阴太守,都督兖州事。刘备失徐州,来归太祖。昱说太祖杀备,太祖不听。语在武纪。后又遣备至徐州要击袁术,昱与郭嘉说太祖曰:"公前日不图备,昱等诚不及也。今借之以兵,必有异心。"太祖悔,追之不及。会术病死,备至徐州,遂杀车胄,举兵背太祖。顷之,昱迁振威将军。袁绍在黎阳,将南渡。时昱有七百兵守鄄城,太祖闻之,使人告昱,欲益二千兵。昱不肯,曰:"袁绍拥十万众,自以所向无前。今见昱兵少,必轻易不来攻。若益昱兵,过则不可不攻,攻之必克,徒两损其势。愿公无疑!"太祖从之。绍闻昱兵少,果不往。太祖谓贾诩曰:"程昱之胆,过于贲、育。"昱收山泽亡命,得精兵数千人,乃引军与太祖会黎阳,讨袁谭、袁尚。谭、尚破走,拜昱奋武将军,封安国亭侯。太祖征荆州,刘备奔吴。论者以为孙权必杀备,昱料之曰:"孙权新在位,未为海内所惮。曹公无敌于天下,初举荆州,威震江表,权虽有谋,不能独当也。刘备有英名,关羽、张飞皆万人敌也,权必资之以御我。难解势分,备资以成,又不可得而杀也。"权果多与备兵,以御太祖。是后中夏渐平,太祖拊昱背曰:"兖州之败,不用君言,吾何以至此?"宗人奉牛酒大会,昱曰:"知足不辱,吾可以退矣。"乃自表归兵,阖门不出。①

①魏书曰:太祖征马超,文帝留守,使昱参军事。田银、苏伯等反河间,遣将军贾信讨之。贼有千馀人请降,议者皆以为宜如旧法。昱曰:"诛降者,谓在扰攘之时,天下云起,故围而后降者不赦,以示威天下,开其利路,使不至于围也。今天下略定,且在邦域之中,此必降之贼,杀之无所威惧,非前日诛降之意。臣以为不可诛也;纵诛之,宜先启闻。"众议者曰:"军事有专,无请。"昱不答。文帝起入,特引见昱曰:"君有所不尽邪?"昱曰:"凡专命者,谓有临时之急,呼吸之间者耳。今此贼制在贾信之手,无朝夕之变,故老臣不愿将军行之也。"文帝曰:"君虑之善。"即白太祖,太祖果不诛。太祖还,闻之甚说,谓昱曰:"君非徒明于军计,又善处人父子之间。"

昱性刚戾,与人多忤。人有告昱谋反,太祖赐待益厚。魏国既建,为卫尉,与中尉邢贞争威仪,免。文帝践阼,复为卫尉,进封安乡侯,增邑三百户,并前八百户。分封少子延及孙晓列侯。方欲以为公,会薨,帝为流涕,追赠车骑将军,谥曰肃侯。①子武嗣。武薨,子克嗣。克薨,子良嗣。

①魏书曰:昱时年八十。

世语曰:初,太祖乏食,昱略其本县,供三日粮,颇杂以人脯,由是失朝
望,故位不至公。

晓,嘉平中为黄门侍郎。①时校事放横,晓上疏曰:"周礼云:
'设官分职,以为民极。'春秋传曰:'天有十日,人有十等。'愚不得
临贤,贱不得临贵。于是并建圣哲,树之风声。明试以功,九载考
绩。各修厥业,思不出位。故栾书欲拯晋侯,其子不听;死人横于街
路,邴吉不问。上不责非职之功,下不务分外之赏,吏无兼统之势,
民无二事之役,斯诚为国要道,治乱所由也。远览典志,近观秦汉,
虽官名改易,职司不同,至于崇上抑下,显分明例,其致一也。初无
校事之官干与庶政者也。昔武皇帝大业草创,众官未备,而军旅勤
苦,民心不安,乃有小罪,不可不察,故置校事,取其一切耳,然检
御有方,不至纵恣也。此霸世之权宜,非帝王之正典。其后渐蒙见
任,复为疾病,转相因仍,莫正其本。遂令上察宫庙,下摄众司,官
无局业,职无分限,随意任情,唯心所适。法造于笔端,不依科诏;
狱成于门下,不顾覆讯。其选官属,以谨慎为粗疏,以谄词为贤能。
其治事,以刻暴为公严,以循理为怯弱。外则托天威以为声势,内
则聚群奸以为腹心。大臣耻与分势,含忍而不言,小人畏其锋芒,
郁结而无告。至使尹模公于目下肆其奸慝;罪恶之著,行路皆知,
纤恶之过,积年不闻。既非周礼设官之意,又非春秋十等之义也。
今外有公卿将校总统诸署,内有侍中尚书综理万机,司隶校尉督
察京辇,御史中丞董摄宫殿,皆高选贤才以充其职,申明科诏以督
其违。若此诸贤犹不足任,校事小吏,益不可信。若此诸贤各思尽
忠,校事区区,亦复无益。若更高选国士以为校事,则是中丞司隶
重增一官耳。若如旧选,尹模之奸今复发矣。进退推算,无所用之。
昔桑弘羊为汉求利,卜式以为独烹弘羊,天乃可雨。若使政治得失

必感天地,臣恐水旱之灾,未必非校事之由也。曹恭公远君子,近小人,国风托以为刺。卫献公舍大臣,与小臣谋,定姜谓之有罪。纵令校事有益于国,以礼义言之,尚伤大臣之心,况奸回暴露,而复不罢,是衮阙不补,迷而不返也。"于是遂罢校事官。晓迁汝南太守,年四十馀薨。②

①世语曰:晓字季明,有通识。

②晓别传曰:晓大著文章多亡失,今之存者不能十分之一。

　郭嘉字奉孝,颍川阳翟人也。①初,北见袁绍,谓绍谋臣辛评、郭图曰:"夫智者审于量主,故百举百全而功名可立也。袁公徒欲效周公之下士,而未知用人之机。多端寡要,好谋无决,欲与共济天下大难,定霸王之业,难矣!"于是遂去之。先是时,颍川戏志才,筹画士也,太祖甚器之。早卒。太祖与荀彧书曰:"自志才亡后,莫可与计事者。汝、颍固多奇士,谁可以继之?"彧荐嘉。召见,论天下事。太祖曰:"使孤成大业者,必此人也。"嘉出,亦喜曰:"真吾主也。"表为司空军祭酒。②

①傅子曰:嘉少有远量。汉末天下将乱,自弱冠匿名迹,密交结英隽,不与俗接,故时人多莫知,惟识达者奇之。年二十七,辟司徒府。

②傅子曰:太祖谓嘉曰:"本初拥冀州之众,青、并从之,地广兵强,而数为不逊。吾欲讨之,力不敌,如何?"对曰:"刘、项之不敌,公所知也。汉祖唯智胜,项羽虽强,终为所禽。嘉窃料之,绍有十败,公有十胜,虽兵强,无能为也。绍繁礼多仪,公体任自然,此道胜一也。绍以逆动,公奉顺以率天下,此义胜二也。汉末政失于宽,绍以宽济宽,故不摄,公纠之以猛而上下知制,此治胜三也。绍外宽内忌,用人而疑之,所任唯亲戚子弟,公外易简而内机明,用人无疑,唯才所宜,不间远近,此度胜四也。绍多谋少决,失在后事,公策得辄行,应变无穷,此谋胜五也。绍因累世之资,高议揖让以收名誉,士之好言饰外者多归之,公以至心待人,推诚

而行，不为虚美，以俭率下，与有功者无所吝，士之忠正远见而有实者皆愿为用，此德胜六也。绍见人饥寒，恤念之形于颜色，其所不见，虑或不及也，所谓妇人之仁耳。公于目前小事，时有所忽，至于大事，与四海接，恩之所加，皆过其望，虽所不见，虑之所周，无不济也，此仁胜七也。绍大臣争权，谗言惑乱，公御下以道，浸润不行，此明胜八也。绍是非不可知，公所是进之以礼，所不是正之以法，此文胜九也。绍好为虚势，不知兵要，公以少克众，用兵如神，军人恃之，敌人畏之，此武胜十也。"太祖笑曰："如卿所言，孤何德以堪之也！"嘉又曰："绍方北击公孙瓒，可因其远征，东取吕布。不先取布，若绍为寇，布为之援，此深害也。"太祖曰："然。"

征吕布，三战破之，布退固守。时士卒疲倦，太祖欲引军还，嘉说太祖急攻之，遂禽布。语在荀攸传。①

①傅子曰：太祖欲引军还，嘉曰："昔项籍七十余战，未尝败北，一朝失势而身死国亡者，恃勇无谋故也。今布每战辄破，气衰力尽，内外失守。布之威力不及项籍，而困败过之，若乘胜攻之，此成禽也。"太祖曰："善。"

魏书曰：刘备来奔，以为豫州牧。或谓太祖曰："备有英雄志，今不早图，后必为患。"太祖以问嘉，嘉曰："有是。然公提剑起义兵，为百姓除暴，推诚仗信以招俊杰，犹惧其未也。今备有英雄名，以穷归己而害之，是以害贤为名，则智士将自疑，回心择主，公谁与定天下？夫除一人之患，以沮四海之望，安危之机，不可不察！"太祖笑曰："君得之矣。"

傅子曰：初，刘备来降，太祖以客礼待之，使为豫州牧。嘉言于太祖曰："备有雄才而甚得众心。张飞、关羽者，皆万人之敌也，为之死用。嘉观之，备终不为人下，其谋未可测也。古人有言：'一日纵敌，数世之患。'宜早为之所。"是时，太祖奉天子以号令天下，方招怀英雄以明大信，未得从嘉谋。会太祖使备要击袁术，嘉与程昱俱驾而谏太祖曰："放备，变作矣！"时备已去，遂举兵以叛。太祖恨不用嘉之言。

案魏书所云，与傅子正反也。

魏书 程郭董刘蒋刘传第十四

361

孙策转斗千里,尽有江东,闻太祖与袁绍相持于官渡,将渡江北袭许。众闻皆惧,嘉料之曰:"策新并江东,所诛皆英豪雄杰,能得人死力者也。然策轻而无备,虽有百万之众,无异于独行中原也。若刺客伏起,一人之敌耳。以吾观之,必死于匹夫之手。"策临江未济,果为许贡客所杀。①

①傅子曰:太祖欲速征刘备,议者惧军出,袁绍击其后,进不得战而退失所据。语在武纪。太祖疑,以问嘉。嘉劝太祖曰:"绍性迟而多疑,来必不速。备新起,众心未附,急击之必败。此存亡之机,不可失也。"太祖曰:"善。"遂东征备。备败奔绍,绍果不出。

臣松之案武纪,决计征备,量绍不出,皆出自太祖。此云用嘉计,则为不同。又本传称嘉料孙策轻佻,[2]必死于匹夫之手,诚为明于见事。然自非上智,无以知其死在何年也。今正以袭许年死,此盖事之偶合。

从破袁绍,绍死,又从讨谭、尚于黎阳,连战数克。诸将欲乘胜遂攻之,嘉曰:"袁绍爱此二子,莫适立也。有郭图、逢纪为之谋臣,必交斗其间,还相离也。急之则相持,缓之而后争心生。不如南向荆州若征刘表者,以待其变;变成而后击之,可一举定也。"太祖曰:"善。"乃南征。军至西平,谭、尚果争冀州。谭为尚军所败,走保平原,遣辛毗乞降。太祖还救之,遂从定邺。又从攻谭于南皮,冀州平。封嘉洧阳亭侯。①

①傅子曰:河北既平,太祖多辟召青、冀、幽、并知名之士,渐臣使之,以为省事掾属。皆嘉之谋也。

太祖将征袁尚及三郡乌丸,诸下多惧刘表使刘备袭许以讨太祖,嘉曰:"公虽威震天下,胡恃其远,必不设备。因其无备,卒然击之,可破灭也。且袁绍有恩于民夷,而尚兄弟生存。今四州之民,徒以威附,德施未加,舍而南征,尚因乌丸之资,招其死主之臣,胡人一动,民夷俱应,以生蹋顿之心,成觊觎之计,恐青、冀非己之有也。表,坐谈客耳,自知才不足以御备,重任之则恐不能制,轻任之则备不为用,虽虚国远征,公无忧矣。"太祖遂行。至易,嘉言曰:"兵贵神速。今千里袭人,辎重多,难以趣利,且彼闻之,必为备;不如留辎重,轻兵兼道以出,掩其不意。"太祖乃密出卢龙塞,直指单于庭。虏卒闻太祖至,惶怖合战。大破之,斩蹋顿及名王已下。尚及兄熙走辽东。

嘉深通有算略,达于事情。太祖曰:"唯奉孝为能知孤意。"年三十八,自柳城还,疾笃,太祖问疾者交错。及薨,临其丧,哀甚,谓荀攸等曰:"诸君年皆孤辈也,唯奉孝最少。天下事竟,欲以后事属之,而中年夭折,命也夫!"乃表曰:"军祭酒郭嘉,自从征伐,十有一年。每有大议,临敌制变。臣策未决,嘉辄成之。平定天下,谋功为高。不幸短命,事业未终。追思嘉勋,实不可忘。可增邑八百户,并前千户。"[1]谥曰贞侯。子奕嗣。[2]

①魏书载太祖表曰:"臣闻褒忠宠贤,未必当身,念功惟绩,恩隆后嗣。是以楚宗孙叔,显封厥子;岑彭既没,爵及支庶。故军祭酒郭嘉,忠良渊淑,体通性达。每有大议,发言盈庭,执中处理,动无遗策。自在军旅,十有馀年,行同骑乘,坐共幄席,东禽吕布,西取眭固,斩袁谭之首,平朔土之众,逾越险塞,荡定乌丸,震威辽东,以枭袁尚。虽假天威,易为指麾,至于临敌,发扬誓命,凶逆克珍,勋实由嘉。方将表显,短命早终。上为朝廷悼惜良臣,下自毒恨丧失奇佐。宜追增嘉封,并前千户,褒亡为存,厚往劝来也。"

②魏书称奕通达见理。奕字伯益,见王昶家诫。

后太祖征荆州还,于巴丘遇疾疫,烧船,叹曰:"郭奉孝在,不使孤至此。"[1]初,陈群非嘉不治行检,数廷诉嘉,嘉意自若。太祖愈益重之,然以群能持正,亦悦焉。[2]奕为太子文学,早薨。子深嗣。深薨,子猎嗣。[3]

①傅子曰：太祖又云："哀哉奉孝！痛哉奉孝！惜哉奉孝！"
②傅子曰：太祖与荀彧书，追伤嘉曰："郭奉孝年不满四十，相与周旋十一年，阻险艰难，皆共罹之。又以其通达，见世事无所凝滞，欲以后事属之，何意卒尔失之，悲痛伤心。今表增其子满千户，然何益亡者，追念之感深。且奉孝乃知孤者也；天下人相知者少，又以此痛惜。奈何奈何！"又与彧书曰："追惜奉孝，不能去心。其人见时事兵事，过绝于人。又人多畏病，南方有疫，常言'吾往南方，则不生还'。然与共论计，云当先定荆。此为不但见计之忠厚，必欲立功分，弃命定。事人心乃尔，何得使人忘之！"
③世语曰：嘉孙敞，字泰中，有才识，位散骑常侍。

　　董昭字公仁，济阴定陶人也。举孝廉，除廮陶长、柏人令，袁绍以为参军事。绍逆公孙瓒于界桥，钜鹿太守李邵及郡冠盖，以瓒兵强，皆欲属瓒。绍闻之，使昭领钜鹿。问："御以何术？"对曰："一人之微，不能消众谋，欲诱致其心，唱与同议，及得其情，乃当权以制之耳。计在临时，未可得言。"时郡右姓孙伉等数十人专为谋主，惊动吏民。昭至郡，伪作绍檄告郡云："得贼罗候安平张吉辞，当攻钜鹿，贼故孝廉孙伉等为应，檄到收行军法，恶止其身，妻子勿坐。"昭案檄告令，皆即斩之。一郡惶恐，乃以次安慰，遂皆平集。事讫白绍，绍称善。会魏郡太守栗攀为兵所害，绍以昭领魏郡太守。时郡界大乱，贼以万数，遣使往来，交易市买。昭厚待之，因用为间，乘虚掩讨，辄大克破。二日之中，羽檄三至。

　　昭弟访，在张邈军中。邈与绍有隙，绍受谗将致罪于昭。昭欲诣汉献帝，至河内，为张杨所留。因杨上还印绶，拜骑都尉。时太祖领兖州，遣使诣杨，欲令假涂西至长安，杨不听。昭说杨曰："袁、曹虽为一家，势不久群。曹今虽弱，然实天下之英雄也，当故结之。况今有缘，宜通其上事，并表荐之；若事有成，永为深分。"杨于是通太祖上事，表荐太祖。昭为太祖作书与长安诸将李傕、郭汜等，各随轻重致殷勤。杨亦遣使诣太祖。太祖遗杨犬马金帛,遂与西方往来。天子在安邑,昭从河内往,诏拜议郎。

建安元年,太祖定黄巾于许,遣使诣河东。会天子还洛阳,韩暹、杨奉、董承及杨各违戾不和。昭以奉兵马最强而少党援,作太祖书与奉曰:"吾与将军闻名慕义,便推赤心。今将军拔万乘之艰难,反之旧都,翼佐之功,超世无畴,何其休哉!方今群凶猾夏,四海未宁,神器至重,事在维辅;必须众贤以清王轨,诚非一人所能独建。心腹四支,实相恃赖,一物不备,则有阙焉。将军当为内主,吾为外援。今吾有粮,将军有兵,有无相通,足以相济,死生契阔,相与共之。"奉得书喜悦,语诸将军曰:"兖州诸军近在许耳,有兵有粮,国家所当依仰也。"遂共表太祖为镇东将军,袭父爵费亭侯;昭迁符节令。

太祖朝天子于洛阳,引昭并坐,问曰:"今孤来此,当施何计?"昭曰:"将军兴义兵以诛暴乱,入朝天子,辅翼王室,此五伯之功也。此下诸将,人殊意异,未必服从,今留匡弼,事势不便,惟有移驾幸许耳。然朝廷播越,新还旧京,远近跂望,冀一朝获安。今复徙驾,不厌众心。夫行非常之事,乃有非常之功,愿将军算其多者。"太祖曰:"此孤本志也。杨奉近在梁耳,闻其兵精,得无为孤累乎?"昭曰:"奉少党援,将独委质。镇东、费亭之事,皆奉所定,又闻书命申束,足以见信。宜时遣使厚遗答谢,以安其意。说'京都无粮,欲车驾暂幸鲁阳,鲁阳近许,转运稍易,可无县乏之忧'。奉为人勇而寡虑,必不见疑,比使往来,足以定计。奉何能为累!"太祖曰:"善。"即遣使诣奉。徙大驾至许。奉由是失望,与韩暹等到定陵钞暴。太祖不应,密往攻其梁营,降诛即定。奉、暹失众,东降袁术。三年,昭迁河南尹。时张杨为其将杨丑所杀,杨长史薛洪,河内太守缪尚城守待绍救。太祖令昭单身入城,告喻洪、尚等,即日举众降。以昭为冀州牧。

太祖令刘备拒袁术,昭曰:"备勇而志大,关羽、张飞为之羽翼,恐备之心未可得论也!"太祖曰:"吾已许之矣。"备到下邳,杀徐州刺史车胄,反。太祖自征备,徙昭为徐州牧。袁绍遣将颜良攻东郡,又徙昭为魏郡太守,从讨良。良死后,进围邺城。袁绍同族春卿为魏郡太守,在城中,其父元长在扬州,太祖遣人迎之。昭书与春卿曰:"盖闻孝者不背亲以要利,仁者不忘君以徇私,志士不探乱以徼幸,智者不诡道以自危。足下大君,昔避内难,南游百越,非疏骨肉,乐彼吴会,智者深识,独或宜然。曹公愍其守志清恪,离群寡俦,故特遣使江东,或迎或送,今将至矣。就令足下处偏平之地,依德义之主,居有泰山之固,身为乔松之偶,以义言之,犹宜背彼向此,舍民趣父也。且邾仪父始与隐公盟,鲁人嘉之,而不书爵,然则王所未命,爵尊不成,春秋之义也。况足下今日之所托者乃危乱之国,所受者乃矫诬之命乎?苟不逞之与群,而厥父之不恤,不可以言孝。忘祖宗所居之本朝,安非正之奸职,难可以言忠。忠孝并替,难以言智。又足下昔日为曹公所礼辟,夫戚族人而疏所生,内所寓而外王室,怀邪禄而叛知己,远福祚而近危亡,弃明义而收大耻,不亦可惜邪!若能翻然易节,奉帝养父,委身曹公,忠孝不坠,荣名彰矣。宜深留计,早决良图。"邺既定,以昭为谏议大夫。后袁尚依乌丸蹋顿,太祖将征之。患军粮难致,凿平虏、泉州二渠入海通运,昭所建也。太祖表封千秋亭侯,转拜司空军祭酒。

后昭建议:"宜修古建封五等。"太祖曰:"建设五等者,圣人也,又非人臣所制,吾何以堪之?"昭曰:"自古以来,人臣匡世,未有今日之功。有今日之功,未有久处人臣之势者也。今明公耻有惭德而未尽善,乐保名节而无大责,德美过于伊、周,此至德之所极也。然太甲、成王未必可遭,今民难化,甚于殷、周,处大臣之势,使人以大事疑己,诚不可不重虑也。明公虽迈威德,明法术,而不定其基,为万世计,犹未至也。定基之本,在地与人,宜稍建立,以自藩卫。明公忠节颖露,天威在颜,耿弇床下之言,朱英无妄之论,不得过耳。昭受恩非凡,不敢不陈。"①后太祖遂受魏公、魏王之号,皆昭所创。

①献帝春秋曰:昭与列侯诸将议,以丞相宜进爵国公,九锡备物,以彰殊勋;书与荀彧曰:"昔周旦、吕望,当姬氏之盛,因二圣之业,辅翼成王之幼,功勋若彼,犹受上爵,锡土开宇。末世田单,驱强齐之众,报弱燕之怨,收城七十,迎复襄王;襄王加赏于单,使东有掖邑之封,西有菑上之虞。前世录功,浓厚如此。今曹公遭海内倾覆,宗庙焚灭,躬擐甲胄,周旋征伐,栉风沐雨,且三十年,芟夷群凶,为百姓除害,使汉室复存,刘氏奉祀。方之曩者数公,若太山之与丘垤,岂同日而论乎?今徒与列将功臣,并侯一县,此岂天下所望哉!"

及关羽围曹仁于樊,孙权遣使辞以"遣兵西上,欲掩取羽。江陵、公安累重,羽失二城,必自奔走,樊军之围,不救自解。乞密不漏,令羽有备。"太祖诘群臣,群臣咸言宜当密之。昭曰:"军事尚权,期于合宜。宜应权以密,而内露之。羽闻权上,若还自护,围则速解,便获其利。可使两贼相对衔持,坐待其弊。秘而不露,使权得志,非计之上。又,围中将吏不知有救,计粮怖惧,傥有他意,为难不小。露之为便。且羽为人强梁,自恃二城守固,必不速退。"太祖曰:"善。"即敕救将徐晃以权书射著围里及羽屯中,围里闻之,志气百倍。羽果犹豫。权军至,得其二城,羽乃破败。

文帝即王位,拜昭将作大匠。及践阼,迁大鸿胪,进封右乡侯。二年,分邑百户,赐昭弟访爵关内侯,徙昭为侍中。三年,征东大将军曹休临江在洞浦口,自表:"愿将锐卒虎步江南,因敌取资,事必克捷;若其无臣,不须为念。"帝恐休便渡江,驿马诏止。时昭侍侧,因曰："窃见陛下有忧色,独以休济江故乎?今者渡江,人情所难,就休有此志,势不独行,当须诸将。臧霸等既富且贵,无复他望,但欲终其天年,保守禄祚而已,何肯乘危自投死地,以求徼幸?苟霸等不进,休意自沮。臣恐陛下虽有敕渡之诏,犹必沉吟,未便从命也。"是后无几,暴风吹贼船,悉诣休等营下,斩首获生,贼遂迸散。诏敕诸军促渡。军未时进,贼救船遂至。

大驾幸宛,征南大将军夏侯尚等攻江陵,未拔。时江水浅狭,尚欲乘船将步骑入渚中安屯,作浮桥,南北往来,议者多以为城必可拔。昭上疏曰:"武皇帝智勇过人,而用兵畏敌,不敢轻之若此也。夫兵好进恶退,常然之数。平地无险,犹尚艰难,就当深入,还道宜利,兵有进退,不可如意。今屯渚中,至深也;浮桥而济,至危也;一道而行,至狭也:三者兵家所忌,而今行之。贼频攻桥,误有漏失,渚中精锐,非魏之有,将转化为吴矣。臣私戚之,忘寝与食,而议者怡然不以为忧,岂不惑哉!加江水向长,一旦暴增,何以防御?就不破贼,尚当自完。奈何乘危,不以为惧?事将危矣,惟陛下察之!"帝悟昭言,即诏尚等促出。贼两头并前,官兵一道引去,不时得泄,将军石建、高迁仅得自免。军出旬日,江水暴长。帝曰:"君论此事,何其审也!正使张、陈当之,何以复加。"五年,徙封成都乡侯,拜太常。其年,徙光禄大夫、给事中。从大驾东征,七年还,拜太仆。明帝即位,进爵乐平侯,邑千户,转卫尉。分邑百户,赐一子爵关内侯。

太和四年,行司徒事,六年,拜真。昭上疏陈末流之弊曰:"凡有天下者,莫不贵尚敦朴忠信之士,深疾虚伪不真之人者,以其毁教乱治,败俗伤化也。近魏讽则伏诛建安之末,曹伟则斩戮黄初之始。伏惟前后圣诏,深疾浮伪,欲以破散邪党,常用切齿;而执法之吏皆畏其权势,莫能纠摘,毁坏风俗,侵欲滋甚。窃见当今年少,不复以学问为本,专更以交游为业;国士不以孝悌清修为首,乃以趋势游利为先。合党连群,互相褒叹,以毁訾为罚戮,用党誉为爵赏,附己者则叹之盈言,不附者则为作瑕衅。至乃相谓'今世何忧不度邪,但求人道不勤,罗之不博耳;又何患其不知己矣,但当吞之以药而柔调耳'。又闻或有使奴客名作在职家人,冒之出入,往来禁奥,交通书疏,有所探问。凡此诸事,皆法之所不取,刑之所不赦,虽讽、伟之罪,无以加也。"帝于是发切诏,斥免诸葛诞、邓飏等。昭年八十一薨,谥曰定侯。子冑嗣。冑历位郡守、九卿。

刘晔字子扬,淮南成惪人,惪音德。汉光武子阜陵王延后也。父普,母脩,产涣及晔。涣九岁,晔七岁,而母病困。临终,戒涣、晔"以普之侍人,有谄害之性。身死之后,惧必乱家。汝长大能除之,则吾无恨矣。"晔年十三,谓兄涣曰:"亡母之言,可以行矣。"涣曰:"那可尔!"晔即入室杀侍者,径出拜墓。舍内大惊,白普。普怒,遣人追晔。晔还拜谢曰:"亡母顾命之言,敢受不请擅行之罚。"普心异之,遂不责也。汝南许劭名知人,避地扬州,称晔有佐世之才。

扬士多轻侠狡桀,有郑宝、张多、许乾之属,各拥部曲。宝最骁果,才力过人,一方所惮。欲驱略百姓越赴江表,以晔高族名人,欲强逼晔使唱导此谋。晔时年二十馀,心内忧之,而未有缘。会太祖遣使诣州,有所案问。晔往见,为论事势,要将与归,驻止数日。宝果从数百人赍牛酒来候使,晔令家僮将其众坐中门外,为设酒饭;与宝于内宴饮。密勒健儿,令因行觞而斫宝。宝性不甘酒,视候甚明,觞者不敢发。晔因自引取佩刀斫杀宝,斩其首以令其军,云:"曹公有令,敢有动者,与宝同罪。"众皆惊怖,走还营。营有督将精兵数千,惧其为乱,晔即乘宝马,将家僮数人,诣宝营门,呼其渠帅,喻以祸福,皆叩头开门内晔。晔抚慰安怀,咸悉悦服,推晔为主。晔睹汉室渐微,已为支属,不欲拥兵,遂委其部曲与庐江太守刘勋。勋怪其故,晔曰:"宝无法制,其众素以钞略为利,仆宿无资,而整齐之,必怀怨难久,故相与耳。"时勋兵强于江、淮之间。孙策恶之,遣使卑辞厚币,以书说勋曰:"上缭宗民,数欺下国,忿之有年矣。击之,路不便,愿因大国伐之。上缭甚实,得之可以富国,请出兵为外援。"勋信之,又得策珠宝、葛越,喜悦。外内尽贺,而晔独否。勋问其故,对曰:"上缭虽小,城坚池深,攻难守易,不可旬日而举,则兵疲于外,而国内虚。策乘虚而袭我,则后不能独守。是将军进屈于敌,退无所归。若军必出,祸今至矣。"勋不从。兴兵伐上缭,策果袭其后。勋穷踧,遂奔太祖。

太祖至寿春,时庐江界有山贼陈策,众数万人,临险而守。先时遣偏将致诛,莫能禽克。太祖问群下,可伐与不?咸云:"山峻高而谿谷深隘,守易攻难;又无之不足为损,得之不足为益。"晔曰:"策等小竖,因乱赴险,遂相依为强耳,非有爵命威信相伏也。往者偏将资轻,而中国未夷,故策敢据险以守。今天下略定,后伏先诛。夫畏死趋赏,愚知所同,故广武君为韩信画策,谓其威名足以先声后实而服邻国也。岂况明公之德,东征西怨,先开赏募,大兵临之,令宣之日,军门启而虏自溃矣。"太祖笑曰:"卿言近之!"遂遣猛将在前,大军在后,至则克策,如晔所度。太祖还,辟晔为司空仓曹掾。①

①傅子曰:太祖征晔及蒋济、胡质等五人,皆扬州名士。每舍亭传,未曾不讲,所以见重;内论国邑先贤、御贼固守、行军进退之宜,外料敌之变化、彼我虚实、战争之术,夙夜不解。而晔独卧车中,终不一言。济怪而问之,晔答曰:"对明主非精神不接,精神可学而得乎?"及见太祖,太祖果问扬州先贤,贼之形势。四人争对,待次而言,再见如此,太祖每和悦,而晔终不一言。四人笑之。后一见太祖止无所复问,晔乃设远言以动太祖,太祖适知便止。若是者三。其旨趣以为远言宜征精神,独见以

三国志卷十四

尽其机,不宜于猥坐说也。太祖已探见其心矣,坐罢,寻以四人为令,而授晔以心腹之任;每有疑事,辄以函问晔,至一夜数十至耳。

　　太祖征张鲁,转晔为主簿。既至汉中,山峻难登,军食颇乏。太祖曰:"此妖妄之国耳,何能为有无?吾军少食,不如速还。"便自引归,令晔督后诸军,使以次出。晔策鲁可克,加粮道不继,虽出,军犹不能皆全,驰白太祖:"不如致攻。"遂进兵,多出弩以射其营。鲁奔走,汉中遂平。晔进曰:"明公以步卒五千,将诛董卓,北破袁绍,南征刘表,九州百郡,十并其八,威震天下,势慑海外。今举汉中,蜀人望风,破胆失守,推此而前,蜀可传檄而定。刘备,人杰也,有度而迟,得蜀日浅,蜀人未恃也。今破汉中,蜀人震恐,其势自倾。以公之神明,因其倾而压之,无不克也。若小缓之,诸葛亮明于治而为相,关羽、张飞勇冠三军而为将,蜀民既定,据险守要,则不可犯矣。今不取,必为后忧。"太祖不从,①大军遂还。晔自汉中还,为行军长史,兼领军。延康元年,蜀将孟达率众降。达有容止才观,文帝甚器爱之,使达为新城太守,加散骑常侍。晔以为"达有苟得之心,而恃才好术,必不能感恩怀义。新城与吴、蜀接连,若有变态,为国生患"。文帝竟不易,后达终于叛败。②

　　①傅子曰:居七日,蜀降者说:"蜀中一日数十惊,备虽斩之而不能安也。"太祖延问晔曰:"今尚可击不?"晔曰:"今已小定,未可击也。"

　　②傅子曰:初,太祖时,魏讽有重名,自卿相以下皆倾心交之。其后孟达去刘备归文帝,论者多称有乐毅之量。晔一见讽、达而皆云必反,卒如其言。

　　黄初元年,以晔为侍中,赐爵关内侯。诏问群臣令料刘备当为关羽出报吴不。众议咸云:"蜀,小国耳,名将唯羽。羽死军破,国内忧惧,无缘复出。"晔独曰:"蜀虽狭弱,而备之谋欲以威武自强,势必用众以示其有馀。且关羽与备,义为君臣,恩犹父子;羽死不能为兴军报敌,于终始之分不足。"后备果出兵击吴。吴悉国应之,而遣使称藩。朝臣皆贺,独晔曰:"吴绝在<u>江</u>、<u>汉</u>之表,无内臣之心久矣。陛下虽齐德<u>有虞</u>,然丑虏之性,未有所感。因难求臣,必难信也。彼必外迫内困,然后发此使耳,可因其穷,袭而取之。夫一日纵敌,数世之患,不可不察也。"<u>备</u>军败退,吴礼敬转废,帝欲兴众伐之,晔以为"彼新得志,上下齐心,而阻带江湖,必难仓卒"。帝不听。①五年,幸<u>广陵泗口</u>,命<u>荆</u>、<u>扬</u>州诸军并进。会群臣,问:"<u>权</u>当自来不?"咸曰:"陛下亲征,<u>权</u>恐怖,必举国而应。又不敢以大众委之臣下,必自将而来。"晔曰:"彼谓陛下欲以万乘之重牵己,而超越江湖者在于别将,必勒兵待事,未有进退也。"大驾停住积日,<u>权</u>果不至,帝乃旋师。云:"卿策之是也。当念为吾灭二贼,不可但知其情而已。"

①<u>傅子</u>曰:<u>孙权</u>遣使求降,帝以问<u>晔</u>。<u>晔</u>对曰:"<u>权</u>无故求降,必内有急。<u>权</u>前袭杀<u>关羽</u>,取<u>荆州</u>四郡,<u>备</u>怒,必大兴师伐之。外有强寇,众心不安,又恐中国承其衅而伐之,故委地求降,一以却中国之兵,二则假中国之援,以强其众而疑敌人。<u>权</u>善用兵,见策知变,其计必出于此。今天下三分,中国十有其八。<u>吴</u>、<u>蜀</u>各保一州,阻山依水,有急相救,此小国之利也。今还自相攻,天亡之也。宜大兴师,径渡<u>江</u>袭其内。<u>蜀</u>攻其外,我袭其内,<u>吴</u>之亡不出旬月矣。<u>吴</u>亡则<u>蜀</u>孤。若割<u>吴</u>半,<u>蜀</u>固不能久存,况<u>蜀</u>得其外,我得其内乎!"帝曰:"人称臣降而伐之,疑天下欲来者心,必以为惧,其殆不可!孤何不且受<u>吴</u>降,而袭<u>蜀</u>之后乎?"对曰:"<u>蜀</u>远<u>吴</u>近,又闻中国伐之,便还军,不能止也。今<u>备</u>已怒,故兴兵击<u>吴</u>,闻我伐<u>吴</u>,知<u>吴</u>必亡,必喜而进与我争割<u>吴</u>地,必不改计抑怒救<u>吴</u>,必然之势也。"帝不听,遂受<u>吴</u>降,即拜<u>权</u>为<u>吴</u>王。<u>晔</u>又进曰:"不可。先帝征伐,天下十兼其八,[3]威震海内,陛下受禅即真,德合天地,声暨四远,此实然之势,非卑臣颂言也。<u>权</u>虽有雄才,故<u>汉</u>骠骑将军<u>南昌侯</u>耳,官轻势卑。士民有畏中国心,不可强迫与成所谋也。不得已受其降,可进其将军号,封十万户侯,不可即以为王也。夫王位,去天子一阶耳,其礼秩服御相乱也。彼直为侯,江南士民未有君臣之义也。我信其伪降,就封殖之,崇

其位号,定其君臣,是为虎傅翼也。权既受王位,却蜀兵之后,外尽礼事中国,使其国内皆闻之,内为无礼以怒陛下。陛下赫然发怒,兴兵讨之,乃徐告其民曰:'我委身事中国,不爱珍货重宝,随时贡献,不敢失臣礼也,无故伐我,必欲残我国家,俘我民人子女以为僮隶仆妾。'吴民无缘不信其言也。信其言而感怒,上下同心,战加十倍矣。"又不从。遂即拜权为吴王。权将陆议大败刘备,杀其兵八万馀人,备仅以身免。权外礼愈卑,而内行不顺,果如晔言。

明帝即位,进爵东亭侯,邑三百户。诏曰:"尊严祖考,所以崇孝表行也;追本敬始,所以笃教流化也。是以成汤、文、武,实造商、周,诗、书之义,追尊稷、契,歌颂有娀、姜嫄之事,明盛德之源流,受命所由兴也。自我魏室之承天序,既发迹于高皇、太皇帝,而功隆于武皇、文皇帝。至于高皇之父处士君,潜修德让,行动神明,斯乃乾坤所福飨,光灵所从来也。而精神幽远,号称罔记,非所谓崇孝重本也。其令公卿已下,会议号谥。"晔议曰:"圣帝孝孙之欲褒崇先祖,诚无量已。然亲疏之数,远近之降,盖有礼纪,所以割断私情,克成公法,为万世式也。周王所以上祖后稷者,以其佐唐有功,名在祀典故也。至于汉氏之初,追谥之义,不过其父。上比周室,则大魏发迹自高皇始;下论汉氏,则追谥之礼不及其祖。此诚往代之成法,当今之明义也。陛下孝思中发,诚无已已,然君举必书,所以慎于礼制也。以为追尊之义,宜齐高皇而已。"尚书卫臻与晔议同,事遂施行。辽东太守公孙渊夺叔父位,擅自立,遣使表状。晔以为公孙氏汉时所用,遂世官相承,水则由海,陆则阻山,外连胡夷,[4]绝远难制,而世权日久。今若不诛,后必生患。若怀贰阻兵,然后致诛,于事为难。不如因其新立,有党有仇,先其不意,以兵临之,开设赏募,可不劳师而定也。后渊竟反。

晔在朝,略不交接时人。或问其故,晔答曰:"魏室即阼尚新,智者知命,俗或未咸。仆在汉为支叶,于**魏**备腹心,寡偶少徒,于宜未失也。"**太和六年**,以疾拜太中大夫。有间,为大鸿胪,在位二年逊位,复为太中大夫,薨。谥曰景侯。子**寓**嗣。①少子**陶**,亦高才而薄行,官至**平原**太守。②

① **傅子**曰:**晔**事**明皇帝**,又大见亲重。帝将伐**蜀**,朝臣内外皆曰"不可"。**晔**入与帝议,因曰"可伐";出与朝臣言,因曰"不可伐"。**晔**有胆智,言之皆有形。中领军**杨暨**,帝之亲臣,又重**晔**,持不可伐**蜀**之议最坚,每从内出,辄过**晔**,**晔**讲不可之意。后**暨**从驾行天渊池,帝论伐**蜀**事,**暨**切谏。帝曰:"卿书生,焉知兵事!"**暨**谦谢曰:"臣出自儒生之末,陛下过听,拔臣群萃之中,立之六军之上,臣有微心,不敢不尽言。臣言诚不足采,侍中刘**晔**先帝谋臣,常曰**蜀**不可伐。"帝曰:"**晔**与吾言**蜀**可伐。"**暨**曰:"**晔**可召质也。"诏召**晔**至,帝问**晔**,终不言。后独见,**晔**责帝曰:"伐国,大谋也,臣得与闻大谋,常恐眯梦漏泄以益臣罪,焉敢向人言之?夫兵,诡道也,军事未发,不厌其密也。陛下显然露之,臣恐敌国已闻之矣。"于是帝谢之。**晔**见出,责**暨**曰:"夫钓者中大鱼,则纵而随之,须可制而后牵,则无不得也。人主之威,岂徒大鱼而已!子诚直臣,然计不足采,不可不精思也。"**暨**亦谢之。**晔**能应变持两端如此。或恶**晔**于帝曰:"**晔**不尽忠,善伺上意所趋而合之。陛下试与**晔**言,皆反意而问之,若皆与所问反者,是**晔**常与圣意合也。复每问皆同者,**晔**之情必无所逃矣。"帝如言以验之,果得其情,从此疏焉。**晔**遂发狂,出为大鸿胪,以忧死。谚曰"巧诈不如拙诚",信矣。以**晔**之明智权计,若居之以德义,行之以忠信,古之上贤,何以加诸?独任才智,不与世士相经纬,内不推心事上,外困于俗,卒不能自安于天下,岂不惜哉!

② **王弼传**曰:淮南人刘**陶**,善论纵横,为当时所推。

傅子曰:**陶**字季冶,善名称,有大辩,**曹爽**时为选部郎,邓飏之徒称之以为伊吕。当此之时,其人意陵青云,谓**玄**曰:"仲尼不圣。何以知其然?智者图国;天下群愚,如弄一丸于掌中,而不能得天下。"**玄**以其言大惑,不复详难也。谓之曰:"天下之质,变无常也。今见卿穷!"**爽**之败,退居里舍,乃谢其言之过。

干宝晋纪曰：毌丘俭之起也，大将军以问陶，陶答依违。大将军怒曰："卿平生与吾论天下事，至于今日而更不尽乎？"乃出为平原太守，又追杀之。

蒋济字子通，楚国平阿人也。仕郡计吏、州别驾。建安十三年，孙权率众围合肥。时大军征荆州，遇疾疫，唯遣将军张喜单将千骑，过领汝南兵以解围，颇复疾疫。济乃密白刺史伪得喜书，云步骑四万已到雩娄，遣主簿迎喜。三部使赍书语城中守将，一部得入城，二部为贼所得。权信之，遽烧围走，城用得全。明年使于谯，太祖问济曰："昔孤与袁本初对官渡，徙燕、白马民，民不得走，贼亦不敢钞。今欲徙淮南民，何如？"济对曰："是时兵弱贼强，不徙必失之。自破袁绍，北拔柳城，南向江、汉，荆州交臂，威震天下，民无他志。然百姓怀土，实不乐徙，惧必不安。"太祖不从，而江、淮间十馀万众，皆惊走吴。后济使诣邺，太祖迎见大笑曰："本但欲使避贼，乃更驱尽之。"拜济丹阳太守。大军南征还，以温恢为扬州刺史，济为别驾。令曰："季子为臣，吴宜有君。今君还州，吾无忧矣。"民有诬告济为谋叛主率者，太祖闻之，指前令与左将军于禁、沛相封仁等曰："蒋济宁有此事！有此事，吾为不知人也。此必愚民乐乱，妄引之耳。"促理出之。辟为丞相主簿西曹属。令曰："舜举皋陶，不仁者远；臧否得中，望于贤属矣。"关羽围樊、襄阳。太祖以汉帝在许，近贼，欲徙都。司马宣王及济说太祖曰："于禁等为水所没，非战攻之失，于国家大计未足有损。刘备、孙权，外亲内疏，关羽得志，权必不愿也。可遣人劝蹑其后，许割江南以封权，则樊围自解。"太祖如其言。权闻之，即引兵西袭公安、江陵。羽遂见禽。

文帝即王位，转为相国长史。及践阼，出为东中郎将。济请留，诏曰："高祖歌曰'安得猛士守四方'！天下未宁，要须良臣以镇边境。如其无事,乃还鸣玉,未为后也。"济上万机论,帝善之。入为散骑常侍。时有诏,诏征南将军夏侯尚曰:"卿腹心重将,特当任使。恩施足死,惠爱可怀。作威作福,杀人活人。"尚以示济。济既至,帝问曰:"卿所闻见天下风教何如?"济对曰:"未有他善,但见亡国之语耳。"帝忿然作色而问其故,济具以答,因曰:"夫'作威作福',书之明诫。'天子无戏言',古人所慎。惟陛下察之!"于是帝意解,遣追取前诏。黄初三年,与大司马曹仁征吴,济别袭羡谿。仁欲攻濡须洲中,济曰:"贼据西岸,列船上流,而兵入洲中,是为自内地狱,危亡之道也。"仁不从,果败。仁薨,复以济为东中郎将,代领其兵。诏曰:"卿兼资文武,志节慷慨,常有超越江湖吞吴会之志,故复授将率之任。"顷之,征为尚书。车驾幸广陵,济表水道难通,又上三州论以讽帝。帝不从,于是战船数千皆滞不得行。议者欲就留兵屯田,济以为东近湖,北临淮,若水盛时,贼易为寇,不可安屯。帝从之,车驾即发。还到精湖,水稍尽,尽留船付济。船本历适数百里中,济更凿地作四五道,蹴船令聚;豫作土豚遏断湖水,皆引后船,一时开遏入淮中,帝还洛阳,谓济曰:"事不可不晓。吾前决谓分半烧船于山阳池中,卿于后致之,略与吾俱至谯。又每得所陈,实入吾意。自今讨贼计画,善思论之。"

明帝即位,赐爵关内侯。大司马曹休帅军向皖,济表以为"深入虏地,与权精兵对,而朱然等在上流,乘休后,臣未见其利也"。军至皖,吴出兵安陵,济又上疏曰:"今贼示形于西,必欲并兵图东,宜急诏诸军往救之。"会休军已败,尽弃器仗辎重退还。吴欲塞夹石,遇救兵至,是以官军得不没。迁为中护军。时中书监、令号为专任,济上疏曰:"大臣太重者国危,左右太亲者身蔽,古之至戒也。往者大臣秉事,外内扇动。陛下卓然自览万机,莫不祇肃。夫大臣非不忠也,然威权在下,则众心慢上,势之常也。陛下既已察之于大臣,愿无忘于左右。左右忠正远虑,未必贤于大臣,至于便辟取合,或能工之。今外所言,辄云中书,虽使恭慎不敢外交,但有此名,犹惑世俗。况实握事要,日在目前,傥因疲倦之间有所割制,众臣见其能推移于事,即亦因时而向之。一有此端,因当内设自完,以此众语,私招所交,为之内援。若此,臧否毁誉,必有所兴,功负赏罚,必有所易;直道而上者或壅,曲附左右者反达。因微而入,缘形而出,意所狎信,不复猜觉。此宜圣智所当早闻,外以经意,则形际自见。或恐朝臣畏言不合而受左右之怨,莫适以闻。臣窃亮陛下潜神默思,公听并观,若事有未尽于理而物有未周于用,将改曲易调,远与黄、唐角功,近昭<u>武</u>、<u>文</u>之迹,岂近习而已哉!然人君犹不可悉天下事以适己明,当有所付。三官任一臣,非周公旦之忠,又非<u>管</u><u>夷吾</u>之公,则有弄机败官之弊。当今柱石之士虽少,至于行称一州,智效一官,忠信竭命,各奉其职,可并驱策,不使圣明之朝有专吏之名也。"诏曰:"夫骨鲠之臣,人主之所仗也。<u>济</u>才兼文武,服勤尽节,每军国大事,辄有奏议,忠诚奋发,吾甚壮之。"就迁为护军将军,加散骑常侍。[1]

> [1] <u>司马彪</u>战略曰:太和六年,明帝遣平州刺史<u>田豫</u>乘海渡,幽州刺史<u>王雄</u>陆道,并攻辽东。<u>蒋济</u>谏曰:"凡非相吞之国,不侵叛之臣,不宜轻伐。伐之而不制,是驱使为贼。故曰'虎狼当路,不治狐狸。先除大害,小害自己'。今海表之地,累世委质,岁选计考,不乏职贡。议者先之,正使一举便克,得其民不足益国,得其财不足为富;傥不如意,是为结怨失信也。"帝不听,<u>豫</u>行竟无成而还。

景初中,外勤征役,内务宫室,怨旷者多,而年谷饥俭。<u>济</u>上疏曰:"陛下方当恢崇前绪,光济遗业,诚未得高枕而治也。今虽有十二州,至于民数,不过<u>汉</u>时一大郡。二贼未诛,宿兵边陲,且耕且战,怨旷积年。宗庙宫室,百事草创,农桑者少,衣食者多,今其所急,唯当息耗百姓,不至甚弊。弊边之民,傥有水旱,百万之众,不为国用。凡使民必须农隙,不夺其时。夫欲大兴功之君,先料其民力而燠休之。句践养胎以待用,昭王恤病以雪仇,故能以弱燕服强齐,赢越灭劲吴。今二敌不攻不灭,不事即侵,当身不除,百世之责也。以陛下圣明神武之略,舍其缓者,专心讨贼,臣以为无难矣。又欢娱之耽,害于精爽;神太用则竭,形太劳则弊。愿大简贤妙,足以充'百斯男'者。其冗散未齿,且悉散分出,务在清静。"诏曰:"微护军,吾弗闻斯言也。"①

①汉晋春秋曰:公孙渊闻魏将来讨,复称臣于孙权,乞兵自救。帝问济:"孙权其救辽东乎?"济曰:"彼知官备以固,利不可得,深入则非力所能,浅入则劳而无获;权虽子弟在危,犹将不动,况异域之人,兼以往者之辱乎!今所以外扬此声者,谲其行人疑于我,我之不克,冀折后事已耳。然沓渚之间,去渊尚远,若大军相持,事不速决,则权之浅规,或能轻兵掩袭,未可测也。"

齐王即位,徙为领军将军,进爵昌陵亭侯,①迁太尉。初,侍中高堂隆论郊祀事,以魏为舜后,推舜配天。济以为舜本姓妫,其苗曰田,非曹之先,著文以追诘隆。②是时,曹爽专政,丁谧、邓飏等轻改法度。会有日蚀变,诏群臣问其得失,济上疏曰:"昔大舜佐治,戒在比周;周公辅政,慎于其朋;齐侯问灾,晏婴对以布惠;鲁君问异,臧孙答以缓役。应天塞变,乃实人事。今二贼未灭,将士暴露已数十年,男女怨旷,百姓贫苦。夫为国法度,惟命世大才,乃能张其纲维以垂于后,岂中下之吏所宜改易哉?终无益于治,适足伤民,望宜使文武之臣各守其职,率以清平,则和气祥瑞可感而致也。"以随太傅司马宣王屯洛水浮桥,诛曹爽等,进封都乡侯,邑七百户。济上疏曰:"臣忝宠上司,而爽敢苞藏祸心,此臣之无任也。太傅奋独断之策,陛下明其忠节,罪人伏诛,社稷之福也。夫

封宠庆赏，必加有功。今论谋则臣不先知，语战则非臣所率，而上失其制，下受其弊。臣备宰司，民所具瞻，诚恐冒赏之渐自此而兴，推让之风由此而废。"固辞，不许。③是岁薨，谥曰景侯。④子秀嗣。秀薨，子凯嗣。咸熙中，开建五等，以济著勋前朝，改封凯为下蔡子。

① 列异传曰：济为领军，其妇梦见亡儿涕泣曰："死生异路，我生时为卿相子孙，今在地下为泰山伍伯，憔悴困辱，不可复言。今太庙西讴士孙阿，今见召为泰山令，愿母为白侯，属阿令转我得乐处。"言讫，母忽然惊寤，明日以白济。济曰："梦为尔耳，不足怪也。"明日暮，复梦曰："我来迎新君，止在庙下。未发之顷，暂得来归。新君明日日中当发，临发多事，不复得归，永辞于此。侯气强，难感悟，故自诉于母，愿重启侯，何惜不一试验之？"遂道阿之形状，言甚备悉。天明，母重启侯："虽云梦不足怪，此何太适？适亦何惜不一验之？"济乃遣人诣太庙下，推问孙阿，果得之，形状证验悉如儿言。济涕泣曰："几负吾儿！"于是乃见孙阿，具语其事。阿不惧当死，而喜得为泰山令，惟恐济言不信也。曰："若如节下言，阿之愿也。不知贤子欲得何职？"济曰："随地下乐者与之。"阿曰："辄当奉教。"乃厚赏之，言讫遣还。济欲速知其验，从领军门至庙下，十步安一人，以传阿消息。辰时传阿心痛，巳时传阿剧，日中传阿亡。济泣曰："虽哀吾儿之不幸，且喜亡者有知。"后月馀，儿复来语母曰："已得转为录事矣。"

② 臣松之案蒋济立郊议称曹腾碑文云"曹氏族出自邾"，魏书述曹氏胤绪亦如之。魏武作家传，自云曹叔振铎之后。故陈思王作武帝诔曰："於穆武皇，冑稷胤周。"此其不同者也。及至景初，明帝从高堂隆议，谓魏为舜后，后魏为禅晋文，称"昔我皇祖有虞"，则其异弥甚。寻济难隆，及与尚书缪袭往反，并有理据，文多不载。济亦未能定氏族所出，但谓"魏非舜后而横祀非族，降黜太祖，不配正天，皆为缪妄"。然于时竟莫能正。济又难：郑玄注祭法云"有虞以上尚德，禘郊祖宗，配用有德，自夏已下，稍用其姓氏"。济曰："夫虬龙神于獭，獭自祭其先，不祭虬龙也。騶骒白虎仁于豺，豺自祭其先，不祭騶虎也。如玄之说，有虞已上，豺獭之

379

不若邪?臣以为祭法所云,见疑学者久矣,郑玄不考正其违而就通其义。"济豺獭之譬,虽似俳谐,然其义旨,有可求焉。

③孙盛曰:蒋济之辞邑,可谓不负心矣。语曰"不为利回,不为义疚",蒋济其有焉。

④世语曰:初,济随司马宣王屯洛水浮桥,济书与曹爽,言宣王旨"惟免官而已",爽遂诛灭。济病其言之失信,发病卒。

　　刘放字子弃,涿郡人,汉广阳顺王子西乡侯宏后也。历郡纲纪,举孝廉。遭世大乱,时渔阳王松据其土,放往依之。太祖克冀州,放说松曰:"往者董卓作逆,英雄并起,阻兵擅命,人自封殖,惟曹公能拔拯危乱,翼戴天子,奉辞伐罪,所向必克。以二袁之强,守则淮南冰消,战则官渡大败;乘胜席卷,将清河朔,威刑既合,大势以见。速至者渐福,后服者先亡,此乃不俟终日驰骛之时也。昔黥布弃南面之尊,仗剑归汉,诚识废兴之理,审去就之分也。将军宜投身委命,厚自结纳。"松然之。会太祖讨袁谭于南皮,以书招松,松举雍奴、泉州、安次以附之。放为松答太祖书,其文甚丽。太祖既善之,又闻其说,由是遂辟放。建安十年,与松俱至。太祖大悦,谓放曰:"昔班彪依窦融而有河西之功,今一何相似也!"乃以放参司空军事,历主簿记室,出为郦阳、祋祤、 祋音都活反。祤音诩。 赞令。

　　魏国既建,与太原孙资俱为秘书郎。先是,资亦历县令,参丞相军事。①文帝即位,放、资转为左右丞。数月,放徙为令。黄初初,改秘书为中书,以放为监,资为令,各加给事中;放赐爵关内侯,资为关中侯,遂掌机密。三年,放进爵魏寿亭侯,资关内侯。明帝即位,尤见宠任,同加散骑常侍;进放爵西乡侯,资乐阳亭侯。②太和末,吴遣将周贺浮海诣辽东,招诱公孙渊。帝欲邀讨之,朝议多以为不可。惟资决行策,果大破之,进爵左乡侯。③放善为书檄,三祖诏命有所招喻,多放所为。青龙初,孙权与诸葛亮连和,欲俱出为寇。边候得权书,放乃改易其辞,往往换其本文而傅合之,与征东将军满宠,若欲归化,封以示亮。亮腾与吴大将步骘等,骘等以见权。权惧亮自疑,深自解说。是岁,俱加侍中、光禄大夫。④景初二年,辽东平定,以参谋之功,各进爵,封本县,放方城侯,资中都侯。

①资别传曰:资字彦龙。幼而岐嶷,三岁丧二亲,长于兄嫂。讲业太学,博览传记,同郡王允一见而奇之。太祖为司空,又辟资。会兄为乡人所害,资手刃报仇,乃将家属避地河东,故遂不应命。寻复为本郡所命,以疾辞。友人河东贾逵谓资曰:"足下抱逸群之才,值旧邦倾覆,主将殷勤,千里延颈,宜崇古贤桑梓之义。而久盘桓,拒违君命,斯犹曜和璧于秦王之庭,而塞以连城之价耳。窃为足下不取也!"资感其言,遂往应之。到署功曹,举计吏。尚书令荀彧见资,叹曰:"北州承丧乱已久,谓其贤智零落,今日乃复见孙计君乎!"表留以为尚书郎。辞以家难,得还河东。

②资别传曰:诸葛亮出在南郑,时议者以为可因大发兵,就讨之,帝意亦然,以问资。资曰:"昔武皇帝征南郑,取张鲁,阳平之役,危而后济。又自往拔出夏侯渊军,数言'南郑直为天狱,中斜谷道为五百里石穴耳',言其深险,喜出渊军之辞也。又武皇帝圣于用兵,察蜀贼栖于山岩,视吴虏窜于江湖,皆挠而避之,不责将士之力,不争一朝之忿,诚所谓见胜而战,知难而退也。今若进军就南郑讨亮,道既险阻,计用精兵又转运镇守南方四州遏御水贼,凡用十五六万人,必当复更有所发兴。天下骚动,费力广大,此诚陛下所宜深虑。夫守战之力,力役参倍。但以今日见兵,分命大将据诸要险,威足以震慑强寇,镇静疆场,将士虎睡,百姓无事。数年之间,中国日盛,吴蜀二虏必自罢弊。"帝由是止。时吴人彭绮又举义江南,议者以为因此伐之,必有所克。帝问资,资曰:"鄱阳宗人前后数有举义者,众弱谋浅,旋辄乖散。昔文皇帝尝密论贼形势,言洞浦杀万人,得船千万,数日间船人复会;江陵被围历月,权载以千数百兵住东门,而其土地无崩解者。是有法禁,上下相奉持之明验也。以此推绮,惧未能为权腹心大疾也。"绮果寻败亡。

③魏氏春秋曰:乌丸校尉田豫帅西部鲜卑泄归尼等出塞,讨轲比能、智郁

筑鞬,破之,还至马邑故城,比能帅三万骑围豫。帝闻之,计未有所出,如中书省以问监、令。令孙资对曰:"上谷太守阎志,柔弟也,为比能素所归信。令驰诏使说比能,可不劳师而自解矣。"帝从之,比能果释豫而还。

④资别传曰:是时,孙权、诸葛亮号称剧贼,无岁不有军征。而帝总摄群下,内图御寇之计,外规庙胜之画,资皆管之。然自以受腹心,常让事于帝曰:"动大众,举大事,宜与群下共之;既以示明,且于探求为广。"既朝臣会议,资奏当其是非,择其善者推成之,终不显己之德也。若众人有谴过及爱憎之说,辄复为请解,以塞谮润之端。如征东将军满宠、凉州刺史徐邈,并有谮毁之者,资皆盛陈其素行,使卒无纤介。宠、邈得保其功名者,资之力也。初,资在邦邑,名出同类之右。乡人司隶田豫、梁相宗艳皆妒害之,而杨丰党附豫等,专为资构造谤端,怨隙甚重。资既不以为言,而终无恨意。豫等惭服,求释宿憾,结为婚姻。资谓之曰:"吾无憾心,不知所释。此为卿自薄之,卿自厚之耳!"乃为长子宏取其女。及当显位,而田豫老疾在家。资遇之甚厚,又致其子于本郡,以为孝廉。而杨丰子后为尚方吏,帝以职事谴怒,欲致之法,资请活之。其不念旧恶如此。

其年,帝寝疾,欲以燕王宇为大将军,及领军将军夏侯献、武卫将军曹爽、屯骑校尉曹肇、骁骑将军秦朗共辅政。宇性恭良,陈诚固辞。帝引见放、资,入卧内,问曰:"燕王正尔为?"放、资对曰:"燕王实自知不堪大任故耳。"帝曰:"曹爽可代宇不?"放、资因赞成之。又深陈宜速召太尉司马宣王,以纲维皇室。帝纳其言,即以黄纸授放作诏。放、资既出,帝意复变,诏止宣王勿使来。寻更见放、资曰:"我自召太尉,而曹肇等反使吾止之,几败吾事!"命更为诏,帝独召爽与放、资俱受诏命,遂免宇、献、肇、朗官。太尉亦至,登床受诏,然后帝崩。①齐王即位,以放、资决定大谋,增邑三百,放并前千一百,资千户;封爱子一人亭侯,次子骑都尉,馀子皆郎中。正始元年,更加放左光禄大夫,资右光禄大夫,金印紫绶,仪同三司。六年,放转骠骑,资卫将军,领监、令如故。七年,复封子一人亭侯,各年老逊位,以列侯朝朔望,位特进。②曹爽诛后,复以资为侍中,领中书令。嘉平二年,放薨,谥曰敬侯。子正嗣。③资复逊位归第,就拜骠骑将军,转侍中,特进如故。三年薨,谥曰贞侯。子宏嗣。

①世语曰:放、资久典机任,献、肇心内不平。殿中有鸡栖树,二人相谓:"此亦久矣,其能复几?"指谓放、资。放、资惧,乃劝帝召宣王。帝作手诏,令给使辟邪至,以授宣王。宣王在汲,献等先诏令于轵关西还长安,辟邪又至,宣王疑有变,呼辟邪具问,乃乘追锋车驰至京师。帝问放、资:"谁可与太尉对者?"放曰:"曹爽。"帝曰:"堪其事不?"爽在左右,流汗不能对。放蹑其足,耳之曰:"臣以死奉社稷。"曹肇弟篡为大将军司马,燕王颇失指,肇出,篡见,惊曰:"上不安,云何悉共出?宜还。"已暮,放、资宣诏宫门,不得复内肇等,罢燕王。肇明日至门,不得入,惧,诣廷尉,以处事失宜免。帝谓献曰:"吾已差,便出。"献流涕而出,亦免。案世语所云树置先后,与本传不同。

资别传曰:帝诏资曰:"吾年稍长,又历观书传中,皆叹息无所不念。图万年后计,莫过使亲人广据职势,兵任又重。今射声校尉缺,久欲得亲人,谁可用者?"资曰:"陛下思深虑远,诚非愚臣所及。书传所载,皆圣听所究,向使汉高不知平、勃能安刘氏,孝武不识金、霍付以事,殆不可言!文皇帝始召曹真还时,亲诏臣以重虑,及至晏驾,陛下即阼,犹有曹休外内之望,赖遭日月,御勒不倾,使各守分职,纤介不间。以此推之,亲臣贵戚,虽当据势握兵,宜使轻重素定。若诸侯典兵,力均衡平,宠齐爱等,则不相为服;不相为服,则意有异同。今五营所领见兵,常不过数百,选授校尉,如其辈类,为有畴匹。至于重大之任,能有所维纲者,宜以圣恩简择,如平、勃、金、霍、刘章等一二人,渐殊其威重,使相镇固,于事为善。"帝曰:"然。如卿言,当为吾远虑所图。今日可参平、勃,侔金、霍,双刘章者,其谁哉?"资曰:"臣闻知人则哲,惟帝难之。唐虞之圣,凡所进用,明试以功。陈平初事汉祖,绛、灌等谤平有受金盗嫂之罪。周勃以吹箫引强,始事高祖,亦未知名也;高祖察其行迹,然后知可付以大事。霍光给事中二十馀年，小心谨慎，乃见亲信。日磾夷狄，以至孝质直，特见擢用，左右尚曰'妄得一胡儿而重贵之'。平、勃虽安汉嗣，其终，勃被反名，平劣自免于吕须之谮。上官桀、桑弘羊与霍光争权，几成祸乱。此诚知人之不易，为臣之难也。又所简择，当得陛下所亲，当得陛下所信，诚非愚臣之所能识别。"

臣松之以为孙、刘于时号为专任，制断机密，政事无不综。资、放被托付之间，当安危所断，而更依违其对，无有适莫。受人亲任，理岂得然？案本传及诸书并云放、资称赞曹爽，劝召宣王，魏室之亡，祸基于此。资之别传，出自其家，欲以是言掩其大失，然恐负国之玷，终莫能磨也。

② 资别传曰：大将军爽专事，多变易旧章。资叹曰："吾累世蒙宠，加以豫闻属托，今纵不能匡弼时事，可以坐受素餐之禄邪？"遂固称疾。九年二月，乃赐诏曰："君掌机密三十馀年，经营庶事，勋著前朝。暨朕统位，动赖良谋。是以曩者增崇宠章，同之三事，外帅群官，内望谠言。属以年者疾笃，上还印绶，前后郑重，辞旨恳切。天地以大顺成德，君子以善恕成仁，重以职事，违夺君志；今听所执，赐钱百万，使兼光禄勋少府亲策诏君养疾于第。君其勉进医药，颐神和气，以永无疆之祚。置舍人官骑，加以日秩肴酒之膳焉。"

③ 臣松之案头责子羽曰：士卿刘许字文生，正之弟也。与张华六人，并称文辞可观，意思详序。晋惠帝世，许为越骑校尉。

放才计优资，而自修不如也。放、资既善承顺主上，又未尝显言得失，抑辛毗而助王思，以是获讥于世。然时因群臣谏诤，扶赞其义，并时密陈损益，不专导谀言云。及咸熙中，开建五等，以放、资著勋前朝，改封正方城子，宏离石子。①

① 案孙氏谱：宏为南阳太守。宏子楚，字子荆。晋阳秋曰：楚乡人王济，豪俊公子也，为本州大中正。访问关求楚品状，济曰："此人非卿所能名。"自状之曰："天才英博，亮拔不群。"楚位至讨虏护军、冯翊太守。楚子洵，颍川太守。洵子盛，字安国，给事中，秘书监。盛从父弟绰，字兴公，廷尉正。楚及盛、绰，并有文藻，盛又善言名理，诸所论著，并传于世。

评曰：程昱、郭嘉、董昭、刘晔、蒋济才策谋略，世之奇士，虽清治德业，殊于荀攸，而筹画所料，是其伦也。刘放文翰，孙资勤慎，并管喉舌，权闻当时，雅亮非体，是故讥谤之声，每过其实矣。

【校勘记】

〔1〕据千里之地　地，原作“齐”，据何焯校本改。

〔2〕又本传称嘉料孙策轻佻　称下原衍“自”字，据何焯校本删。

〔3〕天下十兼其八　原脱“十”字，据资治通鉴卷六九补。

〔4〕外连胡夷　外连，原作“故”，据资治通鉴卷七一改。

三国志卷十五　魏书十五

刘司马梁张温贾传第十五

刘馥字元颖,沛国相人也。避乱扬州,建安初,说袁术将戚寄、秦翊,使率众与俱诣太祖。太祖悦之,司徒辟为掾。后孙策所置庐江太守李述攻杀扬州刺史严象,庐江梅乾、雷绪、陈兰等聚众数万在江、淮间,郡县残破。太祖方有袁绍之难,谓馥可任以东南之事,遂表为扬州刺史。

馥既受命,单马造合肥空城,建立州治,南怀绪等,皆安集之,贡献相继。数年中恩化大行,百姓乐其政,流民越江山而归者以万数。于是聚诸生,立学校,广屯田,兴治芍陂及茄陂、[1]七门、吴塘诸堨以溉稻田,官民有畜。又高为城垒,多积木石,编作草苫数千万枚,益贮鱼膏数千斛,为战守备。

建安十三年卒。孙权率十万众攻围合肥城百馀日,时天连雨,城欲崩,于是以苦蒮覆之,夜然脂照城外,视贼所作而为备,贼以破走。扬州士民益追思之,以为虽董安于之守晋阳,不能过也。及陂塘之利,至今为用。

馥子靖，黄初中从黄门侍郎迁庐江太守，诏曰："卿父昔为彼州，今卿复据此郡，可谓克负荷者也。"转在河内，迁尚书，赐爵关内侯，出为河南尹。散骑常侍应璩书与靖曰："入作纳言，出临京任。富民之术，日引月长。藩落高峻，绝穿窬之心。五种别出，远水火之灾。农器必具，无失时之阙。蚕麦有苦备之用，无雨湿之虞。封符指期，无流连之吏。鳏寡孤独，蒙廪振之实。加之以明摘幽微，重之以秉宪不挠；有司供承王命，百里垂拱仰办。虽昔赵、张、三王之治，未足以方也。"靖为政类如此。初虽如碎密，终于百姓便之，有馥遗风。母丧去官，后为大司农卫尉，进封广陆亭侯，邑三百户。上疏陈儒训之本曰："夫学者，治乱之轨仪，圣人之大教也。自黄初以来，崇立太学二十馀年，而寡有成者，盖由博士选轻，诸生避役，高门子弟，耻非其伦，故无学者。虽有其名而无其人，虽设其教而无其功。宜高选博士，取行为人表，经任人师者，掌教国子。依遵古法，使二千石以上子孙，年从十五，皆入太学。明制黜陟荣辱之路，其经明行修者，则进之以崇德；荒教废业者，则退之以惩恶；举善而教不能则劝，浮华交游，不禁自息矣。阐弘大化，以绥未宾；六合承风，远人来格。此圣人之教，致治之本也。"后迁镇北将军，假节都督河北诸军事。靖以为"经常之大法，莫善于守防，使民夷有别"。遂开拓边守，屯据险要。又修广戾陵渠大堨，水溉灌蓟南北；三更种稻，边民利之。嘉平六年薨，追赠征北将军，进封建成乡侯，谥曰景侯。子熙嗣。[1]

[1]晋阳秋曰：刘弘字叔和，熙之弟也。弘与晋世祖同年，居同里，以旧恩屡登显位。自靖至弘，世不旷名，而有政事才。晋西朝之末，弘为车骑大将军开府，荆州刺史，假节都督荆、交、广州诸军事，封新城郡公。其在江、汉，值王室多难，得专命一方，尽其器能。推诚群下，厉以公义，简刑狱，务农桑。每有兴发，手书郡国，丁宁款密，故莫不感悦，颠倒奔赴，咸曰

"得刘公一纸书,贤于十部从事也"。时帝在长安,命弘得选用宰守。征士武陵伍朝高尚其事,牙门将皮初有勋江汉,弘上朝为零陵太守,初为襄阳太守。诏书以襄阳显郡,初资名轻浅,以弘婿夏侯陟为襄阳。弘曰:"夫统天下者当与天下同心,治一国者当与一国推实。吾统荆州十郡,安得十女婿,然后为治哉!"乃表"陟姻亲,旧制不得相监临事,初勋宜见酬"。报听之,众益服其公当。广汉太守辛冉以天子蒙尘,四方云扰,进从横计于弘。弘怒斩之,时人莫不称善。

晋诸公赞曰:于时天下虽乱,荆州安全。弘有刘景升保有江汉之志,不附太傅司马越。越甚衔之。会弘病卒。子璠,北中郎将。

司马朗字伯达,河内温人也。①九岁,人有道其父字者,朗曰:"慢人亲者,不敬其亲者也。"客谢之。十二,试经为童子郎,监试者以其身体壮大,疑朗匿年,劾问。朗曰:"朗之内外,累世长大,朗虽稚弱,无仰高之风,损年以求早成,非志所为也。"监试者异之。后关东兵起,故冀州刺史李邵家居野王,近山险,欲徙居温。朗谓邵曰:"唇齿之喻,岂唯虞、虢,温与野王即是也;今去彼而居此,是为避朝亡之期耳。且君,国人之望也,今寇未至而先徙,带山之县必骇,是摇动民之心而开奸宄之原也,窃为郡内忧之。"邵不从。边山之民果乱,内徙,或为寇钞。

①司马彪序传曰:朗祖父㒞,字元异,博学好古,倜傥有大度。长八尺三寸,腰带十围,仪状魁岸,与众有异,乡党宗族咸景附焉。位至颍川太守。父防,字建公,性质直公方,虽闲居宴处,威仪不忒。雅好汉书名臣列传,所讽诵者数十万言。少仕州郡,历官洛阳令、京兆尹,以年老转拜骑都尉。养志闾巷,阖门自守。诸子虽冠成人,不命曰进不敢进,不命曰坐不敢坐,不指有所问不敢言,父子之间肃如也。年七十一,建安二十四年终。有子八人,朗最长,次即晋宣皇帝也。

是时董卓迁天子都长安,卓因留洛阳。朗父防为治书御史,当徙西，以四方云扰，乃遣朗将家属还本县。或有告朗欲逃亡者，执以诣卓，卓谓朗曰："卿与吾亡儿同岁，几大相负！"朗因曰："明公以高世之德，遭阳九之会，清除群秽，广举贤士，此诚虚心垂虑，将兴至治也。威德以隆，功业以著，而兵难日起，州郡鼎沸，郊境之内，民不安业，捐弃居产，流亡藏窜，虽四关设禁，重加刑戮，犹不绝息，此朗之所以於邑也。愿明公监观往事，少加三思，即荣名并于日月，伊、周不足侔也。"卓曰："吾亦悟之，卿言有意！"①

①臣松之案朗此对，但为称述卓功德，未相箴诲而已。了不自申释，而卓便云"吾亦悟之，卿言有意"！客主之辞如为不相酬塞也。

朗知卓必亡，恐见留，即散财物以赂遗卓用事者，求归乡里。到谓父老曰："董卓悖逆，为天下所雠，此忠臣义士奋发之时也。郡与京都境壤相接，洛东有成皋，北界大河，天下兴义兵者若未得进，其势必停于此。此乃四分五裂战争之地，难以自安，不如及道路尚通，举宗东到黎阳。黎阳有营兵，赵威孙乡里旧婚，为监营谒者，统兵马，足以为主。若后有变，徐复观望未晚也。"父老恋旧，莫有从者，惟同县赵咨，将家属俱与朗往焉。后数月，关东诸州郡起兵，众数十万，皆集荥阳及河内。诸将不能相一，纵兵钞掠，民人死者且半。久之，关东兵散，太祖与吕布相持于濮阳，朗乃将家还温。时岁大饥，人相食，朗收恤宗族，教训诸弟，不为衰世解业。

年二十二，太祖辟为司空掾属，除成皋令，以病去，复为堂阳长。其治务宽惠，不行鞭杖，而民不犯禁。先时，民有徙充都内者，后县调当作船，徙民恐其不办，乃相率私还助之，其见爱如此。迁元城令，入为丞相主簿。朗以为天下土崩之势，由秦灭五等之制，而郡国无蒐狩习战之备故也。今虽五等未可复行，可令州郡并置兵，外备四夷，内威不轨，于策为长。又以为宜复井田。往者以民各有累世之业，难中夺之，是以至今。今承大乱之后，民人分散，土业无主,皆为公田,宜及此时复之。议虽未施行,然州郡领兵,朗本意也。迁兖州刺史,政化大行,百姓称之。虽在军旅,常粗衣恶食,俭以率下。雅好人伦典籍,乡人李觌等盛得名誉,朗常显贬下之;后觌等败,时人服焉。锺繇、王粲著论云:"非圣人不能致太平。"朗以为"伊、颜之徒虽非圣人,使得数世相承,太平可致"。①建安二十二年,与夏侯惇、臧霸等征吴。到居巢,军士大疫,朗躬巡视,致医药。遇疾卒,时年四十七。遗命布衣幅巾,敛以时服,州人追思之。②明帝即位,封朗子遗昌武亭侯,邑百户。朗弟孚又以子望继朗后。遗薨,望子洪嗣。③

① 魏书曰:文帝善朗论,命秘书录其文。

孙盛曰:繇既失之,朗亦未为得也。昔"汤举伊尹,而不仁者远矣"。易称"颜氏之子,其殆庶几乎! 有不善未尝不知,知之未尝复行"。由此而言,圣人之与大贤,行藏道一,舒卷斯同,御世垂风,理无降异;升泰之美,岂俟积世哉?"善人为邦百年,亦可以胜残去杀"。又曰"不践迹,亦不入于室"。数世之论,其在斯乎! 方之大贤,固有间矣。

② 魏书曰:朗临卒,谓将士曰:"刺史蒙国厚恩,督司万里,微功未效,而遭此疫疠,既不能自救,辜负国恩。身没之后,其布衣幅巾,敛以时服,勿违吾志也。"

③ 晋诸公赞曰:望字子初,孚之长子。有才识,早知名。咸熙中位至司徒,入晋封义阳王,迁太尉、大司马。时孚为太宰,父子居上公位,自中代以来未之有也。洪字孔业,封河间王。

初朗所与俱徙赵咨,官至太常,为世好士。①

① 咨字君初。子酆字子仲,[2]晋骠骑将军,封东平陵公。并见百官名。[3]

梁习字子虞,陈郡柘人也,为郡纲纪。太祖为司空,辟召为漳长,累转乘氏、海西、下邳令,所在有治名。还为西曹令史,迁为属。并土新附,习以别部司马领并州刺史。时承高幹荒乱之馀,胡狄在界,张雄跋扈,吏民亡叛,入其部落;兵家拥众,作为寇害,更相扇动,往往棋跱。习到官,诱谕招纳,皆礼召其豪右,稍稍荐举,使诣幕府;豪右已尽,乃次发诸丁强以为义从;又因大军出征,分请以为勇力。吏兵已去之后,稍移其家,前后送邺,凡数万口;其不从命者,兴兵致讨,斩首千数,降附者万计。单于恭顺,名王稽颡,部曲服事供职,同于编户。边境肃清,百姓布野,勤劝农桑,令行禁止。贡达名士,咸显于世,语在常林传。太祖嘉之,赐爵关内侯,更拜为真。长老称咏,以为自所闻识,刺史未有及习者。建安十八年,州并属冀州,更拜议郎、西部都督从事,统属冀州,总故部曲。又使于上党取大材供邺宫室。习表置屯田都尉二人,领客六百夫,于道次耕种菽粟,以给人牛之费。后单于入侍,西北无虞,习之绩也。①文帝践阼,复置并州,复为刺史,进封申门亭侯,邑百户;政治常为天下最。太和二年,征拜大司农。习在州二十馀年,而居处贫穷,无方面珍物,明帝异之,礼赐甚厚。四年,薨,子施嗣。

①魏略曰:鲜卑大人育延,常为州所畏,而一旦将其部落五千馀骑诣习,求互市。习念不听则恐其怨,若听到州下,又恐为所略,于是乃许之往与会空城中交市。遂敕郡县,自将治中以下军往就之。市易未毕,市吏收缚一胡。延骑皆惊,上马弯弓围习数重,吏民惶怖不知所施。习乃徐呼市吏,问缚胡意,而胡实侵犯人。习乃使译呼延,延到,习责延曰:“汝胡自犯法,吏不侵汝,汝何为使诸骑惊骇邪?”遂斩之,馀胡破胆不敢动。是后无寇虏。至二十二年,太祖拔汉中,诸军还到长安,因留骑督太原乌丸王鲁昔,使屯池阳,以备卢水。昔有爱妻,住在晋阳。昔既思之,又恐遂不得归,乃以其部五百骑叛还并州,留其馀骑置山谷间,而单骑独入晋阳,盗取其妻。已出城,州郡乃觉;吏民又畏昔善射,不敢追。习乃令从事张景,募鲜卑使逐昔。昔马负其妻,重骑行迟,未及与其众合,而为鲜卑所射死。始太祖闻昔叛,恐其为乱于北边;会闻已杀之,大喜,以习前后有策略,封为关内侯。

初,济阴王思与习俱为西曹令史。思因直日白事,失太祖指。太祖大怒,教召主者,将加重辟。时思近出,习代往对,已被收执矣,思乃驰还,自陈己罪,罪应受死。太祖叹习之不言,思之识分,曰:"何意吾军中有二义士乎?"①后同时擢为刺史,思领豫州。思亦能吏,然苛碎无大体,官至九卿,封列侯。②

①臣松之以为习与王思,同寮而已,亲非骨肉,义非刎颈,而以身代思,受不测之祸。以之为义,无乃乖先哲之雅旨乎!史迁云"死有重于太山,有轻于鸿毛",故君子不为苟存,不为苟亡。若使思不引分,主不加怒,则所谓自经于沟渎而莫之知也。习之死义者,岂其然哉!

②魏略苛吏传曰:思与薛悌、郤嘉俱从微起,官位略等。三人中,悌差挟儒术,所在名为闲省。嘉与思事行相似。文帝诏曰:"薛悌驳吏,王思、郤嘉纯吏也,各赐关内侯,以报其勤。"思为人虽烦碎,而晓练文书,敬贤礼士,倾意形势,亦以是显名。正始中,为大司农,年老目暝,瞋恚无度,下吏嗷然不知何据。性少信,时有吏父病笃,近在外舍,自白求假。思疑其不实,发怒曰:"世有思妇病母者,岂此谓乎!"遂不与假。吏父明日死,思无恨意。其为刻薄类如此。思又性忿,尝执笔作书,蝇集笔端,驱去复来,如是再三。思恚怒,自起逐蝇不能得,还取笔掷地,蹋坏之。时有丹阳施畏、鲁郡倪颉、南阳胡业亦为刺史、郡守,时人谓之苛暴。又有高阳刘类,历位宰守,苛慝尤甚,以善修人事,不废于世。嘉平中,为弘农太守。吏二百馀人,不与休假,专使为不急。过无轻重,辄捽其头,又乱杖挝之,牵出复入,如是数四。乃使人掘地求钱,所在市里,皆有孔穴。又外托简省,每出行,阳敕督邮不得使官属曲修礼敬,而阴识不来者,辄发怒中伤之。性又少信,每遣大吏出,辄使小吏随覆察之,白日常自于墙壁间窥闪,夜使干廉察诸曹,复以干不足信,又遣铃下及奴婢使转相检验。尝案行,宿止民家。民家二狗逐猪,猪惊走,头插栅间,号呼良久。类以为外之吏擅共饮食,不复征察,便使伍百曳五官掾孙弼入,顿头责之。弼以实对,类自愧不详,因托问以他事。民尹昌,年垂百岁,闻类出行,当经过,谓其儿曰:"扶我迎府君,我欲陈恩。"儿扶昌在道左,类望见,呵其儿曰:"用是死人,使来见我。"其视人无礼,皆此类也。旧俗,民谤官长者有三不肯,

谓迁、免与死也。类在弘农,吏民患之,乃题其门曰:"刘府君有三不肯。"类虽闻之,犹不能自改。其后安东将军司马文王西征,路经弘农,弘农人告类荒耄不任宰郡,乃召入为五官中郎将。

张既字德容,冯翊高陵人也。年十六,为郡小吏。[1]后历右职,举孝廉,不行。太祖为司空,辟,未至,举茂才,除新丰令,治为三辅第一。袁尚拒太祖于黎阳,遣所置河东太守郭援,并州刺史高幹及匈奴单于取平阳,发使西与关中诸将合从。司隶校尉锺繇遣既说将军马腾等,既为言利害,腾等从之。腾遣子超将兵万馀人,与繇会击幹、援,大破之,斩援首。幹及单于皆降。其后幹复举并州反。河内张晟众万馀人无所属,寇崤、渑间,河东卫固、弘农张琰各起兵以应之。太祖以既为议郎,参繇军事,使西征诸将马腾等,皆引兵会击晟等,破之。斩琰、固首,幹奔荆州。封既武始亭侯。太祖将征荆州,而腾等分据关中。太祖复遣既喻腾等,令释部曲求还。腾已许之而更犹豫,既恐为变,乃移诸县促储偫,二千石郊迎。腾不得已,发东。太祖表腾为卫尉,子超为将军,统其众。后超反,既从太祖破超于华阴,西定关右。以既为京兆尹,招怀流民,兴复县邑,百姓怀之。魏国既建,为尚书,出为雍州刺史。太祖谓既曰:"还君本州,可谓衣绣昼行矣。"从征张鲁,别从散关入讨叛氐,收其麦以给军食。鲁降,既说太祖拔汉中民数万户以实长安及三辅。其后与曹洪破吴兰于下辩,又与夏侯渊讨宋建,[4]别攻临洮、狄道,平之。是时,太祖徙民以充河北,陇西、天水、南安民相恐动,扰扰不安,既假三郡人为将吏者休课,使治屋宅,作水碓,民心遂安。太祖将拔汉中守,恐刘备北取武都氐以逼关中,问既。既曰:"可劝使北出就谷以避贼,前至者厚其宠赏,则先者知利,后必慕之。"太祖从其策,乃自到汉中引出诸军,令既之武都,徙氐五万馀落出居扶风、天水界。②

①魏略曰：既世单家，为人有容仪。[5]少小工书疏，为郡门下小吏，而家富。
自惟门寒，念无以自达，乃常畜好刀笔及版奏，伺诸大吏有乏者辄给与，
以是见识焉。

②三辅决录注曰：既为儿童，郡功曹游殷察异之，[6]引既过家，既敬诺。殷
先归，敕家具设宾馔。及既至，殷妻笑曰："君其悖乎！张德容童昏小儿，
何异客哉！"殷曰："卿勿怪，乃方伯之器也。"殷遂与既论霸王之略。缩
讬，以子楚讬之；既谦不受，殷固讬之。既以殷邦之宿望，难违其旨，乃许
之。殷先与司隶校尉胡轸有隙，轸诬构杀殷。殷死月馀，轸得疾患，目精
脱，[7]但言"伏罪，伏罪，游功曹将鬼来"。于是遂死。于时关中称曰："生
有知人之明，死有贵神之灵。"子楚字仲允，为蒲阪令。太祖定关中时，汉
兴郡缺，太祖以问既，既称楚才兼文武，遂以为汉兴太守。后转陇西。
魏略曰：楚为人慷慨，历位宰守，所在以恩德为治，不好刑杀。太和中，诸
葛亮出陇右，吏民骚动。天水、南安太守各弃郡东下，楚独据陇西，召会
吏民，谓之曰："太守无恩德。今蜀兵至，诸郡吏民皆已应之，此亦诸卿富
贵之秋也。太守本为国家守郡，义在必死，卿诸人便可取太守头持往。"
吏民皆涕泪，言"死生当与明府同，无有二心"。楚复言："卿曹若不愿，我
为卿画一计。今东二郡已去，必将寇来，但可共坚守。若国家救到，寇必
去，是为一郡守义，人人获爵宠也。若官救不到，蜀攻日急，尔乃取太守
以降，未为晚也。"吏民遂城守。而南安果将蜀兵，就攻陇西。楚闻贼到，
乃遣长史马颙出门设陈，而自于城上晓谓蜀帅，言："卿能断陇，使东兵
不上，一月之中，则陇西吏人不攻自服；卿若不能，虚自疲弊耳。"使颙鸣
鼓击之，蜀人乃去。后十馀日，诸军上陇，诸葛亮破走，南安、天水皆坐应
亮破灭，两郡守各获重刑，而楚以功封列侯，长史掾属皆赐拜。帝嘉其
治，诏特听朝，引上殿。楚为人短小而大声，自为吏，初不朝觐，被诏登
阶，不知仪式。帝令侍中赞引，呼"陇西太守前"，楚当言"唯"，而大应称
"诺"。帝顾之而笑，遂劳勉之。罢会，自表乞留宿卫，拜驸马都尉。楚不
学问，而性好游遨音乐。乃畜歌者，琵琶、筝、箫，每行来将以自随。所在
樗蒲、投壶，欢欣自娱。数岁，复出为北地太守，年七十馀卒。

是时,武威颜俊、张掖和鸾、酒泉黄华、西平麴演等并举郡反,自号将军,更相攻击。俊遣使送母及子诣太祖为质,求助。太祖问既,既曰:"俊等外假国威,内生傲悖,计定势足,后即反耳。今方事定蜀,且宜两存而斗之,犹卞庄子之刺虎,坐收其毙也。"太祖曰:"善。"岁馀,鸾遂杀俊,武威王秘又杀鸾。是时不置凉州,自三辅拒西域,皆属雍州。文帝即王位,初置凉州,以安定太守邹岐为刺史。张掖张进执郡守举兵拒岐,黄华、麴演各逐故太守,举兵以应之。既进兵为护羌校尉苏则声势,故则得以有功。既进爵都乡侯。凉州卢水胡伊健妓妾、治元多等反,河西大扰。帝忧之,曰:"非既莫能安凉州。"乃召邹岐,以既代之。诏曰:"昔贾复请击郾贼,光武笑曰:'执金吾击郾,吾复何忧?'卿谋略过人,今则其时。以便宜从事,勿复先请。"遣护军夏侯儒、将军费曜等继其后。既至金城,欲渡河,诸将守以为"兵少道险,未可深入"。既曰:"道虽险,非井陉之隘,夷狄乌合,无左车之计,今武威危急,赴之宜速。"遂渡河。贼七千馀骑逆拒军于鹯阴口,既扬声军由鹯阴,乃潜由且次出至武威。胡以为神,引还显美。既已据武威,曜乃至,儒等犹未达。既劳赐将士,欲进军击胡。诸将皆曰:"士卒疲倦,虏众气锐,难与争锋。"既曰:"今军无见粮,当因敌为资。若虏见兵合,退依深山,追之则道险穷饿,兵还则出候寇钞。如此,兵不得解,所谓'一日纵敌,患在数世'也。"遂前军显美。胡骑数千,因大风欲放火烧营,将士皆恐。既夜藏精卒三千人为伏,使参军成公英督千馀骑挑战,敕使阳退。胡果争奔之,因发伏截其后,首尾进击,大破之,斩首获生以万数。[1]帝甚悦,诏曰:"卿逾河历险,以劳击逸,以寡胜众,功过南仲,勤逾吉甫。此勋非但破胡,乃永宁河右,使吾长无西顾之念矣。"徙封西乡侯,增邑二百,并前四百户。

①魏略曰:成公英,金城人也。中平末,随韩约为腹心。建安中,约从华阴破

走，还湟中，部党散去，唯英独从。

典略曰：韩遂在湟中，其婿阎行欲杀遂以降，夜攻遂，不下。遂叹息曰："丈夫困厄，祸起婚姻乎！"谓英曰："今亲戚离叛，人众转少，当从羌中西南诣蜀耳。"英曰："兴军数十年，今虽罢败，何有弃其门而依于人乎！"遂曰："吾年老矣，子欲何施？"英曰："曹公不能远来，独夏侯尔。夏侯之众，不足以追我，又不能久留；且息肩于羌中，以须其去。招呼故人，绥会羌、胡，犹可以有为也。"遂从其计，时随从者男女尚数千人。遂宿有恩于羌，羌卫护之。及夏侯渊还，使阎行留后。乃合羌、胡数万将攻行，行欲走，会遂死，英降太祖。太祖见英甚喜，以为军师，封列侯。从行出猎，有三鹿走过前，公命英射之，三发三中，皆应弦而倒。公抵掌谓之曰："但韩文约可为尽节，而孤独不可乎？"英乃下马而跪曰："不欺明公。假使英本主人在，实不来此也。"遂流涕哽咽。公嘉其敦旧，遂亲敬之。延康、黄初之际，河西有逆谋。诏遣英佐凉州平陇右，病卒。

魏略曰：阎行，金城人也，后名艳，字彦明，少有健名，始为小将，随韩约。建安初，约与马腾相攻击。腾子超亦号为健。行尝刺超，矛折，因以折矛挝超项，几杀之。至十四年，为约所使诣太祖，太祖厚遇之，表拜犍为太守。行因请令其父入宿卫，西还见约，宣太祖教云："谢文约：卿始起兵时，自有所逼，我所具明也。当早来，共匡辅国朝。"行因谓约曰："行亦为将军，兴军以来三十馀年，民兵疲瘁，所处又狭，宜早自附。是以前在邺，自启当令老父诣京师，诚谓将军亦宜遣一子，以示丹赤。"约曰："且可复观望数岁中！"后遂遣其子，与行父母俱东。会约西讨张猛，留行守旧营，而马超等结反谋，举约为都督。及约还，超谓约曰："前锺司隶任超使取将军，关东人不可复信也。今超弃父，以将军为父，将军亦当弃子，以超为子。"行谏约，不欲令与超合。约谓行曰："今诸将不谋而同，似有天数。"乃东诣华阴。及太祖与约交马语，行在其后，太祖望谓行曰："当念作孝子。"及超等破走，行随约还金城。太祖闻行前意，故但诛约子孙在京师者。乃手书与行曰："观文约所为，使人笑来。吾前后与之书，无所不说，如此何可复忍！卿谏议，自平安也。虽然，牢狱之中，非养亲之处，且又官家亦不能久为人养老也。"约闻行父独在，欲使并遇害，以一其心,乃强以少女妻行,行不获已。太祖果疑行。会约使行别领西平郡。遂勒其部曲,与约相攻击。行不胜,乃将家人东诣太祖。太祖表拜列侯。

酒泉苏衡反,与羌豪邻戴及丁令胡万馀骑攻边县。既与夏侯儒击破之,衡及邻戴等皆降。遂上疏请与儒治左城,筑鄣塞,置烽候、邸阁以备胡。[1]西羌恐,率众二万馀落降。其后西平麹光等杀其郡守,诸将欲击之,既曰:"唯光等造反,郡人未必悉同。若便以军临之,吏民羌胡必谓国家不别是非,更使皆相持著,此为虎傅翼也。光等欲以羌胡为援,今先使羌胡钞击,重其赏募,所虏获者皆以畀之。外沮其势,内杂其交,必不战而定。"乃檄告谕诸羌,为光等所诖误者原之;能斩贼帅送首者当加封赏。于是光部党斩送光首,其馀咸安堵如故。

①魏略曰:儒字俊林,夏侯尚从弟。初为鄢陵侯彰骁骑司马,□□为征南将军,[8]都督荆、豫州。正始二年,朱然围樊城,城中守将乙修等求救甚急。儒进屯邓塞,以兵少不敢进,但作鼓吹,设导从,去然六七里,翱翔而还,使修等遥见之,数数如是。月馀,及太傅到,乃俱进,然等走。时谓儒为怯,或以为晓以少疑众,得声救之宜。儒犹以此召还,为太仆。

既临二州十馀年,政惠著闻,其所礼辟扶风庞延、天水杨阜、安定胡遵、酒泉庞淯、燉煌张恭、周生烈等,终皆有名位。[1]黄初四年薨。诏曰:"昔荀桓子立勋翟土,晋侯赏以千室之邑;冯异输力汉朝,光武封其二子。故凉州刺史张既,能容民畜众,使群羌归土,可谓国之良臣。不幸薨陨,朕甚愍之,其赐小子翁归爵关内侯。"明帝即位,追谥曰肃侯。子缉嗣。

①魏略曰:初,既为郡小吏,功曹徐英尝自鞭既三十。英字伯济,冯翊著姓,建安初为蒲阪令。英性刚爽,自见族氏胜既,于乡里名行在前,加以前辱既,虽知既贵显,终不肯求于既。既虽得志,亦不顾计本原,犹欲与英和。

尝因醉欲亲狎英，英故抗意不纳。英由此遂不复进用。故时人善既不挟旧怨，而壮英之不挠。

缉以中书郎稍迁东莞太守。嘉平中，女为皇后，征拜光禄大夫，位特进，封妻向为安城乡君。缉与中书令李丰同谋，诛。语在夏侯玄传。①

①魏略曰：缉字敬仲，太和中为温令，名有治能。会诸葛亮出，缉上便宜，诏以问中书令孙资，资以为有筹略，遂召拜骑都尉，遣参征蜀军。军罢，入为尚书郎，以称职为明帝所识。帝以为缉之材能，多所堪任，试呼相者相之。相者云："不过二千石。"帝曰："何材如是而位止二千石乎？"及在东莞，领兵数千人。缉性客于财而矜于势，一旦以女征去郡，还坐里舍，悒悒躁扰。数为国家陈击吴、蜀形势，又尝对司马大将军诸葛恪虽得胜于边土，见诛不久。大将军问其故，缉云："威震其主，功盖一国，欲不死可得乎？"及恪从合肥还，吴果杀之。大将军闻恪死，谓众人曰："诸葛恪多辈耳！近张敬仲县论恪，以为必见杀，今果然如此。敬仲之智为胜恪也。"缉与李丰通家，又居相侧近。丰时取急出，子菶往见之，有所咨道。丰被收，事与缉连，遂收送廷尉，赐死狱中，其诸子皆并诛。缉孙殷，晋永兴中为梁州刺史，见晋书。

温恢字曼基，太原祁人也。父恕，为涿郡太守，卒。恢年十五，送丧还归乡里，内足于财。恢曰："世方乱，安以富为？"一朝尽散，振施宗族。州里高之，比之郇越。举孝廉，为廪丘长，鄢陵、广川令，彭城、鲁相，所在见称。入为丞相主簿，出为扬州刺史。太祖曰："甚欲使卿在亲近，顾以为不如此州事大。故书云：'股肱良哉！庶事康哉！'得无当得蒋济为治中邪？"时济见为丹杨太守，乃遣济还州。又语张辽、乐进等曰："扬州刺史晓达军事，动静与共咨议。"

建安二十四年，孙权攻合肥，是时诸州皆屯戍。恢谓兖州刺史裴潜曰："此间虽有贼，不足忧，而畏征南方有变。今水生而子孝县军,无有远备。关羽骁锐,乘利而进,必将为患。"于是有樊城之事。诏书召潜及豫州刺史吕贡等,潜等缓之。恢密语潜曰;"此必襄阳之急欲赴之也。所以不为急会者,不欲惊动远众。一二日必有密书促卿进道,张辽等又将被召。辽等素知王意,后召前至,卿受其责矣!"潜受其言,置辎重,更为轻装速发,果被促令。辽等寻各见召,如恢所策。

文帝践阼,以恢为侍中,出为魏郡太守。数年,迁凉州刺史,持节领护羌校尉。道病卒,时年四十五。诏曰:"恢有柱石之质,服事先帝,功勤明著。及为朕执事,忠于王室,故授之以万里之任,任之以一方之事。如何不遂,吾甚愍之!"赐恢子生爵关内侯。生早卒,爵绝。

恢卒后,汝南孟建为凉州刺史,有治名,官至征东将军。①

①魏略曰:建字公威,少与诸葛亮俱游学。亮后出祁山,答司马宣王书,使杜子绪宣意于公威也。

贾逵字梁道,河东襄陵人也。自为儿童,戏弄常设部伍,祖父习异之,曰:"汝大必为将率。"口授兵法数万言。①初为郡吏,守绛邑长。郭援之攻河东,所经城邑皆下,逵坚守,援攻之不拔,乃召单于并军急攻之。城将溃,绛父老与援要,不害逵。绛人既溃,援闻逵名,欲使为将,以兵劫之,逵不动。左右引逵使叩头,逵叱之曰:"安有国家长吏为贼叩头!"援怒,将斩之。绛吏民闻将杀逵,皆乘城呼曰:"负要杀我贤君,宁俱死耳!"左右义逵,多为请,遂得免。②初,逵过皮氏,曰:"争地先据者胜。"及围急,知不免,乃使人间行送印绶归郡,且曰"急据皮氏"。援既并绛众,将进兵。逵恐其先得皮氏,乃以他计疑援谋人祝奥,援由是留七日。郡从逵言,故得无败。③

①魏略曰:逵世为著姓,少孤家贫,冬常无袴,过其妻兄柳孚宿,其明无何,

著犊裩去,故时人谓之通健。

②魏略曰:援捕得逵,逵不肯拜,谓援曰:"王府君临郡积年,不知足下曷为者也?"援怒曰:"促斩之。"诸将覆护,乃囚于壶关,闭著土窖中,以车轮盖上,使人固守。方将杀之,逵从窖中谓守者曰:"此间无健儿邪,而当使义士死此中乎?"时有祝公道者,与逵非故人,而适闻其言,怜其守正危厄,乃夜盗往引出,折械遣去,不语其姓名。

③孙资别传曰:资举河东计吏,到许,荐于相府曰:"逵在绛邑,帅厉吏民,与贼郭援交战,力尽而败,为贼所俘,挺然直志,颜辞不屈;忠言闻于大众,烈节显于当时,虽古之直发、据鼎,罔以加也。其才兼文武,诚时之利用。"

魏略曰:郭援破后,逵乃知前出己者为祝公道。公道,河南人也。后坐他事,当伏法。逵救之,力不能解,为之改服焉。

后举茂才,除渑池令。高幹之反,张琰将举兵以应之。逵不知其谋,往见琰。闻变起,欲还,恐见执,乃为琰画计,如与同谋者,琰信之。时县寄治蠡城,城堑不固,逵从琰求兵修城。诸欲为乱者皆不隐其谋,故逵得尽诛之。遂修城拒琰。琰败,逵以丧祖父去官,司徒辟为掾,以议郎参司隶军事。太祖征马超,至弘农,曰"此西道之要",以逵领弘农太守。召见计事,大悦之,谓左右曰:"使天下二千石悉如贾逵,吾何忧?"其后发兵,逵疑屯田都尉藏亡民。都尉自以不属郡,言语不顺。逵怒,收之,数以罪,捶折脚,坐免。然太祖心善逵,以为丞相主簿。①太祖征刘备,先遣逵至斜谷观形势。道逢水衡,载囚人数十车,逵以军事急,辄竟重者一人,皆放其馀。太祖善之,拜谏议大夫,与夏侯尚并掌军计。太祖崩洛阳,逵典丧事。②时鄢陵侯彰行越骑将军,从长安来赴,问逵先王玺绶所在。逵正色曰:"太子在邺,国有储副。先王玺绶,非君侯所宜问也。"遂奉梓宫还邺。

①魏略曰:太祖欲征吴而大霖雨,三军多不愿行。太祖知其然,恐外有谏

者,教曰:"今孤戒严,未知所之,有谏者死。"邈受教,谓其同察三主簿曰:"今实不可出,而教如此,不可不谏也。"乃建谏草以示三人,三人不获已,皆署名,入白事。太祖怒,收邈等。当送狱,取造意者,邈即言"我造意",遂走诣狱。狱吏以邈主簿也,不即著械。谓狱吏曰:"促械我。尊者且疑我在近职,求缓于卿,今将遣人来察我。"邈著械适讫,而太祖果遣家中人就狱视邈。既而教曰:"邈无恶意,原复其职。"始,邈为诸生,略览大义,取其可用。最好春秋左传,及为牧守,常自课读之,月常一遍。邈前在弘农,与典农校尉争公事,不得理,乃发愤生瘿,后所病稍大,自启愿令医割之。太祖惜邈忠,恐其不活,教"谢主簿,吾闻'十人割瘿九人死'"。邈犹行其意,而瘿愈大。邈本名衢,后改为邈。

②魏略曰:时太子在邺,鄢陵侯未到,士民颇苦劳役,又有疾疠,于是军中骚动。群察恐天下有变,欲不发丧。邈建议以为不可秘,乃发哀,令内外皆入临,临讫,各安叙不得动。而青州军擅击鼓相引去。众人以为宜禁止之,不从者讨之。邈以为"方大丧在殡,嗣王未立,宜因而抚之"。乃为作长檄,告所在给其廪食。

　　文帝即王位,以邺县户数万在都下,多不法,乃以邈为邺令。月馀,迁魏郡太守。①大军出征,复为丞相主簿祭酒。邈尝坐人为罪,王曰:"叔向犹十世宥之,况邈功德亲在其身乎?"从至黎阳,津渡者乱行,邈斩之,乃整。至谯,以邈为豫州刺史。②是时天下初复,州郡多不摄。邈曰:"州本以御史出监诸郡,以六条诏书察长吏二千石已下,故其状皆言严能鹰扬有督察之才,不言安静宽仁有恺悌之德也。今长吏慢法,盗贼公行,州知而不纠,天下复何取正乎?"兵曹从事受前刺史假,邈到官数月,乃还;考竟其二千石以下阿纵不如法者,皆举奏免之。帝曰:"邈真刺史矣。"布告天下,当以豫州为法。赐爵关内侯。

①魏略曰:初,魏郡官属颇以公事期会有所急切,会闻邈当为郡,举府皆诣县门外。及迁书到,邈出门,而郡官属悉当门,谒邈于车下。邈抵掌曰:

"诣治所,何宜如是!"

②魏略曰:逮为豫州。逮进曰:"臣守天门,出入六年,天门始开,而臣在外。唯殿下为兆民计,无违天人之望。"

州南与吴接,逮明斥候,缮甲兵,为守战之备,贼不敢犯。外修军旅,内治民事,遏鄢、汝,造新陂,又断山溜长溪水,造小弋阳陂,又通运渠二百馀里,所谓贾侯渠者也。黄初中,与诸将并征吴,破吕范于洞浦,进封阳里亭侯,加建威将军。明帝即位,增邑二百户,并前四百户。时孙权在东关,当豫州南,去江四百馀里。每出兵为寇,辄西从江夏,东从卢江。国家征伐,亦由淮、沔。是时州军在项,汝南、弋阳诸郡,守境而已。权无北方之虞,东西有急,并军相救,故常少败。逮以为宜开直道临江,若权自守,则二方无救;若二方无救,则东关可取。乃移屯潦口,陈攻取之计,帝善之。

吴将张婴、王崇率众降。太和二年,帝使逮督前将军满宠、东莞太守胡质等四军,从西阳直向东关,曹休从皖,司马宣王从江陵。逮至五将山,休更表贼有请降者,求深入应之。诏宣王驻军,逮东与休合进。逮度贼无东关之备,必并军于皖;休深入与贼战,必败。乃部署诸将,水陆并进,行二百里,得生贼,言休战败,权遣兵断夹石。诸将不知所出,或欲待后军。逮曰:"休兵败于外,路绝于内,进不能战,退不得还,安危之机,不及终日。贼以军无后继,故至此;今疾进,出其不意,此所谓先人以夺其心也,贼见吾兵必走。若待后军,贼已断险,兵虽多何益!"乃兼道进军,多设旗鼓为疑兵,贼见逮军,遂退。逮据夹石,以兵粮给休,休军乃振。初,逮与休不善。黄初中,文帝欲假逮节,休曰:"逮性刚,素侮易诸将,不可为督。"帝乃止。及夹石之败,微逮,休军几无救也。①

①魏略曰:休怨逮进迟,乃呵责逮,遂使主者敕豫州刺史往拾弃仗。逮恃心直,谓休曰:"本为国家作豫州刺史,不来相为拾弃仗也。"乃引军还。遂

403

与休更相表奏,朝廷虽知遼直,犹以休为宗室任重,两无所非也。

魏书云:休犹挟前意,欲以后期罪遼,遼终无言,时人益以此多遼。

习凿齿曰:夫贤人者,外身虚己,内以下物,嫌忌之名,何由而生乎?有嫌忌之名者,必与物为对,存胜负于己身者也。若以其私憾败国殄民,彼虽倾覆,于我何利?我苟无利,乘之曷为?以是称说,臧获之心耳。今忍其私忿而急彼之忧,冒难犯危而免之于害,使功显于明君,惠施于百姓,身登于君子之涂,义愧于敌人之心,虽豺虎犹将不觉所复,而况于曹休乎?然则济彼之危,所以成我之胜,不计宿憾,所以服彼之心,公义既成,私利亦弘,可谓善争矣。在于未能忘胜之流,不由于此而能济胜者,未之有也。

会病笃,谓左右曰:"受国厚恩,恨不斩孙权以下见先帝。丧事一不得有所修作。"薨,谥曰肃侯。[1]子充嗣。豫州吏民追思之,为刻石立祠。青龙中,帝东征,乘辇入遼祠,诏曰:"昨过项,见贾遼碑像,念之怆然。古人有言,患名之不立,不患年之不长。遼存有忠勋,没而见思,可谓死而不朽者矣。其布告天下,以劝将来。"[2]充,咸熙中为中护军。[3]

[1] 魏书曰:遼时年五十五。

[2] 魏略曰:甘露二年,车驾东征,屯项,复入遼祠下,诏曰:"遼没有遗爱,历世见祠。追闻风烈,朕甚嘉之。昔先帝东征,亦幸于此,亲发德音,襃扬遼美,徘徊之心,益有慨然!夫礼贤之义,或扫其坟墓,或修其门闾,所以崇敬也。其扫除祠堂,有穿漏者补治之。"

[3] 晋诸公赞曰:充字公闾,甘露中为大将军长史。高贵乡公之难,司马文王赖充以免。为晋室元功之臣,位至太宰,封鲁公。谥曰武公。

魏略列传以遼及李孚、杨沛三人为一卷,今列孚、沛二人继后耳。

孚字子宪,钜鹿人也。兴平中,本郡人民饥困。孚为诸生,当种薤,欲以成计。有从索者,亦不与一茎,亦不自食,故时人谓能行意。后为吏。建安中,袁尚领冀州,以孚为主簿。后尚与其兄谭争斗,尚出军诣平原,留别驾审配守邺城,孚随尚行。会太祖围邺,尚还欲救邺。行未到,尚疑邺中守备少，复欲令配知外动止，与孚议所遣。孚答尚言："今使小人往，恐不足以知外内，且恐不能自达。孚请自往。"尚问孚："当何所得？"孚曰："闻邺围甚坚，多人则觉，以为直当将三骑足矣。"尚从其计。孚自选温信者三人，不语所之，皆敕使具脯粮，不得持兵仗，各给快马。遂辞尚来南，所在止亭传。及到梁淇，使从者斫问事杖三十枚，系着马边，自着平上帻，将三骑，投暮诣邺下。是时大将军虽有禁令，而乌牧者多。故孚因此夜到，以鼓一中，自称都督，历北围，循表而东，从东围表，又循围而南，步步呵责守围将士，随轻重行其罚。遂历太祖营前，径南过，从南围西折，当章门，复责怒守围者，收缚之。因开其围，驰到城下，呼城上人，城上人以绳引，孚得入。配等见孚，悲喜，鼓噪称万岁。守围者以状闻，太祖笑曰："此非徒得入也，方且复得出。"孚事讫欲得还，而顾外围必急，不可复冒。谓己使命当速反，乃阴心计，请配曰："今城中谷少，无用老弱为也，不如驱出之以省谷也。"配从其计，乃夜简别得数千人，皆使持白幡，从三门并出降。又使人人持火，孚乃无何将本所从作降人服，随辈夜出。时守围将士，闻城中悉降，火光照曜。但共观火，不复视围。孚出北门，遂从西北角突围得去。其明，太祖闻孚已得出，抵掌笑曰："果如吾言也。"孚北见尚，尚甚欢喜。会尚不能救邺，破走至中山，而袁谭又追击尚，尚走。孚与尚相失，遂诣谭，复为谭主簿，东还平原。太祖进攻谭，谭战死。孚还诣城，城中虽必降，尚扰乱未安。孚权宜欲得见太祖，乃骑诣牙门，称冀州主簿李孚欲口白密事。太祖见之，孚叩头谢。太祖问其所白，孚言"今城中强弱相陵，心皆不定，以为宜令新降为内所识信者宣传明教"。公谓孚曰："卿便还宣之。"孚跪请教，公曰："便以卿意宣也。"孚还入城，宣教"各安故业，不得相侵陵"。城中以安，乃还报命，公以孚为良足用也。会为所间，裁署冗散。出守解长，名为严能。稍迁至司隶校尉，时年七十余矣，其于精断无衰，而术略不损于故。终于阳平太守。孚本姓冯，后改为李。

杨沛字孔渠，冯翊万年人也。初平中，为公府令史，以樸除为新郑长。兴平末，人多饥穷，沛课民益畜干椹，收菼豆，阅其有余以补不足，如此积得千余斛，藏在小仓。会太祖为兖州刺史，西迎天子，所将千余人皆无粮。过新郑，沛谒见，乃皆进干椹。太祖甚喜。及太祖辅政，迁沛为长社令。时曹洪宾客在县界，征调不肯如法，沛先挝折其脚，遂杀之。由此太祖以为能。累迁九江、东平、乐安太守，并有治迹。坐与督军争斗，髡刑五岁。输作未竟，会太祖出征在谯，闻邺下颇不奉科禁，乃发教选邺令，当得严能如杨沛比，故沛从徒中起为邺令。已拜，太祖见之，问曰："以何治邺？"沛曰："竭尽心力，奉宣科法。"太祖曰："善。"顾谓坐席曰："诸君，此可畏也。"赐其生口十人，绢百匹，既欲以励之，且以报干椹也。沛辞去，未到邺，而军中豪右曹洪、刘勋等畏沛名，遣家骑驰告子弟，〔9〕使各自检敕。沛为令数年，以功能转为护羌都尉。十六年，马超反，大军西讨，沛随军，都督孟津渡事。太祖已南过，其馀未毕，而中黄门前渡，忘持行軒，私北还取之，从吏求小船，欲独先渡。吏呵不肯，黄门与吏争言。沛问黄门："有疏邪？"黄门云："无疏。"沛怒曰："何知汝不欲逃邪？"遂使人捽其头，与杖欲捶之，而逸得去，衣帻皆裂坏，自诉于太祖。太祖曰："汝不死为幸矣。"由是声名益振。及关中破，代张既领京兆尹。黄初中，儒雅并进，而沛本以事能见用，遂以议郎冗散里巷。沛前后宰历城守，不以私计介意，又不肯以事贵人，故身退之后，家无馀积。治疾于家，借舍从儿，无他奴婢。后占河南几阳亭部荒田二顷，〔10〕起瓜牛庐，居止其中，其妻子冻饿。沛病亡，乡人亲友及故吏民为殡葬也。

评曰：自汉季以来，刺史总统诸郡，赋政于外，非若曩时司察之而已。太祖创基，迄终魏业，此皆其流称誉有名实者也。咸精达事机，威恩兼著，故能肃齐万里，见述于后也。

【校勘记】

〔1〕兴治芍陂及茄陂　茄，原作"茹"，据太平御览卷二五六改。

〔2〕子酆字子仲　原脱"仲"字，据何焯校本补。

〔3〕并见百官名　名下原衍"志"字，据何焯校本删。

〔4〕又与夏侯渊讨宋建　原脱"讨"字，据本书卷九夏侯渊传补。

〔5〕为人有容仪　为上原衍"富"字，据何焯校本删。

〔6〕郡功曹游殷察异之　郡上原衍“为”字,据<u>太平御览</u>卷三八五删。

〔7〕目精脱　三字原作“自说”,据<u>法苑珠林</u>卷九一、<u>太平广记</u>卷一一九改。

〔8〕□□为征南将军　为上有脱文,用□□表示;□上原衍“宣王”二字。据<u>三国志辨误</u>卷上补删。

〔9〕遣家骑驰告子弟　骑驰,原作“驰骑”,据<u>何焯校本</u>改。

〔10〕后占河南几阳亭部荒田二顷　几,原作“夕”,据<u>三国志考证</u>卷四改。

三国志卷十六 魏书十六

任苏杜郑仓传第十六

任峻字伯达,河南中牟人也。汉末扰乱,关东皆震。中牟令杨原愁恐,欲弃官走。峻说原曰:"董卓首乱,天下莫不侧目,然而未有先发者,非无其心也,势未敢耳。明府若能唱之,必有和者。"原曰:"为之奈何?"峻曰:"今关东有十馀县,能胜兵者不减万人,若权行河南尹事,总而用之,无不济矣。"原从其计,以峻为主簿。峻乃为原表行尹事,使诸县坚守,遂发兵。会太祖起关东,入中牟界,众不知所从,峻独与同郡张奋议,举郡以归太祖。峻又别收宗族及宾客家兵数百人,愿从太祖。太祖大悦,表峻为骑都尉,妻以从妹,甚见亲信。太祖每征伐,峻常居守以给军。是时岁饥旱,军食不足,羽林监颍川枣祗建置屯田,太祖以峻为典农中郎将,募百姓屯田于许下,得谷百万斛,郡国列置田官,[1]数年中所在积粟,仓廪皆满。官渡之战,太祖使峻典军器粮运。贼数寇钞绝粮道,乃使千乘为一部,十道方行,为复陈以营卫之,贼不敢近。军国之饶,起于枣祗而成于峻。[1]太祖以峻功高,乃表封为都亭侯,邑三百户,迁长水

409

校尉。

①魏武故事载令曰:"故陈留太守枣祗,天性忠能。始共举义兵,周旋征讨。后袁绍在冀州,亦贪祗,欲得之。祗深附托于孤,使领东阿令。吕布之乱,兖州皆叛,惟范、东阿完在,由祗以兵据城之力也。后大军粮乏,得东阿以继,祗之功也。及破黄巾定许,得贼资业。当兴立屯田,时议者皆言当计牛输谷,佃科以定。施行后,祗白以为僦牛输谷,大收不增谷,有水旱灾除,大不便。反覆来说,孤犹以为当如故,大收不可复改易。祗犹执之,孤不知所从,使与荀令君议之。时故军祭酒侯声云:'科取官牛,为官田计。如祗议,于官便,于客不便。'声怀此云云,以疑令君。祗犹自信,据计画还白,执分田之术。孤乃然之,使为屯田都尉,施设田业。其时岁则大收,后遂因此大田,丰足军用,摧灭群逆,克定天下,以隆王室。祗兴其功,不幸早没,追赠以郡,犹未副之。今重思之,祗宜受封,稽留至今,孤之过也。祗子处中,宜加封爵,以祀祗为不朽之事。"

文士传曰:祗本姓棘,先人避难,易为枣。孙据,字道彦,晋冀州刺史。据子嵩,字台产,散骑常侍。并有才名,多所著述。嵩兄腆,字玄方,襄城太守,[2]亦有文采。

峻宽厚有度而见事理,每有所陈,太祖多善之。于饥荒之际,收恤朋友孤遗,中外贫宗,周急继乏,信义见称。建安九年薨,太祖流涕者久之。子先嗣。先薨,无子,国除。文帝追录功臣,谥峻曰成侯。复以峻中子览为关内侯。

苏则字文师,扶风武功人也。少以学行闻,举孝廉茂才,辟公府,皆不就。起家为酒泉太守,转安定、武都,①所在有威名。太祖征张鲁,过其郡,见则悦之,使为军导。鲁破,则绥定下辩诸氐,通河西道,徙为金城太守。是时丧乱之后,吏民流散饥穷,户口损耗,则抚循之甚谨。外招怀羌胡,得其牛羊,以养贫老。与民分粮而食,旬月之间,流民皆归,得数千家。乃明为禁令,有干犯者辄戮,其从教者必赏。亲自教民耕种,其岁大丰收,由是归附者日多。李越以陇西反,则率羌胡围越,越即请服。太祖崩,西平麹演叛,称护羌校尉。则勒兵讨之。演恐,乞降。文帝以其功,加则护羌校尉,赐爵关内侯。②

①魏书曰:则刚直疾恶,常慕汲黯之为人。

　魏略曰:则世为著姓,兴平中,三辅乱,饥穷,避难北地。客安定,依富室师亮。亮待遇不足,则慨然叹曰:"天下会安,当不久尔,必还为此郡守,折庸辈士也。"后与冯翊吉茂等隐于郡南太白山中,以书籍自娱。及为安定太守,而师亮等皆欲逃走。则闻之,豫使人解谕,以礼报之。

②魏名臣奏载文帝令问雍州刺史张既曰:"试守金城太守苏则,既有绥民平夷之功,闻又出军西定湟中,为河西作声势,吾甚嘉之。则之功效,为可加爵邑未邪?封爵重事,故以问卿。密白意,且勿宣露也。"既答曰:"金城郡,昔为韩遂所见屠剥,死丧流亡,或窜戎狄,或陷寇乱,户不满五百。则到官,内抚凋残,外鸠离散,今见户千馀。又梁烧杂种羌,昔与遂同恶,遂毙之后,越出障塞。则前后招怀,归就郡者三千馀落,皆恤以威恩,为官效用。西平麹演等倡造邪谋,则寻出军,临其项领,演即归命送质,破绝贼粮。则既有恤民之效,又能和戎狄,尽忠效节。遭遇圣明,有功必录。若则加爵邑,诚足以劝忠臣,励风俗也。"

后演复结旁郡为乱,张掖张进执太守杜通,酒泉黄华不受太守辛机,进、华皆自称太守以应之。又武威三种胡并寇钞,道路断绝。武威太守毌丘兴告急于则。时雍、凉诸豪皆驱略羌胡以从进等,郡人咸以为进不可当。又将军郝昭、魏平先是各屯守金城,亦受诏不得西度。则乃见郡中大吏及昭等与羌豪帅谋曰:"今贼虽盛,然皆新合,或有胁从,未必同心;因衅击之,善恶必离,离而归我,我增而彼损矣。既获益众之实,且有倍气之势,率以进讨,破之必矣。若待大军,旷日持久,善人无归,必合于恶,善恶既合,势难卒离。虽有诏命,违而合权,专之可也。"于是昭等从之,乃发兵救武威，降其三种胡，与兴击进于张掖。演闻之，将步骑三千迎则，辞来助军，而实欲为变。则诱与相见，因斩之，出以徇军，其党皆散走。则遂与诸军围张掖，破之，斩进及其支党，众皆降。演军败，华惧，出所执乞降，河西平。乃还金城。进封都亭侯，邑三百户。

征拜侍中，与董昭同寮。昭尝枕则膝卧，则推下之，曰："苏则之膝，非佞人之枕也。"初，则及临菑侯植闻魏氏代汉，皆发服悲哭，文帝闻植如此，而不闻则也。帝在洛阳，尝从容言曰："吾应天受禅，而闻有哭者，何也？"则谓为见问，须髯悉张，欲正论以对。侍中傅巽掐音苦洽反。则曰："不谓卿也。"于是乃止。①文帝问则曰："前破酒泉、张掖，西域通使，燉煌献径寸大珠，可复求市益得不？"则对曰："若陛下化洽中国，德流沙漠，即不求自至，求而得之，不足贵也。"帝默然。后则从行猎，槎桎拔，失鹿，帝大怒，踞胡床拔刀，悉收督吏，将斩之。则稽首曰："臣闻古之圣王不以禽兽害人，今陛下方隆唐尧之化，而以猎戏多杀群吏，愚臣以为不可。敢以死请！"帝曰："卿，直臣也。"遂皆赦之。然以此见惮。黄初四年，左迁东平相。未至，道病薨，谥曰刚侯。子怡嗣。怡薨，无子，弟愉袭封。愉，咸熙中为尚书。②

①魏略曰：旧仪，侍中亲省起居，故俗谓之执虎子。始则同郡吉茂者，是时仕甫历县令，迁为冗散。茂见则，嘲之曰："仕进不止执虎子。"则笑曰："我诚不能效汝蹇蹇驱鹿车驰也。"初，则在金城，闻汉帝禅位，以为崩也，乃发丧；后闻其在，自以不审，意颇默然。临菑侯植自伤失先帝意，亦怨激而哭。其后文帝出游，追恨临菑，顾谓左右曰："人心不同，当我登大位之时，天下有哭者。"时从臣知帝此言，有为而发也，而则以为为己，欲下马谢。侍中傅巽目之，乃悟。

孙盛曰：夫士不事其所非，不非其所事，趣舍出处，而岂徒哉！则既策名新朝，委质异代，而方怀二心生愆，欲奋爽言，岂大雅君子去就之分哉？诗云："士也罔极，二三其德。"士之二三，犹丧妃偶，况人臣乎？

②愉字休豫，历位太常光禄大夫，见晋百官名。山涛启事称愉忠笃有智意。

　　臣松之案愉子绍，字世嗣，为吴王师。石崇妻，绍之女兄也。绍有诗在金

　　谷集。绍弟慎，左卫将军。

　　杜畿字伯侯，京兆杜陵人也。①少孤，继母苦之，以孝闻。年二十，为郡功曹，守郑县令。县囚系数百人，畿亲临狱，裁其轻重，尽决遣之，虽未悉当，郡中奇其年少而有大意也。举孝廉，除汉中府丞。会天下乱，遂弃官客荆州，建安中乃还。荀彧进之太祖，②太祖以畿为司空司直，迁护羌校尉，使持节，领西平太守。③

　　①傅子曰：畿，汉御史大夫杜延年之后。延年父周，自南阳徙茂陵，延年徙

　　杜陵，子孙世居焉。

　　②傅子曰：畿自荆州还，后至许，见侍中耿纪，语终夜。尚书令荀彧与纪比

　　屋，夜闻畿言，异之，旦遣人谓纪曰："有国士而不进，何以居位？"既见

　　畿，知之如旧相识者，遂进畿于朝。

　　③魏略曰：畿少有大志。在荆州数岁，继母亡后，以三辅开通，负其母丧北

　　归。道为贼所劫略，众人奔走，畿独不去。贼射之，畿请贼曰："卿欲得财

　　耳，今我无物，用射我何为邪？"贼乃止。畿到乡里，京兆尹张时，河东人

　　也，与畿有旧，署为功曹。尝嫌其阔达，不助留意于诸事，言此家疏诞，不

　　中功曹也。畿窃云："不中功曹，中河东守也。"

　　太祖既定河北，而高幹举并州反。时河东太守王邑被征，河东人卫固、范先外以请邑为名，而内实与幹通谋。太祖谓荀彧曰："关西诸将，恃险与马，征必为乱。张晟寇淆、渑间，南通刘表，固等因之，吾恐其为害深。河东被山带河，四邻多变，当今天下之要地也。君为我举萧何、寇恂以镇之。"彧曰："杜畿其人也。"①于是追拜畿为河东太守。固等使兵数千人绝陕津，畿至不得渡。太祖遣夏侯惇讨之，未至。或谓畿曰："宜须大兵。"畿曰："河东有三万户，非皆欲为乱也。今兵迫之急，欲为善者无主，必惧而听于固。固等势专，必

以死战。讨之不胜,四邻应之,天下之变未息也;讨之而胜,是残一
郡之民也。且<u>固</u>等未显绝王命,外以请故君为名,必不害新君。吾
单车直往,出其不意。固为人多计而无断,必伪受吾。吾得居郡一
月,以计縻之,足矣。"遂诡道从<u>郖津度</u>。郖音豆。②<u>范先</u>欲杀<u>畿</u>以威
众。③且观<u>畿</u>去就,于门下斩杀主簿已下三十馀人,<u>畿</u>举动自若。于
是<u>固</u>曰:"杀之无损,徒有恶名;且制之在我。"遂奉之。<u>畿</u>谓<u>卫固</u>、
<u>范先</u>曰:"<u>卫</u>、<u>范</u>,<u>河东</u>之望也,吾仰成而已。然君臣有定义,成败同
之,大事当共平议。"以<u>固</u>为都督,行丞事,领功曹;将校吏兵三千
馀人,皆<u>范先</u>督之。<u>固</u>等喜,虽阳事<u>畿</u>,不以为意,<u>固</u>欲大发兵,<u>畿</u>
患之,说<u>固</u>曰:"夫欲为非常之事,不可动众心。今大发兵,众必扰,
不如徐以赀募兵。"<u>固</u>以为然,从之,遂为赀调发,数十日乃定,诸
将贪多应募而少遣兵。又入喻<u>固</u>等曰:"人情顾家,诸将掾史,可分
遣休息,急缓召之不难。"<u>固</u>等恶逆众心,又从之。于是善人在外,
阴为己援;恶人分散,各还其家,则众离矣。会<u>白骑</u>攻<u>东垣</u>,<u>高幹</u>入
<u>濩泽</u>,<u>上党</u>诸县杀长吏,<u>弘农</u>执郡守,<u>固</u>等密调兵未至。<u>畿</u>知诸县
附己,因出,单将数十骑,赴<u>张辟</u>拒守,吏民多举城助<u>畿</u>者,比数十
日,得四千馀人,<u>固</u>等与<u>幹</u>、<u>晟</u>共攻<u>畿</u>,不下,略诸县,无所得。会大
兵至,<u>幹</u>、<u>晟</u>败,<u>固</u>等伏诛,其馀党与皆赦之,使复其居业。

①傅子曰:或称<u>畿</u>勇足以当大难,智能应变,其可试之。
②魏略曰:初,<u>畿</u>与<u>卫固</u>少相狎侮,<u>固</u>尝轻<u>畿</u>。<u>畿</u>尝与<u>固</u>博而争道,<u>畿</u>尝谓
　<u>固</u>曰:"<u>仲坚</u>,我今作<u>河东</u>也。"<u>固</u>褰衣骂之。及<u>畿</u>之官,而<u>固</u>为郡功曹。<u>张</u>
　<u>时</u>故任<u>京兆</u>。<u>畿</u>迎司隶,与<u>时</u>会<u>华阴</u>,<u>时</u>、<u>畿</u>相见,于仪当各持版。<u>时</u>叹
　曰:"昨日功曹,今为郡将也!"
③傅子曰:<u>先</u>云:"既欲为虎而恶食人肉,失所以为虎矣。今不杀,必为
　后患。"

　　是时天下郡县皆残破,<u>河东</u>最先定,少耗减。<u>畿</u>治之,崇宽惠,

与民无为。民尝辞讼,有相告者,畿亲见为陈大义,遣令归谛思之,若意有所不尽,更来诣府。乡邑父老自相责怒曰:"有君如此,奈何不从其教?"自是少有辞讼。班下属县,举孝子、贞妇、顺孙,复其繇役,随时慰勉之。渐课民畜牸牛、草马,下逮鸡豚犬豕,皆有章程。百姓勤农,家家丰实。畿乃曰:"民富矣,不可不教也。"于是冬月修戎讲武,又开学官,亲自执经教授,郡中化之。①

①魏略曰:博士乐详,由畿而升。至今河东特多儒者,则畿之由矣。

韩遂、马超之叛也,弘农、冯翊多举县邑以应之。河东虽与贼接,民无异心。太祖西征至蒲阪,与贼夹渭为军,军食一仰河东。及贼破,馀畜二十馀万斛。太祖下令曰:"河东太守杜畿,孔子所谓'禹,吾无间然矣'。增秩中二千石。"太祖征汉中,遣五千人运,运者自率勉曰:"人生有一死,不可负我府君。"终无一人逃亡,其得人心如此。①魏国既建,以畿为尚书。事平,更有令曰:"昔萧何定关中,寇恂平河内,卿有其功,间将授卿以纳言之职;顾念河东吾股肱郡,充实之所,足以制天下,故且烦卿卧镇之。"畿在河东十六年,常为天下最。

①杜氏新书曰:平虏将军刘勋,为太祖所亲,贵震朝廷。尝从畿求大枣,畿拒以他故。后勋伏法,太祖得其书,叹曰:"杜畿可谓'不媚于灶'者也。"称畿功美,以下州郡,曰:"昔仲尼之于颜子,每言不能不叹,既情爱发中,又宜率马以骥。今吾亦冀众人仰高山,慕景行也。"

文帝即王位,赐爵关内侯,征为尚书。及践阼,进封丰乐亭侯,邑百户,①守司隶校尉。帝征吴,以畿为尚书仆射,统留事。其后帝幸许昌,畿复居守。受诏作御楼船,于陶河试船,遇风没。帝为之流涕,②诏曰:"昔冥勤其官而水死,稷勤百谷而山死。③故尚书仆射杜畿,于孟津试船,遂至覆没,忠之至也。朕甚愍焉。"追赠太仆,谥曰戴侯。子恕嗣。④

①魏略曰：初，毓在郡，被书录寡妇。是时他郡或有已自相配嫁，依书皆录夺，啼哭道路。毓但取寡者，故所送少；及赵俨代毓而所送多。文帝问毓："前君所送何少，今何多也?"毓对曰："臣前所录皆亡者妻，今俨送生人妇也。"帝与左右顾而失色。

②魏氏春秋曰：初，毓尝见童子谓之曰："司命使我召子。"毓固请之，童子曰："今将为君求相代者。君其慎勿言!"言辛，忽然不见。至此二十年矣，毓乃言之。其日而卒，时年六十二。

③韦昭国语注称毛诗传曰："冥，契六世孙也，为夏水官，勤于其职而死于水。稷，周弃也，勤播百谷，死于黑水之山。"

④傅子曰：毓与太仆李恢、东安太守郭智有好。恢子丰交结英俊，以才智显于天下。智子冲有内实而无外观，州里弗称也。毓为尚书仆射，二人各修子孙礼见毓。既退，毓叹曰："孝懿无子；非徒无子，殆将无家。君谋为不死也，其子足继其业。"时人皆以毓为误。恢死后，丰为中书令，父子兄弟皆诛；冲为代郡太守，卒继父业；世乃服毓知人。

魏略曰李丰父名义，与此不同，义盖恢之别名也。

　　恕字务伯，太和中为散骑黄门侍郎。①恕推诚以质，不治饰，少无名誉。及在朝，不结交援，专心向公。每政有得失，常引纲维以正言，于是侍中辛毗等器重之。

①杜氏新书曰：恕少与冯翊李丰俱为父任，总角相善。及各成人，丰砥砺名行以要世誉，而恕诞节直意，与丰殊趣。丰竟驰名一时，京师之士多为之游说。而当路者或以丰名过其实，而恕被褐怀玉也。由此为丰所不善。恕亦任其自然，不力行以合时。丰以显仕朝廷，恕犹居家自若。明帝以恕大臣子，擢拜散骑侍郎，数月，转补黄门侍郎。

　　时公卿以下大议损益，恕以为"古之刺史，奉宣六条，以清静为名，威风著称，今可勿令领兵，以专民事。"俄而镇北将军吕昭又领冀州，①乃上疏曰：

　　帝王之道，莫尚乎安民；安民之术，在于丰财。丰财者，务本而节用也。方今二贼未灭，戎车亟驾，此自熊虎之士展力之秋也。然搢绅之儒，横加荣慕，搤腕抗论，以孙、吴为首，州郡牧守，咸共忽恤民之术，修将率之事。农桑之民，竞干戈之业，不可谓务本。帑藏岁虚而制度岁广，民力岁衰而赋役岁兴，不可谓节用。今大魏奄有十二州之地，[3]而承丧乱之弊，计其户口不如往昔一州之民，然而二方僭逆，北虏未宾，三边遘难，绕天略匝；所以统一州之民，经营九州之地，其为艰难，譬策羸马以取道里，岂可不加意爱惜其力哉？以武皇帝之节俭，府藏充实，犹不能十州拥兵；郡且二十也。今荆、扬、青、徐、幽、并、雍、凉缘边诸州皆有兵矣，其所恃内充府库外制四夷者，惟兖、豫、司、冀而已。臣前以州郡典兵，则专心军功，不勤民事，宜别置将守，以尽治理之务；而陛下复以冀州宠秩吕昭。冀州户口最多，田多垦辟，又有桑枣之饶，国家征求之府，诚不当复任以兵事也。若以北方当须镇守，自可专置大将以镇安之。计所置吏士之费，与兼官无异。然昭于人才尚复易；中朝苟乏人，兼才者势不独多。以此推之，知国家以人择官，不为官择人也。官得其人，则政平讼理；政平故民富实，讼理故囹圄空虚。陛下践阼，天下断狱百数十人，岁岁增多，至五百馀人矣。民不益多，法不益峻。以此推之，非政教陵迟，牧守不称之明效欤？往年牛死，通率天下十能损二；麦不半收，秋种未下。若二贼游魂于疆埸，飞刍挽粟，千里不及。究此之术，岂在强兵乎？武士劲卒愈多，愈多愈病耳。夫天下犹人之体，腹心充实，四支虽病，终无大患；今兖、豫、司、冀亦天下之腹心也。是以愚臣悾悾，实愿四州之牧守，独修务本之业，以堪四支之重。然孤论难持，犯欲难成，众怨难积，疑似难分，故累载不为明主所察。凡言此者，类皆疏贱；疏贱之言，实未易听。若使善策必出于亲贵,亲贵固不犯四难以求忠爱,此古今之所常患也。

①世语曰:昭字子展,东平人。长子巽,字长悌,为相国掾,有宠于司马文王。次子安,字仲悌,与嵇康善,与康俱被诛。次子粹,字季悌,河南尹。粹子预,字景虔,御史中丞。

时又大议考课之制,以考内外众官。恕以为用不尽其人,虽才且无益,所存非所务,所务非世要。上疏曰:

　　书称"明试以功,三考黜陟",诚帝王之盛制。使有能者当其官,有功者受其禄,譬犹乌获之举千钧,良、乐之选骥足也。虽历六代而考绩之法不著,关七圣而课试之文不垂,臣诚以为其法可粗依,其详难备举故也。语曰:"世有乱人而无乱法。"若使法可专任,则唐、虞可不须稷、契之佐,殷、周无贵伊、吕之辅矣。今奏考功者,陈周、汉之法为,缀京房之本旨,可谓明考课之要矣。于以崇揖让之风,兴济济之治,臣以为未尽善也。其欲使州郡考士,必由四科,皆有事效,然后察举,试辟公府,为亲民长吏,转以功次补郡守者,或就增秩赐爵,此最考课之急务也。臣以为便当显其身,用其言,使具为课州郡之法,法具施行,立必信之赏,施必行之罚。至于公卿及内职大臣,亦当俱以其职考课之也。

　　古之三公,坐而论道,内职大臣,纳言补阙,无善不纪,无过不举。且天下至大,万机至众,诚非一明所能遍照。故君为元首,臣作股肱,明其一体相须而成也。是以古人称廊庙之材,非一木之支;帝王之业,非一士之略。由是言之,焉有大臣守职辨课可以致雍熙者哉!且布衣之交,犹有务信誓而蹈水火,感知己而披肝胆,徇声名而立节义者;况于束带立朝,致位卿相,所务者非特匹夫之信,所感者非徒知己之惠,所徇者岂声名而已乎!

　　诸蒙宠禄受重任者,不徒欲举明主于唐、虞之上而已;身亦欲厕稷、契之列。是以古人不患于念治之心不尽,患于自任之意不足,此诚人主使之然也。唐、虞之君,委任稷、契、夔、龙而责成功,及其罪也,殛鲧而放四凶。今大臣亲奉明诏,给事目下,其有夙夜在公,恪勤特立,当官不挠贵势,执平不阿所私,危言危行以处朝廷者,自明主所察也。若尸禄以为高,拱默以为智,当官苟在于免负,立朝不忘于容身,絜行逊言以处朝廷者,亦明主所察也。诚使容身保位,无放退之辜,而尽节在公,抱见疑之势,公义不修而私议成俗,虽仲尼为谋,犹不能尽一才,又况于世俗之人乎! 今之学者,师商、韩而上法术,竞以儒家为迂阔,不周世用,此最风俗之流弊,创业者之所致慎也。

后考课竟不行。①

①杜氏新书曰:时李丰为常侍,黄门郎袁侃见转为吏部郎,荀俣出为东郡太守,三人皆恕之同班友善。

　　乐安廉昭以才能拔擢,颇好言事。恕上疏极谏曰:

　　伏见尚书郎廉昭奏左丞曹璠以罚当关不依诏,坐判问。又云"诸当坐者别奏"。尚书令陈矫自奏不敢辞罚,亦不敢以处重为恭,意至恳恻。臣窃悯然为朝廷惜之! 夫圣人不择世而兴,不易民而治,然而生必有贤智之佐者,盖进之以道,率之以礼故也。古之帝王之所以能辅世长民者,莫不远得百姓之欢心,近尽群臣之智力。诚使今朝任职之臣皆天下之选,而不能尽其力,不可谓能使人;若非天下之选,亦不可谓能官人。陛下忧劳万机,或亲灯火,而庶事不康,刑禁日弛,岂非股肱不称之明效欤? 原其所由,非独臣有不尽忠,亦主有不能使。

百里奚愚于虞而智于秦，豫让苟容中行而著节智伯，斯则古人之明验矣。今臣言一朝皆不忠，是诬一朝也；然其事类，可推而得。陛下感帑藏之不充实，而军事未息，至乃断四时之赋衣，薄御府之私谷，帅由圣意，举朝称明，与闻政事密勿大臣，宁有恳恳忧此者乎？

骑都尉王才、幸乐人孟思所为不法，振动京都，而其罪状发于小吏，公卿大臣初无一言。自陛下践阼以来，司隶校尉、御史中丞宁有举纲维以督奸宄，使朝廷肃然者邪？若陛下以为今世无良才，朝廷乏贤佐，岂可追望稷、契之遐踪，坐待来世之俊乂乎！今之所谓贤者，尽有大官而享厚禄矣，然而奉上之节未立，向公之心不一者，委任之责不专，而俗多忌讳故也。臣以为忠臣不必亲，亲臣不必忠。何者？以其居无嫌之地而事得自尽也。今有疏者毁人不实其所毁，而必曰私报所憎，誉人不实其所誉，而必曰私爱所亲，左右或因之以进憎爱之说。非独毁誉有之，政事损益，亦皆有嫌。陛下当思所以阐广朝臣之心，笃厉有道之节，使之自同古人，望与竹帛耳。反使如廉昭者扰乱其间，臣惧大臣遂将容身保位，坐观得失，为来世戒也！

昔周公戒鲁侯曰"无使大臣怨乎不以"，不言贤愚，明皆当世用也。尧数舜之功，称去四凶，不言大小，有罪则去也。今者朝臣不自以为不能，以陛下为不任也；不自以为不智，以陛下为不问也。陛下何不遵周公之所以用，大舜之所以去？使侍中、尚书坐则侍帷幄，行则从华辇，亲对诏问，所陈必达，则群臣之行，能否皆可得而知；忠能者进，暗劣者退，谁敢依违而不自尽？以陛下之圣明，亲与群臣论议政事，使群臣人得自尽，人自以为亲，人思所以报，贤愚能否，在陛下之所用。以此治事，何事不办？以此建功，何功不成？每有军事，诏书常曰："谁当忧此者邪？吾当自忧耳。"近诏又曰："忧公忘私者必不然，但先公后私即自办也。"伏读明诏，乃知圣思究尽下情，然亦怪陛下不治其本而忧其末也。人之能否，实有本性，虽臣亦以为朝臣不尽称职也。明主之用人也，使能者不敢遗其力，而不能者不得处非其任。选举非其人，未必为有罪也；举朝共容非其人，乃为怪耳。陛下知其不尽力也，而代之忧其职，知其不能也，而教之治其事，岂徒主劳而臣逸哉？虽圣贤并世，终不能以此为治也。

陛下又患台阁禁令之不密，人事请属之不绝，听伊尹作迎客出入之制，选司徒更恶吏以守寺门；威禁由之，实未得为禁之本也。昔汉安帝时，少府窦嘉辟廷尉郭躬无罪之兄子，犹见举奏，章劾纷纷。近司隶校尉孔羡辟大将军狂悖之弟，而有司嘿尔，望风希指，甚于受属。选举不以实，人事之大者也。① 嘉有亲戚之宠，躬非社稷重臣，犹尚如此；以今况古，陛下自不督必行之罚以绝阿党之原耳。伊尹之制，与恶吏守门，非治世之具也。使臣之言少蒙察纳，何患于奸不削灭，而养若昭等乎！

夫纠摘奸宄，忠事也，然而世憎小人行之者，以其不顾道理而苟求容进也。若陛下不复考其终始，必以违众忤世为奉公，密行白人为尽节，焉有通人大才而更不能为此邪？诚顾道理而弗为耳。使天下皆背道而趋利，则人主之所最病者，陛下将何乐焉，胡不绝其萌乎！夫先意承旨以求容美，率皆天下浅薄无行义者，其意务在于适人主之心而已，非欲治天下安百姓也。陛下何不试变业而示之，彼岂执其所守以违圣意哉？夫人臣得人主之心，安业也；处尊显之官，荣事也；食千锺之禄，厚实也。人臣虽愚，未有不乐此而喜干迕者也，迫于道，自强耳。诚以为陛下当怜而佑之，少委任焉，如何反录昭等倾侧之意，而忽若人者乎？今者外有伺隙之寇，内有贫旷之民，陛下当大计天下之损益，政事之得失，诚不可以怠也。

恕在朝八年，其论议亢直，皆此类也。

①臣松之案大将军，司马宣王也。晋书云："宣王第五弟，名通，为司隶从事。"疑恕所云狂悖者。通子顺，封龙阳亭侯。晋初受禅，以不达天命，守节不移，削爵土，徙武威。

出为弘农太守，数岁转赵相，①以疾去官。②起家为河东太守，岁馀，迁淮北都督护军，复以疾去。恕所在，务存大体而已，其树惠爱，益得百姓欢心，不及于畿。顷之，拜御史中丞。恕在朝廷，以不得当世之和，故屡在外任。复出为幽州刺史，加建威将军，使持节，护乌丸校尉。时征北将军程喜屯蓟，尚书袁侃等戒恕曰："程申伯处先帝之世，倾田国让于青州。足下今俱杖节，使共屯一城，宜深有以待之。"而恕不以为意。至官未期，有鲜卑大人儿，不由关塞，径将数十骑诣州，州斩所从来小子一人，无表言上。喜于是劾奏恕，下廷尉，当死。以父畿勤事水死，免为庶人，徙章武郡，是岁嘉平元年。③恕倜傥任意，而思不防患，终致此败。

①魏书曰：恕在弘农，宽和有惠爱。及迁，以孟康代恕为弘农。康字公休，安平人。黄初中，以于郭后有外属，并受九亲赐拜，遂转为散骑侍郎。是时，散骑皆以高才英儒充其选，而康独缘妃嫱杂在其间，故于时皆共轻之，号为阿九。康既才敏，[4]因在冗官，博读书传，后遂有所弹驳，其文义雅而切要，众人乃更加意。正始中，出为弘农，领典农校尉。康到官，清己奉职，嘉善而矜不能，省息狱讼，缘民所欲，因而利之。郡领吏二百馀人，涉春遣休，常四分遣一。事无宿诺，时出案行，皆豫敕督邮平水，不得令属官道人探候，修设曲敬。又不欲烦损吏民，常豫敕吏卒，行各持镰，所在自刈马草，不止亭传，露宿树下，又所从常不过十馀人。郡带道路，其诸

过宾客,自非公法无所出给;若知旧造之,自出于家。康之始拜,众人虽知其有志量,以其未尝宰牧,不保其能也;而康恩泽治能乃尔,吏民称歌焉。<u>嘉平</u>末,从渤海太守征入为中书令,后转为监。

②杜氏新书曰:<u>恕</u>遂去京师,营宜阳一泉坞,因其垒堑之固,小大家焉。<u>明帝</u>崩时,人多为<u>恕</u>言者。

③杜氏新书曰:<u>喜</u>欲<u>恕</u>折节谢己,讽司马<u>宋权</u>示之以微意。<u>恕</u>答<u>权</u>书曰:"况示委曲。夫法天下事,以善意相待,无不致快也;以不善意相待,无不致嫌隙也。而议者言,凡人天性皆不善,不当待以善意,更堕其调中。仆得此辈,便欲归蹈沧海乘桴耳,不能自谐在其间也。然以年五十二,不见废弃,颇亦遭明达君子亮其本心;若不见亮,使人剀心著地,正与数斤肉相似,何足有所明,故终不自解说。<u>程征北</u>功名宿著,在仆前甚多,有人出征北乎! 若令下官事无大小,咨而后行,则为上司弹绳之意;若咨而不从,又非上下相顺之宜。故推一心,任一意,直而行之耳。杀胡之事,天下谓之是邪,是仆谐也;呼为非邪,仆自受之,无所怨咎。<u>程征北</u>明之亦善,不明之亦善,诸君子自共为其心耳,不在仆言也。"<u>喜</u>于是遂深文劾<u>恕</u>。

初,<u>恕</u>从<u>赵郡</u>还,<u>陈留阮武</u>亦从<u>清河</u>太守征,俱自薄廷尉。谓<u>恕</u>曰:"相观才性可以由公道而持之不厉,器能可以处大官而求之不顺,才学可以述古今而志之不一,此所谓有其才而无其用。今向闲暇,可试潜思,成一家言。"在<u>章武</u>,遂著<u>体论</u>八篇。①又著<u>兴性论</u>一篇,盖兴于为己也。四年,卒于徙所。

①杜氏新书曰:以为人伦之大纲,莫重于君臣;立身之基本,莫大于言行;安上理民,莫精于政法;胜残去杀,莫善于用兵。夫礼也者,万物之体也,万物皆得其体,无有不善,故谓之体论。

<u>甘露</u>二年,<u>河东乐详</u>年九十馀,上书讼<u>畿</u>之遗绩,朝廷感焉。诏封<u>恕</u>子<u>预</u>为<u>丰乐亭侯</u>,邑百户。①

①魏略曰:<u>乐详</u>字文载。少好学,<u>建安</u>初,详闻公车司马令南郡<u>谢该</u>善<u>左氏</u>

传，乃从南阳步涉诣许，从该问疑难诸要，[5]今左氏乐氏问七十二事，详
所撰也。所问既了而归乡里，时杜畿为太守，亦甚好学，署详文学祭酒，
使教后进，于是河东学业大兴。至黄初中，征拜博士。于时太学初立，有
博士十馀人，学多褊狭，又不熟悉，略不亲教，备员而已。惟详五业并授，
其或难解，质而不解，详无愠色，以杖画地，牵譬引类，至忘寝食，以是独
擅名于远近。详学既精悉，又善推步三五，别受诏与太史典定律历。太和
中，转拜骑都尉。详学优能少，故历三世，竟不出为宰守。至正始中，以年
老罢归于舍，本国宗族归之，门徒数千人。

恕奏议论驳皆可观，掇其切世大事著于篇。①

① 杜氏新书曰：恕弟理，字务仲。少而机察精要，畿奇之，故名之曰理。年二
十一而卒。弟宽，字务叔。清虚玄静，敏而好古。以名臣门户，少长京师，
而笃志博学，绝于世务，其意欲探赜索隐，由此显名，当涂之士多交焉。
举孝廉，除郎中。年四十二而卒。经传之义，多所论驳，皆草创未就，惟删
集礼记及春秋左氏传解，今存于世。

预字元凯，司马宣王女婿。王隐晋书称预智谋渊博，明于理乱，常称"德
者非所以企及，立功立言，所庶几也"。大观群典，谓公羊、榖梁，诡辩之
言。又非先儒说左氏未究丘明意，而横以二传乱之。乃错综微言，著春秋
左氏经传集解，又参考众家，谓之释例，又作盟会图、春秋长历，备成一
家之学，至老乃成。尚书郎挚虞甚重之，曰："左丘明本为春秋作传，而左
传遂自孤行；释例本为传设，而所发明何但左传，故亦孤行。"预有大功
名于晋室，位至征南大将军，开府，封当阳侯，食邑八千户。子锡，字世
嘏，尚书左丞。

晋诸公赞曰：嘏有器局。预从兄斌，字世将，亦有才望，为黄门郎，为赵王
伦所枉杀。嘏子义，字洪治，少有令名，为丹阳丞，早卒。阮武者，亦拓落
大才也。案阮氏谱：武父谌，字士信，征辟无所就，造三礼图传于世。

杜氏新书曰：武字文业，阔达博通，渊雅之士。位止清河太守。武弟炳，字
叔文，河南尹。精意医术，撰药方一部。炳子坦，字弘舒，晋太子少傅，平
东将军。坦弟柯，字士度。

荀绰兖州记曰：坦出绍伯父，亡，次兄当袭爵，父爱柯，言名传之，遂承

封。时幼小，不能让，及长悔恨，遂幅巾而居，后虽出身，未尝释也。性纯笃闲雅，好礼无违，存心经诰，博学洽闻。选为濮阳王文学，迁领军长史，丧官。王衍时为领军，哭之甚恸。

郑浑字文公，河南开封人也。高祖父众，众父兴，皆为名儒。①浑兄泰，与荀攸等谋诛董卓，为扬州刺史，卒。②浑将泰小子袤避难淮南，袁术宾礼甚厚。浑知术必败。时华歆为豫章太守，素与泰善，浑乃渡江投歆。太祖闻其笃行，召为掾，复迁下蔡长、邵陵令。天下未定，民皆剽轻，不念产殖；其生子无以相活，率皆不举。浑所在夺其渔猎之具，课使耕桑，又兼开稻田，重去子之法。民初畏罪，后稍丰给，无不举赡；所育男女，多以郑为字。辟为丞相掾属，迁左冯翊。

①续汉书曰：兴字少赣，谏议大夫。众字子师，大司农。
②张璠汉纪曰：泰字公业。少有才略，多谋计，知天下将乱，阴交结豪杰。家富于财，有田四百顷，而食常不足，名闻山东。举孝廉，三府辟，公车征，皆不就。何进辅政，征用名士，以泰为尚书侍郎，加奉车都尉。进将诛黄门，欲召董卓为助，泰谓进曰："董卓强忍寡义，志欲无厌，若借之朝政，授之大事，将肆其心以危朝廷。以明公之威德，据阿衡之重任，秉意独断，诛除有罪，诚不待卓以为资援也。且事留变生，其鉴不远。"又为陈时之要务，进不能用，乃弃官去。谓颍川人荀攸曰："何公未易辅也。"进寻见害，卓果专权，废帝。关东义兵起，卓会议大发兵，群寮咸惮卓，莫敢忤旨。泰恐其强，益将难制，乃曰："夫治在德，不在兵也。"卓不悦曰："如此，兵无益邪？"众人莫不变容，为泰震栗。泰乃诡辞对曰："非以无益，以山东不足加兵也。今山东议欲起兵，州郡相连，人众相动，非不能也。然中国自光武以来，无鸡鸣狗吠之警，百姓忘战日久，仲尼有言'不教民战，是谓弃之'，虽众不能为害，一也。明公出自西州，少为国将，闲习军事，数践战场，名称当世；以此威民，民怀慑服，二也。袁本初公卿子弟，生处京师，体长妇人；张孟卓东平长者，坐不窥堂；孔公绪能清谈高论，嘘枯吹生，无军帅之才，负霜露之勤；临锋履刃，决敌雌雄，皆非明公敌，

三也。察山东之士,力能跨马控弦,勇等孟贲,捷齐庆忌,信有聊城之守,策有良平之谋;可任以偏师,责以成功,未闻有其人者,四也;就有其人,王爵不相加,妇姑位不定,各恃众怙力,将人人棋跱,以观成败,不肯同心共胆,率徒旅进,五也。关西诸郡,北接上党、太原、冯翊、扶风、安定,自顷以来,数与胡战,妇女载戟挟矛,弦弓负矢,况其悍夫;以此当山东忘战之民,譬驱群羊向虎狼,其胜可必,六也。且天下之权勇,今见在者不过并、凉、匈奴、屠各、湟中、义从、八种西羌,皆百姓素所畏服,而明公权以为爪牙,壮夫震栗,况小丑乎!七也。又明公之将帅,皆中表腹心,周旋日久,自三原、硖口以来,恩信醇著,忠诚可远任,智谋可特使,以此当山东解后之虚诞,[6]实不相若,八也。夫战有三亡:以乱攻治者亡,以邪攻正者亡,以逆攻顺者亡。今明公秉国政平,讨夷凶宦,忠义克立;以三德待于三亡,奉辞伐罪,谁人敢御?九也。东州有郑康成,学该古今,儒生之所集;北海邴根矩,清高直亮,群士之楷式。彼诸将若询其计画,案典校之强弱,燕、赵、齐、梁非不盛,终见灭于秦,吴、楚七国非不众,而不敢逾荥阳,况今德政之赫赫,股肱之邦良,欲造乱以徼不义者,必不相然赞,成其凶谋,十也。若十事少有可采,无事征兵以惊天下,使惠役之民,相聚为非,弃德恃众,以轻威重。"卓乃悦,以泰为将军,统诸军击关东。或谓卓曰:"郑泰智略过人,而结谋山东,今资之士马,使就其党,窃为明公惧之。"卓收其兵马,留拜议郎。后又与王允谋共诛卓,泰脱身自武关走,东归。后将军袁术以为扬州刺史,未至官,道卒,时年四十一。

时梁兴等略吏民五千馀家为寇钞,诸县不能御,皆恐惧,寄治郡下。议者悉以为当移就险,浑曰:"兴等破散,窜在山阻。虽有随者,率胁从耳。今当广开降路,宣喻恩信。而保险自守,此示弱也。"乃聚敛吏民,治城郭,为守御之备。遂发民逐贼,明赏罚,与要誓,其所得获,十以七赏。百姓大悦,皆愿捕贼,多得妇女、财物。贼之失妻子者,皆还求降。浑责其得他妇女,然后还其妻子,于是转相寇盗,党与离散。又遣吏民有恩信者,分布山谷告喻,出者相继,乃使诸县长吏各还本治以安集之。兴等惧,将馀众聚鄜城。太祖使夏侯渊就助郡击之，浑率吏民前登，斩兴及其支党。又贼靳富等，胁将夏阳长、邵陵令并其吏民入硙山，浑复讨击破富等，获二县长吏，将其所略还。及赵青龙者，杀左内史程休，浑闻，遣壮士就枭其首。前后归附四千馀家，由是山贼皆平，民安产业。转为上党太守。

太祖征汉中，以浑为京兆尹。浑以百姓新集，为制移居之法，使兼复者与单轻者相伍，温信者与孤老为比，勤稼穑，明禁令，以发奸者。由是民安于农，而盗贼止息。及大军入汉中，运转军粮为最。又遣民田汉中，无逃亡者。太祖益嘉之，复入为丞相掾。文帝即位，为侍御史，加驸马都尉，迁阳平、沛郡二太守。郡界下湿，患水涝，百姓饥乏。浑于萧、相二县界，兴陂遏，开稻田。郡人皆以为不便，浑曰："地势洿下，宜溉灌，终有鱼稻经久之利，此丰民之本也。"遂躬率吏民，兴立功夫，一冬间皆成。比年大收，顷亩岁增，租入倍常，民赖其利，刻石颂之，号曰郑陂。转为山阳、魏郡太守，其治放此。又以郡下百姓，苦乏材木，乃课树榆为篱，并益树五果；榆皆成藩，五果丰实。入魏郡界，村落齐整如一，民得财足用饶。明帝闻之，下诏称述，布告天下。迁将作大匠。浑清素在公，妻子不免于饥寒。及卒，以子崇为郎中。①

①晋阳秋曰：泰子袤，字林叔。泰与华歆、荀攸善。见袤曰："郑公业为不亡矣。"初为临菑侯文学，稍迁至光禄大夫。泰始七年，以袤为司空，固辞不受，终于家。子默，字思玄。

晋诸公赞曰：默遵守家业，以笃素称，位至太常。默弟质、舒、诩，皆为卿。默子球，清直有理识，尚书右仆射、领选。球弟豫，为尚书。

仓慈字孝仁，淮南人也。始为郡吏。建安中，太祖开募屯田于淮南，以慈为绥集都尉。黄初末，为长安令，清约有方，吏民畏而爱之。太和中，迁燉煌太守。郡在西陲，以丧乱隔绝，旷无太守二十岁，大姓雄张，遂以为俗。前太守尹奉等，循故而已，无所匡革。慈到,抑挫权右,抚恤贫羸,甚得其理。旧大族田地有馀,而小民无立锥之土;慈皆随口割赋,稍稍使毕其本直。先是属城狱讼众猥,县不能决,多集治下;慈躬往省阅,料简轻重,自非殊死,但鞭杖遣之,一岁决刑曾不满十人。又常日西域杂胡欲来贡献,而诸豪族多逆断绝;既与贸迁,欺诈侮易,多不得分明。胡常怨望,慈皆劳之。欲诣洛者,为封过所,欲从郡还者,官为平取,辄以府见物与共交市,使吏民护送道路,由是民夷翕然称其德惠。数年卒官,吏民悲感如丧亲戚,图画其形,思其遗像。及西域诸胡闻慈死,悉共会聚于戊己校尉及长吏治下发哀,或有以刀画面,以明血诚,又为立祠,遥共祠之。①

①魏略曰:天水王迁,承代慈,虽循其迹,不能及也。金城赵基承迁后,复不如迁。至嘉平中,安定皇甫隆代基为太守。初,燉煌不甚晓田,常灌溉滀水,使极濡洽,然后乃耕。又不晓作耧犁,用水,及种,人牛功力既费,而收谷更少。隆到,教作耧犁,又教衍溉,岁终率计,其所省庸力过半,得谷加五。又燉煌俗,妇人作裙,孪缩如羊肠,用布一匹;隆又禁改之,所省复不訾。故燉煌人以为隆刚断严毅不及于慈,至于勤恪爱惠,为下兴利,可以亚之。

自太祖迄于咸熙,魏郡太守陈国吴瓘、清河太守乐安任燠、京兆太守济北颜斐、弘农太守太原令狐邵、济南相鲁国孔乂,或哀矜折狱,或推诚惠爱,或治身清白,或擿奸发伏,咸为良二千石。①

①瓘、燠事行无所见。魏略曰:颜斐字文林。有才学。丞相召为太子洗马,黄初初转为黄门侍郎,后为京兆太守。始,京兆从马超破后,民人多不专于农殖,又历数四二千石,取解目前,亦不为民作久远计。斐到官,乃令属县整阡陌,树桑果。是时民多无车牛,斐又课民以闲月取车材,使转相教匠作车。又课民无牛者,令畜猪狗,卖以买牛。始者民以为烦,一二年间,家家有丁车、大牛。又起文学,听吏民欲读书者,复其小徭。又于府下起菜园,使吏役闲锄治。又课民当输租时,车牛各因便致薪两束,为冬寒

冰炙笔砚。于是风化大行，吏不烦民，民不求吏。京兆与冯翊、扶风接界，二郡道路既秽塞，田畴又荒莱，人民饥冻，而京兆皆整顿开明，丰富常为雍州十郡最。斐又清己，仰奉而已，于是吏民恐其迁转也。至青龙中，司马宣王在长安立军市，而军中吏多侵侮县民，斐以白宣王。宣王乃发怒召军市候，便于斐前杖一百。时长安典农与斐共坐，以为斐宜谢，乃私推筑斐。斐不肯谢，良久乃曰："斐意观明公受分陕之任，乃欲一齐众庶，必非有所左右也。而典农窃见推筑，欲令斐谢；假令斐谢，是更为不得明公意也。"宣王遂严持吏士。自是之后，军营、郡县各得其分。后数岁，迁为平原太守，吏民啼泣遮道，车不得前，步步稽留，十馀日乃出界，东行至崤而疾困。斐素心恋京兆，其家人从者见斐病甚，劝之，言："平原当自勉励作健。"斐曰："我心不愿平原，汝曹等呼我，何不言京兆邪？"遂卒，还平原。京兆闻之，皆为流涕，为立碑，于今称颂之。

令狐邵字孔叔。父仕汉，为乌丸校尉。建安初，袁氏在冀州，邵去本郡家居邺。九年，暂出到武安毛城中。会太祖破邺，遂围毛城。城破，执邵等辈十馀人，皆当斩。太祖阅见之，疑其衣冠也，问其祖考，而识其父，乃解放，署军谋掾。仍历宰守，后徙丞相主簿，出为弘农太守。所在清如冰雪，妻子希至官省；举善而教，恕以待人，不好狱讼，与下无忌。是时，郡无知经者，乃历问诸吏，有欲远行就师，辄假遣，令诣河东就乐详学经，粗明乃还，因设文学。由是弘农学业转兴。至黄初初，征拜羽林郎，迁虎贲中郎将，三岁，病亡。始，邵族子愚，为白衣时，常有高志，众人谓愚必荣令狐氏，而邵独以为"愚性倜傥，不修德而愿大，必灭我宗"。愚闻邵言，其心不平。及邵为虎贲郎将，而愚仕进已多所更历，所在有名称。愚见邵，因从容言次，微激之曰："先时闻大人谓愚为不继，愚今竟云何邪？"邵熟视而不答也。然私谓其妻子曰："公治性度犹如故也。以吾观之，终当败灭。但不知我久当坐之不邪？将逮汝曹耳！"邵没之后，十馀年间，愚为兖州刺史，果与王凌谋废立，家属诛灭。邵子华，时为弘农郡丞，以属疏得不坐。

案孔氏谱：孔乂字元儁，孔子之后。曾祖畴，字元矩，陈相。汉桓帝立老子庙于苦县之赖乡，画孔子像于壁；畴为陈相，立孔子碑于像前，今见存。

义父祖皆二千石，义为散骑常侍，上疏规谏。语在三少帝纪。至大鸿胪。子恂字士信，晋平东将军卫尉也。

评曰：任峻始兴义兵，以归太祖，辟土殖谷，仓庾盈溢，庸绩致矣。苏则威以平乱，既政事之良，又矫矫刚直，风烈足称。杜畿宽猛克济，惠以康民。郑浑、仓慈，恤理有方。抑皆魏代之名守乎！恕屡陈时政，经论治体，盖有可观焉。

【校勘记】

〔1〕募百姓屯田于许下得谷百万斛郡国列置田官　原脱此一九字，据太平御览卷八三七补。

〔2〕襄城太守　城，原作“阳”，据晋书卷九二枣据传改。

〔3〕今大魏奄有十二州之地　原脱“二”字，据三国会要卷二八补。

〔4〕康既才敏　既下原衍“无”字，据太平御览删。

〔5〕乃从南阳步涉诣许从该问疑难诸要　原脱“涉许从”三字，据后汉书卷七九下谢该传注补。

〔6〕以此当山东解后之虚诞　后，原作“合”，据绲斋读书记改。

三国志卷十七　魏书十七

张乐于张徐传第十七

张辽字文远，雁门马邑人也。本聂壹之后，以避怨变姓。少为郡吏。汉末，并州刺史丁原以辽武力过人，召为从事，使将兵诣京都。何进遣诣河北募兵，得千馀人。还，进败，以兵属董卓。卓败，以兵属吕布，迁骑都尉。布为李傕所败，从布东奔徐州，领鲁相，时年二十八。太祖破吕布于下邳，辽将其众降，拜中郎将，赐爵关内侯。数有战功，迁裨将军。袁绍破，别遣辽定鲁国诸县。与夏侯渊围昌豨于东海，数月粮尽，议引军还，辽谓渊曰："数日已来，每行诸围，豨辄属目视辽。又其射矢更稀，此必豨计犹豫，故不力战。辽欲挑与语，傥可诱也？"乃使谓豨曰："公有命，使辽传之。"豨果下与辽语，辽为说"太祖神武，方以德怀四方，先附者受大赏"。豨乃许降。辽遂单身上三公山，入豨家，拜妻子。豨欢喜，随诣太祖。太祖遣豨还，责辽曰："此非大将法也。"辽谢曰："以明公威信著于四海，辽奉圣旨，豨必不敢害故也。"从讨袁谭、袁尚于黎阳，有功，行中坚将军。从攻尚于邺，尚坚守不下。太祖还许，使辽与乐进拔阴

431

安,徙其民河南。复从攻邺,邺破,辽别徇赵国、常山,招降缘山诸贼及黑山孙轻等。从攻袁谭,谭破,别将徇海滨,破辽东贼柳毅等。还邺,太祖自出迎辽,引共载,以辽为荡寇将军。复别击荆州,定江夏诸县,还屯临颍,封都亭侯。从征袁尚于柳城,卒与虏遇,辽劝太祖战,气甚奋,太祖壮之,自以所持麾授辽。遂击,大破之,斩单于蹋顿。①

① 傅子曰:太祖将征柳城,辽谏曰:"夫许,天下之会也。今天子在许,公远北征,若刘表遣刘备袭许,据之以号令四方,公之势去矣。"太祖策表必不能任备,遂行也。

时荆州未定,复遣辽屯长社。临发,军中有谋反者,夜惊乱起火,一军尽扰。辽谓左右曰:"勿动。是不一营尽反,必有造变者,欲以动乱人耳。"乃令军中,其不反者安坐。辽将亲兵数十人,中陈而立。有顷定,即得首谋者杀之。陈兰、梅成以氐六县叛,太祖遣于禁、臧霸等讨成,辽督张郃、牛盖等讨兰。成伪降禁,禁还。成遂将其众就兰,转入灊山。灊中有天柱山,高峻二十馀里,道险狭,步径裁通,兰等壁其上。辽欲进,诸将曰:"兵少道险,难用深入。"辽曰:"此所谓一与一,勇者得前耳。"遂进到山下安营,攻之,斩兰、成首,尽虏其众。太祖论诸将功,曰:"登天山,履峻险,以取兰、成,荡寇功也。"增邑,假节。

太祖既征孙权还,使辽与乐进、李典等将七千馀人屯合肥。太祖征张鲁,教与护军薛悌,署函边曰"贼至乃发"。俄而权率十万众围合肥,乃共发教,教曰:"若孙权至者,张、李将军出战;乐将军守护军,勿得与战。"诸将皆疑。辽曰:"公远征在外,比救至,彼破我必矣。是以教指及其未合逆击之,折其盛势,以安众心,然后可守也。成败之机,在此一战,诸君何疑?"李典亦与辽同。于是辽夜募敢从之士,得八百人,椎牛飨将士,明日大战。平旦,辽被甲持戟,先登陷陈,杀数十人,斩二将,大呼自名,冲垒入,至权麾下。权大惊,众不知所为,走登高冢,以长戟自守。辽叱权下战,权不敢动,望见辽所将众少,乃聚围辽数重。辽左右麾围,直前急击,围开,辽将麾下数十人得出,馀众号呼曰:"将军弃我乎!"辽复还突围,拔出馀众。权人马皆披靡,无敢当者。自旦战至日中,吴人夺气,还修守备,众心乃安,诸将咸服。权守合肥十馀日,城不可拔,乃引退。辽率诸军追击,几复获权。太祖大壮辽,拜征东将军。①建安二十一年,太祖复征孙权,到合肥,循行辽战处,叹息者良久。乃增辽兵,多留诸军,徙屯居巢。

> ①孙盛曰:夫兵固诡道,奇正相资,若乃命将出征,推毂委权,或赖率然之形,或凭掎角之势,群帅不和,则弃师之道也。至于合肥之守,县弱无援,专任勇者则好战生患,专任怯者则惧心难保。且彼众我寡,必怀贪堕;以致命之兵,击贪堕之卒,其势必胜;胜而后守,守则必固。是以魏武推选方员,参以同异,为之密教,节宣其用;事至而应,若合符契,妙矣夫!

关羽围曹仁于樊,会权称藩,召辽及诸军悉还救仁。辽未至,徐晃已破关羽,仁围解。辽与太祖会摩陂。辽军至,太祖乘辇出劳之,还屯陈郡。文帝即王位,转前将军。①分封兄泛及一子列侯。孙权复叛,遣辽还屯合肥,进辽爵都乡侯。给辽母舆车,及兵马送辽家诣屯,敕辽母至,导从出迎。所督诸军将吏皆罗拜道侧,观者荣之。文帝践阼,封晋阳侯,增邑千户,并前二千六百户。黄初二年,辽朝洛阳宫,文帝引辽会建始殿,亲问破吴意状。帝叹息顾左右曰:"此亦古之召虎也。"为起第舍,又特为辽母作殿,以辽所从破吴军应募步卒,皆为虎贲。孙权复称藩。辽还屯雍丘,得疾。帝遣侍中刘晔将太医视疾,虎贲问消息,道路相属。疾未瘳,帝迎辽就行在所,车驾亲临,执其手,赐以御衣,太官日送御食。疾小差,还屯。孙权复叛,帝遣辽乘舟,与曹休至海陵,临江。权甚惮焉,敕诸将:"张辽虽病,不可当也,慎之!"是岁,辽与诸将破权将吕范。辽病笃,遂薨于江都。帝为流涕,谥曰刚侯。子虎嗣。六年,帝追念辽、典在合肥之功,诏曰:"合肥之役,辽、典以步卒八百,破贼十万,自古用兵,未之有也。使贼至今夺气,可谓国之爪牙矣。其分辽、典邑各百户,赐一子爵关内侯。"虎为偏将军,薨。子统嗣。

①魏书曰:王赐辽帛千匹,谷万斛。

乐进字文谦,阳平卫国人也。容貌短小,以胆烈从太祖,为帐下吏。遣还本郡募兵,得千馀人,还为军假司马、陷陈都尉。从击吕布于濮阳,张超于雍丘,桥蕤于苦,皆先登有功,封广昌亭侯。从征张绣于安众,围吕布于下邳,破别将,击眭固于射犬,攻刘备于沛,皆破之,拜讨寇校尉。渡河攻获嘉,还,从击袁绍于官渡,力战,斩绍将淳于琼。从击谭、尚于黎阳,斩其大将严敬,行游击将军。别击黄巾,破之,定乐安郡。从围邺,邺定,从击袁谭于南皮,先登,入谭东门。谭败,别攻雍奴,破之。建安十一年,太祖表汉帝,称进及于禁、张辽曰:"武力既弘,计略周备,质忠性一,守执节义,每临战攻,常为督率,奋强突固,无坚不陷,自援枹鼓,手不知倦。又遣别征,统御师旅,抚众则和,奉令无犯,当敌制决,靡有遗失。论功纪用,宜各显宠。"于是禁为虎威;进,折冲;辽,荡寇将军。

进别征高幹,从北道入上党,回出其后。幹等还守壶关,连战斩首。幹坚守未下,会太祖自征之,乃拔。太祖征管承,军淳于,遣进与李典击之。承破走,逃入海岛,海滨平。荆州未服,遣屯阳翟。后从平荆州,留屯襄阳,击关羽、苏非等,皆走之,南郡诸郡山谷蛮夷诣进降。又讨刘备临沮长杜普、旌阳长梁大,皆大破之。后从征孙权,假进节。太祖还,留进与张辽、李典屯合肥,增邑五百,并前凡千二百户。以进数有功,分五百户,封一子列侯;进迁右将军。<u>建安</u>二十三年薨，谥曰<u>威侯</u>。子<u>绲</u>嗣。<u>绲</u>果毅有父风，官至<u>扬州</u>刺史。<u>诸葛诞</u>反，掩袭杀<u>绲</u>，诏悼惜之，追赠卫尉，谥曰<u>愍侯</u>。子<u>肇</u>嗣。

<u>于禁</u>字<u>文则</u>，<u>泰山钜平</u>人也。黄巾起，<u>鲍信</u>招合徒众，<u>禁</u>附从焉。及<u>太祖</u>领<u>兖州</u>，<u>禁</u>与其党俱诣为都伯，属将军<u>王朗</u>。<u>朗</u>异之，荐<u>禁</u>才任大将军。<u>太祖</u>召见与语，拜军司马，使将兵诣<u>徐州</u>，攻<u>广戚</u>，拔之，拜陷陈都尉。从讨<u>吕布</u>于<u>濮阳</u>，别破<u>布</u>二营于城南，又别将破<u>高雅</u>于<u>须昌</u>。从攻<u>寿张</u>、<u>定陶</u>、<u>离狐</u>，围<u>张超</u>于<u>雍丘</u>，皆拔之。从征黄巾<u>刘辟</u>、<u>黄邵</u>等，屯<u>版梁</u>，<u>邵</u>等夜袭<u>太祖</u>营，<u>禁</u>帅麾下击破之，斩<u>邵</u>等，[1]尽降其众。迁平虏校尉。从围<u>桥蕤</u>于<u>苦</u>，斩<u>蕤</u>等四将。从至<u>宛</u>，降<u>张绣</u>。<u>绣</u>复叛，<u>太祖</u>与战不利，军败，还<u>舞阴</u>。是时军乱，各间行求<u>太祖</u>，<u>禁</u>独勒所将数百人，且战且引，虽有死伤不相离。虏追稍缓，<u>禁</u>徐整行队，鸣鼓而还。未至<u>太祖</u>所，道见十馀人被创裸走，<u>禁</u>问其故，曰："为<u>青州</u>兵所劫。"初，黄巾降，号<u>青州</u>兵，<u>太祖</u>宽之，故敢因缘为略。<u>禁</u>怒，令其众曰："<u>青州</u>兵同属<u>曹公</u>，而还为贼乎！"乃讨之，数之以罪。<u>青州</u>兵遽走诣<u>太祖</u>自诉。<u>禁</u>既至，先立营垒，不时谒<u>太祖</u>。或谓<u>禁</u>："<u>青州</u>兵已诉君矣，宜促诣公辨之。"<u>禁</u>曰："今贼在后，追至无时，不先为备，何以待敌？且公聪明，谮诉何缘！"徐凿堑安营讫，乃入谒，具陈其状。<u>太祖</u>悦，谓<u>禁</u>曰："<u>淯水</u>之难，吾其急也，将军在乱能整，讨暴坚垒，有不可动之节，虽古名将，何以加之！"于是录<u>禁</u>前后功，封<u>益寿亭侯</u>。复从攻<u>张绣</u>于<u>穰</u>，禽<u>吕布</u>于<u>下邳</u>，别与<u>史涣</u>、<u>曹仁</u>攻<u>眭固</u>于<u>射犬</u>，破斩之。

<u>太祖</u>初征<u>袁绍</u>，<u>绍</u>兵盛，<u>禁</u>愿为先登。<u>太祖</u>壮之，乃遣步卒二千人，使<u>禁</u>将，守<u>延津</u>以拒<u>绍</u>，<u>太祖</u>引军还<u>官渡</u>。<u>刘备</u>以<u>徐州</u>叛，<u>太祖</u>东征之。<u>绍</u>攻<u>禁</u>，<u>禁</u>坚守，<u>绍</u>不能拔。复与<u>乐进</u>等将步骑五千，击

绍别营,从延津西南缘河至汲、获嘉二县,焚烧保聚三十馀屯,斩首获生各数千,降绍将何茂、王摩等二十馀人。太祖复使禁别将屯原武,击绍别营于杜氏津,破之。迁裨将军,后从还官渡。太祖与绍连营,起土山相对。绍射营中,士卒多死伤,军中惧。禁督守土山,力战,气益奋。绍破,迁偏将军。冀州平。昌豨复叛,遣禁征之。禁急进攻豨;豨与禁有旧,诣禁降。诸将皆以为豨已降,当送诣太祖,禁曰:"诸君不知公常令乎!围而后降者不赦。夫奉法行令,事上之节也。豨虽旧友,禁可失节乎!"自临与豨决,陨涕而斩之。是时太祖军淳于,闻而叹曰:"豨降不诣吾而归禁,岂非命耶!"益重禁。①东海平,拜禁虎威将军。后与臧霸等攻梅成,张辽、张郃等讨陈兰。禁到,成举众三千馀人降。既降复叛,其众奔兰。辽等与兰相持,军食少,禁运粮前后相属,辽遂斩兰、成。增邑二百户,并前千二百户。是时,禁与张辽、乐进、张郃、徐晃俱为名将,太祖每征伐,咸递行为军锋,还为后拒;而禁持军严整,得贼财物,无所私入,由是赏赐特重。然以法御下,不甚得士众心。太祖常恨朱灵,欲夺其营。以禁有威重,遣禁将数十骑,赍令书,径诣灵营夺其军,灵及其部众莫敢动;乃以灵为禁部下督,众皆震服,其见惮如此。迁左将军,假节钺,分邑五百户,封一子列侯。

① 臣松之以为围而后降,法虽不赦;囚而送之,未为违命。禁曾不为旧交希冀万一,而肆其好杀之心,以庶众人之议,所以卒为降房,死加恶谥,宜哉。

建安二十四年,太祖在长安,使曹仁讨关羽于樊,又遣禁助仁。秋,大霖雨,汉水溢,平地水数丈,禁等七军皆没。禁与诸将登高望水,无所回避,羽乘大船就攻禁等,禁遂降,惟庞惪不屈节而死。太祖闻之,哀叹者久之,曰:"吾知禁三十年,何意临危处难,反不如庞惪邪!"会孙权禽羽,获其众,禁复在吴。文帝践阼,权称藩,遣禁还。帝引见禁，须发皓白，形容憔悴，泣涕顿首。帝慰谕以荀林父、孟明视故事，[1]拜为安远将军。欲遣使吴，先令北诣邺谒高陵。帝使豫于陵屋画关羽战克、庞惪愤怒、禁降服之状。禁见，惭恚发病薨。子圭嗣封益寿亭侯。谥禁曰厉侯。

> [1]魏书载制曰："昔荀林父败绩于邲，孟明丧师于殽，秦、晋不替，使复其位。其后晋获狄土，秦霸西戎，区区小国，犹尚若斯，而况万乘乎？樊城之败，水灾暴至，非战之咎，其复禁等官。"

张郃字俊乂，河间鄚人也。汉末应募讨黄巾，为军司马，属韩馥。馥败，以兵归袁绍。绍以郃为校尉，使拒公孙瓒。瓒破，郃功多，迁宁国中郎将。太祖与袁绍相拒于官渡，[1]绍遣将淳于琼等督运屯乌巢，太祖自将急击之。郃说绍曰："曹公兵精，往必破琼等；琼等破，则将军事去矣，宜急引兵救之。"郭图曰："郃计非也。不如攻其本营，势必还，此为不救而自解也。"郃曰："曹公营固，攻之必不拔，若琼等见禽，吾属尽为虏矣。"绍但遣轻骑救琼，而以重兵攻太祖营，不能下。太祖果破琼等，绍军溃。图惭，又更谮郃曰："郃快军败，出言不逊。"郃惧，乃归太祖。[2]

> [1]汉晋春秋曰：郃说绍曰："公虽连胜，然勿与曹公战也，密遣轻骑钞绝其南，则兵自败矣。"绍不从之。
> [2]臣松之案武纪及袁绍传并云袁绍使张郃、高览攻太祖营，郃等闻淳于琼破，遂来降，绍众于是大溃。是则缘郃等降而后绍军坏也。至如此传，为绍军先溃，惧郭图之谮，然后归太祖，为参错不同矣。

太祖得郃甚喜，谓曰："昔子胥不早寤，自使身危，岂若微子去殷、韩信归汉邪？"拜郃偏将军，封都亭侯。授以众，从攻邺，拔之。又从击袁谭于渤海，别将军围雍奴，大破之。从讨柳城，与张辽俱为军锋，以功迁平狄将军。别征东莱，讨管承，又与张辽讨陈兰、梅

魏书　张乐于张徐传第十七

成等，破之。从破马超、韩遂于渭南。围安定，降杨秋。与夏侯渊讨郿贼梁兴及武都氐。又破马超，平宋建。太祖征张鲁，先遣郃督诸军讨兴和氐王窦茂。太祖从散关入汉中，又先遣郃督步卒五千于前通路。至阳平，鲁降，太祖还，留郃与夏侯渊等守汉中，拒刘备。郃别督诸军，降巴东、巴西二郡，徙其民于汉中。进军宕渠，为备将张飞所拒，引还南郑。拜荡寇将军。刘备屯阳平，郃屯广石。备以精卒万馀，分为十部，夜急攻郃。郃率亲兵搏战，备不能克。其后备于走马谷烧都围，渊救火，从他道与备相遇，交战，短兵接刃。渊遂没，郃还阳平。①当是时，新失元帅，恐为备所乘，三军皆失色。渊司马郭淮乃令众曰："张将军，国家名将，刘备所惮；今日事急，非张将军不能安也。"遂推郃为军主。郃出，勒兵安陈，诸将皆受郃节度，众心乃定。太祖在长安，遣使假郃节。太祖遂自至汉中，刘备保高山不敢战。太祖乃引出汉中诸军，郃还屯陈仓。

①魏略曰：渊虽为都督，刘备惮郃而易渊。及杀渊，备曰："当得其魁，用此何为邪！"

文帝即王位，以郃为左将军，进爵都乡侯。及践阼，进封鄚侯。诏郃与曹真讨安定卢水胡及东羌，召郃与真并朝许宫，遣南与夏侯尚击江陵。郃别督诸军渡江，取洲上屯坞。明帝即位，遣南屯荆州，与司马宣王击孙权别将刘阿等，追至祁口，交战，破之。诸葛亮出祁山。加郃位特进，遣督诸军，拒亮将马谡于街亭。谡依阻南山，不下据城。郃绝其汲道，击，大破之。南安、天水、安定郡反应亮，郃皆破平之。诏曰："贼亮以巴蜀之众，当虓虎之师。将军被坚执锐，所向克定，朕甚嘉之。益邑千户，并前四千三百户。"司马宣王治水军于荆州，欲顺沔入江伐吴，诏郃督关中诸军往受节度。至荆州，会冬水浅，大船不得行，乃还屯方城。诸葛亮复出，急攻陈仓，帝驿马召郃到京都。帝自幸河南城，置酒送郃，遣南北军

438

士三万及分遣武卫、虎贲使卫郃，因问郃曰："迟将军到，亮得无已得陈仓乎!"郃知亮县军无谷，不能久攻，对曰："比臣未到，亮已走矣;屈指计亮粮不至十日。"郃晨夜进至南郑，亮退。诏郃还京都，拜征西车骑将军。

郃识变数，善处营陈，料战势地形，无不如计，自诸葛亮皆惮之。郃虽武将而爱乐儒士，尝荐同乡卑湛经明行修，诏曰："昔祭遵为将，奏置五经大夫，居军中，与诸生雅歌投壶。今将军外勒戎旅，内存国朝。朕嘉将军之意，今擢湛为博士。"

诸葛亮复出祁山，诏郃督诸将西至略阳，亮还保祁山，追至木门，与亮军交战，飞矢中郃右膝，薨，[1]谥曰壮侯。子雄嗣。郃前后征伐有功，明帝分郃户，封郃四子列侯。赐小子爵关内侯。

> [1] 魏略曰:亮军退，司马宣王使郃追之，郃曰:"军法，围城必开出路，归军勿追。"宣王不听。郃不得已，遂进。蜀军乘高布伏，弓弩乱发，矢中郃髀。

徐晃字公明，河东杨人也。为郡吏，从车骑将军杨奉讨贼有功，拜骑都尉。李傕、郭汜之乱长安也，晃说奉，令与天子还洛阳，奉从其计。天子渡河至安邑，封晃都亭侯。及到洛阳，韩暹、董承日争斗，晃说奉令归太祖;奉欲从之，后悔。太祖讨奉于梁，晃遂归太祖。

太祖授晃兵，使击卷、卷音墟权反。原武贼，破之，拜裨将军。从征吕布，别降布将赵庶、李邹等。与史涣斩眭固于河内。从破刘备，又从破颜良，拔白马，进至延津，破文丑，拜偏将军。与曹洪击濦彊贼祝臂，破之，又与史涣击袁绍运车于故市，功最多，封都亭侯。太祖既围邺，破邯郸，易阳令韩范伪以城降而拒守，太祖遣晃攻之。晃至，飞矢城中，为陈成败。范悔，晃辄降之。既而言于太祖曰:"二袁未破，诸城未下者倾耳而听，今日灭易阳，明日皆以死守，恐河

439

北无定时也。愿公降易阳以示诸城，则莫不望风。"太祖善之。别
讨毛城，设伏兵掩击，破三屯。从破袁谭于南皮，讨平原叛贼，克
之。从征蹋顿，拜横野将军。从征荆州，别屯樊，讨中庐、临沮、宜
城贼。又与满宠讨关羽于汉津，与曹仁击周瑜于江陵。十五年，讨
太原反者，围大陵，拔之，斩贼帅商曜。韩遂、马超等反关右，遣晃
屯汾阴以抚河东，赐牛酒，令上先人墓。太祖至潼关，恐不得渡，
召问晃。晃曰："公盛兵于此，而贼不复别守蒲阪，知其无谋也。今
假臣精兵①渡蒲坂津，为军先置，以截其里，贼可擒也。"太祖曰：
"善。"使晃以步骑四千人渡津。作堑栅未成，贼梁兴夜将步骑五千
馀人攻晃，晃击走之，太祖军得渡。遂破超等，使晃与夏侯渊平隃
麋、汧诸氐，与太祖会安定。太祖还邺，使晃与夏侯渊平鄜、夏阳馀
贼，斩梁兴，降三千馀户。从征张鲁。别遣晃讨攻椟、仇夷诸山
氐，皆降之。迁平寇将军。解将军张顺围。击贼陈福等三十馀屯，
皆破之。

①臣松之云：案晃于时未应称臣，传写者误也。

　　太祖还邺，留晃与夏侯渊拒刘备于阳平。备遣陈式等十馀营
绝马鸣阁道，晃别征破之，贼自投山谷，多死者。太祖闻，甚喜，假
晃节，令曰："此阁道，汉中之险要咽喉也。刘备欲断绝外内，以取
汉中。将军一举，克夺贼计，善之善者也。"太祖遂自至阳平，引出
汉中诸军。复遣晃助曹仁讨关羽，屯宛。会汉水暴溢，于禁等没。
羽围仁于樊，又围将军吕常于襄阳。晃所将多新卒，以羽难与争锋，
遂前至阳陵陂屯。太祖复还，遣将军徐商、吕建等诣晃，令曰："须
兵马集至，乃俱前。"贼屯偃城。晃到，诡道作都堑，示欲截其后，贼
烧屯走。晃得偃城，两面连营，稍前，去贼围三丈所。未攻，太祖前
后遣殷署、朱盖等凡十二营诣晃。贼围头有屯，又别屯四冢。晃扬

声当攻围头屯,而密攻四冢。羽见四冢欲坏,自将步骑五千出战,晃击之,退走,遂追陷与俱入围,破之,或自投沔水死。太祖令曰:"贼围堑鹿角十重,将军致战全胜,遂陷贼围,多斩首虏。吾用兵三十馀年,及所闻古之善用兵者,未有长驱径入敌围者也。且樊、襄阳之在围,过于莒、即墨,将军之功,逾孙武、穰苴。"晃振旅还摩陂,太祖迎晃七里,置酒大会。太祖举卮酒劝晃,且劳之曰:"全樊、襄阳,将军之功也。"时诸军皆集,太祖案行诸营,士卒咸离陈观,而晃军营整齐,将士驻陈不动。太祖叹曰:"徐将军可谓有周亚夫之风矣。"

文帝即王位,以晃为右将军,进封逯乡侯。及践阼,进封杨侯。与夏侯尚讨刘备于上庸,破之。以晃镇阳平,徙封阳平侯。明帝即位,拒吴将诸葛瑾于襄阳。增邑二百,并前三千一百户。病笃,遗令敛以时服。

性俭约畏慎,将军常远斥候,先为不可胜,然后战,追奔争利,士不暇食。常叹曰:"古人患不遭明君,今幸遇之,当以功自效,何用私誉为!"终不广交援。太和元年薨,谥曰壮侯。子盖嗣。盖薨,子霸嗣。明帝分晃户,封晃子孙二人列侯。

初,清河朱灵为袁绍将。太祖之征陶谦,绍使灵督三营助太祖,战有功。绍所遣诸将各罢归,灵曰:"灵观人多矣,无若曹公者,此乃真明主也。今已遇,复何之?"遂留不去。所将士卒慕之,皆随灵留。灵后遂为好将,名亚晃等,至后将军,封高唐亭侯。[1]

[1] 九州春秋曰:初,清河季雍以鄃叛袁绍而降公孙瓒,瓒遣兵卫之。绍遣灵攻之。灵家在城中,瓒将灵母弟置城上,诱呼灵。灵望城涕泣曰:"丈夫一出身与人,岂复顾家耶!"遂力战拔之,生擒雍而灵家皆死。
魏书曰:灵字文博。太祖既平冀州,遣灵将新兵五千人骑千匹守许南。太

祖戒之曰："冀州新兵,数承宽缓,暂见齐整,意尚怏怏。卿名先有威严,善以道宽之,不然即有变。"灵至阳翟,中郎将程昂等果反,即斩昂,以状闻。太祖手书曰："兵中所以为危险者,外对敌国,内有奸谋不测之变。昔邓禹中分光武军西行,而有宗歆、冯愔之难,后将二十四骑还洛阳,禹岂以是减损哉?来书恳恻,多引咎过,未必如所云也。"文帝即位,封灵鄃侯,增其户邑。诏曰："将军佐命先帝,典兵历年,威过方、邵,功逾绛、灌。图籍所美,何以加焉?朕受天命,帝有海内,元功之将,社稷之臣,皆朕所与同福共庆,传之无穷者也。今封鄃侯。富贵不归故乡,如夜行衣绣。若平常所志,愿勿难言。"灵谢曰："高唐,宿所愿。"于是更封高唐侯,薨,谥曰威侯。

评曰:太祖建兹武功,而时之良将,五子为先。于禁最号毅重,然弗克其终。张郃以巧变为称,乐进以骁果显名,而鉴其行事,未副所闻。或注记有遗漏,未如张辽、徐晃之备详也。

【校勘记】

〔1〕斩邵等 斩下原衍"辟"字,据三国志集解赵一清说删。

三国志卷十八　魏书十八

二李臧文吕许典二庞阎传第十八

李典字曼成，山阳钜野人也。典从父乾，有雄气，合宾客数千家在乘氏。初平中，以众随太祖，破黄巾于寿张，又从击袁术，征徐州。吕布之乱，太祖遣乾还乘氏，慰劳诸县。布别驾薛兰、治中李封招乾，欲俱叛，乾不听，遂杀乾。太祖使乾子整将乾兵，与诸将击兰、封。兰、封破，从平兖州诸县有功，稍迁青州刺史。整卒，典徙颍阴令，为中郎将，将整军，①迁离狐太守。

> ①魏书曰：典少好学，不乐兵事，乃就师读春秋左氏传，博观群书。太祖善之，故试以治民之政。

时太祖与袁绍相拒官渡，典率宗族及部曲输谷帛供军。绍破，以典为裨将军，屯安民。太祖击谭、尚于黎阳，使典与程昱等以船运军粮。会尚遣魏郡太守高蕃将兵屯河上，绝水道，太祖敕典、昱："若船不得过，下从陆道。"典与诸将议曰："蕃军少甲而恃水，有懈怠之心，击之必克。军不内御；苟利国家，专之可也，宜亟击之。"昱亦以为然。遂北渡河，攻蕃，破之，水道得通。刘表使刘备北侵，至叶,太祖遣典从夏侯惇拒之。备一旦烧屯去,惇率诸军追击之,典曰:"贼无故退,疑必有伏。南道狭窄,草木深,不可追也。"惇不听,与于禁追之,典留守。惇等果入贼伏里,战不利,典往救,备望见救至,乃散退。从围邺,邺定,与乐进围高幹于壶关,击管承于长广,皆破之。迁捕虏将军,封都亭侯。典宗族部曲三千馀家,居乘氏,自请愿徙诣魏郡。太祖笑曰:"卿欲慕耿纯邪?"典谢曰:"典驽怯功微,而爵宠过厚,诚宜举宗陈力;加以征伐未息,宜实郊遂之内,以制四方,非慕纯也。"遂徙部曲宗族万三千馀口居邺。太祖嘉之,迁破虏将军。与张辽、乐进屯合肥,孙权率众围之,辽欲奉教出战。进、典、辽皆素不睦,辽恐其不从,典慨然曰:"此国家大事,顾君计何如耳,吾可以私憾而忘公义乎!"乃率众与辽破走权。增邑百户,并前三百户。

典好学问,贵儒雅,不与诸将争功。敬贤士大夫,恂恂若不及,军中称其长者。年三十六薨,子祯嗣。文帝践阼,追念合肥之功,增祯邑百户,赐典一子爵关内侯,邑百户;谥典曰愍侯。

李通字文达,江夏平春人也。①以侠闻于江、汝之间。与其郡人陈恭共起兵于朗陵,众多归之。时有周直者,众二千馀家,与恭、通外和内违。通欲图杀直而恭难之。通知恭无断,乃独定策,与直克会,酒酣杀直。众人大扰,通率恭诛其党帅,尽并其营。后恭妻弟陈郃,杀恭而据其众。通攻破郃军,斩郃首以祭恭墓。又生禽黄巾大帅吴霸而降其属。遭岁大饥,通倾家振施,与士分糟糠,皆争为用,由是盗贼不敢犯。

①魏略曰:通小字万亿。

建安初,通举众诣太祖于许。拜通振威中郎将,屯汝南西界。太祖讨张绣,刘表遣兵以助绣,太祖军不利。通将兵夜诣太祖,太祖得以复战，通为先登，大破绣军。拜裨将军，封建功侯。分汝南二县，以通为阳安都尉。通妻伯父犯法，朗陵长赵俨收治，致之大辟。是时杀生之柄，决于牧守，通妻子号泣以请其命。通曰："方与曹公戮力，义不以私废公。"嘉俨执宪不阿，与为亲交。太祖与袁绍相拒于官渡。绍遣使拜通征南将军，刘表亦阴招之，通皆拒焉。通亲戚部曲流涕曰："今孤危独守，以失大援，亡可立而待也，不如速从绍。"通按剑以叱之曰："曹公明哲，必定天下。绍虽强盛，而任使无方，终为之虏耳。吾以死不贰。"即斩绍使，送印绶诣太祖。又击郡贼瞿恭、江宫、沈成等，皆破残其众，送其首。遂定淮、汝之地。改封都亭侯，拜汝南太守。时贼张赤等五千馀家聚桃山，通攻破之。刘备与周瑜围曹仁于江陵，别遣关羽绝北道。通率众击之，下马拔鹿角入围，且战且前，以迎仁军，勇冠诸将。通道得病薨，时年四十二。追增邑二百户，并前四百户。文帝践阼，谥曰刚侯。诏曰："昔袁绍之难，自许、蔡以南，人怀异心。通秉义不顾，使携贰率服，朕甚嘉之。不幸早薨，子基虽已袭爵，未足酬其庸勋。基兄绪，前屯樊城，又有功。世笃其劳，其以基为奉义中郎将，绪平虏中郎将，以宠异焉。"①

①王隐晋书曰：绪子秉，字玄胄，有俊才，为时所贵，官至秦州刺史。秉尝答司马文王问，因以为家诫曰："昔侍坐于先帝，时有三长吏俱见。临辞出，上曰：'为官长当清，当慎，当勤，修此三者，何患不治乎？'并受诏，既出，上顾谓吾等曰：'相诫敕正当尔不？'侍坐众贤，莫不赞善。上又问曰：'必不得已，于斯三者何先？'或对曰：'清固为本。'次复问吾，对曰：'清慎之道，相须而成，必不得已，慎乃为大。夫清者不必慎，慎者必自清，亦由仁者必有勇，勇者不必有仁，是以易称括囊无咎，藉用白茅，皆慎之至也。'上曰：'卿言得之耳。可举近世能慎者谁乎？'诸人各未知所对，吾乃举故太尉荀景倩、尚书董仲连、仆射王公仲并可谓为慎。上曰：'此诸人者，温恭朝夕，执事有恪，亦各其慎也。然天下之至慎，其惟阮嗣

445

宗乎！每与之言，言及玄远，而未曾评论时事，臧否人物，真可谓至慎矣。'吾每思此言，亦足以为明诫。凡人行事，年少立身，不可不慎，勿轻论人，勿轻说事，如此则悔吝何由而生，患祸无从而至矣。"

秉子重，字茂曾。少知名，历位吏部郎、平阳太守。晋诸公赞曰：重以清尚称。相国赵王伦以重望取为右司马。重以伦将为乱，辞疾不就。伦逼之不已，重遂不复自活，至于困笃，扶曳受拜，数日卒，赠散骑常侍。重二弟，尚字茂仲，矩字茂约，永嘉中并典郡；矩至江州刺史。重子式，字景则，官至侍中。

臧霸字宣高，泰山华人也。父戒，为县狱掾，据法不听太守欲所私杀。太守大怒，令收戒诣府，时送者百馀人。霸年十八，将客数十人径于费西山中要夺之，送者莫敢动，因与父俱亡命东海，由是以勇壮闻。黄巾起，霸从陶谦击破之，拜骑都尉。遂收兵于徐州，与孙观、吴敦、尹礼等并聚众，霸为帅，屯于开阳。太祖之讨吕布也，霸等将兵助布。既禽布，霸自匿。太祖募索得霸，见而悦之，使霸招吴敦、尹礼、孙观、观兄康等，皆诣太祖。太祖以霸为琅邪相，敦利城、礼东莞、观北海、康城阳太守，割青、徐二州，委之于霸。太祖之在兖州，以徐翕、毛晖为将。兖州乱，翕、晖皆叛。后兖州定，翕、晖亡命投霸。太祖语刘备，令语霸送二人首。霸谓备曰："霸所以能自立者，以不为此也。霸受公生全之恩，不敢违命。然王霸之君可以义告，愿将军为之辞。"备以霸言白太祖，太祖叹息，谓霸曰："此古人之事而君能行之，孤之愿也。"乃皆以翕、晖为郡守。时太祖方与袁绍相拒，而霸数以精兵入青州，故太祖得专事绍，不以东方为念。太祖破袁谭于南皮，霸等会贺。霸因求遣子弟及诸将父兄家属诣邺，太祖曰："诸君忠孝，岂复在是！昔萧何遣子弟入侍，而高祖不拒，耿纯焚室舆榇以从，而光武不逆，吾将何以易之哉！"东州扰攘，霸等执义征暴，清定海岱，功莫大焉，皆封列侯。霸为都亭侯，加威

三国志卷十八

446

庬将军。又与于禁讨昌豨,与夏侯渊讨黄巾徐贼徐和等,有功,迁徐州刺史。沛国武周为下邳令,[1]霸敬异周,身诣令舍。部从事谲诪不法,周得其罪,便收考竟,霸益以善周。从讨孙权,先登,再入巢湖,攻居巢,破之。张辽之讨陈兰,霸别遣至皖,讨吴将韩当,使权不得救兰。当遣兵逆霸,霸与战于逢龙,当复遣兵邀霸于夹石,与战破之,还屯舒。权遣数万人乘船屯舒口,分兵救兰,闻霸军在舒,遁还。霸夜追之,比明,行百馀里,邀贼前后击之。贼窘急,不得上船,赴水者甚众。由是贼不得救兰,辽遂破之。霸从讨孙权于濡须口,与张辽为前锋,行遇霖雨,大军先及,水遂长,贼船稍进,将士皆不安。辽欲去,霸止之曰:"公明于利钝,宁肯捐吾等邪?"明日果有令。辽至,以语太祖。太祖善之,拜扬威将军,假节。后权乞降,太祖还,留霸与夏侯惇等屯居巢。

文帝即王位,迁镇东将军,进爵武安乡侯,都督青州诸军事。及践阼,进封开阳侯,徙封良成侯。与曹休讨吴贼,破吕范于洞浦,征为执金吾,位特进。每有军事,帝常咨访焉。[1] 明帝即位,增邑五百,并前三千五百户。薨,谥曰威侯。子艾嗣。[2]艾官至青州刺史、少府。艾薨,谥曰恭侯。子权嗣。霸前后有功,封子三人列侯,赐一人爵关内侯。[3]

[1]魏略曰:霸一名奴寇。孙观名婴子。吴敦名黯奴。尹礼名卢儿。建安二十四年,霸遣别军在洛。会太祖崩,霸所部及青州兵,以为天下将乱,皆鸣鼓擅去。文帝即位,以曹休都督青、徐,霸谓休曰:"国家未肯听霸耳!若假霸步骑万人,必能横行江表。"休言之于帝,帝疑霸军前擅去,今意壮乃尔!遂东巡,因霸来朝而夺其兵。

[2]魏书曰:艾少以才称,为黄门郎,历位郡守。

[3]霸一子舜,字太伯,晋散骑常侍,见武帝百官名。此百官名,不知谁所撰也,皆有题目,称舜"才颖条畅,识赞时宜"也。

而孙观亦至青州刺史,假节,从太祖讨孙权,战被创,薨。子毓嗣,亦至青州刺史。①

①魏书曰:孙观字仲台,泰山人。与臧霸俱起,讨黄巾,拜骑都尉。太祖破吕布,使霸招观兄弟,皆厚遇之。与霸俱战伐,观常为先登,征定青、徐群贼,功次于霸,封吕都亭侯。康亦以功封列侯。与太祖会南皮,遣子弟入居邺,拜观偏将军,迁青州刺史。从征孙权于濡须口,假节。攻权,为流矢所中,伤左足,力战不顾,太祖劳之曰:“将军被创深重,而猛气益奋,不当为国爱身乎?”转振威将军,创甚,遂卒。

文聘字仲业,南阳宛人也,为刘表大将,使御北方。表死,其子琮立。太祖征荆州,琮举州降,呼聘欲与俱,聘曰:“聘不能全州,当待罪而已。”太祖济汉,聘乃诣太祖,太祖问曰:“来何迟邪?”聘曰:“先日不能辅弼刘荆州以奉国家,荆州虽没,常愿据守汉川,保全土境,生不负于孤弱,死无愧于地下,而计不得已,以至于此。实怀悲惭,无颜早见耳。”遂歔欷流涕。太祖为之怆然曰:“仲业,卿真忠臣也。”厚礼待之。授聘兵,使与曹纯追讨刘备于长阪。太祖先定荆州,江夏与吴接,民心不安,乃以聘为江夏太守,使典北兵,委以边事,赐爵关内侯。①与乐进讨关羽于寻口,有功,进封延寿亭侯,加讨逆将军。又攻羽辎重于汉津,烧其船于荆城。文帝践阼,进爵长安乡侯,假节。与夏侯尚围江陵,使聘别屯沔口,止石梵,自当一队,御贼有功,迁后将军,封新野侯。孙权以五万众自围聘于石阳,甚急。聘坚守不动,权住二十馀日乃解去。聘追击破之。②增邑五百户,并前千九百户。

①孙盛曰:资父事君,忠孝道一。臧霸少有孝烈之称,文聘著垂泣之诚,是以魏武一面,委之以二方之任,岂直壮武见知于仓卒之间哉!

②魏略曰:孙权尝自将数万众卒至。时大雨,城栅崩坏,人民散在田野,未及补治。聘闻权到,不知所施,乃思惟莫若潜默可以疑之。乃敕城中人使

不得见，又自卧舍中不起。权果疑之，语其部党曰："北方以此人忠臣也，故委之以此郡，今我至而不动，此不有密图，必当有外救。"遂不敢攻而去。魏略此语，与本传反。

聘在江夏数十年，有威恩，名震敌国，贼不敢侵。分聘户邑封聘子岱为列侯，又赐聘从子厚爵关内侯。聘薨，谥曰壮侯。岱又先亡，聘养子休嗣。卒，子武嗣。

嘉平中，谯郡桓禺为江夏太守，清俭有威惠，名亚于聘。

吕虔字子恪，任城人也。太祖在兖州，闻虔有胆策，以为从事，将家兵守湖陆。襄贲校尉杜松部民炅母等作乱，[2]与昌豨通。太祖以虔代松。虔到，招诱炅母渠率及同恶数十人，赐酒食。简壮士伏其侧，虔察炅母等皆醉，使伏兵尽格杀之。抚其馀众，群贼乃平。太祖以虔领泰山太守。郡接山海，世乱，闻民人多藏窜。袁绍所置中郎将郭祖、公孙犊等数十辈，保山为寇，百姓苦之。虔将家兵到郡，开恩信，祖等党属皆降服，诸山中亡匿者尽出安土业。简其强者补战士，泰山由是遂有精兵，冠名州郡。济南黄巾徐和等，所在劫长吏，攻城邑。虔引兵与夏侯渊会击之，前后数十战，斩首获生数千人。太祖使督青州诸郡兵以讨东莱群贼李条等，有功。太祖令曰："夫有其志，必成其事，盖烈士之所徇也。卿在郡以来，禽奸讨暴，百姓获安，躬蹈矢石，所征辄克。昔寇恂立名于汝、颍，耿弇建策于青、兖，古今一也。"举茂才，加骑都尉，典郡如故。虔在泰山十数年，甚有威惠。文帝即王位，加裨将军，封益寿亭侯，迁徐州刺史，加威虏将军。请琅邪王祥为别驾，民事一以委之，世多其能任贤。[1]讨利城叛贼，斩获有功。明帝即位，徙封万年亭侯，增邑二百，并前六百户。虔薨，子翻嗣。翻薨，子桂嗣。

①孙盛杂语曰：祥字休征。性至孝，后母苛虐，每欲危害祥，祥色养无怠。盛

寒之月,后母曰:"吾思食生鱼。"祥脱衣,将剖冰求之,少顷,[3]坚冰解,下有鱼跃出,因奉以供,时人以为孝感之所致也。供养三十馀年,母终乃仕,以淳诚贞粹见重于时。

王隐晋书曰:祥始出仕,年过五十矣,稍迁至司隶校尉。高贵乡公入学,以祥为三老,迁司空太尉。司马文王初为晋王,司空荀颉要祥尽敬,祥不从。语在三少帝纪。晋武践阼,拜祥为太保,封睢陵公。泰始四年,年八十九薨。祥弟览,字玄通,光禄大夫。晋诸公赞称览率素有至行。览子孙繁衍,颇有贤才相系,奕世之盛,古今少比焉。

许褚字仲康,谯国谯人也。长八尺馀,腰大十围,容貌雄毅,勇力绝人。汉末,聚少年及宗族数千家,共坚壁以御寇。时汝南葛陂贼万馀人攻褚壁,褚众少不敌,力战疲极。兵矢尽,乃令壁中男女,聚治石如杆斗者置四隅。褚飞石掷之,所值皆摧碎。贼不敢进。粮乏,伪与贼和,以牛与贼易食,贼来取牛,牛辄奔还。褚乃出陈前,一手逆曳牛尾,行百馀步。贼众惊,遂不敢取牛而走。由是淮、汝、陈、梁间,闻皆畏惮之。

太祖徇淮、汝,褚以众归太祖。太祖见而壮之曰:"此吾樊哙也。"即日拜都尉,引入宿卫。诸从褚侠客,皆以为虎士。从征张绣,先登,斩首万计,迁校尉。从讨袁绍于官渡。时常从士徐他等谋为逆,以褚常侍左右,惮之不敢发。伺褚休下日,他等怀刀入。褚至下舍心动,即还侍。他等不知,入帐见褚,大惊愕。他色变,褚觉之,即击杀他等。太祖益亲信之,出入同行,不离左右。从围邺,力战有功,赐爵关内侯。从讨韩遂、马超于潼关。太祖将北渡,临济河,先渡兵,独与褚及虎士百馀人留南岸断后。超将步骑万馀人,来奔太祖军,矢下如雨。褚白太祖,贼来多,今兵渡已尽,宜去,乃扶太祖上船。贼战急,军争济,船重欲没。褚斩攀船者,左手举马鞍蔽太祖。船工为流矢所中死,褚右手并溯船,仅乃得渡。是日,微褚几危。其后太祖与遂、超等单马会语，左右皆不得从，唯将褚。超负其力，阴欲前突太祖，素闻褚勇，疑从骑是褚。乃问太祖曰："公有虎侯者安在？"太祖顾指褚，褚瞋目盼之。超不敢动，乃各罢。后数日会战，大破超等，褚身斩首级，迁武卫中郎将。武卫之号，自此始也。军中以褚力如虎而痴，故号曰虎痴；是以超问虎侯，至今天下称焉，皆谓其姓名也。

褚性谨慎奉法，质重少言。曹仁自荆州来朝谒，太祖未出，入与褚相见于殿外。仁呼褚入便坐语，褚曰："王将出。"便还入殿，仁意恨之。或以责褚曰："征南宗室重臣，降意呼君，君何故辞？"褚曰："彼虽亲重，外藩也。褚备内臣，众谈足矣，入室何私乎？"太祖闻，愈爱待之，迁中坚将军。太祖崩，褚号泣欧血。文帝践阼，进封万岁亭侯，迁武卫将军，都督中军宿卫禁兵，甚亲近焉。初，褚所将为虎士者从征伐，太祖以为皆壮士也，同日拜为将，其后以功为将军封侯者数十人，都尉、校尉百馀人，皆剑客也。明帝即位，进封牟乡侯，[4]邑七百户，赐子爵一人关内侯。褚薨，谥曰壮侯。子仪嗣。褚兄定，亦以军功为振威将军，[5]都督徼道虎贲。太和中，帝思褚忠孝，下诏褒赞，复赐褚子孙二人爵关内侯。仪为锺会所杀。泰始初，子综嗣。

典韦，陈留己吾人也。形貌魁梧，旅力过人，有志节任侠。襄邑刘氏与睢阳李永为雠，韦为报之。永故富春长，备卫甚谨。韦乘车载鸡酒，伪为候者，门开，怀匕首入杀永，并杀其妻，徐出，取车上刀戟，步去。[6]永居近市，一市尽骇。追者数百，莫敢近。行四五里，遇其伴，转战得脱。由是为豪杰所识。初平中，张邈举义兵，韦为士，属司马赵宠。牙门旗长大，人莫能胜，韦一手建之，宠异其才力。后属夏侯惇，数斩首有功，拜司马。太祖讨吕布于濮阳。布有别屯在濮阳西四五十里,太祖夜袭,比明破之。未及还,会布救兵至,三面掉战。时布身自搏战,自旦至日昳数十合,相持急。太祖募陷陈,韦先占,将应募者数十人,皆重衣两铠,弃盾,但持长矛撩戟。时西面又急,韦进当之,贼弓弩乱发,矢至如雨,韦不视,谓等人曰:“虏来十步,乃白之。”等人曰:“十步矣。”又曰:“五步乃白。”等人惧,疾言“虏至矣”!韦手持十馀戟,大呼起,所抵无不应手倒者。布众退。会日暮,太祖乃得引去。拜韦都尉,引置左右,将亲兵数百人,常绕大帐。韦既壮武,其所将皆选卒,每战斗,常先登陷陈。迁为校尉。性忠至谨重,常昼立侍终日,夜宿帐左右,稀归私寝。好酒食,饮啖兼人,每赐食于前,大饮长歠,左右相属,数人益乃供,太祖壮之。韦好持大双戟与长刀等,军中为之语曰:“帐下壮士有典君,提一双戟八十斤。”

太祖征荆州,至宛,张绣迎降。太祖甚悦,延绣及其将帅,置酒高会。太祖行酒,韦持大斧立后,刃径尺,太祖所至之前,韦辄举斧目之。竟酒,绣及其将帅莫敢仰视。后十馀日,绣反,袭太祖营,太祖出战不利,轻骑引去。韦战于门中,贼不得入。兵遂散从他门并入。时韦校尚有十馀人,皆殊死战,无不一当十。贼前后至稍多,韦以长戟左右击之,一叉入,辄十馀矛摧。左右死伤者略尽。韦被数十创,短兵接战,贼前搏之。韦双挟两贼击杀之,馀贼不敢前。韦复前突贼,杀数人,创重发,瞋目大骂而死。贼乃敢前,取其头,传观之,覆军就视其躯。太祖退住舞阴,闻韦死,为流涕,募间取其丧,亲自临哭之,遣归葬襄邑,拜子满为郎中。车驾每过,常祠以中牢。太祖思韦,拜满为司马,引自近。文帝即王位,以满为都尉,赐爵关内侯。

庞惪字令明,南安狟道人也。狟音桓。少为郡吏州从事。初平中,从马腾击反羌叛氐，数有功，稍迁至校尉。建安中，太祖讨袁谭、尚于黎阳，谭遣郭援、高幹等略取河东，太祖使锺繇率关中诸将讨之。悳随腾子超拒援、幹于平阳，悳为军锋，进攻援、幹，大破之，亲斩援首。①拜中郎将，封都亭侯。后张白骑叛于弘农，悳复随腾征之，破白骑于两殽间。每战，常陷陈却敌，勇冠腾军。后腾征为卫尉，悳留属超。太祖破超于渭南，随超亡入汉阳，保冀城。后复随超奔汉中，从张鲁。太祖定汉中，悳随众降。太祖素闻其骁勇，拜立义将军，封关门亭侯，邑三百户。

> ①魏略曰：悳手斩一级，不知是援。战罢之后，众人皆言援死而不得其首。援，锺繇之甥。悳晚后于鞬中出一头，繇见之而哭。悳谢繇，繇曰："援虽我甥，乃国贼也。卿何谢之？"

侯音、卫开等以宛叛，悳将所领与曹仁共攻拔宛，斩音、开，遂南屯樊，讨关羽。樊下诸将以悳兄在汉中，颇疑之。①悳常曰："我受国恩，义在效死。我欲身自击羽。今年我不杀羽，羽当杀我。"后亲与羽交战，射羽中额。时悳常乘白马，羽军谓之白马将军，皆惮之。仁使悳屯樊北十里，会天霖雨十馀日，汉水暴溢，樊下平地五六丈，悳与诸将避水上堤。羽乘船攻之，以大船四面射堤上。悳被甲持弓，箭不虚发。将军董衡、部曲将董超等欲降，悳皆收斩之。自平旦力战至日过中，羽攻益急，矢尽，短兵接战。悳谓督将成何曰："吾闻良将不怯死以苟免，烈士不毁节以求生，今日，我死日也。"战益怒，气愈壮，而水浸盛，吏士皆降。悳与麾下将一人，五伯二人，弯弓傅矢，乘小船欲还仁营。水盛船覆，失弓矢，独抱船覆水中，为羽所得，立而不跪。羽谓曰："卿兄在汉中，我欲以卿为将，不早降何为？"悳骂羽曰："竖子，何谓降也！魏王带甲百万，威振天下。汝刘备庸才耳，岂能敌邪！我宁为国家鬼，不为贼将也。"遂为羽所杀。太祖闻而悲之，为之流涕，封其二子为列侯。文帝即王位，乃遣使就惠墓赐谥,策曰:"昔先轸丧元,王蠋绝脰,陨身徇节,前代美之。惟侯式昭果毅,蹈难成名,声溢当时,义高在昔,寡人愍焉,谥曰壮侯。"又赐子会等四人爵关内侯,邑各百户。会勇烈有父风,官至中卫将军,封列侯。②

①魏略曰:惠从兄名柔,时在蜀。

②王隐蜀记曰:锺会平蜀,前后鼓吹,迎惠尸丧还葬邺,冢中身首如生。

臣松之案惠死于樊城,文帝即位,又遣使至惠墓所,则其尸丧不应在蜀。此王隐之虚说也。

庞淯字子异,酒泉表氏人也。初以凉州从事守破羌长,会武威太守张猛反,杀刺史邯郸商,猛令曰:"敢有临商丧,死不赦。"淯闻之,弃官,昼夜奔走,号哭丧所讫,诣猛门,衷匕首,欲因见以杀猛。猛知其义士,敕遣不杀,由是以忠烈闻。①太守徐揖请为主簿。后郡人黄昂反,围城。淯弃妻子,夜逾城出围,告急于张掖、燉煌二郡。初疑未肯发兵,淯欲伏剑,二郡感其义,遂为兴兵。军未至而郡城邑已陷,揖死。淯乃收敛揖丧,送还本郡,行服三年乃还。太祖闻之,辟为掾属。文帝践阼,拜驸马都尉,迁西海太守,赐爵关内侯。后征拜中散大夫,薨。子曾嗣。

①魏略曰:猛兵欲来缚淯,猛闻之,叹曰:"猛以杀刺史为罪。此人以至忠为名,如又杀之,何以劝一州履义之士邪!"遂使行服。

典略曰:张猛字叔威,本燉煌人也。猛父奂,桓帝时仕历郡守、中郎将、太常,遂居华阴,终因葬焉。建安初,猛仕郡为功曹,是时河西四郡以去凉州治远,隔以河寇,上书求别置州。诏以陈留人邯郸商为雍州刺史,别典四郡。时武威太守缺,诏又以猛父昔在河西有威名,乃以猛补之。商、猛俱西。初,猛与商同岁,每相戏侮,及共之官,行道更相责望。暨到,商欲诛猛。猛觉之,遂勒兵攻商。商治舍与猛侧近,商闻兵至,恐怖登屋,呼猛字曰:"叔威,汝欲杀我耶?然我死者有知,汝亦族矣。请和解,尚可乎?"

猛因呼曰："来。"商逾屋就猛,猛因责数之,语毕,以商属督邮。督邮录商,闭置传舍。后商欲逃,事觉,遂杀之。是岁建安十四年也。至十五年,将军韩遂自上讨猛,猛发兵遣军东拒。其吏民畏遂,乃反共攻猛。初奂为武威太守时,猛方在孕。母梦带奂印绶,登楼而歌,旦以告奂。奂讯占梦者,曰:"夫人方生男,后当复临此郡,其必死官乎!"及猛被攻,自知必死,曰:"使死者无知则已矣,若有知,岂使吾头东过华阴历先君之墓乎?"乃登楼自烧而死。

初,清外祖父赵安为同县李寿所杀,清舅兄弟三人同时病死,寿家喜。清母娥自伤父仇不报,乃帏车袖剑,白日刺寿于都亭前,讫,徐诣县,颜色不变,曰:"父雠已报,请受戮。"禄福长尹嘉解印绶纵娥,娥不肯去,遂强载还家。会赦得免,州郡叹贵,刊石表闾。①

① 皇甫谧列女传曰:酒泉烈女庞娥亲者,表氏庞子夏之妻,禄福赵君安之女也。君安为同县李寿所杀,娥亲有男弟三人,皆欲报雠,寿深以为备。会遭灾疫,三人皆死。寿闻大喜,请会宗族,共相庆贺,云:"赵氏强壮已尽,唯有女弱,何足复忧!"防备懈弛。娥亲子清出行,闻寿此言,还以启娥亲。娥亲既素有报雠之心,及闻寿言,感激愈深,怆然陨涕曰:"李寿,汝莫喜也,终不活汝!戴履天地,为吾门户,吾三子之羞也。焉知娥亲不手刃杀汝,而自侥幸邪?"阴市名刀,挟长持短,昼夜哀酸,志在杀寿。寿为人凶豪,闻娥亲之言,更乘马带刀,乡人皆畏惮。比邻有徐氏妇,忧娥亲不能制,恐逆见中害,每谏止之,曰:"李寿,男子也,凶恶有素,加今备卫在身。赵虽有猛烈之志,而强弱不敌。邂逅不制,则为重受祸于寿,绝灭门户,痛辱不轻也。愿详举动,为门户之计。"娥亲曰:"父母之雠,不同天地共日月者也。李寿不死,娥亲视息世间,活复何求!今虽三弟早死,门户泯绝,而娥亲犹在,岂可假手于人哉!若以爱心况我,则李寿不可得杀;论我之心,寿必为我所杀明矣。"夜数磨砺所持刀讫,扼腕切齿,悲涕长叹,家人及邻里咸共笑之。娥亲谓左右曰:"卿等笑我,直以我女弱不能杀寿故也。要当以寿颈血污此刀刃,令汝辈见之。"遂弃家事,乘鹿车伺寿。至光和二年二月上旬,以白日清时,于都亭之前,与寿相遇,

便下车扣寿马,叱之。寿惊愕,回马欲走。娥亲奋刀斫之,并伤其马。马惊,寿挤道边沟中。娥亲寻复就地斫之,探中树兰,折所持刀。寿被创未死,娥亲因前欲取寿所佩刀杀寿,寿护刀瞋目大呼,跳梁而起。娥亲乃挺身奋手,左抵其额,右椿其喉,反覆盘旋,应手而倒。遂拔其刀以截寿头,持诣都亭,归罪有司,徐步诣狱,辞颜不变。时禄福长汉阳尹嘉不忍论娥亲,即解印绶去官,弛法纵之。娥亲曰:"雠塞身死,妾之明分也。治狱制刑,君之常典也。何敢贪生以枉官法?"乡人闻之,倾城奔往,观者如堵焉,莫不为之悲喜慷慨嗟叹也。守尉不敢公纵,阴语使去,以便宜自匿。娥亲抗声大言曰:"枉法逃死,非妾本心。今雠人已雪,死则妾分,乞得归法以全国体。虽复万死,于娥亲毕足,不敢贪生为明廷负也。"尉故不听所执,娥亲复言曰:"匹妇虽微,犹知宪制。杀人之罪,法所不纵。今既犯之,义无可逃。乞就刑戮,陨身朝市,肃明王法,娥亲之愿也。"辞气愈厉,面无惧色。尉知其难夺,强载还家。凉州刺史周洪、酒泉太守刘班等并共表上,称其烈义,刊石立碑,显其门间。太常弘农张奂贵尚所履,以束帛二十端礼之。海内闻之者,莫不改容赞善,高大其义。故黄门侍郎安定梁宽追述娥亲,为其作传。玄晏先生以为父母之雠,不与共天地,盖男子之所为也。而娥亲以女弱之微,念父辱之酷痛,感雠党之凶言,奋剑仇颈,人马俱摧,塞亡父之怨魂,雪三弟之永恨,近古已来,未之有也。诗云"修我戈矛,与子同仇",娥亲之谓也。

阎温字伯俭,天水西城人也。以凉州别驾守上邽令。马超走奔上邽,郡人任养等举众迎之。温止之,不能禁,乃驰还州。超复围州所治冀城甚急,州乃遣温密出,告急于夏侯渊。贼围数重,温夜从水中潜出。明日,贼见其迹,遣人追遮之,于显亲界得温,执还诣超。超解其缚,谓曰:"今成败可见,足下为孤城请救而执于人手,义何所施?若从吾言,反谓城中,东方无救,此转祸为福之计也。不然,今为戮矣。"温伪许之,超乃载温诣城下。温向城大呼曰:"大军不过三日至,勉之!"城中皆泣,称万岁。超怒数之曰:"足下不为命

计邪?"温不应。时超攻城久不下,故徐诱温,冀其改意。复谓温曰:
"城中故人,有欲与吾同者不?"温又不应。遂切责之,温曰:"夫事
君有死无贰,而卿乃欲令长者出不义之言,吾岂苟生者乎?"超遂
杀之。

　　先是,河右扰乱,隔绝不通,燉煌太守马艾卒官,府又无丞。功
曹张恭素有学行,郡人推行长史事,恩信甚著,乃遣子就东诣太
祖,请太守。时酒泉黄华、张掖张进各据其郡,欲与恭并势。[7]就至
酒泉,为华所拘执,劫以白刃。就终不回,私与恭疏曰:"大人率厉
燉煌,忠义显然,岂以就在困厄之中而替之哉?昔乐羊食子,李通
覆家,经国之臣,宁怀妻孥邪?今大军垂至,但当坚兵以掎之耳;愿
不以下流之爱,使就有恨于黄壤也。"恭即遣从弟华攻酒泉沙头、乾
齐二县。恭又连兵寻继华后,以为首尾之援。别遣铁骑二百,迎吏官
属,东缘酒泉北塞,径出张掖北河,逢迎太守尹奉。于是张进须黄
华之助;华欲救进,西顾恭兵,恐急击其后,遂诣金城太守苏则降。
就竟平安。奉得之官。黄初二年,下诏褒扬,赐恭爵关内侯,拜西
域戊己校尉。数岁征还,将授以侍臣之位,而以子就代焉。恭至
燉煌,固辞疾笃。太和中卒,赠执金吾。就后为金城太守,父子著
称于西州。①

　　①世语曰:就子敳,字祖文,弘毅有干正,晋武帝世为广汉太守。王濬在益
　　州,受中制募兵讨吴,无虎符,敳收濬从事列上,由此召敳还。帝责敳:
　　"何不密启而便收从事?"敳曰:"蜀汉绝远,刘备尝用之。辄收,臣犹以为
　　轻。"帝善之。官至匈奴中郎将。敳子固,字元安,有敳风,为黄门郎,早
　　卒。敳,一本作勃。
　　魏略勇侠传载孙宾硕、祝公道、杨阿若、鲍出等四人,宾硕虽汉人,而鱼
　　豢编之魏书,盖以其人接魏,事义相类故也。论其行节,皆庞、阎之流。其
　　祝公道一人,已见贾逵传。今列宾硕等三人于后。

孙宾硕者，北海人也，家素贫。当汉桓帝时，常侍左悺、唐衡等权侔人主。延熹中，衡弟为京兆虎牙都尉，秩比二千石，而统属郡。衡弟初之官，不修敬于京兆尹，入门不持版，郡功曹赵息呵廊下曰："虎牙仪如属城，何得放臂入府门？"促收其主簿。衡弟顾促取版，既入见尹，尹欲修主人，敕外为市买。息又启云："衡悺子弟，[8]来为虎牙，非德选，不足为特酤买，宜随中含菜食而已。"及其到官，遣吏奉笺谢尹，息又敕门，言"无常见此无阴儿辈子弟邪，用其笺记为通乎？"晚乃通之，又不得即令报。衡弟皆知之，甚恚，欲灭诸赵。因书与衡，求为京兆尹，旬月之间，得为之。息自知前过，乃逃走。时息从父仲台，见为凉州刺史，于是衡为诏征仲台，遣归。遂诏中都官及郡部督邮，捕诸赵尺儿以上，及仲台皆杀之，有藏者与同罪。时息从父嵩为皮氏长，闻有家祸，因从官舍逃，走之河间，变姓字，又转诣北海，着絮巾布裤，常于市中贩胡饼。宾硕时年二十馀，乘牂车，将骑入市。观见岐，疑其非常人也。因问之曰："自有饼邪，贩之邪？"岐曰："贩之。"宾硕曰："买几钱？卖几钱？"岐曰："买三十，卖亦三十。"宾硕曰："视处士之望，非似卖饼者，殆有故！"乃开车后户，顾所将两骑，令下马扶上之。时岐以为是唐氏耳目也，甚怖，面失色。宾硕闭车后户，下前襜，谓之曰："视处士状貌，既非贩饼者，加今面色变动，即不有重怨，则当亡命。我北海孙宾硕也，阖门百口，又有百岁老母在堂，势能相度者也，终不相负，必语我以实。"岐乃具告之。宾硕遂载岐驱归。住车门外，先入，白母，言："今日出得死友在外，当来入拜。"乃出，延岐入，椎牛锺酒，快相娱乐。一二日，因载着别田舍，藏置复壁中。后数岁，唐衡及弟皆死。岐乃得出，还本郡。三府并辟，展转仕进，至郡守、刺史、太仆，而宾硕亦从此显名于东国，仕至青州刺史。[9]初平末，宾硕以东方饥荒，南客荆州。至兴平中，赵岐以太仆持节使安慰天下，南诣荆州，乃复与宾硕相遇，相对流涕。岐为刘表陈其本末，由是益礼宾硕。顷之，宾硕病亡，岐在南，为行丧也。

杨阿若后名丰，字伯阳，酒泉人。少游侠，常以报雠解怨为事，故时人为之号曰："东市相斫杨阿若，西市相斫杨阿若。"至建安年中，太守徐揖诛郡中强族黄氏。时黄昂得脱在外,乃以其家粟金数斛,募众得千馀人以攻揖。揖城守。丰时在外,以昂为不义,乃告揖,捐妻子走诣张掖求救。会张掖又反,杀太守,而昂亦陷城杀揖,二郡合势。昂恚丰不与己同,乃重募取丰,欲令张掖以麻系其头,生致之。丰遂逃走。武威太守张猛假丰为都尉,使赍檄告酒泉,听丰为揖报雠。丰遂单骑入南羌中,合众得千馀骑,从乐涫南山中出,〔10〕指趋郡城。未到三十里,皆令骑下马,曳柴扬尘。酒泉郡人望见尘起,以为东大兵到,遂破散。昂独走出,羌捕得昂,丰谓昂曰:"卿前欲生系我颈,今反为我所系,云何?"昂惭谢,丰遂杀之。时黄华在东,又还领郡。丰畏华,复走依燉煌。至黄初中,河西兴复,黄华降,丰乃还郡。郡举孝廉,州表其义勇,诏即拜驸马都尉。后二十馀年,病亡。

鲍出字文才,京兆新丰人也。少游侠。兴平中,三辅乱,出与老母兄弟五人家居本县,以饥饿,留其母守舍,相将行采蓬实,合得数升,使其二兄初、雅及其弟成持归,为母作食,独与小弟在后采蓬。初等到家,而啖人贼数十人已略其母,以绳贯其手掌,驱去。初等怖恐,不敢追逐。须臾,出从后到,知母为贼所略,欲追贼。兄弟皆云:"贼众,当如何?"出怒曰:"有母而使贼贯其手,将去煮啖之,用活何为?"乃攘臂结衽独追之,行数里及贼。贼望见出,乃共布列待之。出到,回从一头斫贼四五人。贼走,复合聚围出,出跳越围斫之,又杀十馀人。时贼分布,驱出母前去。贼连击出,不胜,乃走与前辈合。出复追击之,还见其母与比舍妪同贯相连,出遂复奋击贼。贼问出曰:"卿欲何得?"出责数贼,指其母以示之,贼乃解还出母。比舍妪独不解,遥望出求哀。出复斫贼,贼谓出曰:"已还卿母,何为不止?"出又指求哀妪:"此我嫂也。"贼复解还之。出得母还,遂相扶侍,客南阳。建安五年,关中始开,出来北归,而其母不能步行,兄弟欲共舆。出以舆车历山险危,不如负之安稳,乃以笼盛其母,独自负之,到乡里。乡里士大夫嘉其孝烈,欲荐州郡,郡辟召出,出曰:"田民不堪冠带。"至青龙中,母年百馀岁乃终,出时年七十馀,行丧如礼,于今年八九十,才若五六十者。

鱼豢曰:昔孔子叹颜回,以为三月不违仁者,盖观其心耳,孰如孙、祝莱色于市里,颠倒于牢狱,据有实事哉?且夫<u>濮阳周氏</u>不敢匿迹,<u>鲁之朱家</u>不问情实,是何也?惧祸之及,且心不安也。而<u>太史公</u>犹贵其竟脱<u>季布</u>,岂若二贤,厥义多乎?今故远收<u>孙</u>、<u>祝</u>,而近录<u>杨</u>、<u>鲍</u>,既不欲其泯灭,且敦薄俗。至于<u>鲍出</u>,不染礼教,心痛意发,起于自然,迹虽在编户,与笃烈君子何以异乎?若夫<u>杨阿若</u>,少称任侠,长遂蹈义,自西徂东,摧讨逆节,可谓勇而有仁者也。

评曰:<u>李典</u>贵尚儒雅,义忘私隙,美矣。<u>李通</u>、<u>臧霸</u>、<u>文聘</u>、<u>吕虔</u>镇卫州郡,并著威惠。<u>许褚</u>、<u>典韦</u>折冲左右,抑亦汉之<u>樊哙</u>也。<u>庞德</u>授命叱敌,有<u>周苛</u>之节。<u>庞淯</u>不惮伏剑,而诚感邻国。<u>阎温</u>向城大呼,齐<u>解</u>、<u>路</u>之烈焉。

【校勘记】

〔1〕沛国武周为下邳令　国下原衍"公"字,据<u>三国志集解</u>陈景云说删。

〔2〕襄贲校尉杜松部民炅母等作乱　贲,原作"陵",据<u>三国志集解</u>赵一清说改。

〔3〕少顷　少上原衍"有"字,下原脱"顷"字,据何焯校本删补。

〔4〕进封牟乡侯　原脱"封"字,据<u>三国志辨误</u>卷上补。

〔5〕亦以军功为振威将军　功下原衍"封"字,据<u>三国志辨误</u>卷上删。

〔6〕步去　去,原作"出",据何焯校本改。

〔7〕欲与恭并势　恭下原衍"艾"字,据<u>三国志辨疑</u>卷一删。

〔8〕衡 悁子弟　衡,原作"左"。殿本考证陈浩曰:"上云衡弟为京兆虎牙都尉,此云<u>左</u>悁子弟,误。当作唐衡子弟或衡悁子弟。"今改左为衡。

〔9〕仕至青州刺史　青,原作"豫",据<u>太平御览</u>卷四七九改。

〔10〕从乐涫南山中出　涫,原作"浪",据<u>三国志旁证</u>卷一三改。

三国志卷十九　魏书十九

任城陈萧王传第十九

任城威王彰，字子文。少善射御，膂力过人，手格猛兽，不避险阻。数从征伐，志意慷慨。太祖尝抑之曰："汝不念读书慕圣道，而好乘汗马击剑，此一夫之用，何足贵也！"课彰读诗、书，彰谓左右曰："丈夫一为卫、霍，将十万骑驰沙漠，驱戎狄，立功建号耳，何能作博士邪？"太祖尝问诸子所好，使各言其志。彰曰："好为将。"太祖曰："为将奈何？"对曰："被坚执锐，临难不顾，为士卒先；赏必行，罚必信。"太祖大笑。建安二十一年，封鄢陵侯。

二十三年，代郡乌丸反，以彰为北中郎将，行骁骑将军。临发，太祖戒彰曰："居家为父子，受事为君臣，动以王法从事，尔其戒之！"彰北征，入涿郡界，叛胡数千骑卒至。时兵马未集，唯有步卒千人，骑数百匹。用田豫计，固守要隙，虏乃退散。彰追之，身自搏战，射胡骑，应弦而倒者前后相属。战过半日，彰铠中数箭，意气益厉，乘胜逐北，至于桑乾，①去代二百馀里。长史诸将皆以为新涉远，士马疲顿，又受节度，不得过代，不可深进，违令轻敌。彰曰："率师而

461

行,唯利所在,何节度乎?胡走未远,追之必破。从令纵敌,非良将
也。"遂上马,令军中:"后出者斩。"一日一夜与虏相及,击,大破
之,斩首获生以千数。彰乃倍常科大赐将士,将士无不悦喜。时鲜
卑大人轲比能将数万骑观望强弱,见彰力战,所向皆破,乃请服。
北方悉平。时太祖在长安,召彰诣行在所。彰自代过邺,太子谓彰
曰:"卿新有功,今西见上,宜勿自伐,应对常若不足者。"彰到,如
太子言,归功诸将。太祖喜,持彰须曰:"黄须儿竟大奇也!"②

①臣松之案桑乾县属代郡,今北虏居之,号为索干之都。

②魏略曰:太祖在汉中,而刘备栖于山头,使刘封下挑战。太祖骂曰:"卖履
舍儿,长使假子拒汝公乎!待呼我黄须来,令击之。"乃召彰。彰晨夜进
道,西到长安而太祖已还,从汉中而归。彰须黄,故以呼之。

太祖东还,以彰行越骑将军,留长安。太祖至洛阳,得疾,驿
召彰,未至,太祖崩。① 文帝即王位,彰与诸侯就国。②诏曰:"先王
之道,庸勋亲亲,并建母弟,开国承家,故能藩屏大宗,御侮厌难。
彰前受命北伐,清定朔土,厥功茂焉。增邑五千,并前万户。"黄初
二年,进爵为公。三年,立为任城王。四年,朝京都,疾薨于邸,谥
曰威。③至葬,赐銮辂、龙旗,虎贲百人,如汉东平王故事。子楷嗣,
徙封中牟。五年,改封任城县。太和六年,复改封任城国,食五县
二千五百户。青龙三年,楷坐私遣官属诣中尚方作禁物,削县二
千户。正始七年,徙封济南,三千户。正元、景元初,连增邑,凡四
千四百户。④

①魏略曰:彰至,谓临菑侯植曰:"先王召我者,欲立汝也。"植曰:"不可。不
见袁氏兄弟乎!"

②魏略曰:太子嗣立,既葬,遣彰之国。始彰自以先王见任有功,冀因此遂
见授用,而闻当随例,意甚不悦,不待遣而去。时以鄢陵墝薄,使治中牟。
及帝受禅,因封为中牟王。是后大驾幸许昌,北州诸侯上下,皆畏彰之刚

③魏氏春秋曰:初,彰问玺绶,将有异志,故来朝不即得见。彰忿怒暴薨。

④楷,泰始初为崇化少府,见百官名。

陈思王植字子建。年十岁馀,诵读诗、论及辞赋数十万言,善属文。太祖尝视其文,谓植曰:"汝倩人邪?"植跪曰:"言出为论,下笔成章,顾当面试,奈何倩人?"时邺铜爵台新成,太祖悉将诸子登台,使各为赋。植援笔立成,可观,太祖甚异之。①性简易,不治威仪。舆马服饰,不尚华丽。每进见难问,应声而对,特见宠爱。建安十六年,封平原侯。十九年,徙封临菑侯。太祖征孙权,使植留守邺,戒之曰:"吾昔为顿邱令,年二十三。思此时所行,无悔于今。今汝年亦二十三矣,可不勉与!"植既以才见异,而丁仪、丁廙、杨修等为之羽翼。太祖狐疑,几为太子者数矣。而植任性而行,不自雕励,饮酒不节。文帝御之以术,矫情自饰,宫人左右,并为之说,故遂定为嗣。二十二年,增植邑五千,并前万户。植尝乘车行驰道中,开司马门出。太祖大怒,公车令坐死。由是重诸侯科禁,而植宠日衰。②太祖既虑终始之变,以杨修颇有才策,而又袁氏之甥也,于是以罪诛修。植益内不自安。③二十四年,曹仁为关羽所围。太祖以植为南中郎将,行征虏将军,欲遣救仁,呼有所敕戒。植醉不能受命,于是悔而罢之。④

①阴澹魏纪载植赋曰"从明后而嬉游兮,登层台以娱情。见太府之广开兮,观圣德之所营。建高门之嵯峨兮,浮双阙乎太清。立中天之华观兮,连飞阁乎西城。临漳水之长流兮,望园果之滋荣。仰春风之和穆兮,听百鸟之悲鸣。天云垣其既立兮,家愿得而获逞。扬仁化于宇内兮,尽肃恭于上京。惟桓文之为盛兮,岂足方乎圣明!休矣美矣!惠泽远扬。翼佐我皇家兮,宁彼四方。同天地之规量兮,齐日月之晖光。永贵尊而无极兮,等年寿于东王"云云。太祖深异之。

②魏武故事载令曰："始者谓子建，儿中最可定大事。"又令曰："自临菑侯植私出，开司马门至金门，令吾异目视此儿矣。"又令曰："诸侯长史及帐下吏，知吾出辄将诸侯行意否？从子建私开司马门来，吾都不复信诸侯也。恐吾适出，便复私出，故摄将行。不可恒使吾以谁为心腹也！"[1]

③典略曰：杨脩字德祖，太尉彪子也。谦恭才博。建安中，举孝廉，除郎中，丞相请署仓曹属主簿。是时，军国多事，脩总知外内，事皆称意。自魏太子已下，并争与交好。又是时临菑侯植以才捷爱幸，来意投脩，数与脩书，书曰："数日不见，思子为劳；想同之也。仆少好辞赋，迄至于今二十有五年矣。然今世作者，可略而言也。昔仲宣独步于汉南，孔璋鹰扬于河朔，伟长擅名于青土，公幹振藻于海隅，德琏发迹于大魏，足下高视于上京。当此之时，人人自谓握灵蛇之珠，家家自谓抱荆山之玉也。吾王于是设天网以该之，顿八纮以掩之，今尽集兹国矣。然此数子，犹不能飞翰绝迹，一举千里也。以孔璋之才，不闲辞赋，而多自谓与司马长卿同风，譬画虎不成还为狗者也。前为书嘲之，反作论盛道仆赞其文。夫锺期不失听，于今称之。吾亦不敢妄叹者，畏后之嗤余也。世人著述，不能无病。仆常好人讥弹其文；有不善者，应时改定。昔丁敬礼尝作小文，使仆润饰之，仆自以才不能过若人，辞不为也。敬礼云：'卿何所疑难乎！文之佳丽，吾自得之。后世谁相知定吾文者邪？'吾常叹此达言，以为美谈。昔尼父之文辞，与人通流；至于制春秋，游、夏之徒不能错一字。过此而言不病者，吾未之见也。盖有南威之容，乃可以论于淑媛；有龙渊之利，乃可以议于割断。刘季绪才不逮于作者，而好诋呵文章，掎摭利病。昔田巴毁五帝，罪三王，呰五伯于稷下，一旦而服千人，鲁连一说，使终身杜口。刘生之辩未若田氏，今之仲连求之不难，可无叹息乎！人各有所好尚。兰茝荪蕙之芳，众人之所好，而海畔有逐臭之夫；咸池、六英之发，众人所乐，而墨翟有非之之论：岂可同哉！今往仆少小所著词赋一通相与。夫街谈巷说，必有可采，击辕之歌，有应风雅，匹夫之思，未易轻弃也。辞赋小道，固未足以揄扬大义，彰示来世也。昔扬子云，先朝执戟之臣耳，犹称'壮夫不为'也；吾虽薄德，位为藩侯，犹庶几戮力上国，流惠下民，建永世之业，流金石之功，岂徒以翰墨为勋绩，辞颂为君子哉？若吾志不果，

吾道不行，亦将采史官之实录，辩时俗之得失，定仁义之衷，成一家之言，虽未能藏之名山，将以传之同好，此要之白首，岂可以今日论乎！其言之不怍，恃惠子之知我也。明早相迎，书不尽怀。"脩答曰："不侍数日，若弥年载，岂独爱顾之隆，使系仰之情深邪！损辱来命，蔚矣其文。诵读反覆，虽风、雅、颂，不复过也。若仲宣之擅江表，陈氏之跨冀域，徐、刘之显青、豫，应生之发魏国，斯皆然矣。至如脩者，听采风声，仰德不暇，目周章于省览，何遑骇于高视哉？伏惟君侯，少长贵盛，体旦、发之质，有圣善之教。远近观者，徒谓能宣昭懿德，光赞大业而已，不谓复能兼览传记，留思文章。今乃含王超陈，度越数子；观者骇视而拭目，听者倾首而耸耳；非夫体通性达，受之自然，其谁能至于此乎？又尝亲见执事握牍持笔，有所造作，若成诵在心，借书于手，曾不斯须少留思虑。仲尼日月，无得逾焉。脩之仰望，殆如此矣。是以对鹖而辞，作暑赋弥日而不献，见西施之容，归憎其貌者也。伏想执事不知其然，猥受顾赐，教使刊定。春秋之成，莫能损益。吕氏、淮南，字直千金；然而弟子钳口，市人拱手者，圣贤卓荦，固所以殊绝凡庸也。今之赋颂，古诗之流，不更孔公，风雅无别耳。脩家子云，老不晓事，强著一书，悔其少作。若此，仲山、周旦之徒，则皆有怨乎！君侯忘圣贤之显迹，述鄙宗之过言，窃以为未之思也。若乃不忘经国之大美，流千载之英声，铭功景钟，书名竹帛，此自雅量素所蓄也，岂与文章相妨害哉？辄受所惠，窃备蒙瞍诵歌而已。敢忘惠施，以忝庄氏！季绪琐琐，何足以云。"其相往来，如此甚数。植后以骄纵见疏，而植故连缀脩不止，脩亦不敢自绝。至二十四年秋，公以脩前后漏泄言教，交关诸侯，乃收杀之。脩临死，谓故人曰："我固自以死之晚也。"其意以为坐曹植也。脩死后百馀日而太祖薨，太子立，遂有天下。初，脩以所得王髦剑奉太子，太子常服之。及即尊位，在洛阳，从容出宫，追思脩之过薄也，抚其剑，驻车顾左右曰："此杨德祖昔所说王髦剑也。髦今焉在？"及召见之，赐髦谷帛。

挚虞文章志曰：刘季绪名脩，刘表子。官至东安太守。著诗、赋、颂六篇。

臣松之案吕氏春秋曰："人有臭者，其兄弟妻子皆莫能与居，其人自苦而居海上。海上人有悦其臭者，昼夜随之而不能去。"此植所云"逐臭之夫"

也。田巴事出鲁连子,亦见皇览,文多故不载。

世语曰:脩年二十五,以名公子有才能,为太祖所器。与丁仪兄弟,皆欲以植为嗣。太子患之,以车载废簏,内朝歌长吴质与谋。脩以白太祖,未及推验。太子惧,告质,质曰:"何患?明日复以簏受绢车内以惑之,脩必复重白,重白必推,而无验,则彼受罪矣。"世子从之,脩果白,而无人,太祖由是疑焉。脩与贾逵、王凌并为主簿,而为植所友。每当就植,虑事有阙,忖度太祖意,豫作答教十馀条,敕门下,教出以次答。教裁出,答已入,太祖怪其捷,推问始泄。太祖遣太子及植各出邺城一门,密敕门不得出,以观其所为。太子至门,不得出而还。脩先戒植:"若门不出侯,侯受王命,可斩守者。"植从之。故脩遂以交构赐死。脩子嚣,嚣子准,皆知名于晋世。嚣,泰始初为典军将军,受心膂之任,早卒。准字始丘,惠帝末为冀州刺史。

荀绰冀州记曰:准见王纲不振,遂纵酒,不以官事为意,逍遥卒岁而已。成都王知准不治,犹以其为名士,惜而不责,召以为军谋祭酒。府散停家,关东诸侯议欲以准补三事,以示怀贤尚德之举。事未施行而卒。准子峤字国彦,髦字士彦,并为后出之俊。准与裴頠、乐广善,遣往见之。頠性弘方,爱峤之有高韵,谓准曰:"峤当及卿,然髦小减也。"广性清淳,爱髦之有神检,谓准曰:"峤自及卿,然髦尤精出。"准叹曰:"我二儿之优劣,乃裴、乐之优劣也。"评者以为峤虽有高韵,而神检不逮,广言为得。傅畅云:"峤似准而疏。"峤弟俊,字惠彦,最清出。峤、髦皆为二千石。俊,太傅掾。

④魏氏春秋曰:植将行,太子饮焉,逼而醉之。王召植,植不能受王命,故王怒也。

文帝即王位,诛丁仪、丁廙并其男口。①植与诸侯并就国。黄初二年,监国谒者灌均希指,奏"植醉酒悖慢,劫胁使者"。有司请治罪,帝以太后故,贬爵安乡侯。②其年改封鄄城侯。三年,立为鄄城王,邑二千五百户。

①魏略曰:丁仪字正礼,沛郡人也。父冲,宿与太祖亲善,时随乘舆。见国家

未定,乃与太祖书曰:"足下平生常喟然有匡佐之志,今其时矣。"是时张杨适还河内,太祖得其书,乃引军迎天子东诣许,以冲为司隶校尉。后数来过诸将饮,酒美不能止,醉烂肠死。太祖以冲前见开导,常德之。闻仪为令士,虽未见,欲以爱女妻之,以问五官将。五官将曰:"女人观貌,而正礼目不便,诚恐爱女未必悦也。以为不如与伏波子楙。"太祖从之。寻辟仪为掾,到与论议,嘉其才朗,曰:"丁掾,好士也,即使其两目盲,尚当与女,何况但眇?是吾儿误我。"时仪亦恨不得尚公主,而与临菑侯亲善,数称其奇才。太祖既有意欲立植,而仪又共赞之。及太子立,欲治仪罪,转仪为右刺奸掾,欲仪自裁而仪不能。乃对中领军夏侯尚叩头求哀,尚为涕泣而不能救。后遂因职事收付狱,杀之。

廙字敬礼,仪之弟也。文士传曰:廙少有才姿,博学洽闻。初辟公府,建安中为黄门侍郎。廙尝从容谓太祖曰:"临菑侯天性仁孝,发于自然,而聪明智达,其殆庶几。至于博学渊识,文章绝伦。当今天下之贤才君子,不问少长,皆愿从其游而为之死,实天所以锺福于大魏,而永授无穷之祚也。"欲以劝动太祖。太祖答曰:"植,吾爱之,安能若卿言!吾欲立之为嗣,何如?"廙曰:"此国家之所以兴衰,天下之所以存亡,非愚劣琐贱者所敢与及。廙闻知臣莫若于君,知子莫若于父。至于君不论明暗,父不问贤愚,而能常知其臣子者何?盖由相知非一事一物,相尽非一旦一夕。况明公加之以圣哲,习之以人子。今发明达之命,吐永安之言,可谓上应天命,下合人心,得之于须臾,垂之于万世者也。廙不避斧钺之诛,敢不尽言!"太祖深纳之。

②魏书载诏曰:"植,朕之同母弟。朕于天下无所不容,而况植乎?骨肉之亲,舍而不诛,其改封植。"

四年,徙封雍丘王。其年,朝京都。上疏曰:

臣自抱衅归藩,刻肌刻骨,追思罪戾,昼分而食,夜分而寝。诚以天罔不可重离,圣恩难可再恃。窃感相鼠之篇,无礼遄死之义,形影相吊,五情愧赧。以罪弃生,则违古贤"夕改"之劝,忍活苟全,则犯诗人"胡颜"之讥。伏惟陛下德象天地,

467

恩隆父母,施畅春风,泽如时雨。是以不别荆棘者,庆云之惠也;七子均养者,尸鸠之仁也;舍罪责功者,明君之举也;矜愚爱能者,慈父之恩也:是以愚臣徘徊于恩泽而不能自弃者也。

前奉诏书,臣等绝朝,心离志绝,自分黄耈无复执珪之望。不图圣诏猥垂齿召,至止之日,驰心辇毂。僻处西馆,未奉阙廷,踊跃之怀,瞻望反仄。谨拜表献诗二篇,其辞曰:"於穆显考,时惟武皇,受命于天,宁济四方。朱旗所拂,九土披攘,玄化滂流,荒服来王。超商越周,与唐比踪。笃生我皇,奕世载聪,武则肃烈,文则时雍,受禅炎汉,临君万邦。万邦既化,率由旧则;广命懿亲,以藩王国。帝曰尔侯,君兹青土,奄有海滨,方周于鲁,车服有辉,旗章有叙,济济隽乂,我弼我辅。伊予小子,恃宠骄盈,举挂时网,动乱国经。作藩作屏,先轨是堕,傲我皇使,犯我朝仪。国有典刑,我削我绌,将寘于理,元凶是率。明明天子,时笃同类,不忍我刑,暴之朝肆,违彼执宪,哀予小子。改封兖邑,于河之滨,股肱弗置,有君无臣,荒淫之阙,谁弼予身?茕茕仆夫,于彼冀方,嗟予小子,乃罹斯殃。赫赫天子,恩不遗物,冠我玄冕,要我朱绂。朱绂光大,使我荣华,剖符授玉,王爵是加。仰齿金玺,俯执圣策,皇恩过隆,祗承怵惕。咨我小子,顽凶是婴,逝惭陵墓,存愧阙廷。匪敢懈德,实恩是恃,威灵改加,足以没齿。昊天罔极,性命不图,常惧颠沛,抱罪黄垆。愿蒙矢石,建旗东岳,庶立豪氂,微功自赎。危躯授命,知足免戾,甘赴江、湘,奋戈吴、越。天启其衷,得会京畿,迟奉圣颜,如渴如饥。心之云慕,怆矣其悲,天高听卑,皇肯照微!"又曰:"肃承明诏,应会皇都,星陈夙驾,秣马脂车。命彼掌徒,肃我征旅,朝发鸾台,夕宿兰渚。芒芒原隰,祁祁士女,经彼公田,乐我稷黍。爰有樛木,重阴匪息;虽有糇粮,饥不遑食。望城不过,面邑匪游,仆夫警策,平路是由。玄驷蔼蔼,扬镳灞沫;流风翼衡,轻云承盖。涉涧之滨,缘山之隈,遵彼河浒,黄阪是阶。西济关谷,或降或升;騑骖倦路,再寝再兴。将朝圣皇,匪敢晏宁;弭节长鹜,指日遄征。前驱举燧,后乘抗旌;轮不辍运,鸾无废声。爰暨帝室,税此西墉;嘉诏未赐,朝觐莫从。仰瞻城阈,俯惟阙廷;长怀永慕,忧心如酲。"

帝嘉其辞义,优诏答勉之。①

①魏略曰:初植未到关,自念有过,宜当谢帝。乃留其从官著关东,单将两三人微行,入见清河长公主,欲因主谢。而关吏以闻,帝使人逆之,不得见。太后以为自杀也,对帝泣。会植科头负鈇锧,徒跣诣阙下,帝及太后乃喜。及见之,帝犹严颜色,不与语,又不使冠履。植伏地泣涕,太后为不乐。诏乃听复王服。

魏氏春秋曰:是时待遇诸国法峻。任城王暴薨,诸王既怀友于之痛。植及白马王彪还国,欲同路东归,以叙隔阔之思,而监国使者不听。植发愤告离而作诗曰:"谒帝承明庐,逝将归旧疆。清晨发皇邑,日夕过首阳。伊、洛旷且深,欲济川无梁。泛舟越洪涛,怨彼东路长。回顾恋城阙,引领情内伤。大谷何寥廓,山树郁苍苍。霖雨泥我涂,流潦浩从横。中逵绝无轨,改辙登高冈。修阪造云日,我马玄以黄。玄黄犹能进,我思郁以纡。郁纡将何念?亲爱在离居。本图相与偕,中更不克俱。鸱枭鸣衡轭,豺狼当路衢;苍蝇间白黑,谗巧反亲疏。欲还绝无蹊,揽辔止踟蹰。踟蹰亦何留,相思无终极。秋风发微凉,寒蝉鸣我侧。原野何萧条,白日忽西匿。孤兽走索群,衔草不遑食。归鸟赴高林,翩翩厉羽翼。感物伤我怀,抚心长叹息。叹息亦何为,天命与我违。奈何念同生,一往形不归!孤魂翔故域,灵柩寄京师。存者忽复过,亡没身自衰。人生处一世,忽若朝露晞。年在桑榆间,影响不能追。自顾非金石,咄咤令心悲。心悲动我神,弃置莫复陈。丈夫志四海,万里犹比邻。恩爱苟不亏,在远分日亲。何必同衾帱,然后展殷勤。仓卒骨肉情,能不怀苦辛?苦辛何虑思,天命信可疑。虚无求列仙,松子久吾欺。变故在斯须,百年谁能持?离别永无会,执手将何时?王其爱玉体,俱享黄发期。收涕即长涂,援笔从此辞。"

六年,帝东征,还过雍丘,幸植宫,增户五百。太和元年,徙封浚仪。二年,复还雍丘。植常自愤怨,抱利器而无所施,上疏求自试曰:

臣闻士之生世,入则事父,出则事君;事父尚于荣亲,事君贵于兴国。故慈父不能爱无益之子,仁君不能畜无用之臣。夫论德而授官者,成功之君也;量能而受爵者,毕命之臣也。故君无虚授,臣无虚受;虚授谓之谬举,虚受谓之尸禄,诗之"素餐"所由作也。昔二虢不辞两国之任,其德厚也;旦、奭不让燕、鲁之封,其功大也。今臣蒙国重恩,三世于今矣。正值陛下升平之际,沐浴圣泽,潜润德教,可谓厚幸矣。而窃位东藩,爵在上列,身被轻暖,口厌百味,目极华靡,耳倦丝竹者,爵重禄厚之所致也。退念古之受爵禄者,[2]有异于此,皆以功勤济国,辅主惠民。今臣无德可述,无功可纪,若此终年无益国朝,将挂风人"彼其"之讥。是以上惭玄冕,俯愧朱绂。

方今天下一统,九州晏如,而顾西有违命之蜀,东有不臣之吴,使边境未得脱甲,谋士未得高枕者,诚欲混同宇内以致太和也。故启灭有扈而夏功昭,成克商、奄而周德著。今陛下以圣明统世,将欲卒文、武之功,继成、康之隆,简贤授能,以方叔、召虎之臣镇御四境,为国爪牙者,可谓当矣。然而高鸟未挂于轻缴,渊鱼未县于钩饵者,恐钓射之术或未尽也。昔耿弇不俟光武,亟击张步,言不以贼遗于君父。故车右伏剑于鸣毂,雍门刎首于齐境,若此二士,岂恶生而尚死哉?诚忿其慢主而陵君也。① 夫君之宠臣,欲以除患兴利;臣之事君,必以杀身靖乱,以功报主也。昔贾谊弱冠,求试属国,请系单于之颈而制其命;<u>终军</u>以妙年使<u>越</u>,欲得长缨占其王,羁致北阙。此二臣,岂好为夸主而耀世哉?志或郁结,欲逞其才力,输能于明君也。昔<u>汉武</u>为<u>霍去病</u>治第,辞曰:"匈奴未灭,臣无以家为!"夫忧国忘家,捐躯济难,忠臣之志也。今臣居外,非不厚也,而寝不安席,食不遑味者,伏以二方未克为念。

伏见先<u>武皇帝</u>武臣宿将,年耆即世者有闻矣。虽贤不乏世,宿将旧卒,犹习战陈,窃不自量,志在效命,庶立毛发之功,以报所受之恩。若使陛下出不世之诏,效臣锥刀之用,使得西属大将军,当一校之队,若东属大司马,统偏舟之任,必乘危蹈险,骋舟奋骊,突刃触锋,为士卒先。虽未能禽<u>权</u>馘<u>亮</u>,庶将虏其雄率,歼其丑类,必效须臾之捷,以灭终身之愧,使名挂史笔,事列朝策。虽身分<u>蜀</u>境,首县<u>吴</u>阙,犹生之年也。如微才弗试,没世无闻,徒荣其躯而丰其体,生无益于事,死无损于数,虚荷上位而忝重禄,禽息鸟视,终于白首,此徒圈牢之养物,非臣之所志也。流闻东军失备,师徒小衄,辍食弃餐,奋袂攘衽,抚剑东顾,而心已驰于<u>吴会</u>矣。

臣昔从先<u>武皇帝</u>南极<u>赤岸</u>,东临沧海,西望<u>玉门</u>,北出<u>玄塞</u>,伏见所以行军用兵之势,可谓神妙矣。故兵者不可豫言,临难而制变者也。志欲自效于明时,立功于圣世。每览史籍,观古忠臣义士,出一朝之命,以徇国家之难,身虽屠裂,而功铭著于鼎钟,名称垂于竹帛,未尝不拊心而叹息也。臣闻明主使臣,不废有罪。故奔北败军之将用,<u>秦</u>、<u>鲁</u>以成其功;[2]绝缨盗马之臣赦,<u>楚</u>、<u>赵</u>以济其难。[3]臣窃感先帝早崩,<u>威王</u>弃世,臣独何人,以堪长久!常恐先朝露,填沟壑,坟土未干,而身名并灭。臣闻骐骥长鸣,则<u>伯乐</u>照其能;卢狗悲号,则<u>韩国</u>知其才。是以效之<u>齐</u>、<u>楚</u>之路,以逞千里之任;试之狡兔之捷,以验

搏噬之用。今臣志狗马之微功，窃自惟度，终无伯乐、韩国之
举，是以於邑而窃自痛者也。

　　夫临搏而企踠，闻乐而窃抃者，或有赏音而识道也。昔毛
遂，赵之陪隶，犹假锥囊之喻，以寤主立功，何况巍巍大魏多
士之朝，而无慷慨死难之臣乎！夫自炫自媒者，士女之丑行也。
干时求进者，道家之明忌也。而臣敢陈闻于陛下者，诚与国分
形同气，忧患共之者也。冀以尘雾之微补益山海，荧烛末光增
辉日月，是以敢冒其丑而献其忠。④

① 刘向说苑曰：越甲至齐，雍门狄请死之。齐王曰："鼓铎之声未闻，矢石未
　　交，长兵未接，子何务死？知为人臣之礼邪？"雍门狄对曰："臣闻之，昔者
　　王田于圃，左毂鸣，车右请死之，王曰：'子何为死？'车右曰：'为其鸣吾
　　君也。'王曰：'左毂鸣者，此工师之罪也。子何事之有焉？'车右对曰：'吾
　　不见工师之乘，而见其鸣吾君也。'遂刎颈而死。有是乎？"王曰："有之。"
　　雍门狄曰："今越甲至，其鸣吾君，岂左毂之下哉？车右可以死左毂，而臣
　　独不可以死越甲邪？"遂刎颈而死。是日，越人引军而退七十里，曰："齐
　　王有臣，钧如雍门狄，疑使越社稷不血食。"遂归。齐王葬雍门狄以上卿
　　之礼。

② 臣松之案：秦用败军之将，事显，故不注。鲁连与燕将书曰："曹子为鲁
　　将，三战三北而亡地五百里，向使曹子计不反顾，义不旋踵，刎颈而死，
　　则亦不免为败军之将矣。曹子弃三北之耻，而退与鲁君计。桓公朝天子，
　　会诸侯，曹子以一剑之任，披桓公之心于坛坫之上，颜色不变，辞气不
　　悖。三战之所亡，一朝而复之。天下震动，诸侯惊骇，威加吴、越。"若此
　　二者，非不能成小廉而行小节也。

③ 臣松之案：楚庄掩绝缨之罪，事亦显，故不书。秦穆公有赦盗马事，赵则
　　未闻。盖以秦亦赵姓，故互文以避上"秦"字也。

④ 魏略曰：植虽上此表，犹疑不见用，故曰："夫人贵生者，非贵其养体好
　　服，终竟年寿也，贵在其代天而理物也。夫爵禄者，非虚张者也，有功德
　　然后应之，当矣。无功而爵厚，无德而禄重，或人以为荣，而壮夫以为耻。

故太上立德，其次立功，盖功德者所以垂名也。名者不灭，士之所利，故孔子有夕死之论，孟轲有弃生之义。彼一圣一贤，岂不愿久生哉？志或有不展也。是用喟然求试，必立功也。呜呼！言之未用，欲使后之君子知吾意者也。"

三年，徙封东阿。五年，复上疏求存问亲戚，因致其意曰：

臣闻天称其高者，以无不覆；地称其广者，以无不载；日月称其明者，以无不照；江海称其大者，以无不容。故孔子曰："大哉尧之为君！惟天为大，惟尧则之。"夫天德之于万物，可谓弘广矣。盖尧之为教，先亲后疏，自近及远。其传曰："克明峻德，以亲九族；九族既睦，平章百姓。"及周之文王亦崇厥化，其诗曰："刑于寡妻，至于兄弟，以御于家邦。"是以雍雍穆穆，风人咏之。昔周公吊管、蔡之不咸，广封懿亲以藩屏王室，传曰："周之宗盟，异姓为后。"诚骨肉之恩爽而不离，亲亲之义实在敦固，未有义而后其君，仁而遗其亲者也。

伏惟陛下资帝唐钦明之德，体文王翼翼之仁，惠洽椒房，恩昭九族，群后百寮，番休递上，执政不废于公朝，下情得展于私室，亲理之路通，庆吊之情展，诚可谓恕己治人，推惠施恩者矣。至于臣者，人道绝绪，禁锢明时，臣窃自伤也。不敢过望交气类，修人事，叙人伦。近且婚媾不通，兄弟乖绝，吉凶之问塞，庆吊之礼废，恩纪之违，甚于路人，隔阂之异，殊于胡越。今臣以一切之制，永无朝觐之望，至于注心皇极，结情紫闼，神明知之矣。然天实为之，谓之何哉！退唯诸王常有戚戚具尔之心，愿陛下沛然垂诏，使诸国庆问，四节得展，以叙骨肉之欢恩，全怡怡之笃义。妃妾之家，膏沐之遗，岁得再通，齐义于贵宗，等惠于百司，如此，则古人之所叹，风雅之所咏，复存于圣世矣。

臣伏自惟省,无锥刀之用。及观陛下之所拔授,若以臣为异姓,窃自料度,不后于朝士矣。若得辞远游,戴武弁,解朱组,佩青绂,驸马、奉车,趣得一号,安宅京室,执鞭珥笔,出从华盖,入侍辇毂,承答圣问,拾遗左右,乃臣丹诚之至愿,不离于梦想者也。远慕鹿鸣君臣之宴,中咏常棣匪他之诚,下思伐木友生之义,终怀蓼莪罔极之哀;每四节之会,块然独处,左右惟仆隶,所对惟妻子,高谈无所与陈,发义无所与展,未尝不闻乐而拊心,临觞而叹息也。臣伏以为犬马之诚不能动人,譬人之诚不能动天。崩城、陨霜,臣初信之,以臣心况,徒虚语耳。若葵藿之倾叶,太阳虽不为之回光,然向之者诚也。窃自比于葵藿,若降天地之施,垂三光之明者,实在陛下。

臣闻文子曰:“不为福始,不为祸先。”今之否隔,友于同忧,而臣独倡言者,窃不愿于圣世使有不蒙施之物。有不蒙施之物,必有惨毒之怀,故柏舟有“天只”之怨,谷风有“弃予”之叹。故伊尹耻其君不为尧舜,孟子曰:“不以舜之所以事尧事其君者,不敬其君者也。”臣之愚蔽,固非虞、伊,至于欲使陛下崇光被时雍之美,宣缉熙章明之德者,是臣悾悾之诚,窃所独守,实怀鹤立企伫之心。敢复陈闻者,冀陛下傥发天聪而垂神听也。

诏报曰:“盖教化所由,各有隆弊,非皆善始而恶终也,事使之然。故夫忠厚仁极草木,则行苇之诗作;恩泽衰薄,不亲九族,则角弓之章刺。今令诸国兄弟,情理简怠,妃妾之家,膏沐疏略,朕纵不能敦而睦之,王援古喻义备悉矣,何言精诚不足以感通哉?夫明贵贱,崇亲亲,礼贤良,顺少长,国之纲纪,本无禁固诸国通问之诏也,矫枉过正,下吏惧谴,以至于此耳。已敕有司,如王所诉。”

植复上疏陈审举之义,曰:

臣闻天地协气而万物生，君臣合德而庶政成；五帝之世非皆智，三季之末非皆愚，用与不用，知与不知也。既时有举贤之名，而无得贤之实，必各援其类而进矣。谚曰："相门有相，将门有将。"夫相者，文德昭者也；将者，武功烈者也。文德昭，则可以匡国朝，致雍熙，稷、契、夔、龙是也；武功烈，则所以征不庭，威四夷，南仲、方叔是矣。昔伊尹之为媵臣，至贱也，吕尚之处屠钓，至陋也，及其见举于汤武、周文，诚道合志同，玄谟神通，岂复假近习之荐，因左右之介哉。书曰："有不世之君，必能用不世之臣；用不世之臣，必能立不世之功。"殷周二王是矣。若夫齷齪近步，遵常守故，安足为陛下言哉？故阴阳不和，三光不畅，官旷无人，庶政不整者，三司之责也。疆场骚动，方隅内侵，没军丧众，干戈不息者，边将之忧也。岂可虚荷国宠而不称其任哉？故任益隆者负益重，位益高者责益深，书称"无旷庶官"，诗有"职思其忧"，此其义也。

陛下体天真之淑圣，登神机以继统，冀闻康哉之歌，偃武行文之美。而数年以来，水旱不时，民困衣食，师徒之发，岁岁增调，加东有覆败之军，西有殪没之将，至使蚌蛤浮翔于淮、泗，鼶鼬喧哗于林木。臣每念之，未尝不辍食而挥餐，临觞而搤腕矣。昔汉文发代，疑朝有变，宋昌曰："内有朱虚、东牟之亲，外有齐、楚、淮南、琅邪，此则磐石之宗，愿王勿疑。"臣伏惟陛下远览姬文二虢之援，中虑周成召、毕之辅，下存宋昌磐石之固。昔骐骥之于吴阪，可谓困矣，及其伯乐相之，孙邮御之，形体不劳而坐取千里。盖伯乐善御马，明君善御臣；伯乐驰千里，明君致太平；诚任贤使能之明效也。若朝司惟良，万机内理，武将行师，方难克弭。陛下可得雍容都城，何事劳动銮驾，暴露于边境哉？

臣闻羊质虎皮,见草则悦,见豺则战,忘其皮之虎也。今置将不良,有似于此。故语曰:"患为之者不知,知之者不得为也。"昔乐毅奔赵,心不忘燕;廉颇在楚,思为赵将。臣生乎乱,长乎军,又数承教于武皇帝,伏见行师用兵之要,不必取孙、吴而暗与之合。窃揆之于心,常愿得一奉朝觐,排金门,蹈玉陛,列有职之臣,赐须臾之间,使臣得一散所怀,摅舒蕴积,死不恨矣。

被鸿胪所下发士息书,期会甚急。又闻豹尾已建,戎轩鹜驾,陛下将复劳玉躬,扰挂神思。臣诚辣息,不遑宁处。愿得策马执鞭,首当尘露,撮风后之奇,接孙、吴之要,追慕卜商起予左右,效命先驱,毕命轮毂,虽无大益,冀有小补。然天高听远,情不上通,徒独望青云而拊心,仰高天而叹息耳。屈平曰:"国有骥而不知乘,焉皇皇而更索!"昔管、蔡放诛,周、召作弼;叔鱼陷刑,叔向匡国。三监之衅,臣自当之;二南之辅,求必不远。华宗贵族,藩王之中,必有应斯举者。故传曰:"无周公之亲,不得行周公之事。"唯陛下少留意焉。

近者汉氏广建藩王,丰则连城数十,约则饣食祖祭而已,未若姬周之树国,五等之品制也。若扶苏之谏始皇,淳于越之难周青臣,可谓知时变矣。夫能使天下倾耳注目者,当权者是矣,故谋能移主,威能慑下。豪右执政,不在亲戚;权之所在,虽疏必重,势之所去,虽亲必轻,盖取齐者田族,非吕宗也。分晋者赵、魏,非姬姓也。唯陛下察之。苟吉专其位,凶离其患者,异姓之臣也。欲国之安,祈家之贵,存共其荣,没同其祸者,公族之臣也。今反公族疏而异姓亲,臣窃惑焉。

臣闻孟子曰:"君子穷则独善其身,达则兼善天下。"今臣与陛下践冰履炭,登山浮涧,寒温燥湿,高下共之,岂得离陛下哉?不胜愤懑,拜表陈情。若有不合,乞且藏之书府,不便灭弃,臣死之后,事或可思。若有豪厘少挂圣意者,乞出之朝堂,使夫博古之士,纠臣表之不合义者。如是,则臣愿足矣。

帝辄优文答报。①

①魏略曰:是后大发士息,及取诸国士。植以近前诸国士息已见发,其遗孤稚弱,在者无几,而复被取,乃上书曰:"臣闻古者圣君,与日月齐其明,四时等其信,是以戮凶无重,赏善无轻,怒若惊霆,喜若时雨,恩不中绝,教无二可,以此临朝,则臣下知所死矣。受任在万里之外,审主之所授官,必己之所以投命,虽有构会之徒,泊然不以为惧者,盖君臣相信之明效也。昔章子为齐将,人有告之反者,威王曰:'不然。'左右曰:'王何以明之?'王曰:'闻章子改葬死母;彼尚不欺死父,顾当叛生君乎?'此君之信臣也。昔管仲亲射桓公,后幽囚从鲁槛车载,使少年挽而送齐。管仲知桓公之必用己,惧鲁之悔,谓少年曰:'吾为汝唱,汝为和,声和声,宜走。'于是管仲唱之,少年走而和之,日行数百里,宿昔而至。至则相齐,此臣之信君也。臣初受封,策书曰:'植受兹青社,封于东土,以屏翰皇家,为魏藩辅。'而所得兵百五十人,皆年在耳顺,或不逾矩,虎贲官骑及亲事凡二百馀人。正复不老,皆使年壮,备有不虞,检校乘城,顾不足以自救,况皆复荛盖罢曳乎?而名为魏东藩,使屏翰王室,臣窃自羞矣。就之诸国,国有士子,合不过五百人,伏以为三军益损,不复赖此。方外不定,必当须办者,臣愿将部曲倍道奔赴,夫妻负襆,子弟怀粮,蹈锋履刃,以徇国难,何但习业小儿哉?愚诚以挥涕增河,鼷鼠饮海,于朝万无损益,于臣家计甚有废损。又臣士息前后三送,兼人已竭。惟尚有小儿,七八岁已上,十六七已还,三十馀人。今部曲皆年者,卧在床席,非糜不食,眼不能视,气息裁属者,凡三十七人;疲癃风疭,疣盲聋聩者,二十三人。惟正须此小儿,大者可备宿卫,虽不足以御寇,粗可以警小盗;小者未堪大使,为可使耘锄秽草,驱护鸟雀。休侯人则一事废,一日猎则众业散,不亲自经营则功不摄;常自躬亲,不委于吏而已。陛下圣仁,恩诏三至,士子给国,长不复发。明诏之下,有若皦日,保金石之恩,必明神之信,画然自固,如天如地。定习业者并复见送,晻若昼晦,怅然失图。伏以为陛

477

魏书 任城陈萧王传第十九

下既爵臣百寮之右,居藩国之任,为置卿士,屋名为宫,冢名为陵,不使其危居独立,无异于凡庶。若柏成欣于野耕,子仲乐于灌园;蓬户茅牖,原宪之宅也;陋巷箪瓢,颜子之居也:臣才不见效用,常慨然执斯志焉。若陛下听臣悉还部曲,罢官属,省监官,使解玺释绂,追柏成、子仲之业,营颜渊、原宪之事,居子臧之庐,宅延陵之室。如此,虽进无成功,退有可守,身死之日,犹松、乔也。然伏度国朝终未肯听臣之若是,固当羁绊于世绳,维系于禄位,怀屑屑之小忧,执无已之百念,安得荡然肆志,逍遥于宇宙之外哉?此愿未从,陛下必欲崇亲亲,笃骨肉,润白骨而荣枯木者,惟逮仁德以副前恩诏。"皆遂还之。

其年冬,诏诸王朝六年正月。其二月,以陈四县封植为陈王,邑三千五百户。植每欲求别见独谈,论及时政,幸冀试用,终不能得。既还,怅然绝望。时法制,待藩国既自峻迫,寮属皆贾竖下才,兵人给其残老,大数不过二百人。又植以前过,事事复减半,十一年中而三徙都,常汲汲无欢,遂发疾薨,时年四十一。①遗令薄葬。以小子志,保家之主也,欲立之。初,植登鱼山,临东阿,喟然有终焉之心,遂营为墓。子志嗣,徙封济北王。景初中诏曰:"陈思王昔虽有过失,既克己慎行,以补前阙,且自少至终,篇籍不离于手,诚难能也。其收黄初中诸奏植罪状,公卿已下议尚书、秘书、中书三府、大鸿胪者皆削除之。撰录植前后所著赋颂诗铭杂论凡百馀篇,副藏内外。"志累增邑,并前九百九十户。②

①植常为琴瑟调歌,辞曰:"吁嗟此转蓬,居世何独然!长去本根逝,夙夜无休闲。东西经七陌,南北越九阡,卒遇回风起,吹我入云间。自谓终天路,忽焉下沉渊。惊飚接我出,故归彼中田。当南而更北,谓东而反西,宕宕当何依,忽亡而复存。飘飘周八泽,连翩历五山,流转无恒处,谁知吾苦艰?愿为中林草,秋随野火燔,糜灭岂不痛,愿与根荄连。"

孙盛曰:异哉,魏氏之封建也!不度先王之典,不思藩屏之术,违敦睦之风,背维城之义。汉初之封,或权侔人主,虽云不度,时势然也。魏氏诸

三国志卷十九

478

侯，陋同匹夫，虽惩七国，矫枉过也。且魏之代汉，非积德之由，风泽既微，六合未一，而凋翦枝干，委权异族，势同瘣木，危若巢幕，不嗣忽诸，非天丧也。五等之制，万世不易之典。六代兴亡，曹囧论之详矣。

②志别传曰：志字允恭，好学有才行。晋武帝为中抚军，迎常道乡公于邺，志夜与帝相见，帝与语，从暮至旦，甚器之。及受禅，改封郡城公。发诏以志为乐平太守，历章武、赵郡，迁散骑常侍、国子博士，后转博士祭酒。及齐王攸当之藩，下礼官议崇锡之典，志叹曰："安有如此之才，如此之亲，而不得树本助化，而远出海隅者乎？"乃建议以谏，辞旨甚切。帝大怒，免志官。后复为散骑常侍。志遭母忧，居丧尽哀，因得疾病，喜怒失常，太康九年卒，谥曰定公。

萧怀王熊，早薨。黄初二年追封谥萧怀公。太和三年，又追封爵为王。青龙二年，子哀王炳嗣，食邑二千五百户。六年薨，无子，国除。

评曰：任城武艺壮猛，有将领之气。陈思文才富艳，足以自通后叶，然不能克让远防，终致携隙。传曰"楚则失之矣，而齐亦未为得也"，其此之谓欤！①

①鱼豢曰：谚言"贫不学俭，卑不学恭"，非人性分也，势使然耳。此实然之势，信不虚矣。假令太祖防遏植等，在于畴昔，此贤之心，何缘有窥望乎？彰之挟恨，尚无所至。至于植者，岂能兴难？[3]乃令杨脩以倚注遇害，丁仪以希意族灭，哀夫！余每览植之华采，思若有神。以此推之，太祖之动心，亦良有以也。

479

【校勘记】

〔1〕不可恒使吾以谁为心腹也　以，原作"尔"，据殿本考证改。

〔2〕退念古之受爵禄者　受，原作"授"，据文选卷三七求自试表改。

〔3〕岂能兴难　原脱此四字，据三国志辨误卷上补。

三国志卷二十　魏书二十

魏
书
武
文
世
王
公
传
第
二
十

武文世王公传第二十

武皇帝二十五男：卞皇后生文皇帝、任城威王彰、陈思王植、萧怀王熊，刘夫人生丰愍王昂、相殇王铄，环夫人生邓哀王冲、彭城王据、燕王宇，杜夫人生沛穆王林、中山恭王衮，秦夫人生济阳怀王玹、陈留恭王峻，尹夫人生范阳闵王矩，王昭仪生赵王幹，孙姬生临邑殇公子上、楚王彪、刚殇公子勤，李姬生谷城殇公子乘、郿戴公子整、灵殇公子京，周姬生樊安公均，刘姬生广宗殇公子棘，宋姬生东平灵王徽，赵姬生乐陵王茂。

丰愍王昂字子脩。弱冠举孝廉。随太祖南征，为张绣所害。无子。黄初二年追封，谥曰丰悼公。三年，以樊安公均子琬奉昂后，封中都公。其年徙封长子公。五年，追加昂号曰丰悼王。太和三年改昂谥曰愍王。嘉平六年，以琬袭昂爵为丰王。正元、景元中，累增邑，并前二千七百户。琬薨，谥曰恭王。子廉嗣。

相殇王铄，早薨，太和三年追封谥。青龙元年，子愍王潜嗣，其年薨。二年，子怀王偃嗣，邑二千五百户，四年薨。无子，国除。正元二年，以乐陵王茂子阳都乡公竦继铄后。

邓哀王冲字仓舒。少聪察岐嶷，生五六岁，智意所及，有若成人之智。时孙权曾致巨象，太祖欲知其斤重，访之群下，咸莫能出其理。冲曰："置象大船之上，而刻其水痕所至，称物以载之，则校可知矣。"太祖大悦，即施行焉。时军国多事，用刑严重。太祖马鞍在库，而为鼠所啮，库吏惧必死，议欲面缚首罪，犹惧不免。冲谓曰："待三日中，然后自归。"冲于是以刀穿单衣，如鼠啮者，谬为失意，貌有愁色。太祖问之，冲对曰："世俗以为鼠啮衣者，其主不吉。今单衣见啮，是以忧戚。"太祖曰："此妄言耳，无所苦也。"俄而库吏以啮鞍闻，太祖笑曰："儿衣在侧，尚啮，况鞍县柱乎？"一无所问。冲仁爱识达，皆此类也。凡应罪戮，而为冲微所辨理，赖以济宥者，前后数十。① 太祖数对群臣称述，有欲传后意。年十三，建安十三年疾病，太祖亲为请命。及亡，哀甚。文帝宽喻太祖，太祖曰："此我之不幸，而汝曹之幸也。"② 言则流涕，为聘甄氏亡女与合葬，赠骑都尉印绶，命宛侯据子琮奉冲后。二十二年，封琮为邓侯。黄初二年，追赠谥冲曰邓哀侯，又追加号为公。③ 三年，进琮爵，徙封冠军公。四年，徙封己氏公。太和五年，加冲号曰邓哀王。景初元年，琮坐于中尚方作禁物，削户三百，贬爵为都乡侯。三年，复为己氏公。正始七年，转封平阳公。景初、正元、景元中，累增邑，并前千九百户。

①魏书曰：冲每见当刑者，辄探睹其冤枉之情而微理之。及勤劳之吏，以过误触罪，常为太祖陈说，宜宽宥之。辨察仁爱，与性俱生，容貌姿美，有殊于众，故特见宠异。

臣松之以"容貌姿美"一类之言，而分以为三，亦叙属之一病也。

②孙盛曰：春秋之义，立嫡以长不以贤。冲虽存也犹不宜立，况其既没，而发斯言乎？诗云："无易由言。"魏武其易之也。

③魏书载策曰："惟黄初二年八月丙午，皇帝曰：咨尔邓哀侯冲，昔皇天锺

美于尔躬，俾聪哲之才，成于弱年。当永享显祚，克成厥终。如何不禄，早世夭昏！朕承天序，享有四海，并建亲亲，以藩王室，惟尔不逮斯荣，且葬礼未备。追悼之怀，怆然攸伤。今迁葬于高陵，使使持节兼谒者仆射郎中陈承，追赐号曰邓公，祠以太牢。魂而有灵，休兹宠荣。呜呼哀哉！"

魏略曰：文帝常言："家兄孝廉，自其分也。若使仓舒在，我亦无天下。"

彭城王据，建安十六年封范阳侯。二十二年，徙封宛侯。黄初二年，进爵为公。三年，为章陵王，其年徙封义阳。文帝以南方下湿，又以环太妃彭城人，徙封彭城。又徙封济阴。五年，诏曰："先王建国，随时而制。汉祖增秦所置郡，至光武以天下损耗，并省郡县。以今比之，益不及焉。其改封诸王，皆为县王。"据改封定陶县。太和六年，改封诸王，皆以郡为国，据复封彭城。景初元年，据坐私遣人诣中尚方作禁物，削县二千户。[1] 三年，复所削户邑。正元、景元中累增邑，并前四千六百户。

[1] 魏书载玺书曰："制诏彭城王：有司奏，王遣司马董和，赍珠玉来到京师中尚方，多作禁物，交通工官，出入近署，逾修非度，慢令违制，绳王以法。朕用忾然，不宁于心。王以懿亲之重，处藩辅之位，典籍日陈于前，勤诵不辍于侧。加雅素奉修，恭肃敬慎，务在蹈道，孜孜不衰，岂忘率意正身，考终厥行哉？若然小疵，或谬于细人，忽不觉悟，以斯为失耳。书云：'惟圣罔念作狂，惟狂克念作圣。'古人垂诰，乃至于此，故君子思心无斯须远道焉。常虑所以累德者而去之，则德明矣；开心所以为塞者而通之，则心夷矣；慎行所以为尤者而修之，则行全矣：三者，王之所能备也。今诏有司宥王，削县二千户，以彰八柄予夺之法。昔羲、文作易，著休复之语，仲尼论行，既过能改。王其改行，茂昭斯义，率意无怠。"

燕王宇字彭祖。建安十六年，封都乡侯。二十二年，改封鲁阳侯。黄初二年，进爵为公。三年，为下邳王。五年，改封单父县。太和六年，改封燕王。明帝少与宇同止，常爱异之。及即位，宠赐与诸王殊。青龙三年，征入朝。景初元年，还邺。二年夏，复征诣京都。

冬十二月，明帝疾笃，拜宇为大将军，属以后事。受署四日，宇深固让；帝意亦变，遂免宇官。三年夏，还邺。景初、正元、景元中，累增邑，并前五千五百户。常道乡公奂，宇之子，入继大宗。

沛穆王林，建安十六年封饶阳侯。二十二年，徙封谯。黄初二年，进爵为公。三年，为谯王。五年，改封谯县。七年，徙封鄄城。太和六年，改封沛。景初、正元、景元中，累增邑，并前四千七百户。林薨，子纬嗣。①

①案嵇氏谱：嵇康妻，林子之女也。

中山恭王衮，建安二十一年封平乡侯。少好学，年十馀岁能属文。每读书，文学左右常恐以精力为病，数谏止之，然性所乐，不能废也。二十二年，徙封东乡侯，其年又改封赞侯。黄初二年，进爵为公，官属皆贺，衮曰："夫生深宫之中，不知稼穑之艰难，多骄逸之失。诸贤既庆其休，宜辅其阙。"每兄弟游娱，衮独覃思经典。文学防辅相与言曰："受诏察公举错，有过当奏，及有善，亦宜以闻，不可匿其美也。"遂共表称陈衮美。衮闻之，大惊惧，责让文学曰："修身自守，常人之行耳，而诸君乃以上闻，是适所以增其负累也。且如有善，何患不闻，而遽共如是，是非益我者。"其戒慎如此。三年，为北海王。其年，黄龙见邺西漳水，衮上书赞颂。诏赐黄金十斤，诏曰："昔唐叔归禾，东平献颂，斯皆骨肉赞美，以彰懿亲。王研精坟典，耽味道真，文雅焕炳，朕甚嘉之。王其克慎明德，以终令闻。"四年，改封赞王。七年，徙封濮阳。太和二年就国，尚约俭，教敕妃妾纺绩织纴，习为家人之事。五年冬，入朝。六年，改封中山。

初，衮来朝，犯京都禁。青龙元年，有司奏衮。诏曰："王素敬慎，邂逅至此，其以议亲之典议之。"有司固执。诏削县二，户七百五十。① 衮忧惧，戒敕官属愈谨。帝嘉其意，二年，复所削县。三年秋，衮得疾病，诏遣太医视疾，殿中、虎贲赍手诏、赐珍膳相属，又遣太妃、沛王林并就省疾。衮疾困，敕令官属曰："吾寡德忝宠，大命将尽。吾既好俭，而圣朝著终诰之制，为天下法。吾气绝之日，自殡及葬，务奉诏书。昔卫大夫蘧瑗葬濮阳，吾望其墓，常想其遗风，愿托贤灵以弊发齿，营吾兆域，必往从之。礼：男子不卒妇人之手。亟以时成东堂。"堂成，名之曰遂志之堂，舆疾往居之。又令世子曰："汝幼少，未闻义方，早为人君，但知乐，不知苦；不知苦，必将以骄奢为失也。接大臣，务以礼。虽非大臣，老者犹宜答拜。事兄以敬，恤弟以慈；兄弟有不良之行，当造膝谏之。谏之不从，流涕喻之；喻之不改，乃白其母。若犹不改，当以奏闻，并辞国土。与其守宠罹祸，不若贫贱全身也。此亦谓大罪恶耳，其微过细故，当掩覆之。嗟尔小子，慎修乃身，奉圣朝以忠贞，事太妃以孝敬。闺闱之内，奉令于太妃；阃阈之外，受教于沛王。无怠乃心，以慰予灵。"其年薨。诏沛王林留讫葬，使大鸿胪持节典护丧事，宗正吊祭，赠赗甚厚。凡所著文章二万馀言，才不及陈思王而好与之侔。子孚嗣。景初、正元、景元中，累增邑，并前三千四百户。

> ①魏书载玺书曰："制诏中山王：有司奏，王乃者来朝，犯交通京师之禁。朕惟亲亲之恩，用寝吏议。然法者，所与天下共也，不可得废。今削王县二，户七百五十。夫克己复礼，圣人称仁，朝过夕改，君子与之。王其戒诸，无贰咎悔也。"

济阳怀王玹，建安十六年封西乡侯。早薨，无子。二十年，以沛王林子赞袭玹爵邑，早薨，无子。文帝复以赞弟壹绍玹后。黄初二年，改封济阳侯。四年，进爵为公。太和四年，追进玹爵，谥曰怀公。六年，又进号曰怀王，追谥赞曰西乡哀侯。壹薨，谥曰悼公。子恒嗣。景初、正元、景元中，累增邑，并前千九百户。

陈留恭王峻字子安，建安二十一年封郿侯。二十二年，徙封襄邑。黄初二年，进爵为公。三年，为陈留王。五年，改封襄邑县。太和六年,又封陈留。甘露四年薨。子澳嗣。景初、正元、景元中,累增邑,并前四千七百户。

范阳闵王矩,早薨,无子。建安二十二年,以樊安公均子敏奉矩后,封临晋侯。黄初三年,追封谥矩为范阳闵公。五年,改封敏范阳王。七年,徙封句阳,太和六年,追进矩号曰范阳闵王,改封敏琅邪王。景初、正元、景元中,累增邑,并前三千四百户。敏薨,谥曰原王。子焜嗣。

赵王幹,建安二十年封高平亭侯。二十二年,徙封赖亭侯。其年改封弘农侯。黄初二年,进爵,徙封燕公。① 三年,为河间王。五年,改封乐城县。七年,徙封钜鹿。太和六年,改封赵王。幹母有宠于太祖。及文帝为嗣,幹母有力。文帝临崩,有遗诏,是以明帝常加恩意。青龙二年,私通宾客,为有司所奏,赐幹玺书诫诲之,曰:"易称'开国承家,小人勿用',诗著'大车惟尘'之诫。自太祖受命创业,深睹治乱之源,鉴存亡之机,初封诸侯,训以恭慎之至言,辅以天下之端士,常称马援之遗诫,重诸侯宾客交通之禁,乃使与犯妖恶同。夫岂以此薄骨肉哉?徒欲使子弟无过失之愆,士民无伤害之悔耳。高祖践阼,祗慎万机,申著诸侯不朝之令。朕感诗人常棣之作,嘉采菽之义,亦缘诏文曰'若有诏得诣京都',故命诸王以朝聘之礼。而楚、中山并犯交通之禁,赵宗、戴捷咸伏其辜。近东平王复使属官殴寿张吏,有司举奏,朕裁削县。今有司以曹纂、王乔等因九族时节,[1]集会王家,或非其时,皆违禁防。朕惟王幼少有恭顺之素,加受先帝顾命,欲崇恩礼,延乎后嗣,况近在王之身乎?且自非圣人,孰能无过?已诏有司宥王之失。古人有言:'戒慎乎其所不睹,恐惧乎其所弗闻,莫见乎隐,莫显乎微,故君子慎其独焉。'叔父兹率先圣之典,以纂乃先帝之遗命,战战兢兢,靖恭厥位,称朕意焉。"景初、正元、景元中,累增邑,并前五千户。

① 魏略曰：幹一名良。良本陈妾子，良生而陈氏死，太祖令王夫人养之。良年五岁而太祖疾困，遗令语太子曰："此儿三岁亡母，五岁失父，以累汝也。"太子由是亲待，隆于诸弟。良年小，常呼文帝为阿翁，帝谓良曰："我，汝兄耳。"文帝又愍其如是，每为流涕。

臣松之案：此传以母贵贱为次，不计兄弟之年，故楚王彪年虽大，传在后。寻朱建平传，知彪大幹二十岁。

临邑殇公子上，早薨。太和五年，追封谥。无后。

楚王彪字朱虎。建安二十一年，封寿春侯。黄初二年，进爵，徙封汝阳公。三年，封弋阳王。其年徙封吴王。五年，改封寿春县。七年，徙封白马。太和五年冬，朝京都。六年，改封楚。初，彪来朝，犯禁，青龙元年，[2] 为有司所奏，诏削县三，户千五百。二年，大赦，复所削县。景初三年，增户五百，并前三千户。嘉平元年，兖州刺史令狐愚与太尉王凌谋迎彪都许昌。语在凌传。乃遣傅及侍御史就国案验，收治诸相连及者。廷尉请征彪治罪。于是依汉燕王旦故事，使兼廷尉大鸿胪持节赐彪玺书切责之，使自图焉。① 彪乃自杀。妃及诸子皆免为庶人，徙平原。彪之官属以下及监国谒者，坐知情无辅导之义，皆伏诛。国除为淮南郡。正元元年诏曰："故楚王彪，背国附奸，身死嗣替，虽自取之，犹哀矜焉。夫含垢藏疾，亲亲之道也，其封彪世子嘉为常山真定王。"景元元年，增邑，并前二千五百户。②

① 孔衍汉魏春秋载玺书曰："夫先王行赏不遗仇雠，用戮不违亲戚，至公之义也。故周公流涕而决二叔之罪，孝武伤怀而断昭平之狱，古今常典也。惟王，国之至亲，作藩于外，不能祗奉王度，表率宗室，而谋于奸邪，乃与太尉王凌、兖州刺史令狐愚构通逆谋，图危社稷，有悖忒之心，无忠孝之意。宗庙有灵，王其何面目以见先帝？朕深痛王自陷罪辜，既得王情，深用恻然。有司奏王当就大理，朕惟公族句师之义，不忍肆王市朝，故遣使者赐书。王自作孽，匪由于他，燕刺之事，宜足以观。王其自

图之！"

② 臣松之案：嘉入晋，封高邑公。元康中，与石崇俱为国子博士。嘉后为东莞太守，崇为征虏将军，监青、徐军事，屯于下邳，嘉以诗遗崇曰："文武应时用，兼才在明哲。嗟嗟我石生，为国之俊杰。入侍于皇闼，出则登九列。威检肃青、徐，风发宣吴裔。畴昔谬同位，情至过鲁、卫。分离逾十载，思远心增结。愿子鉴斯诚，寒暑不逾契。"崇答曰："昔常接羽仪，俱游青云中，敦道训胄子，儒化焕以融，同声无异响，故使恩爱隆。岂惟敦初好，款分在令终。孔不陋九夷，老氏适西戎。逍遥沧海隅，可以保王躬。世事非所务，周公不足梦。玄寂令神王，是以守至冲。"王隐晋书载吏部郎李重启云："魏氏宗室屈滞，每圣恩所存。东莞太守曹嘉，才干学义，不及志、翕，而良素修洁，性业逾之；又已历二郡。臣以为优先代之后，可以嘉为员外散骑侍郎。"

刚殇公子勤，早薨。太和五年追封谥。无后。

谷城殇公子乘，早薨。太和五年追封谥。无后。

郿戴公子整，奉从叔父郎中绍后。建安二十二年，封郿侯。二十三年薨，无子。黄初二年追进爵，谥曰戴公。以彭城王据子范奉整后。三年，封平氏侯。四年，徙封成武。太和三年，进爵为公。青龙三年薨。谥曰悼公。无后。四年，诏以范弟东安乡公阐为郿公，奉整后。正元、景元中，累增邑，并前千八百户。

灵殇公子京，早薨。太和五年追封谥。无后。

樊安公均，奉叔父蓟恭公彬后。建安二十二年，封樊侯。二十四年薨。子抗嗣。黄初二年，追进公爵，谥曰安公。三年，徙封抗蓟公。四年，徙封屯留公。景初元年薨，谥曰定公。子谌嗣。景初、正元、景元中，累增邑，并前千九百户。

广宗殇公子棘，早薨。太和五年追封谥。无后。

东平灵王徽，奉叔父朗陵哀侯玉后。建安二十二年，封历城侯。黄初二年，进爵为公。三年，为庐江王。四年，徙封寿张王。五年,改封寿张县。太和六年,改封东平。青龙二年,徽使官属捶寿张县吏,为有司所奏。诏削县一,户五百。其年复所削县。正始三年薨。子翕嗣。景初、正元、景元中,累增邑,并前三千四百户。①

① 臣松之案:翕入晋,封廪丘公。魏宗室之中,名次鄄城公。至泰始二年,翕遣世子琨奉表来朝。诏曰:"翕秉德履道,魏宗之良。今琨远至,其假世子印绶,加骑都尉,赐服一具,钱十万,随才叙用。"翕撰解寒食散方,与皇甫谧所撰并行于世。

乐陵王茂,建安二十二年封万岁亭侯。二十三年,改封平舆侯。黄初三年,进爵,徙封乘氏公。七年,徙封中丘。茂性慠佷,少无宠于太祖。及文帝世,又独不王。太和元年,徙封聊城公,其年为王。诏曰:"昔象之为虐至甚,而大舜犹侯之有庳。近汉氏淮南、阜陵,皆为乱臣逆子,而犹或及身而复国,或至子而锡土。有虞建之于上古,汉文、明、章行之乎前代,斯皆敦叙亲亲之厚义也。聊城公茂少不闲礼教,长不务善道。先帝以为古之立诸侯也,皆命贤者,故姬姓有未必侯者,是以独不王茂。太皇太后数以为言。如闻茂顷来少知悔昔之非,欲修善将来。君子与其进,不保其往也。今封茂为聊城王,以慰太皇太后下流之念。"六年,改封曲阳王。正始三年,东平灵王薨,茂称嗌痛,不肯发哀,居处出入自若。有司奏除国土,诏削县一,户五百。五年,徙封乐陵,诏以茂祖奉少,诸子多,复所削户,又增户七百。嘉平、正元、景元中,累增邑,并前五千户。

文皇帝九男:甄氏皇后生明帝,李贵人生赞哀王协,潘淑媛生北海悼王蕤,朱淑媛生东武阳怀王鉴,仇昭仪生东海定王霖,徐姬生元城哀王礼,苏姬生邯郸怀王邕,张姬生清河悼王贡,宋姬生广平哀王俨。

赞哀王协,早薨。太和五年追封谥曰经殇公。青龙二年,更追改号谥。三年,子殇王寻嗣。景初三年,增户五百,并前三千户。正始九年薨。无子。国除。

北海悼王蕤,黄初七年,明帝即位,立为阳平县王。太和六年,改封北海。青龙元年薨。二年,以琅邪王子赞奉蕤后,封昌乡公。景初二年,立为饶安王。正始七年,徙封文安。正元、景元中,累增邑,并前三千五百户。

东武阳怀王鉴,黄初六年立。其年薨。青龙三年赐谥。无子。国除。

东海定王霖,黄初三年立为河东王。六年,改封馆陶县。明帝即位,以先帝遗意,爱宠霖异于诸国。而霖性粗暴,闺门之内,婢妾之间,多所残害。太和六年,改封东海。嘉平元年薨。子启嗣。景初、正元、景元中,累增邑,并前六千二百户。高贵乡公髦,霖之子也,入继大宗。

元城哀王礼,黄初二年封秦公,以京兆郡为国。三年,改为京兆王。六年,改封元城王。太和三年薨。五年,以任城王楷子悌嗣礼后。六年,改封梁王。景初、正元、景元中,累增邑,并前四千五百户。

邯郸怀王邕,黄初二年封淮南公,以九江郡为国。三年,进为淮南王。四年,改封陈。六年,改封邯郸。太和三年薨。五年,以任城王楷子温嗣邕后。六年,改封鲁阳。景初、正元、景元中,累增邑,并前四千四百户。

清河悼王贡,黄初三年封。四年薨。无子。国除。

广平哀王俨,黄初三年封。四年薨。无子。国除。

评曰:魏氏王公,既徒有国土之名,而无社稷之实,又禁防壅

隔,同于囹圄;位号靡定,大小岁易;骨肉之恩乖,常棣之义废。为法之弊,一至于此乎! ①

①袁子曰:魏兴,承大乱之后,民人损减,不可则以古始。于是封建侯王,皆使寄地,空名,而无其实。王国使有老兵百馀人,以卫其国。虽有王侯之号,而乃侪为匹夫。县隔千里之外,无朝聘之仪,邻国无会同之制。诸侯游猎不得过三十里,又为设防辅监国之官以伺察之。王侯皆思为布衣而不能得。既违宗国藩屏之义,又亏亲戚骨肉之恩。

魏氏春秋载宗室曹冏上书曰:"臣闻古之王者, 必建同姓以明亲亲,必树异姓以明贤贤。故传曰'庸勋亲亲,昵近尊贤';书曰'克明俊德,以亲九族';诗云'怀德维宁,宗子维城'。由是观之,非贤无与兴功,非亲无与辅治。夫亲亲之道,专用则其渐也微弱;贤贤之道,偏任则其弊也劫夺。先圣知其然也,故博求亲疏而并用之;近则有宗盟藩卫之固,远则有仁贤辅弼之助,盛则有与共其治,衰则有与守其土,安则有与享其福,危则有与同其祸。夫然,故能有其国家,保其社稷,历纪长久,本枝百世也。今魏尊尊之法虽明,亲亲之道未备。诗不云乎,'鹡鸰在原,兄弟急难'。以斯言之,明兄弟相救于丧乱之际,同心于忧祸之间,虽有阋墙之忿,不忘御侮之事。何则?忧患同也。今则不然,或任而不重,或释而不任,一旦疆场称警,关门反拒,股肱不扶,胸心无卫。臣窃惟此,寝不安席,思献丹诚,贡策朱阙。谨撰合所闻,叙论成败。论曰:昔夏、殷、周历世数十,而秦二世而亡。何则?三代之君,与天下共其民,故天下同其忧。秦王独制其民,故倾危而莫救。夫与民共其乐者,人必忧其忧;与民同其安者,人必拯其危。先王知独治之不能久也,故与人共治之;知独守之不能固也,故与人共守之。兼亲疏而两用,参同异而并建。是以轻重足以相镇,亲疏足以相卫,并兼路塞,逆节不生。及其衰也,桓、文帅礼;苞茅不贡,齐师伐楚;宋不城周,晋戮其宰。王纲弛而复张,诸侯傲而复肃。二霸之后,浸以陵迟。吴、楚凭江,负固方城,虽心希九鼎,而畏迫宗姬,奸情散于胸怀,逆谋消于唇吻,斯岂非信重亲戚,任用贤能,枝叶硕茂,本根赖之与?自此之后,转相攻伐;吴并于越,晋分为三,鲁灭于楚,郑兼于韩。暨于战国,诸姬微矣,惟燕、卫独存,然皆弱小,西迫強秦，南畏齊、楚，忧惧灭亡，匪遑相恤。至于王赧，降为庶人，犹枝干相持，得居虚位，海内无主，四十餘年。秦据势胜之地，骋谲诈之术，征伐关东，蚕食九国，至于始皇，乃定天位。旷日若彼，用力若此，岂非深固根蒂不拔之道乎？易曰：‘其亡其亡，系于苞桑。’周德其可谓当之矣。秦观周之弊，以为小弱见夺，于是废五等之爵，立郡县之官，弃礼乐之教，任苛刻之政；子弟无尺寸之封，功臣无立锥之地，内无宗子以自毗辅，外无诸侯以为藩卫，仁心不加于亲戚，惠泽不流于枝叶；譬犹芟刈股肱，独任胸腹，浮舟江海，捐弃楫棹，观者为之寒心，而始皇晏然自以为关中之固，金城千里，子孙帝王万世之业也，岂不悖哉！是时淳于越谏曰：‘臣闻殷、周之王，封子弟功臣千有餘岁。[3]今陛下君有海内而子弟为匹夫，卒有田常六卿之臣，而无辅弼，何以相救？事不师古而能长久者，非所闻也。’始皇听李斯偏说而绌其议，至于身死之日，无所寄付，委天下之重于凡夫之手，托废立之命于奸臣之口，至令赵高之徒，诛锄宗室。胡亥少习刻薄之教，长遭凶父之业，不能改制易法，宠任兄弟，而乃师谭申、商，谘谋赵高；自幽深宫，委政谗贼，身残望夷，求为黔首，岂可得哉？遂乃郡国离心，众庶溃叛，胜、广倡之于前，刘、项毙之于后。向使始皇纳淳于之策，抑李斯之论，割裂州国，分王子弟，封三代之后，报功臣之劳，士有常君，民有定主，枝叶相扶，首尾为用，虽使子孙有失道之行，时人无汤、武之贤，奸谋未发，而身已屠戮，何区区之陈、项而复得措其手足哉？故汉祖奋三尺之剑，驱乌集之众，五年之中，遂成帝业。自开辟以来，其兴立功勋，未有若汉祖之易也。夫伐深根者难为功，摧枯朽者易为力，理势然也。汉监秦之失，封殖子弟，及诸吕擅权，图危刘氏，而天下所以不倾动，百姓所以不易心者，徒以诸侯强大，盘石胶固，东牟、朱虚受命于内，齐、代、吴、楚作卫于外故也。向使高祖踵亡秦之法，忽先王之制，则天下已传，非刘氏有也。然高祖封建，地过古制，大者跨州兼郡，小者连城数十，上下无别，权侔京室，故有吴、楚七国之患。贾谊曰：‘诸侯强盛，长乱起奸。夫欲天下之治安，莫若众建诸侯而少其力，令海内之势，若身之使臂，臂之使指，则下无背叛之心，上无诛伐之事。’文帝不从。至于孝景，猥用晁错之计，削黜诸侯，亲者怨恨，疏

三国志卷二十

492

者震恐,吴、楚倡谋,五国从风。兆发高帝,衅钟文、景,由宽之过制,急之不渐故也。所谓末大必折,尾大难掉。尾同于体,犹或不从,况乎非体之尾,其可掉哉?武帝从主父之策,下推恩之令,自是之后,齐分为七,赵分为六,淮南三割,梁、代五分,遂以陵迟,子孙微弱,衣食租税,不预政事,或以酎金免削,或以无后国除。至于成帝,王氏擅朝。刘向谏曰:'臣闻公族者,国之枝叶;枝落则本根无所庇荫。方今同姓疏远,母党专政,排摈宗室,孤弱公族,非所以保守社稷,安固国嗣也。'其言深切,多所称引,成帝虽悲伤叹息而不能用。至于哀、平,异姓秉权,假周公之事,而为田常之乱,高拱而窃天位,一朝而臣四海。汉宗室王侯,解印释绶,贡奉社稷,犹惧不得为臣妾,或乃为之符命,颂莽恩德,岂不哀哉!由斯言之,非宗子独忠孝于惠、文之间,而叛逆于哀、平之际也,徒权轻势弱,不能有定耳。赖光武皇帝挺不世之姿,禽王莽于已成,绍汉嗣于既绝,斯岂非宗子之力也?而曾不监秦之失策,袭周之旧制,踵王国之法,而徼幸无疆之期。至于桓、灵,阉竖执衡,朝无死难之臣,外无同忧之国,君孤立于上,臣弄权于下,本末不能相御,身首不能相使。由是天下鼎沸,奸凶并争,宗庙焚为灰烬,宫室变为榛薮,居九州之地,而身无所安处,悲夫!魏太祖武皇帝躬圣明之资,兼神武之略,耻王纲之废绝,愍汉室之倾覆,龙飞谯、沛,凤翔兖、豫,扫除凶逆,翦灭鲸鲵,迎帝西京,定都颍邑,德动天地,义感人神。汉氏奉天,禅位大魏。大魏之兴,于今二十有四年矣,观五代之存亡而不用其长策,睹前车之倾覆而不改于辙迹;子弟王空虚之地,君有不使之民,宗室窜于间阎,不闻邦国之政,权均匹夫,势齐凡庶;内无深根不拔之固,外无盘石宗盟之助,非所以安社稷,为万世之业也。且今之州牧、郡守,古之方伯、诸侯,皆跨有千里之土,兼军武之任,或比国数人,或兄弟并据;而宗室子弟曾无一人间厕其间,与相维持,非所以强干弱枝,备万一之虞也。今之用贤,或超为名都之主,或为偏师之帅,而宗室有文者必限小县之宰,有武者必置百人之上,使夫廉高之士,毕志于衡轭之内,才能之人,耻与非类为伍,非所以劝进贤能褒异宗室之礼也。夫泉竭则流涸,根朽则叶枯;枝繁者荫根,条落者本孤。故语曰'百足之虫,至死不僵',以扶之者众也。

此言虽小，可以譬大。且墉基不可仓卒而成，威名不可一朝而立，皆为之有渐，建之有素。譬之种树，久则深固其本根，茂盛其枝叶，若造次徙于山林之中，植于宫阙之下，虽壅之以黑坟，暖之以春日，犹不救于枯槁，而何暇繁育哉？夫树犹亲戚，土犹士民，建置不久，则轻下慢上，平居犹惧其离叛，危急将若之何？是以圣王安而不逸，以虑危也，存而设备，以惧亡也。故疾风卒至而无摧拔之忧，天下有变而无倾危之患矣。"囧，中常侍兄叔兴之后，少帝族祖也。是时天子幼稚，囧冀以此论感悟曹爽，爽不能纳。

【校勘记】

〔1〕今有司以曹纂王乔等因九族时节　今，原作"令"，据何焯校本改。

〔2〕青龙元年　原脱"青龙"二字，据三国志辨误卷一补。

〔3〕封子弟功臣千有馀岁　岁，原作"城"，据史记卷六秦始皇本纪改。

三国志卷二十一　魏书二十一

王卫二刘傅传第二十一

王粲字仲宣,山阳高平人也。曾祖父龚,祖父畅,皆为汉三公。①
父谦,为大将军何进长史。进以谦名公之胄,欲与为婚,见其二
子,使择焉。谦弗许。以疾免,卒于家。

①张璠汉纪曰:龚字伯宗,有高名于天下。顺帝时为太尉。初,山阳太守
薛勤丧妻不哭,将殡,临之曰:"幸不为夭,复何恨哉?"及龚妻卒,龚
与诸子并杖行服,时人或两讥焉。畅字叔茂,名在八俊。灵帝时为司
空,以水灾免,而李膺亦免归故郡,二人以直道不容当时。天下以畅、
膺为高士,诸危言危行之徒皆推宗之,愿涉其流,惟恐不及。会连有
灾异,而言事者皆言三公非其人,宜因其变,以畅、膺代之,则祯祥必
至。由是宦竖深怨之,及膺诛死而畅遂废,终于家。

献帝西迁,粲徙长安,左中郎将蔡邕见而奇之。时邕才学显
著,贵重朝廷,常车骑填巷,宾客盈坐。闻粲在门,倒屣迎之。粲
至,年既幼弱,容状短小,一坐尽惊。邕曰:"此王公孙也,有异才,
吾不如也。吾家书籍文章,尽当与之。"年十七,司徒辟,诏除黄门
侍郎,以西京扰乱,皆不就。乃之荆州依刘表。表以粲貌寝而体弱

通悦,不甚重也。①表卒。粲劝表子琮,令归太祖。② 太祖辟为丞相掾,赐爵关内侯。太祖置酒汉滨,粲奉觞贺曰:"方今袁绍起河北,仗大众,志兼天下,然好贤而不能用,故奇士去之。刘表雍容荆楚,坐观时变,自以为西伯可规。士之避乱荆州者,皆海内之俊杰也;表不知所任,故国危而无辅。明公定冀州之日,下车即缮其甲卒,收其豪杰而用之,以横行天下;及平江、汉,引其贤俊而置之列位,使海内回心,望风而愿治,文武并用,英雄毕力,此三王之举也。"后迁军谋祭酒。魏国既建,拜侍中。博物多识,问无不对。时旧仪废弛,兴造制度,粲恒典之。③

① 臣松之曰:貌寝,谓貌负其实也。通悦者,简易也。

② 文士传载粲说琮曰:"仆有愚计,愿进之于将军,可乎?"琮曰:"吾所愿闻也。"粲曰:"天下大乱,豪杰并起,在仓卒之际,强弱未分,故人各各有心耳。当此之时,家家欲为帝王,人人欲为公侯。观古今之成败,能先见事机者,则恒受其福。今将军自度,何如曹公邪?"琮不能对。粲复曰:"如粲所闻,曹公故人杰也。雄略冠时,智谋出世,摧袁氏于官渡,驱孙权于江外,逐刘备于陇右,破乌丸于白登,其余枭夷荡定者,往往如神,不可胜计。今日之事,去就可知也。将军能听粲计,卷甲倒戈,应天顺命,以归曹公,曹公必重德将军。保己全宗,长享福祚,垂之后嗣,此万全之策也。粲遭乱流离,托命此州,蒙将军父子重顾,敢不尽言!"琮纳其言。

臣松之案:孙权自此以前,尚与中国和同,未尝交兵,何云"驱权于江外"乎?魏武以十三年征荆州,刘备却后数年方入蜀,备身未尝涉于关、陇。而于征荆州之年,便云逐备于陇右,既已乖错;又白登在平城,亦魏武所不经,北征乌丸,与白登永不相豫。以此知张骘假伪之辞,而不觉其虚之自露也。凡骘虚伪妄作,不可覆疏,如此类者,不可胜纪。

③ 挚虞决疑要注曰:汉末丧乱,绝无玉珮。魏侍中王粲识旧珮,始复作之。今之玉珮,受法于粲也。

初，粲与人共行，读道边碑，人问曰："卿能暗诵乎？"曰："能。"因使背而诵之，不失一字。观人围棋，局坏，粲为覆之。棋者不信，以帊盖局，使更以他局为之。用相比校，不误一道。其强记默识如此。性善算，作算术，略尽其理。善属文，举笔便成，无所改定，时人常以为宿构；然正复精意覃思，亦不能加也。[1]著诗、赋、论、议垂六十篇。建安二十一年，从征吴。二十二年春，道病卒，时年四十一。粲二子，为魏讽所引，诛。后绝。[2]

> [1]典略曰：粲才既高，辩论应机。钟繇、王朗等虽各为魏卿相，至于朝廷奏议，皆阁笔不能措手。
>
> [2]文章志曰：太祖时征汉中，闻粲子死，叹曰："孤若在，不使仲宣无后。"

始文帝为五官将，及平原侯植皆好文学。粲与北海徐幹字伟长、广陵陈琳字孔璋、陈留阮瑀字元瑜、汝南应场字德琏、场，音徒硬反，一音畅。东平刘桢字公幹并见友善。

幹为司空军谋祭酒掾属，五官将文学。[1]

> [1]先贤行状曰：幹清玄体道，六行修备，聪识洽闻，操翰成章，轻官忽禄，不耽世荣。建安中，太祖特加旌命，以疾休息。后除上艾长，又以疾不行。

琳前为何进主簿。进欲诛诸宦官，太后不听，进乃召四方猛将，并使引兵向京城，欲以劫恐太后。琳谏进曰："易称'即鹿无虞'。谚有'掩目捕雀'。夫微物尚不可欺以得志，况国之大事，其可以诈立乎？今将军总皇威，握兵要，龙骧虎步，高下在心；以此行事，无异于鼓洪炉以燎毛发。但当速发雷霆，行权立断，违经合道，天人顺之；而反释其利器，更征于他。大兵合聚，强者为雄，所谓倒持干戈，授人以柄；功必不成，只为乱阶。"进不纳其言，竟以取祸。琳避难冀州，袁绍使典文章。袁氏败，琳归太祖。太祖谓曰："卿昔为本初移书，但可罪状孤而已，恶恶止其身，何乃上及父祖邪？"琳谢罪，太祖爱其才而不咎。

瑀少受学于蔡邕。建安中都护曹洪欲使掌书记，瑀终不为屈。太祖并以琳、瑀为司空军谋祭酒，管记室，①军国书檄，多琳、瑀所作也。②琳徙门下督，瑀为仓曹掾属。

①文士传曰：太祖雅闻瑀名，辟之，不应，连见逼促，乃逃入山中。太祖使人焚山，得瑀，送至，召入。太祖时征长安，大延宾客，怒瑀不与语，使就技人列。瑀善解音，能鼓琴，遂抚弦而歌，因造歌曲曰："奕奕天门开，大魏应期运。青盖巡九州，在东西人怨。士为知己死，女为悦者玩。恩义苟敷畅，他人焉能乱？"为曲既捷，音声殊妙，当时冠坐，太祖大悦。

臣松之案鱼氏典略、挚虞文章志并云瑀建安初辞疾避役，不为曹洪屈。得太祖召，即投杖而起。不得有逃入山中，焚之乃出之事也。又典略载太祖初征荆州，使瑀作书与刘备，及征马超，又使瑀作书与韩遂，此二书今具存。至长安之前，遂等破走，太祖始以十六年得入关耳。而张骘云初得瑀时太祖在长安，此又乖戾。瑀以十七年卒，太祖十八年策为魏公，而云瑀歌舞辞称"大魏应期运"，愈知其妄。又其辞云"他人焉能乱"，了不成语。瑀之吐属，必不如此。

②典略曰：琳作诸书及檄，草成呈太祖。太祖先苦头风，是日疾发，卧读琳所作，翕然而起曰："此愈我病。"数加厚赐。太祖尝使瑀作书与韩遂，时太祖适近出，瑀随从，因于马上具草，书成呈之。太祖揽笔欲有所定，而竟不能增损。

　　玚、桢各被太祖辟为丞相掾属。玚转为平原侯庶子，后为五官将文学。①桢以不敬被刑，刑竟署吏。②咸著文赋数十篇。

①华峤汉书曰：玚祖奉，字世叔。才敏善讽诵，故世称"应世叔读书，五行俱下"。著后序十馀篇，为世儒者。延熹中，至司隶校尉。子劭字仲远，亦博学多识，尤好事。诸所撰述风俗通等，凡百馀篇，辞虽不典，世服其博闻。

续汉书曰：劭又著中汉辑叙、汉官仪及礼仪故事，凡十一种，百三十六卷。朝廷制度，百官仪氏，所以不亡者，由劭记之。官至泰山太守。

劭弟珣，字季瑜，司空掾，即场之父。

② 文士传曰：桢父名梁，字曼山，一名恭。少有清才，以文学见贵，终于
野王令。

典略曰：文帝尝赐桢廓落带，其后师死，欲借取以为像，因书嘲桢云：
"夫物因人为贵。故在贱者之手，不御至尊之侧。今虽取之，勿嫌其不
反也。"桢答曰："桢闻荆山之璞，曜元后之宝；随侯之珠，烛众士之
好；南垠之金，登窈窕之首；隋貂之尾，缀侍臣之帻：此四宝者，伏朽
石之下，潜污泥之中，而扬光千载之上，发彩畴昔之外，亦皆未能初
自接于至尊也。夫尊者所服，卑者所修也；贵者所御，贱者所先也。故
夏屋初成而大匠先立其下，嘉禾始熟而农夫先尝其粒。恨桢所带，无
他妙饰，若实殊异，尚可纳也。"桢辞旨巧妙皆如是，由是特为诸公子
所亲爱。其后太子尝请诸文学，酒酣坐欢，命夫人甄氏出拜。坐中众
人咸伏，而桢独平视。太祖闻之，乃收桢，减死输作。

瑀以十七年卒。幹、琳、场、桢二十二年卒。文帝书与元城令
吴质曰："昔年疾疫，亲故多离其灾，徐、陈、应、刘，一时俱逝。观
古今文人，类不护细行，鲜能以名节自立。而伟长独怀文抱质，恬
淡寡欲，有箕山之志，可谓彬彬君子矣。著中论二十馀篇，辞义典
雅，足传于后。德琏常斐然有述作意，其才学足以著书，美志不
遂，良可痛惜！孔璋章表殊健，微为繁富。公幹有逸气，但未遒耳。
元瑜书记翩翩，致足乐也。仲宣独自善于辞赋，惜其体弱，不起
其文；至于所善，古人无以远过也。昔伯牙绝弦于锺期，仲尼覆醢
于子路，痛知音之难遇，伤门人之莫逮也。诸子但为未及古人，自
一时之俊也。"①

① 典论曰：今之文人，鲁国孔融、广陵陈琳、山阳王粲、北海徐幹、陈留
阮瑀、汝南应场、东平刘桢，斯七子者，于学无所遗，于辞无所假，咸
自以骋骐骥于千里，仰齐足而并驰。粲长于辞赋，幹时有逸气，然非
粲匹也。如粲之初征、登楼、槐赋、征思，幹之玄猿、漏卮、圆扇、橘赋，

虽张、蔡不过也,然于他文未能称是。琳、瑀之章表书记,今之俊也。应玚和而不壮,刘桢壮而不密。孔融体气高妙,有过人者,然不能持论,理不胜辞,至于杂以嘲戏;及其所善,扬、班之俦也。

自颍川邯郸淳、^①繁钦、_{繁,音婆。}^②陈留路粹、^③沛国丁仪、丁廙、弘农杨脩、河内荀纬等,亦有文采,而不在此七人之例。^④

①魏略曰:淳一名竺,字子叔。博学有才章,又善苍、雅、虫、篆、许氏字指。初平时,从三辅客荆州。荆州内附,太祖素闻其名,召与相见,甚敬异之。时五官将博延英儒,亦宿闻淳名,因启淳欲使在文学官属中。会临菑侯植亦求淳,太祖遣淳诣植。植初得淳甚喜,延入坐,不先与谈。时天暑热,植因呼常从取水自澡讫,傅粉。遂科头拍袒,胡舞五椎锻,跳丸击剑,诵俳优小说数千言讫,谓淳曰:"邯郸生何如邪?"于是乃更着衣帻,整仪容,与淳评说混元造化之端,品物区别之意,然后论羲皇以来贤圣名臣烈士优劣之差,次颂古今文章赋诔及当官政事宜所先后,又论用武行兵倚伏之势。乃命厨宰,酒炙交至,坐席默然,无与伉者。及暮,淳归,对其所知叹植之材,谓之"天人"。而于时世子未立,太祖俄有意于植,而淳屡称植材,由是五官将颇不悦。及黄初初,以淳为博士给事中。淳作投壶赋千馀言奏之,文帝以为工,赐帛千匹。

②典略曰:钦字休伯,以文才机辩,少得名于汝、颍。钦既长于书记,又善为诗赋。其所与太子书,记喉转意,率皆巧丽。为丞相主簿。建安二十三年卒。

③典略曰:粹字文蔚,少学于蔡邕。初平中,随车驾至三辅。建安初,以高才与京兆严像擢拜尚书郎。像以兼有文武,出为扬州刺史。粹后为军谋祭酒,与陈琳、阮瑀等典记室。及孔融有过,太祖使粹为奏,承指数致融罪,其大略言:"融昔在北海,见王室不宁,招合徒众,欲图不轨,言'我大圣之后也,而灭于宋。有天下者何必卯金刀'?"又云:"融为九列,不遵朝仪,秃巾微行,唐突宫掖。又与白衣祢衡言论放荡,衡与融更相赞扬。衡谓融曰:'仲尼不死也。'融答曰:'颜渊复生。'"凡说融诸如此辈,辞语甚多。融诛之后,人睹粹所作,无不嘉其才而畏

其笔也。至十九年,粲转为秘书令,从大军至汉中,坐违禁贼请驴伏法。太子素与粲善,闻其死,为之叹惜。及即帝位,特用其子为长史。

鱼豢曰:寻省往者,鲁连、邹阳之徒,援譬引类,以解缔结,诚彼时文辩之俊也。今览王、繁、阮、陈、路诸人前后文旨,亦何昔不若哉?其所以不论者,时世异耳。余又窃怪其不甚见用,以问大鸿胪卿韦仲将。仲将云:“仲宣伤于肥戆,休伯都无格检,元瑜病于体弱,孔璋实自粗疏,文蔚性颇忿鸷,如是彼为,非徒以脂烛自煎糜也,其不高蹈,盖有由矣。然君子不责备于一人,譬之朱漆,虽无桢干,其为光泽亦壮观也。”

④仪、庾、脩事,并在陈思王传。荀勖文章叙录曰:纬字公高。少喜文学。建安中,召署军谋掾、魏太子庶子,稍迁至散骑常侍、越骑校尉。年四十二,黄初四年卒。

瑀弟璩,璩子贞,咸以文章显。璩官至侍中。贞咸熙中参相国军事。①

①文章叙录曰:璩字休琏,博学好属文,善为书记。文、明帝世,历官散骑常侍。齐王即位,稍迁侍中、大将军长史。曹爽秉政,多违法度,璩为诗以讽焉。其言虽颇谐合,多切时要,世共传之。复为侍中,典著作。嘉平四年卒,追赠卫尉。贞字吉甫,少以才闻,能谈论。正始中,夏侯玄盛有名势,贞尝在玄坐作五言诗;玄嘉玩之。举高第,历显位。晋武帝为抚军大将军,以贞参军事。晋室践阼,迁太子中庶子、散骑常侍。又以儒学与太尉荀颛撰定新礼,事未施行。泰始五年卒。贞弟纯。纯子绍,永嘉中为黄门侍郎,为司马越所杀。纯弟秀。秀子詹,镇南大将军、江州刺史。

瑀子籍,才藻艳逸,而倜傥放荡,行己寡欲,以庄周为模则。官至步兵校尉。①

①籍字嗣宗。魏氏春秋曰:籍旷达不羁,不拘礼俗。性至孝,居丧虽不率常检,而毁几至灭性。兖州刺史王昶请与相见,终日不得与言,昶叹赏之,自以不能测也。太尉蒋济闻而辟之,后为尚书郎、曹爽参军,以

疾归田里。岁馀,爽诛,太傅及大将军乃以为从事中郎。后朝论以其名高,欲显崇之,籍以世多故,禄仕而已,闻步兵校尉缺,厨多美酒,营人善酿酒,求为校尉,遂纵酒昏酣,遗落世事。尝登广武,观楚、汉战处,乃叹曰:“时无英才,使竖子成名乎!”时率意独驾,不由径路,车迹所穷,辄恸哭而反。籍少时尝游苏门山,苏门山有隐者,莫知名姓,有竹实数斛、臼杵而已。籍从之,与谈太古无为之道,及论五帝三王之义,苏门生萧然曾不经听。籍乃对之长啸,清韵响亮,苏门生逌尔而笑。籍既降,苏门生亦啸,若鸾凤之音焉。至是,籍乃假苏门先生之论以寄所怀。其歌曰:“日没不周西,月出丹渊中,阳精蔽不见,阴光代为雄。亭亭在须臾,厌厌将复隆。富贵俯仰间,贫贱何必终。”又叹曰:“天地解兮六合开,星辰陨兮日月颓,我腾而上将何怀?”籍口不论人过,而自然高迈,故为礼法之士何曾等深所雠疾。大将军司马文王常保持之,卒以寿终。子浑字长成。世语曰:浑以闲澹寡欲,知名京邑,为太子庶子。早卒。

时又有谯郡嵇康,文辞壮丽,好言老、庄,而尚奇任侠。至景元中,坐事诛。①

① 康字叔夜。案嵇氏谱:康父昭,字子远,督军粮治书侍御史。兄喜,字公穆,晋扬州刺史、宗正。喜为康传曰:“家世儒学,少有俊才,旷迈不群,高亮任性,不修名誉,宽简有大量。学不师授,博洽多闻,长而好老、庄之业,恬静无欲。性好服食,尝采御上药。善属文论,弹琴咏诗,自足于怀抱之中。以为神仙者,禀之自然,非积学所致。至于导养得理,以尽性命,若安期、彭祖之伦,可以善求而得也;著养生篇。知自厚者所以丧其所生,其求益者必失其性,超然独达,遂放世事,纵意于尘埃之表。撰录上古以来圣贤、隐逸、遁心、遗名者,集为传赞,自混沌至管宁,凡百一十有九人,盖求之于宇宙之内,而发之乎千载之外者矣。故世人莫得而名焉。”

虞预晋书曰:康家本姓奚,会稽人。先自会稽迁于谯之铚县,改为嵇氏,取“稽”字之上,加“山”以为姓,[1]盖以志其本也。一曰铚有嵇山,

502

家于其侧,遂氏焉。

魏氏春秋曰:康寓居河内之山阳县,与之游者,未尝见其喜愠之色。与陈留阮籍、河内山涛、河南向秀、籍兄子咸、琅邪王戎、沛人刘伶相与友善,游于竹林,号为七贤。锺会为大将军所昵,闻康名而造之。会,名公子,以才能贵幸,乘肥衣轻,宾从如云。康方箕踞而锻,会至,不为之礼。康问会曰:"何所闻而来?何所见而去?"会曰:"有所闻而来,有所见而去。"会深衔之。大将军尝欲辟康。康既有绝世之言,又从子不善,避之河东,或云避世。及山涛为选曹郎,举康自代,康答书拒绝,因自说不堪流俗,而非薄汤、武。大将军闻而怒焉。初,康与东平吕昭子巽及巽弟安亲善。会巽淫安妻徐氏,而诬安不孝,囚之。安引康为证,康义不负心,保明其事,安亦至烈,有济世志力。锺会劝大将军因此除之,遂杀安及康。康临刑自若,援琴而鼓,既而叹曰:"雅音于是绝矣!"时人莫不哀之。初,康采药于汲郡共北山中,见隐者孙登。康欲与之言,登默然不对。逾时将去,康曰:"先生竟无言乎?"登乃曰:"子才多识寡,难乎免于今之世。"及遭吕安事,为诗自责曰:"欲寡其过,谤议沸腾。性不伤物,频致怨憎。昔惭柳下,今愧孙登。内负宿心,外恧良朋。"康所著诸文论六七万言,皆为世所玩咏。

康别传云:孙登谓康曰:"君性烈而才俊,其能免乎?"称康临终之言曰:"袁孝尼尝从吾学广陵散,吾每固之不与。广陵散于今绝矣!"与盛所记不同。

又晋阳秋云:康见孙登,登对之长啸,逾时不言。康辞还,曰:"先生竟无言乎?"登曰:"惜哉!"此二书皆孙盛所述,而自为殊异如此。

康集目录曰:登字公和,不知何许人,无家属,于汲县北山土窟中得之。夏则编草为裳,冬则被发自覆。好读易鼓琴,见者皆亲乐之。每所止家,辄给其衣服食饮,得无辞让。

世语曰:毌丘俭反,康有力,且欲起兵应之,以问山涛,涛曰:"不可。"俭亦已败。

臣松之案本传云康以景元中坐事诛,而干宝、孙盛、习凿齿诸事,皆云正元二年,司马文王反自乐嘉,杀嵇康、吕安。盖缘世语云康欲举兵应毌丘俭，故谓破俭便应杀康也。其实不然。山涛为选官，欲举康自代，康书告绝，事之明审者也。案涛行状，涛始以景元二年除吏部郎耳。景元与正元相较七八年，以涛行状检之，如本传为审。又钟会传亦云会作司隶校尉时诛康；会作司隶，景元中也。干宝云吕安兄巽善于钟会，巽为相国掾，俱有宠于司马文王，故遂抵安罪。寻文王以景元四年钟、邓平蜀后，始授相国位；若巽为相国掾时陷安，焉得以破毌丘俭年杀嵇、吕？此又干宝之疏谬，自相违伐也。

康子绍，字延祖，少知名。山涛启以为秘书郎，称绍平简温敏，有文思，又晓音，当成济者。帝曰："绍如此，便可以为丞，不足复为郎也。"遂历显位。

晋诸公赞曰：绍与山涛子简、弘农杨准同好友善，而绍最有忠正之情。以侍中从惠帝北伐成都王，王师败绩，百官皆走，惟绍独以身扞卫，遂死于帝侧。故累见褒崇，追赠太尉，谥曰忠穆公。

景初中，下邳桓威出自孤微，年十八而著浑舆经，依道以见意。从齐国门下书佐、司徒署吏，后为安成令。

吴质，济阴人，以文才为文帝所善，官至振威将军，假节都督河北诸军事，封列侯。①

①魏略曰：质字季重，以才学通博，为五官将及诸侯所礼爱；质亦善处其兄弟之间，若前世楼君卿之游五侯矣。及河北平定，五官将为世子，[2]质与刘桢等并在坐席。桢坐谴之际，质出为朝歌长，后迁元城令。其后大军西征，太子南在孟津小城，与质书曰："季重无恙！途路虽局，官守有限，愿言之怀，良不可任。足下所治僻左，书问致简，益用增劳。每念昔日南皮之游，诚不可忘。既妙思六经，逍遥百氏，弹棋闲设，终以博弈，高谈娱心，哀筝顺耳。驰骛北场，旅食南馆，浮甘瓜于清泉，沈朱李于寒水。皦日既没，继以朗月，同乘并载，以游后园，舆轮徐动，宾从无声，清风夜起，悲笳微吟，乐往哀来，凄然伤怀。余顾而言，兹乐难常，足下之徒，咸以为然。今果分别，各在一方。元瑜长逝，化为异物，每一念至，何时可言？方今蕤宾纪辰，景风扇物，天

气和暖，众果具繁。时驾而游，北遵河曲，从者鸣笳以启路，文学托乘于后车，节同时异，物是人非，我劳如何！今遣骑到邺，故使枉道相过。行矣，自爱！”二十三年，太子又与质书曰：“岁月易得，别来行复四年。三年不见，东山犹叹其远，况乃过之，思何可支？虽书疏往反，未足解其劳结。昔年疾疫，亲故多离其灾，徐、陈、应、刘，一时俱逝，痛何可言邪！昔日游处，行则同舆，止则接席，何尝须臾相失！每至觞酌流行，丝竹并奏，酒酣耳热，仰而赋诗。当此之时，忽然不自知乐也。谓百年己分，长共相保，何图数年之间，零落略尽，言之伤心。顷撰其遗文，都为一集。观其姓名，已为鬼录，追思昔游，犹在心目，而此诸子化为粪壤，可复道哉！观古今文人，类不护细行，鲜能以名节自立。而伟长独怀文抱质，恬淡寡欲，有箕山之志，可谓彬彬君子矣。著中论二十馀篇，成一家之业，辞义典雅，足传于后，此子为不朽矣。德琏常斐然有述作意，才学足以著书，美志不遂，良可痛惜。间历观诸子之文，对之技泪，既痛逝者，行自念也。孔璋章表殊健，微为繁富。公幹有逸气，但未遒耳，至其五言诗，妙绝当时。元瑜书记翩翩，致足乐也。仲宣独自善于辞赋，惜其体弱，不足起其文，至于所善，古人无以远过也。昔伯牙绝弦于锺期，仲尼覆醢于子路，愍知音之难遇，伤门人之莫逮也。诸子但为未及古人，自一时之俊也，今之存者已不逮矣。后生可畏，来者难诬，然吾与足下不及见也。行年已长大，所怀万端，时有所虑，至乃通夕不瞑。何时复类昔日！已成老翁，但未白头耳。光武言‘年已三十，在军十年，所更非一’，吾德虽不及，年与之齐。以犬羊之质，服虎豹之文，无众星之明，假日月之光，动见观瞻，何时易邪？恐永不复得为昔日游也。少壮真当努力，年一过往，何可攀援？古人思秉烛夜游，良有以也。顷何以自娱？颇复有所造述不？东望於邑，裁书叙心。”

臣松之以本传虽略载太子此书，美辞多被删落，今故悉取魏略所述以备其文，太子即王位，又与质书曰：“南皮之游，存者三人，烈祖龙飞，或将或侯。今惟吾子，栖迟下仕，从我游处，独不及门。瓶罄罍耻，能无怀愧。路不云远，今复相闻。”初，曹真、曹休亦与质等俱在渤海游处,时休、真亦以宗亲并受爵封,出为列将,而质故为长史。王顾质有望,故称二人以慰之。始质为单家,少游遨贵戚间,盖不与乡里相沈浮。故虽已出官,本国犹不与之士名。及魏有天下,文帝征质,与车驾会洛阳。到,拜北中郎将,封列侯,使持节督幽、并诸军事,治信都。太和中,入朝。质自以不为本郡所饶,谓司徒董昭曰:"我欲溺乡里耳。"昭曰:"君且止,我年八十,不能老为君溺攒也。"

世语曰:魏王尝出征,世子及临菑侯植并送路侧。植称述功德,发言有章,左右属目,王亦悦焉。世子怅然自失,吴质耳曰:"王当行,流涕可也。"及辞,世子泣而拜,王及左右咸歔欷,于是皆以植辞多华,而诚心不及也。

质别传曰:帝尝召质及曹休欢会,命郭后出见质等。帝曰:"卿仰谛视之。"其至亲如此。质黄初五年朝京师,诏上将军及特进以下皆会质所,大官给供具。酒酣,质欲尽欢。时上将军曹真性肥,中领军朱铄性瘦,质召优,使说肥瘦。真负贵,耻见戏,怒谓质曰:"卿欲以部曲将遇我邪?"骠骑将军曹洪、轻车将军王忠言:"将军必欲使上将军服肥,即自宜为瘦。"真愈恚,拔刀瞋目,言:"俳敢轻脱,吾斩尔。"遂骂坐。质案剑曰:"曹子丹,汝非屠几上肉,吴质吞尔不摇喉,咀尔不摇牙,何敢恃势骄邪?"铄因起曰:"陛下使吾等来乐卿耳,乃至此邪!"质顾叱之曰:"朱铄,敢坏坐!"诸将军皆还坐。铄性急,愈恚,还拔剑斩地。遂便罢也。及文帝崩,质思慕作诗曰:"怆怆怀殷忧,殷忧不可居。徒倚不能坐,出入步踟蹰。念蒙圣主恩,荣爵与众殊。自谓永终身,志气甫当舒。何意中见弃,弃我归黄垆。茕茕靡所恃,泪下如连珠。随没无所益,身死名不书。慷慨自俛仰,庶几烈丈夫。"太和四年,入为侍中。时司空陈群录尚书事,帝初亲万机,质以辅弼大臣,安危之本,对帝盛称"骠骑将军司马懿,忠智至公,社稷之臣也。陈群从容之士,非国相之才,处重任而不亲事。"帝甚纳之。明日,有切诏以督责群,而天下以司空不如长文,即群,言无实也。质其年夏卒。质先以怙威肆行,谥曰丑侯。质子应仍上书论枉,至正元中乃改谥威侯。应字温舒,晋尚书。应子康,字子仲,知名于时,亦至大位。

卫觊字伯儒，河东安邑人也。少夙成，以才学称。太祖辟为司空掾属，除茂陵令、尚书郎。太祖征袁绍，而刘表为绍援，关中诸将又中立。益州牧刘璋与表有隙，觊以治书侍御史使益州，令璋下兵以缀表军。至长安，道路不通，觊不得进，遂留镇关中。时四方大有还民，关中诸将多引为部曲，觊书与荀彧曰："关中膏腴之地，顷遭荒乱，人民流入荆州者十万馀家，闻本土安宁，皆企望思归。而归者无以自业，诸将各竞招怀，以为部曲。郡县贫弱，不能与争，兵家遂强。一旦变动，必有后忧。夫盐，国之大宝也，自乱来散放，宜如旧置使者监卖，以其直益市犁牛。若有归民，以供给之。勤耕积粟，以丰殖关中。远民闻之，必日夜竞还。又使司隶校尉留治关中以为之主，则诸将日削，官民日盛，此强本弱敌之利也。"彧以白太祖。太祖从之，始遣谒者仆射监盐官，司隶校尉治弘农。关中服从，乃白召觊还，稍迁尚书。①魏国既建，拜侍中，与王粲并典制度。文帝即王位，徙为尚书。顷之，还汉朝为侍郎，劝赞禅代之义，为文诰之诏。文帝践阼，复为尚书，封阳吉亭侯。

①魏书曰：初，汉朝迁移，台阁旧事散乱。自都许之后，渐有纲纪，觊以古义多所正定。是时关西诸将，外虽怀附，内未可信。司隶校尉锺繇求以三千兵入关，外托讨张鲁，内以胁取质任。太祖使荀彧问觊，觊以为"西方诸将，皆竖夫屈起，无雄天下意，苟安乐目前而已。今国家厚加爵号，得其所志，非有大故，不忧为变也。宜为后图。若以兵入关中，当讨张鲁，鲁在深山，道径不通，彼必疑之；一相惊动，地险众强，殆难为虑！"彧以觊议呈太祖。太祖初善之，而以繇自典其任，遂从繇议。兵始进而关右大叛，太祖自亲征，仅乃平之，死者万计。太祖悔不从觊议，由是益重觊。

明帝即位，进封闿乡侯，三百户。闿音闻。觊奏曰："九章之律，自古所传,断定刑罪,其意微妙。百里长吏,皆宜知律。刑法者,国家之所贵重,而私议之所轻贱;狱吏者,百姓之所县命,而选用者之所卑下。王政之弊,未必不由此也。请置律博士,转相教授。"事遂施行。时百姓凋匮而役务方殷,觊上疏曰:"夫变情厉性,强所不能,人臣言之既不易,人主受之又艰难。且人之所乐者富贵显荣也,所恶者贫贱死亡也,然此四者,君上之所制也,君爱之则富贵显荣,君恶之则贫贱死亡;顺指者爱所由来,逆意者恶所从至也。故人臣皆争顺指而避逆意,非破家为国,杀身成君者,谁能犯颜色,触忌讳,建一言,开一说哉?陛下留意察之,则臣下之情可见矣。今议者多好悦耳,其言政治则比陛下于尧舜,其言征伐则比二虏于狸鼠。臣以为不然。昔汉文之时,诸侯强大,贾谊累息以为至危。况今四海之内,分而为三,群士陈力,各为其主。其来降者,未肯言舍邪就正,咸称迫于困急,是与六国分治,无以为异也。当今千里无烟,遗民困苦,陛下不善留意,将遂凋弊不可复振。礼,天子之器必有金玉之饰,饮食之肴必有八珍之味,至于凶荒,则彻膳降服。然则奢俭之节,必视世之丰约也。武皇帝之时,后宫食不过一肉,衣不用锦绣,茵蓐不缘饰,器物无丹漆,用能平定天下,遗福子孙。此皆陛下之所亲览也。当今之务,宜君臣上下,并用筹策,计校府库,量入为出。深思句践滋民之术,由恐不及,而尚方所造金银之物,渐更增广,工役不辍,侈靡日崇,帑藏日竭。昔汉武信求神仙之道,谓当得云表之露以餐玉屑,故立仙掌以承高露。陛下通明,每所非笑。汉武有求于露,而由尚见非,陛下无求于露而空设之;不益于好而糜费功夫,诚皆圣虑所宜裁制也。"觊历汉、魏,时献忠言,率如此。

受诏典著作,又为魏官仪,凡所撰述数十篇。好古文、鸟篆、隶草,无所不善。建安末,尚书右丞河南潘勖,[①]黄初时,散骑常侍河内王象，亦与觊并以文章显。② 觊薨，谥曰敬侯。子瓘嗣。瓘咸熙中为镇西将军。③

①文章志曰：勖字元茂，初名芝，改名勖，后避讳。或曰勖献帝时为尚书郎，迁右丞。诏以勖前在二千石曹，才敏兼通，明习旧事，敕并领本职，数加特赐。二十年，迁东海相。未发，留拜尚书左丞。其年病卒，时年五十馀。魏公九锡策命，勖所作也。勖子满，平原太守，亦以学行称。

满子尼，字正叔。尼别传曰：尼少有清才，文辞温雅。初应州辟，后以父老归供养。居家十馀年，父终，晚乃出仕。尼尝赠陆机诗，机答之，其四句曰："猗欤潘生，世笃其藻，仰仪前文，丕隆祖考。"位终太常。尼从父岳，字安仁。岳别传曰：岳美姿容，凤以才颖发名。其所著述，清绮绝伦。为黄门侍郎，为孙秀所杀。尼、岳文翰，并见重于世。尼从子滔，字汤仲。晋诸公赞：滔以博学才量为名。永嘉末，为河南尹，遇害。

②王象事别见杨俊传。

③晋阳秋曰：瓘字伯玉。清贞有名理，少为傅嘏所知。弱冠为尚书郎，遂历位内外，为晋尚书令、司空、太保。惠帝初辅政，为楚王玮所害。世语曰：瓘与扶风内史燉煌索靖，并善草书。瓘子恒，字巨山，黄门侍郎。恒子玠，字叔宝，有盛名，为太子洗马，早卒。

刘廙字恭嗣，南阳安众人也。年十岁，戏于讲堂上，颍川司马德操抚其头曰："孺子，孺子，'黄中通理'，宁自知不？"廙兄望之，有名于世，荆州牧刘表辟为从事。而其友二人，皆以谗毁，为表所诛。望之又以正谏不合，投传告归。廙谓望之曰："赵杀鸣犊，仲尼回轮。①今兄既不能法柳下惠和光同尘于内，则宜模范蠡迁化于外。坐而自绝于时，殆不可也！"望之不从，寻复见害。廙惧，奔扬州，②遂归太祖。太祖辟为丞相掾属，转五官将文学。文帝器之，命廙通草书。廙答书曰："初以尊卑有逾，礼之常分也。是以贪守区区之节，不敢修草。必如严命,诚知劳谦之素,不贵殊异若彼之高,而惇白屋如斯之好,苟使郭隗不轻于燕,九九不忽于齐,乐毅自至,霸业以隆。③亏匹夫之节,成巍巍之美,虽愚不敏,何敢以辞?"魏国初建,为黄门侍郎。

①刘向新序曰:赵简子欲专天下,谓其相曰:"赵有犊犨,晋有铎鸣,鲁有孔丘,吾杀三人者,天下可王也。"于是乃召犊犨、铎鸣而问政焉,已即杀之。使使者聘孔子于鲁,以胖牛肉迎于河上。使者谓船人曰:"孔子即上船,中河必流而杀之。"孔子至,使者致命,进胖牛之肉。孔子仰天而叹曰:"美哉水乎,洋洋乎,使丘不济此水者,命也夫!"子路趋而进曰:"敢问何谓也?"孔子曰:"夫犊犨、铎鸣,晋国之贤大夫也,赵简子未得意之时,须而后从政,及其得意也,杀之。黄龙不反于涸泽,凤皇不离其爵罗。故割胎焚林,则麒麟不臻;覆巢破卵,则凤皇不翔;竭泽而渔,则龟龙不见。鸟兽之于不仁,犹知避之,况丘乎?故虎啸而谷风起,龙兴而景云见,击庭钟于外,而黄钟应于内。夫物类之相感,精神之相应,若响之应声,影之象形,故君子违伤其类者。今彼已杀吾类矣,何为之此乎?"于是遂回车不渡而还。

②廙别传载廙道路为笺谢刘表曰:"考劓过蒙分遇荣授之显,未有管、狐、桓、文之烈,孤德陨命,精诚不遂。兄望之见礼在昔,既无堂构昭前之绩,中规不密,用坠祸辟。斯乃明神弗祐,天降之灾。悔吝之负,哀号靡及。廙之愚浅,言行多违,惧有浸润三至之间。考劓之爱已衰,望之之责犹存,必伤天慈既往之分,门户殄灭,取笑明哲。是用逆窜,永涉川路,即日到庐江寻阳。昔钟仪有南音之操,椒举有班荆之思,虽远犹迩,敢忘前施?"

傅子曰:表既杀望之,荆州士人皆自危也。夫表之本心,于望之不轻也,以直迕情,而谮言得入者,以无容直之度也。据全楚之地,不能以成功者,未必不由此也。夷、叔迕武王以成名,丁公顺高祖以受戮,二主之度远也。若不远其度,惟褊心是从,难乎以容民畜众矣。

③战国策曰:有以九九求见齐桓公,桓公不纳。其人曰:"九九小术,而

君纳之,况大于九九者乎?"于是桓公设庭燎之礼而见之。居无几,隰朋自远而至,齐遂以霸。

太祖在长安,欲亲征蜀,廙上疏曰:"圣人不以智轻俗,王者不以人废言。故能成功于千载者,必以近察远,智周于独断者,不耻于下问,亦欲博采必尽于众也。且韦弦非能言之物,而圣贤引以自匡。臣才智暗浅,愿自比于韦弦。昔乐毅能以弱燕破大齐,而不能以轻兵定即墨者,夫自为计者虽弱必固,欲自溃者虽强必败也。自殿下起军以来,三十馀年,敌无不破,强无不服。今以海内之兵,百胜之威,而孙权负险于吴,刘备不宾于蜀。夫夷狄之臣,不当冀州之卒,权、备之籍,不比袁绍之业,然本初以亡,而二寇未捷,非暗弱于今而智武于昔也。斯自为计者,与欲自溃者异势耳。故文王伐崇,三驾不下,归而修德,然后服之。秦为诸侯,所征必服,及兼天下,东向称帝,匹夫大呼而社稷用隳。是力毙于外,而不恤民于内也。臣恐边寇非六国之敌,而世不乏才,土崩之势,此不可不察也。天下有重得,有重失:势可得而我勤之,此重得也;势不可得而我勤之,此重失也。于今之计,莫若料四方之险,择要害之处而守之,选天下之甲卒,随方面而岁更焉。殿下可高枕于广夏,潜思于治国;广农桑,事从节约,修之旬年,则国富民安矣。"太祖遂进前而报廙曰:"非但君当知臣,臣亦当知君。今欲使吾坐行西伯之德,恐非其人也。"

魏讽反,廙弟伟为讽所引,当相坐诛。太祖令曰:"叔向不坐弟虎,古之制也。"特原不问,①徙署丞相仓曹属。廙上疏谢曰:"臣罪应倾宗,祸应覆族。遭乾坤之灵,值时来之运,扬汤止沸,使不燋烂;起烟于寒灰之上,生华于已枯之木。物不答施于天地,子不谢生于父母,可以死效,难用笔陈。"②廙著书数十篇,及与丁仪共论刑礼,皆传于世。文帝即王位,为侍中,赐爵关内侯。黄初二年卒。③无子。帝以弟子阜嗣。④

①别传曰：初，廙弟伟与讽善，廙戒之曰："夫交友之美，在于得贤，不可不详。而世之交者，不审择人，务合党众，违先圣人交友之义，此非厚己辅仁之谓也。吾观魏讽，不修德行，而专以鸠合为务，华而不实，此直搅世沽名者也。卿其慎之，勿复与通。"伟不从，故及于难。

②廙别传载廙表论治道曰："昔者周有乱臣十人，有妇人焉，九人而已，孔子称'才难，不其然乎'！明贤者难得也。况乱弊之后，百姓凋尽，士之存者盖亦无几。股肱大职，及州郡督司，边方重任，虽备其官，亦未得人也。此非选者之不用意，盖才匮使之然耳。况于长吏以下，群职小任，能皆简练备得其人也？其计莫如督之以法。不尔而数转易，往来不已，送迎之烦，不可胜计。转易之间，辄有奸巧，既于其事不省，而为政者亦以其不得久安之故，知惠益不得成于己，而苟且之可免于患，皆将不念尽心于恤民，而梦想于声誉，此非所以为政之本意也。今之所以为黜陟者，近颇以州郡之毁誉，听往来之浮言耳。亦皆得其事实而课其能否也？长吏之所以为佳者，奉法也，忧公也，恤民也。此三事者，或州郡有所不便，往来者有所不安。而长吏执之不已，于治虽得计，其声誉未为美；屈而从人，于治虽失计，其声誉必集也。长吏皆知黜陟之在于此也，亦何能不去本而就末哉？以为长吏皆宜使小久，足使自展。岁课之能，三年总计，乃加黜陟。课之皆当以事，不得依名。事者，皆以户口率其垦田之多少，及盗贼发兴，民之亡叛者，为得负之计。如此行之，则无能之吏，修名无益；有能之人，无名无损。法之一行，虽无部司之监，奸誉妄毁，可得而尽。"事上，太祖甚善之。

③廙别传云：时年四十二。

④案刘氏谱：阜字伯陵，陈留太守。阜子乔，字仲彦。

晋阳秋曰：乔有赞世志力。惠帝末，为豫州刺史。乔胄胤玉显，贵盛至今。

刘劭字孔才，广平邯郸人也。建安中，为计吏，诣许。太史上言："正旦当日蚀。"劭时在尚书令荀彧所，坐者数十人，或云当废朝，或云宜却会。劭曰："梓慎、裨灶，古之良史，犹占水火，错失天时。礼记曰诸侯旅见天子，及门不得终礼者四，日蚀在一。然则圣人垂制，不为变异豫废朝礼者，^[3]或灾消异伏，或推术谬误也。"彧善其言。敕朝会如旧，日亦不蚀。^①

> ① 晋永和中，廷尉王彪之与扬州刺史殷浩书曰："太史上元日合朔，谈者或有疑，应却会与不？昔建元元年，亦元日合朔，庾车骑写刘孔才所论以示八座。于时朝议有谓孔才所论为不得礼议，荀令从之，是胜人之一失也。何者？礼云，诸侯旅见天子，入门不得终礼而废者四：太庙火，日蚀，后之丧，雨沾服失容。寻此四事之指，自谓诸侯虽已入门而卒暴有之，则不得终礼。非为先存其事，而徼幸史官推术错谬，故不豫废朝礼也。夫三辰有灾，莫大日蚀，史官告谴，而无惧容，不修豫防之礼，而废消救之术，方大飨华夷，君臣相庆，岂是将处天灾罪己之谓？且检之事实，合朔之仪，至尊静躬殿堂，不听政事，冕服御坐门阁之制，与元会礼异。自不得兼行，则当权其事宜。合朔之礼，不轻于元会。元会有可却之准，合朔无可废之义。谓应依建元故事，却元会。"浩从之，竟却会。

御史大夫郗虑辟劭，会虑免，拜太子舍人，迁秘书郎。黄初中，为尚书郎、散骑侍郎。受诏集五经群书，以类相从，作皇览。明帝即位，出为陈留太守，敦崇教化，百姓称之。征拜骑都尉，与议郎庾嶷、荀诜等定科令，作新律十八篇，著律略论。迁散骑常侍。时闻公孙渊受孙权燕王之号，议者欲留渊计吏，遣兵讨之。劭以为"昔袁尚兄弟归渊父康，康斩送其首，是渊先世之效忠也。又所闻虚实，未可审知。古者要荒未服，修德而不征，重劳民也。宜加宽贷，使有以自新。"后渊果斩送权使张弥等首。劭尝作赵都赋，明帝美之，诏劭作许都、洛都赋。时外兴军旅，内营宫室，劭作二赋，皆讽谏焉。

青龙中,吴围合肥,时东方吏士皆分休,征东将军满宠表请中军兵,并召休将士,须集击之。劭议以为"贼众新至,心专气锐。宠以少人自战其地,若便进击,不必能制。宠求待兵,未有所失也。以为可先遣步兵五千,精骑三千,军前发,扬声进道,震曜形势。骑到合肥,疏其行队,多其旌鼓,曜兵城下,引出贼后,拟其归路,要其粮道。贼闻大军来,骑断其后,必震怖遁走,不战自破贼矣。"帝从之。兵比至合肥,贼果退还。

时诏书博求众贤。散骑侍郎夏侯惠荐劭曰:"伏见常侍刘劭,深忠笃思,体周于数,凡所错综,源流弘远,是以群才大小,咸取所同而斟酌焉。故性实之士服其平和良正,清静之人慕其玄虚退让,文学之士嘉其推步详密,法理之士明其分数精比,意思之士知其沈深笃固,文章之士爱其著论属辞,制度之士贵其化略较要,策谋之士赞其明思通微,凡此诸论,皆取适己所长而举其支流者也。臣数听其清谈,览其笃论,渐渍历年,服膺弥久,实为朝廷奇其器量。以为若此人者,宜辅翼机事,纳谋帏幄,当与国道俱隆,非世俗所常有也。惟陛下垂优游之听,使劭承清闲之欢,得自尽于前,则德音上通,辉耀日新矣。"①

①臣松之以为凡相称荐,率多溢美之辞,能不违中者或寡矣。惠之称劭云"玄虚退让"及"明思通微",近于过也。

景初中,受诏作都官考课。劭上疏曰:"百官考课,王政之大较,然而历代弗务,是以治典阙而未补,能否混而相蒙。陛下以上圣之宏略,愍王纲之弛颓,神虑内鉴,明诏外发。臣奉恩旷然,得以启蒙,辄作都官考课七十二条,又作说略一篇。臣学寡识浅,诚不足以宣畅圣旨,著定典制。"又以为宜制礼作乐,以移风俗,著乐论十四篇,事成未上。会明帝崩,不施行。正始中,执经讲学,赐爵关内侯。凡所撰述,法论、人物志之类百馀篇。卒,追赠光禄勋。

子琳嗣。

劭同时东海缪袭亦有才学，多所述叙，官至尚书、光禄勋。①

①先贤行状曰：缪斐字文雅。该览经传，事亲色养。征博士，六辟公府。汉帝在长安，公卿博举名儒。时举斐任侍中，并无所就。即袭父也。文章志曰：袭字熙伯。辟御史大夫府，历事魏四世。正始六年，年六十卒。子悦字孔怿，晋光禄大夫。袭孙绍、播、征、胤等，并皆显达。

袭友人山阳仲长统，汉末为尚书郎，早卒。著昌言，词佳可观省。①

①袭撰统昌言表，称统字公理，少好学，博涉书记，赡于文辞。年二十馀，游学青、徐、并、冀之间，与交者多异之。并州刺史高幹素贵有名，招致四方游士，多归焉。统过幹，幹善待遇之，访以世事。统谓幹曰："君有雄志而无雄才，好士而不能择人，所以为君深戒也。"幹雅自多，不纳统言。统去之，无几而幹败。并、冀之士，以是识统。大司农常林与统共在上党，为臣道统性倜傥，敢直言，不矜小节，每列郡命召，辄称疾不就。默语无常，时人或谓之狂。汉帝在许，尚书令荀彧领典枢机，好士爱奇，闻统名，启召以为尚书郎。后参太祖军事，复还为郎。延康元年卒，时年四十馀。统每论说古今世俗行事，发愤叹息，辄以为论，名曰昌言，凡二十四篇。

散骑常侍陈留苏林、①光禄大夫京兆韦诞、②乐安太守谯国夏侯惠、③陈郡太守任城孙该、④郎中令河东杜挚等亦著文赋，颇传于世。⑤

①魏略曰：林字孝友，博学，多通古今字指，凡诸书传文间危疑，林皆释之。建安中，为五官将文学，甚见礼待。黄初中，为博士给事中。文帝作典论所称苏林者是也。以老归第，国家每遣人就问之，数加赐遗。年八十馀卒。

②文章叙录曰：诞字仲将，太仆端之子。有文才，善属辞章。建安中，为郡上计吏，特拜郎中，稍迁侍中中书监，以光禄大夫逊位，年七十五

卒于家。初，邯郸淳、卫觊及诞并善书，有名。觊孙恒撰四体书势，其序古文曰："自秦用篆书，焚烧先典，而古文绝矣。汉武帝时，鲁恭王坏孔子宅，得尚书、春秋、论语、孝经，时人已不复知有古文，谓之科斗书，汉世秘藏，希得见之。魏初传古文者，出于邯郸淳。敬侯写淳尚书，后以示淳，而淳不别。至正始中，立三字石经，转失淳法。因科斗之名，遂效其法。太康元年，汲县民盗发魏襄王冢，得策书十馀万言。案敬侯所书，犹有仿佛。"敬侯谓觊也。其序篆书曰："秦时李斯号为工篆，诸山及铜人铭皆斯书也。汉建初中，扶风曹喜少异于斯而亦称善。邯郸淳师焉，略究其妙。韦诞师淳而不及也。太和中，诞为武都太守，以能书留补侍中，魏氏宝器铭题皆诞书云。汉末又有蔡邕采斯、喜之法，为古今杂形，然精密简理不如淳也。"其序录隶书，已略见武纪。又曰："师宜官为大字，邯郸淳为小字。梁鹄谓淳得次仲法，然鹄之用笔尽其势矣。"其序草书曰："汉兴而有草书，不知作者姓名。至章帝时，齐相杜度号善作篇，后有崔瑗、崔寔亦皆称工，杜氏结字甚安而书体微瘦。崔氏甚得笔势而结字小疏。弘农张伯英者因而转精其巧。凡家之衣帛，必书而后练之，临池学书，池水尽黑。下笔必为楷则，号'匆匆不暇草'，寸纸不见遗，至今世人尤宝之，韦仲将谓之草圣。伯英弟文舒者，次伯英。又有姜孟颖、梁孔达、田彦和及韦仲将之徒，皆伯英弟子，有名于世，然殊不及文舒也。"

③惠，渊子。事在渊传。

④文章叙录曰：该字公达。强志好学。年二十，上计掾，召为郎中。著魏书。迁博士司徒右长史，复还入著作。景元二年卒官。

⑤文章叙录曰：挚字德鲁。初上笳赋，署司徒军谋吏。后举孝廉，除郎中，转补校书。挚与毌丘俭乡里相亲，故为诗与俭，求仙人药一丸，欲以感切俭求助也。其诗曰："骐骥马不试，婆娑槽枥间。壮士志未伸，坎轲多辛酸。伊挚为媵臣，吕望身操竿；夷吾困商贩，宁戚对牛叹；食其处监门，淮阴饥不餐；买臣老负薪，妻畔呼不还，释之宦十年，位不增故官。才非八子伦，而与齐其患。无知不在此，袁盎未有言。被此笃病久，荣卫动不安，闻有韩众药，信来给一丸。"俭答曰："凤鸟翔京

邑,哀鸣有所思。才为圣世出,德音何不怡!八子未遭遇,今者遭明时。胡康出垄亩,杨伟无根基,飞腾冲云天,奋迅协光熙。骏骥骨法异,伯乐观知之,但当养羽翮,鸿举必有期。体无纤微疾,安用问良医?联翩轻栖集,还为燕雀嗤。韩众药虽良,或更不能治。悠悠千里情,薄言答嘉诗。信心感诸中,中实不在辞。"挚竟不得迁,卒于秘书。

庐江何氏家传曰:明帝时,有谯人胡康,年十五,以异才见送,又陈损益,求试剧县。诏特引见。众论翕然,号为神童。诏付秘书,使博览典籍。帝以问秘书丞何祯:"康才何如?"祯答曰:"康虽有才,性质不端,必有负败。"后果以过见谴。

臣松之案:魏朝自微而显者,不闻胡康;疑是孟康。康事见杜恕传。杨伟见曹爽传。

傅嘏字兰石,北地泥阳人,傅介子之后也。伯父巽,黄初中为侍中尚书。[1]嘏弱冠知名,[2]司空陈群辟为掾。时散骑常侍刘劭作考课法,事下三府。嘏难劭论曰:"盖闻帝制宏深,圣道奥远,苟非其才,则道不虚行,神而明之,存乎其人。暨乎王略亏颓而旷载罔缀,微言既没,六籍泯玷。何则?道弘致远而众才莫晞也。案劭考课论,虽欲寻前代黜陟之文,然其制度略以阙亡。礼之存者,惟有周典,外建侯伯,藩屏九服,内立列司,筦齐六职,土有恒贡,官有定则,百揆均任,四民殊业,故考绩可理而黜陟易通也。大魏继百王之末,承秦、汉之烈,制度之流,靡所修采。自建安以来,至于青龙,神武拨乱,肇基皇祚,扫除凶逆,芟夷遗寇,旌旗卷舒,日不暇给。及经邦治戎,权法并用,百官群司,军国通任,随时之宜,以应政机。以古施今,事杂义殊,难得而通也。所以然者,制宜经远,或不切近,法应时务,不足垂后。夫建官均职,清理民物,所以立本也;循名考实,纠励成规,所以治末也。本纲未举而造制未呈,国略不崇而考课是先,惧不足以料贤愚之分,精幽明之理也。昔先王之择才,必本行于州闾,讲道于庠序,行具而谓之贤,道修则谓之能。乡老献贤能于王,王拜受之,举其贤者,出使长之,科其能者,入使治之,此先王收才之义也。方今九州之民,爰及京城,未有六乡之举,其选才之职,专任吏部。案品状则实才未必当,任薄伐则德行未为叙,如此则殿最之课,未尽人才。述综王度,敷赞国式,体深义广,难得而详也。”

① 傅子曰:嘏祖父睿,代郡太守。父充,黄门侍郎。

② 傅子曰:是时何晏以材辩显于贵戚之间,邓飏好变通,合徒党,鬻声名于闾阎,而夏侯玄以贵臣子少有重名,为之宗主,求交于嘏而不纳也。嘏友人荀粲,有清识远心,然犹怪之。谓嘏曰:“夏侯泰初一时之杰,虚心交子,合则好成,不合则怨至。二贤不睦,非国之利,此蔺相如所以下廉颇也。”嘏答之曰:“泰初志大其量,能合虚声而无实才。何平叔言远而情近,好辩而无诚,所谓利口覆邦国之人也。邓玄茂有为而无终,外要名利,内无关钥,贵同恶异,多言而妒前;多言多衅,妒前无亲。以吾观此三人者,皆败德也。远之犹恐祸及,况昵之乎?”

正始初,除尚书郎,迁黄门侍郎。时曹爽秉政,何晏为吏部尚书,嘏谓爽弟羲曰:“何平叔外静而内铦巧,好利,不念务本。吾恐必先惑子兄弟,仁人将远,而朝政废矣。”晏等遂与嘏不平,因微事以免嘏官。起家拜荥阳太守,不行。太傅司马宣王请为从事中郎。曹爽诛,为河南尹,① 迁尚书。嘏常以为“秦始罢侯置守,设官分职,不与古同。汉、魏因循,以至于今。然儒生学士,咸欲错综以三代之礼,礼弘致远,不应时务,事与制违,名实未附,故历代而不至于治者,盖由是也。欲大改定官制,依古正本,今遇帝室多难,未能革易”。

① 傅子曰:河南尹内掌帝都,外统京畿,兼古乡六遂之士。其民异方杂居,多豪门大族,商贾胡貊,天下四会,[4]利之所聚,而奸之所生。前尹司马芝,举其纲而太简,次尹刘静,综其目而太密,后尹李胜,毁

常法以收一时之声。毓立司马氏之纲统,裁刘氏之网目以经纬之,李氏所毁以渐补之。郡有七百吏,半非旧也。河南俗党五官掾功曹典选职,皆授其本国人,无用异邦人者,毓各举其良而对用之,官曹分职,而后以次考核之。其治以德教为本,然持法有恒,简而不可犯,见理识情,狱讼不加榜楚而得其实。不为小惠,有所荐达及大有益于民事,皆隐其端迹,若不由己出。故当时无赫赫之名,吏民久而后安之。

时论者议欲自伐吴,三征献策各不同。诏以访毓,毓对曰:"昔夫差陵齐胜晋,威行中国,终祸姑苏;齐闵兼土拓境,辟地千里,身蹈颠覆。有始不必善终,古之明效也。孙权自破关羽并荆州之后,志盈欲满,凶忒以极,是以宣文侯深建宏图大举之策。今权以死,托孤于诸葛恪。若矫权苛暴,蠲其虐政,民免酷烈,偷安新惠,外内齐虑,有同舟之惧,虽不能终自保完,犹足以延期挺命于深江之外矣。而议者或欲泛舟径济,横行江表;或欲四道并进,攻其城垒;或欲大佃疆埸,观衅而动:诚皆取贼之常计也。然自治兵以来,出入三载,非掩袭之军也。贼之为寇,几六十年矣,君臣伪立,吉凶共患,又丧其元帅,上下忧危,设令列船津要,坚城据险,横行之计,其殆难捷。惟进军大佃,最差完牢。兵出民表,[5]寇钞不犯;坐食积谷,不烦运士;乘衅讨袭,无远劳费:此军之急务也。昔樊哙愿以十万之众,横行匈奴,季布面折其短。今欲越长江,涉虏庭,亦向时之喻也。未若明法练士,错计于全胜之地,振长策以御敌之馀烬,斯必然之数也。"①后吴大将诸葛恪新破东关,乘胜扬声欲向青、徐,朝廷将为之备。毓议以为"淮海非贼轻行之路,又昔孙权遣兵入海,漂浪沉溺,略无孑遗,恪岂敢倾根竭本,寄命洪流,以徼干没乎?②恪不过遣偏率小将素习水军者,乘海溯淮,示动青、徐,恪自并兵来向淮南耳"。后恪果图新城,不克而归。

①司马彪战略载毓此对,详于本传,今悉载之以尽其意。彪曰:嘉平四

年四月，孙权死。征南大将军王昶、征东将军胡遵，镇南将军毌丘俭等表请征吴。朝廷以三征计异，诏访尚书傅嘏，嘏对曰："昔夫差胜齐陵晋，威行中国，不能以免姑苏之祸；齐闵辟土兼国，开地千里，不足以救颠覆之败：有始不必善终，古事之明效也。孙权自破蜀兼平荆州之后，志盈欲满，罪戮忠良，诛及胤嗣，元凶已极。相国宣文侯先识取乱侮亡之义，深建宏图大举之策。今权已死，托孤于诸葛恪。若矫权苛暴，蠲其虐政，民免酷烈，偷安新惠，外内齐虑，有同舟之惧，虽不能终自保完，犹足以延期挺命于深江之表矣。昶等或欲泛舟径渡，横行江表，收民略地，因粮于寇；或欲四道并进，临之以武，诱间携贰，待其崩坏；或欲进军大佃，逼其项领，积谷观衅，相时而动：凡此三者，皆取贼之常计也。然施之当机，则功成名立，苟不应节，必贻后患。自治兵已来，出入三载，非掩袭之军也。贼丧元帅，利存退守，若撰饰舟楫，罗船津要，坚城清野，以防卒攻，横行之计，殆难必施。贼之为寇，几六十年，君臣伪立，吉凶同患，若恪蠲其弊，天去其疾，崩溃之应，不可卒待。今边壤之守，与贼相远，贼设罗落，又持重密，间谍不行，耳目无闻。夫军无耳目，校察未详，而举大众以临巨险，此为希幸徼功，先战而后求胜，非全军之长策也。唯有进军大佃，最差完牢。可诏昶、遵等择地居险，审所错置，及令三方一时前守。夺其肥壤，使还耕瘠土，一也；兵出民表，寇钞不犯，二也；招怀近路，降附日至，三也；罗落远设，间构不来，四也；贼退其守，罗落必浅，佃作易之，五也；坐食积谷，士不运输，六也；衅隙时闻，讨袭速决，七也；凡此七者，军事之急务也。不据则贼擅便资，据之则利归于国，不可不察也。夫屯垒相逼，形势已交，智勇得陈，巧拙得用，策之而知得失之计，角之而知有馀不足，虏之情伪，将焉所逃？夫以小敌大，则役烦力竭，以贫敌富，则敛重财匮。故'敌逸能劳之，饱能饥之'，此之谓也。然后盛众厉兵以震之，参惠倍赏以招之，多方广似以疑之。由不虞之道，以闲其不戒；比及三年，左提右挈，虏必冰散瓦解，安受其弊，可坐算而得也。昔汉氏历世常患匈奴，朝臣谋士早朝晏罢，介胄之将则陈征伐，搢绅之徒咸言和亲，勇奋之士思展搏噬。故樊哙愿以十万之众横行匈奴，李布面折其短。李信求以二十万独举楚人，而果辱秦军。今诸将有陈越江陵险，独步虏庭，即亦向时之类也。以陛下圣德，辅相忠贤，法明士练，错计于全胜之地，振长策以御之，虏之崩溃，必然之数。故兵法曰：'屈人之兵，而非战也；拔人之城，而非攻也。'若释庙胜必然之理，而行万一不必全之路，诚愚臣之所虑也。故谓大佃而逼之计最长。"时不从毓言。其年十一月，诏昶等征吴。五年正月，诸葛恪拒战，大破众军于东关。

②汉书张汤传曰：汤始为小吏，乾没，与长安富贾田甲、鱼翁叔之属交私。服虔说曰："乾没，射成败也。"如淳曰："得利为乾，失利为没。"臣松之以虔直以乾没为射成败，而不说乾没之义，于理犹为未畅。淳以得利为乾，又不可了。愚谓乾读宜为乾燥之乾。盖谓有所徼射，不计乾燥之与沈没而为之。

毓常论才性同异，锺会集而论之。① 嘉平末，赐爵关内侯。高贵乡公即尊位，进封武乡亭侯。正元二年春，毌丘俭、文钦作乱。或以司马景王不宜自行，可遣太尉孚往，惟毓及王肃劝之。景王遂行。②以毓守尚书仆射，俱东。俭、钦破败，毓有谋焉。及景王薨，毓与司马文王径还洛阳，文王遂以辅政。语在锺会传。③会由是有自矜色，毓戒之曰："子志大其量，而勋业难为也，可不慎哉！"毓以功进封阳乡侯，增邑六百户，并前千二百户。是岁薨，时年四十七，追赠太常，谥曰元侯。④子祗嗣。咸熙中开建五等，以毓著勋前朝，改封祗泾原子。⑤

①傅子曰：毓既达治好正，而有清理识要，好论才性，原本精微，鲜能及之。司隶校尉锺会年甚少，毓以明智交会。

臣松之案：傅子前云毓了夏侯之必败，不与之交，而此云与锺会善。愚以为夏侯玄以名重致患，衅由外至；锺会以利动取败，祸自己出。然则夏侯之危兆难睹，而锺氏之败形易照也。毓若了夏侯之必危，而不见锺会之将败，则为识有所蔽，难以言通；若皆知其不终，而情有彼此,是为厚薄由于爱憎,奚豫于成败哉?以爱憎为厚薄,又亏于雅体矣。傅子此论,非所以益嘏也。

②汉晋春秋曰:嘏固劝景王行,景王未从。嘏重言曰:"淮、楚兵劲,而俭等负力远斗,其锋未易当也。若诸将战有利钝,大势一失,则公事败矣。"是时景王新割目瘤,创甚,闻嘏言,蹶然而起曰:"我请舆疾而东。"

③世语曰:景王疾甚,以朝政授傅嘏,嘏不敢受。及薨,嘏秘不发丧,以景王命召文王于许昌,领公军焉。

孙盛评曰:晋宣、景、文王之相魏也,权重相承,王业基矣。岂蕞尔傅嘏所宜间厕?世语所云,斯不然矣。

④傅子曰:初,李丰与嘏同州,少有显名,早历大官,内外称之,嘏又不善也。谓同志曰:"丰饰伪而多疑,矜小失而昧于权利,若处庸庸者可也,自任机事,遭明者必死。"丰后为中书令,与夏侯玄俱祸,卒如嘏言。嘏自少与冀州刺史裴徽、散骑常侍荀俣善,徽、俣早亡。又与镇北将军何曾、司空陈泰、尚书仆射荀顗、后将军钟毓并善,相与综朝事,俱为名臣。

⑤晋诸公赞曰:祗字子庄,嘏少子也。晋永嘉中至司空。祗子宣,字世弘。

世语称宣以公正知名,位至御史中丞。宣弟畅,字世道,秘书丞,没在胡中。著晋诸公赞及晋公卿礼秩故事。

评曰:昔文帝、陈王以公子之尊,博好文采,同声相应,才士并出,惟粲等六人最见名目。而粲特处常伯之官,兴一代之制,然其冲虚德宇,未若徐干之粹也。卫觊亦以多识典故,相时王之式。刘劭该览学籍,文质周洽。刘廙以清鉴著,傅嘏用才达显云。①

①臣松之以为傅嘏识量名辈,寔当时高流。而此评但云"用才达显",既于题目为拙,又不足以见嘏之美也。

【校勘记】

〔1〕加山以为姓　原脱"加"字,据何焯校本补。

〔2〕五官将为世子　五官将,原作"大将军",据李慈铭校本改。

〔3〕不为变异豫废朝礼者　原脱"异"字,据宋书卷一四礼一补。

〔4〕天下四会　四下原衍"方"字,据何焯校本删。

〔5〕兵出民表　兵上原衍"隐"字,据裴注引战略删。

三国志卷二十二　魏书二十二

桓二陈徐卫卢传第二十二

桓阶字伯绪，长沙临湘人也。^① 仕郡功曹。太守孙坚举阶孝廉，除尚书郎。父丧还乡里。会坚击刘表战死，阶冒难诣表乞坚丧，表义而与之。后太祖与袁绍相拒于官渡，表举州以应绍。阶说其太守张羡曰："夫举事而不本于义，未有不败者也。故齐桓率诸侯以尊周，晋文逐叔带以纳王。今袁氏反此，而刘牧应之，取祸之道也。明府必欲立功明义，全福远祸，不宜与之同也。"羡曰："然则何向而可？"阶曰："曹公虽弱，仗义而起，救朝廷之危，奉王命而讨有罪，孰敢不服？今若举四郡保三江以待其来，而为之内应，不亦可乎！"羡曰："善。"乃举长沙及旁三郡以拒表，遣使诣太祖。太祖大悦。会绍与太祖连战，军未得南。而表急攻羡，羡病死。城陷，阶遂自匿。久之，刘表辟为从事祭酒，欲妻以妻妹蔡氏。阶自陈已结婚，拒而不受，因辞疾告退。

①魏书曰：阶祖父超，父胜，皆历典州郡。胜为尚书，著名南方。

太祖定荆州，闻其为张羡谋也，异之，辟为丞相掾主簿，迁赵郡太守。魏国初建,为虎贲中郎将侍中。时太子未定,而临菑侯植有宠。阶数陈文帝德优齿长,宜为储副,公规密谏,前后恳至。[1]又毛玠、徐奕以刚塞少党,而为西曹掾丁仪所不善,仪屡言其短,赖阶左右以自全保。其将顺匡救,多此类也。迁尚书,典选举。曹仁为关羽所围,太祖遣徐晃救之,不解。太祖欲自南征,以问群下。群下皆谓:"王不亟行,今败矣。"阶独曰:"大王以仁等为足以料事势不也?"曰:"能。""大王恐二人遗力邪?"曰:"不。""然则何为自往?"曰:"吾恐虏众多,而晃等势不便耳。"阶曰:"今仁等处重围之中而守死无贰者,诚以大王远为之势也。夫居万死之地,必有死争之心;内怀死争,外有强救,大王案六军以示馀力,何忧于败而欲自往?"太祖善其言,驻军于摩陂。贼遂退。

> [1]魏书称阶谏曰:"今太子仁冠群子,名昭海内,仁圣达节,天下莫不闻;而大王甫以植而问臣,臣诚惑之。"于是太祖知阶笃于守正,深益重焉。

文帝践阼,迁尚书令,封高乡亭侯,加侍中。阶疾病,帝自临省,谓曰:"吾方托六尺之孤,寄天下之命于卿。勉之!"徙封安乐乡侯,邑六百户,又赐阶三子爵关内侯。祐以嗣子不封,病卒,又追赠关内侯。后阶疾笃,遣使者即拜太常,薨,帝为之流涕,谥曰贞侯。子嘉嗣。以阶弟纂为散骑侍郎,赐爵关内侯。嘉尚升迁亭公主,会嘉平中,以乐安太守与吴战于东关,军败,没,谥曰壮侯。子翊嗣。[1]

> [1]世语曰:阶孙陵,字元徽,有名于晋武帝世,至荥阳太守,卒。

526

陈群字长文,颍川许昌人也。祖父寔,父纪,叔父谌,皆有盛名。[1]群为儿时,寔常奇异之,谓宗人父老曰:"此儿必兴吾宗。"鲁国孔融高才倨傲,年在纪、群之间,先与纪友,后与群交,更为纪拜,由是显名。刘备临豫州,辟群为别驾。时陶谦病死,徐州迎备，备欲往，群说备曰："袁术尚强，今东，必与之争。吕布若袭将军之后，将军虽得徐州，事必无成。"备遂东，与袁术战。布果袭下邳，遣兵助术，大破备军，备恨不用群言。举茂才，除柘令，不行，随纪避难徐州。属吕布破，太祖辟群为司空西曹掾属。时有荐乐安王模、下邳周逵者，太祖辟之。群封还教，以为模、逵秽德，终必败，太祖不听。后模、逵皆坐奸宄诛，太祖以谢群。群荐广陵陈矫、丹阳戴乾，太祖皆用之。后吴人叛，乾忠义死难，矫遂为名臣，世以群为知人。除萧、赞、长平令，父卒去官。后以司徒掾举高第，为治书侍御史，转参丞相军事。魏国既建，迁为御史中丞。

①寔字仲弓，纪字元方，谌字季方。魏书曰：寔德冠当时，纪、谌并名重于世。寔为太丘长，遭党锢，隐居荆山，远近宗师之。灵帝崩，何进辅政，引用天下名士，征寔，欲以为参军，以老病，遂不屈节。谌为司空掾，早卒。纪历位平原相、侍中、大鸿胪，著书数十篇，世谓之陈子。寔之亡也，司空荀爽、太仆令韩融并制缌麻，执子孙礼。四方至者车数千乘，自太原郭泰等无不造门。

傅子曰：寔亡，天下致吊，会其葬者三万人，制缞麻者以百数。

先贤行状曰：大将军何进遣属吊祠，谥曰文范先生。于时，寔、纪高名并著，而谌又配之，世号曰三君。每宰府辟命，率皆同时，羔雁成群，丞掾交至。豫州百姓皆图画寔、纪、谌之形象。

时太祖议复肉刑，令曰："安得通理君子达于古今者，使平斯事乎！昔陈鸿胪以为死刑有可加于仁恩者，正谓此也。御史中丞能申其父之论乎？"群对曰："臣父纪以为汉除肉刑而增加笞，本兴仁恻而死者更众，所谓名轻而实重者也。名轻则易犯，实重则伤民。书曰：'惟敬五刑，以成三德。'易著劓、刖、灭趾之法，所以辅政助教，惩恶息杀也。且杀人偿死，合于古制；至于伤人，或残毁其体而裁翦毛发，非其理也。若用古刑，使淫者下蚕室，盗者刖其足，则永无淫放穿窬之奸矣。夫三千之属，虽未可悉复，若斯数

527

者,时之所患,宜先施用。汉律所杀殊死之罪,仁所不及也,其馀逮死者,可以刑杀。如此,则所刑之与所生足以相贸矣。今以笞死之法易不杀之刑,是重人支体而轻人躯命也。"时锺繇与群议同,王朗及议者多以为未可行。太祖深善繇、群言,以军事未罢,顾众议,故且寝。

群转为侍中,领丞相东西曹掾。在朝无適无莫,雅杖名义,不以非道假人。文帝在东宫,深敬器焉,待以交友之礼,常叹曰:"自吾有回,门人日以亲。"及即王位,封群昌武亭侯,徙为尚书。制九品官人之法,群所建也。及践阼,迁尚书仆射,加侍中,徙尚书令,进爵颍乡侯。帝征孙权,至广陵,使群领中领军。帝还,假节,都督水军。还许昌,以群为镇军大将军,领中护军,录尚书事。帝寝疾,群与曹真、司马宣王等并受遗诏辅政。明帝即位,进封颍阴侯,增邑五百,并前千三百户,与征东大将军曹休、中军大将军曹真、抚军大将军司马宣王并开府。顷之,为司空,故录尚书事。

是时,帝初莅政,群上疏曰:"诗称'仪刑文王,万邦作孚';又曰'刑于寡妻,至于兄弟,以御于家邦'。道自近始,而化洽于天下。自丧乱已来,干戈未戢,百姓不识王教之本,惧其陵迟已甚。陛下当盛魏之隆,荷二祖之业,天下想望至治,唯有以崇德布化,惠恤黎庶,则兆民幸甚。夫臣下雷同,是非相蔽,国之大患也。若不和睦则有雠党,有雠党则毁誉无端,毁誉无端则真伪失实,不可不深防备,有以绝其源流。"太和中,曹真表欲数道伐蜀,从斜谷入。群以为"太祖昔到阳平攻张鲁,多收豆麦以益军粮,鲁未下而食犹乏。今既无所因,且斜谷阻险,难以进退,转运必见钞截,多留兵守要,则损战士,不可不熟虑也"。帝从群议。真复表从子午道。群又陈其不便,并言军事用度之计。诏以群议下真,真据之遂行。会霖雨积日,群又以为宜诏真还,帝从之。

后皇女淑薨，追封谥平原懿公主。群上疏曰："长短有命，存亡有分。故圣人制礼，或抑或致，以求厥中。防墓有不修之俭，嬴、博有不归之魂。夫大人动合天地，垂之无穷，又大德不逾闲，动为师表故也。八岁下殇，礼所不备，况未期月，而以成人礼送之，加为制服，举朝素衣，朝夕哭临，自古已来，未有此比。而乃复自往视陵，亲临祖载。愿陛下抑割无益有损之事，但悉听群臣送葬，乞车驾不行，此万国之至望也。闻车驾欲幸摩陂，实到许昌，二宫上下，皆悉俱东，举朝大小，莫不惊怪。或言欲以避衰，或言欲于便处移殿舍，或不知何故。臣以为吉凶有命，祸福由人，移徙求安，则亦无益。若必当移避，缮治金墉城西宫，及孟津别宫，皆可权时分止。可无举宫暴露野次，废损盛节蚕农之要。又贼地闻之，以为大衰。加所烦费，不可计量。且吉士贤人，[1]当盛衰，处安危，秉道信命，非徙其家以宁，乡邑从其风化，无恐惧之心。况乃帝王万国之主，静则天下安，动则天下扰；行止动静，岂可轻脱哉？"帝不听。

青龙中，营治宫室，百姓失农时。群上疏曰："禹承唐、虞之盛，犹卑宫室而恶衣服，况今丧乱之后，人民至少，比汉文、景之时，不过一大郡。① 加边境有事，将士劳苦，若有水旱之患，国家之深忧也。且吴、蜀未灭，社稷不安。宜及其未动，讲武劝农，有以待之。今舍此急而先宫室，臣惧百姓遂困，将何以应敌？昔刘备自成都至白水，多作传舍，兴费人役，太祖知其疲民也。今中国劳力，亦吴、蜀之所愿。此安危之机也，惟陛下虑之。"帝答曰："王者宫室，亦宜并立。灭贼之后，但当罢守耳，岂可复兴役邪？是故君之职，萧何之大略也。"群又曰："昔汉祖唯与项羽争天下，羽已灭，宫室烧焚，是以萧何建武库、太仓，皆是要急，然犹非其壮丽。今二虏未平，诚不宜与古同也。②夫人之所欲，莫不有辞，况乃天王,莫之敢违。前欲坏武库,谓不可不坏也;后欲置之,谓不可不置也。若必作之,固非臣下辞言所屈;若少留神,卓然回意,亦非臣下之所及也。汉明帝欲起德阳殿,锺离意谏,即用其言,后乃复作之;殿成,谓群臣曰:'锺离尚书在,不得成此殿也。'夫王者岂惮一臣,盖为百姓也。今臣曾不能少凝圣听,不及意远矣。"帝于是有所减省。

① 臣松之案:汉书地理志云:元始二年,天下户口最盛,汝南郡为大郡,有三十馀万户。则文、景之时不能如是多也。案晋太康三年地记,晋户有三百七十七万,吴、蜀户不能居半。以此言之,魏虽始承丧乱,方晋亦当无乃大殊。长文之言,于是为过。

② 孙盛曰:周礼,天子之宫,有斫砻之制。然质文之饰,与时推移。汉承周、秦之弊,宜敦简约之化,而何崇饰宫室,示侈后嗣。此乃武帝千门万户所以大兴,岂无所复增之谓邪?况乃魏氏方有吴、蜀之难,四海雁涂炭之艰,而述萧何之过议,以为令轨,岂不惑于大道而昧得失之辨哉?使百代之君,眩于奢俭之中,何之由矣。诗云:"斯言之玷,不可为也。"其斯之谓乎!

初,太祖时,刘廙坐弟与魏讽谋反,当诛。群言之太祖,太祖曰:"廙,名臣也,吾亦欲赦之。"乃复位。廙深德群,群曰:"夫议刑为国,非为私也;且自明主之意,吾何知焉?"其弘博不伐,皆此类也。青龙四年薨,谥曰靖侯。子泰嗣。帝追思群功德,分群户邑,封一子列侯。①

① 魏书曰:群前后数密陈得失,每上封事,辄削其草,时人及其子弟莫能知也。论者或讥群居位拱默,正始中诏撰群臣上书,以为名臣奏议,朝士乃见群谏事,皆叹息焉。

袁子曰:或云"故少府杨阜岂非忠臣哉?见人主之非,则勃然怒而触之,与人言未尝不道也,岂非所谓'王臣謇謇,匪躬之故'者欤"!答曰:"然可谓直士,忠则吾不知也。夫仁者爱人,施于君谓之忠,施于亲谓之孝。忠孝者,其本一也。故仁爱之至者,君亲有过,谏而不入,求之反覆,不得已而言,不忍宣也。今为人臣,见人主失道,直诋其非而播扬其恶,可谓直士,未为忠臣也。故司空陈群则不然,其谈论终日,未尝言人主之非;书数十上而外人不知。君子谓群于是乎长者矣。”

泰字玄伯。青龙中,除散骑侍郎。正始中,徙游击将军,为并州刺史,加振威将军,使持节,护匈奴中郎将,怀柔夷民,甚有威惠。京邑贵人多寄宝货,因泰市奴婢,泰皆挂之于壁,不发其封,及征为尚书,悉以还之。嘉平初,代郭淮为雍州刺史,加奋威将军。蜀大将军姜维率众依麹山筑二城,使牙门将句安、李歆等守之,聚羌胡质任等寇逼诸郡。征西将军郭淮与泰谋所以御之,泰曰:“麹城虽固,去蜀险远,当须运粮。羌夷患维劳役,必未肯附。今围而取之,可不血刃而拔其城;虽其有救,山道阻险,非行兵之地也。”淮从泰计,使泰率讨蜀护军徐质、南安太守邓艾等进兵围之,断其运道及城外流水。安等挑战,不许,将士困窘,分粮聚雪以稽日月。维果来救,出自牛头山,与泰相对。泰曰:“兵法贵在不战而屈人。今绝牛头,维无反道,则我之禽也。”敕诸军各坚垒勿与战,遣使白淮,欲自南渡白水,循水而东,使淮趣牛头,截其还路,可并取维,不惟安等而已。淮善其策,进率诸军军洮水。维惧,遁走,安等孤县,遂皆降。

淮薨,泰代为征西将军,假节都督雍、凉诸军事。后年,雍州刺史王经白泰,云姜维、夏侯霸欲三道向祁山、石营、金城,求进兵为翅,使凉州军至枹罕,讨蜀护军向祁山。泰量贼势终不能三道,且兵势恶分,凉州未宜越境,报经:“审其定问,知所趣向,须东西势合乃进。”时维等将数万人至枹罕,趣狄道。泰敕经进屯狄道,须军到,乃规取之。泰进军陈仓。会经所统诸军于故关与贼战

531

不利,经辄渡洮。泰以经不坚据狄道,必有他变,并遣五营在前,泰率诸军继之。经已与维战,大败,以万馀人还保狄道城,馀皆奔散。维乘胜围狄道。泰军上邽,分兵守要,晨夜进前。邓艾、胡奋、王秘亦到,即与艾、秘等分为三军,进到陇西。艾等以为"王经精卒破衄于西,贼众大盛,乘胜之兵既不可当,而将军以乌合之卒,继败军之后,将士失气,陇右倾荡。古人有言:'蝮蛇螫手,壮士解其腕。'孙子曰:'兵有所不击,地有所不守。'盖小有所失而大有所全故也。今陇右之害,过于蝮蛇,狄道之地,非徒不守之谓。姜维之兵,是所辟之锋。不如割险自保,观衅待弊,然后进救,此计之得者也。"泰曰:"姜维提轻兵深入,正欲与我争锋原野,求一战之利。王经当高壁深垒,挫其锐气。今乃与战,使贼得计,走破王经,封之狄道。若维以战克之威,进兵东向,据栎阳积谷之实,放兵收降,招纳羌、胡,东争关、陇,传檄四郡,此我之所恶也。而维以乘胜之兵,挫峻城之下,锐气之卒,屈力致命,攻守势殊,客主不同。兵书云'修橹轒辒,[2]三月乃成,拒堙三月而后已'。诚非轻军远入,维之诡谋仓卒所办。县军远侨,粮谷不继,是我速进破贼之时也,所谓疾雷不及掩耳,自然之势也。洮水带其表,维等在其内,今乘高据势,临其项领,不战必走。寇不可纵,围不可久,君等何言如此?"遂进军度高城岭,潜行,夜至狄道东南高山上,多举烽火,鸣鼓角。狄道城中将士见救者至,皆愤踊。维始谓官救兵当须众集乃发,而卒闻已至,谓有奇变宿谋,上下震惧。自军之发陇西也,以山道深险,贼必设伏。泰诡从南道,维果三日施伏。①定军潜行,卒出其南,维乃缘山突至,泰与交战,维退还。凉州军从金城南至沃干阪。泰与经共密期,当共向其还路,维等闻之,遂遁,城中将士得出。经叹曰:"粮不至旬,向不应机,举城屠裂,覆丧一州矣。"泰慰劳将士,前后遣还,更差军守,并治城垒,还屯上邽。

①臣松之案：此传云"谓救兵当须众集，而卒闻已至，谓有奇变，上下震惧"，此则救至出于不意。若不知救至，何故伏兵深险乃经三日乎？设伏相伺，非不知之谓。此皆语之不通也。

初，泰闻经见围，以州军将士素皆一心，加得保城，非维所能卒倾。表上进军晨夜速到还。众议以经奔北，城不足自固，维若断凉州之道，兼四郡民夷，据关、陇之险，敢能没经军而屠陇右。宜须大兵四集，乃致攻讨。大将军司马文王曰："昔诸葛亮常有此志，卒亦不能。事大谋远，非维所任也。且城非仓卒所拔，而粮少为急，征西速救，得上策矣。"泰每以一方有事，辄以虚声扰动天下，故希简白上事，驿书不过六百里。司马文王语荀颢曰："玄伯沈勇能断，荷方伯之重，救将陷之城，而不求益兵，又希简上事，必能办贼故也。都督大将，不当尔邪！"

后征泰为尚书右仆射，典选举，加侍中光禄大夫。吴大将孙峻出淮、泗。以泰为镇军将军，假节都督淮北诸军事，诏徐州监军已下受泰节度。峻退，军还，转为左仆射。诸葛诞作乱寿春，司马文王率六军军丘头，泰总署行台。司马景王、文王皆与泰亲友，及沛国武陔亦与泰善。文王问陔曰："玄伯何如其父司空也？"陔曰："通雅博畅，能以天下声教为己任者，不如也；明统简至，立功立事，过之。"泰前后以功增邑二千六百户，赐子弟一人亭侯，二人关内侯。景元元年薨，追赠司空，谥曰穆侯。①子恂嗣。恂薨，无嗣。弟温绍封。咸熙中开建五等，以泰著勋前朝，改封温为慎子。②

①干宝晋纪曰：高贵乡公之杀，司马文王会朝臣谋其故。太常陈泰不至，使其舅荀颢召之。颢至，告以可否。泰曰："世之论者，以泰方于舅，今舅不如泰也。"子弟内外咸共逼之，垂涕而入。王待之曲室，谓曰："玄伯，卿何以处我？"对曰："诛贾充以谢天下。"文王曰："为我更

思其次。"泰曰:"泰言惟有进于此,不知其次。"文王乃不更言。

魏氏春秋曰:帝之崩也,太傅司马孚、尚书右仆射陈泰枕帝尸于股,号哭尽哀。时大将军入于禁中,泰见之悲恸,大将军亦对之泣,谓曰:"玄伯,其如我何?"泰曰:"独有斩贾充,少可以谢天下耳。"大将军久之曰:"卿更思其他。"泰曰:"岂可使泰复发后言。"遂呕血薨。

臣松之案本传,泰不为太常,未详干宝所由知之。孙盛改易泰言,虽为小胜,然检盛言诸所改易,皆非别有异闻,率更自以意制,多不如旧。凡记言之体,当使若出其口。辞胜而违实,固君子所不取,况复不胜而徒长虚妄哉?案博物记曰:太丘长陈寔、寔子鸿胪纪、纪子司空群、群子泰四世,于汉、魏二朝并有重名,而其德渐渐小减。时人为其语曰:"公惭卿,卿惭长。"

②案陈氏谱:群之后,名位遂微。谌孙佐,官至青州刺史。佐弟坦,廷尉。佐子准,太尉,封广陵郡公。准弟戴、徽及从弟堪,并至大位。准孙逵,字林道,有誉江左,为西中郎将,追赠卫将军。

陈矫字季弼,广陵东阳人也。避乱江东及东城,辞孙策、袁术之命,还本郡。太守陈登请为功曹,使矫诣许,谓曰:"许下论议,待吾不足;足下相为观察,还以见诲。"矫还曰:"闻远近之论,颇谓明府骄而自矜。"登曰:"夫闺门雍穆,有德有行,吾敬陈元方兄弟;渊清玉絜,有礼有法,吾敬华子鱼;清修疾恶,有识有义,吾敬赵元达;博闻强记,奇逸卓荦,吾敬孔文举;雄姿杰出,有王霸之略,吾敬刘玄德:所敬如此,何骄之有!馀子琐琐,亦焉足录哉?"登雅意如此,而深敬友矫。

郡为孙权所围于匡奇,登令矫求救于太祖。矫说太祖曰:"鄙郡虽小,形便之国也,若蒙救援,使为外藩,则吴人剉谋,徐方永安,武声远震,仁爱滂流,未从之国,望风景附,崇德养威,此王业也。"太祖奇矫,欲留之。矫辞曰:"本国倒县,本奔走告急,纵无申胥之效,敢忘弘演之义乎?"①太祖乃遣赴救。吴军既退,登多设

534

间伏,勒兵追奔,大破之。①

①刘向新序曰:齐桓公求婚于卫,卫不与,而嫁于许。卫为狄所伐,桓公不救,至于国灭君死。懿公尸为狄人所食,惟有肝在。懿公有臣曰弘演,适使反,致命于肝曰:"君为其内,臣为其外。"乃剖腹内肝而死。齐桓公曰:"卫有臣若此而尚灭,寡人无有,亡无日矣!"乃救卫,定其君。

太祖辟矫为司空掾属,除相令,征南长史,彭城、乐陵太守,魏郡西部都尉。曲周民父病,以牛祷,县结正弃市。矫曰:"此孝子也。"表赦之。迁魏郡太守。时系囚千数,至有历年。矫以为周有三典之制,汉约三章之法,今惜轻重之理,而忽久系之患,可谓谬矣。悉自览罪状,一时论决。大军东征,入为丞相长史。军还,复为魏郡,转西曹属。从征汉中,还为尚书。行前未到邺,太祖崩洛阳,群臣拘常,以为太子即位,当须诏命。矫曰:"王薨于外,天下惶惧。太子宜割哀即位,以系远近之望。且又爱子在侧,彼此生变,则社稷危矣。"即具官备礼,一日皆办。明旦,以王后令,策太子即位,大赦荡然。文帝曰:"陈季弼临大节,明略过人,信一时之俊杰也。"帝即践阼,转署吏部,封高陵亭侯,迁尚书令。明帝即位,进爵东乡侯,邑六百户。车驾尝卒至尚书门,矫跪问帝曰:"陛下欲何之?"帝曰:"欲案行文书耳。"矫曰:"此自臣职分,非陛下所宜临也。若臣不称其职,则请就黜退。陛下宜还。"帝惭,回车而反。其亮直如此。①加侍中光禄大夫,迁司徒。景初元年薨,谥曰贞侯。②

①世语曰:刘晔以先进见幸,因谮矫专权。矫惧,以问长子本,本不知所出。次子骞曰:"主上明圣,大人大臣,今若不合,不过不作公耳。"后数日,帝见矫,矫又问二子,骞曰:"陛下意解,故见大人也。"既入,尽日,帝曰:"刘晔构君,朕有以迹君;朕心故已了。"以金五饼授之,矫

辞。帝曰："岂以为小惠?君已知朕心,顾君妻子未知故也。"帝忧社稷,问矫:"司马公忠正,可谓社稷之臣乎?"矫曰:"朝廷之望;社稷,未知也。"

②魏氏春秋曰:矫本刘氏子,出嗣舅氏而婚于本族。徐宣每非之,庭议其阙。太祖惜矫才量,欲拥全之,乃下令曰:"丧乱已来,风教凋薄,谤议之言,难用褒贬。自建安五年已前,一切勿论。其以断前诽议者,以其罪罪之。"

子本嗣,历位郡守、九卿。所在操纲领,举大体,能使群下自尽。有统御之才,不亲小事,不读法律而得廷尉之称,优于司马岐等,精练文理。迁镇北将军,假节都督河北诸军事。薨,子粲嗣。本弟骞,咸熙中为车骑将军。①

①案晋书曰:骞字休渊,为晋佐命功臣,至太傅,封高平郡公。

初,矫为郡功曹,使过泰山。泰山太守东郡薛悌异之,结为亲友。戏谓矫曰:"以郡吏而交二千石,邻国君屈从陪臣游,不亦可乎!"悌后为魏郡及尚书令,皆承代矫云。①

①世语曰:悌字孝威。年二十二,以兖州从事为泰山太守。初,太祖定冀州,以悌及东平王国为左右长史,后至中领军,并悉忠贞练事,为世吏表。

徐宣字宝坚,广陵海西人也。避乱江东,又辞孙策之命,还本郡。与陈矫并为纲纪,二人齐名而私好不协,然俱见器于太守陈登,与登并心于太祖。海西、淮浦二县民作乱,都尉卫弥、令梁习夜奔宣家,密送免之。太祖遣督军扈质来讨贼,以兵少不进。宣潜见责之,示以形势,质乃进破贼。太祖辟为司空掾属,除东缗、发干令,迁齐郡太守,入为门下督,从到寿春。会马超作乱,大军西征,太祖见官属曰:"今当远征,而此方未定,以为后忧,宜得清公大德以镇统之。"乃以宣为左护军,留统诸军。还,为丞相东曹掾,出为魏郡太守。太祖崩洛阳,群臣入殿中发哀。或言可易诸城守,用谯、沛人。宣厉声曰："今者远近一统，人怀效节，何必谯、沛，而沮宿卫者心。"文帝闻曰："所谓社稷之臣也。"帝既践阼，为御史中丞，赐爵关内侯，徙城门校尉，旬月迁司隶校尉，转散骑常侍。从至广陵，六军乘舟，风浪暴起，帝船回倒，宣病在后，陵波而前，群寮莫先至者。帝壮之，迁尚书。

明帝即位，封津阳亭侯，邑二百户。中领军桓范荐宣曰："臣闻帝王用人，度世授才，争夺之时，以策略为先，分定之后，以忠义为首。故晋文行舅犯之计而赏雍季之言，①高祖用陈平之智而托后于周勃也。窃见尚书徐宣，体忠厚之行，秉直亮之性；清雅特立，不拘世俗；确然难动，有社稷之节；历位州郡，所在称职。今仆射缺，宣行掌后事；腹心任重，莫宜宣者。"帝遂以宣为左仆射，后加侍中光禄大夫。车驾幸许昌，总统留事。帝还，主者奏呈文书。诏曰："吾省与仆射何异？"竟不视。尚方令坐猥见考竟，宣上疏陈威刑大过，又谏作宫殿穷尽民力，帝皆手诏嘉纳。宣曰："七十有县车之礼，今已六十八，可以去矣。"乃固辞疾逊位，帝终不许。青龙四年薨，遗令布衣疏巾，敛以时服。诏曰："宣体履至实，直内方外，历在三朝，公亮正色，有托孤寄命之节，可谓柱石臣也。常欲倚以台辅，未及登之，惜乎大命不永！其追赠车骑将军，葬如公礼。"谥曰贞侯。子钦嗣。

①吕氏春秋曰：昔晋文公将与楚人战于城濮，召咎犯而问曰："楚众我寡，奈何而可？"咎犯对曰："臣闻繁礼之君，不足于文，繁战之君，不足于诈，君亦诈之而已。"文公以咎犯言告雍季，雍季曰："竭泽而渔，岂不得鱼，而明年无鱼。焚薮而田，岂不得兽，而明年无兽。诈伪之道，虽今偷可，后将无复，非长术也。"文公用咎犯之言，而败楚人于城濮。反而为赏，雍季在上。左右谏曰："城濮之功，咎犯之谋也。君用其言而后其身，或者不可乎！"文公曰："雍季之言，百代之利也；咎犯之言，一时之务也。焉有以一时之务，先百代之利乎？"

卫臻字公振,陈留襄邑人也。父兹,有大节,不应三公之辟。太祖之初至陈留,兹曰:"平天下者,必此人也。"太祖亦异之,数诣兹议大事。从讨董卓,战于荥阳而卒。太祖每涉郡境,辄遣使祠焉。[1]夏侯惇为陈留太守,举臻计吏,命妇出宴,臻以为"末世之俗,非礼之正"。惇怒,执臻,既而赦之。后为汉黄门侍郎。东郡朱越谋反,引臻。太祖令曰:"孤与卿君同共举事,加钦令问。始闻越言,固自不信。及得荀令君书,具亮忠诚。"会奉诏命,聘贵人于魏,因表留臻参丞相军事。追录臻父旧勋,赐爵关内侯,转为户曹掾。文帝即王位,为散骑常侍。及践阼,封安国亭侯。时群臣并颂魏德,多抑损前朝。臻独明禅授之义,称扬汉美。帝数目臻曰:"天下之珍,当与山阳共之。"迁尚书,转侍中吏部尚书。帝幸广陵,行中领军,从。征东大将军曹休表得降贼辞,"孙权已在濡须口"。臻曰:"权恃长江,未敢抗衡,此必畏怖伪辞耳。"考核降者,果守将诈所作也。

> [1]先贤行状曰:兹字子许。不为激诡之行,不徇流俗之名;明虑渊深,规略宏远。为车骑将军何苗所辟,司徒杨彪再加旌命。董卓作乱,汉室倾荡,太祖到陈留,始与兹相见,遂同盟,计兴武事。兹答曰:"乱生久矣,非兵无以整之。"且言"兵之兴者,自今始矣"。深见废兴,首赞弘谋。合兵三千人,从太祖入荥阳,力战终日,失利,身殁。
>
> 郭林宗传曰:兹弱冠与同郡圉文生俱称盛德。林宗与二人共至市,子许买物,随价雠直,文生訾呵,减价乃取。林宗曰:"子许少欲,文生多情,此二人非徒兄弟,乃父子也。"后文生以秽货见损,兹以烈节垂名。

明帝即位,进封康乡侯,后转为右仆射,典选举,如前加侍中。中护军蒋济遗臻书曰:"汉祖遇亡虏为上将,周武拔渔父为太师;布衣厮养,可登王公,何必守文,试而后用?"臻答曰:"古人遗智慧而任度量,须考绩而加黜陟;今子同牧野于成、康,喻断蛇于文、景，好不经之举，开拔奇之津，将使天下驰骋而起矣。"诸葛亮寇天水，臻奏："宜遣奇兵入散关，绝其粮道。"乃以臻为征蜀将军，假节督诸军事，到长安，亮退。还，复职，加光禄大夫。是时，帝方隆意于殿舍，臻数切谏。及殿中监擅收兰台令史，臻奏案之。诏曰："殿舍不成，吾所留心，卿推之何？"臻上疏曰："古制侵官之法，非恶其勤事也，诚以所益者小，所堕者大也。臣每察校事，类皆如此，惧群司将遂越职，以至陵迟矣。"亮又出斜谷；征南上："朱然等军已过荆城。"臻曰："然，吴之骁将，必下从权，且为势以缀征南耳。"权果召然入居巢，进攻合肥。帝欲自东征，臻曰："权外示应亮，内实观望。且合肥城固，不足为虑。车驾可无亲征，以省六军之费。"帝到寻阳而权竟退。

幽州刺史毌丘俭上疏曰："陛下即位已来，未有可书。吴、蜀恃险，未可卒平，聊可以此方无用之士克定辽东。"臻曰："俭所陈皆战国细术，非王者之事也。吴频岁称兵，寇乱边境，而犹案甲养士，未果寻致讨者，诚以百姓疲劳故也。且渊生长海表，相承三世，外抚戎夷，内修战射，而俭欲以偏军长驱，朝至夕卷，知其妄矣。"俭行军遂不利。

臻迁为司空，徙司徒。正始中，进爵长垣侯，邑千户，封一子列侯。初，太祖久不立太子，而方奇贵临菑侯。丁仪等为之羽翼，劝臻自结，臻以大义拒之。及文帝即位，东海王霖有宠，帝问臻："平原侯何如？"臻称明德美而终不言。曹爽辅政，使夏侯玄宣指，欲引臻入守尚书令，及为弟求婚，皆不许。固乞逊位。诏曰："昔干木偃息，义压强秦；留侯颐神，不忘楚事。谠言嘉谋，望不吝焉。"赐宅一区，位特进，秩如三司。薨，追赠太尉，谥曰敬侯。子烈嗣。咸熙中为光禄勋。①

①臣松之案旧事及傅咸集，烈终于光禄勋。烈二弟京、楷，皆二千石。楷

子权,字伯舆。晋大司马汝南王亮辅政,以权为尚书郎。傅咸与亮笺曰:
"卫伯舆贵妃兄子,诚有才章,应作台郎,然未得东宫官属。东宫官属,
前惠杨骏,亲理塞路,今有伯舆,复越某作郎。一犬吠形,群犬吠声,
惧于群吠,遂至回听。"权作左思吴都赋叙及注,叙粗有文辞,至于为
注,了无所发明,直为尘秽纸墨,不合传写也。

卢毓字子家,涿郡涿人也。父植,有名于世。①毓十岁而孤,遇
本州乱,二兄死难。当袁绍、公孙瓒交兵,幽冀饥荒,养寡嫂孤兄
子,以学行见称。文帝为五官将,召毓署门下贼曹。崔琰举为冀州
主簿。时天下草创,多逋逃,故重士亡法,罪及妻子。亡士妻白等,
始适夫家数日,未与夫相见,大理奏弃市。毓驳之曰:"夫女子之
情,以接见而恩生,成妇而义重。故诗云'未见君子,我心伤悲;亦
既见止,我心则夷'。又礼'未庙见之妇而死,归葬女氏之党,以未
成妇也'。今白等生有未见之悲,死有非妇之痛,而吏议欲肆之大
辟,则若同牢合卺之后,罪何所加?且记曰'附从轻',言附人之
罪,以轻者为比也。又书云'与其杀不辜,宁失不经',恐过重也。
苟以白等皆受礼聘,已入门庭,刑之为可,杀之为重。"太祖曰:
"毓执之是也。又引经典有意,使孤叹息。"由是为丞相法曹议令
史,转西曹议令史。

①续汉书曰:植字子幹。少事马融,与郑玄同门相友。植刚毅有大节,常
　喟然有济世之志,不苟合取容,不应州郡命召。建宁中,征博士,出补
　九江太守,以病去官。作尚书章句、礼记解诂。稍迁侍中、尚书。张角
　起,以植为北中郎将征角,失利抵罪。顷之,复以为尚书。张让劫少帝
　奔小平津,植手剑责数让等,让等皆放兵,垂泣谢罪,遂自杀。董卓议
　欲废帝,众莫敢对,植独正言,语在卓传。植以老病去位,隐居上谷军
　都山,初平三年卒。太祖北征柳城,过涿郡令告太守曰:"故北中郎将
　卢植,名著海内,学为儒宗,士之楷模,乃国之桢干也。昔武王入殷,
　封商容之闾,郑丧子产而仲尼陨涕。孤到此州,嘉其馀风。春秋之义,

义,贤者之后,有异于人。敬遣丞掾修坟墓,并致薄酹,以彰厥德。"植
有四子,毓最小。

魏国既建,为吏部郎。文帝践阼,徙黄门侍郎,出为济阴相,
梁、谯二郡太守。帝以谯旧乡,故大徙民充之,以为屯田。而谯土
地硗瘠,百姓穷困,毓愍之,上表徙民于梁国就沃衍,失帝意。虽
听毓所表,心犹恨之,遂左迁毓,使将徙民为睢阳典农校尉。毓心
在利民,躬自临视,择居美田,百姓赖之。迁安平、广平太守,所在
有惠化。

青龙二年,入为侍中。先是,散骑常侍刘劭受诏定律,未就。
毓上论古今科律之意,以为法宜一正,不宜有两端,使奸吏得容
情。及侍中高堂隆数以宫室事切谏,帝不悦,毓进曰:"臣闻君明
则臣直,古之圣王恐不闻其过,故有敢谏之鼓。近臣尽规,此乃臣
等所以不及隆。隆诸生,名为狂直,陛下宜容。"在职三年,多所
驳争。诏曰:"官人秩才,圣帝所难,必须良佐,进可替否。侍中毓
禀性贞固,心平体正,可谓明试有功,不懈于位者也。其以毓为吏
部尚书。"使毓自选代,曰:"得如卿者乃可。"毓举常侍郑冲,帝
曰:"文和,吾自知之,更举吾所未闻者。"乃举阮武、孙邕,帝于
是用邕。

前此诸葛诞、邓飏等驰名誉,有四聪八达之诮,[3]帝疾之。时
举中书郎,诏曰:"得其人与否,在卢生耳。选举莫取有名,名如画
地作饼,不可啖也。"毓对曰:"名不足以致异人,而可以得常士。
常士畏教慕善,然后有名,非所当疾也。愚臣既不足以识异人,又
主者正以循名案常为职,但当有以验其后。故古者敷奏以言,明
试以功。今考绩之法废,而以毁誉相进退,故真伪浑杂,虚实相
蒙。"帝纳其言,即诏作考课法。会司徒缺,毓举处士管宁,帝不能
用。更问其次,毓对曰:"敦笃至行,则太中大夫韩暨;亮直清方,

则司隶校尉崔林;贞固纯粹,则太常常林。"帝乃用暨。毓于人及选举,先举性行,而后言才。黄门李丰尝以问毓,毓曰:"才所以为善也,故大才成大善,小才成小善。今称之有才而不能为善,是才不中器也。"丰等服其言。

齐王即位,赐爵关内侯。时曹爽秉权,将树其党,徙毓仆射,以侍中何晏代毓。顷之,出毓为廷尉,司隶毕轨又枉奏免官。众论多讼之,乃以毓为光禄勋。爽等见收,太傅司马宣王使毓行司隶校尉,治其狱。复为吏部尚书,加奉车都尉,封高乐亭侯,转为仆射,故典选举,加光禄大夫。高贵乡公即位,进封大梁乡侯。封一子亭侯。〔4〕毌丘俭作乱,大将军司马景王出征,毓纲纪后事,加侍中。正元三年,疾病,逊位。迁为司空,固推骠骑将军王昶、光禄大夫王观、司隶校尉王祥。诏使使者即授印绶,进爵封容城侯,邑二千三百户。甘露二年薨,谥曰成侯。孙藩嗣。毓子钦、班,咸熙中钦为尚书,班泰山太守。①

① 世语曰:钦字子若,班字子笏。钦泰始中为尚书仆射,领选,咸宁四年卒,追赠卫将军,开府。

虞预晋书曰:钦少居名位,不顾财利,清虚淡泊,动修礼典。同郡张华,家单少孤,不为乡邑所知,惟钦贵异焉。钦子浮,字子云。

晋诸公赞曰:张华博识多闻,无物不知。浮高朗经博,有美于华,起家太子舍人,病疽,截手,遂废。朝廷器重之,就家以为国子博士,迁祭酒。永平中为秘书监。班及子皓、志并至尚书。志子谌,字子谅。温峤表称谌清出有文思。

谌别传曰:谌善著文章。洛阳倾覆,北投刘琨,琨以为司空从事中郎。琨败,谌归段末波。元帝之初,累召为散骑中书侍郎,不得南赴。永和六年,卒于胡中,〔5〕子孙过江。妖贼帅卢循,谌之曾孙。

评曰:桓阶识睹成败,才周当世。陈群动仗名义,有清流雅望;泰弘济简至,允克堂构矣。魏世事统台阁,重内轻外,故八座尚书,即古六卿之任也。陈、徐、卫、卢,久居斯位,矫、宣刚断骨鲠,臻、毓规鉴清理,咸不忝厥职云。

三国志卷二十三　魏书二十三

和常杨杜赵裴传第二十三

和洽字阳士，汝南西平人也。举孝廉，大将军辟，皆不就。袁绍在冀州，遣使迎汝南士大夫。洽独以"冀州土平民强，英桀所利，四战之地。本初乘资，虽能强大，然雄豪方起，全未可必也。荆州刘表无他远志，爱人乐士，土地险阻，山夷民弱，易依倚也"，遂与亲旧俱南从表，表以上客待之。洽曰："所以不从本初，辟争地也。昏世之主，不可黩近，久而阽危，①必有谗慝间其中者。"遂南度武陵。

> ①臣松之案汉书文纪曰"阽于死亡"，食货志曰"阽危若是"，注曰："阽音盐，如屋檐，近边欲堕之意也。"一曰"临危曰阽"。

太祖定荆州，辟为丞相掾属。时毛玠、崔琰并以忠清干事，其选用先尚俭节。洽言曰："天下大器，在位与人，不可以一节检也。[1]俭素过中，自以处身则可，以此节格物，所失或多。今朝廷之议，吏有著新衣、乘好车者，谓之不清；长吏过营，形容不饰，衣裘敝坏者，谓之廉洁。至令士大夫故污辱其衣，藏其舆服；朝

545

府大吏，或自挈壶餐以入官寺。夫立教观俗，贵处中庸，为可继也。今崇一概难堪之行以检殊涂，勉而为之，必有疲瘁。古之大教，务在通人情而已。凡激诡之行，则容隐伪矣。"①

①孙盛曰：昔先王御世，观民设教，虽质文因时，损益代用，至于车服礼秩，贵贱等差，其归一揆。魏承汉乱，风俗侈泰，诚宜仰思古制，训以约简，使奢不陵肆，俭足采礼，进无蜉蝣之刺，退免采莫之讥；如此则治道隆而颂声作矣。夫矫枉过正则巧伪滋生，以克训下则民志险隘，非圣王所以陶化民物，闲邪存诚之道。和洽之言，于是允矣。

魏国既建，为侍中。后有白毛玠谤毁太祖，太祖见近臣，怒甚。洽陈玠素行有本，求案实其事。罢朝，太祖令曰："今言事者白玠不但谤吾也，乃复为崔琰触望。此损君臣恩义，妄为死友怨叹，殆不可忍也。昔萧、曹与高祖并起微贱，致功立勋。高祖每在屈笮，二相恭顺，臣道益彰，所以祚及后世也。和侍中比求实之，所以不听，欲重参之耳。"洽对曰："如言事者言，玠罪过深重，非天地所覆载。臣非敢曲理玠以枉大伦也，以玠出群吏之中，特见拔擢，显在首职，历年荷宠，刚直忠公，为众所惮，不宜有此。然人情难保，要宜考核，两验其实。今圣恩垂含垢之仁，不忍致之于理，更使曲直之分不明，疑自近始。"太祖曰："所以不考，欲两全玠及言事者耳。"洽对曰："玠信有谤上之言，当肆之市朝；若玠无此，言事者加诬大臣以误主听；二者不加检核，臣窃不安。"太祖曰："方有军事，安可受人言便考之邪？狐射姑刺阳处父于朝，此为君之诚也。"

太祖克张鲁，洽陈便宜以时拔军徙民，可省置守之费。太祖未纳，其后竟徙民弃汉中。出为郎中令。文帝践阼，为光禄勋，封安城亭侯。明帝即位，进封西陵乡侯，邑二百户。

太和中，散骑常侍高堂隆奏："时风不至，而有休废之气，必有司不勤职事以失天常也。"诏书谦虚引咎,博谘异同。洽以为"民稀耕少,浮食者多。国以民为本,民以谷为命。故废一时之农,则失育命之本。是以先王务蠲烦费,以专耕农。自春夏以来,民穷于役,农业有废,百姓嚣然,时风不至,未必不由此也。消复之术,莫大于节俭。太祖建立洪业,奉师徒之费,供军赏之用,吏士丰于资食,仓府衍于谷帛,由不饰无用之宫,绝浮华之费。方今之要,固在息省劳烦之役,损除他馀之务,以为军戎之储。三边守御,宜在备豫。料贼虚实,蓄士养众,算庙胜之策,明攻取之谋,详询众庶以求厥中。若谋不素定,轻弱小敌,军人数举,举而无庸,所谓'悦武无震',古人之诫也。"

转为太常,清贫守约,至卖田宅以自给。明帝闻之,加赐谷帛。薨,谥曰简侯。子离嗣。[2]离音离。[3]离弟迪,[4]才爽开济,官至廷尉、吏部尚书。[1]

① 晋诸公赞曰:和峤字长舆,迪之子也。少知名,以雅重称。常慕其舅夏侯玄之为人,厚自封植,嶷然不群。于黄门郎迁中书令,转尚书。愍怀太子初立,以峤为少保,加散骑常侍。家产丰富,拟于王公,而性至俭吝。峤同母弟郁,素无名,峤轻侮之,以此为损。卒于官,赠光禄大夫。郁以公强当世,致位尚书令。

洽同郡许混者,许劭子也。清醇有鉴识,明帝时为尚书。[1]

① 劭字子将。汝南先贤传曰:召陵谢子微,高才远识,见劭年十八时,乃叹息曰:"此则希世出众之伟人也。"劭始发明樊子昭于鬻帻之肆,出虞永贤于牧竖,召李淑才乡间之间,擢郭子瑜鞍马之吏,援杨孝祖,举和阳士,兹六贤者,皆当世之令懿也。其馀中流之士,或举之于淹滞,或显之乎童齿,莫不赖劭顾叹之荣。凡所拔育,显成令德者,不可殚记。其探摘伪行,抑损虚名,则周之单襄,无以尚也。劭宗人许枏,沈没荣利,致位司徒。举宗莫不葡匐枏门,承风而驱,官以贿成,惟劭不过其门。广陵徐孟玉来临汝南,[5]闻劭高名,请为功曹。饕餮放流,

絜士盈朝。袁绍公族好名,为濮阳长,弃官来还,有副车从骑,将入郡界,绍乃叹曰:“吾之舆服,岂可使许子将见之乎?”遂单车而归。辟公府掾,拜郎陵令,方正征,皆不就。避乱江南,所历之国,必翔而后集。终于豫章,时年四十六。有子曰混,显名魏世。

常林字伯槐,河内温人也。年七岁,有父党造门,问林:“伯先在否?汝何不拜!”林曰:“虽当下客,临子字父,何拜之有?”于是咸共嘉之。①太守王匡起兵讨董卓,遣诸生于属县微伺吏民罪负,便收之,考责钱谷赎罪,稽迟则夷灭宗族,以崇威严。林叔父挝客,为诸生所白,匡怒收治,举宗惶怖,不知所责多少,惧系者不救。林往见匡同县胡母彪曰:“王府君以文武高才,临吾鄙郡。鄙郡表里山河,土广民殷,又多贤能,惟所择用。今主上幼冲,贼臣虎据,华夏震栗,雄才奋用之秋也。若欲诛天下之贼,扶王室之微,智者望风,应之若响,克乱在和,何征不捷。苟无恩德,任失其人,覆亡将至,何暇匡翼朝廷,崇立功名乎?君其藏之!”因说叔父见拘之意。彪即书责匡,匡原林叔父。林乃避地上党,耕种山阿。当时旱蝗,林独丰收,尽呼比邻,升斗分之。依故河间太守陈延壁。陈、冯二姓,旧族冠冕。张杨利其妇女,贪其资货,林率其宗族,为之策谋。见围六十馀日,卒全堡壁。

①魏略曰:林少单贫。虽贫,自非手力,不取之于人。性好学,汉末为诸生,带经耕锄。其妻常自馈饷之,林虽在田野,其相敬如宾。

并州刺史高幹表为骑都尉,林辞不受。后刺史梁习荐州界名士林及杨俊、王凌、王象、荀纬,太祖皆以为县长。林宰南和,治化有成,超迁博陵太守、幽州刺史,所在有绩。文帝为五官将,林为功曹。太祖西征,田银、苏伯反,幽、冀扇动。文帝欲亲自讨之,林曰:“昔忝博陵,又在幽州,贼之形势,可料度也。北方吏民,乐安厌乱,服化已久,守善者多。银、伯犬羊相聚,智小谋大,不能为害。方今大军在远,外有强敌,将军为天下之镇也,轻动远举,虽克不武。"文帝从之,遣将往伐,应时克灭。

出为平原太守、魏郡东部都尉,入为丞相东曹属。魏国既建,拜尚书。文帝践阼,迁少府,封乐阳亭侯,①转大司农。明帝即位,进封高阳乡侯,徙光禄勋太常。晋宣王以林乡邑耆德,每为之拜。或谓林曰:"司马公贵重,君宜止之。"林曰:"司马公自欲敦长幼之叙,为后生之法。贵非吾之所畏,拜非吾之所制也。"言者踧踖而退。②时论以林节操清峻,欲致之公辅,而林遂称疾笃。拜光禄大夫。年八十三,薨,追赠骠骑将军,葬如公礼,谥曰贞侯。子岂嗣,为泰山太守,坐法诛。岂弟静绍封。③

①魏略曰:林性既清白,当官又严。少府寺与鸿胪对门,时崔林为鸿胪。崔性阔达,不与林同,数数闻林挝吏声,不以为可。林夜挝吏,不胜痛,叫呼敖敖彻曙。明日,崔出门,与林车相遇,乃喟林曰:"闻卿为廷尉,乐邪?"林不觉答曰:"不也。"崔曰:"卿不为廷尉,昨夜何故考囚乎?"林大惭,然不能自止。

②魏略曰:初,林少与司马京兆善。太傅每见林,辄欲跪。林止之曰:"公尊贵矣,止也!"及司徒缺,太傅有意欲以林补之。案魏略此语,与本传反。臣松之以为林之为人,不畏权贵者也。论其然否,谓本传为是。

③案晋书,诸葛诞反,大将军东征,岂坐称疾,为司马文王所法。

魏略以林及吉茂、沐并、时苗四人为清介传。

吉茂字叔畅,冯翊池阳人也,世为著姓。好书,不耻恶衣恶食,而耻一物之不知。建安初,关中始平,茂与扶风苏则共入武功南山,隐处精思数岁。州举茂才,除临汾令,居官清静,吏民不忍欺。转为武德侯庶子。二十二年,坐其宗人吉本等起事被收。先是科禁内学及兵书,而茂皆有,匿不送官。及其被收,不知当坐本等,顾谓其左右曰:"我坐书也。"会锺相国证茂、本服第已绝,故得不坐。后以茂为武陵太守,不之官。转酂相,以国省,拜议郎。景初中病亡。自茂修行,从少至长,冬则被裘,夏则裋褐,行则步涉,食则茨藿,臣役妻子,室如悬磬。其或馈遗，一不肯受。虽不以此高人，亦心疾不义而贵且富者。先时国家始制九品，各使诸郡选置中正，差叙自公卿以下，至于郎吏，功德材行所任。茂同郡护羌校尉王琰，前数为郡守，不名为清白。而琰子嘉仕历诸县，亦复为通人。嘉时还为散骑郎，冯翊郡移嘉为中正。嘉叙茂虽在上第，而状甚下，云："德优能少。"茂愠曰："痛乎，我效汝父子冠帻劫人邪！"初，茂同产兄黄，以十二年中从公府掾为长陵令。是时科禁长吏擅去官，而黄闻司徒赵温薨，自以为故吏，违科奔丧，为司隶锺繇所收，遂伏法。茂时为白衣，始有清名于三辅，以为兄坐追义而死，怨怒不肯哭。至岁终，繇举茂。议者以为茂必不就，及举既到而茂就之，故时人或以茂为畏繇，或以茂为髦士也。

　　沐并字德信，河间人也。少孤苦，袁绍父子时，始为吏吏。有志介，尝过姊，姊为杀鸡炊黍而不留也。然为人公果，不畏强御，丞相召署军谋掾。黄初中，为成皋令。校事刘肇出过县，遣人呼县吏，求索稿谷。是时蝗旱，官无有见。未办之间，肇人从入并之阁下，呴呼骂吏。并怒，因蹋履提刀而出，多从吏卒，欲收肇。肇觉知驱走，具以状闻。有诏："肇为牧司爪牙吏，而并欲收缚，无所忌惮，自恃清名邪？"遂收欲杀之。髡决减死，[6]刑竟复吏，由是放散十馀年。至正始中，为三府长史。时吴使朱然、诸葛瑾攻围樊城，遣船兵于岘山东斫材，荆州人兵作食，有先熟者呼后熟者，言："共食来。"后熟者答言："不也。"呼者曰："汝欲作沐德信邪？"其名流布，播于异域如此。虽自华夏，不知者以为前世人也。为长史八年，晚出为济阴太守，召还，拜议郎。年六十馀，自虑身无常，豫作终制，戒其子以俭葬，曰："告云、仪等：夫礼者，生民之始教，而百世之中庸也。故力行者则为君子，不务者终为小人，然非圣人莫能履其从容也。是以富贵者有骄奢之过，而贫贱者讥于固陋，于是养生送死，苟窃非礼。由斯观之，阳虎玙璠，甚于暴骨，桓魋石椁，不如速朽。此言儒学拨乱反正、鸣鼓矫俗之大义也，未是夫穷理尽性、陶冶变化之实论也。若能原始要终，以天地为一区，万物为刍狗，该览玄通，求形景之宗，同祸福之素，一死生之命，吾有慕于道矣。夫道之为物，惟恍惟惚，寿为欺魄，夭为凫没，身沦有无，与神消息，含悦阴阳，甘梦太极。奚以棺椁为牢，衣裳为缠？尸系地下，长幽桎梏，岂不哀哉！昔庄周阔达，无所适莫；又杨王孙裸体，贵不久容耳。至夫末世，缘生怨死之徒，乃有含珠鳞柙，玉床象衽，杀人以徇；圹穴之内，锢以纭絮，藉以蜃炭，千载僵燥，托类神仙。于是大教陵迟，竞于厚葬，谓庄子为放荡，以王孙为戮尸，岂复识古有衣薪之鬼，而野有狐狸之毙乎哉？吾以材质浑浊，污于清流。昔忝国恩，历试宰守，所在无效，代匠伤指，狼跋首尾，无以雪耻。如不可求，从吾所好。今年过耳顺，奄忽无常，苟得获没，即以吾身袭于王孙矣。上冀以赎市朝之逋罪，下以亲道化之灵祖。顾尔幼昏，未知臧否，若将逐俗，抑废吾志，私称从令，未必为孝；而犯魏颗听治之贤，尔为弃父之命，谁或矜之！使死而有知，吾将圹视。"至嘉平中，病甚。临困，又敕豫掘堷。戒气绝，令二人举尸即堷，绝哭泣之声，止妇女之送，禁吊祭之宾，无设柩治粟米之奠。又戒后亡者不得入藏，不得封树。妻子皆遵之。

时苗字德胄，钜鹿人也。少清白，为人疾恶。建安中，入丞相府。出为寿春令，令行风靡。扬州治在其县，时蒋济为治中。苗以初至往谒济，济素嗜酒，适会其醉，不能见苗。苗志恨还，刻木为人，署曰"酒徒蒋济"，置之墙下，旦夕射之。州郡虽知其所为不恪，然以其履行过人，无若之何。又其始之官，乘薄軬音饭。车，黄牸牛，布被囊。居官岁馀，牛生一犊。及其去，留其犊，谓主簿曰："令来时本无此犊，犊是淮南所生有也。"群吏曰："六畜不识父，自当随母。"苗不听，时人皆以为激，然由此名闻天下。还为太官令，领其郡中正，定九品，于叙人才不能宽，然纪人之短，虽在久远，衔之不置。如所忿蒋济者，仕进至太尉，济不以苗前毁己为嫌，苗亦不以济贵更屈意。为令数岁，不肃而治。迁典农中郎将。年七十馀，以正始中病亡也。

杨俊字季才，河内获嘉人也。受学陈留边让，让器异之。俊以兵乱方起，而河内处四达之衢，必为战场，乃扶持老弱诣京、密山间，同行者百馀家。俊振济贫乏，通共有无。宗族知故为人所略作奴仆者凡六家，俊皆倾财赎之。司马宣王年十六七，与俊相遇，俊曰:"此非常之人也。"又司马朗早有声名,其族兄芝,众未之知,惟俊言曰:"芝虽凤望不及朗,实理但有优耳。"俊转避地并州。本郡王象,少孤特,为人仆隶,年十七八,见使牧羊而私读书,因被箠楚。俊嘉其才质,即赎象著家,聘娶立屋,然后与别。

太祖除俊曲梁长,入为丞相掾属,举茂才,安陵令,迁南阳太守。宣德教,立学校,吏民称之。徙为征南军师。魏国既建,迁中尉。太祖征汉中,魏讽反于邺,俊自劾诣行在所。俊以身方罪免,笺辞太子。太子不悦,曰:"杨中尉便去,何太高远邪!"遂被书左迁平原太守。文帝践阼,复在南阳。时王象为散骑常侍,荐俊曰:"伏见南阳太守杨俊,秉纯粹之茂质,履忠肃之弘量,体仁足以育物,笃实足以动众,克长后进,惠训不倦,外宽内直,仁而有断。自初弹冠,所历垂化,再守南阳,恩德流著,殊邻异党,襁负而至。今境守清静,无所展其智能,宜还本朝,宣力辇毂,熙帝之载。"

俊自少及长,以人伦自任。同郡审固、陈留卫恂本皆出自兵伍,俊资拔奖致,咸作佳士;后固历位郡守,恂御史、县令,其明鉴行义多此类也。初,临菑侯与俊善,太祖適嗣未定,密访群司。俊虽并论文帝、临菑才分所长,不適有所据当,然称临菑犹美,文帝常以恨之。黄初三年,车驾至宛,以市不丰乐,发怒收俊。尚书仆射司马宣王、常侍王象、荀纬请俊,叩头流血,帝不许。俊曰:"吾知罪矣。"遂自杀。众冤痛之。①

① 世语曰:俊二孙:览字公质,汝阴太守;猗字公彦,尚书:晋东海王越舅也。览子沈,字宣弘,散骑常侍。

魏略曰:王象字羲伯。既为俊所知拔,果有才志。建安中,与同郡荀纬等俱为魏太子所礼待。及王粲、陈琳、阮瑀、路粹等亡后,新出之中,惟象才最高。魏有天下,拜象散骑侍郎,迁为常侍,封列侯。受诏撰皇览,使象领秘书监。象从延康元年始撰集,数岁成,藏于秘府,合四十余部,部有数十篇,通合八百余万字。象既性器和厚,又文采温雅,用

三国志卷二十三

是京师归美，称为儒宗。车驾南巡，未到宛，有诏百官不得干豫郡县。及车驾到，而宛令不解诏旨，闭市门。帝闻之，忿然曰："吾是寇邪？"乃收宛令及太守杨俊。诏问尚书："汉明帝杀几二千石？"时象见诏文，知俊必不免。乃当帝前叩头，流血竟面，请俊减死一等。帝不答，欲释入禁中。象引帝衣，帝顾谓象曰："我知杨俊与卿本末耳。今听卿，是无我也。卿宁无俊邪？无我邪？"象以帝言切，乃缩手。帝遂入，决俊法，然后乃出。象自恨不能济俊，遂发病死。

杜袭字子绪，颍川定陵人也。曾祖父安，祖父根，著名前世。[①]袭避乱荆州，刘表待以宾礼。同郡繁钦数见奇于表，袭喻之曰："吾所以与子俱来者，徒欲龙蟠幽薮，待时凤翔。岂谓刘牧当为拨乱之主，而规长者委身哉？子若见能不已，非吾徒也。吾其与子绝矣！"钦慨然曰："请敬受命。"袭遂南适长沙。

[①]先贤行状曰：安年十岁，名称乡党。至十三，入太学，号曰神童。既名知人，清高绝俗。洛阳令周纡数候安，安常逃避不见。时贵戚慕安高行，多有与书者，辄不发，以虑后患，常凿壁藏书。后诸与书者果有大罪，推捕所与交通者，吏至门，安乃发壁出书，印封如故，当时皆嘉其虑远。三府并辟，公车特征，拜宛令。先是宛有报雠者，其令不忍致理，将与俱亡。县中豪强有告其处者，致捕得。安深疾恶之，到官治戮，肆之于市。惧有司绳弹，遂自免。后征拜巴郡太守，率身正下，以礼化俗。以病卒官，时服薄敛，素器不漆，子自将车。州郡贤之，表章坟墓。根举孝廉，除郎中。时和熹邓后临朝，外戚横恣，安帝长大，犹未归政。根乃与同时郎上书直谏，邓后怒，收根等伏诛。诛者皆绢囊盛，于殿上扑地。执法者以根德重事公，默语行事人，使不加力。诛讫，车载城外，根以扑轻得苏息，遂闭目不动摇。经三日，乃密起逃窜，为宜城山中酒家客，积十五年，酒家知其贤，常厚敬待。邓后崩，安帝谓根久死。以根等忠直，普下天下，录见诛者子孙。根乃自出，征诣公车，拜符节令。或问根："往日遭难，天下同类知故不少，何至自苦历年如此？"根答曰："周旋人间，非绝迹之处。邂逅发露，祸及亲

知,故不为也。"迁济阴太守,以德让为政,风移俗改。年七十八以寿终,棺不加漆,敛以时服。长吏下车,常先诣安、根墓致祠。

建安初,太祖迎天子都许。袭逃还乡里,太祖以为西鄂长。县滨南境,寇贼纵横。时长吏皆敛民保城郭,不得农业。野荒民困,仓庾空虚。袭自知恩结于民,乃遣老弱各分散就田业,留丁强备守,吏民欢悦。会荆州出步骑万人来攻城,袭乃悉召县吏民任拒守者五十馀人,与之要誓。其亲戚在外欲自营护者,恣听遣出;皆叩头愿致死。于是身执矢石,率与戮力。吏民感恩,咸为用命。临陈斩数百级,而袭众死者三十馀人,其馀十八人尽被创,贼得入城。袭帅伤痍吏民决围得出,死丧略尽,而无反背者。遂收散民,徙至摩陂营,吏民慕而从之如归。①

① 九州春秋曰:建安六年,刘表攻西鄂,西鄂长杜子绪帅县男女婴城而守。时南阳功曹柏孝长亦在城中,闻兵攻声,恐惧,入室闭户,牵被覆头。相攻半日,稍敢出面。其明,侧立而听。二日,往出户问消息。至四五日,乃更负楯亲斗,语子绪曰:"勇可习也。"

司隶锺繇表拜议郎参军事。荀彧又荐袭,太祖以为丞相军祭酒。魏国既建,为侍中,与王粲、和洽并用。粲强识博闻,故太祖游观出入,多得骖乘,至其见敬不及洽、袭。袭尝独见,至于夜半。粲性躁竞,起坐曰:"不知公对杜袭道何等也?"洽笑答曰:"天下事岂有尽邪?卿昼侍可矣,悒悒于此,欲兼之乎!"后袭领丞相长史,随太祖到汉中讨张鲁。太祖还,拜袭驸马都尉,留督汉中军事。绥怀开导,百姓自乐出徙洛、邺者,八万馀口。夏侯渊为刘备所没,军丧元帅,将士失色。袭与张郃、郭淮纠摄诸军事,权宜以郃为督,以一众心,三军遂定。太祖东还,当选留府长史,镇守长安,主者所选多不当,太祖令曰:"释骐骥而不乘,焉皇皇而更索?"遂以袭为留府长史,驻关中。

时将军许攸拥部曲，不附太祖而有慢言。太祖大怒，先欲伐之。群臣多谏："可招怀攸，共讨强敌。"太祖横刀于膝，作色不听。袭人欲谏，太祖逆谓之曰："吾计以定，卿勿复言。"袭曰："若殿下计是邪，臣方助殿下成之；若殿下计非邪，虽成宜改之。殿下逆臣，令勿言之，何待下之不阐乎？"太祖曰："许攸慢吾，如何可置乎？"袭曰："殿下谓许攸何如人邪？"太祖曰："凡人也。"袭曰："夫惟贤知贤，惟圣知圣，凡人安能知非凡人邪？方今豺狼当路而狐狸是先，人将谓殿下避强攻弱，进不为勇，退不为仁。臣闻千钧之弩不为鼷鼠发机，万石之钟不以莛撞起音，今区区之许攸，何足以劳神武哉？"太祖曰："善。"遂厚抚攸，攸即归服。时夏侯尚昵于太子，情好至密。袭谓尚非益友，不足殊待，以闻太祖。文帝初甚不悦，后乃追思。语在尚传。其柔而不犯，皆此类也。

文帝即王位，赐爵关内侯。及践阼，为督军粮御史，封武平亭侯，更为督军粮执法，入为尚书。明帝即位，进封平阳乡侯。诸葛亮出秦川，大将军曹真督诸军拒亮，徙袭为大将军军师，分邑百户赐兄基爵关内侯。真薨，司马宣王代之，袭复为军师，增邑三百，并前五百五十户。以疾征还，拜太中大夫。薨，追赠少府。谥曰定侯。子会嗣。

赵俨字伯然，颍川阳翟人也。避乱荆州，与杜袭、繁钦通财同计，合为一家。太祖始迎献帝都许，俨谓钦曰："曹镇东应期命世，必能匡济华夏，吾知归矣。"建安二年，年二十七，遂扶持老弱诣太祖，太祖以俨为朗陵长。县多豪猾，无所畏忌。俨取其尤甚者，收缚案验，皆得死罪。俨既囚之，乃表府解放，自是威恩并著。时袁绍举兵南侵，遣使招诱豫州诸郡，诸郡多受其命。惟阳安郡不动，而都尉李通急录户调。俨见通曰："方今天下未集，诸郡并叛，怀附者复收其绵绢,小人乐乱,能无遗恨! 且远近多虞,不可不详也。"通曰:"绍与大将军相持甚急,左右郡县背叛乃尔。若绵绢不调送,观听者必谓我顾望,有所须待也。"俨曰:"诚亦如君虑;然当权其轻重,小缓调,当为君释此患。"乃书与荀彧曰:"今阳安郡当送绵绢,道路艰阻,必致寇害。百姓困穷,邻城并叛,易用倾荡,乃一方安危之机也。且此郡人执守忠节,在险不贰。微善必赏,则为义者劝。善为国者,藏之于民。以为国家宜垂慰抚,所敛绵绢,皆俾还之。"彧报曰:"辄白曹公,公文下郡,绵绢悉以还民。"上下欢喜,郡内遂安。

入为司空掾属主簿。[1] 时于禁屯颍阴,乐进屯阳翟,张辽屯长社,诸将任气,多共不协;使俨并参三军,每事训喻,遂相亲睦。太祖征荆州,以俨领章陵太守,徙都督护军,护于禁、张辽、张郃、朱灵、李典、路招、冯楷七军。复为丞相主簿,迁扶风太守。太祖徙出故韩遂、马超等兵五千馀人,使平难将军殷署等督领,以俨为关中护军,尽统诸军。羌虏数来寇害,俨率署等追到新平,大破之。屯田客吕并自称将军,聚党据陈仓,俨复率署等攻之,贼即破灭。

① 魏略曰:太祖北拒袁绍,时远近无不私遗笺记,通意于绍者。俨与领阳安太守李通同治,通亦欲遣使。俨为陈绍必败意,通乃止。及绍破走,太祖使人搜阅绍记室,惟不见通书疏,阴知俨必为之计,乃曰:"此必赵伯然也。"

臣松之案魏武纪:破绍后,得许下军中人书,皆焚之。若故使人搜阅,知其有无,则非所以安人情也。疑此语为不然。

时被书差千二百兵往助汉中守,署督送之。行者卒与室家别,皆有忧色。署发后一日,俨虑其有变,乃自追至斜谷口,人人慰劳,又深戒署。还宿雍州刺史张既舍。署军复前四十里,兵果叛乱,未知署吉凶。而俨自随步骑百五十人,皆与叛者同部曲,或婚姻，得此问，各惊，被甲持兵，不复自安。俨欲还，既等以为"今本营党已扰乱，一身赴之无益，可须定问"。俨曰："虽疑本营与叛者同谋，要当闻行者变，乃发之。又有欲善不能自定，宜及犹豫，促抚宁之。且为之元帅，既不能安辑，身受祸难，命也。"遂去。行三十里止，放马息，尽呼所从人，喻以成败，慰励恳切。皆慷慨曰："死生当随护军，不敢有二。"前到诸营，各召料简诸奸结叛者八百馀人，散在原野，惟取其造谋魁率治之，馀一不问。郡县所收送，皆放遣，乃即相率还降。俨密白："宜遣将诣大营，请旧兵镇守关中。"太祖遣将军刘柱将二千人，当须到乃发遣，而事露，诸营大骇，不可安喻。俨谓诸将曰："旧兵既少，东兵未到，是以诸营图为邪谋。若或成变，为难不测。因其狐疑，当令早决。"遂宣言当差留新兵之温厚者千人镇守关中，其馀悉遣东。便见主者，内诸营兵名籍，案累重，立差别之。留者意定，与俨同心。其当去者亦不敢动，俨一日尽遣上道，因使所留千人，分布罗落之。东兵寻至，乃复胁喻，并徙千人，令相及共东，凡所全致二万馀口。①

①孙盛曰：盛闻为国以礼，民非信不立。周成不弃桐叶之言，晋文不违伐原之誓，故能隆刑措之道，建一匡之功。俨既诈留千人，使效心力，始虽权也，宜以信终。兵威既集，而又逼徙。信义丧矣，何以临民？

关羽围征南将军曹仁于樊。俨以议郎参仁军事南行，与平寇将军徐晃俱前。[7]既到，羽围仁遂坚，馀救兵未到。晃所督不足解围，而诸将呵责晃促救。俨谓诸将曰："今贼围素固，水潦犹盛。我徒卒单少，而仁隔绝不得同力，此举适所以弊内外耳。当今不若前军逼围，遣谍通仁，使知外救，以励将士。计北军不过十日，尚足坚守。然后表里俱发，破贼必矣。如有缓救之戮，余为诸军当之。"诸将皆喜，便作地道，箭飞书与仁，消息数通，北军亦至，并势大战。羽军既退，舟船犹据沔水，襄阳隔绝不通，而孙权袭取羽辎重,羽闻之,即走南还。仁会诸将议,咸曰:"今因羽危惧,必可追禽也。"俨曰:"权邀羽连兵之难,欲掩制其后,顾羽还救,恐我承其两疲,故顺辞求效,乘衅因变,以观利钝耳。今羽已孤迸,更宜存之以为权害。若深入追北,权则改虞于彼,将生患于我矣。王必以此为深虑。"仁乃解严。太祖闻羽走,恐诸将追之,果疾敕仁,如俨所策。

文帝即王位,为侍中。顷之,拜驸马都尉,领河东太守,典农中郎将。黄初三年,赐爵关内侯。孙权寇边,征东大将军曹休统五州军御之,征俨为军师。权众退,军还,封宜土亭侯,转为度支中郎将,迁尚书。从征吴,到广陵,复留为征东军师。明帝即位,进封都乡侯,邑六百户,监荆州诸军事,假节。会疾,不行,复为尚书,出监豫州诸军事,转大司马军师,入为大司农。齐王即位,以俨监雍、凉诸军事,假节,转征蜀将军,又迁征西将军,都督雍、凉。正始四年,老疾求还,征为骠骑将军,①迁司空。薨,谥曰穆侯。子亭嗣。初,俨与同郡辛毗、陈群、杜袭并知名,号曰辛、陈、杜、赵云。

> ①魏略曰:旧故四征有官厨财籍,迁转之际,无不因缘。而俨叉手上车,发到霸上,忘持其常所服药。雍州闻之,乃追送杂药材数箱,俨笑曰:"人言语殊不易,我偶问所服药耳,何用是为邪?"遂不取。

裴潜字文行,河东闻喜人也。①避乱荆州,刘表待以宾礼。潜私谓所亲王粲、司马芝曰:"刘牧非霸王之才,乃欲西伯自处,其败无日矣。"遂南适长沙。太祖定荆州,以潜参丞相军事,出历三县令,入为仓曹属。太祖问潜曰:"卿前与刘备俱在荆州,卿以备才略何如?"潜曰:"使居中国,能乱人而不能为治也。若乘间守险,足以为一方主。"

> ①魏略曰:潜世为著姓。父茂,仕灵帝时,历县令、郡守、尚书。建安初,

三国志卷二十三

以奉使率导关中诸将讨李傕有功，封列侯。潜少不修细行，由此为父所不礼。

时代郡大乱，以潜为代郡太守。乌丸王及其大人，凡三人，各自称单于，专制郡事。前太守莫能治正，太祖欲授潜精兵以镇讨之。潜辞曰："代郡户口殷众，士马控弦，动有万数。单于自知放横日久，内不自安。今多将兵往，必惧而拒境，少将则不见惮。宜以计谋图之，不可以兵威迫也。"遂单车之郡。单于惊喜。潜抚之以静。单于以下脱帽稽颡，悉还前后所掠妇女、器械、财物。潜案诛郡中大吏与单于为表里者郝温、郭端等十馀人，北边大震，百姓归心。在代三年，还为丞相理曹掾，太祖褒称治代之功，潜曰："潜于百姓虽宽，于诸胡为峻。今计者必以潜为理过严，而事加宽惠；彼素骄恣，过宽必弛，既弛又将摄之以法，此讼争所由生也。以势料之，代必复叛。"于是太祖深悔还潜之速。后数十日，三单于反问至，乃遣鄢陵侯彰为骁骑将军征之。

潜出为沛国相，迁兖州刺史。太祖次摩陂，叹其军陈齐整，特加赏赐。文帝践阼，入为散骑常侍。出为魏郡、颍川典农中郎将，奏通贡举，比之郡国，由是农官进仕路泰。迁荆州刺史，赐爵关内侯。明帝即位，入为尚书。出为河南尹，转太尉军师、大司农，封清阳亭侯，邑二百户。入为尚书令，奏正分职，料简名实，出事使断官府者百五十馀条。丧父去官，拜光禄大夫。正始五年薨，追赠太常，谥曰贞侯。①子秀嗣。遗令俭葬，墓中惟置一坐，瓦器数枚，其馀一无所设。秀，咸熙中为尚书仆射。②

①魏略曰：时远近皆云当为公，会病亡。始潜自感所生微贱，无舅氏，又为父所不礼，即折节仕进，虽多所更历，清省恪然。每之官，不将妻子。妻子贫乏，织薜荔以自供。又潜为兖州时，尝作一胡床，及其去也，留以挂柱。又以父在京师，出入薄拳车；群弟之田庐，常步行；家

人小大或并日而食；其家教上下相奉，事有似于石奋。其履检校度，自魏兴少能及者。潜为人材博，有雅容，[8]然但如此而已，终无所推进，故世归其絜而不宗其馀。

②文章叙录曰：秀字季彦。弘通博济，八岁能属文，遂知名。大将军曹爽辟。丧父服终，推财与兄弟。年二十五，迁黄门侍郎。爽诛，以故吏免。迁卫国相，累迁散骑常侍、尚书仆射令、光禄大夫。咸熙中，晋文王始建五等，命秀典为制度，封广川侯。晋室受禅，进左光禄大夫，改封钜鹿公，迁司空。著易及乐论，又画地域图十八篇，传行于世。盟会图及典治官制皆未成。年四十八，泰始七年薨，谥元公，配食宗庙。少子顗，字逸民，袭封。

荀绰冀州记曰：顗为人弘雅有远识，博学稽古，履行高整，自少知名。历位太子中庶子、侍中尚书。元康末，为尚书左仆射。赵王伦以其望重，畏而恶之，知其不与贾氏同心，犹被枉害。

臣松之案陆机惠帝起居注称"顗雅有远量，当朝名士也"，又曰"民之望也"。顗理具渊博，赡于论难，著崇有、贵无二论，以矫虚诞之弊，文辞精富，为世名论。子嵩，字道文。荀绰称嵩有父祖风。为中书郎，早卒。顗从父弟邈，字景声，有隽才，为太傅司马越从事中郎，假节监中外营诸军事。

潜少弟徽，字文季，冀州刺史。有高才远度，善言玄妙。事见荀粲、傅嘏、王弼、管辂诸传。徽长子黎，字伯宗，一名演，游击将军。次康，字仲豫，太子左卫率。次楷，字叔则，侍中中书令、光禄大夫、开府。次绰，字季舒，黄门侍郎，早卒，追赠长水校尉。康、楷、绰皆为名士，而楷才望最重。

晋诸公赞曰：康有弘量，绰以明达为称，楷少与琅邪王戎俱为掾发名，钟会致之大将军司马文王曰："裴楷清通，王戎简要。"文王即辟为掾，进历显位。谢鲲为乐广传，称楷隽朗有识具，当时独步。黎子苞，秦州刺史。康子纯，黄门侍郎。次盾，徐州刺史。次邰，有器望。晋元帝为安东将军，邰为长史，侍中王旷与司马越书曰："裴邰在此，虽不治事，然识量弘淹，此下人士大敬附之。"次廓，中垒将军。楷子瓒，中书郎。次宪，豫州刺史。绰子遽，太傅主簿。瓒、遽并有盛名，早卒。晋诸公赞称宪有清识。

魏略列传以徐福、严干、李义、张既、游楚、梁习、赵俨、裴潜、韩宣、黄朗十人共卷，其既、习、俨、潜四人自有传，徐福事在诸葛亮传，游楚事在张既传。馀韩等四人载之于后。

严干字公仲，李义字孝懿，皆冯翊东县人也。冯翊东县旧无冠族，故二人并单家，其器性皆重厚。当中平末，同年二十馀，干好击剑，义好办护丧事。冯翊甲族桓、田、吉、郭及故侍中郑文信等，颇以其各有器实，共纪识之。会三辅乱，人多流宕，而干、义不去，与诸知故相浮沈，采樵自活。逮建安初，关中始开。诏分冯翊西数县为左内史郡，治高陵；以东数县为本郡，治临晋。义于县分当西属，义谓干曰："西县儿曹，不可与争坐席，今当共作方床耳。"遂相附结，皆仕东郡为右职。司隶辟干，不至。岁终，郡举干孝廉，义上计掾。义留京师，为平陵令，迁冗从仆射，遂历显职。逮魏封十郡，请义以为军祭酒，又为魏尚书左仆射。及文帝即位，拜谏议大夫、执金吾卫尉，卒官。义子丰，字宣国，见夏侯玄传。干以孝廉拜蒲阪令，病，去官。复举至孝，为公车司马令。为州所请，诏拜议郎，还参州事。会以建策捕高干，又追录前讨郭援功，封武乡侯，迁弘农太守。及马超反，干郡近超，民人分散。超破，为汉阳太守。迁益州刺史，以道不通，黄初中，转为五官中郎将。明帝时，迁永安太仆，数岁卒。始李义以直道推诚于人，故于时陈群等与之齐好。虽无他材力，而终仕进不顿踬。干从破乱之后，更折节学问，特善春秋公羊。司隶锺繇不好公羊而好左氏，谓左氏为太官，而谓公羊为卖饼家，故数与干共辩析长短。繇为人机捷，善持论，而干讷口，临时屈无以应。繇谓干曰："公羊高竟为左丘明服矣。"干曰："直故吏为明使君服耳，公羊未肯也。"

韩宣字景然，勃海人也。为人短小。建安中，丞相召署军谋掾，冗散在邺。尝于邺出入宫，于东掖门内与临菑侯植相遇。时天新雨，地有泥潦。宣欲避之，阙潦不得去。乃以扇自障，住于道边。植嫌宣既不去，又不为礼，乃驻车，使其常从问宣何官？宣云："丞相军谋掾也。"植又问曰："应得唐突列侯否?"宣曰:"春秋之义,王人虽微,列于诸侯之上,未闻宰士而为下士诸侯礼也。"植又曰:"即如所言,为人父吏,见其子应有礼否?"宣又曰:"于礼,臣、子一例也,而宣年又长。"植知其枝柱难穷,乃释去,具为太子言,以为辩。黄初中,为尚书郎,尝以职事当受罚于殿前,已缚,束杖未行。文帝辇过,问:"此为谁?"左右对曰:"尚书郎勃海韩宣也。"帝追念前临菑侯所说,乃窹曰:"是子建所道韩宣邪!"特原之,遂解其缚。时天大寒,宣前以当受杖,豫脱裤,缠裤面缚;及其原,禅腰不下,乃趋而去。帝目而送之,笑曰:"此家有瞻谛之士也。"后出为清河、东郡太守。明帝时,为尚书大鸿胪,数岁卒。宣前后当官,在能否之间,然善以己恕人。始南阳韩暨以宿德在宣前为大鸿胪,暨为人贤,及宣在后亦称职,故鸿胪中为之语曰:"大鸿胪,小鸿胪,前后治行曷相如。"案本志,宣名都不见,惟魏略有此传,而世语列于名臣之流。

黄朗字文达,沛郡人也。为人弘通有性实。父为本县卒,朗感其如此,抗志游学,由是为方国及其郡士大夫所礼异。特与东平右姓王惠阳为硕交,惠阳亲拜朗母于床下。朗始仕黄初中,为长吏,迁长安令,会丧母不赴,复为魏令,迁襄城典农中郎将、涿郡太守。以明帝时疾病卒。始朗为君长,自以父故,常忌不呼铃下伍伯,而呼其姓字,至于忿怒,亦终不言。朗既仕至二千石,而惠阳亦历长安令、酒泉太守。故时人谓惠阳外似粗疏而内坚密,能不顾朗之本末,事朗母如己母,为通度也。

鱼豢曰:世称君子之德其犹龙乎,盖以其善变也。昔长安市侩有刘仲始者,一为市吏所辱,乃感激,蹑其尺折之,遂行学问,经明行修,流名海内。后以有道征,不肯就,众人归其高。余以为前世偶有此耳,而今徐、严复参之,若皆非似龙之志也,其何能至于此哉?李推至道,张工度主,韩见识异,黄能拔萃,各著根于石上,而垂阴乎千里,亦未为易也。游翁慷慨,展布腹心,全躯保郡,见延帝王,又放陆生,优游宴戏,亦一实也。梁、赵及裴,虽张杨不足,至于检己,老而益明,亦难能也。

评曰:和洽清和干理,常林素业纯固,杨俊人伦行义,杜袭温粹识统,赵俨刚毅有度,裴潜平恒贞干,皆一世之美士也。至林能不系心于三司,以大夫告老,美矣哉!

【校勘记】

〔1〕不可以一节检也　检,原作"俭",据三国志辨疑卷一改。

〔2〕子离嗣　离,原作"禽",据三国志旁证卷一六改。

〔3〕离音离　离,原作"禽",同前。

〔4〕离弟逌　离,原作"禽",同前。逌,原作"适",据三国志辨误卷上改。

〔5〕广陵徐孟玉来临汝南　玉,原作"本",据后汉书卷四八徐璆传改。

〔6〕髡决减死　髡上原衍"肇"字,据三国志集解赵一清说删。

〔7〕与平寇将军徐晃俱前　与,原作"迁",据通志卷一一六改。

〔8〕有雅容　雅下原衍"要"字,据殿本考证删。

三国志卷二十四　魏书二十四

韩崔高孙王传第二十四

韩暨字公至，南阳堵阳人也。① 同县豪右陈茂，谮暨父兄，几至大辟。暨阳不以为言，庸赁积资，阴结死士，遂追呼寻禽茂，以首祭父墓，由是显名。举孝廉，司空辟，皆不就。乃变名姓，隐居避乱鲁阳山中。山民合党，欲行寇掠。暨散家财以供牛酒，请其渠帅，为陈安危。山民化之，终不为害。避袁术命召，徙居山都之山。荆州牧刘表礼辟，遂遁逃，南居孱陵界，所在见敬爱，而表深恨之。暨惧，应命，除宜城长。

①楚国先贤传曰：暨，韩王信之后。祖术，河东太守。父纯，南郡太守。

太祖平荆州，辟为丞相士曹属。后迁乐陵太守，徙监冶谒者。旧时冶，作马排，蒲拜反。为排以吹炭。每一熟石用马百匹；更作人排，又费功力；暨乃因长流为水排，计其利益，三倍于前。在职七年，器用充实。制书褒叹，就加司金都尉，班亚九卿。文帝践阼，封宜城亭侯。黄初七年，迁太常，进封南乡亭侯，邑二百户。

时新都洛阳，制度未备，而宗庙主祏音石。① 皆在邺都。暨奏请迎邺四庙神主,建立洛阳庙,四时蒸尝,亲奉粢盛。崇明正礼,废去淫祀,多所匡正。在官八年,以疾逊位。景初二年春,诏曰:"太中大夫韩暨,澡身浴德,志节高絜,年逾八十,守道弥固,可谓纯笃,老而益劭者也。其以暨为司徒。"夏四月薨,遗令敛以时服,葬为土藏。谥曰恭侯。② 子肇嗣。肇薨,子邦嗣。③

① 春秋传曰:命我先人典司宗祏。注曰:"宗庙所以藏主石室者。"

② 楚国先贤传曰:暨临终遗言曰:"夫俗奢者,示之以俭,俭则节之以礼。历见前代送终过制,失之甚矣。若尔曹敬听吾言,敛以时服,葬以土藏,穿毕便葬,送以瓦器,慎勿有增益。"又上疏曰:"生有益于民,死犹不害于民。况臣备位台司,在职日浅,未能宣扬圣德以广益黎庶。寝疾弥留,奄即幽冥。方今百姓农务,不宜劳役,乞不令洛阳吏民供设丧具。惧国典有常,使臣私愿不得展从,谨冒以闻,惟蒙哀许。"帝得表嗟叹,乃诏曰:"故司徒韩暨,积德履行,忠以立朝,至于黄发,直亮不亏。既登三事,望获毗辅之助,如何奄忽,天命不永!曾参临没,易箦以礼;晏婴尚俭,遣车降制。今司徒知命,遗言恤民,必欲崇约,可谓善始令终者也。其丧礼所设,皆如故事,勿有所阙。特赐温明秘器,衣一称,五时朝服,玉具剑佩。"

③ 楚国先贤传曰:邦字长林。少有才学。晋武帝时为野王令,有称绩。为新城太守,坐举野王故吏为新城计吏,武帝大怒,遂杀邦。暨次子繇,高阳太守。繇子洪,侍御史。洪子寿,字德贞。

晋诸公赞曰:自暨已下,世治素业,寿能敦尚家风,性尤忠厚。早历清职,惠帝践阼,为散骑常侍,迁守河南尹。病卒,赠骠骑将军。寿妻贾充女。充无后,以寿子谧为嗣,弱冠为秘书监侍中,性骄侠而才出众。少子蔚,亦有器望,并为赵王伦所诛。韩氏遂灭。

崔林字德儒,清河东武城人也。少时晚成,宗族莫知,惟从兄琰异之。太祖定冀州,召除邬长,贫无车马,单步之官。太祖征壶关,问长吏德政最者,并州刺史张陟以林对,于是擢为冀州主簿,徙署别驾、丞相掾属。魏国既建,稍迁御史中丞。

文帝践阼,拜尚书,出为幽州刺史。北中郎将吴质统河北军事,涿郡太守王雄谓林别驾曰:"吴中郎将,上所亲重,国之贵臣也。仗节统事,州郡莫不奉笺致敬,而崔使君初不与相闻。若以边塞不修斩卿,使君宁能护卿邪?"别驾具以白林,林曰:"刺史视去此州如脱屣,宁当相累邪?此州与胡虏接,宜镇之以静,扰之则动其逆心,特为国家生北顾忧,以此为寄。"在官一期,寇窃寝息;[1] 犹以不事上司,左迁河间太守,清论多为林怨也。[2]

[1]案王氏谱:雄字元伯,太保祥之宗也。

魏名臣奏载安定太守孟达荐雄曰:"臣闻明君以求贤为业,忠臣以进善为效,故易称'拔茅连茹',传曰'举尔所知'。臣不自量,窃慕其义。臣昔以人乏,谬充备部职。时涿郡太守王雄为西部从事,与臣同僚。雄天性良固,果而有谋。历试三县,政成人和。及在近职,奉宣威恩,怀柔有术,清慎持法。臣往年出使,经过雄郡。自说特受陛下拔擢之恩,常励节精心,思投命为效。言辞激扬,情趣款恻。臣虽愚暗,不识真伪,以谓雄才兼资文武,忠烈之性,逾越伦辈。今涿郡领户三千,孤寡之家,参居其半,北有守兵藩卫之固,诚不足舒雄智力,展其勤干也。臣受恩深厚,无以报国,不胜偻偻浅见之情,谨冒陈闻。"诏曰:"昔萧何荐韩信,邓禹进吴汉,惟贤知贤也。雄有胆智技能文武之姿,吾宿知之。今便以参散骑之选,方使少在吾门下知指归,便大用之矣。天下之士,欲使皆先历散骑,然后出据州郡,是吾本意也。"雄后为幽州刺史。子浑,凉州刺史。次乂,平北将军。司徒安丰侯戎,浑之子。太尉武陵侯衍、荆州刺史澄,皆乂之子。

[2]魏名臣奏载侍中辛毗奏曰:"昔桓阶为尚书令,以崔林非尚书才,迁以为河间太守。"与此传不同。

迁大鸿胪。龟兹王遣侍子来朝,朝廷嘉其远至,褒赏其王甚厚。馀国各遣子来朝,间使连属,林恐所遣或非真的,权取疏属贾胡,因通使命,利得印绶,而道路护送,所损滋多。劳所养之民,资无益之事,为夷狄所笑,此曩时之所患也。乃移书燉煌喻指,并录前世待遇诸国丰约故事,使有恒常。明帝即位,赐爵关内侯,转光禄勋、司隶校尉。属郡皆罢非法除过员吏。林为政推诚,简存大体,是以去后每辄见思。

散骑常侍刘劭作考课论,制下百僚。林议曰:"案周官考课,其文备矣,自康王以下,遂以陵迟,此即考课之法存乎其人也。及汉之季,其失岂在乎佐史之职不密哉?方今军旅,或猥或卒,备之以科条,申之以内外,增减无常,固难一矣。且万目不张举其纲,众毛不整振其领。皋陶仕虞,伊尹臣殷,不仁者远。五帝三王未必如一,而各以治乱。易曰:'易简,而天下之理得矣。'太祖随宜设辟,以遗来今,不患不法古也。以为今之制度,不为疏阔,惟在守一勿失而已。若朝臣能任仲山甫之重,式是百辟,则孰敢不肃?"

景初元年,司徒、司空并缺,散骑侍郎孟康荐林曰:"夫宰相者,天下之所瞻效,诚宜得秉忠履正本德仗义之士,足为海内所师表者。窃见司隶校尉崔林,禀自然之正性,体高雅之弘量。论其所长以比古人,忠直不回则史鱼之俦,清俭守约则季文之匹也。牧守州郡,所在而治,及为外司,万里肃齐,诚台辅之妙器,衮职之良才也。"后年遂为司空,封安阳亭侯,邑六百户。三公封列侯,自林始也。① 顷之,又进封安阳乡侯。

①臣松之以为汉封丞相邑,为荀悦所讥。魏封三公,其失同也。

鲁相上言:"汉旧立孔子庙,褒成侯岁时奉祠,辟雍行礼,必祭先师,王家出谷,春秋祭祀。今宗圣侯奉嗣,未有命祭之礼,宜给牲牢,长吏奉祀,尊为贵神。"制三府议,博士傅祗以春秋传言立在祀典,则孔子是也。宗圣适足继绝世,章盛德耳。至于显立言,崇明德,则宜如鲁相所上。林议以为"宗圣侯亦以王命祀,不为未有命也。周武王封黄帝、尧、舜之后,及立三恪,禹、汤之世,不列于时,复特命他官祭也。今周公已上,达于三皇,忽焉不祀,而其礼经亦存其言。今独祀孔子者,以世近故也。以大夫之后,特受无疆之祀,礼过古帝,义逾汤、武,可谓崇明报德矣,无复重祀于非族也。"①

①臣松之以为孟轲称宰我之辞曰:"以予观夫子,贤于尧舜远矣。"又曰:"生民以来,未有盛于孔子者也。"斯非通贤之格言,商较之定准乎! 虽妙极则同,万圣犹一,然淳薄异时,质文殊用,或当时则荣,没则已焉,是以遗风所被,寔有深浅。若乃经纬天人,立言垂制,百王莫之能违,彝伦资之以立,诚一人而已耳。周监二代,斯文为盛。然于六经之道,未能及其精致。加以圣贤不兴,旷年五百,道化陵夷,宪章殆灭,若使时无孔门,则周典几乎息矣。夫能光明先王之道,以成万世之功,齐天地之无穷,等日月之久照,岂不有逾于群圣哉?林曾无史迁洞想之诚,梅真慷慨之志,而守其蓬心以塞明义,可谓多见其不知量也。

明帝又分林邑,封一子列侯。正始五年薨,谥曰孝侯。子述嗣。①

①晋诸公赞曰:述弟随,晋尚书仆射。为人亮济。赵王伦篡位,随与其事。伦败,随亦废锢而卒。林孙玮,性率而疏,至太子右卫率也。初,林识拔同郡王经于民伍之中,卒为名士,世以此称之。

高柔字文惠,陈留圉人也。父靖,为蜀郡都尉。①柔留乡里,谓邑中曰:"今者英雄并起,陈留四战之地也。曹将军虽据兖州,本有四方之图,未得安坐守也。而张府君先得志于陈留,吾恐变乘间作也,欲与诸君避之。"众人皆以张邈与太祖善,柔又年少,不然其言。柔从兄幹,袁绍甥也,②在河北呼柔,柔举宗从之。会靖卒于西州,时道路艰涩,兵寇纵横,而柔冒艰险诣蜀迎丧,辛苦荼毒,无所不尝,三年乃还。

①陈留耆旧传曰：靖高祖父固，不仕王莽世，为淮阳太守所害，以烈节垂名。固子慎，字孝甫。敦厚少华，有沈深之量。抚育孤兄子五人，恩义甚笃。琅邪相何英嘉其行履，以女妻焉。英即车骑将军熙之父也。慎历二县令、东莱太守。老病归家，草屋蓬户，瓮缶无储。其妻谓之曰："君累经宰守，积有年岁，何能不少为储畜以遗子孙乎？"慎曰："我以勤身清名为之基，以二千石遗之，不亦可乎！"子式，至孝，常尽力供养。永初中，螟蝗为害，独不食式麦，围令周强以表州郡。太守杨舜举式孝子，让不行。后以孝廉为郎。次子昌，昌弟赐，并为刺史、郡守。式子弘，孝廉。弘生靖。

②谢承后汉书曰：幹字元才。才志弘邈，文武秀出。父躬，蜀郡太守。祖赐，司隶校尉。

案陈留耆旧传及谢承书，幹应为柔从父，非从兄也。未知何者为误。

太祖平袁氏，以柔为菅长。[1]县中素闻其名，奸吏数人，皆自引去。柔教曰："昔邴吉临政，吏尝有非，犹尚容之。况此诸吏，于吾未有失乎！其召复之。"咸还，皆自励，咸为佳吏。高幹既降，顷之以并州叛。柔自归太祖，太祖欲因事诛之，以为刺奸令史；处法允当，狱无留滞，辟为丞相仓曹属。①太祖欲遣锺繇等讨张鲁，柔谏，以为今猥遣大兵，西有韩遂、马超，谓为己举，将相扇动作逆，宜先招集三辅，三辅苟平，汉中可传檄而定也。繇入关，遂、超等果反。

①魏氏春秋曰：柔既处法平允，又夙夜匪懈，至拥膝抱文书而寝。太祖尝夜微出，观察诸吏，见柔，哀之，徐解裘覆柔而去。自是辟焉。

魏国初建，为尚书郎。转拜丞相理曹掾，令曰："夫治定之化，以礼为首。拨乱之政，以刑为先。是以舜流四凶族，皋陶作士。汉祖除秦苛法，萧何定律。掾清识平当，明于宪典，勉恤之哉！"鼓吹宋金等在合肥亡逃。旧法，军征士亡，考竟其妻子。太祖患犹不息，更重其刑。金有母妻及二弟皆给官，主者奏尽杀之。柔启曰：

"士卒亡军,诚在可疾,然窃闻其中时有悔者。愚谓乃宜贷其妻子,一可使贼中不信,二可使诱其还心。正如前科,固已绝其意望,而猥复重之,柔恐自今在军之士,见一人亡逃,诛将及己,亦且相随而走,不可复得杀也。此重刑非所以止亡,乃所以益走耳。"太祖曰:"善。"即止不杀金母、弟,蒙活者甚众。

迁为颍川太守,复还为法曹掾。时置校事卢洪、赵达等,使察群下,柔谏曰:"设官分职,各有所司。今置校事,既非居上信下之旨。又达等数以憎爱擅作威福,宜检治之。"太祖曰:"卿知达等,恐不如吾也。要能刺举而辨众事,使贤人君子为之,则不能也。昔叔孙通用群盗,良有以也。"达等后奸利发,太祖杀之以谢于柔。

文帝践阼,以柔为治书侍御史,赐爵关内侯,转加治书执法。民间数有诽谤妖言,帝疾之,有妖言辄杀,而赏告者。柔上疏曰:"今妖言者必戮,告之者辄赏。既使过误无反善之路,又将开凶狡之群相诬罔之渐,诚非所以息奸省讼,缉熙治道也。昔周公作诰,称殷之祖宗,咸不顾小人之怨。在汉太宗,亦除妖言诽谤之令。臣愚以为宜除妖谤赏告之法,以隆天父养物之仁。"帝不即从,而相诬告者滋甚。帝乃下诏:"敢以诽谤相告者,以所告者罪罪之。"于是遂绝。校事刘慈等,自黄初初数年之间,举吏民奸罪以万数,柔皆请惩虚实;其余小小挂法者,不过罚金。四年,迁为廷尉。

魏初,三公无事,又希与朝政。柔上疏曰:"天地以四时成功,元首以辅弼兴治;成汤仗阿衡之佐,文、武凭旦、望之力,逮至汉初,萧、曹之俦并以元勋代作心膂,此皆明王圣主任臣于上,贤相良辅股肱于下也。今公辅之臣,皆国之栋梁,民所具瞻,而置之三事,不使知政,遂各偃息养高,鲜有进纳,诚非朝廷崇用大臣之义,大臣献可替否之谓也。古者刑政有疑,辄议于槐棘之下。自今之后,朝有疑议及刑狱大事,宜数以咨访三公。三公朝朔望之日,又可特延入,讲论得失,博尽事情,庶有裨起天听,弘益大化。"帝嘉纳焉。

帝以宿嫌,欲枉法诛治书执法鲍勋,而柔固执不从诏命。帝怒甚,遂召柔诣台;遣使者承指至廷尉考竟勋,勋死乃遣柔还寺。

明帝即位,封柔延寿亭侯。时博士执经,柔上疏曰:"臣闻遵道重学,圣人洪训;褒文崇儒,帝者明义。昔汉末陵迟,礼乐崩坏,雄战虎争,以战陈为务,遂使儒林之群,幽隐而不显。太祖初兴,愍其如此,在于拨乱之际,并使郡县立教学之官。高祖即位,遂阐其业,兴复辟雍,州立课试,于是天下之士,复闻庠序之教,亲俎豆之礼焉。陛下临政,允迪睿哲,敷弘大猷,光济先轨,虽夏启之承基,周成之继业,诚无以加也。然今博士皆经明行修,一国清选,而使迁除限不过长,惧非所以崇显儒术,帅励怠惰也。孔子称'举善而教不能则劝',故楚礼申公,学士锐精,汉隆卓茂,搢绅竞慕。臣以为博士者,道之渊数,六艺所宗,宜随学行优劣,待以不次之位。敦崇道教,以劝学者,于化为弘。"帝纳之。

后大兴殿舍,百姓劳役;广采众女,充盈后宫;后宫皇子连夭,继嗣未育。柔上疏曰:"二虏狡猾,潜自讲肄,谋动干戈,未图束手;宜畜养将士,缮治甲兵,以逸待之。而顷兴造殿舍,上下劳扰;若使吴、蜀知人虚实,通谋并势,复俱送死,甚不易也。昔汉文惜十家之资,不营小台之娱;去病虑匈奴之害,不遑治第之事。况今所损者非惟百金之费,所忧者非徒北狄之患乎?可粗成见所营立,以充朝宴之仪。乞罢作者,使得就农。二方平定,复可徐兴。昔轩辕以二十五子,传祚弥远;周室以姬国四十,历年滋多。陛下聪达,穷理尽性,而顷皇子连多夭逝,熊罴之祥又未感应。群下之心,莫不悒戚。周礼,天子后妃以下百二十人,嫔嫱之仪,既以盛矣。窃闻后庭之数,或复过之,圣嗣不昌,殆能由此。臣愚以为可妙简淑媛,以备内官之数,其馀尽遣还家。且以育精养神,专静为宝。如此,则螽斯之征,可庶而致矣。"帝报曰:"知卿忠允,乃心王室,辄克昌言;他复以闻。"

时猎法甚峻。宜阳典农刘龟窃于禁内射兔,其功曹张京诣校事言之。帝匿京名,收龟付狱。柔表请告者名,帝大怒曰:"刘龟当死,乃敢猎吾禁地。送龟廷尉,廷尉便当考掠,何复请告者主名,吾岂妄收龟邪?"柔曰:"廷尉,天下之平也,安得以至尊喜怒而毁法乎?"重复为奏,辞指深切。帝意寤,乃下京名。即还讯,各当其罪。

时制,吏遭大丧者,百日后皆给役。有司徒吏解弘遭父丧,后有军事,受敕当行,以疾病为辞。诏怒曰:"汝非曾、闵,何言毁邪?"促收考竟。柔见弘信甚羸劣,奏陈其事,宜加宽贷。帝乃诏曰:"孝哉弘也! 其原之。"

初,公孙渊兄晃,为叔父恭任内侍,先渊未反,数陈其变。及渊谋逆,帝不忍市斩,欲就狱杀之。柔上疏曰:"书称'用罪伐厥死,用德彰厥善',此王制之明典也。晃及妻子叛逆之类,诚应枭县,勿使遗育。而臣窃闻晃先数自归,陈渊祸萌,虽为凶族,原心可恕。夫仲尼亮司马牛之忧,祁奚明叔向之过,在昔之美义也。臣以为晃信有言,宜贷其死;苟自无言,便当市斩。今进不赦其命,退不彰其罪,闭著图圄,使自引分,四方观国,或疑此举也。"帝不听,竟遣使赍金屑饮晃及其妻子,赐以棺、衣,殡敛于宅。①

①孙盛曰:闻五帝无诰誓之文,三王无盟祝之事,然则盟誓之文,始自三季,质任之作,起于周微。夫贞夫之一,则天地可动,机心内萌,则鸥鸟不下。况信不足焉而祈物之必附,猜生于我而望彼之必怀,何异挟冰求温,抱炭希凉者哉?且夫要功之伦,陵肆之类,莫不背情任计,昧利忘亲,纵怀慈孝之爱,或虑倾身之祸。是以周、郑交恶,汉高请

羹,隈嚚捐子,马超背父,其为酷忍如此之极也,安在其因质委诚,取任永固哉?世主若能远览先王闲邪之至道,近鉴狡肆徇利之凶心,胜之以解网之仁,致之以来苏之惠,耀之以雷霆之威,润之以时雨之施,则不恭可敛衽于一朝,枭蟒可屈膝于象魏矣。何必拘厥亲以来其情,逼所爱以制其命乎?苟不能然,而仗夫计术,笼之以权数,检之以一切,虽览一室而庶征于四海,法生鄙局,冀或半之暂益。自不得不有不忍之刑,以遂拏戮之罚,亦犹渎盟由乎一人,而云偾坠共师,无克遗育之言耳。岂得复引四罪不及之典,司马牛获宥之义乎?假令任者皆不保其父兄,辄有二三之言,曲哀其意而悉活之,则长人子危亲自存之悖。子弟虽质,必无刑戮之忧,父兄虽逆,终无剿绝之虑。柔不究明此术非盛王之道,宜开张远义,蠲此近制,而陈法内之刑以申一人之命,可谓心存小善,非王者之体。古者杀人之中,又有仁焉。刑之于狱,未为失也。

臣松之以为辨章事理,贵得当时之宜,无为虚唱大言而终归无用。浮诞之论,不切于实,犹若画魑魅之象,而蹑于犬马之形也。质任之兴,非仿近世,[2]况三方鼎峙,辽东偏远,羁其亲属以防未然,不为非矣。柔谓晃有先言之善,宜蒙原心之宥。而盛责柔不能开张远理,蠲此近制。不达其言竟为何谓?若云猜防为非,质任宜废,是谓应大明先王之道,不预任者生死也。晃之为任,历年已久,岂得于杀活之际,方论至理之本。是何异丛棘既繁,事须判决,空论刑措之美,无闻当不之实哉?其为迂阔,亦已甚矣。汉高事穷理迫,权以济亲,而总之酷忍之科,既已大有所诬。且自古以来,未有子弟妄告父兄以图全身者,自存之悖,未之或闻。晃以兄告弟,而其事果验。谓晃应杀,将以遏防。若言之亦死,不言亦死,岂不杜归善之心,失正刑之中哉?若赵括之母,以先请获免,锺会之兄,以密言全子,古今此比,盖为不少。晃之前言,事同斯例,而独遇否闭,良可哀哉!

是时,杀禁地鹿者身死,财产没官,有能觉告者厚加赏赐。柔上疏曰:"圣王之御世,莫不以广农为务,俭用为资。夫农广则谷积,用俭则财畜,畜财积谷而有忧患之虞者,未之有也。古者,一夫不耕，或为之饥；一妇不织，或为之寒。中间已来，百姓供给众役，亲田者既减，加顷复有猎禁，群鹿犯暴，残食生苗，处处为害，所伤不赀。民虽障防，力不能御。至如荥阳左右，周数百里，岁略不收，元元之命，实可矜伤。方今天下生财者甚少，而麋鹿之损者甚多。卒有兵戎之役，凶年之灾，将无以待之。惟陛下览先圣之所念，愍稼穑之艰难，宽放民间，使得捕鹿，遂除其禁，则众庶久济，莫不悦豫矣。"①

① 魏名臣奏载柔上疏曰："臣深思陛下所以不早取此鹿者，诚欲使极蕃息，然后大取以为军国之用。然臣窃以为今鹿但有日耗，终无从得多也。何以知之？今禁地广轮且千馀里，臣下计无虑其中有虎大小六百头，狼有五百头，狐万头。使大虎一头三日食一鹿，一虎一岁百二十鹿，是为六百头虎一岁食七万二千头鹿也。使十狼日共食一鹿，是为五百头狼一岁共食万八千头鹿。鹿子始生，未能善走，使十狐一日共食一子，比至健走一月之间，是为万狐一月共食鹿子三万头也。大凡一岁所食十二万头。其雕鸮所害，臣置不计。以此推之，终无从得多，不如早取之为便也。"

　　顷之，护军营士窦礼近出不还。营以为亡，表言逐捕，没其妻盈及男女为官奴婢。盈连至州府，称冤自讼，莫有省者。乃辞诣廷尉。柔问曰："汝何以知夫不亡？"盈垂泣对曰："夫少单特，养一老姬为母，事甚恭谨，又哀儿女，抚视不离，非是轻狡不顾室家者也。"柔重问曰："汝夫不与人有怨雠乎？"对曰："夫良善，与人无雠。"又曰："汝夫不与人交钱财乎？"对曰："尝出钱与同营士焦子文，求不得。"时子文适坐小事系狱，柔乃见子文，问所坐。言次，曰："汝颇曾举人钱不？"子文曰："自以单贫，初不敢举人钱物也。"柔察子文色动，遂曰："汝昔举窦礼钱，何言不邪？"子文怪知事露，应对不次。柔曰："汝已杀礼，便宜早服。"子文于是叩头，具首杀礼本末,埋藏处所。柔便遣吏卒,承子文辞往掘礼,即得其尸。诏书复盈母子为平民。班下天下,以礼为戒。

在官二十三年,转为太常,旬日迁司空,后徙司徒。太傅司马宣王奏免曹爽,皇太后诏召柔假节行大将军事,据爽营。太傅谓柔曰:"君为周勃矣。"爽诛,进封万岁乡侯。高贵乡公即位,进封安国侯,转为太尉。常道乡公即位,增邑并前四千,前后封二子亭侯。景元四年,年九十薨,谥曰元侯。孙浑嗣。咸熙中,开建五等,以柔等著勋前朝,改封浑昌陆子。①

① 晋诸公赞曰:柔长子俊,大将军掾,次诞,历三州刺史、太仆。诞放率不伦,而决烈过人。次光,字宣茂,少习家业,明练法理。晋武帝世,为黄沙御史,与中丞同,迁守廷尉,后即真。兄诞与光异操,谓光小节,常轻侮之,而光事诞愈谨。终于尚书令。追赠司空。

孙礼字德达,涿郡容城人也。太祖平幽州,召为司空军谋掾。初丧乱时,礼与母相失,同郡马台求得礼母,礼推家财尽以与台。台后坐法当死,礼私导令逾狱自首,既而曰:"臣无逃亡之义。"径诣刺奸主簿温恢。恢嘉之,具白太祖,各减死一等。

后除河间郡丞,稍迁荥阳都尉。鲁山中贼数百人,保固险阻,为民作害;乃徙礼为鲁相。礼至官,出俸谷,发吏民,募首级,招纳降附,使还为间,应时平泰。历山阳、平原、平昌、琅邪太守。从大司马曹休征吴于夹石,礼谏以为不可深入,不从而败。迁阳平太守,入为尚书。

明帝方修宫室,而节气不和,天下少谷。礼固争,罢役,诏曰:"敬纳谠言,促遣民作。"时李惠监作,复奏留一月,有所成讫。礼径至作所,不复重奏,称诏罢民,帝奇其意而不责也。

帝猎于大石山,虎趋乘舆,礼便投鞭下马,欲奋剑斫虎,诏令礼上马。明帝临崩之时，以曹爽为大将军，宜得良佐，于床下受遗诏，拜礼大将军长史，加散骑常侍。礼亮直不挠，爽弗便也，以为扬州刺史，加伏波将军，赐爵关内侯。吴大将全琮帅数万众来侵寇，时州兵休使，在者无几。礼躬勒卫兵御之，战于芍陂，自旦及暮，将士死伤过半。礼犯蹈白刃，马被数创，手秉枹鼓，奋不顾身，贼众乃退。诏书慰劳，赐绢七百匹。礼为死事者设祀哭临，哀号发心，皆以绢付亡者家，无以入身。

征拜少府，出为荆州刺史，迁冀州牧。太傅司马宣王谓礼曰："今清河、平原争界八年，更二刺史，靡能决之；虞、芮待文王而了，宜善令分明。"礼曰："讼者据墟墓为验，听者以先老为正，而老者不可加以榎楚，又墟墓或迁就高敞，或徙避仇雠。如今所闻，虽皋陶犹将为难。若欲使必也无讼，当以烈祖初封平原时图决之。何必推古问故，以益辞讼？昔成王以桐叶戏叔虞，周公便以封之。今图藏在天府，便可于坐上断也，岂待到州乎？"宣王曰："是也。当别下图。"礼到，案图宜属平原。而曹爽信清河言，下书云："图不可用，当参异同。"礼上疏曰："管仲霸者之佐，其器又小，犹能夺伯氏骈邑，使没齿无怨言。臣受牧伯之任，奉圣朝明图，验地著之界，界实以王翁河为限；而郤以马丹候为验，诈以鸣犊河为界。假虚讼诉，疑误台阁。窃闻众口铄金，浮石沈木，三人成市虎，慈母投其杼。今二郡争界八年，一朝决之者，缘有解书图画，可得寻案摘校也。平原在两河，向东上，其间有爵堤，爵堤在高唐西南，所争地在高唐西北，相去二十馀里。可谓长叹息流涕者也。案解与图奏而郤不受诏，此臣软弱不胜其任，臣亦何颜尸禄素餐。"辄束带著履，驾车待放。爽见礼奏，大怒。劾礼怨望，结刑五岁。在家期年，众人多以为言，除城门校尉。

时匈奴王刘靖部众强盛，而鲜卑数寇边，乃以礼为并州刺史,加振武将军,使持节,护匈奴中郎将。往见太傅司马宣王,有忿色而无言。宣王曰:"卿得并州,少邪?恚理分界失分乎?今当远别,何不欢也!"礼曰:"何明公言之乖细也!礼虽不德,岂以官位往事为意邪?本谓明公齐踪伊、吕,匡辅魏室,上报明帝之托,下建万世之勋。今社稷将危,天下凶凶,此礼之所以不悦也。"因涕泣横流。宣王曰:"且止,忍不可忍。"爽诛后,入为司隶校尉,凡临七郡五州,皆有威信。迁司空,封大利亭侯,邑一百户。礼与卢毓同郡时辈,而情好不睦。为人虽互有长短,然名位略齐云。嘉平二年薨,谥曰景侯。孙元嗣。

王观字伟台,东郡廪丘人也。少孤贫励志,太祖召为丞相文学掾,出为高唐、阳泉、酇、任令,所在称治。文帝践阼,入为尚书郎、廷尉监,出为南阳、涿郡太守。涿北接鲜卑,数有寇盗,观令边民十家已上,屯居,筑京候。时或有不愿者,观乃假遣朝吏,使归助子弟,不与期会,但敕事讫各还。于是吏民相率不督自劝,旬日之中,一时俱成。守御有备,寇钞以息。明帝即位,下诏书使郡县条为剧、中、平者。主者欲言郡为中平,观教曰:"此郡滨近外虏,数有寇害,云何不为剧邪?"主者曰:"若郡为外剧,恐于明府有任子。"观曰:"夫君者,所以为民也。今郡在外剧,则于役条当有降差。岂可为太守之私而负一郡之民乎?"遂言为外剧郡,后送任子诣邺。时观但有一子而又幼弱。其公心如此。观治身清素,帅下以俭,僚属承风,莫不自励。

明帝幸许昌,召观为治书侍御史,典行台狱。时多有仓卒喜怒,而观不阿意顺指。太尉司马宣王请观为从事中郎,迁为尚书,出为河南尹,徙少府。大将军曹爽使材官张达斫家屋材,及诸私用之物,观闻知,皆录夺以没官。少府统三尚方御府内藏玩弄之宝，爽等奢放，多有干求，惮观守法，乃徙为太仆。司马宣王诛爽，使观行中领军，据爽弟羲营，赐爵关内侯，复为尚书，加驸马都尉。高贵乡公即位，封中乡亭侯。顷之，加光禄大夫，转为右仆射。常道乡公即位，进封阳乡侯，增邑千户，并前二千五百户。迁司空，固辞，不许，遣使即第拜授。就官数日，上送印绶，辄自舆归里舍。薨于家，遗令藏足容棺，不设明器，不封不树。谥曰肃侯。子惺嗣。咸熙中，开建五等，以观著勋前朝，改封惺胶东子。

评曰：韩暨处以静居行化，出以任职流称；崔林简朴知能；高柔明于法理；孙礼刚断伉厉；王观清劲贞白：咸克致公辅。及暨年过八十，起家就列；柔保官二十年，元老终位；比之徐邈、常林，于兹为疚矣。

【校勘记】

〔1〕以柔为菅长　菅，原作"管"，据三国志集解沈钦韩说改。

〔2〕非仿近世　仿，原作"防"，据三国志集解赵一清说改。

三国志卷二十五　魏书二十五

辛毗杨阜高堂隆传第二十五

辛毗字佐治，颍川阳翟人也。其先建武中，自陇西东迁。毗随兄评从袁绍。太祖为司空，辟毗，毗不得应命。及袁尚攻兄谭于平原，谭使毗诣太祖求和。① 太祖将征荆州，次于西平。毗见太祖致谭意，太祖大悦。后数日，更欲先平荆州，使谭、尚自相弊。他日置酒，毗望太祖色，知有变，以语郭嘉。嘉白太祖，太祖谓毗曰："谭可信？尚必可克不？"毗对曰："明公无问信与诈也，直当论其势耳。袁氏本兄弟相伐，非谓他人能间其间，乃谓天下可定于己也。今一旦求救于明公，此可知也。显甫见显思困而不能取，此力竭也。兵革败于外，谋臣诛于内，兄弟谗阋，国分为二；连年战伐，而介胄生虮虱，加以旱蝗，饥馑并臻，国无困仓，行无裹粮，天灾应于上，人事困于下，民无愚智，皆知土崩瓦解，此乃天亡尚之时也。兵法称有石城汤池带甲百万而无粟者，不能守也。今往攻邺，尚不还救，即不能自守。还救，即谭踵其后。以明公之威，应困穷之敌，击疲弊之寇，无异迅风之振秋叶矣。天以袁尚与明公，明公不取而伐荆州。荆州丰乐，国未有衅。仲虺有言：'取乱侮亡。'方今二袁不务远略而内相图，可谓乱矣；居者无食，行者无粮，可谓亡矣。朝不谋夕，民命靡继，而不绥之，欲待他年；他年或登，又自知亡而改修厥德，失所以用兵之要矣。今因其请救而抚之，利莫大焉。且四方之寇，莫大于河北；河北平，则六军盛而天下震。"太祖曰："善。"乃许谭平，次于黎阳。明年攻邺，克之，表毗为议郎。①

三国志卷二十五

①英雄记曰：谭、尚战于外门，谭军败奔北。郭图说谭曰："今将军国小兵少，粮匮势弱，显甫之来，久则不敌。愚以为可呼曹公来击显甫。曹公至，必先攻邺，显甫还救。将军引兵而西，自邺以北皆可虏得。若显甫军破，其兵奔亡，又可敛取以拒曹公。曹公远侨而来，粮饷不继，必自逃去。比此之际，赵国以北皆我之有，亦足与曹公为对矣。不然，不谐。"谭始不纳，后遂从之。问图："谁可使？"图答："辛佐治可。"谭遂遣毗诣太祖。

久之，太祖遣都护曹洪平下辩，使毗与曹休参之，令曰："昔高祖贪财好色，而良、平匡其过失。今佐治、文烈忧不轻矣。"军还，为丞相长史。

文帝践阼，迁侍中，赐爵关内侯。时议改正朔。毗以魏氏遵舜、禹之统，应天顺民；至于汤、武，以战伐定天下，乃改正朔。孔子曰"行夏之时"，左氏传曰"夏数为得天正"，何必期于相反。帝善而从之。

帝欲徙冀州士家十万户实河南。时连蝗民饥，群司以为不可，而帝意甚盛。毗与朝臣俱求见，帝知其欲谏，作色以见之，皆莫敢言。毗曰："陛下欲徙士家，其计安出？"帝曰："卿谓我徙之非邪？"毗曰："诚以为非也。"帝曰："吾不与卿共议也。"毗曰："陛下不以臣不肖，置之左右，厕之谋议之官，安得不与臣议邪！臣所言非私也，乃社稷之虑也，安得怒臣！"帝不答，起入内；毗随而引其裾,帝遂奋衣不还,良久乃出,曰:"佐治,卿持我何太急邪?"毗曰:"今徙,既失民心,又无以食也。"帝遂徙其半。尝从帝射雉,帝曰:"射雉乐哉!"毗曰:"于陛下甚乐,而于群下甚苦。"帝默然,后遂为之稀出。

上军大将军曹真征朱然于江陵,毗行军师。还,封广平亭侯。帝欲大兴军征吴,毗谏曰:"吴、楚之民,险而难御,道隆后服,道洿先叛,自古患之,非徒今也。今陛下祚有海内,夫不宾者,其能久乎?昔尉佗称帝,子阳僭号,历年未几,或臣或诛。何则,违逆之道不久全,而大德无所不服也。方今天下新定,土广民稀。夫庙算而后出军,犹临事而惧,况今庙算有阙而欲用之,臣诚未见其利也。先帝屡起锐师,临江而旋。今六军不增于故,而复循之,此未易也。今日之计,莫若修范蠡之养民,法管仲之寄政,则充国之屯田,明仲尼之怀远;十年之中,强壮未老,童龀胜战,兆民知义,将士思奋,然后用之,则役不再举矣。"帝曰:"如卿意,更当以虏遗子孙邪?"毗对曰:"昔周文王以纣遗武王,唯知时也。苟时未可,容得已乎!"帝竟伐吴,至江而还。

明帝即位,进封颍乡侯,邑三百户。时中书监刘放、令孙资见信于主,制断时政,大臣莫不交好,而毗不与往来。毗子敞谏曰:"今刘、孙用事,众皆影附,大人宜小降意,和光同尘;不然必有谤言。"毗正色曰:"主上虽未称聪明,不为暗劣。吾之立身,自有本末。就与刘、孙不平,不过令吾不作三公而已,何危害之有?焉有大丈夫欲为公而毁其高节者邪?"冗从仆射毕轨表言:"尚书仆射王思精勤旧吏,忠亮计略不如辛毗,毗宜代思。"帝以访放、资,放、资对曰:"陛下用思者,诚欲取其效力,不贵虚名也。毗实亮直,然性刚而专,圣虑所当深察也。"遂不用。出为卫尉。

帝方修殿舍,百姓劳役,毗上疏曰:"窃闻诸葛亮讲武治兵,而孙权市马辽东,量其意指,似欲相左右。备豫不虞,古之善政,而今者宫室大兴,加连年谷麦不收。诗云:'民亦劳止,迄可小康,惠此中国,以绥四方。'唯陛下为社稷计。"帝报曰:"二虏未灭而治宫室,直谏者立名之时也。夫王者之都,当及民劳兼办,使后世无所复增,是萧何为汉规摹之略也。今卿为魏重臣,亦宜解其大归。"帝又欲平北芒,令于其上作台观,则见孟津。毗谏曰:"天地之性,高高下下,今而反之,既非其理;加以损费人功,民不堪役。且若九河盈溢,洪水为害,而丘陵皆夷,将何以御之?"帝乃止。①

① 魏略曰:诸葛亮围祁山,不克,引退。张郃追之,为流矢所中死。帝惜郃,临朝而叹曰:"蜀未平而郃死,将若之何!"司空陈群曰:"郃诚良将,国所依也。"毗心以为郃虽可惜,然已死,不当内弱主意,而示外以不大也。乃持群曰:"陈公,是何言欤!当建安之末,天下不可一日无武皇帝也,及委国祚,而文皇帝受命。黄初之世,亦谓不可无文皇帝也,及委弃天下,而陛下龙兴。今国内所少,岂张郃乎?"陈群曰:"亦诚如辛毗言。"帝笑曰:"陈公可谓善变矣。"

臣松之以为拟人必于其伦,取譬宜引其类,故君子于其言,无所苟而已矣。毗欲弘广主意,当举若张辽之畴,安有于一将之死而可以祖宗为譬哉?非所宜言,莫过于兹。进违其类,退似谄佞,佐治刚正之体,不宜有此。魏略既已难信,习氏又从而载之,窃谓斯人受诬不少。

青龙二年,诸葛亮率众出渭南。先是,大将军司马宣王数请与亮战,明帝终不听。是岁恐不能禁,乃以毗为大将军军师,使持节;六军皆肃,准毗节度,莫敢犯违。① 亮卒,复还为卫尉。薨,谥曰肃侯。子敞嗣,咸熙中为河内太守。②

① 魏略曰:宣王数数欲进攻,毗禁不听。宣王虽能行意,而每屈于毗。

② 世语曰:敞字泰雍,官至卫尉。毗女宪英,适太常泰山羊耽,外孙夏侯湛为其传曰:"宪英聪明有才鉴。初文帝与陈思王争为太子,既而文帝得立,抱毗颈而喜曰:'辛君知我喜不?'毗以告宪英,宪英叹曰:'太子代

君主宗庙社稷者也。代君不可以不戚,主国不可以不惧,宜戚而喜,何以能久?魏其不昌乎!'弟敞为大将军曹爽参军。司马宣王将诛爽,因爽出,闭城门。大将军司马鲁芝将爽府兵,犯门斩关,出城门赴爽,来呼敞俱去。敞惧,问宪英曰:'天子在外,太傅闭城门,人云将不利国家,于事可得尔乎?'宪英曰:'天下有不可知,然以吾度之,太傅殆不得不尔!明皇帝临崩,把太傅臂,以后事付之,此言犹在朝士之耳。且曹爽与太傅俱受寄托之任,而独专权势,行以骄奢,于王室不忠,于人道不直,此举不过以诛曹爽耳。'敞曰:'然则事就乎?'宪英曰:'得无殆就!爽之才非太傅之偶也。'敞曰:'然则敞可以无出乎?'宪英曰:'安可以不出。职守,人之大义也。凡人在难,犹或恤之;为人执鞭而弃其事,不祥,不可也。且为人死,为人任,亲昵之职也,从众而已。'敞遂出。宣王果诛爽。事定之后,敞叹曰:'吾不谋于姊,几不获于义。'逮钟会为镇西将军,宪英谓从子羊祜曰:'钟士季何故西出?'祜曰:'将为灭蜀也。'宪英曰:'会在事纵恣,非持久处下之道,吾畏其有他志也。'祜曰:'季母勿多言。'其后会请子琇为参军,宪英忧曰:'他日见钟会之出,吾为国忧之矣。今日难至吾家,此国之大事,必不得止也。'琇固请司马文王,文王不听。宪英语琇曰:'行矣,戒之!古之君子,入则致孝于亲,出则致节于国,在职思其所司,在义思其所立,不遗父母忧患而已。军旅之间,可以济者,其惟仁恕乎!汝其慎之!'琇竟以全身。宪英年至七十有九,泰始五年卒。"

杨阜字义山,天水冀人也。① 以州从事为牧韦端使诣许,拜安定长史。阜还,关右诸将问袁、曹胜败孰在,阜曰:"袁公宽而不断,好谋而少决;不断则无威,少决则失后事,今虽强,终不能成大业。曹公有雄才远略,决机无疑,法一而兵精,能用度外之人,所任各尽其力,必能济大事者也。"长史非其好,遂去官。而端征为太仆,其子康代为刺史,辟阜为别驾。察孝廉,辟丞相府,州表留参军事。

① 魏略曰:阜少与同郡尹奉次曾、赵昂伟章俱发名,伟章、次曾与阜俱为

马超之战败渭南也，走保诸戎。太祖追至安定，而苏伯反河间，将引军东还。阜时奉使，言于太祖曰："超有信、布之勇，甚得羌、胡心，西州畏之。若大军还，不严为之备，陇上诸郡非国家之有也。"太祖善之，而军还仓卒，为备不周。超率诸戎渠帅以击陇上郡县，陇上郡县皆应之，惟冀城奉州郡以固守。超尽兼陇右之众，而张鲁又遣大将杨昂以助之，凡万馀人，攻城。阜率国士大夫及宗族子弟胜兵者千馀人，使从弟岳于城上作偃月营，与超接战，自正月至八月拒守而救兵不至。州遣别驾阎温循水潜出求救，为超所杀，于是刺史、太守失色，始有降超之计。阜流涕谏曰："阜等率父兄子弟以义相励，有死无二；田单之守，不固于此也。弃垂成之功，陷不义之名，阜以死守之。"遂号哭。刺史、太守卒遣人请和，开城门迎超。超入，拘岳于冀，使杨昂杀刺史、太守。

阜内有报超之志，而未得其便。顷之，阜以丧妻求葬假。阜外兄姜叙屯历城。阜少长叙家，见叙母及叙，说前在冀中时事，歔欷悲甚。叙曰："何为乃尔？"阜曰："守城不能完，君亡不能死，亦何面目以视息于天下！马超背父叛君，虐杀州将，岂独阜之忧责，一州士大夫皆蒙其耻。君拥兵专制而无讨贼心，此赵盾所以书弒君也。超强而无义，多衅易图耳。"叙母慨然，敕叙从阜计。计定，外与乡人姜隐、赵昂、尹奉、姚琼、孔信、武都人李俊、王灵结谋，定讨超约，使从弟谟至冀语岳，并结安定梁宽、南安赵衢、庞恭等。约誓既明，十七年九月，与叙起兵于卤城。超闻阜等兵起，自将出。而衢、宽等解岳，闭冀城门，讨超妻子。超袭历城，得叙母。叙母骂之曰："汝背父之逆子，杀君之桀贼，天地岂久容汝，而不早死，敢以面目视人乎！"超怒，杀之。阜与超战，身被五创，宗族昆弟死者七人。超遂南奔张鲁。

陇右平定,太祖封讨超之功,侯者十一人,赐阜爵关内侯。阜让曰:"阜君存无扞难之功,君亡无死节之效,于义当绌,于法当诛;超又不死,无宜苟荷爵禄。"太祖报曰:"君与群贤共建大功,西土之人以为美谈。子贡辞赏,仲尼谓之止善。君其剖心以顺国命。姜叙之母,劝叙早发,明智乃尔,虽杨敞之妻盖不过此。贤哉,贤哉! 良史记录,必不坠于地矣。"①

①皇甫谧列女传曰:姜叙母者,天水姜伯奕之母也。建安中,马超攻冀,害凉州刺史韦康,州人凄然,莫不感愤。叙为抚夷将军,拥兵屯历。叙姑子杨阜,故为康从事,同等十馀人,皆略属超,阴相结为康报仇,未有间。会阜妻死,辞超宁归西,因过至历,候叙母,说康被害及冀中之难,相对泣良久。姜叙举室感悲,叙母曰:"咄! 伯奕,韦使君遇难,岂一州之耻,亦汝之负,岂独义山哉?汝无顾我,事淹变生。人谁不死?死国,忠义之大者。但当速发,我自为汝当之,不以馀年累汝也。"因敕叙与阜参议,许诺,分人使语乡里尹奉、赵昂及安定梁宽等,令叙先举兵叛超,超怒,必自来击叙,宽等因从后闭门。约誓已定,叙遂进兵入卤,昂、奉守祁山。超闻,果自出击叙,宽等从后闭冀门,超失据。过卤,叙守卤。超因进至历,历中见超往,以为叙军还。又传闻超以走奔汉中,故历无备。及超入历,执叙母,母怒骂超。超被骂大怒,即杀叙母及其子,烧城而去。阜等以状闻,太祖甚嘉之,手令褒扬,语如本传。

臣松之案:谧称阜为叙姑子,而本传云叙为阜外兄,与今名内外为不同。谧又载赵昂妻曰:赵昂妻异者,故益州刺史天水赵伟璋妻,王氏女也。昂为羌道令,留异在西。会同郡梁双反,攻破西城,害异两男。异女英,年六岁,独与异在城中。异见两男已死,又恐为双所侵,引刀欲自刭,顾英而叹曰:"身死尔弃,当谁恃哉! 吾闻西施蒙不絜之服,则人掩鼻,况我貌非西施乎?"乃以涾粪涅麻而被之,鲜食瘠形,自春至冬。双与州郡和,异竟以是免难。昂道吏迎之,未至三十里,止谓英曰:"妇人无符信保傅,则不出房闱。昭姜沈流,伯姬待烧,每读其传,心壮其节。今吾遭乱不能死,将何以复见诸姑?所以偷生不死,惟怜汝耳。今官舍已近,吾去汝死矣。"遂饮毒药而绝。时适有解毒药良汤,撅口灌之,良久乃苏。建安中，昂转参军事，徙居冀。会马超攻冀，昂躬著布韝，佐昂守备，又悉脱所佩环、韝鞸以赏战士。及超攻急，城中饥困，刺史韦康素仁，悯吏民伤残，欲与超和。昂谏不听，归以语异，异曰："君有争臣，大夫有专利之义；专不为非也。焉知救兵不到关陇哉？当共勉卒高勋，全节致死，不可从也。"比昂还，康与超和。超遂背约害康，又劫昂，质其嫡子月于南郑。欲要昂以为己用，然心未甚信。超妻杨闻异节行，请与谯终日。异欲信昂于超以济其谋，谓杨曰："昔管仲入齐，立九合之功；由余适秦，穆公成霸。方今社稷初定，治乱在于得人，凉州士马，乃可与中夏争锋，不可不详也。"杨深感之，以为忠于己，遂与异重相接结。昂所以得信于超，全功免祸者，异之力也。及昂与杨阜等结谋讨超，告异曰："吾谋如是，事必万全，当奈月何？"异厉声应曰："忠义立于身，雪君父之大耻，丧元不足为重，况一子哉？夫项托、颜渊，岂复百年，贵义存耳。"昂曰："善。"遂共闭门逐超，超奔汉中，从张鲁得兵还。异复与昂保祁山，为超所围，三十日救兵到，乃解。超卒杀异子月。凡自冀城之难，至祁山于，昂出九奇，异辄参焉。

太祖征汉中，以阜为益州刺史。还，拜金城太守，未发，转武都太守。郡滨蜀汉，阜请依龚遂故事，安之而已。会刘备遣张飞、马超等从沮道趣下辩，而氐雷定等七部万馀落反应之。太祖遣都护曹洪御超等，超等退还。洪置酒大会，令女倡著罗縠之衣，蹋鼓，一坐皆笑。阜厉声责洪曰："男女之别，国之大节，何有于广坐之中裸女人形体！虽桀、纣之乱，不甚于此。"遂奋衣辞出。洪立罢女乐，请阜还坐，肃然惮焉。

及刘备取汉中以逼下辩，太祖以武都孤远，欲移之，恐吏民恋土。阜威信素著，前后徙民、氐，使居京兆、扶风、天水界者万馀户，徙郡小槐里，百姓襁负而随之。为政举大纲而已，下不忍欺也。文帝问侍中刘晔等："武都太守何如人也？"皆称阜有公辅之节。未及用，会帝崩。在郡十馀年，征拜城门校尉。

阜常见明帝著绣帽，被缥绫半褎，阜问帝曰："此于礼何法服也?"帝默然不答,自是不法服不以见阜。

迁将作大匠。时初治宫室,发美女以充后庭,数出入弋猎。秋,大雨震电,多杀鸟雀。阜上疏曰:"臣闻明主在上,群下尽辞。尧、舜圣德,求非索谏;大禹勤功,务卑宫室;成汤遭旱,归咎责己;周文刑于寡妻,以御家邦;汉文躬行节俭,身衣弋绨:此皆能昭令问,贻厥孙谋者也。伏惟陛下奉武皇帝开拓之大业,守文皇帝克终之元绪,诚宜思齐往古圣贤之善治,总观季世放荡之恶政。所谓善治者,务俭约、重民力也;所谓恶政者,从心恣欲,触情而发也。惟陛下稽古世代之初所以明赫,及季世所以衰弱至于泯灭,近览汉末之变,足以动心诫惧矣。曩使桓、灵不废高祖之法,文、景之恭俭,太祖虽有神武,于何所施其能邪?而陛下何由处斯尊哉?今吴、蜀未定,军旅在外,愿陛下动则三思,虑而后行,重慎出入,以往鉴来,言之若轻,成败甚重。顷者天雨,又多卒暴雷电非常,至杀鸟雀。天地神明,以王者为子也,政有不当,则见灾谴。克己内讼,圣人所记。惟陛下虑患无形之外,慎萌纤微之初,法汉孝文出惠帝美人,令得自嫁;顷所调送小女,远闻不令,宜为后图。诸所缮治,务从约节。书曰:'九族既睦,协和万国。'事思厥宜,以从中道,精心计谋,省息费用。吴、蜀以定,尔乃上安下乐,九亲熙熙。如此以往,祖考心欢,尧舜其犹病诸。今宜开大信于天下,以安众庶,以示远人。"时雍丘王植怨于不齿,藩国至亲,法禁峻密,故阜又陈九族之义焉。诏报曰:"间得密表,先陈往古明王圣主,以讽暗政,切至之辞,款诚笃实。退思补过,将顺匡救,备至悉矣。览思苦言,吾甚嘉之。"

后迁少府。是时大司马曹真伐蜀,遇雨不进。阜上疏曰:"昔文王有赤乌之符,而犹日昃不暇食;武王白鱼入舟,君臣变色。而动得吉瑞,犹尚忧惧,况有灾异而不战竦者哉?今吴、蜀未平,而天屡降变,陛下宜深有以专精应答,侧席而坐,思示远以德,绥迩以俭。间者诸军始进，便有天雨之患，稽阁山险，以积日矣。转运之劳，担负之苦，所费以多，若有不继，必违本图。传曰：'见可而进，知难而退，军之善政也。'徒使六军困于山谷之间，进无所略，退又不得，非主兵之道也。武王还师，殷卒以亡，知天期也。今年凶民饥，宜发明诏损膳减服，技巧珍玩之物，皆可罢之。昔邵信臣为少府于无事之世，而奏罢浮食；今者军用不足，益宜节度。"帝即召诸军还。

后诏大议政治之不便于民者，阜议以为："致治在于任贤，兴国在于务农。若舍贤而任所私，此忘治之甚者也。广开宫馆，高为台榭，以妨民务，此害农之甚者也。百工不敦其器，而竞作奇巧，以合上欲，此伤本之甚者也。孔子曰：'苛政甚于猛虎。'今守功文俗之吏，为政不通治体，苟好烦苛，此乱民之甚者也。当今之急，宜去四甚，并诏公卿郡国，举贤良方正敦朴之士而选用之，此亦求贤之一端也。"

阜又上疏欲省宫人诸不见幸者，乃召御府吏问后宫人数。吏守旧令，对曰："禁密，不得宣露。"阜怒，杖吏一百，数之曰："国家不与九卿为密，反与小吏为密乎？"帝闻而愈敬惮阜。

帝爱女淑，未期而夭，帝痛之甚，追封平原公主，立庙洛阳，葬于南陵。将自临送，阜上疏曰："文皇帝、武宣皇后崩，陛下皆不送葬，所以重社稷、备不虞也。何至孩抱之赤子而可送葬也哉？"帝不从。

帝既新作许宫，又营洛阳宫殿观阁。阜上疏曰："尧尚茅茨而万国安其居，禹卑宫室而天下乐其业；及至殷、周，或堂崇三尺，度以九筵耳。古之圣帝明王，未有极宫室之高丽以凋弊百姓之财力者也。桀作璇室、象廊，纣为倾宫、鹿台，以丧其社稷，楚灵以筑章华而身受其祸；秦始皇作阿房而殃及其子，天下叛之，二世而灭。夫不度万民之力，以从耳目之欲，未有不亡者也。陛下当以尧、舜、禹、汤、文、武为法则,夏桀、殷纣、楚灵、秦皇为深诫。高高在上,实监后德。慎守天位,以承祖考,巍巍大业,犹恐失之。不夙夜敬止,允恭恤民,而乃自暇自逸,惟宫台是侈是饰,必有颠覆危亡之祸。易曰:'丰其屋,蔀其家,窥其户,阒其无人。'王者以天下为家,言丰屋之祸,至于家无人也。方今二虏合从,谋危宗庙,十万之军,东西奔赴,边境无一日之娱;农夫废业,民有饥色。陛下不以是为忧,而营作宫室,无有已时。使国亡而臣可以独存,臣又不言也;① 君作元首,臣为股肱,存亡一体,得失同之。孝经曰:'天子有争臣七人,虽无道不失其天下。'臣虽驽怯,敢忘争臣之义?言不切至,不足以感寤陛下。陛下不察臣言,恐皇祖烈考之祚,将坠于地。使臣身死有补万一,则死之日,犹生之年也。谨叩棺沐浴,伏俟重诛。"奏御,天子感其忠言,手笔诏答。每朝廷会议,阜常侃然以天下为己任。数谏争,不听,乃屡乞逊位,未许。会卒,家无馀财。孙豹嗣。

① 臣松之以为忠至之道,以亡己为理。是以匡救其恶,不为身计。而阜表云"使国亡而臣可以独存,臣又不言也",此则发愤为己,岂为国哉?斯言也,岂不伤谠烈之义,为一表之病乎!

高堂隆字升平,泰山平阳人,鲁高堂生后也。少为诸生,泰山太守薛悌命为督邮。郡督军与悌争论,名悌而呵之。隆按剑叱督军曰:"昔鲁定见侮,仲尼历阶;赵弹秦筝,相如进缶。临臣名君,义之所讨也。"督军失色,悌惊起止之。后去吏,避地济南。

建安十八年,太祖召为丞相军议掾,后为历城侯徽文学,转为相。徽遭太祖丧,不哀,反游猎驰骋;隆以义正谏,甚得辅导之节。黄初中,为堂阳长,以选为平原王傅。王即尊位,是为明帝。以隆为给事中、博士、驸马都尉。帝初践阼,群臣或以为宜飨会,隆曰:"唐、虞有遏密之哀,高宗有不言之思,是以至德雍熙,光于四海。"以为不宜为会,帝敬纳之。迁陈留太守。犊民<u>酉牧</u>,年七十餘,有至行,举为计曹掾;帝嘉之,特除郎中以显焉。征<u>隆</u>为散骑常侍,赐爵关内侯。①

① <u>魏略</u>曰:太史上汉历不及天时,因更推步弦望朔晦,为<u>太和历</u>。帝以<u>隆</u>学问优深,于天文又精,乃诏使<u>隆</u>与尚书郎<u>杨伟</u>、太史待诏<u>骆禄</u>参共推校。<u>伟</u>、<u>禄</u>是太史,<u>隆</u>故据旧历更相劾奏,纷纭数岁,<u>伟</u>称<u>禄</u>得日蚀而月晦不尽,<u>隆</u>不得日蚀而月晦尽,诏从太史。<u>隆</u>所争虽不得,而远近犹知其精微也。

<u>青龙</u>中,大治殿舍,西取<u>长安</u>大钟。<u>隆</u>上疏曰:"昔<u>周景王</u>不仪刑<u>文</u>、<u>武</u>之明德,忽<u>公旦</u>之圣制,既铸大钱,又作大钟,<u>单穆公</u>谏而弗听,<u>泠州鸠</u>对而弗从,遂迷不反,<u>周</u>德以衰,良史记焉,以为永鉴。然之小人,好说<u>秦</u>、<u>汉</u>之奢靡以荡圣心,求取亡国不度之器,劳役费损,以伤德政,非所以兴礼乐之和,保神明之休也。"是日,帝幸上方,<u>隆</u>与<u>卞兰</u>从。帝以<u>隆</u>表授<u>兰</u>,使难<u>隆</u>曰:"兴衰在政,乐何为也?化之不明,岂钟之罪?"<u>隆</u>曰:"夫礼乐者,为治之大本也。故箫韶九成,凤皇来仪,雷鼓六变,天神以降,政是以平,刑是以错,和之至也。新声发响,<u>商辛</u>以陨,大钟既铸,<u>周景</u>以弊,存亡之机,恒由斯作,安在废兴之不阶也?君举必书,古之道也,作而不法,何以示后?圣王乐闻其阙,故有箴规之道;忠臣愿竭其节,故有匡躬之义也。"帝称善。

迁侍中,犹领太史令。<u>崇华殿</u>灾,诏问<u>隆</u>:"此何咎?于礼,宁有祈禳之义乎?"<u>隆</u>对曰:"夫灾变之发,皆所以明教诫也,惟率礼修德,可以胜之。<u>易传</u>曰:'上不俭,下不节,孽火烧其室。'又曰:'君高其台,天火为灾。'此人君苟饰宫室,不知百姓空竭,故天应之以旱,火从高殿起也。上天降鉴,故谴告陛下;陛下宜增崇人道,以答天意。昔<u>太戊</u>有桑穀生于朝,<u>武丁</u>有雊雉登于鼎,皆闻灾

592

恐惧,侧身修德,三年之后,远夷朝贡,故号曰中宗、高宗。此则前代之明鉴也。今案旧占,灾火之发,皆以台榭宫室为诫。然今宫室之所以充广者,实由宫人猥多之故。宜简择留其淑懿,如周之制,罢省其馀。此则祖己之所以训高宗,高宗之所以享远号也。”诏问隆:“吾闻汉武帝时,柏梁灾,而大起宫殿以厌之,其义云何?”隆对曰:“臣闻西京‘柏梁既灾,越巫陈方,建章是经,以厌火祥’。乃夷越之巫所为,非圣贤之明训也。五行志曰:‘柏梁灾,其后有江充巫蛊卫太子事。’[1]如志之言,越巫建章无所厌也。孔子曰:‘灾者修类应行,精祲相感,以戒人君。’是以圣主睹灾责躬,退而修德,以消复之。今宜罢散民役。宫室之制,务从约节,内足以待风雨,外足以讲礼仪。清埽所灾之处,不敢于此有所立作,蓂莆、嘉禾必生此地,以报陛下虔恭之德。岂可疲民之力,竭民之财!实非所以致符瑞而怀远人也。”帝遂复崇华殿,时郡国有九龙见,故改曰九龙殿。

陵霄阙始构,有鹊巢其上,帝以问隆,对曰:“诗云‘维鹊有巢,维鸠居之’。今兴宫室,起陵霄阙,而鹊巢之,此宫室未成身不得居之象也。天意若曰,宫室未成,将有他姓制御之,斯乃上天之戒也。夫天道无亲,惟与善人,不可不深防,不可不深虑。夏、商之季,皆继体也,不钦承上天之明命,惟谗谄是从,废德适欲,故其亡也忽焉。太戊、武丁,睹灾竦惧,祗承天戒,故其兴也勃焉。今若休罢百役,俭以足用,增崇德政,动遵帝则,除普天之所患,兴兆民之所利,三王可四,五帝可六,岂惟殷宗转祸为福而已哉!臣备腹心,苟可以繁祉圣躬,安存社稷,臣虽灰身破族,犹生之年也。岂惮忤逆之灾,而令陛下不闻至言乎?”于是帝改容动色。

是岁,有星孛于大辰。隆上疏曰:“凡帝王徙都立邑,皆先定天地社稷之位,敬恭以奉之。将营宫室,则宗庙为先,厩库为次,居室为后。今圜丘、方泽、南北郊、明堂、社稷,神位未定,宗庙之制又未如礼,而崇饰居室,士民失业。外人咸云宫人之用,与兴戎军国之费,所尽略齐。民不堪命,皆有怨怒。书曰'天聪明自我民聪明,天明畏自我民明威',與人作颂,则向以五福,民怒吁嗟,则威以六极,言天之赏罚,随民言,顺民心也。是以临政务在安民为先,然后稽古之化,格于上下,自古及今,未尝不然也。夫采椽卑宫,唐、虞、大禹之所以垂皇风也;玉台琼室,夏癸、商辛之所以犯昊天也。今之宫室,实违礼度,乃更建立九龙,华饰过前。天彗章灼,始起于房心,犯帝坐而干紫微,此乃皇天子爱陛下,是以发教戒之象,始卒皆于尊位,殷勤郑重,欲必觉寤陛下;斯乃慈父恳切之训,宜崇孝子祗耸之礼,以率先天下,以昭示后昆,不宜有忽,以重天怒。"

时军国多事,用法深重。隆上疏曰:"夫拓迹垂统,必俟圣明,辅世匡治,亦须良佐,用能庶绩其凝而品物康乂也。夫移风易俗,宣明道化,使四表同风,回首面内,德教光熙,九服慕义,固非俗吏之所能也。今有司务纠刑书,不本大道,是以刑用而不措,俗弊而不敦。宜崇礼乐,班叙明堂,修三雍、大射、养老,营建郊庙,尊儒士,举逸民,表章制度,改正朔,易服色,布恺悌,尚俭素,然后备礼封禅,归功天地,使雅颂之声盈于六合,缉熙之化混于后嗣。斯盖至治之美事,不朽之贵业也。然九域之内,可揖让而治,尚何忧哉!不正其本而救其末,譬犹梦丝,非政理也。可命群公卿士通儒,造具其事,以为典式。"隆又以为改正朔,易服色,殊徽号,异器械,自古帝王所以神明其政,变民耳目,故三春称王,明三统也。于是敷演旧章,奏而改焉。帝从其议,改青龙五年春三月为景初元年孟夏四月,服色尚黄,牺牲用白,从地正也。

迁光禄勋。帝愈增崇宫殿,雕饰观阁,凿太行之石英,采榖城之文石，起景阳山于芳林之园，建昭阳殿于太极之北，铸作黄龙凤皇奇伟之兽，饰金墉、陵云台、陵霄阙。百役繁兴，作者万数，公卿以下至于学生，莫不展力，帝乃躬自掘土以率之。而辽东不朝。悼皇后崩。天作淫雨，冀州水出，漂没民物。隆上疏切谏曰：

盖"天地之大德曰生，圣人之大宝曰位；何以守位？曰仁；何以聚人？曰财"。然则士民者，乃国家之镇也；谷帛者，乃士民之命也。谷帛非造化不育，非人力不成。是以帝耕以劝农，后桑以成服，所以昭事上帝，告虔报施也。昔在伊唐，世值阳九厄运之会，洪水滔天，使鲧治之，绩用不成，乃举文命，随山刊木，前后历年二十二载。灾眚之甚，莫过于彼，力役之兴，莫久于此，尧、舜君臣，南面而已。禹敷九州，庶士庸勋，各有等差，君子小人，物有服章。今无若时之急，而使公卿大夫并与厮徒共供事役，闻之四夷，非嘉声也，垂之竹帛，非令名也。是以有国有家者，近取诸身，远取诸物，妪煦养育，故称"恺悌君子，民之父母"。今上下劳役，疾病凶荒，耕稼者寡，饥馑荐臻，无以卒岁；宜加愍恤，以救其困。

臣观在昔书籍所载，天人之际，未有不应也。是以古先哲王，畏上天之明命，循阴阳之逆顺，矜矜业业，惟恐有违。然后治道用兴，德与神符，灾异既发，惧而修政，未有不延期流祚者也。爰及末叶，暗君荒主，不崇先王之令轨，不纳正士之直言，以遂其情志，恬忽变戒，未有不寻践祸难，至于颠覆者也。

天道既著，请以人道论之。夫六情五性，同在于人，嗜欲廉贞，各居其一。及其动也，交争于心。欲强质弱，则纵滥不禁；精诚不制，则放溢无极。夫情之所在，非好则美，而美好之集，非人力不成，非谷帛不立。情苟无极，则人不堪其劳，物不充其求。劳求并至，将起祸乱。故不割情，无以相供。仲尼云：

"人无远虑，必有近忧。"由此观之，礼义之制，非苟拘分，将以远害而兴治也。

今吴、蜀二贼，非徒白地小虏、聚邑之寇，乃据险乘流，跨有士众，僭号称帝，欲与中国争衡。今若有人来告，权、禅并修德政，[2]复履清俭，轻省租赋，不治玩好，动咨耆贤，事遵礼度。陛下闻之，岂不惕然恶其如此，以为难卒讨灭，而为国忧乎？若使告者曰，彼二贼并为无道，崇侈无度，役其士民，重其征赋，下不堪命，吁嗟日甚。陛下闻之，岂不勃然忿其困我无辜之民，而欲速加之诛，其次，岂不幸彼疲弊而取之不难乎？苟如此，则可易心而度，事义之数亦不远矣。

且秦始皇不筑道德之基，而筑阿房之宫，不忧萧墙之变，而修长城之役。当其君臣为此计也，亦欲立万世之业，使子孙长有天下，岂意一朝匹夫大呼，而天下倾覆哉？故臣以为使先代之君知其所行必将至于败，则弗为之矣。是以亡国之主自谓不亡，然后至于亡；贤圣之君自谓将亡，然后至于不亡。昔汉文帝称为贤主，躬行约俭，惠下养民，而贾谊方之，以为天下倒悬，可为痛哭者一，可为流涕者二，可为长叹息者三。况今天下凋弊，民无儋石之储，国无终年之畜，外有强敌，六军暴边，内兴土功，州郡骚动，若有寇警，则臣惧版筑之士不能投命虏庭矣。

又，将吏奉禄，稍见折减，方之于昔，五分居一；诸受休者又绝廪赐，不应输者今皆出半：此为官入兼多于旧，其所出与参少于昔。而度支经用，更每不足，牛肉小赋，前后相继。反而推之，凡此诸费，必有所在。且夫禄赐谷帛，人主所以惠养吏民而为之司命者也，若今有废，是夺其命矣。既得之而又失之，此生怨之府也。周礼，大府掌九赋之财，[3]以给九式之用，人有其分,出有其所,不相干乘而用各足。各足之后,乃以式贡之馀,供王玩好。又上用财,必考于司会。会音脍。今陛下所与共坐廊庙治天下者,非三司九列,则台阁近臣,皆腹心造膝,宜在无讳。若见丰省而不敢以告,从命奔走,惟恐不胜,是则具臣,非鲠辅也。昔李斯教秦二世曰:“为人主而不恣睢,命之曰天下桎梏。”二世用之,秦国以覆,斯亦灭族。是以史迁议其不正谏,而为世诫。

书奏,帝览焉,谓中书监、令曰:“观隆此奏,使朕惧哉!”

隆疾笃,口占上疏曰:

曾子有疾,孟敬子问之。曾子曰:“鸟之将死,其鸣也哀;人之将死,其言也善。”臣寝疾病,有增无损,常惧奄忽,忠款不昭。臣之丹诚,岂惟曾子,愿陛下少垂省览!涣然改往事之过谬,勃然兴来事之渊塞,使神人向应,殊方慕义,四灵效珍,玉衡曜精,则三王可迈,五帝可越,非徒继体守文而已也。

臣常疾世主莫不思绍尧、舜、汤、武之治,而蹈蹑桀、纣、幽、厉之迹,莫不蚩笑季世惑乱亡国之主,而不登践虞、夏、殷、周之轨。悲夫!以若所为,求若所致,犹缘木求鱼,煎水作冰,其不可得,明矣。寻观三代之有天下也,圣贤相承,历载数百,尺土莫非其有,一民莫非其臣,万国咸宁,九有有截;鹿台之金,巨桥之粟,无所用之,仍旧南面,夫何为哉!然癸、辛之徒,恃其旅力,知足以拒谏,才足以饰非,谄谀是尚,台观是崇,淫乐是好,倡优是说,作靡靡之乐,安濮上之音。上天不蠲,眷然回顾,宗国为墟,下夷于隶,[4]纣县白旗,桀放鸣条;天子之尊,汤、武有之,岂伊异人,皆明王之胄也。且当六国之时,天下殷炽,秦既兼之,不修圣道,乃构阿房之宫,筑长城之守,矜夸中国,威服百蛮,天下震竦,道路以目;自谓本枝百叶,永垂洪晖,岂寤二世而灭,社稷崩圮哉?近汉孝武乘文、景之福,外攘夷狄,内兴宫殿,十馀年间,天下嚣然。乃信越巫,恣天迁怒,起建章之宫,千门万户,卒致江充妖蛊之变,至于宫室乖离,父子相残,殃咎之毒,祸流数世。

臣观黄初之际,天兆其戒,异类之鸟,育长燕巢,口爪胸赤,此魏室之大异也,宜防鹰扬之臣于萧墙之内。可选诸王,使君国典兵,往往棋跱,镇抚皇畿,翼亮帝室。昔周之东迁,晋、郑是依,汉吕之乱,实赖朱虚,斯盖前代之明鉴。夫皇天无亲,惟德是辅。民咏德政,则延期过历,下有怨叹,掇录授能。由此观之,天下之天下,非独陛下之天下也。臣百疾所锺,气力稍微,辄自舆出,归还里舍,若遂沈沦,魂而有知,结草以报。

诏曰:"生廉追伯夷,直过史鱼,执心坚白,謇謇匪躬,如何微疾未除,退身里舍?昔邴吉以阴德,疾除而延寿;贡禹以守节,疾笃而济愈。生其强饭专精以自持。"隆卒,遗令薄葬,敛以时服。①

①习凿齿曰:高堂隆可谓忠臣矣。君侈每思谏其恶,将死不忘忧社稷,正辞动于昏主,明戒验于身后,謇谔足以励物,德音没而弥彰,可不谓忠且智乎!诗云:"听用我谋,庶无大悔。"又曰:"曾是莫听,大命以倾。"其高堂隆之谓也。

初,太和中,中护军蒋济上疏曰"宜遵古封禅"。诏曰:"闻济斯言,使吾汗出流足。"事寝历岁,后遂议修之,使隆撰其礼仪。帝闻隆没,叹息曰:"天不欲成吾事,高堂生舍我亡也。"子琛嗣爵。

始,景初中,帝以苏林、秦静等并老,恐无能传业者。乃诏曰:"昔先圣既没,而其遗言馀教,著于六艺。六艺之文,礼又为急,弗可斯须离者也。末俗背本,所由来久。故闵子讥原伯之不学,荀卿丑秦世之坑儒,儒学既废,则风化曷由兴哉?方今宿生巨儒,并各年高,教训之道,孰为其继?昔伏生将老,汉文帝嗣以晁错;穀梁寡畴,宣帝承以十郎。其科郎吏高才解经义者三十人,从光禄勋隆、散骑常侍林、博士静,分受四经三礼,主者具为设课试之法。夏侯胜有言:'士病不明经术,经术苟明,其取青紫如俯拾地芥耳。'今学者有能究极经道,则爵禄荣宠,不期而至。可不勉哉!"数年,隆等皆卒,学者遂废。

初,任城栈潜,太祖世历县令,①尝督守邺城。时文帝为太子,耽乐田猎,晨出夜还。潜谏曰:"王公设险以固其国,都城禁卫,用戒不虞。大雅云:'宗子维城,无俾城坏。'又曰:'犹之未远,是用大谏。'若逸于游田,晨出昏归,以一日从禽之娱,而忘无垠之衅,愚窃惑之。"太子不悦,然自后游出差简。黄初中,文帝将立郭贵嫔为皇后,潜上疏谏,语在后妃传。明帝时,众役并兴,戚属疏斥,潜上疏曰:"天生蒸民而树之君,所以覆焘群生,熙育兆庶,故方制四海匪为天子,裂土分疆匪为诸侯也。始自三皇,爰暨唐、虞,咸以博济加于天下,醇德以洽,黎元赖之。三王既微,降逮于汉,治日益少,丧乱弘多,自时厥后,亦罔克乂。太祖濬哲神武,芟除暴乱,克复王纲,以开帝业。文帝受天明命,廓恢皇基,践阼七载,每事未遑。陛下圣德,纂承洪绪,宜崇晏晏,与民休息。而方隅匪宁,征夫远戍,有事海外,县旌万里,六军骚动,水陆转运,百姓舍业,日费千金。大兴殿舍,功作万计,徂来之松,刊山穷谷,怪石碔砆,浮于河、淮,都圻之内,尽为甸服,当供稿秸铚粟之调,而为苑囿择禽之府,盛林莽之秽,丰鹿兔之薮;伤害农功,地繁茨棘,灾疫流行,民物大溃,上减和气,嘉禾不植。臣闻文王作丰,经始勿亟,百姓子来,不日而成。灵沼、灵囿,与民共之。今宫观崇侈,雕镂极妙,忘有虞之总期,思殷辛之琼室,禁地千里,举足投网,丽拟阿房,役百乾谿,臣恐民力凋尽,下不堪命也。昔秦据殽函以制六合，自以德高三皇，功兼五帝，欲号谥至万叶，而二世颠覆，愿为黔首，由枝干既扤，[5]本实先拔也。盖圣王之御世也，克明俊德，庸勋亲亲；俊乂在官，则功业可隆，亲亲显用，则安危同忧；深根固本，并为干翼，虽历盛衰，内外有辅。昔成王幼冲，未能莅政，周、旦、召、毕，并在左右；今既无卫侯、康叔之监，分陕所任，又非旦、奭。东宫未建，天下无副。愿陛下留心关塞，永保无极，则海内幸甚。"后为燕中尉，辞疾不就，卒。

①潜字彦皇，见应璩书林。

评曰：辛毗、杨阜，刚亮公直，正谏匪躬，亚乎汲黯之高风焉。高堂隆学业修明，志在匡君，因变陈戒，发于恳诚，忠矣哉！及至必改正朔，俾魏祖虞，所谓意过其通者欤！

【校勘记】

〔1〕其后有江充巫蛊卫太子事　蛊下原衍"也"字，据汉书卷二七上、五行志第七上删。

〔2〕权禅并修德政　禅，原作"备"，据资治通鉴卷七三改。

〔3〕大府掌九赋之财　大，原作"天"；赋，原作"伐"；财，原作"则"。据殿本考证改。

〔4〕下夷于隶　下，原作"不"，据何焯校本改。

〔5〕由枝干既扤　扤，原作"机"，据沈家本校本改。

三国志卷二十六　魏书二十六

满田牵郭传第二十六

满宠字伯宁，山阳昌邑人也。年十八，为郡督邮。时郡内李朔等各拥部曲，害于平民，太守使宠纠焉。朔等请罪，不复钞略。守高平令。县人张苞为郡督邮，贪秽受取，干乱吏政。宠因其来在传舍，率吏卒出收之，诘责所犯，即日考竟，遂弃官归。

太祖临兖州，辟为从事。及为大将军，辟署西曹属，为许令。时曹洪宗室亲贵，有宾客在界，数犯法，宠收治之。洪书报宠，宠不听。洪白太祖，太祖召许主者。宠知将欲原，乃速杀之。太祖喜曰："当事不当尔邪？"故太尉杨彪收付县狱，尚书令荀彧、少府孔融等并属宠："但当受辞，勿加考掠。"宠一无所报，考讯如法。数日，求见太祖，言之曰："杨彪考讯无他辞语。当杀者宜先彰其罪；此人有名海内，若罪不明，必大失民望，窃为明公惜之。"太祖即日赦出彪。初，彧、融闻考掠彪，皆怒，及因此得了，更善宠。[1]

[1] 臣松之以为杨公积德之门，身为名臣，纵有愆负，犹宜保祐，况淫刑所滥，而可加其楚掠乎？若理应考讯，荀、孔二贤岂其妄有相请属哉？宠以此为能，酷吏之用心耳。虽有后善，何解前虐？

　　时袁绍盛于河朔，而汝南绍之本郡，门生宾客布在诸县，拥兵拒守。太祖忧之，以宠为汝南太守。宠募其服从者五百人，率攻下二十馀壁，诱其未降渠帅，于坐上杀十馀人，一时皆平。得户二万，兵二千人，令就田业。

　　建安十三年，从太祖征荆州。大军还，留宠行奋威将军，屯当阳。孙权数扰东陲，复召宠还为汝南太守，赐爵关内侯。关羽围襄阳，宠助征南将军曹仁屯樊城拒之，而左将军于禁等军以霖雨水长为羽所没。羽急攻樊城，樊城得水，往往崩坏，众皆失色。或谓仁曰："今日之危，非力所支。可及羽围未合，乘轻船夜走，虽失城，尚可全身。"宠曰："山水速疾，冀其不久。闻羽遣别将已在郏下，自许以南，百姓扰扰，羽所以不敢遂进者，恐吾军掎其后耳。今若遁去，洪河以南，非复国家有也；君宜待之。"仁曰："善。"宠乃沈白马，与军人盟誓。会徐晃等救至，宠力战有功，羽遂退。进封安昌亭侯。文帝即王位，迁扬武将军。破吴于江陵有功，更拜伏波将军，屯新野。大军南征，到精湖，宠帅诸军在前，与贼隔水相对。宠敕诸将曰："今夕风甚猛，贼必来烧军，宜为其备。"诸军皆警。夜半，贼果遣十部伏夜来烧，宠掩击破之，进封南乡侯。黄初三年，假宠节钺。五年，拜前将军。明帝即位，进封昌邑侯。太和二年，领豫州刺史。三年春，降人称吴大严，扬声欲诣江北猎，孙权欲自出。宠度其必袭西阳而为之备，权闻之，退还。秋，使曹休从庐江南入合肥，令宠向夏口。宠上疏曰："曹休虽明果而希用兵，今所从道，背湖旁江，易进难退，此兵之洼地也。若入无彊口，宜深为之备。"宠表未报，休遂深入。贼果从无彊口断夹石，要休还路。休战不利，退走。会朱灵等从后来断道，与贼相遇。贼惊走，休军乃得还。是岁休薨，宠以前将军代都督扬州诸军事。汝南兵民恋慕，大小相率，奔随道路，不可禁止。护军表上，欲杀其为首者。诏使宠将亲兵千人自随，其馀一无所问。四年，拜宠征东将军。其冬，孙权扬声欲至合肥，宠表召兖、豫诸军，皆集。贼寻退还，被诏罢兵。宠以为今贼大举而还，非本意也，此必欲伪退以罢吾兵，而倒还乘虚，掩不备也，表不罢兵。后十馀日，权果更来，到合肥城，不克而还。其明年，吴将孙布遣人诣扬州求降，辞云：“道远不能自致，乞兵见迎。”刺史王凌腾布书，请兵马迎之。宠以为必诈，不与兵，而为凌作报书曰：“知识邪正，欲避祸就顺，去暴归道，甚相嘉尚。今欲遣兵相迎，然计兵少则不足相卫，多则事必远闻。且先密计以成本志，临时节度其宜。”宠会被书当入朝，敕留府长史：“若凌欲往迎，勿与兵也。”凌于后索兵不得，乃单遣一督将步骑七百人往迎之。布夜掩击，督将进走，死伤过半。初，宠与凌共事不平，凌支党毁宠疲老悖谬，故明帝召之。既至，体气康强，见而遣还。[1]宠屡表求留，诏报曰：“昔廉颇强食，马援据鞍，今君未老而自谓已老，何与廉、马之相背邪？其思安边境，惠此中国。”

[1] 世语曰：王凌表宠年过耽酒，不可居方任。帝将召宠，给事中郭谋曰：“宠为汝南太守、豫州刺史二十馀年，有勋方岳。及镇淮南，吴人惮之。若不如所表，将为所窥。可令还朝，问以方事以察之。”帝从之。宠既至，进见，饮酒至一石不乱。帝慰劳之，遣还。

明年，吴将陆逊向庐江，论者以为宜速赴之。宠曰：“庐江虽小，将劲兵精，守则经时。又贼舍船二百里来，后尾空县，尚欲诱致，今宜听其遂进，但恐走不可及耳。”整军趋杨宜口。贼闻大兵东下，即夜遁。时权岁有来计。青龙元年，宠上疏曰：“合肥城南临江湖，北远寿春，贼攻围之，得据水为势；官兵救之，当先破贼大辈，然后围乃得解。贼往甚易，而兵往救之甚难，宜移城内之兵，其西三十里,有奇险可依,更立城以固守,此为引贼平地而掎其归路,于计为便。"护军将军蒋济议,以为:"既示天下以弱,且望贼烟火而坏城,此为未攻而自拔。一至于此,劫略无限,必以淮北为守。"帝未许。宠重表曰:"孙子言,兵者,诡道也。故能而示之以弱不能,骄之以利,示之以慑。此为形实不必相应也。又曰'善动敌者形之'。今贼未至而移城却内,此所谓形而诱之也。引贼远水,择利而动,举得于外,则福生于内矣。"尚书赵咨以宠策为长,诏遂报听。其年,权自出,欲围新城,以其远水,积二十日不敢下船。宠谓诸将曰:"权得吾移城,必于其众中有自大之言,今大举来欲要一切之功,虽不敢至,必当上岸耀兵以示有馀。"乃潜遣步骑六千,伏肥城隐处以待之。权果上岸耀兵,宠伏军卒起击之,斩首数百,或有赴水死者。明年,权自将号十万,至合肥新城。宠驰往赴,募壮士数十人,折松为炬,灌以麻油,从上风放火,烧贼攻具,射杀权弟子孙泰。贼于是引退。三年春,权遣兵数千家佃于江北。至八月,宠以为田向收熟,男女布野,其屯卫兵去城远者数百里,可掩击也。遣长吏督三军循江东下,摧破诸屯,焚烧谷物而还。诏美之,因以所获尽为将士赏。

　　景初二年,以宠年老征还,迁为太尉。宠不治产业,家无馀财。诏曰:"君典兵在外,专心忧公,有行父、祭遵之风。赐田十顷,谷五百斛,钱二十万,以明清忠俭约之节焉。"宠前后增邑,凡九千六百户,封子孙二人亭侯。正始三年薨,谥曰景侯。子伟嗣。伟以格度知名,官至卫尉。①

①世语曰:伟字公衡。伟子长武,有宠风,年二十四,为大将军掾。高贵乡公之难,以掾守阊阖掖门,司马文王弟安阳亭侯幹欲入。幹妃,伟妹也。长武谓幹曰:"此门近,公且来,无有入者,可从东掖门。"幹遂从之。文王问幹入何迟,幹言其故。参军王羡亦不得入,恨之。既而羡因王左右启王,

满撝断门不内人，宜推劾。寿春之役，伟从文王至许，以疾不进。子从，求还省疾，事定乃从归，由此内见恨。收长武考死杖下，伟免为庶人。时人冤之。伟弟子奋，晋元康中至尚书令、司隶校尉。宠、伟、长武、奋，皆长八尺。

荀绰冀州记曰：奋性清平，有识检。

晋诸公赞曰：奋体量通雅，有宠风也。

田豫字国让，渔阳雍奴人也。刘备之奔公孙瓒也，豫时年少，自托于备，备甚奇之。备为豫州刺史，豫以母老求归，备涕泣与别，曰："恨不与君共成大事也。"

公孙瓒使豫守东州令，瓒将王门叛瓒，为袁绍将万馀人来攻。众惧欲降。豫登城谓门曰："卿为公孙所厚而去，意有所不得已也；今还作贼，乃知卿乱人耳。夫挈瓶之智，守不假器，吾既受之矣；何不急攻乎？"门惭而退。瓒虽知豫有权谋而不能任。瓒败而鲜于辅为国人所推，行太守事，素善豫，以为长史。时雄杰并起，辅莫知所从。豫谓辅曰："终能定天下者，必曹氏也。宜速归命，无后祸期。"辅从其计，用受封宠。太祖召豫为丞相军谋掾，除颍阴、朗陵令，迁弋阳太守，所在有治。

鄢陵侯彰征代郡，以豫为相。军次易北，虏伏骑击之，军人扰乱，莫知所为。豫因地形，回车结圜陈，弓弩持满于内，疑兵塞其隙。胡不能进，散去。追击，大破之，遂前平代，皆豫策也。

迁南阳太守。先时，郡人侯音反，众数千人在山中为群盗，大为郡患。前太守收其党与五百馀人，表奏皆当死。豫悉见诸系囚，慰谕，开其自新之路，一时破械遣之。诸囚皆叩头，愿自效，即相告语，群贼一朝解散，郡内清静。具以状上，太祖善之。

文帝初，北狄强盛，侵扰边塞，乃使豫持节护乌丸校尉，牵招、解儁并护鲜卑。自高柳以东，涉貊以西，鲜卑数十部，比能、弥加、

605

素利割地统御,各有分界;乃共要誓,皆不得以马与中国市。豫以戎狄为一,非中国之利,乃先构离之,使自为仇敌,互相攻伐。素利违盟,出马千匹与官,为比能所攻,求救于豫。豫恐遂相兼并,为害滋深,宜救善讨恶,示信众狄。单将锐卒,深入虏庭,胡人众多,钞军前后,断截归路。豫乃进军,去虏十馀里结屯营,多聚牛马粪然之,从他道引去。胡见烟火不绝,以为尚在,去,行数十里乃知之。追豫到马城,围之十重,豫密严,使司马建旌旗,鸣鼓吹,将步骑从南门出,胡人皆属目往赴之。豫将精锐自北门出,鼓噪而起,两头俱发,出虏不意,虏众散乱,皆弃弓马步走,追讨二十馀里,僵尸蔽地。又乌丸王骨进桀黠不恭,豫因出塞案行,单将麾下百馀骑入进部。进逆拜,遂使左右斩进,显其罪恶以令众。众皆怖慑不敢动,便以进弟代进。自是胡人破胆,威震沙漠。山贼高艾,众数千人,寇钞,为幽、冀害,豫诱使鲜卑素利部斩艾,传首京都。封豫长乐亭侯。为校尉九年,其御夷狄,恒摧抑兼并,乖散强猾。凡逋亡奸宄,为胡作计不利官者,豫皆构刺搅离,使凶邪之谋不遂,聚居之类不安。事业未究,而幽州刺史王雄支党欲令雄领乌丸校尉,毁豫乱边,为国生事。遂转豫为汝南太守,加殄夷将军。

太和末,公孙渊以辽东叛,帝欲征之而难其人,中领军杨暨举豫应选。① 乃使豫以本官督青州诸军,假节,往讨之。会吴贼遣使与渊相结,帝以贼众多,又以渡海,诏豫使罢军。豫度贼船垂还,岁晚风急,必畏漂浪,东随无岸,当赴成山。成山无藏船之处,辄便循海,案行地势,及诸山岛,徼截险要,列兵屯守。自入成山,登汉武之观。贼还,果遇恶风,船皆触山沈没,波荡著岸,无所蒙窜,尽虏其众。初,诸将皆笑于空地待贼,及贼破,竞欲与谋,求入海钩取浪船。豫惧穷虏死战,皆不听。初,豫以太守督青州,青州刺史程喜内怀不服,军事之际,多相违错。喜知帝宝爱明珠,乃密上:"豫虽有战功而禁令宽弛,所得器仗珠金甚多,放散皆不纳官。"由是功不见列。

①臣松之案:暨字休先,荥阳人,事见刘晔传。暨子肇,晋荆州刺史。山涛启事称肇有才能。肇子潭字道元,次歆字公嗣,潭子彧字长文,次经字仲武,皆见潘岳集。

后孙权号十万众攻新城,征东将军满宠欲率诸军救之。豫曰:"贼悉众大举,非徒投射小利,欲质新城以致大军耳。宜听使攻城,挫其锐气,不当与争锋也。城不可拔,众必罢怠;罢怠然后击之,可大克也。若贼见计,必不攻城,势将自走。若便进兵,适入其计。又大军相向,当使难知,不当使自画也。"豫辄上状,天子从之。会贼遁走。后吴复来寇,豫往拒之,贼即退。诸军夜惊,云:"贼复来!"豫卧不起,令众"敢动者斩"。有顷,竟无贼。

景初末,增邑三百,并前五百户。正始初,迁使持节护匈奴中郎将,加振威将军,领并州刺史。外胡闻其威名,相率来献。州界宁肃,百姓怀之。征为卫尉。屡乞逊位,太傅司马宣王以为豫克壮,书喻未听。豫书答曰:"年过七十而以居位,譬犹钟鸣漏尽而夜行不休,是罪人也。"遂固称疾笃。拜太中大夫,食卿禄。年八十二薨。子彭祖嗣。①

①魏略曰:豫罢官归,居魏县。会汝南遣健步诣征北,感豫宿恩,过拜之。豫为杀鸡炊黍,送诣至陌头,谓之曰:"罢老,苦汝来过。无能有益,若何?"健步愍其贫羸,流涕而去,还为故吏民说之。汝南为具资数千匹,遣人饷豫,豫一不受。会病亡,戒其妻子曰:"葬我必于西门豹祠边。"[1]妻子难之,言:"西门豹古之神人,那可葬于其边乎?"豫言:"豹所履行与我敌等耳,使死而有灵,必与我善。"妻子从之。汝南闻其死也,悲之,既为画像,又就为立碑铭。

豫清俭约素,赏赐皆散之将士。每胡、狄私遗,悉簿藏官,不入

家;家常贫匮。虽殊类,咸高豫节。① 嘉平六年,下诏褒扬,赐其家
钱谷。语在徐邈传。

①魏略曰:鲜卑素利等数来客见,多以牛马遗豫;豫转送官。胡以为前所与
豫物显露,不如持金。乃密怀金三十斤,谓豫曰:"愿避左右,我欲有所
道。"豫从之,胡因跪曰:"我见公贫,故前后遗公牛马,公辄送官,今密以
此上公,可以为家资。"豫张袖受之,答其厚意。胡去之后,皆悉付外,具
以状闻。于是诏褒之曰:"昔魏绛开怀以纳戎略,[2]今卿举袖以受狄金,
朕甚嘉焉。"乃即赐绢五百匹。豫得赐,分以其半藏小府,后胡复来,以半
与之。

牵招字子经,安平观津人也。年十馀岁,诣同县乐隐受学。后
隐为车骑将军何苗长史,招随卒业。值京都乱,苗、隐见害,招俱与
隐门生史路等触蹈锋刃,共殡敛隐尸,送丧还归。道遇寇钞,路等
皆悉散走。贼欲斫棺取钉,招垂泪请赦。贼义之,乃释而去。由此
显名。

冀州牧袁绍辟为督军从事,兼领乌丸突骑。绍舍人犯令,招先
斩乃白,绍奇其意而不见罪也。绍卒,又事绍子尚。建安九年,太祖
围邺。尚遣招至上党,督致军粮。未还,尚破走,到中山。时尚外
兄高幹为并州刺史,招以并州左有恒山之险,右有大河之固,带
甲五万,北阻强胡,劝幹迎尚,并力观变。幹既不能,而阴欲害招。
招闻之,间行而去,道隔不得追尚,遂东诣太祖。太祖领冀州,辟
为从事。

太祖将讨袁谭,而柳城乌丸欲出骑助谭。太祖以招尝领乌丸,
遣诣柳城。到,值峭王严,以五千骑当遣诣谭。又辽东太守公孙康
自称平州牧,遣使韩忠赍单于印绶往假峭王。峭王大会群长,忠亦
在坐。峭王问招:"昔袁公言受天子之命,假我为单于;今曹公复言
当更白天子,假我真单于;辽东复持印绶来。如此,谁当为正?"招

答曰："昔袁公承制,得有所拜假;中间违错,天子命曹公代之,言当白天子,更假真单于,是也。辽东下郡,何得擅称拜假也?"忠曰:"我辽东在沧海之东,拥兵百万,又有扶馀、涉貊之用;当今之势,强者为右,曹操独何得为是也?"招呵忠曰:"曹公允恭明哲,翼戴天子,伐叛柔服,宁静四海,汝君臣顽嚚,今恃险远,背违王命,欲擅拜假,侮弄神器,方当屠戮,何敢慢易咎毁大人?"便捉忠头顿筑,拔刀欲斩之。峭王惊怖,徒跣抱招,以救请忠,左右失色。招乃还坐,为峭王等说成败之效,祸福所归。皆下席跪伏,敬受教,便辞辽东之使,罢所严骑。

太祖灭谭于南皮,署招军谋掾,从讨乌丸。至柳城,拜护乌丸校尉。还邺,辽东送袁尚首,县在马市,招睹之悲感,设祭头下。太祖义之,举为茂才。从平汉中,太祖还,留招为中护军。事罢,还邺,拜平虏校尉,将兵督青、徐州郡诸军事,击东莱贼,斩其渠率,东土宁静。

文帝践阼,拜招使持节护鲜卑校尉,屯昌平。是时,边民流散山泽,又亡叛在鲜卑中者,处有千数。招广布恩信,招诱降附。建义中郎将公孙集等,率将部曲,咸各归命;使还本郡。又怀来鲜卑素利、弥加等十馀万落,皆令款塞。

大军欲征吴,召招还,至,值军罢,拜右中郎将,出为雁门太守。郡在边陲,虽有候望之备,而寇钞不断。招既教民战陈,又表复乌丸五百馀家租调,使备鞍马,远遣侦候。虏每犯塞,勒兵逆击,来辄摧破,于是吏民胆气日锐,荒野无虞。又构间离散,使虏更相猜疑。鲜卑大人步度根、泄归泥等与轲比能为隙,将部落三万馀家诣郡附塞。敕令还击比能,杀比能弟苴罗侯,及叛乌丸归义侯王同、王寄等,大结怨雠。是以招自出,率将归泥等讨比能于云中故郡,大破之。招通河西鲜卑附头等十馀万家,缮治陉北故上馆城,置屯成以镇内外，夷虏大小，莫不归心，诸叛亡虽亲戚不敢藏匿，咸悉收送。于是野居晏闭，寇贼静息。招乃简选有才识者，诣太学受业，还相授教，数年中庠序大兴。郡所治广武，井水咸苦，民皆担輂远汲流水，往返七里。招准望地势，因山陵之宜，凿原开渠，注水城内，民赖其益。

明帝即位，赐爵关内侯。太和二年，护乌丸校尉田豫出塞，为轲比能所围于故马邑城，移招求救。招即整勒兵马，欲赴救豫。并州以常宪禁招，招以为节将见围，不可拘于吏议，自表辄行。又并驰布羽檄，称陈形势，云当西北掩取虏家，然后东行，会诛虏身。檄到，豫军踊跃。又遗一通于虏蹊要，虏即恐怖，种类离散。军到故平城，便皆溃走。比能复大合骑来，到故平州塞北。招潜行扑讨，大斩首级。招以蜀虏诸葛亮数出，而比能狡猾，能相交通，表为防备，议者以为县远，未之信也。会亮时在祁山，果遣使连结比能。比能至故北地石城，与相首尾。帝乃诏招，使从便宜讨之。时比能已还漠南，招与刺史毕轨议曰："胡虏迁徙无常。若劳师远追，则迟速不相及。若欲潜袭，则山溪艰险，资粮转运，难以密办。可使守新兴、雁门二牙门，出屯陉北，外以镇抚，内令兵田，储畜资粮，秋冬马肥，州郡兵合，乘衅征讨，计必全克。"未及施行，会病卒。招在郡十二年，威风远振。其治边之称，次于田豫，百姓追思之。而渔阳傅容在雁门有名绩，继招后，在辽东又有事功云。

招子嘉嗣。次子弘，亦猛毅有招风，以陇西太守随邓艾伐蜀有功，咸熙中为振威护军。嘉与晋司徒李胤同母，早卒。[1]

①按晋书：弘后为扬州、凉州刺史，以果烈死事于边。嘉子秀，字成叔。荀绰冀州记曰：秀有隽才，性豪侠有气，弱冠得美名。于太康中为卫瓘、崔洪、石崇等所提携，以新安令博士为司空从事中郎。与帝舅黄门侍郎王恺素相轻侮。恺讽司隶荀恺，令都官诬奏秀夜在道中载高平国守士

田兴妻。秀即表诉被诬陷之由,论恺秽行,文辞尤厉。于时朝臣虽多证明,秀名誉由是而损。后张华请为长史,稍迁至尚书。河间王以秀为平北将军,假节,在冯翊遇害。世人玩其辞赋,惜其材干。

郭淮字伯济,太原阳曲人也。^①建安中举孝廉,除平原府丞。文帝为五官将,召淮署为门下贼曹,转为丞相兵曹议令史,从征汉中。太祖还,留征西将军夏侯渊拒刘备,以淮为渊司马。渊与备战,淮时有疾不出。渊遇害,军中扰扰,淮收散卒,推荡寇将军张郃为军主,诸营乃定。其明日,备欲渡汉水来攻。诸将议众寡不敌,备便乘胜,欲依水为陈以拒之。淮曰:"此示弱而不足挫敌,非算也。不如远水为陈,引而致之,半济而后击,备可破也。"既陈,备疑不渡,淮遂坚守,示无还心。以状闻,太祖善之,假郃节,复以淮为司马。文帝即王位,赐爵关内侯,转为镇西长史。又行征羌护军,护左将军张郃、冠军将军杨秋讨山贼郑甘、卢水叛胡,皆破平之。关中始定,民得安业。

①按郭氏谱:淮祖全,大司农;父缊,雁门太守。

黄初元年,奉使贺文帝践阼,而道路得疾,故计远近为稽留。及群臣欢会,帝正色责之曰:"昔禹会诸侯于涂山,防风后至,便行大戮。今溥天同庆而卿最留迟,何也?"淮对曰:"臣闻五帝先教,导民以德,夏后政衰,始用刑辟。今臣遭唐虞之世,是以自知免于防风之诛也。"帝悦之,擢领雍州刺史,封射阳亭侯,五年为真。安定羌大帅辟蹄反,讨破降之。每羌、胡来降,淮辄先使人推问其亲理,男女多少,年岁长幼;及见,一二知其款曲,讯问周至,咸称神明。

太和二年,蜀相诸葛亮出祁山,遣将军马谡至街亭,高详屯列柳城。张郃击谡,淮攻详营,皆破之。又破陇西名羌唐蹄于枹罕,加建威将军。五年,蜀出卤城。是时,陇右无谷,议欲关中大运,淮以威恩抚循羌、胡，家使出谷，平其输调，军食用足，转扬武将军。青龙二年，诸葛亮出斜谷，并田于兰坑。是时司马宣王屯渭南；淮策亮必争北原，宜先据之，议者多谓不然。淮曰："若亮跨渭登原，连兵北山，隔绝陇道，摇荡民、夷，此非国之利也。"宣王善之，淮遂屯北原。堑垒未成，蜀兵大至，淮逆击之。后数日，亮盛兵西行，诸将皆谓欲攻西围，淮独以为此见形于西，欲使官兵重应之，必攻阳遂耳。其夜果攻阳遂，有备不得上。

正始元年，蜀将姜维出陇西。淮遂进军，追至彊中，维退，遂讨羌迷当等，按抚柔氐三千馀落，拔徙以实关中。迁左将军。凉州休屠胡梁元碧等，率种落二千馀家附雍州。淮奏请使居安定之高平，为民保障，其后因置西州都尉。[3]转拜前将军，领州如故。

五年，夏侯玄伐蜀，淮督诸军为前锋。淮度势不利，辄拔军出，故不大败。还假淮节。八年，陇西、南安、金城、西平诸羌饿何、烧戈、伐同、蛾遮塞等相结叛乱，攻围城邑，南招蜀兵，凉州名胡治无戴复叛应之。讨蜀护军夏侯霸督诸军屯为翅。淮军始到狄道，议者佥谓宜先讨定枹罕，内平恶羌，外折贼谋。淮策维必来攻霸，遂入沨中，转南迎霸。维果攻为翅，会淮军适至，维遁退。进讨叛羌，斩饿何、烧戈，降服者万馀落。九年，遮塞等屯河关、白土故城，据河拒军。淮见形上流，密于下渡兵据白土城，击，大破之。治无戴围武威，家属留在西海。淮进军趋西海，欲掩取其累重，会无戴折还，与战于龙夷之北，破走之。令居恶虏在石头山之西，当大道止，断绝王使。淮还过讨，大破之。姜维出石营，从彊川，乃西迎治无戴，留阴平太守廖化于成重山筑城，敛破羌保质。淮欲分兵取之。诸将以维众西接强胡，化以据险，分军两持，兵势转弱，进不制维，退不拔化，非计也，不如合而俱西，及胡、蜀未接，绝其内外，此伐交之兵也。淮曰："今往取化，出贼不意，维必狼顾。比维自致，足以定化，且使维疲于奔命。兵不远西,而胡交自离,此一举而两全之策也。"
乃别遣夏侯霸等追维于沓中,淮自率诸军就攻化等。维果驰还救
化,皆如淮计。进封都乡侯。

嘉平元年,迁征西将军,都督雍、凉诸军事。是岁,与雍州刺史
陈泰协策,降蜀牙门将句安等于翅上。二年,诏曰:"昔汉川之役,
几至倾覆。淮临危济难,功书王府。在关右三十馀年,外征寇虏,内
绥民夷。比岁以来,摧破廖化,禽虏句安,功绩显著,朕甚嘉之。今
以淮为车骑将军、仪同三司,持节、都督如故。"进封阳曲侯,邑凡
二千七百八十户,分三百户,封一子亭侯。[1] 正元二年薨,追赠大
将军,谥曰贞侯。子统嗣。统官至荆州刺史,薨。子正嗣。咸熙中,
开建五等,以淮著勋前朝,改封汾阳子。[2]

[1] 世语曰:淮妻,王凌之妹。凌诛,妹当从坐,御史往收。督将及羌、胡渠帅
数千人叩头请淮表留妻,淮不从。妻上道,莫不流涕,人人扼腕,欲劫留
之。淮五子叩头流血请淮,淮不忍视,乃命左右追妻。于是追者数千骑,
数日而还。淮以书白司马宣王曰:"五子哀母,不惜其身;若无其母,是
无五子;无五子,亦无淮也。今辄追还,若于法未通,当受罪于主者,觊
展在近。"书至,宣王亦宥之。

[2] 晋诸公赞曰:淮弟配,字仲南,有重名,位至城阳太守。裴秀、贾充皆配
女婿。子展,字泰舒。有器度干用,历职著绩,终于太仆。次弟豫,字泰
宁,相国参军,知名,早卒。女适王衍。配弟镇,字季南,谒者仆射。镇子
奕,字泰业。山涛启事称奕高简有雅量,历位雍州刺史、尚书。

613

评曰:满宠立志刚毅,勇而有谋。田豫居身清白,规略明练。牵
招秉义壮烈,威绩显著。郭淮方策精详,垂问秦、雍。而豫位止小
州,招终于郡守,未尽其用也。

【校勘记】

　　〔1〕葬我必于西门豹祠边　原脱"祠"字,据三国志集解赵一清说补。

　　〔2〕昔魏绛开怀以纳戎赂　原脱"赂"字,据何焯校本补。

　　〔3〕其后因置西州都尉　州,原作"川",据三国志辨误卷上改。